方丽萍 黎业田 丁洁琼 林晓筠 编著

清代广西书院文献汇编

上

广西高校人文社会科学重点研究基地『民族地区文化建设与社会治理研究中心』
玉林师范学院校级重点学科中国语言文学
玉林师范学院『黄大年式教师团队』：汉语言文学国家级一流专业教师团队资助项目
玉林师范学院中国古代文学文献与特色区域文化研究中心
广西哲学社会科学规划研究课题『清代书院与广西文学发展研究』（21FZW008）阶段性成果

广西师范大学出版社
GUANGXI NORMAL UNIVERSITY PRESS

·桂林·

清代广西书院文献汇编
QINGDAI GUANGXI SHUYUAN WENXIAN HUIBIAN

出版统筹：汤文辉
出 品 人：乔祥飞
策划编辑：陈显英
责任编辑：曹世超
责任技编：王增元
书籍设计：魏　伟

图书在版编目（CIP）数据

清代广西书院文献汇编：上、下 / 方丽萍等编著. -- 桂林：广西师范大学出版社，2025.8
ISBN 978-7-5598-6404-8

Ⅰ．①清… Ⅱ．①方… Ⅲ．①书院－文献－汇编－广西－清代 Ⅳ．①G649.299.67

中国国家版本馆CIP数据核字（2023）第188059号

广西师范大学出版社出版发行
（广西桂林市五里店路9号　邮政编码：541004）
　网址：http://www.bbtpress.com
出版人：黄轩庄
全国新华书店经销
三河弘翰印务有限公司印刷
（河北省三河市黄土庄镇二百户村北　邮政编码：065200）
开本：787 mm × 1 092 mm　1/16
印张：48.25　　　字数：803千
2025年8月第1版　　2025年8月第1次印刷
定价：998.00元（上、下）

如发现印装质量问题，影响阅读，请与出版社发行部门联系调换。

前　言

"书院是中国历史上一种重要的教育组织形式"[①]，"书院之名虽同，性质则历代殊异"[②]。从唐开元六年（718）丽正书院诞生起，到清光绪二十七年（1901）诏天下书院改学堂止，近一千二百年间，书院经历了一个从"独尚讲学"到"间兼会文"，再到"科举之附庸"的发展变化过程，具有丰富的社会内涵和文化价值。

一、书院源何？书院何为？

"书院之名起唐玄宗时，丽正书院、集贤书院皆建于朝省，为修书之地，非士子肄业之所也。"[③]丽正书院于唐开元六年（718）设立，最初办公地点在洛阳乾元殿东廊，"（褚）无量以内库旧书，自高宗代即藏在宫中，渐致遗逸，奏请缮写刊校，以弘经籍之道。玄宗令于东都乾元殿前施架排次，大加搜写，广采天下异本。数年间，四部充备……开元六年驾还，又敕无量于丽正殿以续前功"[④]，地点改在长安大内东宫丽正殿内，正式得名丽正书院。丽正书院属中书省，设学士（五品）、直学士（六品）等官职，主要负责刊辑经籍、搜求遗书、辨明典章等工作，以备皇帝顾问。唐开元十三年（725）因丽正殿改名集贤殿，丽正书院也随之改为集贤书院。杜甫诗"集贤学士如堵墙，观我落笔中书堂"中的"集贤学士"即指集贤书院中的学士等官，著名宰相张说也曾在其中。此时"书院"用的是"图书汇聚之所"的字面意，主要做和书有关的工作，如藏书、修书、校书等。

[①] 季啸风主编：《中国书院辞典》"序言"，浙江教育出版社，1996，第1页。
[②] 商衍鎏：《清代科举考试述录及有关著作》，百花文艺出版社，2004，第234页。
[③] 王英志编纂校点：《袁枚全集新编》第13册，浙江古籍出版社，2015，第275页。
[④] 〔后晋〕刘昫等：《旧唐书》卷一〇二，中华书局，1975，第3167页。

"井田废，比闾族党之制不行，于是，始以教养属之郡县。郡县又不能教，至东汉，始设校官。至唐末，校官又旷厥官，而乡大夫之有力者，始各设书院，教其子弟。"①唐末，为躲避战乱，一些著名士人退避到僻静的山林读书，他们身边逐渐汇聚了一批问学之人，于是，兼具藏书、教学与研究功能的非官方教育机构——书院诞生了。五代时，洛阳的龙门书院、登封嵩山的太乙书院等著名书院诞生。

"前代庠序之教不修，士病无所于学，往往相与择胜地，立精舍，以为群居讲习之所。"②宋后书院基本承袭的是五代书院的形式，自筹办学经费，学生以自学为主，共同讲习和教师指导相结合，教育内容以学问和德性为主。南宋是中国古代书院的繁荣期，有"四大书院"之说。各家对"四大"的说法不同，如范成大称山东徂徕书院、江苏金山书院、湖南石鼓书院和岳麓书院为"天下四大书院"，吕祖谦将河南嵩阳书院、湖南岳麓书院、河南睢阳书院和江西白鹿洞书院并称为"四大书院"。二人时代相距不远，应是各自根据书院的规模、知名度、影响力等进行的排定，也能看出南宋时有一批实力相当、普遍获得人们认可的书院。

元代各路、州、府皆有书院，但因国祚太短，未能产生有巨大影响力的书院。明代十分重视培养和网罗人才，提倡科举，大力兴办官学。明洪武元年（1368），朱元璋下令书院院田归官学，将书院山长改为训导。五年（1372），朱元璋又下令革除训导，书院所有肄业生徒归入官学，书院的性质发生改变。明代地方官纷纷在各地创修书院，如明正统三年（1438）南康知府翟溥福重修白鹿洞书院，明宣德六年（1431）肇庆知府王莹将石头庵改建为崧台书院，明景泰年间云南浪穹知县蔡宾杰建龙华书院等。明成化后官学衰落，私人讲学之风再次兴起，一些著名书院，如白鹿洞书院、岳麓书院等相继复兴，且新建了一些书院。明嘉靖年间是书院复兴的高潮期，地处江苏无锡的东林书院是当时较为著名的书院。它与宋时研习学问、陶冶性情的书院不同，有较强的现实风格，"风声雨声读书声，声声入耳；家事国事天下事，事事关心"，是重要的

---

① 陈谷嘉、邓洪波主编：《中国书院史资料》中册，浙江教育出版社，1998，第1859页。
② 朱杰人等主编：《朱子全书》第24册，上海古籍出版社、安徽教育出版社，2002，第3783页。

思想舆论和政治活动场所。明万历七年至十年（1579—1582）、明天启五年至七年（1625—1627），两次大规模禁毁书院，导致书院元气大伤。尽管崇祯继位后对书院的政策发生改变，但明王朝已日薄西山，再也没有产生著名书院。

清朝入主中原之初，严格控制私人讲学和书院修建。清顺治八年（1651）发布上谕，"不许别创书院，群聚结党，及号召地方游食之徒，空谈废业"①。至清顺治十四年（1657），才应当地官员奏请批准修复衡阳石鼓书院。康熙对书院有一些支持政策，如给书院颁书、赐御书匾额等，但范围很小，影响不大。雍正即位后曾发布诏令说书院是"贤否混淆，智愚杂处，而流弊将至于藏垢纳污"②，下令将书院改为义学。清雍正四年（1726），江西巡抚裴𫇁度请为白鹿洞书院颁书、赐额，被驳回。但清雍正十一年（1733）开始实行"寓控制于支持"的政策，谕令各省省城建书院，并划拨经费，赐书籍、匾额，简发掌教。乾隆更是大力支持书院建设，继位不久即提出"书院之制，所以导进人材，广学校所不及"③，并分别在清乾隆三年（1738）、四年（1739）加给福建鳌峰书院、浙江敷文书院帑金一千两，为鳌峰书院题赐"澜清学海"额。乾隆多次巡幸书院，接见士子，与书院师生相与唱和。乾隆还规定学政在任满之时对山长进行"咨访考核"，如"教术可观，人材兴起，各加奖励。六年之后，著有成效，奏请酌量议叙"④。这意味着体制外的山长得到了一条进入体制的上升通道。学政同时还可以举荐生员，"诸生中材器尤异者，准令荐举一二，以示鼓励"⑤。君王的倡导迎来书院建设的热潮，书院数量迅速增加至两千余所，府、州、县莫不有书院。但随着清王朝的内忧外患、动荡不定，清晚期大部分地区的书院发展停滞，到清光绪二十七年（1901）诏天下书院改学堂，书院这一封建时代特有的读书教育机构退出了历史舞台。

在清代，书院是教育的主要力量，在化育人才，提高地方的文化水平，改变地方学风上作用重大，"儒学浸衰，教官不举其职，所赖以造士者，独在书院。

---

① 据书同文古籍数据库《大清五部会典·嘉庆朝·钦定大清会典事例》卷三〇六《礼部》，第10叶。
② 据书同文古籍数据库《大清历朝实录·大清世宗宪皇帝实录》卷四三，第10叶。
③ 据书同文古籍数据库《大清历朝实录·大清高宗纯皇帝实录》卷二〇，第2叶。
④ 同上，卷二〇，第3叶。
⑤ 同上，卷二〇，第3叶。

其裨益育才,非浅鲜矣"①。士人亦意识到"封疆大吏振兴儒雅,不于学校,而于书院。百年内士之通古今、明中外者即胚胎于期间"②。

清代的书院兴废完全取决于清政府的态度,"清代书院之发展,不论是初期的一度衰落,还是其后的迅速崛起,乃至最终被新学堂所取代,均取决于清政府的态度,这与以往书院的发展有着很大的不同"③。清王朝下令创办书院是因为原来的官学虚位,"各省设立学官,月课久不举行,有师生之名,而无训诲之实,文风难望整饬"④。在清代,原本"广学校所不及"的书院实质上已替代官学成为当地办学层次最高、最重要的教育单位,各地杰出文化人才基本都有书院背景。

在清代,官方力量深度进入书院管理与教学。地方书院的兴建(修复)、管理、运作、教学、考核等所有环节中起主导作用的是地方官。书院的规模(学额),书院山长的聘请,经费的管理、分配和使用均由地方官负责,地方官有时还需要主动向皇帝汇报所筹集经费的使用情况。他们深度参与书院的一切工作,负责山长和生员的考核,还需要每月定期到书院授课(官课),同时还有考核生员、制定学规学约的职责。

书院的经费既有个人的捐献(类似于今天的"众筹",倡议者基本是地方官),又偶尔有国家一次性拨款。但作为一个有着长期巨大支出而无法盈利的机构,偶尔的、零星的国家奖励和个人捐款无法满足书院的长期需求,尤其是在经济落后、民间财力有限的边远省区,书院经费主要靠地方官筹措。首先是捐出一定数额的养廉银,以此倡导其他方面的捐献。然后用这笔钱购置产业(田产、房产等),有时候还会分出一部分地方经费支持书院建设。各地广泛分布的书院,除经济基础较好的江南地区外,其他地方的书院经费几乎是完全依赖地方官捐献、筹措、拨付。

清代书院的兴废与科举同步,"它在清代科举最兴盛的时候,发展到了鼎盛;在科举制度的改革中,也受到了冲击;而随着科举的停废,又结束了自己

---

① 赵尔巽等:《清史稿》卷一○六,中华书局,1976,第3119页。
② 黄占梅修,程大璋纂:《桂平县志》卷一四,民国九年(1920)铅印本,第1—2叶。
③ 李世愉:《论清代书院与科举之关系》,《北京联合大学学报》(人文社会科学版),2011年第3期。
④ 据书同文古籍数据库《大清五部会典·光绪朝·钦定大清会典事例》卷三八二《礼部·学校·诸生考课》,第7叶。

的使命"①。清代书院教育严格遵从清王朝的规约，是"科举之附庸"②，是培养官僚队伍的后备力量的场所，属于精英教育。与宋、明时期以思想交流、研究学术为主，具有一定独立性与自由度的书院有本质的区别。

学校可按照所属分为官学、私学两类。现代学者认为书院"是一种独立于官学和私学两大教育系统之外的另一种新的教育系统"③，这个判断对清代书院不是十分贴切。郑献甫在庆江书院为山长时曾在讲堂上悬挂一副对联，横批用了谢灵运诗句"想见山阿人"。他说用"山阿人"自称不合适，"若宋时之山长、元时之山主，据前史《学校志》所载，非命于朝廷，即铨于礼部，而岂山中人哉？客有入坐者，幸无执古制以绳今称，而笑余之不学也"④。可见在郑献甫看来，书院山长的选拔及书院的管理完全是官方行为，书院是官方性质，山长不是自外于体制的"山中人"。李世愉老师也曾有文章辨析这个问题，结论是"清代的书院虽未正式纳入官学体系，但实已官学化。许多针对书院的政策、措施已正式纳入礼部条例。没有政府干预、控制或监管的书院几乎是不存在的"⑤。因此，清代的书院当属官学。

总之，清代的书院，是传统文化的传承地，是封建王朝所需人才的教育储备所，是人才聚集的地方。

二、广西书院发展概貌及特征

广西书院的发展与全国书院基本同步，也是兴起于宋，衰落于元，恢复于明，清代为高峰。各地区之间发展并不平衡，与湖南、广东接壤的桂北、桂东南相对发达，与云贵接壤的桂西、桂南略微滞后。

广西最早的书院是容州（今属广西壮族自治区玉林市）的勾漏书院和柳州的驾鹤书院。勾漏书院起源于宋绍兴年间，其时吴元美被贬容州，受到当地士

---

① 李世愉：《论清代书院与科举之关系》，《北京联合大学学报》（人文社会科学版），2011年第3期。
② 商衍鎏：《清代科举考试述录及有关著作》，百花文艺出版社，2004，第240页。
③ 陈谷嘉、邓洪波主编：《中国书院制度研究》，浙江教育出版社，1997，第444页。
④ 〔清〕郑献甫：《补学轩诗集》卷三，清咸丰十一年（1861）采菽堂刻本，第10叶。
⑤ 李世愉：《论清代书院与科举之关系》，《北京联合大学学报》（人文社会科学版），2011年第3期。

人的尊崇，"登门从学者甚众"。吴元美还曾在勾漏洞游历二十日，作《宝圭十洞记》，后在容州辞世。为了表达对吴元美的怀念，容州人在学宫旁建勾漏书院祭祀他。之后广西又陆续修建了10所书院，其中最著名的是宋嘉定八年（1215）郡守林岊为纪念柳开而建的清湘书院，宋景定二年（1261）静江府知府、广西经略使朱祀孙为纪念张栻、吕祖谦而建的宣成书院。宋理宗共为天下9所书院写了匾额，广西居其二（清湘书院和宣成书院）。

明代广西新建书院有66所，兴复书院4所。南宁最多，有18所，梧州15所，桂林12所，柳州2所，百色地区无。①嘉靖朝是广西书院建设的初兴期，明嘉靖七年（1528）思恩、田州以及大藤峡地区动乱平定后，两广总督兼巡抚王守仁在南宁创建敷文书院。在他的影响下，各地地方官纷纷开始倡建书院，就连遥远的廉州也陆续建成了5所书院，合浦县分别于明嘉靖二年（1523）、十四年（1535）、二十四年（1545）建了斋书院、和融书院、海天书院和尚志书院，钦州建回澜书院。到明万历时，在思恩府还有知府侯国治主持创建的阳明书院。

清代是广西书院最发达的时期，各府州县甚至个别圩镇都建有书院，共建有200所以上②书院，数量超过广西前代总和。有两个建设高峰：第一个是康乾时期，建有85所书院；第二个是光绪年间，建书院77所。从地域上看，呈现出"自北向南、自东向西发展"③的趋势。桂林的两所书院均是应清雍正十一年（1733）各省会建书院谕令而建。钦州共有7所书院，清康熙二十四年（1685）的合浦联珠书院，清康熙三十四年（1695）的东坡书院，清康熙四十五年（1706）的还珠书院，清乾隆三十七年（1772）的钦江书院，清嘉庆二十二年（1817）的珠场书院，清嘉庆二十三年（1818）的廉湖书院，清道光八年（1828）的养正书院。有几所书院还得到皇帝的恩赏，如雍正曾赐予秀峰、宣成书院白银2195两，嘉庆曾给秀峰书院赐书1000卷，同治分别给桂林的秀峰、宣成和榕湖书院题写了"书岩津逮""道德陶钧""经明行修"匾额，光绪赐

---

① 蒙荫昭、梁全进主编：《广西教育史》，广西人民出版社，1999，第169页。
② 按：有223所（张维：《"岭西五大家"与书院》，《南京晓庄学院学报》，2006年第1期）、255所（高敏贵：《广西的书院》，《广西教育学院学报》，2000年第5期）、258所（陈业强：《广西书院研究》，《广西地方志》，2004年第2期）、272所（孙先英：《广西书院文化研究》，广西师范大学出版社，2016年）等说法。
③ 孙先英：《广西书院文化研究》，广西师范大学出版社，2016，第29页。

镇安府秀阳书院"教衍云岩"匾额。

清光绪二十七年（1901）起，广西的书院陆续改为学校，如秀峰书院改为育才馆，宣成书院改为临桂两等小学堂，丽江书院改为县两等小学堂，思齐书院改为静南初等小学堂。也有个别书院改作他用，如钦州的东坡书院改为天涯戏院，河池的凤池书院变为州署。

不同地区的书院，招生对象与规模均有不同。同一书院，不同时期也有差异。清代广西的4所省级书院均面向全省招生，桂山书院专课举人。清嘉庆间，秀峰书院定额生员65人（正课50人，额外正课15人，附课不限）。宣成书院在清雍正十三年（1735）额定正课生25人，清乾隆四十七年（1782）增额外正课生8人，清嘉庆年间为53人（童生正课生25人，额外正课8人，附课20人）。武缘岭山书院有生员52人。恭城县清康熙初是"两考并取生员八名"，清康熙四十九年（1710）时增加到"岁、科各十二名"，清咸丰间为奖励邑绅迭次捐办军粮，巡抚奏请加额，获准"廪、增各十五名"。① 清嘉庆初，广西全省共有廪膳生1149人。据《清史稿·地理志》，清雍正年间广西有9府2直隶州，到清宣统三年（1911）有11府17州（含2直隶州）49县，平均每州、县学额不到15人。书院的教学内容与考核方式均围绕科举展开，如合浦县书院"以海门、龙门、味经为最著，但海门、龙门每月初二日官课，十六日师课，只作制艺一篇、试帖一首而已，味经则以经史、性理、词章、实务命题，讲求根柢之学，储有用之才"②。

因为所处地域人力、物力的不同，书院的建筑规模、藏书规模——藏书数量和种类也有较大差异。山长、生员的待遇区别也很大，省会书院和个别县级书院相差甚至在十倍以上。书院办学的持续性也有较大区别，除几所省级书院比较稳定外，大多数的书院都是开开停停。各类方志中常见重修、复建书院的记载。如柳州的柳江书院，清康熙五十三年（1714）广西提督张朝午"独捐千金"初建，但他任满离开后很快就荒废了，不久便改为"营兵公舍"，直至清乾隆十年（1745）广西右江道杨廷璋"厘清祭田，重修庙貌。每岁约余租禾银

---

① 〔清〕陶墫修，〔清〕陆履中纂：《恭城县志》卷二，清光绪十五年（1889）刻本，第16叶。
② 廖国器等修：《合浦县志》卷一，收入《广东历代方志集成 廉州府部 六》，岭南美术出版社，2009，第121—124页。

六十九两有零，作课士资斧"，又与柳州太守成贵"于祠左罗池之北另构讲堂三楹，东南隅筑斋舍如其数"，柳江书院才得以复兴。①但仅仅十余年后，右江道王锦上任时所见已是"院宇荒凉，弦诵久寂"，王锦捐廉倡修，"重建掌教书室七间，斋房二十间，厨房、耳房各一间，复修讲堂及柑香亭，一切庖湢、窗棂、桌椅、器具悉备。工竣，更于郡县内遴其文行可造者，优给膏火，肄业其中，延师训课，按月校艺，自此人文骎骎日上矣"。②清嘉庆七年（1802）知县徐秉敬、清道光二年（1822）广西右江道伍长华、清同治十年（1871）知县麦文震，又先后对柳江书院进行了重修。

钦州的东坡书院也是如此。东坡书院于清康熙三十四年（1695）由知州程鼎建，清雍正元年（1723）知州董绍美重修，清乾隆十五年（1750）署知州李璜、三十七年（1772）摄知州事康基田、四十四年（1779）知州邵应凤、五十四年（1789）知州李载春、五十七年（1792）署知州尧懋德相继修葺，清嘉庆二十四年（1819）知州朱椿等又更新建造。地方上的一些小书院也大都如此。即便在无战乱、无灾疫饥荒发生的正常年代，清代广西书院基本上是相隔十几二十年就要重修一次，每一次重修都是新一任地方官到任看到书院的残破颓圮而起。地方书院高度依赖地方官对教育的态度以及行政能力，边省广西尤其如此，书院建造、运行所涉及的资金来源、资产管理、山长的聘任、地方力量的调动、人员的召集等事宜均非地方最高行政长官不能办理。

书院的兴废除受制于皇帝的态度外，还与地方稳定与否有关。清中后期的广西，战乱频仍，正常的生活秩序被打乱，"乡塾被踩躏，弦歌那有声？救死恐不赡，何暇求科名？提举经三年，辎轩滞不行"③。专门负责视学的学政也"未肯昆仑度""不一南荒顾"。广西乡试时常停考，玉林地区"久矣弦歌声不闻，泮池生草不生芹"④。

历史上还出现过以书院命名，但与上述书院含义毫无关涉的书院。仅在清

---

① （民国）柳江县政府修，刘汉忠、罗方贵点校：《柳江县志》，广西人民出版社，1998，第310页。
② 〔清〕舒启修，〔清〕吴光升纂：《马平县志》卷五，清光绪二十一年（1895）重刻本，第13—14叶。
③ 〔清〕苏宗经：《酾江诗草》卷一七，收入《清代诗文集汇编》第582册，上海古籍出版社，2010，第228页。
④ 同上书，卷一八，第251页。

代广西出现过的就有如下几类：

第一类，景观型书院。如：

> 栖霞书院即阜成书院，在栖霞洞前。康熙五十六年，巡抚陈元龙建。雍正九年，巡抚金铁重修，更名栖霞，布政使元展成书额。（案：此名为书院，实游观之地，故附于此）。①

第二类，祭祀型书院。如静庵书院和肇化书院，前者是"前明太守胡世宁祠，静庵其号也"，"肇化书院，亦前明参政翁万达祠也"，"二祠久废，故址俱不可考"。②

再如宜州李公书院是清康熙五十八年（1719）为纪念知府李世仁而建。南宁知府署庆远府事黄之孝记曰：

> 郡守李公于康熙四十四年调守庆远三年，汉土州县咸沾膏泽。寻秉宪左江。戊戌秋，余摄庆远府篆，知郡之人于公去后建有祠宇，亟往瞻谒，见民之敬奉甚度，窃叹甘棠遗爱之风于今复见。因加修整，并捐俸二十八两，交宜山张令代置田亩，岁收租谷，作葺祠膳士之费。至公之善政宜民，后之采风者自当传述，以光史册。余又何多赘焉。③

第三类，会所型书院。如民国《邕宁县志》所载新会书院，始建于清乾隆初年，重建于清道光二十三年（1843），是旅居南宁的广东新会籍人士守岁及清明节、重阳节等节庆时的聚会场所，与藏书、教育无关，属于商业会所。

第四类，西学书院。晚清时一些有志于救国图强的知识分子主张学习西方先进的天文、地理、农政、数学、化学、物理、医学及各国语言文字、政事、律例等知识，建议在各省建设西学书院。无论是授课内容还是培养目标，都与我国古代传统的书院截然不同。

第五类，以书院命名的社学、义学。如兴业有龙江书院，据清嘉庆十六年（1811）抄本《续修兴业县志》卷五记载，此书院是社学。

---

① 〔清〕蔡呈韶修，〔清〕胡虔撰：《临桂县志》卷一九，清光绪十八年（1892）桂垣书局补刻本，第22—23叶。
② 〔清〕谢启昆等纂：《广西通志》卷一三九《建置略十四·学校七》，清同治四年（1865）补刻本，第13叶。
③ 〔清〕英秀修，〔清〕唐仁纂：《庆远府志》卷一一，清道光九年（1829）刻本，第32—33叶。

综上，这五类书院都与历史上书院藏书、修书、讲学、考课这几个要素毫无关系，不应纳入书院的研究范围。

需要说明的是，清光绪时，广西开始有乡绅创建书院，如清光绪十一年（1885）邕宁刘圩镇临斑山建的殷峰书院，"里人长老善长胶庠之儒，慨叹乎风俗之日下，思有以振兴其衰。乃衷集诸同心，劝分率人出财，创建书院。"① 这是资料所见清代广西民办书院的开端，可惜这时无论是清王朝还是书院都基本已经走到了尽头，全无施展了。

三、清代广西书院的主导与主体

"万事之盛衰，未有不存乎其人者也"②，清代广西书院的建设、日常运行、教育内容、学风等都明显地"存乎其人"。其中，地方官是主导，山长和生员是主体。

（一）地方官是书院发展的决定性因素和主导力量

影响一个地方风气的因素有很多种：历史传承、当朝皇帝喜尚等是远因，名宦和乡贤的影响是近因，本地百姓、士子的意愿等是内因。"远因"全国基本类似，广西并无特殊性，毋庸专门考察。清代广西经济文化欠发达，社会财富积累不足，还没有形成有较大影响力和话语权的乡绅阶层，各地最高行政长官（名宦）成为主要的"近因"。

清代文官任官实行严格的籍贯回避制度，知县以上地方官均为外省客籍。③ 他们认为"维乐育人材，邑长之责"④，"贤才国根本，得之国乃昌。经训士菑畬，教成治益光"⑤，"惟为天子守土，即宜为斯土作人，何问边疆岩邑耶"⑥。临贺府同知、榷盐使范周曾在一篇文章中详细阐释这一问题：

---

① 谢祖萃修，莫丙奎纂：《邕宁县志》卷二一，民国二十六年（1937）铅印本，第36页。
② 〔清〕吴征鳌等修：《临桂县志》卷一三，桂林市档案馆1963年石印本，中册，第32页。
③ 方丽萍：《文官避籍制与清代西南边省文学论纲》，载曾大兴，夏汉宁主编《文学地理学》（第12辑），中国社会科学出版社，2023。
④ 张岳灵修，黎启勋纂：《阳朔县志》卷三，收入《中国方志丛书》第204号，成文出版社，1975，第344页。
⑤ 〔清〕蔡呈韶修，〔清〕胡虔撰：《临桂县志》卷一四，清光绪十八年（1892）桂垣书局补刻本，第20叶。
⑥ 〔清〕英秀修，〔清〕唐仁纂：《庆远府志》卷一一，清道光九年（1829）刻本，第33叶。

> 天下之治乱在朝廷，人材之盛衰视气运。往者胜国不造，群逆作难，山林强悍之徒揭竿拥众；《诗》《书》泯缺，子衿放废，泽宫俎豆鞠为茂草，厥有年所矣。兴朝定鼎，雅意崇文，投戈讲道，海内更始。……盖以扶进人材，广励风俗，甚盛典也！贺虽僻处天末，诸士子被服仁义，诵法圣贤，即与中州何异？……方今圣明崇尚古学，取士复仿汉制，王氏经义暨制弗录。临贺诸生当必有好学深思、明体达用之才出而应之者。即于学宫之修举肇之也。①

假如一个人未受儒家教化，没有道德约束，很可能成为作乱的"群逆"。范周认为教育缺失导致群逆作乱，这是明朝灭亡的原因。因此，朝廷和地方都要努力养育"诵法圣贤"之人才。偏陬蛮徼更当如此，以实现与"中州"的真正融合。

清代的地方官大都热心教育，也乐于参与书院活动，指导书院工作，与书院山长交往，等等。地方官本身的文化素养、知识水平影响甚至决定着一个地方一段时期的教育水平、学风、文风及主流价值观等。书院的兴废及教学质量，也取决于地方官对"化民成俗"职守的理解及行政能力。他们对书院的主导作用主要体现在：

首先，巡抚、布政使等省级官员需要向皇上为地方书院争取名誉、学额等的优惠。如清同治十年（1871）巡抚康国器为广西争取到三块御书匾额，清光绪十七年（1891）巡抚马丕瑶为镇安府秀阳书院奏请得到皇帝赐书匾额。皇帝的御赐，大大提升了书院的知名度与影响力。此外，省级官员还需要与皇帝沟通学校的学额及乡试录取的名额，而府、州、县级官员也需要吸引上级领导对地方的重视，争取可能的利益。

其次，为书院提供财力支持，包括筹措建设及运转资金，购置学田，发放束脩膏火等。清代广西书院除几个省级书院得到过皇帝"赐帑银一千两，岁取租息，赡给师生膏火"②的奖励外，绝大多数书院运转所需的山长、教习的束脩、生员的膏火银以及杂役等各类费用基本由地方官负责筹划。一般说来，

---

① 韦冠英修，梁培煐、龙先钰纂：《贺县志》卷六，民国二十三年（1934）铅印本，第46叶。
② 《钦定礼部则例》卷七九，清乾隆四十九年（1784）刻本，第1叶。

地方官在书院创立、重修或增修等需要大量资金时，会"首捐清俸"，带动捐款（倡捐），用这笔资金来建设（重修）书院。书院平日运转的资金也主要是由他们筹划，为书院购买土地、商铺，以租金维持书院的日常运转。如秀峰书院，"乾隆四十七年，巡抚朱椿与司道公捐银八百两，买原任凤阳知县于万培入官田九十八亩二分，收租一万斤，折米五十石"，"四十八年，巡抚孙士毅与司、道、府、直隶州月各捐养廉银二两，共银三十六两"。①上级官员还会给下级摊派任务，如广西布政使朱椿就曾为秀峰书院下令"如有不敷，为数无多，由临桂县捐补"②。然后是从地方财政中给书院划拨资金，如清光绪八年（1882）贺县知县黄玉柱从县义仓谷项内提银200余两为山长束脩、生童奖赏费，清光绪十三年（1887）知县李昶从县衙所收罚款中抽出402两交商生息作临江书院资金。清代广西经济不发达，多数士人家庭无力负担赴考盘费，部分地方官也会出面帮助解决，如黄玉柱给贺县赴京参加会试的举人每人"银十二两，地丁银内动支"，新中举者"建坊银人给二十两，地丁银内动支"。③清光绪十三年（1887），黄玉柱还"裁去春秋丁祭绅士胙肉"200两给书院使用。当书院有临时性的、数额不大的资金需求时，官员们往往会自掏腰包解决，如清光绪十五年（1889）平乐知县全文炳就说"文炳忝为邑宰，每逢乡场，分俸代备试卷，谊所当为"，"非敢曰恤寒士，聊尽其力所能尽，并抒区区不尽之心云尔"。④除了筹集资金外，地方官还会监管书院的资金使用情况。

第三，为书院提供人力、物力支持，进行制度建设。地方官要按照皇帝的标准为书院选聘山长，当没有合适人选（或为节省资金）时，地方官还要义务兼任山长，如清道光十七年（1837）阳朔知县吴德征亲为寿阳书院山长，清光绪八年（1882）崇善知县顾国诰兼任丽江书院山长等。地方官因为大多科举出身，全部来自外省，对书籍购买渠道以及书院诸生应当读什么书了然于心。为弥补边地书籍短缺的问题，地方官一方面帮助书院购买图书资料，一方面会利用刊刻、捐赠、调配等多种方式为书院增加书籍。如清道光八年（1828）思恩

---

① 〔清〕吴征鳌等修：《临桂县志》卷一七，桂林市档案馆1963年石印本，中册，第203—204页。
② 同上书，卷一四，中册，第65页。
③ 韦冠英修，梁培煐、龙先钰纂：《贺县志》卷三，民国二十三年（1934）铅印本，第15叶。
④ 石天飞辑校：《瑶族石刻辑校》，民族出版社，2023，第344页。

知府李彦章创建阳明、西邕两书院，自兼掌教三年，因为思恩地区学生缺少书籍，李彦章认为自己所带的"同里谢退谷先生所撰《教谕语》，质实简切，易知易从，洵可以砭俗订顽，箴盲起废"，于是"亟为镂版，先授诸生"。①再如平乐知府唐鉴，认为书籍放在郡署效益不大，下令将署中所有书籍给付书院。地方官还需要规定山长、生员的束脩、膏火、盘费等的数量及发放方式，负责选拔、考核生徒，制定学规、章程。

第四，教育、考核诸生，倡导风雅。"按月而课，捐俸而饩，举善而教"②，地方官定期（基本是每月一次）到书院授课（官课），讲解经籍内容及作文方法，给学生训话，出题考核学生们的学习情况。李绂在《广西造士录序》中称，"余奉简命来抚是邦，修复宣成书院，以教诸生……入书院，延乡先达学士蒋公为师，又明列教条，月亲至书院考课，手加点窜，甲乙次第，以示激劝。刻《韩子粹言》及诗论数种，购书数千卷，经、史、子、集略备，廪饩而外，并资膏火费"③，而他的《宣成书院课士诗》也详细描写了具体的授课情形及对诸生的期许、鼓励。李彦章在武缘时，曾经在三月三上巳节率330名读书人在西邕书院举行修禊活动，还在中秋节那晚在书院张灯、会饮、赋诗，带动了武缘地方的风气转变。

清光绪二十二年（1896）新宁州知州吴庆苃在《新建新宁州吉阳书院记》中说：

> 所冀生斯土、登斯堂者，躬行实践，志在圣贤。毋为时俗所蔽，毋为异端所蒙。崇正学于边陲，追流风于未艾，为邦家光，为闾里荣，固斯邑之幸，亦牧斯邑者之幸也。④

有些地方的地方官还将这些要求写成对联悬挂在书院的大门等地方，令诸生朝夕诵读，谨记遵行。其中当属李彦章留下的对联数量最多。他们还需要联络书院山长及地方士人雅集唱和，并以儒家知识分子的道德坚持、高雅的文化趣味和卓越的才学等引领一方风气。他们在本籍士人的诗中留下了"吏治诗才

---

① 〔清〕李彦章：《榕园文钞》卷三，收入《榕园全集》，清道光二十年（1840）刻本，第15叶。
② 〔清〕郑献甫：《补学轩文集》卷二，清咸丰十一年（1861）刻本，第31叶。
③ 〔清〕李绂：《穆堂初稿》卷三四，清道光十一年（1831）刻本，第3叶。
④ 扶绥县志编纂委员会编：《扶绥县志》，广西人民出版社，1989，第542页。

两不违，福星到处有光辉"①的形象。

江西抚州临川人李绂是对清代广西书院贡献较大的地方官之一，他是清康熙四十八年（1709）进士，历官康、雍、乾三朝，曾三次入狱，两次被押赴刑场，所主持编定的《广西通志》被查禁。尽管一生坎坷，但李绂做官三十余年，始终勇于任事，正直敢言。清雍正二年（1724），李绂被任命为广西巡抚，赴任前陛辞时"即请修建书院以广教化"，他认为在皇帝教化遍及各处的大环境下，"惟广西士风未臻于彬郁"，"广西士子非惟文艺未臻极盛，即品习亦宜化诲。除通都大邑士子稍知自爱外，其杂处瑶、壮之地，渐染顽风，往往仇杀抢夺之案，贡监、生童参与其内，甚或为之倡率。此风嚣陵，不可听其终外于圣治"，李绂认为国家管理有"法"有"教"，"法以治其既犯，学以化于未然"，地方管理应以"广教化"为主，可以"诚择各州、县中童生有聪明而知自爱者，入于省城书院，使经明行修之儒，朝夕化诲，讲明道义，以变其贪戾之心；课习词章，以驯其顽梗之气。庶几道德一而风俗同，以益成圣人之盛治"，他请求雍正为宣成书院选配山长，到任之后即修复宣成书院，并作《复修宣城书院碑记》。②到任几个月后，又下令临桂府、县生员及童生"限本月十三日齐赴会城宣成书院，听候本部院亲行考试外，其余各府、州、县学生员及各州、县童生，封题发该府、州、县代考，汇卷解阅，拔其殊尤，亲加覆试。果有气质端醇、才优学赡者，取入书院读书"，几乎是书院运转的每一个环节他都考虑到并尽力安排好。③

李绂的继任者金铁在清雍正九年（1731）上疏说：

> 教职一官，无可展施。纵有才能，莫由显著。请于广西现在教职内，择其年力强壮、应对明白、才品可观之员，咨送督臣，分派云南、贵州两省，俟遇有州、县及佐贰等缺，酌量试用题补，并请通行各省，一体遵行。④

金铁请求雍正批准将广西学官中的翘楚选派到与广西情况类似的贵州、

---

① 〔清〕苏煜坡著，李寅生、周生杰校注：《萃益斋诗集校注》，上海古籍出版社，2017，第195页。
② 〔清〕李绂：《穆堂初稿》卷三九上，清道光十一年（1831）刻本，第3—4叶。
③ 〔清〕李绂：《穆堂别稿》卷四六，清道光十一年（1831）刻本，第1—2叶。
④ 广西壮族自治区通志馆、广西壮族自治区图书馆编：《〈清实录〉广西资料辑录》第1册，广西人民出版社，1988，第273—274页。

云南地区，补充进文官队伍。尽管此次上疏被雍正驳回，但由此可见地方官员对教师群体未来发展的关心；另一方面，这个建议几年后就有了回响，乾隆继位之初即发布上谕，称山长任满六年，如果"教术可观，人才兴起"，地方官可"奏请酌量议叙"，教师的上升通道被打开，地方官终于争取到了推荐优秀教师进入文官队伍的权利。

湖南善化（今属湖南省长沙市）人唐鉴以他的实际行动落实了清代广西地方官对书院的全方位关照。唐鉴是清嘉庆十四年（1809）进士，清道光元年（1821）始在广西富川等地任职，倡建五原学舍。十余年后唐鉴深情回忆当时情景，"余每一至，儿童绕膝捧书背诵者，竟日不绝。已忘余之为官，又岂自知其为瑶人哉"，"异日倘复莅彼都，昔之儿童当已成立，五源风俗当何如懿美耶"。① 在平乐时，唐鉴多次捐出自己的养廉银给道乡书院，仅据《谕发膏火田总管值年首士执照》一文记录就有4次共计1075两，唐鉴用这些钱帮书院购买了田产、商铺，为书院经费做长久规划。他还为书院做出了制度的设计，包括书院经费的收取、生员膏火银的具体数额及发放方式、附课生的录取原则等等，可谓事无巨细，周详规划，且亲自督促落实，尽心尽力。

从李彦章的《考试书院诸生策问》，我们可看到清代广西地方官在广西的所思所想，也能看出书院的考核内容。

> 问：为政大纲，不外兴利除弊。然兴利如理财，行一分则增一分之益。除弊如治病，早一日则得一日之安。本府莅郡经年，每怀靡及无处不悯吾民之苦，无日不思教化之行。惟是士气虽兴，而三大经之外，惜其无书可读。民劳虽甚，而千余里之广，惜其有利未筹。②

李彦章一口气抛出了数十个问题，涉及到地区社会治安、经济发展、民风学风的引导、百姓的户口、租税管理等等。很多问题都问到具体操作层面，如经济发展方面，问如何兴修水利，在哪里修，为什么百姓不使用龙骨车而只用戽斗。这些应该都是李彦章上任后直接面对且必须解决的一系列难题中的一部分，是真心希望从生长于斯的年轻读书人中获得解答或启发的。

---

① 〔清〕唐鉴：《唐确慎公集》卷三，清光绪元年（1875）刻本，第3叶。
② 〔清〕李彦章：《榕园文钞》卷五，收入《榕园全集》，清道光二十年（1840）刻本，第32叶。

文章最后李彦章说道：

> 均吾赤子，苦乐不均。今欲裕国计而恤民生，核实以清厘之，有何良策欤？至利之宜兴而未兴者，尚有何事？弊之宜除而未除者，尚有何事？皆能切言之否？本府诚求民隐，一体相关，且愿诸生等学为有用之才，故咨询亲切如此。其各勿存私见，勿摭浮词，但以确实可行者著于篇，是厚望焉。①

李彦章真诚期望书院培养的不是不切实际的死读书的迂腐书生，而是希望他们做"有用之才"，对社会现实、地区发展有自己的思考，能努力去解决问题而不是高谈阔论。这也是在地方官的引导下，清代广西书院较有特色的地方。

清光绪二十一年（1895）秋，顺德人周颂声被任命为武缘县（今属广西壮族自治区南宁市）知县。他上任伊始即主持修缮书院弊坏的建筑，为书院购买书籍，并作《岭山书院藏书记》。文章不长，全引如下：

> 武邑军兴以来，士风不振者垂三十余年。乙未秋，余宰是邑，蒿目民愚，痛心国瞆，益病邑人儒学之不修。邑向有岭山学舍，余筹金葺之，购藏书九十种，增廪给，聚生徒，日语以古今之宜，中外之故，唇焦舌敝，士犹瞠视而莫之大从。久之锢习渐除，稍稍知途径，然一试不获，则以为学问无益于科举，辄自钝其向学之铓，而人亦群起而讪笑之。至是而诸生犹不之信。余曰：呜呼！科举、学问，原不分途，自细儒视之以为歧。无学则无术，无术则无才，而天下之事变遂亟矣。昔祖宗设科以策士，累试以文，盖窥其胸中于笔下。胸中无物，笔下焉文？自二三典试，使臣不识圣裁。谬谬然以丛碎试学者，由是趋利之徒，遂改道而敝精于举业。余尝读班史《儒林传》，赞有云："自武帝立五经博士，开弟子员，设科射策，劝以官禄，讫于元始，百有余年。传业者浸盛，盖利禄之路然也。"古人以利禄而兴学术，今人以利禄而废学术，岂不重可哀耶！余莅任斯邑，常悯吾民之厄于愚，而思欲以士导之路。然则上济国艰，下扶乡困，余所望于诸生，与诸生所以日从事者，固甚远也，岂区区于一科一第而已乎？爱日以学，读书报国，

---

① 〔清〕李彦章：《榕园文钞》卷五，收入《榕园全集》，清道光二十年（1840）刻本，第33叶。

诸生勉乎哉！①

但广西武缘没有什么"向学"氛围，百姓愚昧，学校荒败，学习者只关注最终获益——中举，只想学习和科举考试直接有关的内容，对学问没有兴趣，也根本不理解官员的苦心。士人知识水平低，学习态度成问题，心理还十分脆弱，科举路上稍稍遭遇点挫折，便认为所学无用，就想退缩。周围人也看不起这些读书人，常常耻笑他们。周颂声苦口婆心劝导诸生，学问与科举、利禄之间的关系并不是他们以为的样子，认为他们对科举考试理解过于肤浅，科举考试是对人的综合、全面考察，"胸中无物，笔下焉文"，全然功利地学习写作时文不可能考取功名。他希望书院诸生提升人生境界，放大格局，放下个人私心，读书报国。

总之，客籍地方官在任所，只要书院需要帮助，地方官都能尽其所能，全力办理。广西书院得益于地方官群体的辛苦付出。尽管他们在广西的任期普遍都不是很长，但一代代、一批批人的接续努力，一点点地推动了广西地方的文化进步，正所谓"革俗由政，为政在人，不可诬也"②。这一点，书院的诸生十分认可，"规模宏敞，膏火充裕，百余年来诵读其中者，皆公赐也"③，"何幸卿云覆此方"④。

（二）"经明行修，足为多士规范"的山长群体

"山长"之称，起源于唐，因当时书院多办于山林间而得名。清代称"院长"，但人们依然喜欢使用"山长"一词。山长是书院教学、管理工作的具体承担者，一般由本省学有所成的著名士人担任，由官府选聘。清代广西著名山长见表一。

---

① 温德溥修，曾唯儒纂：《武鸣县志》卷四，民国四年（1915）南宁达时印务局铅印本，第64—65叶。
② 〔清〕汪森编：《粤西丛载》卷一七，民国石印本，第1叶。
③ 〔清〕李世椿修，〔清〕郑献甫纂：《象州志》纪地第一帙，清同治九年（1870）刻本，第52叶。
④ 〔清〕苏煜坡著，李寅生、周生杰校注：《萃益斋诗集校注》，上海古籍出版社，2017，第154页。

表一 清代广西著名山长

姓名	籍贯	出身	初授官	回乡原因	任职书院
刘定逌	广西武缘	清乾隆十三年（1748）进士	翰林院编修	清乾隆二十三年（1758）休致	浔阳、秀峰、宾阳书院
冯敏昌	广东钦州	清乾隆四十三年（1778）进士	翰林院编修	翰林同馆得罪权要，被挟及降官，请辞	河阳、端溪、粤华、粤秀等书院
张鹏展	广西上林	清乾隆五十四年（1789）进士	翰林院检讨	清嘉庆二十五年（1820）引疾归乡	秀峰、澄江、宾阳书院
吕璜	广西永福	清嘉庆十六年（1811）进士	浙江庆元知县	清道光五年（1825）被褫职	经古、秀峰书院
郑献甫	广西象州	清道光十五年（1835）进士	刑部主事	清道光十六年（1836）以"亲老乞养"为由辞归	洛江、德胜、庆江、榕湖、秀峰、象台、柳江、孝廉书院
朱琦	广西临桂	清道光十五年（1835）进士	翰林院编修	清道光二十六年（1846）辞官	秀峰、桂山书院
王拯	广西马平	清道光二十一年（1841）进士	户部主事	清同治四年（1865）辞官归养	榕湖经舍、秀峰书院
蒋琦龄	广西全州	清道光二十年（1840）进士	翰林院编修	清咸丰六年（1856）丁父忧，乞养母归乡	石鼓、濂溪、秀峰书院
周必超	广西临桂	清道光三十年（1850）进士	甘肃礼县知县	致仕后回乡	宣成书院
周璜	广西临桂	清同治七年（1868）进士	翰林院庶吉士	乞养归里	宣城、榕湖、桂山书院
蒋励常	广西全州	清乾隆四十五年（1780）举人	广西融县训导	清嘉庆十二年（1807）因事辞官	清湘书院
苏宗经	广西玉林	清道光元年（1821）举人	广西新宁州训导		紫泉、道乡、吉阳书院
苏煜坡	广西贺县	清同治六年（1867）举人	广西临桂教谕		临江书院

清代广西书院山长（不包括地方官临时充任山长者）均科举出身，如秀峰书院有记载的山长16人，其中翰林7人、进士6人、举人1人，不详2人。进士出身者大都曾任过官，多在较高级别的书院，或桂林附近书院任山长，几乎没有到县级书院任教的。举人出身者多有底层学官的任职经历，很少能在省城书院谋得山长位置。他们全部为广西籍，且呈现家族、师生簇生（聚生）的状态，如蒋励常与蒋琦龄是祖孙，周必超与周璜是父子，刘定逌的学生是张鹏展，张鹏展又教出了韦天宝，韦天宝的儿子韦丰华后来也在广西多地为山长，吕璜门下弟子有朱琦、龙启瑞、王拯、彭昱尧等。他们为山长的时间都较长，如刘定逌、郑献甫、周璜任山长的时间都有三十余年。山长有任期限制，但允许间隔一段时间后再次赴任，如刘定逌分别在清乾隆四十年（1775）和清嘉庆元年（1796）任秀峰书院山长，郑献甫也分别在清咸丰三年（1853）和清同治元年（1862）两度出任秀峰书院山长。

清代广西书院山长群体本身也是书院的受惠者，他们被书院成就，也成就后人。如韦丰华年轻时就读于秀峰书院，后在岭山书院、阳明书院、西邕书院等为山长十四年。如郑献甫，少年时代就读象州书院、柳江书院，后来主讲于德胜书院、庆远书院、榕湖书院、秀峰书院等。

清代官方一直在强调要给山长以较好的地位和待遇，如清乾隆元年（1736）曾下诏，"书院讲席，令督抚学臣悉心采访，不拘本省邻省，亦不论已仕未仕，但择品行方正、学问博通、素为士林所推重者，以礼相延，厚给廪饩，俾得安心训导"[1]。这段文字有两个要点：第一，山长是官僚体系之外的职位，不受避籍等制度约束，但必须是人品、学问都得到广泛认可的士人方堪此任；第二，地方官要尊重山长，要给他们好的待遇，让他们安心工作。

不同地区书院山长的待遇区别很大，有数十倍之多。如以下几例：

清乾隆二十八年（1763），贺县临江书院，"院长束脩二十八两"。[2]

清乾隆五十九年（1794），龙州暨南书院，"院长脩脯银二百两，薪水钱

---

[1] 据书同文古籍数据库《大清五部会典·光绪朝·钦定大清会典事例》卷三九五《礼部·学校·各省书院》，第3叶。
[2] 罗春芳修，玉昆山纂：《信都县志》卷五，民国二十五年（1936）铅印本，第40叶。

三十八千零五十文"。①

清乾隆六十年（1795），宜州庆江书院，"岁共计银一千二百六十两，院长聘金六两，束脩一百二十两，薪水银七十二两，节仪银四十八两。每月三课，酒席银各六钱，水火夫工食银六两"。②

桂林经古书院，山长每年"束脩薪水银四百二十两，三节节仪银十八两"。桂林桂山书院（也叫孝廉书院）院长"每年束脩薪水银四百二十两"。③

钦州东坡书院，"每年掌教束脩纹银一百二十两，供膳钱四十千文，两次节仪各洋银四圆"。④

我们可以用同期官员俸禄来比较一下山长的收入，《上思县志·食货志》载，"本州知州养廉银八百零六两，俸银八十两"，"本州儒学学正俸银三十一两五钱二分"，"本州儒学训导俸银三十一两五钱二分"。⑤上思书院山长的年收入是银6两，与从五品知州、正八品州学正、从八品州训导差距非常大，我们不能将乾隆的"厚给廪饩"理解为现实待遇。这笔资金不一定会一直保持，它取决于地方官对书院教育的重视程度及其理财能力。山长的收入可以与同期物价对比着看：清光绪十一年（1885）冯子材在越南获得一匹大象，经批准"安置太平府城内牧养，月给奴役工料银四十两"⑥，养一头大象比养省会书院的一位山长要贵许多。

看一下山长苏煜坡自己的描述：

> 客馆灯如一豆红，凉声满树又秋风。迢迢信滞楼头雁，唧唧音怜砌下虫。敢谓乐忧共天下，转惭温饱在胸中。无多奇字扬雄识，答问先愁腹笥空。⑦

---

① 李文雄修，陈必明纂：《龙津县志》第九编，民国三十五年（1946）修纂，广西壮族自治区档案馆1960年铅印本，第189页。
② 〔清〕英秀修，〔清〕唐仁纂：《庆远府志》卷一一，清道光九年（1829）刻本，第34—35叶。
③ 〔清〕吴征鳌等修：《临桂县志》卷一七，桂林市档案馆1963年石印本，中册，第205—206页。
④ 〔清〕朱椿年等修：《钦州志》卷四，清道光十四年（1834）刻本，第36叶。
⑤ 黄步青纂，黄大受修：《上思县志》卷三，民国四年（1915）铅印本，第33叶。
⑥ 〔清〕马丕瑶：《马中丞奏稿》卷一，收入《清代诗文集汇编》第718册，上海古籍出版社，2010，第604页。
⑦ 〔清〕苏煜坡著，李寅生、周生杰校注：《萃益斋诗集校注》，上海古籍出版社，2017，第75页。

苏宗经曾经也有过类似表述，"脩脯低颜聊果腹"①。韦丰华常在诗中叹贫，"枵腹谈经又尽年""何由救得此生贫"。②可见"厚给廪饩"并不见得能落实。否则，就不会有"家有五斗粮，不为孩子王"的俗语了。

待遇如何不论，清王朝对山长人品、学问的要求却是极高的。乾隆规定山长必须"经明行修，足为多士规范"，道光也要求他们"品学兼优"。被聘为山长的，其品行、学问都是当地的翘楚，有很高的声望和一定的影响力，经得起严格考验。这一点，大多数的山长是做到了。下面具体了解一下。

刘定逌于清乾隆十九年（1754）进士及第后授翰林院编修，清乾隆二十二年（1757）被弹劾归乡后以教授为生。自三十七岁起，刘定逌在广西四地五任山长，共四十六年，直至清嘉庆六年（1801）八十一岁高龄时还受聘宾州宾阳书院。刘定逌"潜心于穷理尽性之学"，著有《四书讲义》。他曾经针对《论语》中的"三难"："其言之不怍，则为之也难"（《宪问》）、"饱食终日，无所用心，难矣哉"（《阳货》）、"群居终日，言不及义，好行小慧，难矣哉"（《卫灵公》）撰成《三难通解训言》（简称《训言》）。《训言》主要谈的是修身、立志、向学问题。他提出人应该有"怍"，要改变懒惰、自暴自弃、不知羞愧的旧习，立志"学做好人，直向上去"，要读书穷理，循序渐进，"读正经之书，习正经之字，存正经之心，交正经之友，行正经之事，讲正经之话。毋畏难，毋苟安，毋因循，毋姑待，毋旁杂，毋间断，毋妄语，毋多言"。如此，才"上之，不愧为天地之肖子，为宇宙间有体、有用之完人；次之，亦不失为谨身寡过，保世、保家之子弟，才不辜负父母生下我来，出世一番"。决不能做"人世间一废物"，"有诗书不读，有师友不亲，有父母兄弟不知，有妻子不问，有身家不顾，把自己生来至虚至灵之本体，置之无用之地。如已槁之木、已死之灰"，也不许"讲的刻薄话、行的刻薄事。闻一正言则鄙为迂谈而不听，见一正行则鄙为迂阔之行而不亲"，这都是虚度少年

---

① 〔清〕苏宗经：《酾江诗草》卷三，收入《清代诗文集汇编》第582册，上海古籍出版社，2010，第38页。
② 〔清〕韦丰华著，丘振声、赵建莉点校：《韦丰华集》，广西民族出版社，2009，第268页。

光阴、败坏少年心术、废弛少年才华的行为。①《训言》与《秀峰书院学规》一起悬挂于书院讲堂百余年，是书院重要的精神传承。他要求诸生沉潜学问，不计名利，目光远大，诚实谦逊，做"有体、有用的完人"，"于三纲五常内，力尽一分，就算一分真事业；向六经四子中，尚论千古，才识千古大文章"②。

刘定逌要求学生的，也是他自己践行的。他以"理学名臣"陈宏谋为人生楷模，神交十年，寤寐思之，甚至有一天还梦见他到了自己家里（《辛巳三月朔日梦冢宰陈榕门先生枉顾寒斋诗以纪之》其二）。他一生辗转书院，安于贫寒，但从来也没有忘记家国与同胞，"曾闻陋巷难忘世，肯向长沮错问津，话到行藏千载梦，忧怀家国一时真。吾儒自有同胞志，饥溺情深那计贫"③，表现出封建时代知识分子的风骨与情怀。也正因此，他的学生张鹏展称他"殚精四子书及先儒语录文章，卓然成家"④。大学士蒋攸铦在为其所作墓志铭中称赞他德行如"漓江之水，清且涟兮"，学问如"独秀之峰，高不蹇兮"，与书院山长"经明行修"的标准完全契合。⑤

广西玉林人苏宗经长于史，有《读史管见》《明史约编》《鉴史精华》《坊表录》等学术著作，还编撰了《广西通志辑要》。他中举后做过学官，清道光十年（1830）后在广西多地书院为山长，有丰富的书院教育经验。他提出教育的三重境界：

> 学问之道，为师者首以道德，其次以言，其次以文艺。以道德者，躬行纯实，不用告诫，自然使人默化潜孚。以言者，本其达古通今之学，讲明圣贤立身应世之理，使人入耳警心，变化气质。以文艺者，通晓文章之规矩绳墨，而于人之所作，改头换尾，削冗剪繁，如匠人之所为也。⑥

苏宗经指出，教师可以教给学生的东西很多，教育学生的方式也多种多

---

① 温德溥修，曾唯儒纂：《武鸣县志》卷一〇，民国四年（1915）南宁达时印务局铅印本，第84—85叶。
② 〔清〕梁章钜辑：《楹联丛话》卷八，清道光二十年（1840）环碧轩刻本，第3叶。
③ 欧阳若修等编著：《壮族文学史》第2册，广西人民出版社，1986，第599页。
④ 〔清〕张鹏展纂：《峤西诗钞》卷五，清道光二年（1822）刻本，第140叶。
⑤ 黄庆勋主编，武鸣县志编纂委员会编：《武鸣县志》，广西人民出版社，1998，第919页。
⑥ 〔清〕苏宗经：《慎动斋文集》卷一，收入《清代诗文集汇编》第582册，上海古籍出版社，2010，第368页。

样。教师如果以最高的道德标准要求自己，亲为表率，就会有好的教育效果。仅仅教给学生作文技巧和应试策略，只是一名教书匠，是教育的最低境界。皇帝对山长的"经明行修，足为多士规范"的要求已内化为教师的思想自觉。

郑献甫曾在10所书院（广西境内8所）任职，是清代广西书院山长中文学成就高、影响大、著述丰者。他的经学成就突出，《四书翼注论文》等经学成果得到好评，有"两粤宗师"的美誉。①学界也有许多专门的研究，不再赘述。这里主要了解一下郑献甫作为书院山长的日常生活及情感等，他在《秋思在秀峰书院作八首》写道：

> 富贵过黔娄，温饱过伯夷。寿考过颜回，安乐过启期。今我较古人，天岂有所亏。文章本公器，学问当自为。拳石比太华，自处何太卑。一代不数人，不知当属谁。②

这首诗是比较典型的山长心态：自嘲、洒脱与自信。山长群体整体的收入状况不好，社会地位不高，但生活相对安宁，工作也比较简单，只要专心学术就可以。而且，最为宝贵的是，他们从来没有丧失知识阶层的自信与骄傲，表现出虽处卑下而决不妄自菲薄的人生态度。最后一句，是郑献甫对山长生命价值的思考，一代不过数人能青史留名，自己很难是其中一员，但去世后一定还会有人记得。

郑献甫留下了很多描写书院生活的诗，如《闲居象台书院》《新秋寓象台书院偶拈》《城外小饮至暮归讲院》等。这些诗，在对自然的凝视与古人的神交中，表现出一个知识分子生活的寂寥与内心的充盈，"卷帘平看山，英英白云起"③，"热云挟雨驱双雁，远水涵山点数鸥。草色花香生气在，江天无际自凝眸"④。

郑献甫曾在其自传中称，"少年受知于上元伍实生中丞，中年见重于泰安程酉山太守"⑤。"伍实生中丞"即伍长华，字实生，任右江道时修复了柳江书

---

① 蔡显良：《张敬修评传》，团结出版社，2020，第118页。
② 〔清〕郑献甫：《补学轩诗集》卷五，清咸丰十一年（1861）采菽堂刻本，第16叶。
③ 〔清〕郑献甫：《补学轩诗集》卷一〇，清光绪五年（1879）黔南节署刻本，第12叶。
④ 同上书，卷一〇，第7叶。
⑤ 〔清〕郑献甫：《补学轩文集》卷三，清咸丰十一年（1861）刻本，第80叶。

院，选拔郑献甫进入书院读书。清同治八年（1869）郑献甫受聘为山长时，看到书院的荒败，作诗感叹道：

记得龙门早夺标，笑随鱼队共乘潮。西川立学如文党，南斗占星拜伍乔（时上元伍实生观察右江提倡书院）。心赏有人曾入幕，手栽无树不干霄（院中肄业，金渔庄学博，鄢勖斋、严墨庄两大令及献甫，皆以乙酉隽）。今来重拥皋比坐，惭对诸生作解嘲。①

回忆当年的读书生涯，他首先想到的是被选拔入书院时的兴奋和隆重的入学仪式，想到的是伍长华对自己的欣赏与培育，想到伍长华在任期间书院的辉煌。如今自己为书院讲习，能力可能有限，也许会被嘲笑，就仿效扬雄解释一下吧。尾联以"解嘲"戛然而止，既可能暗含了"解嘲"中的愤懑之情与落拓之志，也有可能是自谦之辞，说自己难堪重任。

郑献甫"中年见重于泰安程酉山"。"泰安程酉山"即程灿策，字酉山，泰安人，清道光十二年（1832）进士，二十四年（1844）为庆远知府。与郑献甫交往密切，曾捐俸刊印郑献甫的《补学轩制艺》，郑献甫赋《程酉山太守代刊〈补学轩制艺〉赋此志感》诗四首以致谢。四首诗用大量典故表达了两层含义：赞颂程酉山，自我谦抑。正用的有孔融的推荐祢衡、扬雄的"童子雕虫篆刻，壮夫不为"、《唐摭言》中郑光祖兄弟的"苦海"等，反用的有徐陵为魏收藏拙、刘邕嗜痂等。典故外还有比喻，如"鼓吹待开炎海雾，流行真托泰山云"。每首诗的最后一联多直接表达忧虑，如"抚心惭甚扪心感，耿耿寒灯照案头"（其一），"恐负先生赏鉴殷"（其四），担心文章质量不高而辜负程酉山的盛情。受惠于人，无以回报，知识分子的清高又不允许他们过分谄媚，典故的使用便能将感恩戴德之情表达得充分而雅致秀丽，超脱凡俗。

清同治十一年（1872），郑献甫七十二岁。这年春天，广西巡抚刘长佑恢复了桂山书院，请郑献甫去担任山长。他写有一组四首诗，在诗中他一方面自嘲衰老，表达谦卑，同时也兴致勃勃，充满期待，如第四首：

青眼如初白发新，精庐聊与拂行尘。闲来东阁观奇士，又向西都作大宾。自笑钟君偏爱我，谁知烛武不如人。起居且喜无拘束，补缀书生未了因。②

---

① 〔清〕郑献甫：《补学轩诗集》卷九，清光绪五年（1879）黔南节署刻本，第4叶。
② 同上书，卷一二，第1叶。

与上一组表达感激的诗不同，这一组诗写得十分放松。尽管依然是大量用典，但典故用得更加不露痕迹，用"钟君"——钟子期的摔琴谢知音比喻刘长佑对他的欣赏和信任，以《左传》烛之武比喻自己的年老。尽管已垂垂老矣，为山长几十年，但郑献甫依然兴味盎然。也就是这一年，郑献甫生命走到了尽头，他去世在山长的岗位上。二十四年后，榕湖书院将其神位请入书院崇祀。

从刘定逌、郑献甫的身上，我们能看到清代广西书院山长群体的"经明行修，足为多士规范"，他们对学术、教育的热爱，他们的谦抑与淡泊、通达与无奈。他们受知于当地的客籍文官，对他们的教诲、提携之恩身怀感激。他们分布于广西大地上，绝大多数人默默无声、坚韧持久地传承着传统文化，作为地方生动活泼的"多士规范"，制约并影响着一个地方的学风、文风以及民风。

（三）"奋发濯磨、文行交修"的诸生们

书院是精英教育，有严格的招收数额（学额）的限制，"民之秀者，已升之学矣；民之尤秀者，又升之书院。升之学者，岁有饩；升之书院者，月有饩。此育才者甚盛意也"①。书院的招生对象不尽相同，宣成书院课童生（未取得秀才资格的人），秀峰书院课诸生（通过考试进入中央、府、州、县学的学生，包括贡生、监生、增生、廪生等），孝廉书院专课举人（乡试中式者，俗称"老爷"，雅称"孝廉"），但共同的一点是，只有一地最优秀的人才，如李绂所称"果有气质端醇、才优学赡者"才有机会"取入书院读书"。

书院正课生与附课生有"饩"，主要是膏火银，数额不等，有地区、书院以及考课等级的差别，大多数是每人每月一两银左右。此外，还有一些其他福利。如根据考试名次发放的奖励，"官师课前四十名，每名膏火银二两，按月请领。会试预支一年，按本年考案发给"②。如宣成书院是供给食宿，每人每月发放膏火银八钱，"不住院者减二钱"。③象江书院是每名每月米二斗。还有赶考的盘费，考取后还有奖励。如平乐道乡书院规定，"每年膏火薪水之余，遇有乡试，值首与书院肄业生员中式，奖以银二十两或十六两，作为锦袍之赠，

---

① 王英志编纂校点：《袁枚全集新编》第6册，浙江古籍出版社，2015，第419页。
② 〔清〕吴征鳌等修：《临桂县志》卷一七，桂林市档案馆1963年石印本，中册，第206页。
③ 同上书，卷一七，中册，第205页。

误中副车及拔萃科者折半"①。

　　清代广西书院均为考课型书院,以科举考试内容为教学内容,主要教授经学、史学和治术、制艺、试帖诗、书法等。平时以自学为主,每月集中授课两次,分别由地方官和书院山长主讲(官课、师课),时间基本是每月的月初和月中。进度上,一般是先专攻一经,后徐及余经。每月课试以时文为主,兼及策论、表判。生员必读书目包括钦定《易》《书》《诗》《春秋传说汇纂》《性理精义》《通鉴纲目》以及御纂"三礼""三通"等书。②

　　生员通过选拔才能入书院读书,学习过程中还有各类考试考核,不合格或有违背院规者随时可能被逐出书院。清顺治九年(1652)的卧碑文中有"上报国恩,下立人品"的要求。乾隆即位之初发布上谕,规定"负笈生徒,必择乡里秀异沉潜学问者,肄业其中,其恃才放诞、佻达不羁之士,不得滥入。书院中酌仿朱子白鹿洞规条,立之仪节,以检束其身心……有不率教者,则摈斥毋留"③。清乾隆九年(1744)又下令,"各省督抚会同学政,将现在书院生徒细加甄别,务使肄业者皆有学有品之人,不得莠良混杂"④。清道光十五年(1835),强调"肄业生童,必须严加甄别,不得瞻徇情面,滥行去取"⑤。从这几条上谕可见,重视人品是儒家思想的内容,也是清代教育要求。各地官员在注重生员的人品方面是非常一致的,如李绂"所望于尔诸生者甚大。尔诸生务宜奋发濯磨,文行交修,以副本部院期望至意。其有操履粹白,学殖日新,文章华茂者,本部院别加优奖,即储为将来荐剡之地"⑥。

　　清代广西书院在选拔、培养和考核生员的过程中,较注重以下几点:第一,生员对知识的热爱与追求。如乾隆的"沉潜学问",要让那些热爱读书、沉浸、享受读书生活的人到书院学习;如宣成书院"师弟子至改岁率不归其家,除夕咿唔之声达于元旦"⑦。第二,平和、中正、内敛、稳重、服从的性

---

① 〔清〕唐鉴:《唐确慎公集》卷五,清光绪元年(1875)刻本,第21叶。
② 据书同文古籍数据库《大清五部会典·光绪朝·钦定大清会典事例》卷三九五《礼部·学校·各省书院》,第5叶。
③ 同上,卷三九五《礼部·学校·各省书院》,第3叶。
④ 同上,卷三九五《礼部·学校·各省书院》,第4叶。
⑤ 同上,卷三九五《礼部·学校·各省书院》,第11叶。
⑥ 〔清〕李绂:《穆堂别稿》卷四九,清道光十一年(1831)刻本,第19叶。
⑦ 〔清〕李绂:《穆堂初稿》卷三四,清道光十一年(1831)刻本,第3叶。

格,即"温柔敦厚"。在清代,恃才傲物、轻佻的行为以及激烈的言辞、不节制的情感表达都是不允许的。地方官也注重在各种场合给生员灌输"温柔敦厚"的理念,如清康熙二十五年(1686)梧州知府陈天植修复观澜书院后说,"吾闻士子之习于斯者,毋务虚名而忘实行,毋发春华而弃秋实。行治于躬,孝行于家,礼让行于乡,使民有所观感,而蒸蒸然日底于善。此余之志也,此余所以命名之意也"①。李绂给宣成书院的生员规定,"如有言行违反,燕僻怠荒,或恃一日甄擢,因而意气扬扬,恣睢里巷,佻达城阙,此则浮薄不材之甚,无足陶铸者。访闻有此,立加摈斥,决不使一莠之滋,乱我嘉禾也"②。

清代书院,生员的道德、品行教育始终被置于首位:

> 今夫学者何?所以学为人而已。学为人者何?亦去其不善以复于善而已。③

对品性的要求也反映在对科试诗文风格的规定上。《广西乡试告示》要求"诗体以和平庄雅为擅场,其用俚俗不典及一切萧飒字句者,断难合格"④,这里的三点要求,"和平庄雅"是总体风格,"俚俗不典""萧飒"与"和平庄雅"的风格、儒家"温柔敦厚"的要求相违背,这种风格的诗歌必然会被黜落。历史上也确实发生过有违"和平庄雅"原则而不被录取的事例,如清乾隆二十三年(1758)冯敏昌应府岁试,答卷中用了"贪官污吏""剥削民之脂膏"二语,卷子上被学使"大书'触目'二字于上,遂不录"。⑤

科举考试的试策分时务策和经史策。时务策是专谈社会政治问题,考察的是生员们的政治才能与见识——"用",生员试策也必须"和平庄雅"。清嘉庆二十年(1815)郑献甫在象州读书时,有两道时务策——《象台书院官试》,借此我们可了解一下清代广西书院的考核内容、试策风格,也能看出书院生员的时务水平。

策一问:象郡遭遇覃四倡乱多年,现在初步平定了,地方该如何办理善后

---

① 〔清〕谢启昆等纂:《广西通志》卷一三七《建置略十二·学校五》,清同治四年(1865)补刻本,第10叶。
② 〔清〕李绂:《穆堂别稿》卷四九,清道光十一年(1831)刻本,第19叶。
③ 何其英修,谢嗣农纂:《柳城县志》卷八,民国二十九年(1940)铅印本,第85页。
④ 〔清〕钱载:《萚石斋文集》卷一九,清乾隆刻本,第8叶。
⑤ 〔清〕冯敏昌:《小罗浮草堂文集》卷首年谱,清道光二十六年(1846)刻本,第1—2叶。

事宜，才能实现长治久安？郑献甫回答说象郡数年来的混乱都是本地人为害，所以首先必须趁着大兵的威慑力尚在，根据被俘者提供的信息，"不露风影，不动声色，率各团之公正办事者编查户口，隐拘贼党，务令一一就戮"，还需要委派得力之人挨家挨户造册登记，每人一纸，签字声明"并无寄居匪人，容留贼党，如有隐瞒，别经查察，合村甘与同罪"。人们害怕被牵连，自然就会暗中将那些曾经主动参与叛乱的人供出。查清之后，官员可对于地方的户口、地势、人情，"已朗然心目之间"。如此善后，"则地方之事省，地方之人安，而病根可从此渐除矣"。

第二道策论紧接第一题问：当城市核心区域叛贼都已经清除后，如何消灭附近山林中的残余势力，如何防止他们再度作乱？按照惯例，应当组织一支队伍在各处驻守，但长期的动荡之后，官府、民间钱财均已耗尽，无力维持队伍的开销，问"必如何设法乃能成斯长策，远杜贼萌欤？抑另有他计，可期永久无事欤"。这问题，地方官觉得十分棘手，希望书院生员给些建议。郑献甫回答说不必专门组织队伍，只要延续目前现状，"隐伏者咸与搜寻，潜回者密与禀报，疑似者相与盘诘，停留者显与杜绝，盗之踪迹易明，民之擒捕亦易奋"，理由一是无论官方还是民间都没钱了，二是成立队伍很有可能带来新的隐患，"安分之民必不肯为勇，游手之辈必不免生事"。郑献甫用治家为喻，"譬之艰难立家，惟修治田园，约束子弟，申明夏楚，共守藩篱"，概而言之就是不折腾，"冀其难自主者，不若尽其能自为者"，不抱"永久无事"奢望，直面现实，解决遇到的每一个问题。郑献甫在此文中提出了"治民如治病也，但保养而已；治盗如治痈也，必决去之乃可"的行政理念。①

尽管当时的郑献甫只有十五岁，但面对清末广西复杂的形势，他提出的办法，即便以今天的视角来看，也是切实可行的。由这两篇策论的出题及回答情况看，清代书院的教育有很强的现实关怀和实践品格。出题人是真正需要有人出谋划策，没有标准答案，也不高高在上，没在题目里设计陷阱，或明知故问。答题人不敷衍，有见地，表现真率直接。

---

① 〔清〕郑献甫：《补学轩文集续刻·散体文》卷一，清同治十一年（1872）桂林杨鸿文堂刻本，第 11—14 叶。

四、清代广西书院的思想导向——"儒家社会意识形态的穿透性"①

祭祀、讲学、藏书、学田是书院四大事业,除学田外,均是清代广西书院思想导向的集中体现。

（一）从祭祀对象看书院价值导向

"有一学则有一庙"②,书院的"庙"里大多祭祀儒学先师、理学名士、名宦乡贤、传说神人。前三类表达"尊先师、重圣教、正人心"③的教育目标,祭祀儒学先师和理学名士,主要规范、指引学习者的思想品性、人格境界、人生作为。第四类是书院（其实也是所有读书人的）现实功利愿望的表达,如祭祀文昌和魁星。魁星中的第一颗星是文昌星,主管天下读书人的功名利禄,含有文笔大昌、金榜题名、独占鳌头、领袖群伦的科举高中的希望。很多书院专门建有文昌阁、魁星楼,表达天下所有读书人的愿望,这是清代所有书院都会有的祭祀对象。

宜州的龙溪书院祭祀周公、孔子、孟子、朱熹,桂平浔阳书院、平南武城书院均祭祀周敦颐、程颢、程颐三位理学家,荔浦荔川书院祭祀理学谱系中的全部代表人物,韩愈、周敦颐、朱熹、二张、二程。桂林的宣成书院祭祀与桂林有关的两位理学家张栻、吕祖谦,《临桂县志》引《续文献通考》言,"宋景定间,经略朱祀孙以张栻、吕祖谦尝游此,合二公谥为名,请建书院,理宗书额赐焉"④。宋淳熙元年（1174）,张栻授知静江府,经略安抚广南西路,宋淳熙二年（1175）抵桂林,宋淳熙五年（1178）离开,在桂林前后4年。吕祖谦外祖父曾为广西转运使,父亲吕大器"在桂林甥馆",宋绍兴七年（1137）二月吕祖谦在桂林出生,第二年十一月离开,属于出生在桂林的著名历史人物。贺县的临江书院祭祀周敦颐和林勋。周敦颐出生于贺县,"宋周濂溪发祥于桂岭之地,桂岭古属贺州,其父周辅成为桂岭令,生濂溪"⑤,莲塘旧址前建有周子祠,"祠在桂岭墟南偏西半里许,祠前有塘,宋天积（禧）年间,周辅成

---

① 何炳棣著,徐泓译注:《明清社会史论》,中华书局,2019,第64页。
② 〔清〕苏宗经:《慎动斋文集》卷四,收入《清代诗文集汇编》第582册,上海古籍出版社,2010,第446页。
③ 〔清〕吴征鳌等修:《临桂县志》卷一三,桂林市档案馆1963年石印本,中册,第39页。
④ 同上书,卷一四,中册,第73页。
⑤ 韦冠英修,梁培煐、龙先钰纂:《贺县志》卷六,民国二十三年（1934）铅印本,第29叶。

为桂岭令时，塘莲甚茂，遂生茂叔，后里人建茂叔祠于上"①。林勋则是贺州土著，宋政和五年（1115）进士，《宋史》有传，曾为桂州节度掌书记，上《比较书》两篇，得到宋高宗的肯定，朱熹、吕祖谦、陈亮、张栻等也曾表示过对他的赞许。光绪《贺县志·艺文》首篇收其《本政书》，民国《贺县志》称"其思虑周密，上可裕国，下可足民，法诚善矣"②。周敦颐和林勋二人均是秉持理学思想，品行高尚、脚踏实地、积极有为的地方官，贺县人祭祀他们是期待"都人士道学有宗，必能大启文明"③。

大多数书院除了祭祀理学家外，还祭祀名宦乡贤。"宦于其地而去后见思，是为名宦；生于其乡而众共称贤，是为乡贤"④，名宦和乡贤都是在历史上有贡献，在本地区知名的人物。如王阳明，广西祭祀他的书院有德保的秀阳书院、容县的绣江书院、思恩的阳明书院（思恩府阳明书院除祭祀王阳明外，还祭祀"道学五子"）等。

清代广西书院祭祀较集中的名宦是唐宋时期贬谪来的官员。如柳州柳江书院以柳宗元为文化标杆，"文章得如柳，可以止矣"⑤，书院生员有意识地学习柳宗元，模仿柳宗元的文章风格，如王拯的古文"在唐宋八家中，气体于柳子厚、苏东坡为近；特为子厚之警遒，而无其雅练"⑥，再如清嘉庆二十二年（1817）就读于柳江书院、辞官后又回到柳江书院任教的郑献甫说"天地有生机，文字忌死句。撦实与摹空，总无自得趣。风云胜星辰，舒卷百态生，江河胜山岳，浩荡万里行。一活而一呆，如出两般手，此骑天马飞，彼跨土牛走"⑦，主张创作中要真实表达自我感想而不必盲目模拟、效仿古人，与柳宗元散文主张一致。全州清湘书院是宋嘉定八年（1215）为纪念柳开而建，柳开"宋端拱间来刺全州，筑室读书于山中，嘉定八年郡守林岊即其地为读书堂。宝庆三年赐额曰'清湘书院'，而旁为柳侯立祠焉……所谓读书堂，即清湘书

---

① 韦冠英修，梁培煐、龙先钰纂：《贺县志》卷九，民国二十三年（1934）铅印本，第5叶。
② 同上书，卷六，第29叶。
③ 同上书，卷六，第61叶。
④ 〔清〕吴征鳌等修：《临桂县志》卷一三，桂林市档案馆1963年石印本，中册，第46页。
⑤ （民国）柳江县政府修，刘汉忠、罗方贵点校：《柳江县志》，广西人民出版社，1998，第311页。
⑥ 钱基博：《中国文学史》，中华书局，1993，第1108页。
⑦ 〔清〕郑献甫：《补学轩诗集》卷八，清咸丰十一年（1861）采菽堂刻本，第5叶。

院，即今相传之柳山书院，而又谓之清湘书院者，以赐额而得名也"①，清湘书院因柳开而建，除祭祀柳开外，还祭祀周敦颐、程颢、程颐、张载、朱熹等理学家。合浦了斋书院以北宋探花陈瓘的号命名，陈瓘曾被贬廉州，合浦人在陈瓘读书处设立了祠庙纪念他，后又建为书院，内设陈瓘神位。平乐道乡书院以邹浩的号为名，邹浩曾被贬昭州（今属广西壮族自治区桂林市）近三年，"明嘉靖间，涔涯李公得断碑于道，知有道乡书院，而莫详其始。厥后太守龙公大有因而创建，以祀忠公，此书院所由兴也"②。此外，还有宜州龙溪书院祭祀黄庭坚，横州淮海书院祭祀秦观，钦州东坡书院祭祀苏轼，玉林勾漏书院祭祀吴元美。他们都曾驻足广西某地而被当地官民追念，成为了地方的文化标志，是当地学子追崇、学习的对象。

清代广西祭祀乡贤的书院有梧州的传经书院。传经书院原名回澜书院，清雍正三年（1725）知府徐嘉宾复建并改名"传经"，祭祀汉代经学家陈元，"大江以南经学，自陈长孙先生父子始。左氏借其言，得立学南方，学者当百世祀之而不祧者也。先生苍梧人，于梧士尤为亲切。适梧州徐守辟书院课士，来请名，因题曰'传经'，俾梧士知兴起焉"③。祭祀陈元的还有秀峰书院，巡抚谢启昆"于厅事中立陈祭酒长孙氏木主，率诸生以时致祀，使有所矜式"，"粤西自昔称荒服，然汉时陈君父子崛起苍梧，传左氏绝学，南方州郡经学之盛，未有先于粤西者。乃后或衰息，人材不古，若者何与"。④两书院祭祀陈元，有铭记地方优良传统，以古代乡贤激发自信，激励士子奋发努力的意味。藤县的三元书院祭祀连中三元的宜州人冯京。阳朔的寿阳书院祭祀曹邺，所宣扬的是科举功名，"曹邺之以科第破荒，沿宋迄明，一门而成进士者七，同时而擢台谏者三，辉美后先，至今犹啧啧人口"⑤。清道光二十年（1840），李彦章去世四年后，思恩府官民感念他对思恩的贡献，在西邕书院祀奉他。清光绪二十二年（1896），榕湖书院祀郑献甫于西舍，"以郑先生主院最久且疾终于

---

① 〔清〕蒋励常著，蒋世玢等点校：《岳麓文集》，广西人民出版社，2001，第11页。
② 〔清〕全文炳修，〔清〕伍嘉猷纂：《平乐县志》卷一〇上，清光绪十年（1884）刻本，第39叶。
③ 〔清〕李绂：《穆堂初稿》卷一八，清道光十一年（1831）刻本，第37叶。
④ 〔清〕吴征鳌等修：《临桂县志》卷一四，桂林市档案馆1963年石印本，中册，第66页。
⑤ 张岳灵修，黎启勋纂：《阳朔县志》卷三，收入《中国方志丛书》第204号，成文出版社，1975，第344—345页。

此也"①。

清人认为是这些广西的名宦乡贤推动了广西文化的传播：

> 广西夷僚杂居，古为藩服，文物普遍，今类中州。盖由张栻、吕祖谦之道化被于桂，范祖禹、邹浩之正气行乎昭，柳宗元之文声著乎柳，冯京、黄庭坚之德誉动乎宜，二陈（陈钦、陈元）、三士（士赐、士燮、士壹）之经学启乎梧，谷永之恩信、陆绩之儒业播乎浔，马援之约束布于邕，踏义咏仁，月异而岁不同。甚至交趾之界，瑶僚之居，弃卉服而袭冠裳，挟诗书而延儒绅，大平诸军，材贤渐出。由是观之，革俗由政，为政在人，不可诬也。②

理学家、名宦以及乡贤一起成为了广西思想、文化、教育上的标杆，持续不断地、广泛地导引着广西士子，于是，理学成为清代广西书院的主流思想。强调道德养成，看淡名利，积极务实，是清代广西书院总体的精神风貌。

（二）基于藏书与读书的考察

书院有什么书？生员读什么书、怎么读书？如何考察读书效果？这都是书院的核心问题，显示着书院的思想导向和教育水平以及地区差异，所含文化信息丰富，值得深入探讨。

据《清史稿》记载，清朝最高学府国子监监生所读书主要有"四书""五经"《性理大全》《资治通鉴》以及"十三经""二十一史"等。清人的读书，大致以此为中心。如清乾隆元年（1736），"各督抚动用存公银两，购买'十三经''二十一史'，发教官接管收贮，令士子熟习讲贯"，各省书院要"多贮书籍，于造就之道有裨"。当年三月"十三经"和"二十一史"即已到了各书院及府、州、县学。清乾隆九年（1744），各地又公费置办"三通"，各地书院出现了学习"三通"的小高潮。③

"五岭之外，书籍维艰，圣经贤传，内而身心性命，外而经济谟猷之书，不特目所未见，抑且耳所未闻。即岁、科两试，士子不作《学》《庸》文，固

---

① 〔清〕吴征鳌等修：《临桂县志》卷一四，桂林市档案馆1963年石印本，中册，第80页。
② 胡朴安：《中国风俗》（上），吉林出版集团股份有限公司，2017，第340页。
③ 〔清〕梁廷楠纂：《粤秀书院志》卷六，清道光二十七年（1847）刻本，第2—3叶。

可见其一斑矣"①,广西书籍缺乏,搜集图书、扩大书院藏书量是广西地方官与山长倾力做的一件事情。清雍正初,广西巡抚李绂"将本衙藏书切于诵习者,发给书院",又给宣成书院"发银一百七十两,委桂林章守于苏州购买各书;又发银一百两,委全州张牧于江宁购买各书"。②此外,李绂还为书院刊刻了国子监指定学习书目——《韩子粹言》;即将离开广西时,他又将自己二十九岁主教秋山书院时所作的《秋山论文》印发给大家,他说当时的自己"学浅识疏,于文事亦未有定见",但因卸任在即,便以此方式来弥补不能继续与诸生讲解的遗憾;③此外还刻印了书院诸生试课诗文及四书文的合集——《广西造士录》,"传之四方,以见粤士之才之盛,而造之者不可不亟崇其术也"。④在李绂的支持下,宣成书院终于"经史子集,颇已足用"了。李绂还为书院制定了图书管理制度,"第恐典守无人,稽查不力,将来散佚可虞。桂林首郡,宜专责成,为此合行该府,将册开书目,亲诣书院稽查,即会商书院师长,作何藏贮?委令何人看守?从长酌议。并将来该府升转,作何交代?妥议成法,并钞书目,详明司道,公同核议"。⑤类似李绂这样的地方官在清代广西非常普遍,如平乐知府胡醇仁曾重修道乡书院并捐置书籍。

清代广西书院的藏书数量普遍不多,其中最多的是圣谕、钦定书籍,其次是经学、理学著作,史部书、集部书很少。有些县级书院甚至没有任何一种总集或别集。

清光绪年间刻印的《镇安府志》中有一份秀阳书院藏书目录,它的藏书来自两个人:广西巡抚马丕瑶和镇安知府羊复礼。羊复礼个人捐赠近百种,"由府署藏书内移发"二十八种。秀阳书院绝大多数的书是"安阳马中丞"马丕瑶所颁发。马丕瑶于清光绪十三年(1887)八月升为广西布政使,十四年(1888)正月抵任,次年七月暂行护理巡抚,八月被正式任命为广西巡抚,十八年(1892)正月以母忧去职。清光绪十五年(1889)上任伊始,他便上疏

---

① 〔清〕谢启昆等纂:《广西通志》卷一三六《建置略十一·学校四》,清同治四年(1865)补刻本,第4叶。
② 〔清〕李绂:《穆堂别稿》卷三七,清道光十一年(1831)刻本,第1—2叶。
③ 同上书,卷四四,第1叶。
④ 〔清〕李绂:《穆堂初稿》卷三四,清道光十一年(1831)刻本,第3—4叶。
⑤ 〔清〕李绂:《穆堂别稿》卷四七,清道光十一年(1831)刻本,第2叶。

称广西"兵燹后藏书悉毁,旧板无存,无以为绩古培才之助",请求光绪"饬下江南、浙江、广东、湖南北、四川六省,将局刊经史等书,刷寄来粤"。光绪准旨,令六省分别用各省自己的经费为广西刷印一批书,"计两江督臣咨送书三十二种,江苏抚臣咨送书七十五种,浙江抚臣咨送书二十种,广东督抚臣咨送书六十七种,湖北抚臣咨送书一百七十三种,湖南抚臣咨送书十六种"。后来马丕瑶发现遗漏了书籍大省江西,又从该省书目中"择其最要而为他省所未有者一十八种,函致江西抚臣,亦承印寄"。马丕瑶此番举动,使得广西得到了四百零一种万余卷图书,每种书十套。马丕瑶把它们分发给桂林、梧州、浔州(今属广西壮族自治区桂平市)、柳州、百色、归顺(今属广西壮族自治区百色市)等地,至此广西"裒集群籍,蔚为大观。其中经史巨帙,凡艺林承学之士所当家弦户诵者,固已灿然美备;即名物象数、专门撰述,亦颇并蓄兼收"。马丕瑶令各地接收图书后建造书楼,楼上藏书,楼下阅览,建在桂林的桂垣书局后来印刷了大量的书籍,成为广西文化史上浓墨重彩的一笔。①

从秀阳书院的藏书看,清代广西书院的藏书有它明显的特点。钦定图书、圣谕类图书相当齐全,与科举考试相关图书齐全。还有一部分"治书"——教授未来官员为政的书籍,如徐栋编《牧令书辑要》、吕坤《实政录》、杨景仁辑《筹济编》、汪志伊纂的《荒政辑要》、李颙《司牧宝鉴》、倭仁《蚕桑辑要合编》《吏治辑要》、吴荣光的《各国条约》《通商税则善后条约》《吾学录初编》等。当代学者的"专门著述"也较为齐全,尤其是经部、史部著作,如阮元编的《皇清经解》一千四百八十二卷,撰写的"《曾子注释》四卷、《周易校勘记》十一卷、《尚书校勘记》二十二卷、《毛诗校勘记》十卷、《周礼校勘记》十四卷、《仪礼校勘记》十八卷、《礼记校勘记》六十七卷、《春秋左氏传校勘记》四十二卷、《春秋公羊传校勘记》十二卷、《春秋穀梁传校勘记》十三卷、《论语校勘记》十一卷、《孝经校勘记》四卷、《尔雅校勘记》八卷、《孟子校勘记》十六卷、《车制图考》二卷、《积古斋钟鼎彝器款识》二卷、《畴人传》九卷、《揅经室集》七卷"②,阮元的著作基

---

① 〔清〕马丕瑶:《马中丞遗集》卷二,收入《清代诗文集汇编》第718册,上海古籍出版社,2010,第628页。
② 〔清〕羊复礼修,〔清〕梁年等纂:《镇安府志》卷一五,清光绪十八年(1892)刻本,第7叶。

本齐了。清代学术史上的著名人物的著作，如顾炎武、钱大昕、戴震、段玉裁、孙星衍、凌廷堪、焦循、王念孙等的著作都在其间。广西本籍士人的著作，如陈宏谋、郑献甫、王拯、苏宗经都有较齐全的收录。集部图书最少，前代文集只有《文选》《靖节先生集》《王阳明先生全集》《楚辞集注》等寥寥数种，没有儒家外其他各家的著作。由此可见清代考课型书院重学术研究，重儒家思想的传承，轻情感抒发的倾向。

乾隆朝《钦定大清会典》载清代府、州、县学的教材主要有《御纂经解》《性理大全》《古文辞类纂》及校订"十三经""二十二史""三通"等。《清朝文献通考》记载大致相同，有"四子书""五经"《性理大全》《资治通鉴纲目》《大学衍义》《历代名臣奏议》《文章正宗》等。由此来看，秀阳书院藏书足以满足生员的读书要求了。清代的乡试考三场，考试内容变化较多，清乾隆二十四年（1759）开始加试五言八韵诗，清乾隆五十八年（1793），开始取消分经取士，五经并试，清代乡试考题基本固定，第一场"四书"题三道、五言八韵诗一首，第二场"五经"题各一道，第三场策论五道。"四书""五经"是乡试必考内容，要求士子必须特别熟悉。书院书籍如马丕瑶所言"凡艺林承学之士所当家弦户诵者，固已灿然美备"，但无论是地方官还是山长，均认为生员不能考什么就只学什么，李绂要求生员们"经学而外，莫重于史。《史记》《汉书》，昔人以配六经，姿性高者，就中节读。余十九史，亦当寓目。子如《老》《庄》《荀》《韩》《吕览》《淮南》，文笔俱高。文集若文选、文粹、文鉴、文类，皆宜别择取裁。李、杜、韩、柳、欧、王、曾、苏宜观全集，亦节取读之。余文泛览，以广见闻可也"①，郑献甫主张要广泛阅读，"'十三经'即不能全熟，必须全读，否则有并其篇简而不能举者矣；'十七史'即不能尽记，必须尽览，否则有并其朝代而不能辨者矣。子书则纯者如《荀子》《扬子》《文中子》，驳者如《老子》《庄子》《韩非子》及《吕览》《淮南》《风俗通》《白虎通》《说苑》《新序》，皆须涉猎，以资学识"②。显然，书院是没有供生员"泛览"书籍的条件。我们今

---

① 〔清〕李绂：《穆堂别稿》卷四九，清道光十一年（1831）刻本，第18叶。
② 〔清〕郑献甫著，顾绍柏、岑贤安点校：《郑献甫集》中册，广西人民出版社，2013，第1182—1183页。

天所认为的清代为举业者功利心强，求知欲淡。从广西的藏书情况看，也不全是主观故意，一定程度上也是受到藏书的限制。

藏书外，一些有条件的书院还会编撰、刊刻图书。地方官会在书院中组织编撰、刊刻方志，如清道光六年（1826）的《浔州府志》，由浔州府知府孙世昌主修，浔阳书院主讲光昭撰；清道光十二年（1832）的《博白县志》由两任知县任士谦、杨兆晋纂，书院廪生、增生参与了县志的校对工作，在环玉书院刊刻；清同治四年（1865）的《广西通志》是谢启昆在秀峰书院编撰的。还编撰教材及范文，如清道光六年（1826）李彦章撰写并捐银刊刻的《榕园识字编》、郑献甫的《补学轩制艺》等。

综上可知，广西书院书籍的来源有皇帝赐予、地方官购买或"化缘"、划拨官府书籍、个人捐赠图书、小规模出资刻印等。从书籍种类及功能看，圣谕类书籍、为科举服务的经学类书籍、指导修身的理学类书籍较多。个别书院会搜罗、保存本籍士人的著作，还有一些传授行政技能、农业知识的图书。广西的地方官和山长都强调读书人需要博览群书，但实际上受财力等的限制，以及着眼解决当下问题的书籍需求，书院的集部图书，尤其是前代优秀的集部图书非常稀缺，苏煜坡就曾写诗向罗晓垣孝廉借《文选》，而他所在的贺县在清代的广西还属于藏书相对丰富的地区。

（三）通经致用、文行并重的育人目标

1. 圣训

自清朝入主中原后，历代皇帝均推崇理学，要求读书人尊崇儒教，明体达用，事父事君。《世祖章皇帝圣训》卷五"兴文教"条下有多个顺治对读书人的鼓励与规约：

上视学……教曰：圣人之道，如日中天，上赖之以致治，下习之以事君。尔等务尽心教训诸生，诸生亦当祗承师训，力体诸身。教成，为师训之功；学成，乃弟子之职。傥训诲不严，服习有怠，尔师生俱不能辞其责。勉之。①

上谕礼部曰：朕惟帝王敷治，文教是先。臣子致君，经术为本。……今天下渐定，朕将兴文教，崇经术，以开太平。尔部即传谕直省学臣，训

---

① 《世祖章皇帝圣训》卷五，顺治九年壬辰九月辛卯，文渊阁《四库全书》本，第1叶。

督士子，凡六经诸史有关于道德、经济者，必务研求通贯，明体达用，处则为真儒，出则为循吏。……仍传谕内外大小各官，政事之暇，亦须留心学问，俾德业日修，识见益广，佐朕右文之治。①

顺治要求读书人以儒家经典为根本，不断修养道德，敦品厉行，效忠国家，垂范乡里。因此，入仕后依然需要加强学习，帮助皇帝管理国家。

康熙重视文化传承，在督促办好国子监、八旗官学、宗学、府州县学的同时，还关注书院教育，曾御书"学达性天"匾额分别赠予白鹿洞书院、岳麓书院以及宋儒周敦颐、张载、程颢、程颐、邵雍、朱熹六人的祠堂。②

康熙本人曾纂修《性理大全》《性理精义》等十多部书颁发全国。在清康熙八年（1669）的祭奠孔子仪式上，他敕谕国子监祭酒、司业等严格管理国子监生员：

朕惟圣人之道，高明广大，昭垂万世，所以兴道致治，敦伦善俗，莫能外也。……尔等当严督诸生，潜心肄业。诸生亦宜身体力行，朝夕勤励。若学业成立，可裨任用，则教育有功。其或董率不严，荒乃职业，尔等系师生，难辞厥咎。③

清康熙四十一年（1702），康熙撰成《御制训饬士子文》，令勒石太学，后又要求"府、州、县学宫一体勒石"。其中专门谈了士人的品行、学问及事功之间的关系，指出"从来学者先立品行，次及文学"，要求士人"躬修实践，砥砺廉隅；敦孝顺以事亲，秉忠贞以立志；穷经考义，勿杂荒诞之谈；取友亲师，悉化骄盈之气；文章归于醇雅，毋事浮华；轨度式于规绳，最防荡轶；子衿佻达，自昔所讥；苟行止有亏，虽读书何益"。④四十三年（1704）三月，康熙发布诏令"直隶各省该抚将各属教职官通行考试，分别具题。嗣后俱照此例，不时考试"⑤。康熙还明确反对"非剿袭陈言，则浮泛塞责"⑥的文

---

① 《世祖章皇帝圣训》卷五，顺治十二年三月壬子，文渊阁《四库全书》本，第5叶。
② 〔清〕王先谦编：《东华录》卷九六，清光绪十年（1884）刻本，第11叶。
③ 《圣祖仁皇帝圣训》卷一二，康熙八年己酉四月戊寅，文渊阁《四库全书》本，第1叶。
④ 同上书，卷一二，康熙四十一年六月戊午，第11—12叶。
⑤ 同上书，卷一二，康熙四十三年甲申三月庚戌，第14叶。
⑥ 同上书，卷二四，康熙九年庚戌十二月戊申，第3叶。

风，要求士人学习圣人文章"明白精确，归于大中至正"①的风格。为了防止科举文的套路，他规定"科场中不可出熟习拟题"②，考察士人通过研学圣人著述后的知识水平和实践能力——"经济"之才。

雍正即位后的第一个新年，即向各级各类官员颁布多条诏令。在"谕督学"中他说，"自古帝王皆以兴贤育才为务，我国朝自太祖、太宗肇造鸿图，世祖定鼎中夏，首隆学校，加意人才，开国规模超越前古"，要求督学们"廉洁持身，精勤集事，实行、文风两者所当并重，若徒事文华，而不敦崇实行，犹未为尽职也。表扬忠孝节义，崇祀先圣先贤，访求山林隐逸，搜罗名迹藏书"③。

清雍正十一年（1733）正月，他"谕内阁"曰：

> 国家以制科取士，原以觇士子所学。而士子所学，关乎世道人心，是文体之所系，固甚重也。士子读圣贤书，果能讲求明体达用之学，则以平日蕴蓄，发为文章，自然法正理纯，得圣贤语气，可以传世而行远。此则有本之学、有用之文，为国家所重赖者。若不于根柢讲求，而但以华靡相尚，则连篇累牍，皆属浮辞。圣贤精义，既全无发明，圣贤语气，又毫不相肖，国家亦安用此浮夸浅薄之士哉？至于二三场策论，尤足觇经济实学。乃向来士子多不留心，而衡文者又每以经义已经入彀，遂将策论滥收恕取，不复加意阅看，殊非设科本意。今会试伊迩，著礼部先期晓谕应试士子，于二三场文艺，均应努力殚心，毋得潦草完卷。试官如以限于时日不能细心校阅，后场不妨奏请展限，务得真才，以收实用。若所取试卷中，有经义可观而策论疵缪荒疏者，朕惟于主考官是问。④

雍正认为士人读圣贤书，是为了明体达用。策论是考察士人融汇经典的"经济实学"，考察的是考生利用所学解决现实问题的能力，绝不可轻忽。雍正还认为士人只要长期浸润于圣贤的教诲中，自然能写出与圣贤思想境界与风格类似的文章。

---

① 据书同文古籍数据库《大清历朝实录·大清圣祖仁皇帝实录》卷二四九，第5叶。
② 《圣祖仁皇帝圣训》卷一二，康熙五十四年乙未正月甲子，文渊阁《四库全书》本，第18叶。
③ 《世宗宪皇帝圣训》卷一〇，雍正元年癸卯正月辛巳，文渊阁《四库全书》本，第1—2叶。
④ 同上书，卷一〇，雍正十一年癸丑正月丙午，第24—25叶。

乾隆稽古右文，关注兴学育人，除官学，亦对各省书院寄予厚望，"书院之制，所以导进人材，广学校所不及"①，颁"十三经""廿一史"于各省会、府、州、县学及书院。道光曾"通谕各直省督抚，严饬地方官兴复书院，选择山长"②，后又下诏"直省督抚各体察情行，核实整顿，务使馆无虚旷，士有师承"③。其后，同治、光绪都继续发展书院教育，以振士气。

总之，清朝后期也基本沿袭顺、康、乾的书院教育宗旨，培养"处则为真儒，出则为循吏"的"明体达用"之士，反对华靡的文风，反对士人把主要精力放在文章技巧的锤炼和写作水平的提高上，希望他们希圣希贤，不断提高自身道德修养，效力君王。

2. 地方官群体的主张

江西人李绂学问渊博，专精理学，尤尚陆、王之学，他主张士人应读圣贤书，写作中以圣贤思想为准则，读书学问的最终目标是修成圣贤：

> 余惟圣人之学，必躬行乃有心得。既有心得，然后施之政事、文章，无往不宜。④

> 有志于圣贤之学者，亦惟以人伦日用、实践躬行为主。其行之而有余力，然后玩心经籍，以为退息之居学，庶乎其可。⑤

> 盖有德者躬行而心得其述，其心之所有，固非佗人所及。若极夫著述之能事，通贯古今，议论上下，铺张家国之猷，与夫抒写性情、流连光景，发诸心手之间，靡不如志，则必降才殊又充以积学者，而后能与焉。⑥

李绂认为读书人应从日常生活入手，躬行实践。清雍正二年（1724）四月至四年（1726）正月间李绂任广西巡抚，为广西的文化教育等做了很多事情。他赴任前曾上疏皇帝说地方管理无非以"法"以"学"，二者相比，"法以治其既犯，学以化于未然"，因此必须更好、更普遍地发挥"学"的"效应"，请求雍正为广西选派山长，通过山长"朝夕化诲，讲明道义，以变其贪戾之心；课习

---

① 据书同文古籍数据库《大清历朝实录·大清高宗纯皇帝实录》卷二〇，第2叶。
② 据书同文古籍数据库《大清历朝实录·大清宣宗成皇帝实录》卷二五一，第5叶。
③ 同上，卷二九九，第33叶。
④ 〔清〕李绂：《穆堂别稿》卷二五，清道光十一年（1831）刻本，第12叶。
⑤ 同上书，卷九，第6叶。
⑥ 同上书，卷二四，第15叶。

词章，以驯其顽梗之气。庶几道德一而风俗同，以益成圣人之盛治"。①

他积极支持广西的书院建设，亲临书院讲学，为书院聘请山长，且亲自拟定了《宣成书院条约》，说书院是为国家培养人才，"固将崇德广业，以立学术事功之基。即卑论文艺，亦欲甄陶渐濡，储通经学古之士，光华著作之才，以仰备国家之用"。他首先为生员"辨读书缘起"，指出书院不能仅仅以科名、利禄为目标，如果只考虑现实收益，就很容易迷失、错乱，半途而废，"文艺之于道，末事也；科举之文，又文之末事也"。他并不否认科名、利禄可以激励读书人获得成功，同时他也认为如此目标主导下的成功只是"一鄙夫耳"。他说圣贤书绝不是"弋取利名之资"，而是与身心、性情、家国、天下都休戚相关的"扶世导民之具"。所以，读书人要"今日修之家者，必有其事也；异时献之廷者，必有其具也"。②

李绂认为立德、立功、立言本为一体，"文章特立言之一端，然非兼德与功求之不能有成。……功必达而在上，方有表见。顾所以立功之具，则须预为讲贯。凡齐治均平之理，礼乐兵农之法，务求了然于中，然后见之文字，坐言可以起行"，只有那些来源于现实，并且在现实中发生作用的文字才有意义，"若范文正公《万言书》、王荆公《上仁宗皇帝书》、苏文忠公《上神宗皇帝书》，生平措注设施具见于此，学者取以为法，庶无愧于立言之旨矣"。③他认为科举考试所考的"讲章之学、帖括之文"是诸生在书院学习的知识和训练的能力，是读书人的本分，是变化气质的手段，不需要专门、刻意的训练即会有效果。

谢启昆是李绂的接任者，也来自江西，在广西巡抚任去世。他是翁方纲的入室弟子，深得翁氏喜爱。姚鼐在给谢撰写的墓志铭中称其"儒者之风，退然其中。刚果有能，作吏见功"④，这个评语很是中肯。仅在广西任内，谢启昆的"功"就有很多，如革除陋规、禁吏需索、减轻乡民负担、整顿粮赋、兴修水利、疏浚河道、救济孤贫等等，大大促进了广西经济、政治、社会、文化的发展，对广西文化的贡献尤巨，所编《广西通志》被张之洞称为"省志善本"，

① 〔清〕李绂：《穆堂初稿》卷三九上，清道光十一年（1831）刻本，第3叶。
② 〔清〕李绂：《穆堂别稿》卷四九，清道光十一年（1831）刻本，第15-20叶。
③ 同上书，卷四四，第2叶。
④ 〔清〕姚鼐：《惜抱轩集·文后集》卷七，清嘉庆刻本，第4叶。

被梁启超称为"省志楷模"。①

谢启昆认为"四民"只是生存方式的不同，本无高低贵贱之分，"士之攻书，农之力田，工之作巧，商之营运"，"皆从刻苦中来"，各有其"受用"处。士与商会因为个人的天分、努力、机遇不同而出现社会地位和收入的巨大差异，但这并不应该影响他们各自的快乐，因此：

> 以士言之，若能专志一力，积学问，取高第，致显官，守道勤职，上而尊主泽民，下至一命之吏，于物必有所济，仰不愧君父，俯不怍妻子，岂不受用？即做一穷秀才，工诗文，善书法，或称为才子，或尊为宿儒，桃李及门，馆谷日丰，岂不受用？②

谢启昆不认为读书人的成功就是科举中式，因为层层选拔，名额有限，不可能人人如愿，无论成功——出仕，失败——为幕僚、塾师，都值得敬重。假如有幸出仕为官，则无论职位高低，都必须"守道勤职"——尊奉君王，恩泽百姓，对社会有所帮助。不幸落第，也可通过科举教育训练出的诗文创作、书法才能以及知识学养等以教养人才为业，受人尊敬。且随着知识、经验的增加，收入也会逐渐提高，可以生活得很好，而且还能享受桃李满天下的成就感。

"守道勤职"是谢启昆的人生准则。他如是要求自己，要求子侄，也要求所有读书人。他在给姚鼐的信中说"本末兼该，皆学者所当从事，庶于制行力学之道无缺"③。到广西巡抚任不久，谢启昆就亲至秀峰书院讲学，主持了书院的祭祀活动。他要求书院应培养品德端方、思想醇正、于社会有"用"之人，而不仅仅是会读书、会考试、会写诗作赋之人，"固在通经致用，而不徒文艺之工而已"④。

谢启昆与李绂都认为"文艺"不应该是读书人追求的目标，而只是通向"适用"的手段。不同的是，李绂认为"文艺"是"末事"，是可以不花费时间、精力自然而然获得的。谢启昆并不反对"文艺之工"，只是认为不能仅仅追求"文艺"这一目标。这与谢启昆的文学成就有关。他以诗名著称海内数十

---

① 胡大雷等：《桂学文献研究——桂学古籍文献100种》，漓江出版社，2020，第38页。
② 〔清〕谢启昆：《树经堂文集》卷一，清嘉庆刻本，第14叶。
③ 同上书，卷三，第25叶。
④ 同上书，卷四，第7叶。

年,"其才宏赡精丽,兼具唐宋名家之体","讲艺赋诗,异于俗吏"。① 他有自己独特的风格和高尚的人品,"纵横排奡,前无古人,其观风化俗,行政莅民,一寓之于诗"②。但他所有创作的核心是"适用",是封建时代正直有为的士大夫官员对社会政治的记录和内心的真实表露,是有实际内容和反映价值的文艺,而不是文人吟风弄月的闲愁文艺。

清康熙二十五年(1686),梧州知府陈天植主持修复了观澜书院。他要求书院生员在地方作表率,"行修于躬,孝行于家,礼让行于乡井,使民有所观感,而蒸蒸然日底于善"③。清道光初思恩知府李彦章创办了阳明、西邕两书院,他提出"且愿诸生等学为有用之才"④,要求生员"顾行顾言,有体有用,处则可以居德善俗,出则可以济物利人","辨义利而重闲存,先器识而后文艺,欲求所谓性行端洁,居家孝悌,有廉耻礼逊,而有志通明学业,晓达治道者"。他以王阳明的"以实学为实用"为精神,将阳明书院分为十二斋、十六轩,并以实学、实用二斋为统领,"祀道学五子于实学斋,愿郡人之知性命而崇正学也;祀经学诸儒于实用斋,愿郡人之通经术而求致用也"⑤。他提出"致用要关天下事",要求生员广泛阅读各类著作,从中学习为官的各项本领,如跟随《禹贡》学治河、跟《春秋》学折狱,跟"三百五篇"学习讽谏,考古证今,"知圣贤源流,知民物利病,知四千余年之得失,先忧后乐,存心须在秀才时",且题书翁方纲诗句于实用斋:

尔诸生勿矜词藻,凡读书当看事功。⑥

李彦章所主张的"用"指向"用之邦国",他拟定的书院考题中有很多与社会治理相关,"今欲裕国计而恤民生,核实以清厘之,有何良策欤?至利之宜兴而未兴者,尚有何事?弊之宜除而未除者,尚有何事?皆能切言之否"。他反对生员们追求辞藻的华美,要求考生使用质朴的语言答题。可见,他也不

---

① 〔清〕姚鼐:《惜抱轩集·文后集》卷七,清嘉庆刻本,第3—5叶。
② 〔清〕翁方纲:《树经堂诗初集》"总序",清嘉庆刻本,第1叶。
③ 〔清〕吴九龄修,〔清〕史鸣皋等纂:《梧州府志》卷二一,清同治十二年(1873)刻本,第35叶。
④ 〔清〕李彦章:《榕园文钞》卷五,收入《榕园全集》,清道光二十年(1840)刻本,第33叶。
⑤ 同上书,卷一,第3—4页。
⑥ 〔清〕李彦章:《榕园楹帖》,收入《清代诗文集汇编》第584册,上海古籍出版社,2010,第523页。

主张生员将太多精力花费在表面的语言文学技巧的提高上。①

清光绪十六年（1890）思恩知府黄鸿藻（黄遵宪之父）复建阳明书院，并为题楹联二："此地非鹿洞、鹅湖，喜曲水潆洄，宜风宜俗；其人是周情、孔思，本一心主宰，希圣希天。""广厦一时新，与多士朝考夕稽，文艺后，器识先，莫忘却书生本色；良知千古辟，幸此邦民醇俗朴，诗书敦，礼乐说，或无惭道学遗风。"②他也是倡导以儒家伦理规范自身，发挥书生济世利民、倡导风俗的社会作用，而不仅仅是追求文采风流。

3. 山长们的观点

山长群体对书院教育目标的理解与地方官基本一致，略有不同的是他们更强调受教育者的道德修养。

清嘉庆十二年（1807），融县训导蒋励常作诗与诸生别，鼓励他们"处则为醇儒，熏蒸遍乡里。出则为名臣，功业垂青史"③。清嘉庆十九年（1814）他到清湘书院任山长，在《录〈白鹿洞书院教条〉示士小序》中，再次表达了同样的意思：

> 学者读圣贤书，当思圣贤立言，非博辩是逞，将以为后之立身砥行者法耳。圣贤之所是，即吾人之所宜遵，当——有以勉诸己。圣贤之所非，即吾人之所宜戒，必——有以问诸身。沉潜既久，将有日进于道而不自知者。由是而出则为名宦，处则为名儒，以树勋名，以型乡国，岂异人任耶。④

蒋励常有一句名言，"世无不可教之人"⑤。他的"教"主要指道德教化。刊录《白鹿洞书院教条》于讲堂时，他将立教之意序于前，指出在书院学习不是为了学习语言技能，以口才、文才及论辩能力炫耀于人前，而是为了学习圣贤，从思想意识方面立稳根基，将来无论处于社会的哪个阶层，无论面对怎样的社会环境和人生际遇，都能不辜负圣贤书的教诲，为楷模，为榜样，或

---

① 〔清〕李彦章：《榕园文钞》卷五，收入《榕园全集》，清道光二十年（1840）刻本，第33叶。
② 〔清〕韦丰华著，丘振声、赵建莉点校：《韦丰华集》，广西民族出版社，2009，第427页。
③ 〔清〕蒋励常著，蒋世玢等点校：《岳麓文集》，广西人民出版社，2001，第96页。
④ 同上书，第42页。
⑤ 同上书，第36页。

以现实功业恩泽百姓，或以道德垂诫一方。

陆奎勋是清代广西不多的几位客籍山长之一，清雍正十一年（1733）前后为秀峰书院山长。他主张"士必有体有用，乃称全才"，要求生员谨记科举不是目的，只是手段和过程，必须有坚实的思想基础，全面发展各项技能。生员们既要脚踏实地准备乡试、会试等一系列考试，同时还要为将来入仕做好知识、技能等方面的准备；既要能写出制义、论、策等科举文，还要能熟练驾驭骈文、表、诏、诰、判等公文的写作。他要求生员们不仅要认真阅读《孝经》《性理大全》等科举书，还要读徐陵、庾信等的诗文，同时还要"读律"，"间阅邸抄，以识时务"，要有意识地为"用之邦国"做准备，只有"敬承治益求治，安愈求安之至意，规画周详，敷陈得体，则草茅经济，未尝不可以坐而言，起而行也"。①

苏宗经少年时好读书，但无钱买书，四处借书看。他后来回忆说当时"所借者多诗文之书耳，天下之妙理，无得而知，今古之好人，无从而见"②，认为阅读这一类"闲书"对自己的帮助不大。

> 读书者何？以明理也。明理者何？以应事也。吾人之身，不外君臣、父子、夫妇、兄弟、朋友之伦，即不能出于家国天下之外，有一事即有一理，不明其理，胸中暗昧。措之事，必不能有合乎经权常变之宜，此《大学》所以先致知也。故读书者，上之则为圣为贤，下之即一知半解，其语言气象、立身处世自稍异于凡庸。③

"吾人为学，将以适用"④，读书是从为了"用"，学习圣人为人处世的道理，用于指导实践。"天下之类书多矣，非以之佐词章，即以供谈笑。其甚者，则淫词小说，足以败风俗而荡人心。求其平正顺理，使人易从者，罕

---

① 〔清〕陆奎勋：《陆堂文集》卷二〇，收入《四库全书存目丛书》集部第270册，齐鲁书社，1997，第733—735页。
② 〔清〕苏宗经：《慎动斋文集》卷三，收入《清代诗文集汇编》第582册，上海古籍出版社，2010，第424页。
③ 同上书，卷三，第424页。
④ 同上书，卷一〇，第575页。

矣。"①苏宗经要求生员们不要读这一类的书籍，而应当"以五经四书子史为本，而习制艺以为进身之阶"②，假如有人偷偷把这类书带到书院里来，一旦发现就立刻烧毁。

苏宗经文集中有数十篇阅读正史著作以及集部书的读书笔记，集部基本是古今名臣如司马光、陆贽、范仲淹、陈弘谋的书。苏宗经所注重的是他们的人品及这些文章的教育、感召价值。他认为颜真卿"忠诚节烈足与日月争光"，"古有文以人传者，其人为千秋共仰之人，虽其文不甚工，而后之人得其断简残篇、片词只字，莫不保存而贵重之，盖以见其文如见其人也"。③读陆贽奏议，苏宗经感叹"儒之所以可贵者，惟其真也。有真儒而后有通儒，故有即其用之条达，而知其体之渊深者，岂徒取夫规行矩步、谈性说命者哉"，"雄才藻思，榷古扬今，论情事则曲畅而显明，陈谟谋必根于道德，非涵养之至，谙练之精，而能若是乎"。④他说司马光"事业不及范、韩，而声名过之者，何也？天下当安石、惠卿败坏之极，公反而正之，救民于水火之中"，"有真学问乃有真经济，有真人品乃有真文章也"。⑤对范承谟的评价是"心术正大，学问该博。文则精实条鬯，诗则坚朴湛深。抚浙诸奏，见忧民忧国之心；在狱诸吟，有视死如归之概"，"读是集者，真堪立懦廉顽，而为百世所兴起者哉"。⑥对于同乡人陈宏谋的著作，苏宗经赞叹其宝贵处在于作为醇正儒者的"体用兼该"。⑦

苏宗经将教育目标分为上、下两等，"上之则望其为圣为贤"，"次之亦望为乡党自好之士"。⑧清道光十一年（1831），在为重修的紫泉书院所作序中，苏宗经要求生员"固宜勉勉循循，讲求格致诚正之功，以裕修齐治平之

---

① 〔清〕苏宗经：《慎动斋文集》卷一，收入《清代诗文集汇编》第582册，上海古籍出版社，2010，第378页。
② 同上书，卷一一，第588页。
③ 同上书，卷九，第534页。
④ 同上书，卷九，第535页。
⑤ 同上书，卷九，第537页。
⑥ 同上书，卷九，第542页。
⑦ 同上书，卷九，第552页。
⑧ 同上书，卷一一，第587页。

本，不徒以文章诗赋博富贵功名，庶无负罗公理学名臣之训也"①，认为生员需要通过在书院的学习，提高思想道德境界，格物致知，正心诚意，修齐治平，而不仅仅是以出色的文章写作本领换取科举高第、富贵功名。

苏宗经为汇溪书院山长半年后因家庭原因不得不离开，临行之际他殷切赠言，说"学问之道"分为三种，"首以道德，其次以言，其次以文艺"。他鼓励诸生努力追求最高境界——道德修养的不断提升，还将"言"与"文艺"进行了区分，"以言者，本其达古通今之学，讲明圣贤立身应世之理，使人入耳警心，变化气质。以文艺者，通晓文章之规矩绳墨，而于人之所作，改头换尾，削冗剪繁，如匠人之所为也"。苏宗经这里所说的"言"可理解为文章，"文艺"专指为科举中式而学习的写作技巧。苏宗经接着孔子"有德者必有言"的思路说，"至于文章一事，原代圣贤以立言，必先明圣贤所言之理，而后达之于笔墨、润之以典故，果能多记多作，济以灵变之机，亦非难事"，叮嘱大家认真学习圣贤文章，领会圣贤思想，平时注意积累，在自己的文章中灵活变化。他希望大家不要把学习重心放在"文艺"上，一旦真正学得了圣人思想的精髓，便可代圣人立言，写作技能是可以自然习得，逐渐提高的。②

综上，清代的广西书院以"适用"为教育宗旨，地方官与书院山长步趋传衍"圣意"，在具体的为宦、为师的生涯中完全彻底地贯彻执行"圣训"。概括起来可表述为两方面：

第一，"通经致用"。学习儒家经典是为了"致用"，这"用"的范围非常广，具体可分为三层："用之自身"——修身齐家；"用之乡人"——以品德、学养为乡人模范，倡导风俗；"用之邦国"——入仕大济天下苍生，造福百姓，报效君王。

第二，文行并重。"行"是"通经致用"用于规范自身言行的表现。重文，则是因为书院乃"科举之附庸"，科举中式是书院教育的直接目标，而清中晚期科举考核的三场只考时文（亦名制艺、制义、八股文）、排律、策论三种文体。书院的写作主要围绕这三种文体进行。在文章写作中，提倡"和平庄

---

① 〔清〕苏宗经：《慎动斋文集》卷三，收入《清代诗文集汇编》第582册，上海古籍出版社，2010，第414页。
② 同上书，卷一，第368页。

雅"之风,"其用俚俗不典及一切萧飒字句者,断难合格"①,"文必穷尽题中之理,以己意阐发之,取其真实,不贵浮华。诗则义本风雅,温柔敦厚,是其教也"②。终清一代,无论是皇帝还是地方官或者山长,没有人主张华靡的文风,而是主张"有德者必有言",但在认真研读圣贤经典时,也不轻视具体的诗文写作,认为诗文写作是与创作者的思想境界、道德情操等密切相关的,单独训练难以取得理想效果。

前言、各编小引由方丽萍撰写;中编中的人物小传由方丽萍、丁洁琼撰写;下编中各地区书院简介由黎业田撰写。

玉林师范学院汉语言文学2021级廖文杰、龚永樱、黄婷婷、韦湘、郑燕清、陈彦君、李金凤,2019级林景悦,汉语国际教育2021级葵伊雯9位同学参与了资料的收集、录入、点校,付出了极大的辛苦和热情。潘柏年博士帮助把关文句字词的"疑难杂症"。在此诚表谢意!

清代广西书院的名称、地点、山长等常有变化,有关资料庞杂且分散,地方文献因人力、财力、抄写、刻印等条件限制比较粗糙,加上我们学力、识见等有限,本汇编难免会有这样那样的错误、遗漏,恳请各位方家不吝赐教,我们一定改正。

---

① 〔清〕钱载:《萚石斋文集》卷一九,清乾隆刻本,第8叶。
② 〔清〕唐鉴:《唐确慎公集》卷五,清光绪元年(1875)刻本,第18叶。

凡 例

一、本书所论书院，限于今广西壮族自治区行政区划范围内的官办考课型书院。时间上限为1644年，下限为1901年。

二、本书所辑资料，限于清代创作于广西且与广西书院有直接关系的文献。其中客籍文官的作品，原则上只收录其与广西具体书院、人物相关内容；本籍山长与生员的作品，原则上只收录与广西书院相关，或言及书院生活的内容。此外，还选择性收录与清代广西书院密切相关的学宫、文庙、宾兴馆、考棚、试院、考课资料，以及体现相关人物教育、文学思想的资料，描述书院建筑、景观的诗文。

三、所辑资料分为上、中、下三编。上编为制度编，辑录《清史稿》《广西通志》［清同治四年（1865）补刻本］等史籍中与广西书院相关的制度文献；中编为人物编，收录与广西书院有密切关系的人物如地方文官、书院山长、著名生员等的诗、文、联等作品，并为每个人物撰写小传，重点介绍其书院身份、教育思想、书院贡献等；下编为地区编，按现行广西行政区划，分别收录桂北、桂中、桂南、桂东南、桂西五个区域内具体书院的学规、膏火、学田、课艺、楹联、书院诗文等相关资料。

四、本书所用资料，优先使用古籍原本，以点校本为参考。个别找不到古籍原本的，使用点校本。

五、本书整理时使用通用规范汉字。底本残缺、漫漶而难以辨识的字以"□"代替。稿本、抄本中的错别字直接校出，不出注；印本中的错别字出注；点校本中有明显错误的，径改，存疑的出注。

六、原资料中小字双行的文字以括号括出，并使用不同的字体、字号，以示区别。

目 录

上编：制度编 / 1
 清史稿 / 4
 《清实录》广西资料辑录 / 10
 钦定大清会典事例 / 82
 广西通志 / 87
 《御制训饬士子文》颁勒直省各学 / 122
 广西书院添设算学季课示谕 / 123
 马援王守仁请列祀典并颁匾额折 / 124

中编：人物编 / 127
 李　绂 / 130
 刘定逌 / 143
 冯敏昌 / 151
 蒋励常 / 163
 张鹏展 / 172
 吕　璜 / 182
 唐　鉴 / 188
 苏宗经 / 202
 李彦章 / 235
 郑献甫 / 265
 朱　琦 / 297
 周必超（周璜附） / 305

龙启瑞 / 311

王　拯 / 318

蒋琦龄 / 323

韦丰华 / 334

苏煜坡 / 368

下编：地区编 / 377

桂　北

桂林市 / 380

桂　中

柳州市 / 451

来宾市 / 471

桂　南

南宁市 / 477

崇左市 / 507

北海市 / 525

钦州市 / 539

桂东南

梧州市 / 552

贺州市 / 576

玉林市 / 592

贵港市 / 644

桂　西

百色市 / 668

河池市 / 687

参考文献 / 703

上编

制度编

"清代书院之发展，不论是初期的一度衰落，还是其后的迅速崛起，乃至最终被新学堂所取代，均取决于清政府的态度，这与以往书院的发展有着很大的不同。"[1]政治制度是决定地区面貌的至关重要的因素。书院的兴废、书院教育的目标、主旨等无不由制度决定。清代书院的兴盛始于清雍正十一年（1733）下诏令各省建立书院，并为之拨经费、赐书、赐匾额、简发掌教等。本编收录对清代广西各地书院产生决定性作用的来自中央及省级层面的规章制度、办学思想、学额分配，以及属省级层面的科举考试、考题、试卷等方面资料。资料出处主要包括《清史稿》《清实录》《广西通志》［清同治四年（1865）补刻本］等。

---

[1] 李世愉：《论清代书院与科举之关系》，《北京联合大学学报》（人文社会科学版），2011年第3期。

清史稿

有清学校，向沿明制。京师曰国学，并设八旗、宗室等官学。直省曰府、州、县学。

世祖定鼎燕京，修明北监为太学。顺治元年，置祭酒、司业及监丞、博士、助教、学正、学录、典籍、典簿等官。设六堂为讲肄之所，曰率性、修道、诚心、正义、崇志、广业，一仍明旧。少詹事李若琳首为祭酒，请仿明初制，广收生徒，官生除恩荫外，七品以上官子弟勤敏好学者，民生除贡生外，廪、增、附生员文义优长者，并许提学考选送监。又言学以国子名，所谓国之贵游子弟学焉。前朝公、侯、伯、驸马初袭授者，皆入国学读书。满洲勋臣子弟有志向学者，并请送监肄业。诏允增设满洲司业、助教等官，是为八旗子弟入监之始。厥后定为限制，条例屡更，益臻详备。肄业生徒，有贡、有监。贡生凡六：曰岁贡、恩贡、拔贡、优贡、副贡、例贡。监生凡四：曰恩监、荫监、优监、例监。荫监有二：曰恩荫、难荫。通谓之国子监生。

六堂肄业，分内、外班。初，内班百五十名，堂各二十五名；外班百二十名，堂各二十名。户部岁发帑银，给膏火，奖励有差，余备赒恤。乾隆初，改内班堂各三十名，内、外共三百名。既而裁外班百二十名，加内班膏火，拨内班二十四名为外班。嘉庆初，以八旗及大、宛两县肄业生距家近，不住舍，不许补内班。补班之始，赴监应试，曰考到。列一、二等者再试，曰考验。贡生一、二等，监生一等，乃许肄业。假满回监曰复班。内班生愿依亲处馆，满、蒙、汉军恩监生习翻译或骑射，不能竟月在学者，改外班。旷大课一次，无故离学至三次以上，例罚改外。置集愆册，治诸不帅教者。出入必记于簿，监丞掌之。省亲、完姻、丁忧、告病及同居伯、叔、兄长丧而无子者，予假归里，限期回监。迟误惩罚，私归黜革，冒替除名。

课士之法，月朔、望释奠毕，博士厅集诸生，讲解经书。上旬助教讲义。既望，学正、学录讲书各一次。会讲、覆讲、上书、覆背，月三回，周而复始。所习《四书》、《五经》、《性理》、《通鉴》诸书，其兼通《十三经》《二十一史》，博极群书者，随资学所诣。日摹晋、唐名帖数百字，立日课册，旬日呈助教等批晰，朔、望呈堂查验。祭酒、司业月望轮课《四书》文一、诗一，曰大课。祭酒季考，司业月课，皆用《四书》、《五经》文，并诏、诰、表、策论、判。月朔，博士厅课经文、经解及策论。月三日，助教课，十八日，学正、学录课，各试《四书》文一、诗一、经文或策一。

积分历事之法，国初行之。监生坐监期满，拨历部院练习政体。三月考勤，一年期满送廷试。其免坐监，或免历一月二月者，恩诏有之，非常例也。顺治三年，祭酒薛所蕴奏定汉监生积分法，常课外，月试经义、策论各一，合式者拔置一等。岁考一等十二次为及格，免拨历，送廷试超选。十五年，祭酒固尔嘉浑议："令监生考到日，拔其尤者许积分；不与者，期满咨部历事。积分法一年为限。常课外，月试一等与一分，二等半分，二等以下无分。有五经兼通，全史精熟，或善摹钟、王诸帖，虽文不及格，亦与一分。积满八分为及格，岁不逾十余人。恩、拔、岁、副，咨部历满考职，照教习贡生例，上上卷用通判，上卷用知县。例监历满考职，与不积分贡生一体廷试。每百名取正印八名，余用州、县佐贰。积分不满数，愿分部者，咨部不得优选。愿再肄业满分者听。"从之。是年，科臣王命岳以贡途壅塞，请暂停恩、拔、岁贡。于是坐监人少，难较分数。十七年，固尔嘉浑奏停积分法，后遂不复行。康熙初，并停拨历，期满咨部考试，用州同、州判、县丞、主簿、吏目。自是部院诸司无监生，惟考选通文理能楷书者，送修书各馆，较年劳议叙，照应得职衔选用，优者或加等焉。

监生坐监期，恩贡六月，岁贡八月，副贡廪膳六月，增、附八月，拔贡廪膳十四月，增、附十六月，恩荫二十四月，难荫六月，例贡廪膳十四月，增、附十六月，俊秀二十四月。例监计捐监月分三十六月。雍正五年，定除监期计算。各监生肄业，率以连闰扣满三年为期。告假、丁忧、考劣、记过，则扣除月日。告假依限到监，或逾限而本籍有司官具牍者，仍前后通算。

旧制，祭酒、司业总理监务。雍正三年，始设管理监事大臣。乾隆二年，孙嘉淦以刑部尚书管监事。初嘉淦在世宗朝官司业，奏言："学校之教，宜先经术，请敕天下学臣，选拔诸生贡太学，九卿举经明行修之士为助教，一以经术造士。三年考成，举以待用。"议未及行，迁祭酒，申前请，世宗韪之。先是太学生名为坐监肄业，率假馆散处。遇释奠、堂期、季考、月课，暂一齐集。监内旧有号房五百余间，修圮不时，且资斧不给，无以宿诸生。嘉淦言：

"各省拔贡云集京师,需住监者三百余人。六堂只可诵读,不能栖止。乞给监南官房,令助教等官及肄业生居住。岁给银六千两为讲课、桌饭、衣服、赈助之费。"允之。是为南学。

至是,请仿宋儒胡瑗经义、治事分斋遗法。明经者,或治一经,或兼他经,务取《御纂折中》、《传说》诸书,探其原本,讲明人伦日用之理。治事者,如历代典礼、赋役、律令、边防、水利、天官、河渠、算法之类。或专治一事,或兼治数事,务穷究其源流利弊。考试时,必以经术湛深、通达事理、验稽古爱民之识。三年期满,分别等第,以示劝惩。从之。令诸生有心得或疑义,逐条札记,呈助教批判,按期呈堂。季考月课,改《四书》题一,《五经》讲义题各一,治事策问一。时高宗加意太学,嘉淦严立课程,奖诱备至,六堂讲师,极一时之选。举人吴鼎、梁锡玙,皆以荐举经学授司业。进士庄亨阳,举人潘永季、蔡德峻、秦蕙田、吴鼐,贡生官献瑶、王文震,监生夏宗澜,皆以潜心经学,先后被荐为本监属官。分长六堂,各占一经,时有"四贤五君子"之称。师徒济济,皆奋自镞砺,研求实学。而祭酒赵国麟又以经义、治事外,应讲习时艺,请颁六堂《钦定四书文》资诵习。并报可。

清代临雍视学典礼綦重。顺治九年,世祖首视学。先期行取衍圣公、《五经》博士率孔氏暨先贤各氏族裔赴京观礼。帝释奠毕,诣彝伦堂御讲幄。祭酒讲《四书》,司业讲经。宣制勉太学诸生。越日,赐衍圣公冠服,国子监官赏赉有差。各氏后裔送监读书。嗣是历代举行以为常。乾隆四十八年谕曰:"稽古国学之制,天子曰辟雍,所以行礼乐、宣德化、昭文明而流教泽,典至巨也。国学为人文荟萃之地,规制宜隆。辟雍之立,元、明以来,典尚阙如,应增建以臻美备。"命尚书德保,尚书兼管国子监事刘墉,侍郎德成,仿《礼经》旧制,于彝伦堂南营建。明年,落成。又明年,高宗驾临辟雍行讲学礼。命大学士、伯伍弥泰,大学士管监事蔡新,进讲《四书》。祭酒觉罗吉善、邹奕孝,进讲《周易》。颁御论二篇,宣示义蕴。王、公、衍圣公、大学士以下官,暨肄业观礼诸生,三千八十八人,圜桥听讲。礼成,赐燕礼部,恩赉有加。是时天子右文,群臣躬遇休明,翊赞文化,彬彬称极盛矣。嘉庆以后,视学典礼,率循不废。咸丰初,犹一举行焉。

道光末，诏整饬南学，住学者百余人，监规颓废已久，迄难振作。咸丰军兴，岁费折发，章程亦屡更。同治初元，以国学专课文艺，无裨实学，令兼课论、策。用经、史、性理诸书命题，奖励留心时务者。明年，增发岁费三千两。九年，乃复旧额。选文行优者四十人住南学，厚给廪饩，文风稍稍兴起。光绪二年，增二十名。十一年，许各省举人入监，曰举监。其后无论举人、贡监生，凡非正印官未投供，举、贡未传到教习，均得入监，以广栽成。

贡监生诸色目多沿明制，岁贡，取府、州、县学食廪年深者，挨次升贡。顺治二年，命直省岁贡士京师。府学岁一人，州学三岁二人，县学二岁一人，一正二陪。学政严加遴选，滥充发回原学。五名以上，学政罚俸。十五年，令到部时详查，年力强壮者，乃许送监。康熙元年，减贡额，府三岁二人，州二岁一人，县三岁一人。八年，复照顺治二年例。二十六年，罢岁贡廷试。其后但由学政挨序考准咨部选授本省训导。得缺后，巡抚一加考验，愿入监者益鲜矣。恩贡，因明制，国家有庆典或登极诏书，以当贡者充之。顺治元年，诏直省府、州、县学，以本年正贡作恩贡，次贡作岁贡。历代恩诏皆如之。九年，五氏子孙观礼生员十五人，送监读书，准作恩贡。乾隆后，恩赐临雍观礼圣贤后裔廪、增、附生入监以为常。至康、乾间，天子东巡，亲诣阙里，拔取五氏、十三氏子孙生员贡成均，则加恩圣裔，非恒制也。拔贡，因明选贡遗制，顺治元年举行。顺天六人，直省府学二人，州、县学各一人。康熙十年，令学臣于考取一、二等生员内，遴选文行兼优者贡太学，从祭酒查禄请也。明年，始选拔八旗生员，满洲、蒙古二人，汉军一人。时各省选贡多冒滥，三十七八年间，祭酒特默德、孙岳颁面试山西选拔张汉翀等六名，陕西吕尔恒等四名，广东陈其玮等三名，均文理不堪，字画舛谬，原卷驳回，学臣参处，遂停选拔。雍正元年，礼部尚书陈元龙疏请严成均肄业之规。部议，太学监生，皆由捐纳，能文之士稀少，应令学臣照旧例选拔送监。从之。五年，世宗以岁贡较食廪浅深，多年力衰惫之人，欲得英才，必须选拔。命嗣后六年选拔一次。明年，又谕学政选拔不拘一、二等生员，酌试时务策论，果有识见才干，再访平日品行，即未列优等，亦许选拔。故雍、乾间充贡国学，以选拔为最盛。

乾隆初定朝考制，列一、二等者，拣选引见录用。三等札监肄业。寻停拣选例。三年期满，祭酒等分别等第，核实保荐，用知县、教职。七年，帝以拔贡六年一举，人多缺少，妨举人铨选之路。且生员优者，应科举时，自可脱颖而出，不专借选拔为进身。改十二年一举。遂为永制。十六年，以天下教官多昏耄，滥竽恋栈。虽定例六年甄别，长官每以闲曹，多方宽假。谕详加澄汰。廷臣议，督、抚三年澄汰教职员缺，以朝考拣选拔贡充补。未入拣选者，札监肄业如旧。四十一年，定朝考优等兼用七品小京官。五十五年，朝考始用覆试。学政选拔分二场，试《四书》文、经文、策论。乾隆十七年，经文改经解。二十三年，增五言八韵诗。会同督、抚覆试。朝考试书艺一、诗一。副榜入监，顺治二年，令顺天乡试中式副榜增、附，准作贡监。廪生及恩、拔、岁贡，免坐监，与廷试。十五年，他贡停，惟副榜照旧解送。康熙元年，停副贡额。十一年，以查禄奏复，旧制优贡之选，与拔贡并重。

顺治二年，令直省不拘廪、增、附生，选文行兼优者，大学二人、小学一人送监。康熙二十四年，以监生止输纳一途，贫窭之士无由观光，令照顺治二年例选送。雍正间，始析贡监名色，廪、增准作优贡，附生准作优监。乾隆四年，限大省无过五、六名，中省三、四名，小省一、二名，任缺无滥。学政三年会同督、抚保题，分试两场，略同选拔。试《四书》文、经解、经文、策论，后增诗。二十三年，定优生到部，如拔贡朝考例。试书艺一、诗一，文理明通者升太学；荒疏者发回，学政议处。二十九年，学臣有以拔贡年分暂停举优为请者，部议拔贡十二年一举，而学臣三年任满，宜举优黜劣，通省不过数名，应仍旧例。嘉庆十九年，御史黄中杰条奏，请与拔贡一体廷试录用。礼部议驳。请免来京朝考，示体恤。帝以优生经朝考准作贡生，斯合贡于王廷之义。停朝考，名实不符。弗许。然卒以无录用之条，多不赴京报考。同治二年，议定甲子科始廷试优生，仿顺天乡试例，分南、北、中卷。八旗、奉天、直隶、山东、山西、河南、陕西、甘肃为北卷，江苏、江西、浙江、安徽、福建、湖北、湖南为南卷，四川、广东、广西、云南、贵州为中卷。考列一、二等用知县、教职，三等用训导。恩、拔、副、岁、优，时称"五贡"。科目之外，由此者谓之正途。所以别于杂流也。①

---

① 赵尔巽等：《清史稿》卷一〇六，中华书局，1976，第3099—3107页。

府、州、县、卫儒学,明制具备,清因之。世祖勘定天下,命赈助贫生,优免在学生员,官给廪饩。顺治七年,改南京国子监为江宁府学。寻颁卧碑文,刊石立直省学宫。谕礼部曰:"帝王敷治,文教为先。臣子致君,经术为本。自明末扰乱,日寻干戈,学问之道,阙焉未讲。今天下渐定,朕将兴文教,崇经术,以开太平。尔部传谕直省学臣,训督士子,凡理学、道德、经济、典故诸书,务研求淹贯。明体则为真儒,达用则为良吏。果有实学,朕必不次简拔,重加任用。"初,各省设督学道,以各部郎中进士出身者充之。惟顺天、江南、浙江为提督学政,用翰林官。宣大、苏松、江安、淮扬、肇高先皆分设,既乃裁并。上下江、湖南北则裁并后仍分设。雍正中,一体改称学院,省设一人。奉天以府丞、台湾以台湾道兼之。甘肃自分闱后,始设学政。

各学教官,府设教授,州设学正,县设教谕,各一,皆设训导佐之。员额时有裁并。生员色目,曰廪膳生、增广生、附生。初入学曰附学生员。廪、增有定额,以岁、科两试等第高者补充。生员额初视人文多寡,分大、中、小学。大学四十名,中学三十名,小学二十名。嗣改府视大学,大州、县视中学减半,小学四名或五名。康熙九年,大府、州、县仍旧额,更定中学十二名,小学七名或八名。后屡有增广。满洲、蒙古、汉军子弟,初归顺天考试取进,满洲、汉军各百二十名,蒙古六十名。康熙中减定满、蒙四十名,汉军二十名。旋复增为满、蒙六十,汉军三十。学政三年任满。岁、科两试。顺治十五年停直省科试,康熙十二年复之。

儒童入学考试,初用《四书》文、《孝经》论各一,孝经题少,又以《性理》、《太极图说》、《通书》、《西铭》、《正蒙》命题。嗣定正试《四书》文二,覆试《四书》文、《小学》论各一。雍正初,科试加经文。冬月晷短,书一、经一。寻定科试《四书》、经文外,增策论题,仍用《孝经》。乾隆初,覆试兼用《小学》论。中叶以后,试书艺、经艺各一。增五言六韵诗。圣祖先后颁《圣谕广训》及训饬士子文于直省儒学。雍正间,学士张照奏令儒童县、府覆试,背录《圣谕广训》一条,著为令。凡新进生员,如国子监坐监例,令在学肄业,以次期新生入学为满。

教官考校之法,有月课、季考,《四书》文外,兼试策论。翌日讲《大清律》刑名、钱谷要者若干条。月集诸生明伦堂,诵《训饬士子文》及卧碑诸条，诸生环听。除丁忧、患病、游学、有事故外，不应月课三次者戒饬，无故终年不应者黜革。试卷申送学政查覆。讫于嘉庆，月课渐不举行。御史辛从益以为言，诏令整顿。嗣是教官多阘茸不称职，有师生之名，无训诲之实矣。

学政考核教官，按其文行及训士勤惰，随时荐黜。康熙中，令抚臣考试。嗣教职部选后，赴抚院试。四等以上，给凭赴任；五等学习三年再试，六等褫职。雍正初，定四、五等俱解任学习。六年考成俸满，尽心训导，士无过犯者，督、抚、学政保题，擢用知县。

学臣按临，谒先师，升明伦堂，官生以次揖见。生员掣签讲书，各讲《大清律》三条，西向立；讲毕，东向立：俟行赏罚。

考试生员，旧例岁、科试俱《四书》文二、经文一。自有给烛之禁，例不出经题。雍正元年，科试增经文，冬月一书、一经。六年，更定岁试两书、一经，冬月一书、一经。科试书一、经一、策一，冬月减经文。乾隆二十三年，改岁试书一、经一，科试书一、策一、诗一，冬月亦如之。欠考，勒限补行。三次，黜革。后宽其例，五次以上乃黜。①

各省书院之设，辅学校所不及，初于省会设之。世祖颁给帑金，风励天下。阙后府、州、县次第建立，延聘经明行修之士为之长，秀异多出其中。高宗明诏奖劝，比于古者侯国之学。儒学寝衰，教官不举其职，所赖以造士者，独在书院。其裨益育才，非浅鲜也。

又有义学，社学。社学，乡置一区，择文行优者充社师，免其差徭，量给廪饩。凡近乡子弟十二岁以上令入学。义学，初由京师五城各立一所，后各省府、州、县多设立，教孤寒生童，或苗、蛮、黎、瑶子弟秀异者。规制简略，可无述也。②

《清实录》广西资料辑录

顺治八年〔辛卯〕四月初六日〔壬子〕（1651.5.24）

定各直省乡试差员例：

---

① 赵尔巽等：《清史稿》卷一〇六，中华书局，1976，第3114—3116页。
② 同上书，卷一〇六，第3119页。

顺天、江南正副主考，浙江、江西、福建、湖广正主考，差翰林官八员。

浙江、江西、福建、湖广副主考，山东正主考，差给事中五员。

山东副主考，山西正副主考，河南、陕西正主考，差光禄寺少卿一员，吏、礼二部司官各二员。

河南、陕西副主考，四川、广东正副主考，广西、云南正主考，差户、兵、刑、工四部司官各二员。

广西、云南副主考，贵州正副主考，差行人二员，中书、评事各一员。

各衙门堂印官慎选开送，如应差八员者，倍送十六员，礼部会同内院、吏部拟定正陪，疏请简命。其已充会试房考、乡试主考者，不得重送。顺天房考，听吏、礼二部选用，余省听各巡按御史选用，阄定内帘。①

顺治十三年〔丙申〕六月二十六日〔癸卯〕（1656.8.16）

允礼部议："广西省于明年丁酉科举行乡试，取中举人四十名。俟全省大定，仍复旧额。"②

顺治十四年〔丁酉〕五月初十日〔壬子〕（1657.6.21）

命……中书科中书舍人潘瀛选为广西乡试主考官。③

顺治十六年〔己亥〕七月二十三日〔壬午〕（1659.9.9）

裁广东龙门、从化、新安、新宁、清远、阳山、连山、乐昌、仁化、乳源、翁源、和平、永安、长宁、大埔、惠来、普宁、平远、广宁、封川、开建、恩平、开平、信宜、吴川、石城、遂溪、徐闻、灵山、会同、乐会、定安、感恩、昌化、陵水、东安、西宁、江南砀山各县儒学训导。④

顺治十七年〔庚子〕四月十五日〔己亥〕（1660.5.23）

礼部议复："广西巡按李秀疏言：粤西乡试中额原定六十名，先因地方未辟，止中四十名。今全省俱复，适奉各省中额减半之旨，应仍照原额，准中三十名。"报可。

---

① 广西壮族自治区通志馆、广西壮族自治区图书馆编：《〈清实录〉广西资料辑录》第1册，广西人民出版社，1988，第15页。
② 同上书，第1册，第44页。
③ 同上书，第1册，第47页。
④ 同上书，第1册，第58页。

顺治十七年〔庚子〕五月十五日〔己巳〕（1660.6.22）

命……户部主事张易贲、行人司行人何元英为广西乡试主考官。①

顺治十八年〔辛丑〕二月二十四日〔甲辰〕（1661.3.24）

礼部题："会试取士，原分南、北、中卷，后因云、贵等省未经平定，将中卷分入南、北卷内。今各处省分俱全，应仍将浙江、江西、福建、湖广、广东五省，江宁、苏、松、常、镇、徽、宁、池、太、淮、扬十一府，广德一州为南卷；直隶及山东、山西、河南、陕西四省，奉天等处为北卷；四川、广西、云南、贵州四省，庐、凤、安庆三府，徐、滁、和三州为中卷。其南、北、中卷中式额数，照赴试举人之数均派。"从之。②

康熙二年〔癸卯〕正月十七日〔丙戌〕（1663.2.24）

设广西泗城军民府流官同知、经历、儒学教授等官。③

康熙二年〔癸卯〕五月二十四日〔辛卯〕（1663.6.29）

以……刑部员外郎李为霖为广西乡试正考官、中书陈廷枢为副考官。④

康熙五年〔丙午〕五月十五日〔乙未〕（1666.6.17）

以……户部主事曹首望为广西乡试正考官，中书科中书张为仁为副考官。⑤

康熙五年〔丙午〕十月初九日〔丙辰〕（1666.11.5）

广东广西总督卢兴祖疏言："粤西土司俗无礼义，尚格斗，争替争袭，连年不解。夫更化善俗，莫先于学校，请令各土司子弟愿习经书者，许在附近府县考试。文义通达，每县额取二名，俾感于忠孝礼义，则争斗之风自息。"下部议行。⑥

康熙八年〔己酉〕五月十四日〔丙午〕（1669.6.12）

以……兵部郎中王廷伊为广西乡试正考官，礼部主事吕祚德为副考官。⑦

---

① 广西壮族自治区通志馆、广西壮族自治区图书馆编：《〈清实录〉广西资料辑录》第1册，广西人民出版社，1988，第64页。
② 同上书，第1册，第70页。
③ 同上书，第1册，第79页。
④ 同上书，第1册，第80页。
⑤ 同上书，第1册，第88页。
⑥ 同上书，第1册，第90页。
⑦ 同上书，第1册，第92页。

康熙九年〔庚戌〕正月二十七日〔乙卯〕（1670.2.16）

以……户部郎中王震起为广西按察使司佥事、提调学政。①

康熙十一年〔壬子〕六月十五日〔己丑〕（1672.7.9）

以……刑部郎中陆舜为广西乡试正考官，吏部主事毛逵为副考官。②

康熙十二年〔癸丑〕正月十九日〔庚寅〕（1673.3.7）

以户部郎中……苏汝霖为广西按察使司佥事、提调学政。③

康熙十九年〔庚申〕九月十四日〔己巳〕（1680.11.4）

以户部郎中王如辰为广西按察使司佥事、提调学政。④

康熙二十年〔辛酉〕十二月十八日〔丁酉〕（1682.1.26）

补行广西乡试，以编修乔莱为正考官，员外郎杨佐国为副考官。⑤

康熙二十三年〔甲子〕五月十七日〔壬午〕（1684.6.29）

以……刑部员外郎王曰曾为广西乡试正考官，大理寺评事高层云为副考官。⑥

康熙二十四年〔乙丑〕七月二十四日〔壬午〕（1685.8.23）

以礼部郎中申穟为广西按察使司佥事、提调学政。⑦

康熙二十五年〔丙寅〕三月初二日〔丙辰〕（1686.3.25）

礼部议复："入觐广西布政使教化新疏言：粤西土司僻处边峒，不识诗书，不明礼义，狠悍成性。请敕该抚谕令各土司官，有愿送子弟就近府、州、县读书者，命该教官收纳训诲。应如所请。"从之。⑧

康熙二十六年〔丁卯〕二月二十三日〔辛未〕（1687.4.4）

以山东登莱道陆祚蕃为广西按察使司副使、提调学政。

---

① 广西壮族自治区通志馆、广西壮族自治区图书馆编：《〈清实录〉广西资料辑录》第1册，广西人民出版社，1988，第93页。
② 同上书，第1册，第94页。
③ 同上书，第1册，第95页。
④ 同上书，第1册，第149页。
⑤ 同上书，第1册，第154页。
⑥ 同上书，第1册，第163页。
⑦ 同上书，第1册，第165页。
⑧ 同上书，第1册，第167—168页。

康熙二十六年〔丁卯〕五月初四日〔辛巳〕（1687.6.13）

礼部议复："广西巡抚王起元疏言：新升广西学道陆祚蕃，由原任登莱道任赴粤路远，秋闱甚迩，即改岁作科，亦难遍及，请展乡试期于十月举行。应如所请。"从之。①

康熙二十六年〔丁卯〕七月十五日〔辛卯〕（1687.8.22）

以刑科掌印给事中刘国黻为广西乡试正考官，中书科中书卫秦翰为副考官。②

康熙二十九年〔庚午〕十二月初二日〔戊午〕（1690.12.31）

以……户部郎中王承露为广西按察使司佥事、提调学政。③

康熙三十年〔辛未〕五月二十六日〔辛亥〕（1691.6.22）

礼部等衙门遵旨会议御史江蘩条奏科场事宜："查会试之分南、北、中卷，原为因地取才起见，行之既久，其势不能均平。若不稍加变通，恐遐方士子，不能仰承皇上广兴文教、乐育人材至意。嗣后应于南、北、中卷内，再分江南、浙江为南左，江西、湖广、福建、广东为南右，直隶、山东为北左，河南、山西、陕西为北右，四川、云南为中左，广西、贵州为中右。仍照定例，各计卷数之多寡，凭文取中。既于科场条例并无更改，又于各省中额不致偏枯。至安、庐、凤三府，滁、和、徐三州，改归南卷，并仍行分经之处，俱照礼部原议。"从之。④

康熙三十二年〔癸酉〕五月二十三日〔丙寅〕（1693.6.26）

以……编修李懋为广西乡试正考官、内阁中书张莲为副考官。⑤

康熙三十三年〔甲戌〕正月二十九日〔丁卯〕（1694.2.22）

以……兵部郎中朱大任为广西按察使司佥事、提调学政。⑥

康熙三十五年〔丙子〕五月十四日〔己巳〕（1696.6.13）

以……翰林院编修吴昺为广西乡试正考官、礼部郎中曹贞吉为副考官。

---

① 广西壮族自治区通志馆、广西壮族自治区图书馆编：《〈清实录〉广西资料辑录》第 1 册，广西人民出版社，1988，第 171 页。
② 同上书，第 1 册，第 172 页。
③ 同上书，第 1 册，第 174 页。
④ 同上书，第 1 册，第 174 页。
⑤ 同上书，第 1 册，第 175 页。
⑥ 同上书，第 1 册，第 176 页。

康熙三十五年〔丙子〕七月初九日〔癸亥〕（1696.8.6）

广八旗满洲、蒙古、汉军、直隶各省乡试解额，满洲、蒙古四名，汉军二名，顺天生员十七名，……广西十名。①

康熙三十六年〔丁丑〕二月初三日〔甲申〕（1697.2.23）

以刑部郎中刘体元为广西按察使司佥事、提调学政。②

康熙三十八年〔己卯〕六月十七日〔甲寅〕（1699.7.13）

以……翰林院检讨姜承燨为广西乡试正考官，刑部员外郎陈宗彝为副考官。

康熙三十八年〔己卯〕十二月初八日〔壬申〕（1700.1.27）

以……刑部郎中高联璧为广西按察使司佥事、提调学政。③

康熙三十八年〔己卯〕十二月二十一日〔乙酉〕（1700.2.9）

九卿议复："左副都御史梅铜疏言：会试定例，分南、北、中卷，后又于南、北、中卷之内各分左、右，以致阅卷者不尽衡文，只算卷数，以定中额。请仍照定例，止分南、北、中卷，概去左、右各色。应如所请。并将江南庐州等府、滁州等州旧系卷者，俱归南卷。其云南、贵州、四川、广西四省去其中卷名色，每科云南定为云字号额中二名，四川定为川字号额中二名，广西定为广字号额中一名，贵州定为贵字号额中一名。康熙三十九年会试，恩诏加额，应将云南、四川各加中二名，广西、贵州各加中一名。"从之。

康熙三十九年〔庚辰〕十一月十八日〔丙午〕（1700.12.27）

九卿等议复："湖广总督郭琇等，遵旨详议科场事宜四疏。嗣后直隶各省乡试，在京三品以上及大小京堂、翰林、科道，吏、礼二部司官，在外督、抚、提、镇及藩、臬等官子弟，俱编入官字号，另入号房考试。各照定额，每十卷，民卷取中九卷，官卷取中一卷，不必分经。其副榜亦照此算取。若各省乡试官员子弟或止数人者，不必另编官字号。云南、贵州、四川、广西四省在监乡试，亦编入南监内，俱一体分别编官字号，照额取中。会试满合字号、南

---

① 广西壮族自治区通志馆、广西壮族自治区图书馆编：《〈清实录〉广西资料辑录》第1册，广西人民出版社，1988，第177页。
② 同上书，第1册，第178页。
③ 同上书，第1册，第182页。

北字号亦编官字号,每二十卷取一卷。云南等四省中额仍照见例行,不另编官字号。各项监生有愿在监入场者,俱由国子监录取,责令祭酒等力行考课之法,考课不缺者准其入场,照例分别南北官民卷;其愿在本地乡试者,与生员一体分别官、民卷取中。童生内有将经书、小学真能精熟及能成诵三经、五经者,该学臣酌量优录。论题将性理中《太极图说》、《通书》、《西铭》、《正蒙》等书一并命题。"从之。①

康熙四十一年〔壬午〕六月十九日〔己巳〕(1702.7.13)

以翰林院……编修车鼎晋为广西乡试正考官、行人司行人吴一蜚为副考官。②

康熙四十一年〔壬午〕十二月二十一日〔丁酉〕(1703.2.6)

以……通州知州靳让为广西按察使司佥事、提调学政。③

康熙四十三年〔甲申〕三月初五日〔甲辰〕(1704.4.8)

调广西学道靳让提督浙江学政,贵州学政张豫章兼督广西学政。④

康熙四十四年〔乙酉〕五月十八日〔庚辰〕(1705.7.8)

以……检讨孔尚先为广西乡试正考官,礼部主事张缵为副考官。

康熙四十四年〔乙酉〕十二月二十八日〔戊午〕(1706.2.11)

以……检讨阎锡爵提督广西学政。⑤

康熙四十六年〔丁亥〕二月十二日〔乙未〕(1707.3.15)

添设广西义宁(今分属临桂县、龙胜各族自治县)等十三县教谕十三员,永宁(今属永福县)等七州、平乐等三县及思明土府(今属宁明县)训导十一员。⑥

康熙四十六年〔丁亥〕十月二十四日〔壬寅〕(1707.11.17)

以户部郎中张愫为广西按察使司佥事、提调学政。⑦

---

① 广西壮族自治区通志馆、广西壮族自治区图书馆编:《〈清实录〉广西资料辑录》第1册,广西人民出版社,1988,第183—184页。
② 同上书,第1册,第188页。
③ 同上书,第1册,第190页。
④ 同上书,第1册,第193页。
⑤ 同上书,第1册,第194页。
⑥ 同上书,第1册,第196页。
⑦ 同上书,第1册,第197页。

康熙四十七年〔戊子〕五月二十日〔乙未〕（1708.7.7）

以……礼科给事中郝林为广西乡试正考官，吏部主事潘锦为副考官。①

康熙四十八年〔己丑〕十一月初六日〔壬申〕（1709.12.6）

兵部遵旨议复："……照文会试定例：云南取中二名、贵州取中一名、广西取中一名。……"从之。②

康熙五十年〔辛卯〕四月初十日〔戊辰〕（1711.5.26）

增直隶、各省乡试中额：顺天生员十八名，……广西八名，云南九名，贵州六名。著为令。

康熙五十年〔辛卯〕五月十九日〔丁未〕（1711.7.4）

以……检讨刘师恕为广西乡试正考官，内阁中书阮应商为副考官。

康熙五十年〔辛卯〕六月初十日〔戊辰〕（1711.7.25）

设广西西隆州（今隆林各族自治县）儒学，拨武缘县（今武鸣县）训导一员，移驻西隆州，专司督课。岁科两试，定取文武生员各六名。从广西巡抚梁世勋请也。③

康熙五十一年〔壬辰〕二月初六日〔己未〕（1712.3.12）

以翰林院……编修龚铎提督广西学政。④

康熙五十一年〔壬辰〕三月十七日〔庚子〕（1712.4.22）

谕大学士等曰："赵申乔题请云南、贵州、广西三省中额，量增数名。今复试中式进士，可令赵申乔将所取三省备卷举人，亦带来考试。迩来浙江、江南人，冒直隶等处北籍，及代人考试者甚多，十三省语音，朕悉通晓，观人察言，即可识辨。着出示遍晓中式进士等，其中有冒籍替代等项，俱赴部实首。复试之日，朕前亦许面奏。倘隐蔽不发，朕一查出，悔之无及。"

康熙五十一年〔壬辰〕三月二十日〔癸卯〕（1712.4.25）

复试会试中式举人卜俊民等，及赵申乔所荐云南、贵州、广西三省备卷举

---

① 广西壮族自治区通志馆、广西壮族自治区图书馆编：《〈清实录〉广西资料辑录》第1册，广西人民出版社，1988，第197页。
② 同上书，第1册，第197—198页。
③ 同上书，第1册，第200页。
④ 同上书，第1册，第202页。

人于畅春园，并谕九卿搜阅遗卷。

礼部等衙门复都察院左都御史赵申乔请增云南、贵州、广西进士额数一疏。上曰："朕先因此三省路远人少，每至脱科。念边陲穷士跋涉山川，曾谕该部酌量增额，以示劝兴。故今三省文风日盛，士子俱各黾勉肄业，考试者渐多。但取中额数尚少，宜更加增，尔等会议具奏。再，此番复试不到者，作何区处，亦着议奏。试卷内有不通者，若革去进士，不另行补取，则进士数缺矣。于某省革去者，即将某省未中卷内，择其佳者取补。"

康熙五十一年〔壬辰〕三月二十五日〔戊申〕（1712.4.30）

大学士、九卿等遵旨会议："云南、贵州、广西三省应各增进士一名，即将赵申乔所荐三卷，作新增之数。又，复试不到中式举人二十六名，行文各该抚速行咨送，到日请旨复试。又，今科取中进士内文字不堪者已革退，所缺额数，伏乞皇上将各省考试不中落卷内，选择取中。"从之。①

康熙五十一年〔壬辰〕十一月十九日〔戊戌〕（1712.12.16）

以……吏部郎中郭晋熙为广西乡试正考官，内阁中书卢弘熹为副考官。②

康熙五十三年〔甲午〕五月二十三日〔癸亥〕（1714.7.4）

以……鸿胪寺少卿文志鲸为广西乡试正考官，编修汪份为副考官。

康熙五十三年〔甲午〕八月二十三日〔壬辰〕（1714.10.1）

以……编修车鼎晋提督福建学政，丛澍提督广西学政。③

康熙五十六年〔丁酉〕五月二十二日〔乙亥〕（1717.6.30）

以翰林院……检讨黎致远为广西乡试正考官，兵部主事江为龙为副考官。④

康熙五十六年〔丁酉〕九月二十二日〔癸酉〕（1717.10.26）

以翰林院……编修邹奕凤提督广西学政。⑤

康熙五十八年〔己亥〕十月十六日〔乙卯〕（1719.11.27）

以刑部郎中徐树屏为广西按察使司佥事、提调学政。⑥

---

① 广西壮族自治区通志馆、广西壮族自治区图书馆编：《〈清实录〉广西资料辑录》第1册，广西人民出版社，1988，第203页。
② 同上书，第1册，第205页。
③ 同上书，第1册，第206页。
④ 同上书，第1册，第209页。
⑤ 同上书，第1册，第209页。
⑥ 同上书，第1册，第212页。

康熙五十九年〔庚子〕五月二十二日〔戊子〕（1720.6.27）

以……工科给事中康五瑞为广西乡试正考官，内阁中书韩瑛为副考官。①

雍正元年〔癸卯〕正月二十三日〔癸卯〕（1723.2.27）

以翰林院……检讨朱曙荪为广西乡试正考官，检讨德龄为副考官，……②

雍正元年〔癸卯〕九月二十三日〔己亥〕（1723.10.21）

以……翰林院……检讨陆绍琦提督广西学政，……③

雍正元年〔癸卯〕十一月二十五日〔辛丑〕（1723.12.22）

以……左春坊、左庶子、李钟峨为广西乡试正考官，翰林院侍读德新为副考官，……④

雍正二年〔甲辰〕九月初十日〔庚戌〕（1724.10.26）

命赏给会试举人盘费：云南、广东、广西、贵州、四川五省每人银十两，……⑤

雍正三年〔乙巳〕四月十六日〔癸未〕（1725.5.27）

谕大学士、九卿等："前日李钟峨奏称翰林为储材重地，自康熙四十五年至六十年（1706年—1721年）七年科，每省俱有庶吉士，查雍正元年癸卯（1723年）科，汉军及河南、四川进士无馆选者，雍正二年甲辰（1724年）科，蒙古及山西、河南、陕西、四川、广东、湖南、广西、云南、贵州进士俱无馆选者，请广储才之路等语。朕即位之后，以培养人材，最重翰林，故加意详慎。隆科多曾奏称，圣祖时馆选，每省俱有庶吉士。所以朕于雍正元年癸卯科馆选时，试其文义，观其人品，于僻远省分之人，亦酌量选取。又每谕教习之臣，尽心训迪。迨后历经简择及考试文章，其中惟江浙人文义，实较各省为优。因将各省人员分用于内外各衙门，而江浙人留馆独多。雍正二年甲辰（1724年）科馆选，亦详加考试，朕因以文义优者选为庶吉士，于是山西、河南等省进士遂多不得与选。盖翰林职司文章，若以文义不及者处之，则用违其才，而其人或有他长反

---

① 广西壮族自治区通志馆、广西壮族自治区图书馆编：《〈清实录〉广西资料辑录》第1册，广西人民出版社，1988，第213页。
② 同上书，第1册，第221页。
③ 同上书，第1册，第223页。
④ 同上书，第1册，第224页。
⑤ 同上书，第1册，第226页。

无以自见矣。朕凡于用人行政,无不审慎筹划,务求当理,而选择翰林,更为留意。实欲使人人勿枉其材,各效所长,庶国家得收器使之效,岂计及于各省翰林之多寡有无也。今览李钟峨所奏,是必外人有此议论,故遂以入告,朕甚嘉之。大凡国家政事,朕有不及见闻者,若臣下不言,朕何由而知?朕正欲尔等尽心陈奏,朕因得以察其所奏之是否,是则改而从之,否则亦可以朕意宣示尔等,使天下之人晓然共白,不致妄生议论。嗣后馆选庶吉士,或应考试文义选取,或应每省额选几人,或应分为南北两院。向来教习,止派满、汉各一员,今若按省分各选庶吉士,或亦按省分各设教习可乎?至各省未得馆选之进士中,或有文义可充翰林之选者,尔等确有所知,即行举出,毋使人有逸才之论。尔大学士会同九卿详议具奏。"寻议:"皇上振兴文教,储养英才,因人器使,馆选之法,尽善尽美,更无遗逸之才。李钟峨条奏,应无庸议。"从之。①

雍正三年〔乙巳〕四月十八日〔乙酉〕(1725.5.29)

增广西省各学取进文童额数:全州、郁林州(今玉林市)、横州(今横县)、新宁州(今属扶绥县)、宾州(今宾阳县)五州,临桂、苍梧、怀集(今属广东省)、宣化(今分属南宁市、邕宁县)、上林五县,向系大学,照府学额各取进二十名;灵川、兴安、灌阳、桂平、贵县、隆安、武缘(今武鸣县)、永淳(今分属横县、邕宁、宾阳县)八县,向系中学,升为大学,各取进十五名;平南县向系小学,升为中学,取进十二名。②

雍正四年〔丙午〕四月二十六日〔戊子〕(1726.5.27)

谕吏部:"云南、贵州、四川、福建、广东、广西等省地处边远,凡选授教职,每旷缺迟久,其作何补授之处?该部议奏。"寻议:"远省教职,请将应选人员由部截(裁)定人数,照科分名次,填写执照,给发各该抚,令其挨次具题选补,并将到任日期报部。"从之。③

雍正四年〔丙午〕五月十六日〔丁未〕(1726.6.15)

以……编修徐杞为广西乡试正考官,吏部员外郎尹会一为副考官。④

---

① 广西壮族自治区通志馆、广西壮族自治区图书馆编:《〈清实录〉广西资料辑录》第 1 册,广西人民出版社,1988,第 230—231 页。
② 同上书,第 1 册,第 231 页。
③ 同上书,第 1 册,第 237 页。
④ 同上书,第 1 册,第 238—239 页。

雍正四年〔丙午〕十一月初三日〔辛卯〕（1726.11.26）

以……江南道御史卫昌绩提督广西学政。①

雍正七年〔己酉〕六月十八日〔辛卯〕（1729.7.13）

以……吏部员外郎严宗喆为广西乡试正考官、编修于枋为副考官。②

雍正七年〔己酉〕九月二十八日〔己亥〕（1729.11.18）

……提督广西学政江南道御史卫昌绩，俱仍留任。③

雍正九年〔辛亥〕四月二十五日〔丁巳〕（1731.5.30）

以翰林院……编修赵晃提督广西学政。④

雍正九年〔辛亥〕五月二十五日〔丁亥〕（1731.6.29）

广西巡抚金鉷疏言："教职一官，无可展施，纵有才能，莫由显著。请于广西现在教职内，择其年力强壮、应对明白、才品可观之员，咨送督臣，分派云南、贵州两省，俟遇有州、县及佐贰等缺，酌量试用题补，并请通行各省，一体遵行。"得旨："训士理民，俱关紧要。封疆学政，各有专司，定例彼此不得干预。若将教官之优者悉改膺民社之寄，是以理民为重，而以训士为轻。凡留司铎之任者，皆上司所弃而不取之人，势必使天下教官莫不希冀升迁，日萌钻营幸进之念，孰肯专心训课，为国家长养人材乎？况督、抚不可干预学臣之事，亦如学臣不得干预督、抚之事也。金鉷此奏，岂非欲兼揽学政之权，且沽教官之称誉乎？即据称教职一官，无可展施，其才能莫由显著。既如此，则又如何知其可办事而选用之乎？若以语言应对之间，定人品之优劣，分才具之短长，恐鉴衡之失实者不少矣。至于教官之贤者，督、抚原可随时保举，而大计之年又可列为卓异，并非不得与于荐扬之选者。金鉷实属冒昧，着将原本掷还。"⑤

雍正十年〔壬子〕闰五月二十日〔乙巳〕（1732.7.11）

以翰林院……检讨范咸为广西乡试正考官、编修邹一桂为副考官。⑥

---

① 广西壮族自治区通志馆、广西壮族自治区图书馆编：《〈清实录〉广西资料辑录》第1册，广西人民出版社，1988，第239页。
② 同上书，第1册，第265页。
③ 同上书，第1册，第267页。
④ 同上书，第1册，第273页。
⑤ 同上书，第1册，第273—274页。
⑥ 同上书，第1册，第279页。

雍正十年〔壬子〕十一月初七日〔庚寅〕（1732.12.23）

以……编修徐以升提督广西学政。①

雍正十一年〔癸丑〕三月初五日〔丙戌〕（1733.4.18）

谕内阁："云南、贵州、广东、广西、四川、福建六省举人赴京会试，邮程遥远，非近省可比。朕意欲于落卷中择其文尚可观而人材可用者，添取数人，候旨录用，以昭朕格外加恩之意。着传谕主考官于六省试卷遵旨取中外，其次等可取之卷，不拘数目，秉公选出，俟发榜后，朕另派大臣会同主考官，验看人材，更加遴选。再：六省下第举子内，除愿与下科会试者不必报名外，若有情愿小就以图即行录用者，着在礼部报名，一并交与派出之大臣、主考官拣选，奏闻请旨。"②

雍正十一年〔癸丑〕八月初五日〔癸丑〕（1733.9.12）

礼部议复："广西巡抚金𫓧疏言：镇安府业经改土归流，应建置府学，添设教授一员，取进文武童生各十二名。泗城府学取进童生旧无定额，请照镇安之额取进。其新改流之东兰（今东兰县），归顺（今靖西县）二州，请各设学正一员，取进文武童生各四名。思明土府新改其土州，归并宁明州管辖，请照州学例，裁教授、训导缺，设学正一员，取进文武童生各十五名。梧州府北流县既改隶郁林直隶州，则少拨入府学额数，请于旧额八名外，增取文武童生各四名，以补原拨府学之额。均应如所请。"从之。③

雍正十二年〔甲寅〕十二月十九日〔庚申〕（1735.1.12）

添设广西太平府崇善县（今崇左县）学廪生、增生各四名，从广西巡抚金𫓧请也。④

雍正十二年〔甲寅〕十二月二十一日〔壬申〕（1735.1.14）

拨广西梧州府学原额取进文童五名、武童三名，归直隶郁林州学，从提督广西学政徐以升请也。⑤

---

① 广西壮族自治区通志馆、广西壮族自治区图书馆编：《〈清实录〉广西资料辑录》第1册，广西人民出版社，1988，第281页。
② 同上书，第1册，第282页。
③ 同上书，第1册，第284页。
④ 同上书，第1册，第288页。
⑤ 同上书，第1册，第289页。

雍正十三年〔乙卯〕五月十九日〔戊午〕（1735.7.9）

以翰林院……编修沈昌宇为广西乡试正考官、检讨王宗灿为副考官。①

雍正十三年〔乙卯〕十一月初四日〔己亥〕（1735.12.17）

命……户部郎中潘允敏提督广西学政。②

雍正十三年〔乙卯〕十二月十九日〔甲申〕（1736.1.31）

礼部议复："广西学政徐以升奏称：粤西各郡文风不一，因之出贡迟速迥异。奉准部复，查明酌议具题，请将泗城府属之西隆州（今隆林各族自治县）学，庆远府属之思恩县（今环江毛南族自治县）学，照左（州）、养（利）、永（康）之例四年一贡。其南宁府属之上思州学，庆远府属之河池州学、天河县（今属罗城仫佬族自治县）学，平乐府属之永安州（今蒙山县）学、修仁县（今属荔浦、鹿寨和金秀瑶族自治县）学、柳州府属之来宾县学、罗城县学，照奉天府学满字号之例三年一贡。又桂林府属之永宁州（今属永福县）学，思恩府属之迁江县（今属来宾县、合山市）学，出贡亦属太速，请暂改为三年一贡，俟该二学人文加盛，再照旧例办理。应如所请。"从之。③

乾隆元年〔丙辰〕三月二十四日〔戊午〕（1736.5.4）

谕礼部："云南、贵州、广东、广西、四川、福建六省举人赴京应试。未经中式者，着照雍正十一年（1733）之例，拣选奏闻请旨，其上次记名二十一人，一并入于此内请旨。"④

乾隆元年〔丙辰〕五月十七日〔庚戌〕（1736.6.25）

以……编修万承苍为广西乡试正考官、御史薛韫为副考官。⑤

乾隆元年〔丙辰〕六月二十日〔癸未〕（1736.7.28）

礼部议："贵州学政邹一桂奏，思南府属蛮夷长官司正长官安守仁、安化县土主簿杨世正俱由廪生承袭。广西学政潘允敏奏，土司徐国丞由生员承袭。俱呈请一体乡试。"得旨："准其一体乡试。"⑥

---

① 广西壮族自治区通志馆、广西壮族自治区图书馆编：《〈清实录〉广西资料辑录》第 1 册，广西人民出版社，1988，第 290 页。
② 同上书，第 1 册，第 291 页。
③ 同上书，第 1 册，第 292 页。
④ 同上书，第 1 册，第 295—296 页。
⑤ 同上书，第 1 册，第 297 页。
⑥ 同上书，第 1 册，第 298 页。

乾隆二年〔丁巳〕三月二十六日〔甲寅〕（1737.4.25）

礼部以会试中额请。得旨："这会试，……广西取中四名。……"①

乾隆三年〔戊午〕五月十七日〔戊辰〕（1738.7.3）

以……编修钱本诚为广西乡试正考官，检讨胡定为副考官。②

乾隆三年〔戊午〕六月初二日〔癸未〕（1738.7.18）

定各省主考官起程日期谕："向例外省主考官，闻命之日，即速就道。蒙皇考世宗宪皇帝念其办理行装，未免忙迫，伊等既奉命典试，自知奉法惟谨，不必过于防范，特令稍宽起程之期，此体恤臣工之厚意也。近闻奉差诸臣起身甚迟，有至十余日外者，殊非远嫌之意。着礼部酌定日期，著为定例。"寻议："云南、贵州、四川、广东、广西、福建、湖南七省，以十日为限；浙江、江西、湖北、陕西、江南五省，以七日为限；河南、山东、山西三省，以五日为限。逾期参奏。"从之。③

乾隆三年〔戊午〕六月二十四日〔乙巳〕（1738.8.9）

禁扣举人坊银谕："前据御史甄之璜条奏，各省乡试中式举人，例给坊银二十两，而远省遵行不实，如贵州则给发三分之一，广西则全行扣留。经部议令该省巡抚、藩司确查报部，迄今一载有余，尚未结案。今朕访闻得远省中式举人，有应领之坊银，每见主考长途跋涉，即以恩赏之项，行其束脩之敬，而识见浅小之考官，亦遂收纳不辞。此风行之已久，今若追溯从前，一一清查，徒滋案牍之繁，未免扰累，究于举子无补，着从宽免其查问。嗣后考官等各宜恪遵功令，不许收受此项银两。该藩司亦必照数给发，不得丝毫扣留，务使中式举人，实沾恩泽。"④

乾隆三年〔戊午〕十月十七日〔丙申〕（1738.11.28）

调……广西学政潘允敏提督河南学政，河南学政张考提督广西学政。⑤

---

① 广西壮族自治区通志馆、广西壮族自治区图书馆编：《〈清实录〉广西资料辑录》第1册，广西人民出版社，1988，第305页。
② 同上书，第1册，第318页。
③ 同上书，第1册，第318—319页。
④ 同上书，第1册，第320页。
⑤ 同上书，第1册，第324页。

乾隆三年〔戊午〕十一月初七日〔乙卯〕（1738.12.17）

定给各省考官路费，谕曰："每科主考差往各省，彼地督、抚有无馈送路费，向无定例。其数目之多寡，亦无成规。伊等回京时，有奏闻者，有不奏者，亦不划一。自应酌定一例，俾永远遵行，庶无轻重不均之事。今朕酌量道途之远近，分别路费之多寡。云南八百两，贵州七百两，四川、广东、广西、福建、湖南六百两，江南、浙江、湖北、江西、陕西五百两，河南、山西、山东四百两。尔等可寄信各督、抚，遵照此数，不得以私意增减。主考等不得于此数之外，更有所受。将此永著为例。"①

乾隆四年〔己未〕二月二十七日〔甲辰〕（1739.4.5）

礼部以会试中额请。得旨："这会试，……广西取中六名。……"②

乾隆五年〔庚申〕七月初二日〔庚午〕（1740.8.23）

礼部议复："署广西巡抚安图奏，泗城、镇安二府，归顺（今靖西县）一州，雍正十一年（1733）设学，未设廪、增。今岁试三次，请照例增设。应如所请。泗、镇二府学，均设廪、增生各四名，三年一贡。归顺州学，设廪、增生各二名，四年一贡。"从之。③

乾隆六年〔辛酉〕五月十八日〔辛巳〕（1741.6.30）

以……礼部郎中李治运为广西乡试正考官，翰林院检讨胡中藻为副考官。④

乾隆六年〔辛酉〕七月二十五日〔丁亥〕（1741.9.4）

礼部议准：署广西巡抚杨锡绂疏称，粤西人材骎骎日盛，居官者亦较多于前。现有例得官生应试之人，请援照雍正十三年（1735），黔省另立官字号之例，将粤西一体设立官卷。从之。⑤

乾隆六年〔辛酉〕十一月二十八日〔己丑〕（1741.1.4）

命翰林院编修沈慰祖提督广西学政。⑥

---

① 广西壮族自治区通志馆、广西壮族自治区图书馆编：《〈清实录〉广西资料辑录》第1册，广西人民出版社，1988，第324—325页。
② 同上书，第1册，第328页。
③ 同上书，第1册，第348页。
④ 同上书，第1册，第370—371页。
⑤ 同上书，第1册，第377页。
⑥ 同上书，第1册，第383页。

乾隆六年〔辛酉〕十二月二十日〔辛亥〕（1742.1.26）

礼部议准江南道御史周祖荣条奏闱务：一、至公堂监试御史、内帘监试御史，向各随带笔帖式二员。经部议：至公堂监察御史所带笔帖式，并无委派之事，定例停止。而内帘监试御史，仍随带笔帖式入闱，应一并停止。一、会试五经卷，广东、四川、广西、云南、贵州五省，定为中卷，而顺天乡试，广东一省，独归南皿，不入中卷，应与会试划一。从之。①

乾隆七年〔壬戌〕正月二十六日〔丙戌〕（1742.3.2）

礼部议准：广西巡抚杨锡绂奏请增建广西乡试号舍四百二十间。从之。②

乾隆七年〔壬戌〕二月二十九日〔己未〕（1742.4.4）

礼部以会试中额请。得旨："这会试，……广东十九名，广西七名。……"③

乾隆九年〔甲子〕五月十八日〔乙未〕（1744.6.28）

以……编修吴嗣富为广西乡试正考官，编修罗源汉为副考官。④

乾隆九年〔甲子〕八月十一日〔乙卯〕（1744.9.16）

兵部左侍郎舒赫德奏：科场额中举人一名，向止录取科举三十名，嗣后增至六十名，近来部议增至百名。本为江浙人文较盛，故宽以收之。至中边小省，固有不同，不得滥取以足额。请照百名之数，递加裁减。得旨："此奏是，大学士、九卿议奏。"寻议："直隶、江南、浙江、江西、湖南、福建等六大省，每举人一名，录科八十名。山东、河南、山西、广东、陕西、四川等六中省，每举人一名，录科六十名。广西、云南、贵州等三小省，每举人一名，录科五十名……"从之。⑤

乾隆九年〔甲子〕八月十六日〔庚申〕（1744.9.21）

谕："国家设科取士，原欲遴选真才，以备任使，典至重也。近来士习不端，不惟文风未见振起，抑且怀挟作弊，行类穿窬，诡计百出，竟有意想所不到者。朕早已闻知，屡行训饬。……此次经朕严训以后，如果文风日盛，

---

① 广西壮族自治区通志馆、广西壮族自治区图书馆编：《〈清实录〉广西资料辑录》第1册，广西人民出版社，1988，第384—385页。
② 同上书，第1册，第385页。
③ 同上书，第1册，第387页。
④ 同上书，第1册，第423页。
⑤ 同上书，第1册，第427—428页。

士习克端,朕又难何停罢诸途,专用科目之人,并将此晓谕中外知之。"寻议:"直省解额,酌减十分之一。……广东七十九名,除商籍一名外,减七名。……广西五十名,减五名,以乾隆丁卯(1747)科为始。"从之。①

乾隆九年〔甲子〕十二月初八日〔辛亥〕(1745.1.10)

命……翰林院编修官献瑶提督广西学政。②

乾隆十年〔乙丑〕三月二十八日〔庚子〕(1745.4.29)

礼部以会试中额请。得旨:"这会试,……广西取中八名。……"③

乾隆十二年〔丁卯〕五月十八日〔丁未〕(1747.6.25)

以……国子监司业陈世烈为广西乡试正考官,陕西道监察御史冯元钦为副考官。④

乾隆十二年〔丁卯〕十月十九日〔丙子〕(1747.11.21)

命……广西学政官献瑶为陕西学政,陕西学政胡中藻为广西学政。⑤

乾隆十三年〔戊辰〕三月二十八日〔壬子〕(1748.4.25)

礼部以会试中额请。得旨:"这会试,……广东取中十七名,广西取中六名,四川取中九名,贵州取中七名,云南取中八名。……"⑥

乾隆十四年〔己巳〕六月二十三日〔己亥〕(1749.8.5)

谕曰:"广西学政胡中藻奏称:臣职少詹事,奉部裁缺,俟满任后另行补用。臣查学政系坐衔出差,不宜有无职之人。是以臣奏事仍带臣奉裁职衔。又牵引伊前在右通政内裁缺,随转左通政,右缺遂裁等语。胡中藻学问僻陋,文尚奇涩。前于陕西学政任满时,奏请分设陕甘学政。此事曾经奉有不必添设之旨,伊并不详查,仍复率意具奏,本应交部议处,念其操守硁硁,考校尚无乖谬,是以调任广西学政。今观其因员缺奉裁,甚觉怏怏,辗转陈奏。夫裁缺候补,成例昭然。学政系钦差大员,乃挟私渎奏,殊有恋栈之意,居心可鄙,不足为士

---

① 广西壮族自治区通志馆、广西壮族自治区图书馆编:《〈清实录〉广西资料辑录》第1册,广西人民出版社,1988,第428页。
② 同上书,第1册,第432页。
③ 同上书,第1册,第435页。
④ 同上书,第2册,第19—20页。
⑤ 同上书,第2册,第22页。
⑥ 同上书,第2册,第25页。

子表率。胡中藻既自称并无现任,着不必俟学政任满,立即来京候补,并交部严察议处。广西学政员缺,开列请旨。其所奏思恩府考试处,该部定议具奏。"

乾隆十四年〔己巳〕六月三十日〔丙午〕（1749.8.12）

命左春坊左谕德罗源汉提督广西学政。

广西巡抚舒辂奏:"南、太、庆、镇等府属世职土官,常有汉奸潜相往来,放债图利。今查有归顺（今靖西县）知州路声闻,先后借给土田州知州岑宜栋银两,经司道揭报题参,应俟审明定拟。并移督、提二臣通饬严禁,毋任营员违例放债,务期剔除积弊,土境敉宁。"得旨:"所办甚是。知道了。"

乾隆十四年〔己巳〕七月十五日〔辛酉〕（1749.8.27）

礼部议准广西学政胡中藻奏:"思恩府之宾州（今宾阳县）,自雍正年间,由直隶州改隶,是以设有考棚。往年学臣按临宾州,凡思恩所属,皆就棚听考。惟府考仍在府城,房屋无多,水土尤恶。士子依托草蓬,上漏下湿,又多瘴毒,应酌量变通。查该府所属武缘（今武鸣县）、上林、迁江（今分属来宾县、合山市）皆与宾州相近,知府每年七、八月间,须至宾州避瘴,可于此时府试。计学臣按试,多在九、十月间,原可无碍。况府、州生童,向有在学政衙门考棚内局试之例,应请嗣后凡遇岁科府考,令该府先赴宾州考棚,调考录取,以待学臣按临。"从之。①

乾隆十五年〔庚午〕五月十四日〔乙卯〕（1750.6.17）

以……司业张九镒为广西乡试正考官、侍讲梦麟为副考官。②

乾隆十五年〔庚午〕八月十六日〔丙戌〕（1750.9.16）

谕:"直省学政,已届更换之期。安徽学政双庆、广西学政罗源汉,俱着仍留原任。……"③

乾隆十五年〔庚午〕十月廿五日〔甲午〕（1750.11.23）

吏部议复:"广西巡抚舒辂疏称:拟选教职人员,如临选不到,即行扣除,以其次应选之人拟补,归于原选月分积缺,经前署抚臣鄂昌奏准在案。此

---

① 广西壮族自治区通志馆、广西壮族自治区图书馆编:《〈清实录〉广西资料辑录》第2册,广西人民出版社,1988,第36页。
② 同上书,第2册,第45页。
③ 同上书,第2册,第47页。

项拟选人员，距省远近不一。如在近省州、县，于原选月内查复不到，自可照例办理。若窎远州、县，文行往返二三月方能复到，则下月所出之缺，已照例将其次之人，按月挨次拟选，若再将扣除之缺仍归原选月分，以本项其次之人拟补，势必将下月已选之人，递行那移改选。实属窒碍难行，请嗣后遇有拟选人员，如月内未据查复，已经具题，即将员缺以查报到日开缺，另按双单月份定例拟选。应如所请。"从之。①

乾隆十六年〔辛未〕四月初一日〔戊辰〕（1751.4.26）

礼部以翻译会试中额请。得旨："这翻译会试，满洲取中十六名，蒙古取中二名。"又请文会试中额。得旨："这会试，……广东取中十五名，广西取中五名，……"②

乾隆十六年〔辛未〕闰五月初九日〔甲戌〕（1751.7.1）

谕："庶吉士分习清书，例由翰林院掌院学士分派，惟量其年力，不拘省分。旧时清、汉各半。自雍正年间以来，分习清书者渐少，每科尚有十四五员、十七八员不等。朕思边省之人，选馆本少，声律亦素所未娴，既习国书，自必专意殚精，惟清文是务。非天分优而学业勤者，不能兼顾汉文，益致日就荒落。迨散馆时，或以清书优等授职，而留馆后，遇通行考试，往往绌于诗赋，列入下等，改令别用。究其所肄清文，自散馆一试外，别无职分应用之处。微独边省，即北五省庶吉士类然。翰苑中江、浙人员较多，而远省或致竟无一人者，非所以均教育而广储才也。嗣后云南、贵州、四川、广东、广西等省庶吉士，不必令习清书。直隶、山东、河南、山西、陕西等省，亦视其人数，若在三、四员以上，酌派年少力壮者一、二人。其江、浙等省人数在五、六员以上者，酌派二、三人。率以三十岁以下者充之。每科通计在十人内外，宁缺勿滥。循举旧章，备国朝典制足矣。该衙门即遵谕行。"③

乾隆十六年〔辛未〕十一月初一日〔甲子〕（1751.12.18）

大学士等议复："各省乡试官卷中额，乾隆十五年（1750年）准礼部议：

---

① 广西壮族自治区通志馆、广西壮族自治区图书馆编：《〈清实录〉广西资料辑录》第2册，广西人民出版社，1988，第49—50页。
② 同上书，第2册，第52页。
③ 同上书，第2册，第55页。

民卷二十五名,取中官卷一名。江苏应取中二名,安徽一名,浙江、江西、福建各三名,其官生约在六、七十人及三、四十人以上。而直隶官卷仅十三、四人,应取中三名。多寡参差。今以官卷多少酌定中额:满洲蒙古官生约五十人,原定取中六名,较满州蒙古民卷十余卷中一名,不过略优,汉军官生约十余人,原定取中一名,较汉军民卷二十卷中一名,不过加倍,应无庸再议。惟官生众多,各省中额应加扩充。今拟顺天贝字号、江苏、福建各四名,浙江六名,江西五名,河南、山东、山西各三名,南皿、安徽、湖南、湖北各二名。至广东、四川、陕西、云南原定各二名,北皿、广西、贵州各一名。官生数少,无庸加增。再文员内吏、礼二部司员,已不列官卷,其八旗武职,应自副都统以上方准编列。"得旨:"所议是,依议"。①

乾隆十六年〔辛未〕十一月初十日〔癸酉〕（1751.12.27）

以……修撰吴鸿为广西乡试正考官,检讨傅靖为副考官。②

乾隆十六年〔辛未〕十二月十四日〔丙午〕（1752.1.29）

定拔贡朝考选用例谕:"各省选拔贡生,经朕降旨,以十二年举行一次,计至癸酉年（1753年）即届选拔之期。惟是来京朝考,拣选引见,扎监读书,或以知县等官试用,或以教职即用,或以教职归班序选。条例屡经更定,朕思选拔,于每学数十百人中拔取一二人,且不糊名易书,可以验其人才,核其素行,自当精择以充其选。应令该学政于试列前茅之士,举其文行兼优、才品出众者,会同该督、抚秉公抡采,以杜滥觞。至庠序为陶育人才根本,今教职率多昏耄龙钟,滥于恋栈,虽定以六年甄别,而上官以闲曹多方宽假,非国家设官敷教本意,应分以年限,详加澄汰。所遗员缺,即以应授教职之选拔充补。于士风当有裨益。所有选拔贡生赴部验到,作何定限及朝考录用一切规条,俱应详悉酌定,永著为令。大学士、九卿集议以闻。"寻议:"各选拔赴部,应以该年十月起限。云南、贵州、四川、广西、广东、甘肃限次年五月到部。湖南、福建、江西、浙江、湖北、陕西限次年三月。江南、河南、山东、山西、奉天、直隶限次年正月。其有患病事故者,许呈明咨部。朝考之法,除前项选

---

① 广西壮族自治区通志馆、广西壮族自治区图书馆编:《〈清实录〉广西资料辑录》第2册,广西人民出版社,1988,第61—62页。
② 同上书,第2册,第63页。

拔补考人少，仍照向例在礼部考试外，其新选拔应照拟定限期，分为三次，由礼部奏请，钦点大臣于午门内考试，拟定等第进呈。卷分三等，不入等者，本生斥革，发回原学，该学政及督抚、府尹，一并议处。再，向例朝考后，礼部会同九卿，拣选引见。有奉旨以知县及知县以下等官试用者，余扎监肄业，三年期满，以教职选用。其考取景山等处教习，期满引见，候旨分选知县、教职。归本籍肄业者，遇考职之年，准考取州同、州判、县丞。有愿就佐贰及教职者，以直隶州州判，复设教谕选用。乾隆二年（1737年）议停，今请照旧拣选一二等引见，候旨简用。"从之。①

乾隆十七年〔壬申〕四月初十日〔辛丑〕（1752.5.23）

礼部议复："广西学政罗源汉疏称：永宁（今属永福县）州学出贡之期虽改，而廪缺未裁，欲疏通将来之贡，当权裁现在之廪，请将额廪三十名裁半。查各省小县廪缺，尚系二十名，若州学止十五名，殊未允协，酌议裁去十缺。俟人文兴起时，仍照各省州学廪额，复三年两贡之例。"从之。②

乾隆十七年〔壬申〕八月二十三日〔辛亥〕（1752.9.30）

礼部以翻译会试中额请。得旨："这翻译会试，满洲取中十六名，蒙古取中二名。"又以会试中额请。得旨："这会试，……广东取中十四名，广西取中五名。……"③

乾隆十八年〔癸酉〕三月十四日〔庚午〕（1753.4.17）

礼部议奏："裁减各省乡试房考官。据各省督抚疏奏，除山西、江西、四川房考官实无闲旷，无庸议裁，……广东酌减《易经》一员，《诗经》二员，定为十员。又调任广西巡抚定长疏称：广西外帘，旧设受卷、誊录二所官，均系四员，应并各裁二员。均应如所请。"从之。④

乾隆十八年〔癸酉〕五月十五日〔庚午〕（1753.6.16）

以……御史温如玉为广西乡试正考官，礼部员外郎陈大复为副考官。⑤

---

① 广西壮族自治区通志馆、广西壮族自治区图书馆编：《〈清实录〉广西资料辑录》第2册，广西人民出版社，1988，第63—64页。
② 同上书，第2册，第65页。
③ 同上书，第2册，第68页。
④ 同上书，第2册，第74页。
⑤ 同上书，第2册，第76页。

乾隆十八年〔癸酉〕九月十六日〔戊辰〕（1753.10.12）

谕："各省学政，已届差满，……广西学政着许道基去。……"①

乾隆十九年〔甲戌〕三月二十六日〔丙子〕（1754.4.18）

礼部以会试中额请。得旨："这会试，……广东取中十五名，广西取中五名。……"②

乾隆二十年〔乙亥〕四月十八日〔辛酉〕（1755.5.28）

吏部议准广西巡抚卫哲治议复，前任广西学政罗源汉奏称：泗城、宁明、东兰三学教官俱作调缺。查三处均系烟瘴，应准改为调缺。三年俸满，彻（撤）回内地，即以调补所遗之缺补用，并加一级。从之。③

乾隆二十年〔乙亥〕八月二十日〔辛酉〕（1755.9.25）

广西学政许道基疏言学政事宜："一、庆远府东兰（今东兰县）州学，未设廪增，今文风渐兴，请设廪、增各二员，首廪俟十年后出贡，嗣后四年一贡。镇安府学，廪、增各四名，今应试人众，请添设廪、增各二名。一、柳州府学，廪生四十名，该州（府）原辖十二州、县，后将宾州（今宾阳县）、迁江（今分属来宾县、合山市）、武宣、上林归思恩府辖，应请于柳州府学额廪四十名内拨出六名，改入思恩府学。一、桂林府永宁（今属永福县）州学，额廪二十名，三年一贡，计须六十年。请予两年一贡。一、西粤各学，增缺多寡不齐，易滋帮补时压捱朦混之弊，请将各学增缺，悉照廪额裁定。"下部议行。④

乾隆二十一年〔丙子〕四月初七日〔甲辰〕（1756.5.5）

吏部议复："先据原任浙江巡抚周人骥奏称：教职与学政最为切近，勤惰贤否，不待临期验看，请嗣后六年俸满教职，该督抚即调省看验，并咨学臣出具考语，到日分别题咨。经臣部饬各督、抚会同学政议奏。今据复：除奉天、顺天、山东、山西、广东、云南、安徽、四川、湖南、广西等省教职，均应照旧会验，……原任广西巡抚卫哲治，议督臣驻扎东省，无庸会验，均应如所请。"从之。⑤

---

① 广西壮族自治区通志馆、广西壮族自治区图书馆编：《〈清实录〉广西资料辑录》第 2 册，广西人民出版社，1988，第 78 页。
② 同上书，第 2 册，第 82 页。
③ 同上书，第 2 册，第 90 页。
④ 同上书，第 2 册，第 91 页。
⑤ 同上书，第 2 册，第 93—94 页。

乾隆二十一年〔丙子〕五月十六日〔癸未〕（1756.6.13）

以……编修刘墉为广西乡试正考官，宗人府主事毛永燮为副考官。①

乾隆二十一年〔丙子〕九月二十七日〔壬辰〕（1756.10.20）

谕："各省学政已届期满，……广西学政着陈桂洲去。……"②

乾隆二十二年〔丁丑〕三月二十八日〔己未〕（1757.5.15）

礼部以会试中额请。得旨："这会试，……广东取中十五名，广西取中五名。……"③

乾隆二十三年〔戊寅〕三月初十日〔丙申〕（1758.4.17）

大学士等议奏："原任直隶学政庄存与条奏科场事宜，内称乡试官卷，应酌减中额。又据协办大学士蒋浦奏裁官卷，均奉旨交议。旋又奉旨：分大、中、小省，定以二十名、十五名、十名取中一名，并令妥酌议奏。请嗣后直隶、江南、浙江、江西、湖广、福建等大省官生，二十名取中一名，三十一名取中二名。山东、河南、山西、广东、陕西、四川等中省十五名取中一名，二十三名取中二名。广西、云南、贵州等小省，十名取中一名，十六名取中二名。……"从之。④

乾隆二十四年〔己卯〕二月十九日〔庚午〕（1759.3.17）

命编修鞠恺提督广西学政。⑤

乾隆二十四年〔己卯〕六月十五日〔甲子〕（1759.7.9）

以……编修钱载为广西乡试正考官，户部主事于霁峻为副考官。⑥

乾隆二十四年〔己卯〕九月二十日〔丁卯〕（1759.11.9）

谕："各省学政，现届差满。福建学政汪廷玙、广西学政鞠恺，俱于本年任事，无庸更换。……"⑦

---

① 广西壮族自治区通志馆、广西壮族自治区图书馆编：《〈清实录〉广西资料辑录》第 2 册，广西人民出版社，1988，第 95 页。
② 同上书，第 2 册，第 95 页。
③ 同上书，第 2 册，第 97 页。
④ 同上书，第 2 册，第 102 页。
⑤ 同上书，第 2 册，第 111 页。
⑥ 同上书，第 2 册，第 112—113 页。
⑦ 同上书，第 2 册，第 115 页。

乾隆二十五年〔庚辰〕三月二十五日〔庚午〕（1760.5.10）

礼部以会试中额请。得旨："这会试，……广西取中四名。……"①

乾隆二十五年〔庚辰〕五月十六日〔己未〕（1760.6.28）

以……吏部郎中李敏行为广西乡试正考官，御史吕光亨为副考官。

乾隆二十五年〔庚辰〕六月初六日〔戊寅〕（1760.7.17）

谕："据鞠恺奏，粤西省内应试生童，多有他省人冒籍，现在严行查办等语。该省地处偏隅，向学者少，他省人士未免趁机混名冒考，但自乾隆三年（1738年）部议，停止该省因本地无人应试，准令外省及本省异府人入籍之例，司学政者自应严为禁饬，何以尚多混行冒试者？此皆历任学臣不能查察所致。着该部查明乾隆三年以后，所有广西学臣照例议处。至该学政奏请，将已经冒籍入学之各生，准照顺天冒籍生员例办理之处，并着该部定议具奏。再此等冒考弊窦，在江、浙等处尚少，他如云、贵、川、广偏僻州、县，文风稍陋，他省人或因父兄作幕，或因亲友贸易，遂尔乘便混考，皆所不免。并着各该学政留心查察，毋使滋弊。"

谕军机大臣等："据鞠恺奏称，考试宾州（今宾阳县）文童，拿获撞骗僧人蒙纯一一案，具见该学政留心整饬。向来考棚作弊，最为士习民风之害。该犯身系僧人，不守清规，在外招摇滋事，尤与寻常奸民犯法者不同。此等恶僧若仍留该省，将来开窖惑人等事，皆所不免。着传谕鄂宝，令其即速严审发遣，以示惩创。"

乾隆二十五年〔庚辰〕七月初二日〔甲辰〕（1760.8.12）

礼部议复："广西学政鞠恺奏称，广西童生应试多因亲友影射，冒籍混考，竟有一学多至数十名者。不急为严禁，则土著进取为难，边地文风日坏等语。应令该学政彻底清厘，除现在查确者，即勒令归籍，其未经发觉者，于部文到日，勒限一年令本生自首，由该学教官会同州、县结送学政，咨回原籍。逾限不首，发觉斥革，仍将不行详查之教官、州、县照例议处。再，本年现届乡试，其已经查确各生，应照例罚停乡试一科。仍行文云南、贵州、四川、广

---

① 广西壮族自治区通志馆、广西壮族自治区图书馆编：《〈清实录〉广西资料辑录》第 2 册，广西人民出版社，1988，第 118 页。

东等省画一办理。"从之。①

乾隆二十五年〔庚辰〕十一月三十日〔庚午〕（1761.1.5）

以翰林院编修朱佩莲提督广西学政。②

乾隆二十六年〔辛巳〕三月二十五日〔甲子〕（1761.4.29）

礼部以会试中额请。……广东取中九名，广西取中五名。③

乾隆二十七年〔壬午〕闰五月十五日〔丁丑〕（1762.7.6）

以……编修童凤三为广西乡试正考官，刑部主事王士棻为副考官。④

乾隆二十七年〔壬午〕九月初三日〔壬戌〕（1762.10.19）

谕曰："各省学政，现届差满。……广西学政着叶观国去。……"⑤

乾隆二十八年〔癸未〕三月二十七日〔甲申〕（1763.5.9）

礼部以会试中额请。得旨："这会试，……广东取中九名，广西取中四名。……"⑥

乾隆三十年〔乙酉〕五月十六日〔庚寅〕（1765.7.3）

以……御史积善为广西乡试正考官，吏部主事孟超然为副考官。⑦

乾隆三十年〔乙酉〕八月初四日〔丁未〕（1765.9.18）

命编修梅立本提督广西学政。

乾隆三十年〔乙酉〕九月初七日〔庚辰〕（1765.10.21）

谕："各省学政，现届差满。安徽学政全魁、福建学政王杰、广西学政梅立本，俱系本年任事，毋庸更换。……"⑧

乾隆三十年〔乙酉〕十二月初一日〔壬寅〕（1766.1.11）

礼部议准广西巡抚宋邦绥、学政叶观国等奏称：各学进额及廪缺，应视人文优劣，量为增减。永宁（今属永福县）、河池、左州（今属崇左县）、养利

---

① 广西壮族自治区通志馆、广西壮族自治区图书馆编：《〈清实录〉广西资料辑录》第 2 册，广西人民出版社，1988，第 120—121 页。
② 同上书，第 2 册，第 124 页。
③ 同上书，第 2 册，第 128 页。
④ 同上书，第 2 册，第 138 页。
⑤ 同上书，第 2 册，第 139 页。
⑥ 同上书，第 2 册，第 142 页。
⑦ 同上书，第 2 册，第 156 页。
⑧ 同上书，第 2 册，第 157 页。

（今属大新县）等州，应各减进额三名。武缘县（今武鸣县）进额十五名，应增五名。崇善县（今属崇左县）进额四名，应增四名。梧州府学原额十五名，应增三名。怀远（今三江侗族自治县）、迁江（今分属来宾县、合山市）二县廪缺各四十，应各减四缺。上林、北流二县廪缺各十二，应各增四缺。从之。①

乾隆三十一年〔丙戌〕三月三十日〔己亥〕（1766.5.8）

礼部以会试中额请。得旨："这会试，……广东取中九名，广西取中四名。……"②

乾隆三十三年〔戊子〕六月十八日〔甲戌〕（1768.7.31）

命工科给事中朱丕烈提督广西学政。③

乾隆三十三年〔戊子〕九月初八日〔癸巳〕（1768.10.18）

谕："各省学政，现届差满。顺天学政倪承宽、浙江学政周煌、湖南学政陈科捷、广西学政朱丕烈俱系本年任事，无庸更换。……"④

乾隆三十三年〔戊子〕十一月初四日〔戊子〕（1768.12.12）

命编修童凤三提督广西学政。⑤

乾隆三十四年〔己丑〕三月二十九日〔壬子〕（1769.5.5）

礼部以会试中额请。得旨："这会试，……广东取中四名，广西取中二名。……"⑥

乾隆三十五年〔庚寅〕闰五月十五日〔庚申〕（1770.7.7）

以……翰林院侍读吴省钦为广西乡试正考官，兵部主事李廷钦为副考官。⑦

乾隆三十五年〔庚寅〕十一月十七日〔己未〕（1771.1.2）

礼部议复："广西学政童凤三奏称：士子呈改经书，非本经荒芜，即以别

---

① 广西壮族自治区通志馆、广西壮族自治区图书馆编：《〈清实录〉广西资料辑录》第2册，广西人民出版社，1988，第160页。
② 同上书，第2册，第161页。
③ 同上书，第2册，第182页。
④ 同上书，第2册，第184页。
⑤ 同上书，第2册，第186页。
⑥ 同上书，第2册，第189—190页。
⑦ 同上书，第2册，第195页。

经人少，妄思侥幸，不宜准其改习。应如所请。嗣后贡生、生员及捐纳贡、监生应乡试者，令各承办衙门查明现习何经登册。其新捐贡、监生及新进各生，皆以初次进场录科习经为定。如有私行改经，察出斥革。"从之。①

乾隆三十六年〔辛卯〕三月二十六日〔丁卯〕（1771.5.10）

礼部以会试中额请。得旨："这会试，……广东取中五名，广西取中三名。……"②

乾隆三十六年〔辛卯〕九月初二日〔己亥〕（1771.10.9）

又谕："各省学政，现届差满。……广西学政着范棫去，云南学政着郭元滮去。此内有现出试差人员，若拘例回京请训，再行赴任，徒劳驿传往返。学政之职，惟在公慎自矢，整饬士习，兴起文风，此外更无可训谕。伊等于接奉此旨后，即着各赴新任，不必来京请训。"③

乾隆三十七年〔壬辰〕三月二十九日〔甲子〕（1772.5.1）

礼部以会试中额请。得旨："这会试，……广东取中五名，广西取中三名。……"④

乾隆三十九年〔甲午〕五月十六日〔戊辰〕（1774.6.24）

以……编修刘锡嘏为广西乡试正考官，工部主事戴璐为副考官。⑤

乾隆三十九年〔甲午〕九月初一日〔辛亥〕（1774.10.5）

谕："各省学政，现届差满。……广西学政着王懿修去，贵州学政着刘校之去。此内有现出试差人员，若回京请训再赴新任，徒劳驿传往返。学政之职，惟在公慎自矢，整饬士习，兴起文风，此外更无可训谕。伊等接奉此旨后，即各赴新任，不必来京请训。"⑥

乾隆四十年〔乙未〕三月二十五日〔壬申〕（1775.4.24）

礼部以会试中额请。得旨："这会试，……广东取中三名，广西取中二

---

① 广西壮族自治区通志馆、广西壮族自治区图书馆编：《〈清实录〉广西资料辑录》第 2 册，广西人民出版社，1988，第 197 页。
② 同上书，第 2 册，第 199 页。
③ 同上书，第 2 册，第 200 页。
④ 同上书，第 2 册，第 204 页。
⑤ 同上书，第 2 册，第 227 页。
⑥ 同上书，第 2 册，第 228 页。

名。……"①

乾隆四十一年〔丙申〕五月二十七日〔丁酉〕（1776.7.12）

谕军机大臣曰："孙嘉乐奏考试情形一折。据称：岁考各属诸生每多疵类之卷，不敢妄邀虚誉，严定等第，统计两迤劣等，较前多至数十人等语。其说固是。但只可用之江、浙，不宜用之滇省，已于折内批示。滇、黔、粤西，地处边陲，其人文原不及内地。学政按试各学，只须严切训谕，俾各生恪守卧碑，只遵功令，遇有唆讼滋事者，随时究治。至考试生童，惟当秉公甄拔，并严查枪冒撞骗之人，勿使滋弊，自足以昭劝惩而饬士习。其文风高下，只宜因地取材，量为培养。若必求全责备，去取从严，且欲经解诗赋，事事淹通，此于江、浙等大省则然，边方士子，见闻浅陋，未必尽能领会。绳之太过，大率欲从末由，转不能使其心皆诚服。孙嘉乐锐意求精，未免过当。所谓知其一，不知其二也。将此传谕该学政，并令广西、贵州学政知之。"②

乾隆四十二年〔丁酉〕五月十八日〔壬午〕（1777.6.22）

以……检讨龚大万为广西乡试正考官，宗人府主事姚梁为副考官。③

乾隆四十二年〔丁酉〕八月十九日〔壬子〕（1777.9.20）

又谕："各省学政，现届差满，应行更换。……广西学政着李殿图去。……此内有现出试差人员，若回京请训，再行赴任，徒劳驿传往返。学政之职，惟在公慎自矢，整饬士习，兴起文风，此外更无可训谕。伊等接奉此旨，即各赴新任，不必来京请训。"④

乾隆四十三年〔戊戌〕三月二十七日〔丁亥〕（1778.4.23）

礼部以会试中额请。得旨："这会试，……广东取中四名，广西取中二名。……"⑤

乾隆四十四年〔己亥〕五月十七日〔庚子〕（1779.6.30）

以……检讨肖九成为广西乡试正考官、兵部主事王宽为副考官。⑥

---

① 广西壮族自治区通志馆、广西壮族自治区图书馆编：《〈清实录〉广西资料辑录》第 2 册，广西人民出版社，1988，第 228 页。
② 同上书，第 2 册，第 251 页。
③ 同上书，第 2 册，第 256 页。
④ 同上书，第 2 册，第 257 页。
⑤ 同上书，第 2 册，第 259 页。
⑥ 同上书，第 2 册，第 273 页。

乾隆四十五年〔庚子〕四月初一日〔己酉〕（1780.5.4）

礼部以会试中额请。得旨："这会试，……广东取中三名，广西取中三名。……"

乾隆四十五年〔庚子〕四月二十一日〔己巳〕（1780.5.24）

以……编修邵晋涵为广西乡试正考官，检讨钱沣为副考官。①

乾隆四十五年〔庚子〕八月二十三日〔己巳〕（1780.9.21）

又谕："各省学政，现届差满应行更换之期，……广东学政着史梦琦去，广西学政着查莹去。"②

乾隆四十六年〔辛丑〕三月二十三日〔丙申〕（1781.4.16）

礼部以会试中额请。得旨："这会试，……广东取中五员，广西取中三名。……"③

乾隆四十八年〔癸卯〕五月十四日〔甲辰〕（1783.6.13）

以……侍讲吴寿昌为广西乡试正考官，检讨孙玉庭为副考官。④

乾隆四十八年〔癸卯〕七月二十四日〔癸丑〕（1783.8.21）

又谕："……广西学政着于鼎去。……"⑤

乾隆四十八年〔癸卯〕九月二十二日〔庚戌〕（1783.10.17）

谕军机大臣等："据孙士毅奏：本年广西乡试取中第一名岑照，系土知州岑宜栋之子。家道素丰，向无文名。检查该生岁考及录遗试卷，与三场墨卷核对，文理相去悬殊。此次取中文字，断非本人所作，必有传递、代倩、夹带等弊。请将岑照革去举人，以便从严审办等语。科场大典，自应关防严密，抡取真才，岂容稍有冒滥？该抚既经查出岑照平日文理，与闱中试作悬殊，其为舞弊幸中，显而易见。着即将岑照革去举人，交该抚亲提研讯，彻底根究，按律定拟具奏。至所请外帘、提调、监试及监临失于觉察，自系伊等应得处分。俟孙士毅审明具奏到日，再降谕旨，交部分别议处。"⑥

---

① 广西壮族自治区通志馆、广西壮族自治区图书馆编：《〈清实录〉广西资料辑录》第 2 册，广西人民出版社，1988，第 284 页。
② 同上书，第 2 册，第 285 页。
③ 同上书，第 2 册，第 287 页。
④ 同上书，第 2 册，第 301 页。
⑤ 同上书，第 2 册，第 303 页。
⑥ 同上书，第 2 册，第 304 页。

乾隆四十八年〔癸卯〕十月二十七日〔乙酉〕（1783.11.21）

谕军机大臣等："据孙士毅奏：严审已革举人岑照，据供首艺系抄录伊业师卜永祺文，次艺系曾做过，为高必因邱陵二句题，套来成篇，三艺系抄录刻文。现在提卜永祺到省，并查取窗稿刻文，彻底根究等语。所奏殊非情理。前据该抚奏称，岑照闱墨甚佳，检查该生科岁试卷与在场试卷，文理悬殊，显有代倩、夹带等弊，是以奏请革审。何以此次奏到折内，仅称系剿袭成文，敷衍杂凑？显有化大为小之意。且乡试中式，必须词理明顺。粤西文风，虽属中平，此等试卷，即侥幸获中，亦何至冠列榜首？其中或竟有别项弊窦，均未可定。除该正副考官，到京就近传询外，着传谕孙士毅彻底根究。并将岑照本房同考官严行查询，务得确情，据实审拟具奏。其中式卷，即着送部查勘。"①

乾隆四十八年〔癸卯〕十一月二十五日〔壬子〕（1783.12.18）

又谕："据孙士毅奏：查审举人岑照科场舞弊一案，系串同永安州（今蒙山县）知州叶道和家人曾兴照应，向随同叶道和在闱之幕友湖北举人曹文藻，代倩传递。请将叶道和革职，曹文藻革去举人，严审究办等语。科场舞弊，久经严切申禁，功令森严。乃该犯等公然贿嘱，肆行无忌。叶道和以现任职官，敢于串通舞弊，保无贿嘱等情？实属怪事，不可不彻底严办审究，以示惩儆。此案非外省所能完结，叶道和着革职，曹文藻着革去举人。并案内应讯犯证，均着该抚等一并派委妥员，迅速拿解来京，交大学士会同该部，严审定拟具奏。"

谕军机大臣等："据孙士毅奏：查审岑照科场舞弊一案，系永安州（今蒙山县）知州叶道和之幕友、家人串通贿嘱，代倩传递。一面将叶道和摘印严审，一面飞咨湖北抚臣，密拿举人曹文藻，迅解来粤，彻底严办等语。已明降谕旨矣。当此功令森严之际，该犯等敢于如此公行无忌，串通舞弊，情节甚属可恶。此案非外省所能完结，着传谕姚成烈，即将举人曹文藻拿解来京审讯，毋庸解往广西，如已起解，亦即追回转解。其案内要犯岑照、叶道和、曾兴并应行质讯犯证，着孙士毅即派委妥员迅速解京，交大学士会同刑部彻底审办。

---

① 广西壮族自治区通志馆、广西壮族自治区图书馆编：《〈清实录〉广西资料辑录》第2册，广西人民出版社，1988，第305页。

沿途严密防范，毋致有疏虞自戕等事。至孙士毅系乡试监临，虽有失察之咎，但审办此案，能究出实情，尚属认真。将来定案时，其处分自邀宽典也。将此由五百里各谕令知之。"

乾隆四十八年〔癸卯〕十二月初四日〔辛酉〕（1783.12.27）

谕军机大臣等："据孙士毅奏：查审岑照代倩传递一案，提到曾兴，三面质对，始究出系岑照与知州叶道和当面商量作弊。叶道和复主使曾兴，往来说合，讲定银一千两，令幕友曹文藻充作书办进场代倩，交曾兴传递等语。叶道和以现任知州，场内承办供给，竟敢藐法图利，勾通舞弊，实为从来所未有，情罪甚重。既据该犯自行供认明确，即应决不待时，未便稍稽显戮。前经降旨，令孙士毅将此案要犯，派委妥员，迅速解京审办，现在谅已起解。着传谕沿途各督、抚，接奉此旨，即派委大员于叶道和解到之处，不拘何地，传旨将该犯处斩，具折复奏。其案内岑照、曹文藻、曾兴，并应行质讯犯证，仍遵照前旨，妥速解京，交部审办。沿途严密防犯，毋致有疏虞自戕等事。将此由五百里各谕令知之。"

乾隆四十八年〔癸卯〕十二月初八日〔乙丑〕（1783.12.31）

又谕："据姚成烈奏，查抄叶道和原籍家产资财，在伊家人耿升处，查出庄宏远承顶范輗等四州盐井契约一纸，又范輗等合约一纸。叶道和之父叶体仁，现任四川叙州府知府，范輗即系四川叙州府富顺县人，恐与叶道和父子别有交涉，现在飞咨查办等语。现任职官与所管民人合伙营运，希图牟利，大干例禁。叶体仁原籍，存有叙州民人范輗承顶盐井契约，若系四川同知时伙同承办，以本省丞倅与本省民人合伙营运，已属非是，及升任叙州知府，范輗即其所管，尤不得与之合伙。自应禀明本省上司，退还原约。倘叶体仁未经禀明，或竟系任叙州知府时，敢与本地民人营私贪利，则其不是尤大。着传谕李世杰，严切查办，据实复奏。至伊子叶道和在场藐法舞弊，粤西相隔遥远，亦无罪及其父之理，原与叶体仁不相干涉。而范輗一事，是其罪案也。将此由四百里谕令知之。并查明复奏。"

乾隆四十八年〔癸卯〕十二月十七日〔甲戌〕（1784.1.9）

谕曰："据孙士毅奏审明广西已革举人岑照科场舞弊各实情，分别定拟一折，已批交三法司核拟速奏矣。至其折内自请交部严加议处之处，孙士毅系乡试监临。虽有失察之咎，但岑照业经中式，并无人举发。若以他人处此，即有所闻见，亦必回护，不肯据实奏请查究。今孙士毅于填榜时，因询之学政查莹，知岑照平日文理与闱艺不符，即行彻底查办，究出串通贿嘱各情弊，并不因自有处分，稍存规避之见。是孙士毅不特失察之咎可宽，其办理认真，转属可嘉。孙士毅着交部议叙。学政查莹随同举发，亦着加恩免其议处。"

谕军机大臣等："孙士毅奏审明岑照等科场舞弊，分别定拟，并请将土知州岑宜栋，交部严加议处一折，已批交三法司核拟速奏矣。此案岑宜栋于伊子岑照嘱托代倩传递，私许银两之处，虽不知情，部议亦应革职。但岑宜栋系该处土司，伊子因科场舞弊，置之典刑。其革职后是否尚知畏惧，更加谨饬守法，留于彼处不致滋事之处，自宜留心体察。着传谕孙士毅即饬所属，务须不动声色，密加查访，据实具奏。其土知州世袭，自当于岑宜栋族人及兄弟中，选择诚妥者承袭。并着孙士毅酌议具奏。将此由四百里谕令知之。"

乾隆四十八年〔癸卯〕十二月十九日〔丙子〕（1784.1.11）

谕军机大臣等："刑部议复孙士毅审拟岑照等科场舞弊，分别正法绞候，并将岑宜栋等咨部严加议处一折，已依议行矣。此案岑照于科场大典，交通贿嘱，传递舞弊，法无可贷，自应置之重典。至伊父岑宜栋于岑照嘱托代倩，私许银两之处，既经讯明并不知情，自属与伊无涉。若因伊子岑照之故，而罪及其父，将土知州另行更换，转恐伊管辖之人，心怀疑惧。将来部议进呈时，自当另降恩旨，仍留原任。着传谕孙士毅差妥人明谕，不加伊罪。即将岑宜栋檄调赴省，亲自宣谕，以子罪不连及其父，令其较前倍加谨饬，照旧供职。将此由五百里传谕知之。"

乾隆四十八年〔癸卯〕十二月二十一日〔戊寅〕（1784.1.13）

军机大臣等奏："广西土知州岑宜栋失察伊子岑照科场舞弊，请旨革职。"得旨："此案土田州知州岑宜栋，于伊子岑照科场舞弊，平日不能拘束管教，吏部议以革职，固属照例办理。但念其于伊子嘱托代倩传递之处，究不知情，且承袭土官已久，并无过犯，未忍遽行褫革。岑宜栋着加恩仍留本任。嗣后务宜谨饬，守法奉公，以副格外施恩至意。"

乾隆四十九年〔甲辰〕正月初六日〔壬辰〕（1784.1.27）

谕军机大臣等："据孙士毅奏：派委妥员伴同岑宜栋到省，其土田州印务，已檄委土州判岑熙，就近兼署。计本案定拟行知时，岑宜栋已在省城，自可不动声色，即令迁移等语。此亦可不必，已于折内批示矣。前因岑宜栋于伊子代倩贿嘱之处，讯不知情，若因此罪及其父，将土知州另行更换，转恐伊管辖人等，心怀疑惧。续经传谕该抚，檄调岑宜栋赴省，谕以不加伊罪，令其倍加谨饬，照旧供职。部议进呈时，亦已降旨，将该土司留任。孙士毅此奏，自系未经接奉时拜发。着再传谕该抚，仍遵续降前旨办理。如岑宜栋现已到省，该抚将朕恩旨，向其宣谕。将此由四百里谕令知之。"

乾隆四十九年〔甲辰〕正月初十日〔丙申〕（1784.1.31）

谕："前因广西永安州（今蒙山县）知州叶道和与岑照科场舞弊，藐法营私，经该抚孙士毅奏请，将叶道和家产查抄入官。兹据江西巡抚郝硕奏：准咨讯据叶道和之兄抚州府照磨叶道中，供称伊兄弟两人，并未分家，亦无银钱什物寄到。现将叶道中署内财物，悉行查封等语。从来缘事获罪之人，兄弟本不相及，如因一人获罪，将其兄弟资产概行查抄，办理未免过当。若以未经分析，尽免入官，则应行查封者，皆将托词财产未分，任意隐匿，使贪吏子孙仍复坐拥厚资，亦复何以示警。嗣后如有缘事获罪，应行查抄，而兄弟未经分产者，着将所有产业，按其兄弟人数，分股计算。如家产值银十万，兄弟五人，每股应得二万，只将本犯名下应得一股入官，其余兄弟名下应得者，概行给予，以昭平允。朕办理庶务，一秉大公至正，从不肯故为姑息，使墨吏无所儆畏，亦不肯稍事苛刻，以致波及无辜。所有叶道和一案，即照此办理。并著为令。"

乾隆四十九年〔甲辰〕正月二十八日〔甲寅〕（1784.2.18）

谕军机大臣等："据李世杰复奏：审讯叶体仁与范輅伙开盐井一节。查系范輅赊欠庄宏远货钱一千三百余千（疑串字）无偿，将开凿盐井契约，顶与庄宏远。嗣庄宏远至武昌，盘费短少，因向叶体仁家人耿贵借银八十两，复将此约为质，实未同叶体仁伙开盐井等语。是叶体仁并无与叙州所辖民人范輅合伙营运情事。至伊子叶道和在场中藐法舞弊，粤西相隔遥远，叶体仁亦并不知情，所有任所资财衣物，自应仍行给与。其原籍查抄家产，并着传谕姚成烈遵照前降谕旨，将叶道和应得一股产业，查明分晰入官。此外系叶体仁名下之产，着加恩一并给还。"①

乾隆四十九年〔甲辰〕闰三月初三日〔戊午〕（1784.4.22）

礼部以会试中额请。得旨：这会试，……广东取中三名，广西取中一名。②

乾隆五十一年〔丙午〕六月十一日〔癸未〕（1786.7.6）

以……编修刘种之为广西乡试正考官，编修罗修源为副考官。③

乾隆五十一年〔丙午〕九月初一日〔辛未〕（1786.10.22）

谕："各省学政，现届差满，应行更换之期。……广西学政，着潘曾起去。……此内有现在已出试差人员，事竣即由该省前赴新任，不必来京请训。"④

乾隆五十二年〔丁未〕三月二十六日〔甲午〕（1787.5.13）

礼部以会试中额请，得旨：这会试，……广东取中四名，广西取中二名。⑤

乾隆五十三年〔戊申〕五月十五日〔丙子〕（1788.6.18）

以……翰林院侍读学士平恕为广西乡试正考官，编修温汝适为副考官。⑥

乾隆五十三年〔戊申〕十一月初七日〔乙丑〕（1788.12.4）

又谕曰："孙永清奏：广西省全州岁贡生唐熙，现在八十三岁，三场完卷，未经中式等语。唐熙年逾八旬，精神矍铄，犹能踊跃观光，洵为士林嘉瑞。着赏给举人，准其一体会试，以示朕寿世作人，嘉惠耆儒至意。"⑦

乾隆五十四年〔己酉〕三月二十七日〔甲申〕（1789.4.22）

礼部以会试中额请。得旨："这会试，……广东取中二名，广西取中一名。……"⑧

乾隆五十四年〔己酉〕八月十六日〔己巳〕（1789.10.4）

谕："各省学政，现届应行更换之期。……广东学政，着陈桂森去，广西

---

① 广西壮族自治区通志馆、广西壮族自治区图书馆编：《〈清实录〉广西资料辑录》第 2 册，广西人民出版社，1988，第 306—311 页。
② 同上书，第 2 册，第 311—312 页。
③ 同上书，第 2 册，第 322 页。
④ 同上书，第 2 册，第 324 页。
⑤ 同上书，第 2 册，第 325 页。
⑥ 同上书，第 2 册，第 336 页。
⑦ 同上书，第 2 册，第 354—355 页。
⑧ 同上书，第 2 册，第 402 页。

学政，着费振勋去。……以上各员现出该省试差者，于出闱后，即行接印任事。其在京各员，亦着于奉旨后，速赴新任，均不必前来请训。"①

乾隆五十四年〔己酉〕十一月二十九日〔辛亥〕（1790.1.14）

又谕："向来各省督、抚，于学政任满，及年终陈奏时，大率以声名尚好为辞，含糊具奏。从未有举发学政劣迹者，即如谢墉、吴玉纶、徐立纲等声名平常，相继破露，皆经朕传旨询问，始据各督、抚具奏。今又闻广西学政潘曾起，在学政任内，声名亦属平常。因检查孙永清上年岁底陈奏折内，据称潘曾起声名中等，并无劣迹等语。学政与巡抚同在一省，其声名优劣，断难掩人耳目。潘曾起校士未能公正，外间多有议论。孙永清岂不知之！乃并不切实具奏，为此模棱笼统之语，以冀见好干誉，甚属无良心，本应将该抚从重治以欺罔之罪。但因阮光平于明春入觐，孙永清在彼照料一切，较为妥协熟谙，未便遽行更易，致阮光平或生疑贰，故加恩免其治罪。与福康安托办木植一案，加恩予留公爵章服者，事同一例。仍着传旨严行申饬，必将潘曾起如何作弊之处，据实参奏，莫至为人害己。慎之！"②

乾隆五十四年〔己酉〕十二月二十五日〔丙子〕（1790.2.8）

又谕："前闻广西学政、御史潘曾起，声名平常，降旨询问孙永清，令将潘曾起在广西考试情形，有无劣迹，据实查奏。兹据孙永清复奏：潘曾起轻喜易怒，性情不好，未能满惬士心。曾饬各府提调官，密行访察，虽无舞弊营私实迹，而其声名实属平常等语。潘曾起屡经简用学政，如果洁清自矢，训迪有方，何至士心不服？乃竟不知自检，士论纷然。现在虽查无确据，但声名物议如此，岂可复胜台谏之任。潘曾起著交部严加议处。"

乾隆五十四年〔己酉〕十二月二十六日〔丁丑〕（1790.2.9）

谕曰："徐立纲、潘曾起在学政任内，声名俱属平常，业经先后降旨，将徐立纲降补司务博士等官，潘曾起交部严议矣。巡抚与学政同在一省，其声名优劣，平日断无不知之理。乃陈用敷、孙永清并不及早据实劾参，及至朕降旨询问，陈用敷则以徐立纲初任声名不好，原有风闻，自复任以来，考选尚属

---

① 广西壮族自治区通志馆、广西壮族自治区图书馆编：《〈清实录〉广西资料辑录》第 2 册，广西人民出版社，1988，第 417—418 页。
② 同上书，第 2 册，第 429—430 页。

公平，模棱具奏。而孙永清则仅以潘曾起性情不好，未惬士心，委婉开脱，俱属意存隐饰。厥罪惟均，本应皆予降调。但孙永清办理安南投诚一事，尚属妥协。明春阮光平亲自入觐祝厘，仍须该抚在彼照料进关，若遽易生手，恐阮光平心存疑畏。是以将孙永清暂予留任。……"①

乾隆五十五年〔庚戌〕三月二十七日〔丁未〕（1790.5.10）

礼部以会试中额请。得旨："这会试，……广东取中三名，广西取中一名。……"②

乾隆五十七年〔壬子〕五月二十八日〔乙丑〕（1792.7.16）

以……左赞善程昌期为广西乡试正考官、吏部主事康纶钧为副考官。③

乾隆五十七年〔壬子〕八月十一日〔丁丑〕（1792.9.26）

又谕："各省学政，现届应行更换之期。……广西学政着刘凤诰去，……以上各员内，有现出试差者，即着于出闱后，各赴新任，不必前来请训。"④

乾隆五十七年〔壬子〕九月二十一日〔丁巳〕（1792.11.5）

礼部议准广西巡抚陈用敷奏称：粤西乡试房考，例设十员，该省丞倅州县员缺无多，若须凑足十房，必致滥竽充数。查该省与云、贵省分相等，应试人数多寡，亦不甚悬殊，应照云、贵例，裁去二员，定为八员，自下科为始。从之。⑤

乾隆五十八年〔癸丑〕三月二十七日〔庚申〕（1793.5.7）

礼部以会试中额请。得旨："这会试，……广东取中三名，广西取中一名。……"⑥

乾隆五十九年〔甲寅〕五月二十一日〔丁未〕（1794.6.19）

以……御史李长森为广西乡试正考官、刑部主事亮保为副考官。⑦

---

① 广西壮族自治区通志馆、广西壮族自治区图书馆编：《〈清实录〉广西资料辑录》第 2 册，广西人民出版社，1988，第 434—435 页。
② 同上书，第 3 册，第 10—11 页。
③ 同上书，第 3 册，第 38 页。
④ 同上书，第 3 册，第 38 页。
⑤ 同上书，第 3 册，第 39—40 页。
⑥ 同上书，第 3 册，第 43 页。
⑦ 同上书，第 3 册，第 50 页。

乾隆六十年〔乙卯〕三月二十八日〔乙卯〕（1795.5.16）

礼部以会试中额请。得旨："这会试，……广东取中六名，广西取中二名。……"①

乾隆六十年〔乙卯〕五月二十一日〔辛未〕（1795.7.7）

以……兵部郎中周元鼎为广西乡试正考官、编修缪晋为副考官。②

乾隆六十年〔乙卯〕八月十八日〔丙申〕（1795.9.30）

谕："各省学政，现届应行更换之期。……广西学政着蒋攸铦去，……以上各员内，有现在出差者，即着于出闱后各赴新任，不必前来请训。"③

嘉庆元年〔丙辰〕二月十四日〔庚寅〕（1796.3.22）

命左春坊左庶子钱樾，提督广西学政。④

嘉庆元年〔丙辰〕三月二十九日〔乙亥〕（1796.5.6）

礼部以会试中额请。得旨"……广西取中三名。……"⑤

嘉庆二年〔丁巳〕十一月十六日〔辛巳〕（1797.1.2）

一、令该学教官恭赍圣谕广训，按季下乡周巡宣讲，务使民得迁善，风俗还淳。一、西隆州苗民齐心向善，应照湖南苗、瑶例，于州学正额外增设苗学二名，以示鼓励。⑥

嘉庆三年〔戊午〕五月二十日〔癸未〕（1798.7.3）

以……兵部员外郎吴树萱为广西乡试正考官，翰林院编修朱绂为副考官。⑦

嘉庆三年〔戊午〕八月十一日〔壬寅〕（1798.9.20）

命……户部员外郎钱楷提督广西学政。

---

① 广西壮族自治区通志馆、广西壮族自治区图书馆编：《〈清实录〉广西资料辑录》第 3 册，广西人民出版社，1988，第 56 页。
② 同上书，第 3 册，第 57 页。
③ 同上书，第 3 册，第 58 页。
④ 同上书，第 3 册，第 65—66 页。
⑤ 同上书，第 3 册，第 66 页。
⑥ 同上书，第 3 册，第 76—77 页。
⑦ 同上书，第 3 册，第 80 页。

嘉庆三年〔戊午〕十一月十四日〔癸酉〕（1798.12.20）

礼部议准广西巡抚台布疏请，增设龙胜厅，罗城、怀远（今三江侗族自治县）二县苗民学额各二名。从之。①

嘉庆四年〔己未〕三月二十四日〔壬午〕（1799.4.28）

礼部以会试中额请。得旨："……广西取中三名。……"②

嘉庆五年〔庚申〕五月初十日〔辛卯〕（1800.7.1）

以……刑部主事汪彦博为广西乡试正考官，内阁中书韩抡衡为副考官。③

嘉庆六年〔辛酉〕正月二十三日〔庚子〕（1801.3.7）

谕内阁："达椿等奏复勘嘉庆五年四川、广东、广西、云南、贵州等省中式试卷一折，已交该部照例办理矣。至附片奏，各省试卷内有填用卦画及书写古篆者。缘'磨勘条例'向无议处明文，是以未经签出等语。乡会试卷文字，引用经传语句，本有取裁，其隐僻子书等项，即不应滥行撦拾。若似此书写卦画及古篆字样，尤非应试文体，且易启记认关节之弊。除此次中式各卷，因向无例禁姑免置议外，嗣后乡会试场，着礼部通行知照知贡举、监临，出示晓谕。如试卷内有书写卦画及篆体者，即照违试例贴出。其有违例中式者，将本生罚停一科，考官及应贴不贴之外帘各官分别议处，以示惩儆。并着礼部载入科场条例遵行。"④

嘉庆六年〔辛酉〕二月初十日〔丙辰〕（1801.3.23）

赏广西、陕、甘庚申科乡试年老诸生谢天惠等十名举人、副榜有差。⑤

嘉庆六年〔辛酉〕三月二十四日〔庚子〕（1801.5.6）

礼部以会试中额请。得旨："……广西取中七名。……"⑥

---

① 广西壮族自治区通志馆、广西壮族自治区图书馆编：《〈清实录〉广西资料辑录》第 3 册，广西人民出版社，1988，第 82 页。
② 同上书，第 3 册，第 83 页。
③ 同上书，第 3 册，第 93 页。
④ 同上书，第 3 册，第 97—98 页。
⑤ 同上书，第 3 册，第 98 页。
⑥ 同上书，第 3 册，第 99 页。

嘉庆六年〔辛酉〕五月十二日〔丁亥〕（1801.6.22）

以……刑部主事李于培为广西乡试正考官，内阁中书平远为副考官。①

嘉庆六年〔辛酉〕八月初八日〔壬子〕（1801.9.15）

命……翰林院侍读学士张绶提督广西学政。②

嘉庆七年〔壬戌〕三月二十六日〔丙申〕（1802.4.27）

礼部以会试中额请。得旨："……广西取中六名。……"③

嘉庆八年〔癸亥〕正月二十二日〔戊子〕（1803.2.13）

命翰林院编修帅承瀛提督广西学政。④

嘉庆九年〔甲子〕五月十三日〔辛丑〕（1804.6.20）

以……翰林院侍读吴才鼎为广西乡试正考官，刑部员外郎张志绪为副考官。⑤

嘉庆九年〔甲子〕八月初八日〔甲子〕（1804.9.11）

命……刑部员外郎祁𡑞提督广西学政。⑥

嘉庆十年〔乙丑〕二月二十七日〔辛巳〕（1805.3.27）

赏江西、湖北、广西甲子（1804年）科乡试年老诸生龚应璜等四十名举人，副榜有差。

嘉庆十年〔乙丑〕三月二十五日〔己酉〕（1805.4.24）

礼部以会试中额请。得旨："……广西取中四名。……"⑦

嘉庆十二年〔丁卯〕五月初十日〔辛亥〕（1807.6.15.）

以……司经局洗马张锦枝为广西乡试正考官，内阁中书李振祜为副考官。⑧

嘉庆十二年〔丁卯〕八月二十一日〔庚寅〕（1807.9.22）

命……湖广道御史陈兰畴提督广西学政。⑨

---

① 广西壮族自治区通志馆、广西壮族自治区图书馆编：《〈清实录〉广西资料辑录》第 3 册，广西人民出版社，1988，第 99 页。
② 同上书，第 3 册，第 99 页。
③ 同上书，第 3 册，第 105 页。
④ 同上书，第 3 册，第 110 页。
⑤ 同上书，第 3 册，第 115 页。
⑥ 同上书，第 3 册，第 117 页。
⑦ 同上书，第 3 册，第 120 页。
⑧ 同上书，第 3 册，第 126 页。
⑨ 同上书，第 3 册，第 126 页。

嘉庆十三年〔戊辰〕三月三十日〔丙寅〕（1808.4.25）

礼部以会试中额请，得旨："……广西取中六名。……"①

嘉庆十三年〔戊辰〕闰五月十六日〔辛巳〕（1808.7.9）

以……礼部郎中龚丽正为广西乡试正考官，户部主事李林松为副考官。②

嘉庆十三年〔戊辰〕八月初二日〔乙未〕（1808.9.21）

命翰林院编修沈学厚提督广西学政。③

嘉庆十四年〔己巳〕三月二十七日〔丁亥〕（1809.5.11）

礼部以会试中额请。得旨："……广西取中六名。……"④

嘉庆十五年〔庚午〕五月十二日〔乙丑〕（1810.6.13）

以……编修彭邦畴为广西乡试正考官，贺长龄为副考官。⑤

嘉庆十五年〔庚午〕八月二十二日〔甲辰〕（1810.9.20）

命……江西道御史汪彦博提督广西学政。⑥

嘉庆十六年〔辛未〕三月二十二日〔庚午〕（1811.4.14）

礼部以会试中额请。得旨："……广西取中六名。……"⑦

嘉庆十八年〔癸酉〕四月初二日〔己亥〕（1813.5.2）

谕内阁："直省乡试考官，礼部向按道里远近，分次请简。宜旨后，考官限五日内启程，其同日简派者，启程时仍须分起出京，以便沿途驿站轮流付给夫马。此内第二次同日进本之广东、广西、福建、湖南、四川五省，程站本远近不齐，派出考官十员，于五日内分起行走，亦觉拥挤促迫。着礼部将广东、广西、福建三省定为第二次进本，湖南、四川二省定为第三次进本，余仍照旧例行。"⑧

---

① 广西壮族自治区通志馆、广西壮族自治区图书馆编：《〈清实录〉广西资料辑录》第3册，广西人民出版社，1988，第128页。
② 同上书，第3册，第128—129页。
③ 同上书，第3册，第129页。
④ 同上书，第3册，第133页。
⑤ 同上书，第3册，第139页。
⑥ 同上书，第3册，第141页。
⑦ 同上书，第3册，第143页。
⑧ 同上书，第3册，第154页。

嘉庆十八年〔癸酉〕五月初八日〔甲戌〕（1813.6.6）

以……编修孔傅纶为广西乡试正考官，户部主事吴颐为副考官。①

嘉庆十八年〔癸酉〕八月初九日〔癸卯〕（1813.9.3）

命……太仆寺少卿梁上国提督广西学政。②

嘉庆十八年〔癸酉〕十月二十三日〔丙辰〕（1813.11.15）

以太仆寺少卿梁上国为太仆寺卿，仍留广西学政任。③

嘉庆十九年〔甲戌〕三月二十五日〔丙辰〕（1814.5.14）

礼部以会试中额请。得旨："……广西取中六名。……"④

嘉庆十九年〔甲戌〕八月十二日〔庚午〕（1814.9.25）

以太仆寺卿梁上国为太常寺卿，仍留广西学政任。⑤

嘉庆二十年〔乙亥〕六月十七日〔辛未〕（1815.7.23）

命翰林院侍讲朱方增提督广西学政。⑥

嘉庆二十一年〔丙子〕六月十日〔戊午〕（1816.7.4）

以……刑部郎中程祖洛为广西乡试正考官，翰林院编修王赠芳为副考官。⑦

嘉庆二十二年〔丁丑〕三月二十三日〔丙寅〕（1817.5.8）

礼部以会试中额请。得旨："……广西取中七名。……"⑧

嘉庆二十三年〔戊寅〕五月初八日〔乙巳〕（1818.6.11）

以……翰林院编修邱煌为广西乡试正考官，兵科给事中倪琇为副考官。⑨

嘉庆二十三年〔戊寅〕七月十七日〔癸丑〕（1818.8.18）

命翰林院侍读潘锡恩提督广西学政。⑩

---

① 广西壮族自治区通志馆、广西壮族自治区图书馆编：《〈清实录〉广西资料辑录》第 3 册，广西人民出版社，1988，第 155 页。
② 同上书，第 3 册，第 156 页。
③ 同上书，第 3 册，第 156 页。
④ 同上书，第 3 册，第 158 页。
⑤ 同上书，第 3 册，第 162 页。
⑥ 同上书，第 3 册，第 165 页。
⑦ 同上书，第 3 册，第 167 页。
⑧ 同上书，第 3 册，第 169 页。
⑨ 同上书，第 3 册，第 171 页。
⑩ 同上书，第 3 册，第 172 页。

嘉庆二十四年〔己卯〕三月二十三日〔乙卯〕（1819.4.17）

礼部以会试中额请。得旨："……广西取中六名。……"①

嘉庆二十四年〔己卯〕五月初七日〔丁卯〕（1819.6.28）

以……修撰蒋立镛为广西乡试正考官，编修杨殿邦为副考官。②

嘉庆二十四年〔己卯〕九月初五日〔甲子〕（1819.10.23）

命……编修熊常镡提督广西学政。③

嘉庆二十五年〔庚辰〕三月二十三日〔己卯〕（1820.5.5）

礼部以会试中额请。得旨："……广西取中七名。……"④

道光元年〔辛巳〕四月初一日〔辛巳〕（1821.5.2）

礼部议复，广西巡抚赵慎畛等，疏请添设兴安县瑶民学额。得旨："广西兴安县应试瑶童，人数在十人以上，准其酌取一名，二十名至三十名，准其酌取二名，不必作为定额。"⑤

道光元年〔辛巳〕五月十三日〔壬戌〕（1821.6.12）

以……编修韩大信为广西乡试正考官，检讨胡国英为副考官。⑥

道光二年〔壬午〕三月二十三日〔戊辰〕（1822.4.14）

礼部以会试中额请。得旨："……广西取中五名。……"⑦

道光二年〔壬午〕五月十七日〔庚寅〕（1822.7.5）

以……兵科给事中许乃济为广西乡试正考官，翰林院编修陈沄为副考官。⑧

道光二年〔壬午〕八月十三日〔甲寅〕（1822.9.27）

命……翰林院编修祝庆蕃提督广西学政。⑨

---

① 广西壮族自治区通志馆、广西壮族自治区图书馆编：《〈清实录〉广西资料辑录》第3册，广西人民出版社，1988，第175页。
② 同上书，第3册，第176页。
③ 同上书，第3册，第177—178页。
④ 同上书，第3册，第179页。
⑤ 同上书，第3册，第189页。
⑥ 同上书，第3册，第190页。
⑦ 同上书，第3册，第193页。
⑧ 同上书，第3册，第194页。
⑨ 同上书，第3册，第196页。

道光三年〔癸未〕三月二十一日〔庚寅〕（1823.5.1）

礼部以会试中额请。得旨："……广西取中六名。……"①

道光四年〔甲申〕二月十四日〔戊申〕（1824.3.14）

又谕："嵩溥奏筹增省城书院经费一折。粤西省城秀峰、宣城两书院，肄业生童，近来就试人数较多，膏火不敷支给。据该署抚查明，司库内膏火项下历年盈余，按道光三年岁底册报，现存银三千七百余两，又续收银七百余两，共存银四千四百余两，除留备道光四年支用膏火外，尚余银三千两。着准其提出置买田亩，每年所得租谷粜价，即以增添膏火。或于每年甄别之期，多为录取，俾单寒之士，借以专心肄业，用示朕雅化作人至意。"②

道光五年〔乙酉〕五月十四日〔庚子〕（1825.6.29）

以……翰林院编修周作楫为广西乡试正考官，王煜为副考官。③

道光五年〔乙酉〕八月初三日〔丁巳〕（1825.9.14）

命……翰林院编修周作楫提督广西学政。④

道光六年〔丙戌〕三月二十四日〔乙巳〕（1826.4.30）

礼部以会试中额请。得旨："……广西取中七名。……"⑤

道光八年〔戊子〕五月十四日〔壬子〕（1828.6.25）

以……编修陈宪曾为广西乡试正考官，刑部主事史致蕃为副考官。⑥

道光八年〔戊子〕八月初三日〔庚午〕（1828.9.11）

命……翰林院编修……曾元海提督广西学政。⑦

道光九年〔己丑〕三月二十三日〔丁巳〕（1829.4.26）

礼部以会试中额请。得旨："……广西取中六名。……"⑧

---

① 广西壮族自治区通志馆、广西壮族自治区图书馆编：《〈清实录〉广西资料辑录》第 3 册，广西人民出版社，1988，第 198 页。
② 同上书，第 3 册，第 205 页。
③ 同上书，第 3 册，第 209 页。
④ 同上书，第 3 册，第 209 页。
⑤ 同上书，第 3 册，第 210 页。
⑥ 同上书，第 3 册，第 220 页。
⑦ 同上书，第 3 册，第 220 页。
⑧ 同上书，第 3 册，第 223 页。

道光十一年〔辛卯〕五月十五日〔丙寅〕（1831.6.24）

以……湖广道御史徐广缙为广西乡试正考官，内阁中书花咏春为副考官。①

道光十一年〔辛卯〕八月初二日〔辛巳〕（1831.9.7）

命……翰林院……编修钱福昌提督广西学政。②

道光十二年〔壬辰〕三月二十五日〔壬申〕（1832.4.25）

礼部以会试中额请。得旨："……广西取中六名。……"③

道光十二年〔壬辰〕五月十五日〔辛酉〕（1832.6.13）

以……编修汪世樽为广西乡试正考官，张琴为副考官。④

道光十二年〔壬辰〕十一月二十九日〔辛丑〕（1833.1.19）

……至瑶人性多愚拙，易于煽惑，着就各冲设立义塾，于附近绅衿中择延品端学正之士，以四子等书训课瑶童。各该县随时亲临查察，其颖秀可教者，优为奖励。并恭宣圣谕广训，俾瑶众渐知礼法，勉为驯良。数年之后，果能读书向义，酌量奏明，设立瑶童学额。至所请重官守以资治理，选瑶目以定赏罚二款，着该部议奏。⑤

道光十三年〔癸巳〕二月十七日〔戊午〕（1833.4.6）

命翰林院编修池生春提督广西学政。⑥

道光十三年〔癸巳〕三月二十四〔乙未〕（1833.5.13）

礼部以会试中额请，得旨："……广西取中五名。……"⑦

道光十三年〔癸巳〕十一月初七日〔癸酉〕（1833.12.17）

以捐修广西贡院号舍，并新建考棚书院，予绅士马秉良等议叙有差。⑧

---

① 广西壮族自治区通志馆、广西壮族自治区图书馆编：《〈清实录〉广西资料辑录》第3册，广西人民出版社，1988，第231页。
② 同上书，第3册，第233页。
③ 同上书，第3册，第239页。
④ 同上书，第3册，第243页。
⑤ 同上书，第3册，第254—255页。
⑥ 同上书，第3册，第260页。
⑦ 同上书，第3册，第260页。
⑧ 同上书，第3册，第267页。

道光十四年〔甲午〕三月十八日〔癸未〕（1834.4.26）

以办理广西瑶山善后事宜并倡捐义学，予署知府耿省修等升选有差。①

道光十四年〔甲午〕五月十二日〔丙子〕（1834.6.18）

以……翰林院编修王庆云为广西乡试正考官，刑部主事朱国淳为副考官。②

道光十四年〔甲午〕六月二十三日〔丁巳〕（1834.7.29）

以兵部右侍郎龚守正为江南乡试正考官，掌广西道御史赵光为副考官。③

道光十四年〔甲午〕八月初二日〔甲午〕（1834.9.4）

命……广西学政池生春……仍留任。④

道光十四年〔甲午〕十月二十七日〔戊午〕（1834.11.27）

以修建广西永淳县（今分属横县、邕宁县、宾阳县）先农坛、文庙、河堤、考棚等工，并置义谷田亩，予知县杨时行等议叙有差。⑤

道光十五年〔乙未〕三月二十二日〔辛巳〕（1835.4.19）

礼部以会试中额请。得旨："……广西取中十名。……"⑥

道光十五年〔乙未〕六月初十日〔戊戌〕（1835.7.5）

以……翰林院修撰汪鸣相为广西乡试正考官，编修贾臻为副考官。⑦

道光十六年〔丙申〕三月二十二日〔乙巳〕（1836.5.7）

礼部以会试中额请。得旨："……广西取中五名。……"⑧

道光十七年〔丁酉〕五月初十日〔丙戌〕（1837.6.12）

以……翰林院编修刘浔为广西乡试正考官，史佩玱为副考官。⑨

---

① 广西壮族自治区通志馆、广西壮族自治区图书馆编：《〈清实录〉广西资料辑录》第3册，广西人民出版社，1988，第271页。
② 同上书，第3册，第272页。
③ 同上书，第3册，第274页。
④ 同上书，第3册，第274页。
⑤ 同上书，第3册，第276页。
⑥ 同上书，第3册，第279页。
⑦ 同上书，第3册，第281页。
⑧ 同上书，第3册，第286页。
⑨ 同上书，第3册，第303页。

道光十七年〔丁酉〕八月初二日〔丁未〕（1837.9.1）

命……顺天学政潘锡恩、广西学政丁善庆、……，均留任。①

道光十七年〔丁酉〕十二月十九日〔壬戌〕（1838.1.14）

又谕："梁章钜奏请革除科场积弊等语。广西省乡试，向于至公堂前后及龙门口，拣派兵弁巡查弹压。兹据该抚查明，向来传递枪冒各弊，即由此而生。本科已将帐房三座并龙门兵弁一并裁撤。嗣后该省乡试年分，即着该监临等查照此次章程，认真办理，其旧有弊端，永远革除。"②

道光十八年〔戊戌〕三月十五日〔丁亥〕（1838.4.9）

以捐修郁林州（今玉林市）城垣，予后选教谕苏宗经等选用有差。

道光十八年〔戊戌〕三月二十二日〔甲午〕（1838.4.16）

礼部以会试中额请，得旨："……广西取中五名。……"③

道光十九年〔己亥〕五月十四日〔戊申〕（1839.6.24）

以……翰林院编修江国霖为广西乡试正考官，吏部主事阿彦达为副考官。④

道光十九〔己亥〕十二月十七日〔己卯〕（1840.1.21）

予故广西学政、国子监司业池生春，太平府知府查礼，……入祀名宦祠。故……广西昭平县教谕刘传礼，……入祀乡贤祠。从总督琦善、宝兴，巡抚梁章钜、桂良、经额布、贺长龄、色卜星额、裕谦、牛鉴、富呢扬阿请也。⑤

道光二十年〔庚子〕三月二十二日〔壬子〕（1840.4.23）

礼部以会试中额请。得旨："……广西取中五名。……"⑥

道光二十年〔庚子〕八月初二日〔己未〕（1840.8.28）

命……翰林院修撰钮福保提督广西学政。⑦

---

① 广西壮族自治区通志馆、广西壮族自治区图书馆编：《〈清实录〉广西资料辑录》第3册，广西人民出版社，1988，第304页。
② 同上书，第3册，第306页。
③ 同上书，第3册，第307—308页。
④ 同上书，第3册，第317页。
⑤ 同上书，第3册，第322页。
⑥ 同上书，第3册，第322页。
⑦ 同上书，第3册，第326页。

道光二十年〔庚子〕九月二十二日〔己酉〕（1840.10.17）

谕内阁："梁章钜奏查出乡试士子在场滋事，照例惩办一折。广西临桂县生员秦承瀛于首场点名时，拥挤争先，经该教官弹压，反肆口辱骂。上林县生员李天麟，于已交卷后，潜入号舍，经委员斥逐，反行拒殴，于士习殊有关系。着该抚亲提研讯，按律定拟具奏。"寻奏："生员秦承瀛于点名时拥挤争先，并未辱骂教官；李天麟于交卷后，潜入号舍，经委员斥逐，向其支撑，亦无拒殴情事，惟于试场滋事，若仅斥革照不应重律杖八十，免其发落，不足示惩，应请再加枷号两月，以肃场规而端士习。"下部议。从之。①

道光二十年〔庚子〕十二月十八日〔甲戌〕（1841.1.10）

广西故融县训导梁建藩、蒋励常，全州孝廉方正唐敦本，入祀乡贤祠。从署总督讷尔经额、麟庆，前任总督邓廷桢，巡抚杨国桢，署总督瑚松额，前任总督林则徐请也。②

道光二十一年〔辛丑〕三月二十三日〔戊申〕（1841.4.14）

礼部以会试中额请。得旨："……广西取中六名。……"③

道光二十一年〔辛丑〕四月二十五日〔己酉〕（1841.6.14）

上御太和殿传胪，赐一甲龙启瑞、龚宝莲、胡家玉三人进士及第。④

道光二十一年〔辛丑〕五月初一日〔甲寅〕（1841.6.19）

授一甲一名进士龙启瑞，为翰林院修撰。⑤

道光二十三年〔癸卯〕六月初十日〔壬午〕（1843.7.7）

以翰林院……修撰李承霖，为广西乡试正考官，户部郎中钟保，为副考官。⑥

道光二十三年〔癸卯〕八月初二日〔壬寅〕（1843.9.25）

命……翰林院修撰李承霖，提督广西学政。⑦

---

① 广西壮族自治区通志馆、广西壮族自治区图书馆编：《〈清实录〉广西资料辑录》第3册，广西人民出版社，1988，第327页。
② 同上书，第3册，第329页。
③ 同上书，第3册，第333页。
④ 同上书，第3册，第335页。
⑤ 同上书，第3册，第336页。
⑥ 同上书，第3册，第347页。
⑦ 同上书，第3册，第348页。

道光二十四年〔甲辰〕三月二十二日〔己丑〕（1844.5.9）

礼部以会试中额请，得旨："……广西取中七名。……"①

道光二十四年〔甲辰〕四月二十二日〔戊午〕（1844.6.7）

引见辛丑科散馆及补行散馆人员。得旨："此次散馆之修撰龙启瑞、编修江国霖、龚宝莲，业经授职。……"

道光二十四年〔甲辰〕五月初十日〔丙子〕（1844.6.25）

以翰林院侍讲何桂清，为广东乡试正考官，修撰龙启瑞，为副考官；编修冯桂芬，为广西乡试正考官，检讨祁宿藻，为副考官。②

道光二十五年〔乙巳〕三月二十三日〔甲申〕（1845.4.29）

礼部以会试中额请。得旨："……广西取中七名。……"③

道光二十六年〔丙午〕闰五月初十日〔甲午〕（1846.7.3）

以……编修冯誉骥，为广西乡试正考官，邹振杰，为副考官。④

道光二十六年〔丙午〕八月初四日〔丙辰〕（1846.9.23）

以……编修周学浚，提督广西学政。⑤

道光二十七年〔丁未〕三月二十二日〔辛丑〕（1847.5.6）

礼部以会试中额请，得旨："……广西取中七名。……"⑥

道光二十七年〔丁未〕五月初八日〔丙戌〕（1847.6.20）

谕内阁："此次考试翰、詹各员，经阅卷大臣等校阅进呈，朕复详加披览，亲定等第。一等四员，二等五十四员，三等六十员，四等三员，不列等一员。其考列……二等之……修撰龙启瑞，着以侍讲升用，……以上各员，现在无缺可补者，俱着先换顶带，在任候缺。……"⑦

道光二十九年〔己酉〕五月初十日〔丙午〕（1849.6.29）

以翰林院……编修孙锵鸣，为广西乡试正考官，户部主事丁守存，为副考官。

---

① 广西壮族自治区通志馆、广西壮族自治区图书馆编：《〈清实录〉广西资料辑录》第3册，广西人民出版社，1988，第352页。
② 同上书，第3册，第354页。
③ 同上书，第3册，第359页。
④ 同上书，第3册，第361页。
⑤ 同上书，第3册，第363页。
⑥ 同上书，第3册，第365页。
⑦ 同上书，第3册，第366页。

道光二十九年〔己酉〕八月初一日〔丙寅〕（1849.9.17）

以……翰林院编修孙锵鸣。提督广西学政；……。命……湖北学政龙启瑞；……仍留任。①

道光三十年〔庚戌〕三月二十四日〔丙辰〕（1850.5.5）

礼部以会试中额请，得旨："……广西取中六名。……"②

咸丰元年〔辛亥〕五月初十日〔丙申〕（1851.6.9）

以翰林院编修……刘昆，为广西乡试正考官，吏科给事中汪元方，为副考官。③

咸丰元年〔辛亥〕六月十五日〔庚午〕（1851.7.13）

谕内阁："邹鸣鹤奏请乡试展期一折。现在广西军务未竣，各属士子或因团练保卫，或因道路梗阻，未能如期应试，自应量加体恤。所有本年恩科、广西文闱乡试，着展至十月举行。武闱乡试，着展至来年四月举行。仍着该抚察看情形，于八月初奏到，毋致迟误。广西正考官、编修刘昆，副考官、给事中王元方，无论行抵何处，着即驰驿回京。"④

咸丰元年〔辛亥〕八月初九日〔癸亥〕（1851.9.4）

又谕："前据邹鸣鹤奏，请将广西乡试展期举行。当经降旨，令该抚察看情况，于八月初奏到。兹据邹鸣鹤、孙锵鸣奏称，该省士子现多派令董理团练，保卫乡里。该省文武各官，因军务未竣，各有应办要务。碍难于本年十月举行乡试，自系实在情形。广西自军兴以来，各属士子等，均能敌忾同仇，随同地方文武各员，剿贼立功，自应俯顺群情，曲加体恤，所有广西省本年辛亥恩科文武乡试，着准其展至来年与壬子正科，一并举行，倍额取中，仍遵照恩诏条款，准予广额。至所请癸丑科（咸丰三年）会试恩加中额之处，着礼部届期奏明请旨。"⑤

---

① 广西壮族自治区通志馆、广西壮族自治区图书馆编：《〈清实录〉广西资料辑录》第3册，广西人民出版社，1988，第381页。
② 同上书，第3册，第396页。
③ 同上书，第4册，第45页。
④ 同上书，第4册，第59页。
⑤ 同上书，第4册，第72页。

咸丰二年〔壬子〕三月二十二日〔壬申〕（1852.5.10）

礼部以会试中额请。得旨："满州取中九名，……广东取中九名，广西取中五名。……"①

咸丰二年〔壬子〕三月二十九日〔己卯〕（1852.5.17）

又谕："上年因广西办理军务，所有辛亥恩科文武乡试，降旨展至本年，与壬子正科一并举行。现在该省军务尚未蒇事，本年正科考官，该部例应于五月初旬具题。该省各属士子，或举行团练，保卫乡里，或随同地方文武，剿贼立功，且恐道路或有梗阻，能否如期赴省应试？着邹鸣鹤体察情形，倘本年仍难举行，即改于来年，为该省特开一科，仍倍额取中，并予广额。该抚即迅速查明，务于五月初旬由驿奏到，毋稍迟延。"②

咸丰二年〔壬子〕五月初五日〔乙卯〕（1852.6.22）

又谕："前因广西军务未竣，能否举行乡试，降旨令邹鸣鹤体察情形，迅速复奏。兹据奏称：现因逆匪窜扰，道路尚多梗阻，且各属士子，董率团练，协助官兵，保卫地方，势难如期应试等语。所有广西省辛亥恩科文武乡试，本改于今年壬子正科一并举行，现在军务尚未完竣，自应再加体恤，着改于明年特开一科，仍倍额取中，并予广额，下科会试，加中额数，着礼部届期奏明请旨。"③

咸丰二年〔壬子〕八月初六日〔甲申〕（1852.9.19）

命……翰林院……侍读胡焯提督广西学政。④

咸丰三年〔癸丑〕正月初六日〔辛亥〕（1853.2.13）

命翰林院检讨袁泳锡……提督广西学政。⑤

咸丰三年〔癸丑〕三月十九日〔癸亥〕（1853.4.26）

命翰林院编修吴福年，提督广西学政。

咸丰三年〔癸丑〕三月二十二日〔丙寅〕（1853.4.29）

礼部以会试中额请。得旨："……广东取中十一名，广西取中六名，……"⑥

---

① 广西壮族自治区通志馆、广西壮族自治区图书馆编：《〈清实录〉广西资料辑录》第4册，广西人民出版社，1988，第126页。
② 同上书，第4册，第129—131页。
③ 同上书，第4册，第146—147页。
④ 同上书，第4册，第166页。
⑤ 同上书，第4册，第177页。
⑥ 同上书，第4册，第183页。

咸丰三年〔癸丑〕九月二十三日〔乙丑〕（1853.10.25）

以广西绅士守城出力，永广桂林府学额三名，临桂县二名。①

咸丰四年〔甲寅〕四月初六日〔甲戌〕（1854.5.2）

谕内阁："劳崇光、吴福年奏请将补行乡试，再行展缓一折。广西省辛亥、壬子两科文武乡试，前经展至本年，特开一科举行。兹据该抚等奏称：各属土匪，尚未净尽，士子等办理团练，保卫乡间，势难赴省应试。着照所请，再行展至咸丰五年乙卯科，及咸丰八年戊午科，分别归并举行。乙卯科照本科定额及辛亥科定额、广额取中。戊午科照本科及壬子科定额取中。以示体恤，而广登进。"②

咸丰五年〔乙卯〕四月初六日〔戊戌〕（1855.5.21）

补铸广西象州学正条记，从巡抚劳崇光请也。③

咸丰五年〔乙卯〕四月二十五日〔丁巳〕（1855.6.9）

谕内阁："劳崇光奏请展缓乡试一折。本年广西省应举行乙卯科文武乡试，据称该省现办剿捕，仍难依限举行。所有本年广西省乙卯（1855）及辛亥（1851）两科归并文武乡试，准其暂缓举行。着该抚于来春体察情形，如果地方安靖，即行奏请，于咸丰六年（1856）特开一科，将乙卯及辛亥两科归并举行，并按照定额广额取中，以昭慎重。"④

咸丰五年〔乙卯〕七月二十九日〔庚寅〕（1855.9.10）

铸给广西藤县儒学条记，从巡抚劳崇光请也。

咸丰五年〔乙卯〕八月初二日〔壬辰〕（1855.9.12）

命……右中允沈炳垣提督广西学政。⑤

咸丰五年〔乙卯〕九月十五日〔乙亥〕（1855.10.25）

赏广西阵亡总兵官董光甲子国贤通判，国良文举人。⑥

---

① 广西壮族自治区通志馆、广西壮族自治区图书馆编：《〈清实录〉广西资料辑录》第4册，广西人民出版社，1988，第197页。
② 同上书，第4册，第205页。
③ 同上书，第4册，第220页。
④ 同上书，第4册，第223页。
⑤ 同上书，第4册，第228—229页。
⑥ 同上书，第4册，第229页。

咸丰五年〔乙卯〕十二月十六日〔乙巳〕（1856.1.23）

补铸……广西富川县儒学条记，从巡抚……劳崇光请也。①

咸丰六年〔丙辰〕三月二十四日〔辛巳〕（1856.4.28）

礼部以会试中额请。得旨："……广东取中五名，广西取中二名。……"

咸丰六年〔丙辰〕四月三十〔丙辰〕（1856.6.2）

谕内阁："劳崇光奏请补行广西文武乡试一折。前因广西省办理军务，暂将文武乡试展缓。谕令该抚察看情形，如地方安靖，即行奏请于咸丰六年（1856年）特开一科，将乙卯（1855年）及辛亥（1851年）两科归并举行。现在地方渐就肃清，该省文武乡试着即遵照前旨补行。所有该省正副考官，着礼部先期具题。应如何改道赴粤之处，并着兵部查明具奏。"②

咸丰六年〔丙辰〕五月初十日〔丙寅〕（1856.6.12）

以翰林院侍讲学士毕道远为广西乡试正考官，编修丁绍周为副考官。③

咸丰七年〔丁巳〕正月十七日〔庚午〕（1857.2.11）

谕内阁："劳崇光奏请将遗失学记、屡著战功之训导宽免处分等语。咸丰五年（1855年）匪陷浔州府城，桂平县学教谕林钟密、府学训导代理教授罗世位遗失学记，本有应得之咎。惟据奏称，该员等尚无畏避先逃情弊，罗世位并帮同守城堵剿出力。除林钟密业已病故，着毋庸议外，罗世位应得处分着准其宽免。"④

咸丰八年〔戊午〕五月初八日〔壬午〕（1858.6.18）

广西巡抚劳崇光奏："广西军务未竣，请将本年戊午（1858年）科乡试展限办理。"下部知之。⑤

咸丰八年〔戊午〕八月初三日〔乙巳〕（1858.9.9.）

命……广西学政李载熙……俱留任。⑥

---

① 广西壮族自治区通志馆、广西壮族自治区图书馆编：《〈清实录〉广西资料辑录》第 4 册，广西人民出版社，1988，第 233—234 页。
② 同上书，第 4 册，第 236 页。
③ 同上书，第 4 册，第 237 页。
④ 同上书，第 4 册，第 247 页。
⑤ 同上书，第 4 册，第 259 页。
⑥ 同上书，第 4 册，第 262—263 页。

咸丰九年〔己未〕三月二十四日〔甲午〕（1859.4.26）

礼部以会试中额请。得旨："……广东取中五名，广西取中八名，……"①

咸丰九年〔己未〕五月初七日〔丙子〕（1859.6.7）

广西巡抚劳崇光奏："广西文武乡试请缓至来秋举办。"从之。②

咸丰九年〔己未〕十二月初九日〔甲辰〕（1860.1.1.）

命翰林院编修张正椿提督广西学政。③

咸丰十年〔庚申〕三月二十六日〔庚寅〕（1860.4.16）

礼部以会试中额请。得旨："广东取中六名，广西取中六名。……"

咸丰十年〔庚申〕三月二十七日〔辛卯〕（1860.4.17）

谕内阁："礼部奏新中举人到京逾限，恳补行复试等语。所有江西举人欧阳衔等，及广西举人梁嵘椿，到京已逾复试之期，实因道路梗阻，事出有因，着准其补行复试，以示体恤。嗣后不得援以为例。"④

咸丰十年〔庚申〕十二月十三日〔壬申〕（1861.1.23）

以广东续捐军饷，永广乡试中额六名，……香山、英德、合浦、嘉应、平远五州县各二名。⑤

咸丰十一年〔辛酉〕正月二十一日〔庚戌〕（1861.3.2）

又谕："御史吴祖昌奏：广西收复各城，请通融办理考试等语。据称，柳州各府未经学政考试者将近十年，现在柳州、梧州、南宁各府城均经收复，若能将考棚随时修理，当可照常按临。倘力有未逮，或暂借隔府考棚，通融办理。至浔州府城现未收复，该处州、县多与郁林州毗连，即可借郁林州考棚应试。各等语。学政按郡考试，所以造就人才，即以潜消杰骜。虽地方甫经收复，考棚残缺，亦应设法办理，以期鼓舞士心。着刘长佑、张正椿按照该御史所奏，相度情形，随时通融酌办，毋得借口军务，概行停止考试。将此由五百

---

① 广西壮族自治区通志馆、广西壮族自治区图书馆编：《〈清实录〉广西资料辑录》第4册，广西人民出版社，1988，第266—267页。
② 同上书，第4册，第268页。
③ 同上书，第4册，第285页。
④ 同上书，第4册，第291页。
⑤ 同上书，第4册，第303页。

里各谕令知之。"①

咸丰十一年〔辛酉〕正月二十五日〔甲寅〕（1861.3.6）

又谕："御史吴祖昌奏，广西浔、梧各府城被围时，城内绅民捐饷不下数万两，因城陷后官绅殉难，捐饷无从详报。其余各府、州、县捐输，有至今未得执照，并有未经报部者。请饬广西巡抚勒限清厘造报，给予奖叙。并请仿照加广中额学额章程办理等语。浔、梧各府绅民捐输经费，虽城陷后，亦应查明请奖，以资鼓舞。其余捐输各绅民，尤当赶紧详报，核计奖励，不可历时太久，致有遗漏。着刘长佑饬令地方官，将各绅民近年捐项未经详报者迅速查明，勒限造报，即行奏请奖叙。如查有不肖官吏侵吞捐款，亦即据实参奏。其捐输厘金两款，如已集有成数，并着援照部定章程，奏请加广学额中额。至所称平南、桂平等处办团劣绅刘彦文等，有贻患地方情形，并着该抚严密确查惩办，毋稍姑容。原片着抄给阅看。将此由五百里谕令知之。"②

咸丰十一年〔辛酉〕四月十九日〔丁丑〕（1861.5.28）

谕内阁："刘长佑奏请补行文武乡试一折。着照所请，广西省己未（1859年）恩科并壬子（1852年）正科文武乡试，准其于本年归并补行。所有本年辛酉（1861年）科及戊午（1858年）科乡试，着于明年特开一科，归并举行。"

咸丰十一年〔辛酉〕五月初二日〔己丑〕（1861.6.9）

补铸广西永淳县（今分属横县、邕宁县、宾阳县）知县、南宁府儒学、横州儒学、新宁州（今属扶绥县）儒学、八尺寨（今属邕宁县）巡检各印信，从巡抚刘长佑请也。③

咸丰十一年〔辛酉〕八月初三日〔己未〕（1861.9.7）

命……广西学政张正椿、云南学政张锡嵘俱留任。④

咸丰十一年〔辛酉〕十一月初十日〔甲午〕（1861.12.11）

广西学政张正椿奏："永安（今蒙山县）、容县取进寄籍各生，均系力

---

① 广西壮族自治区通志馆、广西壮族自治区图书馆编：《〈清实录〉广西资料辑录》第4册，广西人民出版社，1988，第303—304页。
② 同上书，第4册，第304—305页。
③ 同上书，第4册，第307页。
④ 同上书，第4册，第308页。

田、服贾在二十年以上，现无原籍可归，请准其在广西乡试，以示体恤。"下部议，从之。①

同治元年〔壬戌〕三月二十四日〔丙午〕（1862.4.22）

礼部以会试中额请。得旨："……广东取中八名，广西取中十一名。……"②

同治元年〔壬戌〕六月二十日〔辛未〕（1862.7.16）

又谕："有人奏学政贪污，劣迹昭著，并举人唐岳被抑参革，请饬查办各折片。学政为抡才之官，必得弊绝风清，方足以拔识真才。若如所奏，张正椿种种贪劣，岂复堪胜此任？本日已明降谕旨将该员撤任，听候查办。着劳崇光、刘长佑严行访查，按照折内所参各情据实具奏，不得以粤西现在用兵，遂视学校为无关紧要，稍涉迁就。至办理团练总局之绅士举人唐岳，既经曹澍钟保加卿衔，何以于平南擅杀团练刘彦文案内，与知县罗纲一并奏参革职？是否唐岳实有包庇情事，抑系曹澍钟意有偏私？并着劳崇光、刘长佑彻底根究，认真查办，迅速复奏。此案已阅两年，不得再行延宕。原折片着抄给阅看。将此各谕令知之。"

广西学政张正椿解任查办，命翰林院编修鲍源深提督广西学政。③

同治元年〔壬戌〕七月初八日〔己丑〕（1862.8.3）

以……翰林院……修撰章鋆为广西乡试正考官，检讨赵新为副考官。④

同治元年〔壬戌〕闰八月初九日〔己丑〕（1862.10.2）

以广西捐输军饷，永广乡试中额二名，临桂县学额十名，全、郁林、博白三州县各五名，陆川县四名，灵川县二名，兴安、阳朔、恭城、贺、昭平、苍梧、桂平、马平（今分属柳州市、柳江县）、宜山、河池、北流十一州县各一名。⑤

同治元年〔壬戌〕十一月二十八日〔丙子〕（1863.1.17）

补铸广西宾州（今宾阳县）知州，梧州府儒学、经历，兴安县知县，苍梧县知县、儒学、巡检，藤县知县、巡检，容县知县、巡检，宜山县知县、县丞，上林县知县、巡检，北流县知县、儒学，贺县县丞、巡检，柳城县儒学，

---

① 广西壮族自治区通志馆、广西壮族自治区图书馆编：《〈清实录〉广西资料辑录》第4册，广西人民出版社，1988，第312—313页。
② 同上书，第4册，第318页。
③ 同上书，第4册，第322—323页。
④ 同上书，第4册，第323页。
⑤ 同上书，第4册，第328页。

来宾县儒学，全州巡检，怀集县（今属广东省）巡检，罗城县巡检各印信、条记，从巡抚刘长佑请也。①

同治二年〔癸亥〕正月十五日〔壬戌〕（1863.3.4）

谕内阁："前因升任内阁侍读学士王拯奏参广西学政张正椿负污各款，当经降旨将该学政撤任，并谕令劳崇光、刘长佑严行访查，据实具奏。兹据奏称，该学政按试平乐、梧州，所取永安州（今蒙山县）寄籍新生捐输银三千九百五十两，容县新生军饷银七千两，均由各该地方文武经理，该学政尚无侵蚀入己情弊。至加索新进童生内规卷价各款，并自行笞责生童，肆行陵（凌）辱，尚无实据。惟容县捐籍一事，士心不服，众议哗然。且该学政精神短少，阅卷草率，去取未当，舆论不孚。等语。学政为风教所关，试卷去取理宜精心校阅。张正椿一味草率，何以丕振文风？虽据奏称尚无贪污实迹，但其补行容县岁科考五次，所取新生仅土著一名，余均系籍隶广东捐资收考，且未经县、府考录申送。其是否身家清白，有无过犯，该学政并未稽查。实属故违定例，办理荒谬。且于各新生缴捐银两时当堂秤兑，尤乖体制。张正椿着交部严加议处。"寻议："张正椿应照违制例革职。"从之。②

同治二年〔癸亥〕三月二十一日〔丁卯〕（1863.5.8）

礼部以会试中额请。得旨："……广东取中十二名，广西取中十一名。……"③

同治三年〔甲子〕二月十七日〔戊子〕（1864.3.24）

补铸……广西浔州府知府、经历、儒学，太平府儒学，桂平县知县、儒学，武宣县知县、儒学，崇善县（今属崇左县）知县、儒学，左州（今属崇左县）儒学，宁明州知州，龙英土州（今属天等县）州同，安平土州（今属大新县）州判，穆乐墟、大黄江（今均属桂平县）、大乌墟、秦川乡（今均属平南县）、廓镇（今属武宣县）、驮卢（今属崇左县）司等巡检，浔州协副将，宾州营参将、守备，隆林营游击各关防、印信、条记，从巡抚……张凯嵩请也。④

---

① 广西壮族自治区通志馆、广西壮族自治区图书馆编：《〈清实录〉广西资料辑录》第4册，广西人民出版社，1988，第336页。
② 同上书，第4册，第341页。
③ 同上书，第4册，第345页。
④ 同上书，第4册，第368—369页。

同治三年〔甲子〕五月初五日〔甲辰〕（1864.6.8）

以……翰林院……编修黄锡彤为广西乡试正考官、吏部郎中王祺海为副考官。①

同治三年〔甲子〕八月初一日〔己巳〕（1864.9.1）

命……翰林院编修孙钦昂提督广西学政。②

同治四年〔乙丑〕三月二十五日〔庚申〕（1865.4.20）

礼部以会试中额请。得旨："……广东取中十三名，广西取中十二名。……"③

同治五年〔丙寅〕六月初一日〔戊子〕（1866.7.12）

以广西捐输团练，永广乡试中额二名，怀集县（今属广东省）学额六名，全州五名，藤、容、平南三县各四名，宾、灌阳、北流、宜山、思恩（今属环江毛南族自治县）、贵、天保（今属德保县）七州县各三名，郁林、河池、东兰、兴业（今分属玉林市、贵县）、融（今分属融安县、融水苗族自治县）五州县各二名，横、归顺（今靖西县）、平乐、恭城、博白、柳城、天河（今属罗城仫佬族自治县）、桂平八州县各一名。④

同治五年〔丙寅〕十一月二十五日〔庚辰〕（1866.12.31）

以广东捐输军饷，永广南雄州学额十名，……灵山七州、县各三名，……合浦、……十一县各二名，……⑤

同治六年〔丁卯〕五月十二日〔甲子〕（1867.6.13）

以……侍讲学士钱宝廉为广西乡试正考官，掌山西道御史王师曾为副考官。⑥

同治六年〔丁卯〕七月二十五日〔丙子〕（1867.8.24）

以广西捐输军饷，永广文乡试中额二名。⑦

---

① 广西壮族自治区通志馆、广西壮族自治区图书馆编：《〈清实录〉广西资料辑录》第4册，广西人民出版社，1988，第371页。
② 同上书，第4册，第379页。
③ 同上书，第4册，第389页。
④ 同上书，第4册，第405页。
⑤ 同上书，第4册，第410页。
⑥ 同上书，第5册，第8页。
⑦ 同上书，第5册，第10页。

同治六年〔丁卯〕八月初一日〔辛巳〕（1867.8.29）

命……翰林院编修杨霁提督广西学政。①

同治七年〔戊辰〕三月二十六日〔甲戌〕（1868.4.18）

礼部以会试中额请。得旨："……广西取中十二名。……"②

同治七年〔戊辰〕五月二十五日〔辛丑〕（1868.7.11）

以广东钦州绅民力保危城，永广学额二名。③

同治八年〔己巳〕三月十八日〔庚寅〕（1869.4.29）

以广东合浦县绅民力保危城，永广学额二名。④

同治九年〔庚午〕五月十一日〔丙子〕（1870.6.9）

以……翰林院编修……陈振瀛为广西乡试正考官，山西道御史马相如为副考官。⑤

同治九年〔庚午〕八月初一日〔乙未〕（1870.8.27）

命……翰林院……编修郭怀仁提督广西学政。⑥

同治十年〔辛未〕三月二十四日〔甲寅〕（1871.5.13）

礼部以会试中额请。得旨："……广西取中十三名。……"⑦

同治十年〔辛未〕八月二十一日〔己卯〕（1871.10.5）

以广西省城重修书院落成，颁秀峰书院扁（匾）额，曰："书岩津逮"，宣成书院扁（匾）额，曰："道德陶钧"，榕湖书院扁（匾）额，曰："经明行修"。⑧

同治十二年〔癸酉〕六月十二日〔己未〕（1873.7.6）

以……翰林院编修崔志道为广西乡试正考官，户部主事陈毓秀为副考官。⑨

---

① 广西壮族自治区通志馆、广西壮族自治区图书馆编：《〈清实录〉广西资料辑录》第 5 册，广西人民出版社，1988，第 11 页。
② 同上书，第 5 册，第 18 页。
③ 同上书，第 5 册，第 20 页。
④ 同上书，第 5 册，第 29 页。
⑤ 同上书，第 5 册，第 39 页。
⑥ 同上书，第 5 册，第 40 页。
⑦ 同上书，第 5 册，第 47 页。
⑧ 同上书，第 5 册，第 53 页。
⑨ 同上书，第 5 册，第 67 页。

同治十二年〔癸酉〕八月初一日〔丁丑〕（1873.9.22）

命……翰林院编修吴华年提督广西学政。①

同治十三年〔甲戌〕三月二十六日〔戊辰〕（1874.5.11）

礼部以会试中额请。得旨："……广西取中十四名。……"②

光绪元年〔乙亥〕正月十八日〔丙辰〕（1875.2.23）

兼署云贵总督岑毓英奏："粤勇捐饷，请加广广西文武乡试中额。"下部议。③

光绪元年〔乙亥〕五月初四日〔庚子〕（1875.6.7）

谕内阁："此次考试翰、詹各员，经阅卷大臣等校阅进呈，亲定等第。一等四员，二等六十一员，三等九十员，四等四员。……考列二等之……编修唐景崇……着记名遇缺题奏，并……赏大卷缎袍料一匹，小卷缎袍褂……一件。……"④

光绪元年〔乙亥〕五月十二日〔戊申〕（1875.6.15）

以……詹事府司经局洗马廖寿恒为广西乡试正考官，编修陆芝祥为副考官。⑤

光绪元年〔乙亥〕十二月初五日〔戊辰〕（1876.1.1）

广西巡抚刘长佑奏："请改建奉议州（今属田阳县）考棚于镇安府。"允之。⑥

光绪元年〔乙亥〕十二月二十一日〔甲申〕（1876.1.17）

命广西学政吴华年回京供职，以翰林院侍讲欧阳保极为广西学政。⑦

光绪二年〔丙子〕三月二十六日〔戊午〕（1876.4.20）

礼部以会试中额请。得旨："……广西取中十三名。……"⑧

---

① 广西壮族自治区通志馆、广西壮族自治区图书馆编：《〈清实录〉广西资料辑录》第 5 册，广西人民出版社，1988，第 69 页。
② 同上书，第 5 册，第 73 页。
③ 同上书，第 5 册，第 79 页。
④ 同上书，第 5 册，第 80 页。
⑤ 同上书，第 5 册，第 81 页。
⑥ 同上书，第 5 册，第 85 页。
⑦ 同上书，第 5 册，第 85 页。
⑧ 同上书，第 5 册，第 91 页。

光绪二年〔丙子〕闰五月十二日〔壬申〕（1876.7.3）

以……翰林院编修朱文镜为广西乡试正考官，掌福建道监察御史李嘉乐为副考官。①

光绪二年〔丙子〕六月初一日〔庚寅〕（1876.7.21）

广西学政吴华年奏："新设改流厅县百色厅、恩隆县（今属田东县）从权先行开考。"下礼部议。②

光绪二年〔丙子〕八月初一日〔己丑〕（1876.9.18）

广西学政欧阳保极……留任。③

光绪三年〔丁丑〕三月二十四日〔庚辰〕（1877.5.7）

礼部以会试中额请。得旨："……广西取中十三名。……"④

光绪三年〔丁丑〕七月初五日〔戊午〕（1877.8.13）

广西巡抚涂宗瀛奏："请增灌阳县瑶童学额。"下部议。⑤

光绪五年〔己卯〕五月初一日〔甲戌〕（1879.6.20）

广西巡抚杨重雅奏："遵停筹饷捐输。"下部知之。

又奏："正途出身教习教职，截取举人、拔贡、优贡、孝廉、方正各班分发知县，请照军功捐纳一年试用期满，即准甄别补缺。"下部议。⑥

光绪五年〔己卯〕六月二十一日〔癸亥〕（1879.8.8）

广西巡抚张树声奏陈广西地方情形及拟治标治本办法。得旨："所陈整军捕匪、察吏清讼及招垦荒地、振兴学校各事宜，该抚务即认真筹划，实力办理，以副委任。"⑦

光绪五年〔己卯〕八月初一日〔壬寅〕（1879.9.16）

命……翰林院编修……秦澍春提督广西学政。⑧

---

① 广西壮族自治区通志馆、广西壮族自治区图书馆编：《〈清实录〉广西资料辑录》第5册，广西人民出版社，1988，第92页。
② 同上书，第5册，第92—93页。
③ 同上书，第5册，第94页。
④ 同上书，第5册，第98页。
⑤ 同上书，第5册，第100页。
⑥ 同上书，第5册，第118页。
⑦ 同上书，第5册，第121—122页。
⑧ 同上书，第5册，第122页。

光绪六年〔庚辰〕三月二十四日〔辛卯〕（1880.5.2）

礼部以会试中额请。得旨："……广西取中十三名。……"①

光绪八年〔壬午〕五月十二日〔丁酉〕（1882.6.27）

以……翰林院……编修胡胜为广西乡试正考官，庞鸿文为副考官。②

光绪八年〔壬午〕八月初一日〔甲寅〕（1882.9.12）

命……翰林院编修……詹嗣贤……提督广西学政。③

光绪九年〔癸未〕三月二十四日〔甲辰〕（1883.4.30）

礼部以会试中额请。得旨："……广西取中十三名。……"④

光绪十一年〔乙酉〕五月十二日〔庚戌〕（1885.6.24）

以……翰林院……编修檀玑为广西乡试正考官，云南道监察御史丁振铎为副考官。⑤

光绪十一年〔乙酉〕八月初一日〔丁卯〕（1885.9.9）

命……翰林院编修……李殿林提督广西学政。⑥

光绪十二年〔丙戌〕三月二十二日〔乙卯〕（1886.4.25）

礼部以会试中额请。得旨："……广东取中十六名，广西取中十三名。……"⑦

光绪十三年〔丁亥〕七月二十五日〔庚辰〕（1887.9.12）

又奏："创建两广诸生合课书院，名曰'广雅'，请饬立案。"下礼部知之。⑧

光绪十四年〔戊子〕五月十二日〔癸亥〕（1888.6.21）

以……国子监司业王祖光为广西乡试正考官，编修崔永安为副考官。⑨

---

① 广西壮族自治区通志馆、广西壮族自治区图书馆编：《〈清实录〉广西资料辑录》第 5 册，广西人民出版社，1988，第 131 页。
② 同上书，第 5 册，第 148 页。
③ 同上书，第 5 册，第 150 页。
④ 同上书，第 5 册，第 160 页。
⑤ 同上书，第 5 册，第 283 页。
⑥ 同上书，第 5 册，第 293 页。
⑦ 同上书，第 5 册，第 309 页。
⑧ 同上书，第 5 册，第 330 页。
⑨ 同上书，第 5 册，第 338 页。

光绪十四年〔戊子〕八月初一日〔庚辰〕（1888.9.6.）

命刑部右侍郎周德润提督顺天学政，……湖广道监察御使黄煦提督广西学政。①

光绪十四年〔戊子〕十一月初二日〔己酉〕（1888.12.4）

广西巡抚沈秉成奏："新设镇边县（今那坡县）尚无廪额，请仍于镇安府学拨出廪缺二名，归镇边县永为定额，四年一贡，以符定制。其湖润寨（今属靖西县）、下雷土州（今属大新县）两处文、武童，历由镇安府学酌拨取进，今改属归顺直隶州，拟请于镇安府学内，拨出文、武各二名，并入归顺直隶州学额，为湖润、下雷文、武童登进之路。并请加归顺文、武学额各二名，以资鼓舞。"下部议。②

光绪十五年〔己丑〕二月初八日〔甲申〕（1889.3.9）

广西巡抚沈秉成奏："请拨给归顺（今属靖西县）、百色两州、厅乡试中额，分编字号，轮流间科取中，以振兴文教。"下礼部议。③

光绪十五年〔己丑〕三月二十四日〔己巳〕（1889.4.23）

礼部以会试中额请。得旨："……广东取中十六名，广西取中十三名。……"

光绪十五年〔己丑〕四月初七日〔壬午〕（1889.5.6）

礼部奏："议复广西巡抚奏。请拨给归顺（今属靖西县）、百色两州、厅分编字号取中。"从之。④

光绪十五年〔己丑〕五月十二日〔丁巳〕（1889.6.10）

以……翰林院……编修陈同礼为广西乡试正考官，潘炳年为副考官。

准前广西巡抚刘长佑桂林专祠列入祀典。从巡抚沈秉成请也。⑤

光绪十五年〔己丑〕十一月初二日〔甲辰〕（1889.11.24）

广西巡抚马丕瑶奏："广西俗悍民贫，通筹教养，拟开设书局机坊，以培

---

① 广西壮族自治区通志馆、广西壮族自治区图书馆编：《〈清实录〉广西资料辑录》第 5 册，广西人民出版社，1988，第 340 页。
② 同上书，第 5 册，第 342 页。
③ 同上书，第 5 册，第 345 页。
④ 同上书，第 5 册，第 347 页。
⑤ 同上书，第 5 册，第 347—348 页。

本原。"报可。①

光绪十五年〔己丑〕十一月初七日〔己酉〕（1889.11.29）

两广总督张之洞奏："防城增设县治，丁赋新添。请仍照原奏，添设文、武学额，并请将廉州府学额拨出三名，归入钦州，以昭公溥。"下礼部议。

光绪十五年〔己丑〕十一月二十八日〔庚午〕（1889.12.20）

谕内阁："马丕瑶奏胪举贤才，请旨褒奖一折。据称：广西在籍绅士掌教秀峰书院，编修曹驯，经明行修，不慕声利；山西候补知府杨立旭，好学不倦，士民矜式。均堪嘉尚。曹驯着赏给五品卿衔，杨立旭着赏给三品顶戴，以示奖励。"②

光绪十六年〔庚寅〕三月二十二日〔辛卯〕（1890.5.10）

礼部以会试中额请。得旨："……广东取中十七名，广西取中十三名。……"③

光绪十六年〔庚寅〕十二月十七日〔壬子〕（1891.1.26）

以功德在粤，准汉臣马援、明臣王守仁横州、思恩府庙祀列入祀典，并颁马援祠扁（匾）额曰"铜柱勋留"，王守仁书院扁（匾）额曰"教衍云岩"。从广西巡抚马丕瑶请也。

以化洽于乡，身教成俗，准故大学士广西临桂陈宏谋子孙自建专祠，由地方官春、秋致祭。亦从马丕瑶请也。④

光绪十七年〔辛卯〕正月初六日〔辛未〕（1891.2.14）

广西巡抚马丕瑶奏："省城独秀峰麓书院之侧，建造书楼，庋藏各省书籍。并饬各属按照省城章程，分建书楼。又于省局刊刻经书善本，以惠士林。"报闻。

又奏："广西土属士民应试，向准土司送考，遂有借端勒索抑阻诸弊。应即厘定章程，拟请嗣后土民，准赴承审之汉州、县及径归管辖之知府报名

---

① 广西壮族自治区通志馆、广西壮族自治区图书馆编：《〈清实录〉广西资料辑录》第5册，广西人民出版社，1988，第353页。
② 同上书，第5册，第354页。
③ 同上书，第5册，第357—358页。
④ 同上书，第5册，第362页。

考试，不由土司送考，以杜抑勒。并准用认识土生一名，会同汉廪生联名结保，以查混冒。"下部议。①

光绪十七年〔辛卯〕三月初一日〔乙丑〕（1891.4.9）

广西巡抚马丕瑶奏："右江道张汝梅，将自置地亩捐作书院膏火、育婴堂、义学、祠堂等经费，请给奖立案。"得旨："张汝梅着该部核给奖叙。所捐地亩，即着马丕瑶分咨立案。"②

光绪十七年〔辛卯〕五月十二日〔乙亥〕（1891.6.18）

以……翰林院……编修刘玉珂为广西乡试正考官，检讨宋育仁为副考官。③

光绪十七年〔辛卯〕八月初一日〔壬辰〕（1891.9.3）

命……修撰赵以炯提督广西学政。④

光绪十七年〔辛卯〕八月二十七日〔戊午〕（1891.9.29）

以遵命捐建书院，予广西补用游击黄守忠为其故父母建坊。⑤

光绪十七年〔辛卯〕十一月初十日〔庚午〕（1891.12.10）

以耆年笃学，赏广西训导黎申彦光禄寺署正衔。⑥

光绪十八年〔壬辰〕二月初一日〔庚寅〕（1892.2.28）

以训士认真，赏广西教职文万选、况曜生、黄泌国子监学正衔。其敦品励学之附贡生黎承霖以教职用。⑦

光绪十八年〔壬辰〕三月二十日〔戊寅〕（1892.4.16）

礼部以会试中额请。得旨："……广东取中十六名，广西取中十三名……。"⑧

光绪十八年〔壬辰〕七月初七日〔壬辰〕（1892.8.28）

广西巡抚张联桂奏："请增设桂林龙胜厅客籍学额二名。"下礼部议。⑨

---

① 广西壮族自治区通志馆、广西壮族自治区图书馆编：《〈清实录〉广西资料辑录》第 6 册，广西人民出版社，1988，第 3 页。
② 同上书，第 6 册，第 4 页。
③ 同上书，第 6 册，第 5 页。
④ 同上书，第 6 册，第 7 页。
⑤ 同上书，第 6 册，第 8 页。
⑥ 同上书，第 6 册，第 9 页。
⑦ 同上书，第 6 册，第 11 页。
⑧ 同上书，第 6 册，第 12 页。
⑨ 同上书，第 6 册，第 13 页。

光绪十九年〔癸巳〕五月十二日〔癸巳〕（1893.6.25）

以……翰林院……编修张亨嘉为广西乡试正考官，检讨劳肇光为副考官。①

光绪十九年〔癸巳〕七月二十一日〔辛丑〕（1893.9.1.）

广西巡抚张联桂奏："奉派查阅营伍，以连值乡试，应入闱监临，拟请展至乙未年（1895年）查阅。"从之。②

光绪二十年〔甲午〕三月二十三日〔庚子〕（1894.4.28）

礼部以会试中额请。得旨："……广东取中十六名。广西取中十三名。……"③

光绪二十年〔甲午〕四月二十日〔丙寅〕（1894.5.24）

派大学士张之万，……内阁学士唐景崇为殿试读卷官。④

光绪二十年〔甲午〕五月十二日〔戊子〕（1894.6.15）

以内阁学士唐景崇为广东乡试正考官，翰林院编修王荫槐为副考官。编修曹福元为广西乡试正考官，汪凤梁为副考官。⑤

光绪二十年〔甲午〕八月初一日〔乙巳〕（1894.8.31）

命……掌京畿道监察御史冯金鉴提督广西学政。⑥

光绪二十一年〔乙未〕二月二十九日〔辛未〕（1895.3.25）

广西巡抚张联桂等奏："请添设百色、恩隆（今分属田东县、平果县）等厅、县学拔贡名额，以示鼓舞而作人材。"下礼部议。⑦

光绪二十一年〔乙未〕三月初六日〔丁丑〕（1895.3.31）

以协办大学士吏部尚书徐桐为会试正考官，理藩院尚书启秀，礼部右侍郎李文田，内阁学士唐景崇为副考官。

---

① 广西壮族自治区通志馆、广西壮族自治区图书馆编：《〈清实录〉广西资料辑录》第 6 册，广西人民出版社，1988，第 17 页。
② 同上书，第 6 册，第 17—18 页。
③ 同上书，第 6 册，第 21 页。
④ 同上书，第 6 册，第 22 页。
⑤ 同上书，第 6 册，第 22—23 页。
⑥ 同上书，第 6 册，第 25 页。
⑦ 同上书，第 6 册，第 30—31 页。

光绪二十一年〔乙未〕三月二十二日〔癸巳〕（1895.4.16）

礼部以会试中额请。得旨："……广东取中十三名。广西取中十一名。……"①

光绪二十三年〔丁酉〕五月十二日〔庚子〕（1897.6.11）

以通政使司通政使萨廉为广东乡试正考官，翰林院修撰刘福姚为副考官。编修尹铭绶为广西乡试正考官，谭启瑞为副考官。②

光绪二十三年〔丁酉〕八月初一日〔戊午〕（1897.8.28）

命……翰林院编修刘元亮提督广西学政。③

光绪二十四年〔戊戌〕三月二十四日〔丁未〕（1898.4.14）

礼部以会试中额请。得旨："……广东取中十七名，广西取中十三名……。"④

光绪二十四年〔戊戌〕七月二十八日〔己卯〕（1898.9.13）

又谕：有人奏疆臣昏老悖谬阻抑新政酿乱四起，请严惩褫革一折。据称：两广总督谭钟麟，年逾七十，两目昏盲，不能辨字，拜跪皆须人扶持。粤东环海千里，武备尤重，该督到任后，首以裁水师学堂，撤鱼雷学堂为事，裁撤轮舟二十八艘，弃置不用。近日叠降诏书，举行新政，及停废八股，该督考书院，故出八股题，学堂至今未立。其他商人禀请开矿筑路等事，则必阻之。全省有谈时务者，不委差使，吏士以此相戒。……着陈宝箴按照所指各款，严密访查，如果属实，速即参奏。⑤

光绪二十五年〔己亥〕四月二十八日〔乙巳〕（1899.6.6）

广西巡抚黄槐森奏："龙胜厅苗童，向在义宁县（今分属临桂县、龙胜各族自治县）附考。该厅现设客学，请将苗童照客童例，归厅考试。"下部议行。⑥

光绪二十六年〔庚子〕五月十二日〔壬子〕（1900.6.8）

以……御史胡孚宸为广西乡试正考官，翰林院编修李传元为副考官。⑦

---

① 广西壮族自治区通志馆、广西壮族自治区图书馆编：《〈清实录〉广西资料辑录》第6册，广西人民出版社，1988，第31页。
② 同上书，第6册，第53页。
③ 同上书，第6册，第56页。
④ 同上书，第6册，第64页。
⑤ 同上书，第6册，第78页。
⑥ 同上书，第6册，第92页。
⑦ 同上书，第6册，第104页。

光绪二十六年〔庚子〕九月初十日〔戊寅〕（1900.11.1）

命……御史刘家模提督广西学政。①

光绪二十六年〔庚子〕十二月十五日〔壬子〕（1901.2.3）

谕内阁："湖北学政王同愈奏保举书院院长暨肄业各生，恳恩鼓励一折。湖北经心书院院长已革掌广西道御史吴兆泰，两湖书院院长降调翰林院编修梁鼎芬，训课精勤，卓著成效，均着赏还原衔。……"②

光绪二十七年〔辛丑〕五月十二日〔丙子〕（1901.6.27）

以……翰林院……编修李传元为广西乡试正考官，伍铨萃为副考官。③

光绪二十七年〔辛丑〕八月初二日〔乙未〕（1901.9.14）

谕内阁："人才为庶政之本，作育人才，端在修明学术。三代以来，学校之隆，皆以德行道艺为重，故其时体用兼备，贤才众多。近日士子或空疏无用，或浮薄寡实，今欲痛除此弊，自非敬教劝学，无由感发兴起。除京师已设大学堂应行切实整顿外，着将各省所有书院，于省城均改设大学堂，各府、厅、直隶州均设中学堂，各州、县均设小学堂，并多设蒙养学堂。其教法当以四书、五经、纲常大义为主，以历代史鉴及中外政治、艺学为辅。务使心术端正，文行交修，博通时务，讲求实用，庶几植基立本，成德达材，方副朕图治作人之至意。着该督、抚、学政切实通筹，认真举办。所有慎延师长，妥定教规，及学生卒业，应如何选举鼓励，一切详细章程，着政务处咨行各省，悉心酌议，会同礼部复核具奏。将此通谕知之。"④

光绪二十七年〔辛丑〕十月二十四日〔丙辰〕（1901.12.4）

谕内阁："政务处奏遵旨妥议变通乡、会试事宜等语。上年刘坤一等奏：请将辛丑、壬寅（1902年）乡试恩、正并行，会试归并壬寅年举行，业经允准。惟本年举行乡试，仅广东、广西、甘肃、云南、贵州五省，若于明年举行会试，其未经乡试各省士子，未免向隅。且经济特科，前经谕令定于本届会试前考试，亦属办理不及。所有明年会试，着展至癸卯年（1903年）举行，余着

---

① 广西壮族自治区通志馆、广西壮族自治区图书馆编：《〈清实录〉广西资料辑录》第6册，广西人民出版社，1988，第109页。
② 同上书，第6册，第110页。
③ 同上书，第6册，第114页。
④ 同上书，第6册，第117—118页。

照礼部所议各条办理。……"

谕军机大臣等："丁振铎奏粤西地方情形一折。现已将苏元春、夏毓秀对调，并令马盛治先行署理该省提督。着该抚即督同该署提督，认真整顿，妥筹办理，剿抚兼施，毋任勇丁、游匪勾结为患，以靖边疆。边防所欠之饷，即着该抚咨催两湖、广东，随时筹解。至开商埠、筹偿款，暨学堂、练兵各节，均属地方应办之事，着会同陶模次第举办，毋稍诿延。将此谕令知之。"①

光绪二十七年〔辛丑〕十二月初二日〔甲午〕（1902.1.11）

命翰林院编修吴敬修提督广西学政。②

光绪二十八年〔壬寅〕四月初六日〔丙申〕（1902.5.13）

又奏："省城书院改设学堂筹办情形。"得旨："着督饬认真举办，期收实效。"③

光绪二十八年〔壬寅〕五月十四日〔癸酉〕（1902.6.19）

命翰林院编修汪贻书，提督广西学政。④

光绪二十九年〔癸卯〕二月十五日〔庚子〕（1903.3.13）

广西巡抚王之春奏："学政棚规，无关弊端，岁只数千金，匀之各州、县，所出无多，而可以为学政劝学兴廉之助，不必遽裁。"报可。

以捐助桂赈巨万，予选用道郑官应奖叙。⑤

光绪二十九年〔癸卯〕三月二十三日〔戊寅〕（1903.4.20）

知贡举以会试中额请。得旨："……广东取中十六名，广西取中十三名。"⑥

光绪二十九年〔癸卯〕四月初七日〔辛卯〕（1903.5.3）

广西巡抚王之春奏："学臣汪诒书，历试各郡，捐置译籍，并创办师范讲习社，提倡新学，成效大著。"报闻。⑦

---

① 广西壮族自治区通志馆、广西壮族自治区图书馆编：《〈清实录〉广西资料辑录》第6册，广西人民出版社，1988，第119—120页。
② 同上书，第6册，第121页。
③ 同上书，第6册，第130页。
④ 同上书，第6册，第132页。
⑤ 同上书，第6册，第150页。
⑥ 同上书，第6册，第152页。
⑦ 同上书，第6册，第154页。

光绪二十九年〔癸卯〕闰五月十二日〔乙未〕（1903.7.6）

广西学政汪诒书奏："科试举优，请变通成例，秉公遴选。"报可。

以翰林院……修撰骆成骧，为广西乡试正考官，……河南道监察御史钱能训为副考官。①

光绪二十九年〔癸卯〕八月初一日〔壬子〕（1903.9.21）

命署工部左侍郎唐景崇，提督江苏学政，……其顺天、……广西……学政各留任。②

光绪二十九年〔癸卯〕九月十八日〔戊戌〕（1903.11.6）

署两广总督岑春煊等奏："粤省书院，全改学堂，并酌提各属宾兴学田各款，以充经费。"得旨："务即饬令妥为筹办，期收实效。"③

光绪三十年〔甲辰〕三月二十三日〔壬寅〕（1904.5.8）

礼部以会试中额请。得旨："……广西取中十一名。……"④

光绪三十年〔甲辰〕九月二十三日〔戊戌〕（1904.10.31）

广西巡抚柯逢时奏：改设高等学堂。下学务大臣知之。⑤

光绪三十一年〔乙巳〕五月三十日〔壬寅〕（1905.7.2.）

署两广总督岑春煊奏："筹议两广游学预备科，造就高等师范，请饬立案。"……均下所司知之。

以捐款助学，……予凌云县文童杨光鉴兄弟各建坊。⑥

光绪三十二年〔丙午〕二月二十七日〔甲子〕（1906.3.21）

开缺广西巡抚李经羲奏："咨送学生出洋，分门学习实业。"下部知之。⑦

光绪三十二年〔丙午〕四月二十日〔丁巳〕（1906.5.13）

以……翰林院编修李翰芬署广西提学使。⑧

---

① 广西壮族自治区通志馆、广西壮族自治区图书馆编：《〈清实录〉广西资料辑录》第 6 册，广西人民出版社，1988，第 158—159 页。
② 同上书，第 6 册，第 166 页。
③ 同上书，第 6 册，第 170 页。
④ 同上书，第 6 册，第 184 页。
⑤ 同上书，第 6 册，第 205 页。
⑥ 同上书，第 6 册，第 219—220 页。
⑦ 同上书，第 6 册，第 232 页。
⑧ 同上书，第 6 册，第 232 页。

光绪三十二年〔丙午〕六月初八日〔癸酉〕（1906.7.28）

广州将军寿荫等奏："拟将两广游学预备科馆与广州译学馆，改并为两广方言学堂。"下学部知之。①

光绪三十三年〔丁未〕五月十六日〔丙未〕（1907.6.26）

礼部以考试各省举贡中额请。得旨："……广西取中十四名……。"②

光绪三十三年〔丁未〕十一月十一日〔戊戌〕（1907.12.15）

广西巡抚张鸣岐奏："整顿土属，必先造就土官。拟饬就土官子侄中，按年选送四人或六人来省就学，授以法政一科，使有政治思想。将来各属土官，即以毕业最优者，分别承袭。"下部知之。③

光绪三十三年〔丁未〕十一月三十日〔丁巳〕（1908.1.3）

谕军机大臣等："学部奏筹商日本官立各高等学校，每年收容中国学生名额，请饬各省分任经费一折。着各省督、抚按照原单分任经费数目，按年筹解，毋得推诿。原折并章程清单，均着抄给阅看。"④

宣统元年〔己酉〕六月二十三日〔庚子〕（1909.8.8）

广西巡抚张鸣岐奏："遵章设立法政学堂，先从讲习科、别科两项办起，所有学堂章程，毕业年限，悉照部章规定。省城商埠各级审判厅，明年即须成立，并令该堂酌加钟点，添设关于裁判各科学，以备任使。"下部知之。⑤

宣统元年〔己酉〕七月二十三日〔庚午〕（1909.9.7）

谕军机大臣等："张鸣岐电奏，恳将百色厅（今百色市）、恩隆县（今属田东县）各设拔额等语，着礼部议奏。"寻奏："遵查该省存部学册，百色厅及恩隆县在学生员，均与原奏名数无异，核与历次新添拔额成案相符，拟如所请，百色厅及恩隆县，准其各设拔额一名，不得倍取。"从之。⑥

---

① 广西壮族自治区通志馆、广西壮族自治区图书馆编：《〈清实录〉广西资料辑录》第 6 册，广西人民出版社，1988，第 234 页。
② 同上书，第 6 册，第 249 页。
③ 同上书，第 6 册，第 259 页。
④ 同上书，第 6 册，第 261 页。
⑤ 同上书，第 6 册，第 283—284 页。
⑥ 同上书，第 6 册，第 284 页。

宣统元年〔己酉〕十一月初九日〔乙卯〕（1909.12.21）

实授……李翰芬广西提学使。①

宣统二年〔庚戌〕二月初十日〔甲申〕（1910.3.20）

赏广西图书馆《大清会典》一部。②

宣统二年〔庚戌〕二月二十二日〔丙申〕（1910.4.1.）

……以吏部左侍郎唐景崇为学部尚书。③

宣统二年〔庚戌〕五月十三日〔乙卯〕（1910.6.19）

派广西巡抚张鸣岐监临广西法官考试。

以署广西提学使李翰芬、广西按察使王芝祥为广西法官考试官。④

宣统二年〔庚戌〕八月初九日〔庚辰〕（1910.9.12）

又谕："会议政务处会奏，议复广西巡抚张鸣岐奏广西省试办宣统三年预算告竣，并历陈艰窘情形一折。着依议。"⑤

宣统二年〔庚戌〕十二月初二日〔壬申〕（1911.1.2）

谕军机大臣等："前经降旨，缩改于宣统五年开设议院，已明白宣示，作为确定年限，不能再议更张。乃不安本分之徒，借速开国会为名，仍复到处鼓惑，各学堂学生，多系年幼无知，血气未定，往往被其愚弄，轻发传单，纷纷停课，聚众要求。闻奉天、直隶、四川等省，均有此项情事，恐他省亦在所不免。似此无端荒弃正业，奔走呼号，日久恐酿生他变，贻害民生。学堂学生，历练未深，本不准干预国家政治，曾奉先朝严谕，刊入文凭，悬为厉禁，乃历时未久，复染嚣张之习，是皆由办学人员，管教不严所致。前已面谕学部尚书唐景崇，通饬各省，严行禁止，着各省督、抚，再行剀切晓谕，随时弹压，严饬提学使及监督、提调、堂长、监学等，按照定章，随时开导查禁，防范未然。倘再有前项情事，立即从严惩办，并将办学人员，一并重处。……将此各谕令知之。"⑥

---

① 广西壮族自治区通志馆、广西壮族自治区图书馆编：《〈清实录〉广西资料辑录》第 6 册，广西人民出版社，1988，第 288 页。
② 同上书，第 6 册，第 291 页。
③ 同上书，第 6 册，第 292 页。
④ 同上书，第 6 册，第 294 页。
⑤ 同上书，第 6 册，第 298 页。
⑥ 同上书，第 6 册，第 301—302 页。

钦定大清会典事例

广西学额

桂林府学：额进二十名，廪生四十名，增生四十名，一年一贡。

龙胜厅：额进苗童二名。

临桂县学：额进二十名，廪生二十名，增生二十名，二年一贡。

灵川县学、兴安县学、灌阳县学：各额进十五名，廪生二十名，增生二十名，二年一贡。

阳朔县学：额进十二名，廪生二十名，增生二十名，二年一贡。

永宁州学：额进十二名，廪生二十名，增生二十名，二年一贡。

永福县学：额进八名，廪生十四名，增生十四名，二年一贡。

义宁县学：额进八名，廪生十二名，增生十二名，二年一贡。

全州学：额进二十名，廪生三十名，增生三十名，三年两贡。

平乐府学：额进二十名，廪生二十名，增生二十名，一年一贡。

平乐县学：额进十五名，廪生十三名，增生十三名，二年一贡。

永安州学：额进十五名，廪生六名，增生六名，三年一贡。

恭城县学：额进十二名，廪生十五名，增生十五名，二年一贡。

富川县学、贺县学：各额进十五名，廪生二十名，增生二十名，二年一贡。

修仁县学：额进八名，廪生六名，增生六名，三年一贡。

荔浦县学：额进八名，廪生十名，增生十名，二年一贡。

昭平县学：额进十二名，廪生十名，增生十名，二年一贡。

梧州府学：额进十八名，廪生三十三名，增生三十三名，一年一贡。

苍梧县学、怀集县学：各额进二十名，廪生二十名，增生二十名，二年一贡。

藤县学：额进十二名，廪生二十名，增生二十名，二年一贡。

容县学：额进八名，廪生十五名，增生十五名，二年一贡。

岑溪县学：额进八名，廪生七名，增生七名，二年一贡。

浔州府学：额进二十名，廪生二十四名，增生二十四名，一年一贡。

桂平县学、贵县学：各额进十五名，廪生二十名，增生二十名，二年一贡。

平南县学：额进十二名，廪生二十名，增生二十名，二年一贡。

武宣县学：额进八名，廪生十四名，增生十四名，二年一贡。
南宁府学：额进二十名，廪生三十八名，增生三十八名，一年一贡。
宣化县学：额进二十名，廪生二十名，增生二十名，二年一贡。
隆安县学：额进十五名，廪生十三名，增生十三名，二年一贡。
横州学：额进二十名，廪生二十六名，增生二十六名，三年两贡。
永淳县学：额进十五名，廪生十名，增生十名，二年一贡。
上思州学：额进十五名，廪生十名，增生十名，三年一贡。
新宁州学：额进二十名，廪生十名，增生十名，三年两贡。
太平府学：额进二十名，廪生二十五名，增生二十五名，一年一贡。
崇善县学：额进八名，廪生四名，增生四名，四年一贡。
左州学：额进十二名，廪生十名，增生十名，四年一贡。
养利州学：额进十二名，廪生七名，增生七名，四年一贡。
永康州学、宁明州学：各额进十五名，廪生八名，增生八名，四年一贡。
太平土州学：额进四名，廪生二名，增生二名，四年一贡。
泗城府学：额进十名，廪生四名，增生四名，三年一贡。
西隆州学：额进四名，廪生四名，增生四名，四年一贡。又额进苗童二名。
西林县学：额进四名，廪生二名，增生二名，四年一贡。
镇安府学：额进十二名，廪生六名，增生六名，三年一贡。
天保县学：额进四名，廪生二名，增生二名，四年一贡。
归顺州学：额进四名，廪生二名，增生二名，四年一贡。
柳州府学：额进二十名，廪生三十四名，增生三十四名，一年一贡。
马平县学：额进十二名，廪生二十名，增生二十名，二年一贡。
雒容县学：额进十二名，廪生十三名，增生十三名，二年一贡。
柳城县学：额进十二名，廪生十一名，增生十一名，二年一贡。
罗城县学：额进八名，廪生七名，增生七名，三年一贡。又额进苗童二名。
融县学：额进十五名，廪生十八名，增生十八名，二年一贡。
怀远县学：额进八名，廪生十名，增生十名，二年一贡。又额进苗童二名。
来宾县学：额进八名，廪生八名，增生八名，三年一贡。
象州学：额进十五名，廪生十七名，增生十七名，三年两贡。

庆远府学：额进二十名，廪生十九名，增生十九名，一年一贡。

宜山县学：额进十五名，廪生十六名，增生十六名，二年一贡。

天河县学：额进八名，廪生八名，增生八名，三年一贡。

河池州学：额进十二名，廪生七名，增生七名，三年一贡。

思恩县学：额进八名，廪生五名，增生五名，四年一贡。

东兰州学：额进四名，廪生二名，增生二名，四年一贡。

思恩府学：额进二十名，廪生二十二名，增生二十二名，一年一贡。

武缘县学：额进二十名，廪生十六名，增生十六名，二年一贡。

宾州学：额进二十名，廪生三十名，增生三十名，三年两贡。

上林县学：额进二十名，廪生十六名，增生十六名，二年一贡。

迁江县学：额进八名，廪生十名，增生十名，三年一贡。

郁林州学：额进二十名，廪生三十名，增生三十名，三年两贡。

博白县学、北流县学：各额进十二名，廪生十六名，增生十六名，二年一贡。

陆川县学：额进十二名，廪生二十名，增生二十名，二年一贡。

兴业县学：额进八名，廪生十八名，增生十八名，二年一贡。

又拨梧州府学旧额内入学五名，在郁林州属各学凭文取进。

康熙五十年议准：广西西隆州已建学宫，嗣后岁、科两考，取进文生各六名，岁考取进武生六名。

五十二年议准：广西西隆州学，设廪生四名，增生五名，三年两贡。

雍正元年议准：广西太平土州设立学宫，自雍正二年为始，考取童生四名。

二年议准：广西西林县久同西隆州改土归流，照康熙五十年西隆州建学定额例，取进童生四名。

又题准：广西之全、横、宾、郁林四州，临桂、苍梧、怀集、宣化、新宁、上林六县，照府学额各取进童生二十名；灵川、兴安、灌阳、桂平、贵、隆安、永淳、武缘八县，改为大学，各十五名；平南县改为中学，取十二名。

三年议准：广西西林县、太平土州，初行设学，不便遽补廪、增。俟两经岁、科考后，生员额多，照西隆州例量设廪二名、增三名。其出贡，俟补廪十年后，照县学例两年一贡。

又议准：广西思明府额廪不满十名，一年一贡；左州额廪十名，养利州、永康州额廪不满十名，年半一贡；未免太骤，与各省府、州、县出贡定例不符。嗣后均令四年一贡。

又议准：广西崇善、荔浦二县，原属土司，今改流已久，照西林县例，取进童生四名。

十一年议准：广西镇安既改为府，统辖各属，又有新经改隶之湖润、下雷二处，应设立府学，取进童生十二名，将从前文、武生童查明拨归。至泗城府虽向无定额，但现设教授一员，又有所辖州县，应照镇安府例取进。又庆远府属改流之东兰州，镇安府属改流之归顺州，均各取进童生四名。又思明府改为土州，归宁明州管辖，应将思明府学改为宁明州学，照大学例取进童生十五名。

十三年议准：广西郁林州及博白、北流、陆川、兴业四县，旧隶梧州府。雍正三年，郁林升为直隶州，兼辖博白、北流、陆川、兴业四县。郁林额进童生止二十名，较梧属之苍梧、怀集等县卷数犹多。陆川、兴业额进八名，较梧属容、岑二县卷数亦多。而容、岑有府学可拨，郁林及陆、兴无拨府学之例，应将梧州属童生入学之数，酌减文五名、武三名，拨归郁林州属，统于该州并所属各童生内，一体较阅取进。

又议准：广西崇善县为太平府首邑，未经设学以前，崇邑文、武童生取附府学，其生员考居优等者，即于府学帮补廪、增。自雍正三年设学以来，未定廪、增额数，优等者无由帮补，应设廪、增各四名，俟十年后方准出贡，嗣后挨年出贡，应准其照左、养、永三州之例，四年一贡。

又议准：广西太平府属之太平土州学、泗城府属之西林县学，补廪人少，应将初补首廪，照新设崇善县廪额之例，俟十年后方准出贡，嗣后俱四年一贡。

乾隆元年议准：广西西隆州学，额廪四名，现在三年两贡；思明府学，额廪五名，现在两年一贡；未免太骤，应照左、养、永之例，四年一贡。又上思、河池、永安、修仁、来宾、罗城、天河、迁江、永宁九州县，额廪多未补足，且人文未盛，若照州县学额出贡，实属太骤，应均照奉天府学满字号之例，三年一贡。

五年议准：广西泗城、镇安二府学，均设廪、增各四名；归顺州学，设廪、增各二名；其新补廪生俟十年后，府学三年一贡，州学四年一贡。

十七年议准：广西永宁州原设廪、增各三十名，从前因寄籍改归本籍，存廪无几，改为三年一贡，但廪额未裁，仍陆续补足，出贡必致阻滞。嗣后有病故斥革者，即扣去不补，渐次裁至二十名而止。俟该州人文充盛时，该学政会同该督抚查明具题，照各省州学全设廪额，仍复三年两贡，以昭画一。

二十年议准：广西东兰州学，准照归顺州学之例，设廪、增各二名，于岁、科试优等生员内挨次帮补，即责成保结童生，稽查冒籍。其首廪俟食饩十年后出贡，嗣后四年一贡。镇安府学加设廪、增各二名，并前设四名，定为廪、增各六名。

又议准：广西柳州府向辖马平、宾州、迁江、上林、武宣等十二州县，该府学额设廪、增四十名。思恩府惟武缘一县及各土司，向止设廪额十六名。自雍正十年将宾州、迁江、上林一州两县改入思恩府管辖，则柳属已减三分之一。思属所添辖宾州、上林，又系人文繁盛之区，两郡廪、增，未便仍循旧额。应将柳州府学原额廪生四十名内拨出六名，添入思恩府学。其柳州府学所裁六缺，作为候廪，照考案次序，按例挨补。其思恩府学所添六缺，将优等生员照例挨补，仍照旧一年一贡。

又议准：广西永宁州学，从前额廪三十名，照例三年两贡。嗣因拨回寄籍生员、本籍生员出贡太易，改为三年一贡，复又裁去廪额十缺，尚留廪生二十名。三年一贡，未免迟滞。该州额廪二十名，正符县学之数，应照临桂等县之例，准其两年一贡。

三十年议准：广西桂林府属永宁州，庆远府属河池州，太平府属左州、养利州，人文较少，应各减进额三名，添入思恩府属武缘县五名，太平府属崇善县四名，梧州府三名。又怀远、迁江二学，廪缺稍多，应各减去四缺，增入思恩府属上林县、郁林州属北流县二学，各为额廪十六缺，增生额数亦照此增减。所裁廪、增各缺，俟有事故即作为裁缺。

五十六年议准：天保县自设学以来，文风日盛，照崇善县设学之例，于乾隆五十八年岁试为始，将天保县取进文生四名、武生四名，俟岁、科轮试各二次后，准其设立廪生二名、增生二名，俟食饩十年后，方准出贡。其出贡年分，即照归顺州之例，四年一贡。至该县未设廪、增以前，所有该县考试童生，仍令府学廪生内派保，以专责成。

五十七年议准：泗城府学，额进十二名，系在所属凌云、西林两邑取进，该处童生止四五十人。西隆州学，额进六名，童试不满二十人，不敷取进。将泗城府学、西隆州学各减二名。又郁林直隶州属之陆川县，童试六百余人，额取八名。向例另由梧州府学拨出五名，以为郁林州全属酌加之额。陆川除正额外，仅得加取一、二名，与他学有府学可拨者不同。该邑每有可以取进之卷，为成额所限，请照中学例，即以泗城府学、西隆州学各减去二名，加于陆川为十二名。其各该学原设廪、增额数，毋庸更改。

嘉庆二年议准：广西西隆一州，民苗杂处，地方六甲。其应试者，惟旧州、含上二甲居多。本年黔苗越境滋扰，该二甲民人尚知大义，不肯从贼，其贡生、生员等率同乡勇随征，帮办站务，均属出力。于西隆州正额四名外，增设苗民学额二名，以示鼓励。嗣后苗童应试，仍用汉廪生保结，并用五童互结之例。其苗民取进生员，应岁、科两试弥封后，另于卷面填注苗民字样，以便学政阅卷时，与民籍生员酌量位置。

三年议准：广西桂林府所属之龙胜厅、柳州府属之罗城、怀远二县，均有苗童应试，增苗额各二名。所有应行事宜，仍照西隆州苗额办理。①

广西通志
训典

雍正五年四月初六日

上谕云南、贵州、广东、广西、四川、福建六省道路甚远，命往试用举人，俱系拣选引见之员。嗣后各员经该督抚题补者，不必令其来京，着具题补授。钦此。②

雍正七年六月初十日

上谕：据广西学政卫昌绩奏称，粤西民情，大抵嗜利而无耻，寻仇而轻生，健讼而喜妄作。一切奸淫偷盗，忿争劫杀，干名犯分之事，皆悍然行之而

---

① 据书同文古籍数据库《大清五部会典·嘉庆朝·钦定大清会典事例》卷三〇三《礼部》，第14—24叶。
② 〔清〕谢启昆等纂：《广西通志》卷一《训典一》，清同治四年（1865）补刻本，第22叶。

不顾，而倡之者实自强横之绅士始。粤处边陲，民愚而陋，井蛙夏虫，识见不广，畏乡绅如虎，畏士子如狼，故俗有"举人阁老""秀才尚书"之语。其畏官长也，不如畏绅士，故俗有"官如河水流，绅衿石头在"之语。彼见奸淫偷盗，忿争劫杀，干名犯分之事，绅士一一为之，无怪其渐染成风，浸以恶薄也。且愚民无事之日，畏强横之势力，甘听指挥；奸民有事之时，又仗绅士之神通，曲加党庇，其积害不可胜言。臣窃愿钦命观风整俗使一员，以整齐而约束之。只恐小臣识浅，未敢渎陈。近见闽省业蒙俞旨，伏思天下一家，万物一体，瘴江烟岛，悉土悉臣，诚得被蒙圣恩，一例添设，俾之勤宣德教，力返淳风，于地方宜有裨益等语。

朕思谨厚为风俗之本，绅士乃庶民之倡，故欲化民成俗，使闾阎共敦仁让之风，必赖本乡之绅衿领袖，身体力行，为庶民坊表，则观感兴起，朝夕渐摩，风俗可归于淳厚。若绅士肆行不法，作奸犯科，是以不善倡率乡里也。彼为民者，见绅士之身通仕籍，名列胶庠，而所行尚然如此，则相率效尤，愈趋愈下，无所底止。在绅士贪一时之势利，而不知风俗日至于浇漓，今见此本，不识伊等亦自觉赧颜否？着将广西在京官员及进士举贡等之候选候补者，通行传集，一一询问，令其明白回奏。钦此。①

雍正十一年三月初九日

上谕：云南、贵州、广东、广西、四川、福建六省举人赴京会试，路程遥远，非近省可比。朕意欲于落卷中，择其文尚可观而人材可用者，添取数人，候旨录用，以昭朕格外加恩之意。着传谕主考官于六省试卷遵旨取中外，其次等可取之卷，不拘数目，秉公选出，俟发榜后，朕另派大臣会同主考官验看人材，再加遴选，奏闻请旨。再，六省落第举子内，除愿于下科会试者不必报名外，若有情愿小就以图即行录用者，着在礼部报名，一并交与派出之大臣、主考官拣选，奏闻请旨。该部预行出示晓谕六省举子知之。钦此。②

---

① 〔清〕谢启昆等纂：《广西通志》卷一《训典一》，清同治四年（1865）补刻本，第27—28叶。
② 同上书，卷一《训典一》，第33叶。

学校

桂林府

临桂县

秀峰书院。雍正十一年，奉旨令各省会建书院。择地于城东，后傅叠彩，前面秀峰，为讲堂五楹，堂后为书厅五楹。东西学舍各十五楹。（金《志》）

萧馨义《记略》：粤之书院不一，其在城东南漓水之浒曰漓江；城东曰阜成，亦曰栖霞；府治之西曰桂林；西北曰留恩；其东曰壶山；壶山之北曰爱日；谯楼之右曰宣成，亦曰华掌；而府治之北，傅叠彩而面秀峰者，则曰秀峰。漓江、桂林、宣成、秀峰，隆造士也。阜成、爱日、壶山、留恩，志去思也。宣成建自宋景定中。元明之间，修废者数四。国朝因线伯园址建于今所。雍正中，敕各省建立书院，粤大中丞金公，度地于城东北隅，鸠工庀材，凡讲堂、厅事若干楹，学舍若干间。厥地既胜，厥制亦伟。国家论秀书升之典实，于是乎在。颜之曰"秀峰"，志其胜也。

嘉庆四年，巡抚台布贮书籍。五年，巡抚谢启昆修建寝室五楹，东西厢各三楹，立汉司空南阁祭酒陈元木主于书厅之中，为多士式。

谢启昆《祀汉经师陈君记》：嘉庆四年冬，启昆奉命，来抚粤西。逾年春，课士秀峰书院。院为世宗宪皇帝赐金所建，所以兴励粤士者，固在通经致用，而不徒文艺之工而已。粤西自昔称荒服，然汉时陈君父子崛起苍梧，传左氏绝学。南方州郡经学之盛，未有先于粤西者。乃后或衰息，人材不古，若者何与？院之讲堂后，有厅五楹，所以居山长者。又其后有房室，将倾圮，盖昔人作之而未讫工者，余为撤而新之，凡十有一楹，以为寝室。而于厅事中，立陈祭酒长孙氏木主，率诸生以时致祀，使有所矜式。夫苍梧在汉世，边徼远郡耳。陈君以经师抗疏朝右，邹鲁之士，未能或先，况圣朝教泽涵濡，粤士蔚然丕变久矣。继自今，其必有破其习俗，穷研经术，以上副作人化者，使者实厚幸焉。

院长胡虔，颜其堂曰"仪陈"。（县册）①

宣成书院。在桂林府治北。宋景定间，经略朱祀孙以张栻、吕祖谦尝游此，

---

① 〔清〕谢启昆等纂：《广西通志》卷一三三《建置略八·学校一》，清同治四年（1865）补刻本，第13—14叶。

合二公谥为名，请建书院，理宗书额赐焉。（《续通考》）

谨案，《续通考》谓"书院在府治北，祀张栻、吕祖谦"，此指始建之地云耳。后府署已迁，昔时书院又经再废，今在府治西南矣。

后毁。（金《志》）

元元贞丙申，廉访副使臧梦解重建。（据郝《志》艺文增）

臧梦解《重修书院记》：宣成书院，祀南轩、东莱二先生也。前朝有四书院，曰白鹿，曰岳麓，曰嵩阳，曰睢阳，并赐敕额。自是，衡州有石鼓书院，道州有濂溪书院，黄州有河南书院，湖州有安定书院，徽州有紫阳、考亭书院，建安有建安书院、紫芝书院，其后又有宗溪书院，延平、鹭洲、明道书院。而宣成之祠，未闻也。婺州有丽泽书院，专祀南轩，而宣成并祀无有也。景定三年，始以南轩、东莱同升建祠，加锡封爵。时南山朱公经略两广，以南轩持节，东莱垂弧，实在兹土。虽学有三先生祠，而宣成之祠不及，乃请于朝，建二先生精舍，敕赐"宣成书院"匾额。此宣成书院之所由始也。是年，南山朱公又即南轩先生所创郡学之西、新城之东，筑台立祠，藏奎有阁，讲学有堂，肄业有斋，设山长、职事、弟子员，帅、漕两司拨田租钱盐数各有差。月有课，岁有养，轮奂之美者，十有五年。适值天兵来临，凡天下地土之图与夫人民之数，悉以内附，独桂林不下。由是吾夫子之宫墙、二先生之精舍俱成煨烬。平章史公任本道宣慰使日，仅能为郡学渐复旧规，而书院未暇经理，遂使宣成石刻没于蓁莽，宣成栋宇化于瓦砾，于兹又十九年矣。余猥以晚学，谬分臬寄。拜谒宣圣之始，即询宣成故祠，则曰："书院旧有田租，自丙子后入郡矣，以故力不及书院。"余闻之惊叹曰："郡学、书院各有田租，书院之租当为书院用，食其租而废其祠，有司漫不加省，可乎哉？"乃相与谋所以经理兴复之，起自至元甲子，悉以书院之租归宣成，同志之士议以为然。于是山长等共任其责，不十月而栋宇新；天相斯文，不十日而玺书至。道学增崇，士类欣跃，兹盖千载一遇也。有言于列者曰："道之废兴，皆关乎数。始而创，中而废，终而兴，数之不可逃，天地且不能违，况于人乎！"余曰："不然。有成败兴废者，数之不可逃也；无成败兴废者，道之不可泯也。天地间事事物物，有形之形者必有弊，无形之形者必不可朽。道在事物，有形之形者也；道在人心，无形之形者也。道在天地，如水在地中，无在无不在也。学者能因其有在者求其无不在者，因其有形者求其无形者，斯得之矣。然则求之之法当何如？"曰："人有此心，则有此道。道者，日用事物当然之理，皆性之德，无物不备，无时不存，不以智而丰，不以愚而啬，不以圣贤而加多，不以不肖而损少，特在学者能求与不能求之分耳。人能弘道，非道弘人。道不虚行，待其人而后行。今夫子燕居有堂，宣、成有祠，前门旁庑，次第而举。诸君出于斯，入于斯，藏修游息于斯。晨香夕灯，月奠岁祭，其知象宣、成之像。然而左简右编，昼诵夜思，曾是学宣、成之学也乎！学不及也与！志同道合，心领意会，曾是心宣、成之心也乎！心不逮也与？"若犹未也，则二先生格言曰："学须常怀不足，学忌讳过自足。学圣人必学颜子，学须以圣人为准的，诸君子于此求之可也。"曰："戒自弃，勉自新。先朴实，后辨慧。进学之号有六，为学之要有五，诸君子当于此求之可也。"又曰："学知难而后有进，工夫无穷，虚度可惜。为学自饮食、居处、视听、言动、致知、力行、趋实、务本始，诸君又当于此求之可也。求之一日，则有一日之功；求之一月，则有一月之功；求之一岁，则有一岁之功；求之终身，则有终身之功。"先贤有云："学道譬如登山，登之寻丈，固已胜于平地矣。"诸君读其书、释其旨，汲汲焉，拳拳焉。勉其如宣、成者，去其不如宣、成者，则沿张、吕，溯濂、伊，接洙、泗，使圣道之明，千万世如一日，亦二先生之所喜，部使者之所望也。若夫讲堂未建，斋庑未立，庖廪未具，诸君勉旃。毋使九仞之山，亏于一篑，又吾道之幸云。

至正三年，廉访使也先普化（《旧志·秩官》作：也先不花）修。（据元光祖《记》增）

元光祖《重修宣成书院记》：逾岭而南，靖江为会府。昔南轩张先生尝帅于此，而东莱吕先生实生焉。宋末，经略使朱祀孙请于朝，因二公之谥立宣成书院，而附祠之，不二十年而毁。元贞丙申，宪副臧梦解始复立之，祠得不废。至正三年冬，宪使也先普化、宋公诏明、宪副脱脱木儿、金宪长寿、经历月伦赤不花、知事王士最、照磨聂从礼并理臬事。政修民宁，日有余暇，行视庙学，顾二先生之祠未称也。命山长张信臣撤而新之，高明深广，视旧有加，人士耸观，益重尊仰。咸属余以记。予闻亚圣既没，道统不传。天相斯文，濂、洛大儒辈出，倡明道德性命之学，至紫阳夫子始集大成，而二先生实为之辅。六经、四书之旨，发明著述，无复余蕴，厥功茂矣。桂林岭海之会，使于兹郡者，智略之士非不多也。生于兹土者，文学之士非不多也。而后之人惟二先生是崇是仰，独何欤？诚以有功于圣门也。彼区区功利词章之习，乌足与议哉！学者观此，则亦知所尚矣。然是祠之建，未及百年，中间废而复兴，敝而益以完美者，谁之力与？我国家以宣明勉厉，责之风宪职事，而能尽其责，未有若公之贤者也。人才治体，为诸道之最，而尤拳拳于斯道者，意有在也。广西困于兵寇，日寻干戈，读书知礼义者，盖鲜不有遵道崇德之义行乎其间，使人有所观感而兴起，我恐风俗日益偷薄，而乱靡有定矣。举是而表章之，厥虑远哉！然则藏修游息之在是者，四方游宦而过是者，登先生之堂，拜先生之像，求先生之学以修其身，推先生之政以及其民，庶几乎宪使修祠之美意云。

　　明初改为临桂县学。正统五年，御史刘隽复建于县学西。宏治十七年，提学姚镆移建府、县二学之间。

　　姚镆《重修宣成书院上梁文》：伏以吾道流行，亘万年而如一日。真儒倡和，更千载而不数人。粤惟洙、泗以来，在濂、洛为儒风之始振。继自崇宁而后至乾淳，实理学之再兴。晦庵朱夫子固云集其大成，张、吕二先生岂曰独为小知？盖六经子史，皆有言论以折衷；而道德性情，俱即身心为验识。间以千里而会，或至逾月乃分。讲学向道之诚，既并合于一；继往开来之责，实鼎立为三。陋萧、曹而不居，南轩本伊、吕之佐；超董、黄而独上，东莱则颜、闵之徒。或扩其道之大而六合可充，或养其性之美而四时已备。卓哉先觉，厥惟我师！顾学宫虽有通祀之仪，必书院乃为独崇之敬。然称丽泽者，曾未及乎张；而号城南者，或复遗其吕。是虽同慕其学，未免各尊其人。必有所兼，乃克以备。惟兹八桂之地，实合两贤之祠。建节为张，素著桐乡之爱；垂弧者吕，实占嵩岳之灵。衣被尤切于一方，兴起尚新于百世。固宜使臣之有请，致烦明主之亲题。匾特榜曰"宣成"，祀已隆于景定。间罹兵燹，遂致湮芜。亦或举之，复归于废。饩羊固在，不腾祼享之疏；灵光仅存，竟何观瞻之具。是用征工而集木，力图撤故以从新。卜地而迁，举官为费，丛祠再整，像设俄严。翼翼重门，欲下路人之马；凭凭四壁，尽依夫子之墙。广大厦之几间，屹高堂于数仞。五车书积，争夸学海词林；一鉴池开，共睹天光云影。苍松翠竹，郁乎蔽前后以交辉；异卉奇葩，纷尔杂东西而并植。近以著我朝之懿美，远将夸前宋之规模。非惟崇德报功，自此有揭虔妥灵之地；而于聚徒养士，宁独无藏修游息之区。致敬于舄履，何如为益于章逢。备矣！敢申善颂，以相欢谣：抛梁东，桂江春水正融融。莫道东西流派别，源头洙泗本相通。抛梁西，山名笔架插天齐。是谁拾得精灵在？彻夜文光照壁奎。抛梁南，花影重重护短檐。弦歌声里征鼙换，从此貔貅尽解严。抛梁北，眼底风光总奇特。此中便是小瀛洲，五岭东来更那得。抛梁上，雾卷岚收天宇旷。瞳瞳旭日丽江山，始信乾坤春一样。抛梁下，突兀参差连广厦。漫言大庇寒士多，白鹿嵩阳兴美化。伏愿上梁之后，诗书泽广，礼乐教兴。宗先哲以为师，道德文章之两茂；并中华而为俗，衣冠文物之相辉。满地春风，扫尽蛮烟五岭；洗天甘雨，流来活水三江。

正德中，右布政使翁茂南、按察使宗玺、参政黄衷、副使傅习、张祐修。

陈伯献《重修宣成书院立田记略》：桂林旧有宣成书院，宋经略使朱祀孙创建，以祠张南轩、吕东莱二先生也。入元以来，屡经兵燹，建而毁者再。正统五年，御使刘公隽复创于县学之西旧址也。宏治十七年，提学佥事姚公镆移介两学之间，立祠于前，凿池于后，讲课有堂，肄业有斋，退食有寝，庖庾有次，大规韦构，视昔有加。伯献以晚学承乏于此，眷惟斯院落成未久而瀸漫随之，岁月易迈，惧益摧毁，士之有志就学者，贫无资给，乃谋左方伯何公，曰："是风化之几也。"咸捐俸以助。于是右方伯翁公茂南、宪使宗公玺、参政黄公衷、宪副傅公习、张公祐、宪佥俞公缁，悉各捐俸以从事。巡按御史谢公天锡闻之，又欲推之悠久，乃籍救荒谷赢余，置田一百一十亩，以岁之入而给其需。遂修射圃，置穿亭，坏于上者撤而瓦之，剥于下者平而甓之，营葺缭垣，涂莹而塈之。列郡生徒就学，悉有廪饩，贫不能存者，亦赒费焉。先是院有祭田三十亩，岁久并于豪强，御史杨公璋复之。至是祀事咸备，学政增崇，人心飞跃，而书院焕然改旧矣。

国朝康熙二十一年，教授高熊征请于巡抚郝浴，以谯楼右将军线国安园址建书院，祀宣、成二公，督学王如辰改名"华掌"。

王如辰《华掌书院记略》：大中丞郝公抚粤之明年，为康熙壬戌。四方既平，罢兵休息，业循旧典，补行粤西乡试，贡士仅三十人。公乃慨然曰："九郡之中，十年才一试耳。而英才向学，域于郡县，有玉不琢，有美不扬，士奚由劝？"爰考旧志，桂林有宣成书院，实祀南轩张公、东莱吕公。又有桂林书院，代更久湮，学废不讲。乃相地，择西雍前后池塘，翼以巍楼，形胜既佳，大工斯举。公及藩司崔公维雅、臬司黄公元骥、参议简公上，皆捐资以倡，命教授高熊征董其役。蝥鼓初集，群心竞趋，材不庀而良，工不鸠而聚，门堂斋舍，亭阁厨汲，焕然备具。又捐资多购经史及四子百家之文，延有道宿儒为之师。诸生至者，月有廪费以为常。科、岁两试，所取皆才，拔其奇尤，集于斯院。于是驰檄九郡所属州县，名俊来赴，济济森森，咸以后至为辱焉。呜呼！可谓盛矣。公既乐粤之可与进于道，而又虑无以经久，乃议以全省学租为多士佐读之资，而崔公维雅乐公是举，复置鱼塘二区，用赡诸生，期永久而无废。颜曰"华掌书院"，从公志，示仰止也。

雍正二年，巡抚李绂复题曰"宣成书院"。（金《志》）①

桂林书院。在府治西。明嘉靖三年，巡抚御史汪渊建。

黄芳《桂林书院记》：学校所以造士，书院又合郡邑士抡其最秀者造之。桂林宣成书院旧矣，此则侍御上饶汪公渊所建也。公按治广右之明年，惟嘉靖甲申，吏治式序。会督学李公中以忧去，宪使余公祐摄教事。乃购地城西隅，请于公建焉。镇守太监傅公伦、副总兵吴公溥、布政彭公夔、傅公习、参政胡公尧元、宪副杨公必进、都阃沈公希仪，共襄厥成。为堂曰"五经会"，讲堂东西各二区，为斋各若干楹，东以馆《易》《礼》《春秋》之士，西则业《诗》《书》者居之。门巷胪列，设司阍二人，以严启闭。门之外，浚井各一，以便庖汲。区各有讲室，置经师分处其所，以时训肄。士至者，廪费时给，疾疴有医，任使有徒，什器涧溷，咸庇且饰。堂后为燕寝，前为中门，为大门，扁曰"桂林书院"。外东西竖牌坊二，曰"师圣"，曰"友贤"。其下萦川纡徐，横亘数里，曰"西湖塘"。塘东构一亭，曰"浴沂"。循是逦迤而北，有池介《诗》《书》二区间，袤十有六寻，广杀四之三，环甃以石，桥而亭之，曰"宝贤"。池之西堧一亭，曰"观莲"。"观莲""浴沂"言乎情，镇守所建。"宝贤"言乎德，大参成之。"师圣""友贤"言乎志，则宪副力也。院后园池数亩，惟宗室别墅，方伯彭公续贸益之建楼云。

---

① 〔清〕谢启昆等纂：《广西通志》卷一三三《建置略八·学校一》，清同治四年（1865）补刻本，第14—18叶。

汪渊《宝贤亭记略》：桂林旧有书院，予巡历提督士子，偏僻郡县，人才甚少。因取质可进者赴省会讲，以博闻见。谋于带管提学按察使余祐，买地一区，建书院一所，中立五经会讲堂，外各以其经别立讲堂、号房，以便肄业。为间共九十有五，可容百余人。经始于六月十三，落成于七月二十五，计四十二日而完。中间多淫祠废宇，改而葺之，其余材力甚不为费。先是以六月二十七日吉，竖柱上梁。方举事之际，供筑者掘土得钱若干，取而视之，乃开元至宝也。国家以贤为宝，而书院本以养贤。今得此，其将有应而兴，以为天下国家之宝者如钱之多而无艾也。于时襄厥事者，镇守太监傅伦、镇守副总兵吴溥、布政司左布政彭夔、右布政傅习、右参政胡尧元、按察司副使杨必进、都司指挥沈希仪咸在，佥喜之曰："贤才征于梦卜，信斯言也，不亦然乎！"钱得于旧池之傍，因名其池曰"宝贤池"。参政胡公奇其事，遂募工琢石以砌之，覆桥于上，而竖之以亭，曰"宝贤亭"。士之学于此者，观斯池，登斯亭，孰不（感）动奋发，懋力于贤，以无负于所谓宝者，以当今日之兆也，则书院之设不虚，而先事之几可遽已哉！因记之，使后之观者知所自云。

今废。（金《志》）

漓江书院。在文昌门外，明天启间督学曹学佺建，今废。（金《志》）[①]

兴安县

漓江书院。乾隆十一年，知县杨仲兴建。（据《县志》杨仲兴《记》增）

杨仲兴《建漓江书院记略》：书院成，邑令杨仲兴题联额其上，揖诸生升堂入室，周遭而量度之：前门高一仞三尺七寸五分，宽一仞一尺七寸八分，地广四筵，深三筵一尺。山墙之内为楹者十，屏门相向，两翼其房，曰"门楼"。中堂地宽四筵四尺，深三筵六尺。左右腰墙，下垣上窗，前后扇屏门各五，中高二寻三尺，为楹二十有八，曰讲堂。后祠地宽四筵六尺三寸，深四筵四尺。山后墙三，中高二寻三尺，为楹一十有六，两旁各分八之二以为室，上分八之一以为龛，奉梓潼神，曰"文昌祠"。檐下天地横六步二尺五寸，纵八步二尺五寸，东西各书房五间，间深二丈二尺七寸，宽二丈四寸。堂檐下天池、东西

---

① 〔清〕谢启昆等纂：《广西通志》卷一三三《建置略八·学校一》，清同治四年（1865）补刻本，第19—20叶。

书房亦如之。环堵周一百一十四步一尺六寸，围内化胎横一十二步，纵十一步二尺，至于照墙。墙高四仞，宽九仞二尺，梁以杉，桷以松，墙以窑砖，盖以陶瓦，磉台以石，屋地三和，甬道鹅矸，五材具焉。柱宜青，桁宜黄，门宜朱，甍施五彩，墙内白外丹。门窗柳叶连环，照墙鱼龙山水，五色章焉。书架二，讲席方棹二，侍席长棹、凳各四。床几集于房，器用聚于厨，不惟其美，惟其备。设木铎于廊，所以警晨昏也。悬学规课程于堂，所以立的而要会也。忠孝廉节之屏，所以维四隅也。植柏天池以为荫，前后各六者，所以序一十二辰也。凡攻木之工五，搏埴之工四，攻金之工与器具之工各一，设色之工二十之一，靡银一千三百三十一两。邑令与属人士捐助各半。始于乾隆十一年六月之吉，阅二载讫工。又捐助膏火田六十一亩有奇。诸生曰："锡名当所自创者，公也。"邑令不敢私，曰："漓水发源，为邑元脉，且环抱之，署名漓江书院。"此地本学宫，在县署旁，雍正九年迁城西，义学在城南。邑令乾隆八年莅兴修葺，教学者二年，舍嚣隘，且面墙，乃相厥此，廓其宇，易其向。是役也，先治书舍，延师择徒，肄业四五十人，赴会者半。日有讲，月有课，修饩不缺，悉自廉捐。公余讲学，先器识而后文艺，见诸生悦心研虑，卓然知所自立。每衙斋午夜，闻书院诵读吟哦之声，不禁起舞。今冬落成，邑令适奉陟将代，志其沿起，勒石竖之。他日与于斯文，惟在后起之君子。

徐勋《漓江书院题名记》：漓江书院者，邑侯杨公之所建也，厥费繁矣。公与邑人共之。膏火之需，则惟公独。既落成，人归美于公，公弗私，颜曰"漓江"。缘起制度，公志其详。公之明德，直与漓江并永矣。荐绅人士之襄厥举者，亦借是不朽焉。酌方向、商日星者，前教谕李峤；综金钱、稽数目者，训导刘炜章；经治工料、度支出纳者，生员唐礼节；克择时日、协理参谋者，生员彭之摇；书丹珥笔者，廪生唐俾云、增生蒋若淋；会首好义、执簿劝助者，孝廉雷泽源、庄日逊、庄日毅、文昌熠、彭济，岁贡张文灿、唐钦烈、唐鉴、廖文海，国学生李如梗、王登洲、蒋密惺、唐玉芳，生员唐致和、陈正烈、张宽渊、季若楷诸人也。[1]

---

[1]〔清〕谢启昆等纂：《广西通志》卷一三三《建置略八·学校一》，清同治四年（1865）补刻本，第25—26叶。

阳朔县

曹公书院。在县治北鹿山下,曹祠部故宅,后人即其址立书院。寻废为慈光寺。明洪武初,建书院于寺内。成化七年,知县杨纲以寺入书院,久废。(李《志》)①

义宁县

义江书院。乾隆间,知县刘名廷建。

连成书院。宋唐子方读书处。

南宫书院、**觊日书院**。今俱废。(县册)②

全州

清湘书院。在全州北二里,宋守林岊因柳开读书地,筑室馆士。(《续通考》)宝庆三年,郡守陈榆奏请赐清湘书院额。(据柳宗监《记文》增)又郡守赵必愿,创率性堂、燕居楼于柳侯祠北。(郝《志》)③

元初毁于兵。元贞间,总管耿大节重建。元统癸酉,郡守柳宗监复新之。④

明永乐辛卯,指挥彭举、知州韩忠修孔子燕居堂、柳侯祠,建杏坛,建育德、咏归二亭。宣德癸丑,建讲堂。天顺甲申,佥事袁凯建十亭,为士子游息所。成化中,州守汪镛重葺。正德间,州守顾璘再新之,益增亭榭。(李《志》)⑤

其后皆废。

国朝蒋良骐《登书堂山诗》:青鞋惯踏北门路,空记柳侯读书处。朅来北郭滥齐竽,仰屋空斋欣暇豫。喜随逸兴老东山,蜡屐齿新风可御。蜿蜒苍蟒势轩爽,硬磻修尾横烟雾。纷披宿莽转羊肠,侧立青苔森虎踞。仰循危蹬足半垂,俯觑削崖魂欲怖。嶂开半腹野色收,石辟层台元气固。忆昔东郊抱道来,手扶

---

① 〔清〕谢启昆等纂:《广西通志》卷一三四《建置略九·学校二》,清同治四年(1865)补刻本,第6叶。
② 同上书,卷一三四《建置略九·学校二》,第10叶。
③ 同上书,卷一三四《建置略九·学校二》,第15叶。
④ 同上书,卷一三四《建置略九·学校二》,第16叶。
⑤ 同上书,卷一三四《建置略九·学校二》,第18叶。

鸿蒙撰杖屦。后来名彦景芳躅，溯宋历明堪指数。剷平地骨竖翚飞，乞得天章腾凤翥。就中尤盛武宗朝，中州铢翮东桥顾。一时丽藻挟星悬，十数危亭俨棋布。世事才经二百秋，荒榛那有轮蹄驻。依稀断砌想前修，指点虚踪增慨慕。乳泉盈瓮自渟渟，鉴物秋毫山鬼妒。磁瓯饱啜沁人脾，尘襟薄浣完吾素。岭穿灵窦泉斯达，郡有教基颜乃铸。自从画栋随劫灰，忍使青衿悲落瓠。卓哉兴废岂异人，勃焉改观冀再遇。循涂徙倚意何如？凉月苍茫挂江树。

国朝康熙二十六年，知州崔廷瑜因故址重建，更名"柳山"。（金《志》）乾隆五十年，知州陈肇辂改建于城内西北隅，仍曰"清湘"。（《州志》）

陈肇辂《重建清湘书院记略》：全州城北，旧有清湘书院，创始于宋，千余年迭经废置，今复荡为榛莽矣。余以乾隆壬寅年来牧斯土，见夫原隰之萦纡，草木之畅遂，风俗之淳朴，教化之易行也，思立精舍，以为讲学之所。谋于绅士，众志佥同。乃积算为缗，决渠成海。署后有隙地，畀价得之。鸠材庀工，各举其事。前为讲堂，后为斋室，翼以学舍，左右各二十四，缭以周垣，加以漆垩。基始于癸卯三月，落成于乙巳二月。额以"清湘"，不忘古昔焉。

蒋励宣《重建清湘书院并置学田记》：吾全书院载于州志者，为柳山、为清湘、为凤坡、为湘山义学。考其时，庐舍备矣，生徒集矣，乃旋举旋废，十年一闻弦诵之声。不一、二岁，又罢撤焉。今故迹虽存，而颓垣废址，荒烟野草，有足伤者。州人士为之低徊感慨于其间，亦付之无可如何也。州牧陈侯，初典斯郡，念书院久废，捐俸劝助，属其成于州绅士。诸绅士踊跃从事，集白金二千有余，相基卜吉，鸠工庀材，始事于癸卯孟冬，逾年而讲堂、学舍、门庑、厨室计成七百五十楹。陈侯曰："未也，其更筹师生供给之费。"遂以余金置田二百余亩，收其租入，俾束脩膏火，岁岁常给不废。嘻！可谓规画尽善者已。陈侯名肇辂，广东始兴人。

璜溪书院。在恩乡，元至正七年建，有先师遗像碑存焉。明宣德间修。（据《文载》增）正德九年重修。（郝、李《志》作正统九年修）今废。（金《志》）

湘山书院。在湘山寺东，堂曰"培桂"。明嘉靖九年，督学黄佐建。今废。（金《志》）

明经书院。在建乡，宋知州邓公立，久废。（《州志》）

凤坡书院。在州署右西坡上。明末邑人建，以祀知州王国相者。兵燹后，久圮。（李《志》）国朝康熙四十四年，知州邱璋；四十七年，知州徐唐；相继兴修。（《州志》）

蒋肇《重建凤坡书院记略》：全州有书院凡四：曰清湘，曰梅潭，曰璜溪，曰凤坡，皆昔贤讲诵之所。而凤坡则在凤凰山之阳，尤当胜地，距州治之西、学宫之东各数百武，与清湘书院相望。背倚湘山，面朝华峰，层峦叠嶂，如万笏拱列于前，而罗水、灌川、湘源三江合流，回环若抱。创自前明，前楹祀故贤牧王公国相，绘像其中，后为讲堂，为斋舍。明末毁于兵燹，故址仅存，半作市廛，半为去任州牧祠宇，渐致湮废。修复之举，隐然若有所待焉。国家承平既久，海内文教日隆，先后守全，曾无一人能属意于兹者。独前守邱公，慨然首倡，率绅士捐金缔构，甫建二楹，移任以去。今守徐公，复踵其事，门庑堂室，焕然一新。工既毕，爰偕州人士落成之，而邮书都门，乞余为记。邱公名璋，淮安人。徐公名唐，昆山人。

五十七年，邑人蒋芾修。雍正三年，知州张学林即其处设社学。（金《志》）今废。（州册）①

柳州府
马平县

驾鹤书院。在柳州驾鹤山，有碑记，文字剥落。（《续通考》）在府城东，久废。（郝《志》）

同仁书院。在县旧址。明成化二十三年，巡按御史李珊建。今废。（《府志》）

柳江书院。在城东，即柳侯祠也。乾隆十年，右江道杨廷璋檄知府成贵建书舍于祠内，月课诸生，后圮。二十七年，右江道王锦重建。

王锦《书院记略》：柳郡向有柳江书院，《县志》云：康熙五十三年，都督张公朝午独捐千金创建于城东门外，后废为营兵公舍，则其不在柳、刘二公祠可知。自乾隆七年，右江道周公令学博月试诸生于侯之堂上，且择有志者肄

---
① 〔清〕谢启昆等纂：《广西通志》卷一三四《建置略九·学校二》，清同治四年（1865）补刻本，第19—21叶。

业其中，而柳祠乃讹为书院。呜呼！意非不善，然于神则亵矣。乙丑岁，右江道杨公厘清祭田，重修庙貌，每岁约余租禾银六十九两有零，作课士资斧。太守成君，请于祠左罗池之北另构讲堂三楹，东南隅筑斋舍如其数，而柳江书院之草创由此始。厥后莅兹土者，但以坐啸画诺为养高，而祀产所余，一切委诸有司，不问出入。于是皋比久撤，弦诵无闻，斋舍全倾，荆榛塞路，其岿然仅存者，独讲堂耳。古之立教者，必广其地，必丰其资，必谨其法，三者缺一不可。时有正业，退有居学，毋相杂也。今欲陶冶多士，而使皆寝兴食息于三楹之中，可乎？岁有脩脯，月有廪饩，以示劝也。今将乐育多士，而使师若弟，尽仰给于六十余金之内，可乎？吾为此虑。因与贤守令谋，各捐廉俸，修祠之余，兼营书院。添设掌教书室七间，斋舍二十间，一切庖湢器物悉备，是教之有其地矣。又于修志时，节其赢千有二百金，置产生息，以充书院生徒膏火，是教之有其资矣。虽然，犹惧无法以教之也。语曰："取法乎上，仅得乎中。"尔诸生无待他求，其以柳、刘二公为法乎！夫人文章得如柳，气节得如刘，可以止矣。即未能得其全，而学其半可矣。不然，雷同剽袭，虚声是盗，而于圣贤经义，毫无发明，佻达轻狷，比匪堪伤，而于君父纲常，茫无扶植，岂特有辜使者崇起书院之意？当亦柳、刘二公之罪人也。①

雒容县

洛江书院。乾隆十二年，知县黄德星建。（据官献瑶《记文》增）

官献瑶《碑记略》：雒容为柳郡属邑。柳僻处天末，而自唐迄今，名在人口，岂非以刺史柳侯其人哉？案昌黎韩子称子厚为州，不鄙夷其民，民皆自矜奋。夫吏，承天子命牧民者也。牧之为道，有父母之亲，师保之尊，韩子何独美乎柳侯？盖不择地而理，居之无陋，罔贰昔言，尤人所难也。乾隆乙丑，余视学西粤，行部柳郡，取道雒容，维今去柳侯为守之年，千有余祀矣。土日加辟，户口亦加滋，而民之足赖者，济济侁侁，有光于唐，吾未之见也。其毋乃蹈常守陋，限于遐裔而不知振耶？陆丰黄侯德星，治雒容逾年，捐己俸，辟学舍于洛江之浒，延师课士，请记于予。侯宽和恺悌，尝令隆安、苍梧，皆先务教化，殆闻子厚

---

① 〔清〕谢启昆等纂：《广西通志》卷一三五《建置略十·学校三》，清同治四年（1865）补刻本，第4—5叶。

先生之风而起者欤？洛江分派永福，合众流以汇于邑南，入乎柳水，锵莹澄澈，灵淑攸钟，侯取以名书院也，固当。余忝多士，一日之长，两过是邦，必拜子厚先生之祠以去。今复奉使入秦，行有日矣，而拳望诸生矜奋之心，终不能替嘉侯能嗣前徽也，乐为之记而归之。①

融县

真仙书院。在融县真仙岩前，宋守李兴时所建。（《续通考》）一名兴文书院，后废，旧址尚存。（《县志》）

正心书院。在融县，今废，基址无考。（李《志》）

玉融书院。在学宫崇圣祠右。乾隆三年，知县储起纶建义学，后圮。十七年，知县阎秉益增建书院。（《县志》）②

象州

象江书院。旧为义学，在城北门内，久圮。雍正元年，知州徐德秩移建于城西南隅，生员覃谷芳捐地。八年，知州陆瑛、孙嵩修。十三年，知州张昕；乾隆十六年，知州郭芝、吏目万泰；重修。（《州志》）二十五年，知州李宏湑改建于城西州署旧址，改今名。（司册）③

庆远府
宜山县

龙溪书院。在庆远县城西二里，宋嘉定间建，中设孔子像，旁立黄庭坚祠。（《续通考》）在西门内。宋嘉定九年，权州事张自明因建龙溪书堂，后复立书院，塑孔子、颜、仲像，创讲堂，上为魁星阁，东西翼以十室，为斋四，曰"共学""适道""与立""与权"。前为重门，延师授徒，置田以赡。（郝《志》）明嘉靖二年，

---

① 〔清〕谢启昆等纂：《广西通志》卷一三五《建置略十·学校三》，清同治四年（1865）补刻本，第6—7叶。
② 同上书，卷一三五《建置略十·学校三》，第12叶。
③ 同上书，卷一三五《建置略十·学校三》，第13叶。

知府王显高；六年，知府叶蕳；先后修复之。（《府志》）今废，田亦无考。（李《志》）

竹池书院。明建。（据《文载》增）

四贤书院。在东门内，旧为东岳祠。明嘉靖二年，知府王显高改书院。祀宋吕璹、赵抃、黄庭坚、冯京。今废。（郝《志》）

龙江书院。在城中大街。康熙五十六年，知府高茂选建。（李《志》）

高茂选《建书院记略》：余与诸属僚议建学于郡治之中衢，前后各三楹，旁设左右翼。既成，颜曰"龙江书院"。是役也，经始于丙申夏四月，落成于丁酉春二月。董其事者，宜阳令吴君锡爵也。

雍正年间，知县张梦白改为节孝祠。乾隆六年，知府陈希芳复改义学。（《府志》）今废。（府册）

庆阳书院。乾隆二十一年，知府李文琰建于学使院旧址。（《府志》）

李文琰《庆阳书院记略》：乾隆癸卯秋，予承乏兹郡，甫下车即与属采求教育之道，而得旧院之废址，佥告余曰："此前太守刘公偕郡士公捐以请学使按临者，三十年来，臆厥成功，而多士调考赴柳。"余爰通选士于造士，就乃基，度乃势，捐俸钱而栋梁之。经始乾隆乙亥之冬，告成丙子之秋。颜其额曰"庆阳书院"。

三十七年，改建考棚，书院遂废。其后售民居为之。五十九年，知府张曾飏、宜山知县徐光祚以前知府李文琰、王湖捐置田租银，葺五属公馆，合于书院，易名"庆江"。（府册）

屏峰书院。在德胜镇西。乾隆十年建。十三年，同知马德生、巡检蒋垣增建。（《府志》）①

天河县

凤冈书院。乾隆四十年，署知县董秉纯建。（县册）②

思恩府

阳明书院。旧在府治东。明万历间，知府侯国治改迁学宫于此，复书院于

---

① 〔清〕谢启昆等纂：《广西通志》卷一三五《建置略十·学校三》，清同治四年（1865）补刻本，第19—23叶。
② 同上书，卷一三五《建置略十·学校三》，第24叶。

府治西,兵燹圮废。(郝《志》)①

武缘县

修文书院。在县东。明知县刘诰建。万历八年废。(李《志》)

宾州

敷文书院。在州治左。明嘉靖七年建。久废。(郝《志》)②

泗城府(凌云县,附郭,无学)

云峰书院。在南街。乾隆十五年,知府杨缵绪、西隆州知州唐桂生建。(《府志》)

西隆州

安隆书院。在州署西。(州册)

西林县

毓秀书院。在县署西。乾隆四十一年,知县原集凤建。(县册)③

平乐府
平乐县

道乡书院。在北关外。嘉靖六年,兵备副使李如圭尝得井栏石,视之,乃道乡书院断碑。始建之地及兴废年月不可考,以石贮之学宫,作诗纪焉。

九年,提学道黄佐属知府龙大有重建,以祀邹浩。

万历间,改为七贤祠。(金《志》)

国朝康熙六年,巡道胡朝宾易名"访贤书院"。(郝《志》)四十九年,知县黄大成别建道乡书院于北门内凤凰山麓。

---

① 〔清〕谢启昆等纂:《广西通志》卷一三六《建置略十一·学校四》,清同治四年(1865)补刻本,第2叶。
② 同上书,卷一三六《建置略十一·学校四》,第3叶。
③ 同上书,卷一三六《建置略十一·学校四》,第8叶。

黄大成《重建道乡书院记》：书院者何？士子肄业之所也。道乡者何？朱子题邹忠公岳麓所登之台。今祀忠公于书院，而即以名者也。曷为祀乎忠公也？忠公者，名浩，宋哲宗朝抗志忠鲠，尝奏罢王氏三经取士之法，后又抗疏乞追停贤妃刘氏册礼，始忤章惇，再忤蔡京者也。于是再逐再窜，谪于昭者，凡三载焉。昭也者，荒徼之区也，荆莽之所蒙翳，蛇虺之所蟠伏，蛮瑶之所丛处，弱肉强食，类禽兽然。故昔之获戾放斥于此者，仅仅保得其首领而已足矣。乃自公之至也，始敦其教诲，笃其化导，诚信孚格，民皆禺禺然向风而慕义。迄于今，思其德，怀其惠而尸之、祝之者，宜独在乎公也！然则书院之建，固有前乎此者矣，而未知其所始也。掘地得碑而意其前有书院之设者为浈涯李公，因之创建于府治之北者，为道亨龙公也。大成之莅是邦也，稽故实、询遗迹，而求所以祀于公者，则变灭荒忽，不可复觏，而拉杂于七贤中矣。夫俎豆道乡，所以报其德教，企其志节，而为斯民之表率者也。乃一变而三，再变而七，紊名失实，非化民成俗之意也。顾使因陋循俗，不为复其旧章，正其故典，奚其可？况兴废举坠，为政之要也；敦学立行，厚民之实也。大成不敏，敢不勉乎哉！乃捐资斧，市材木，祠宇堂构于是乎新也。定礼仪，簿祭器，祀典司守于是乎备也。礼师儒，立规约，英才于是乎聚，教育于是乎成也。庶几哉！公之所以衣被乎民，而民之享祀不忒者，百世之下，犹将闻风而兴起也。书院为讲堂者一，为寝室者二，皆三楹。前祀忠公，后祀文公，讲学有所，而神灵妥侑也。两室之为房者，左右各二，后室接前为东庑。庑为房者四，又接前为西斋。斋为房者六，诵读有位，而宴息有方也。前室西为箭亭，后室东为厨房，皆围以墙，植以树，于以给饔飧，习揖让，观乎德而游乎艺也！是为记。

五十六年，知府慕国琠修。（金《志》）雍正二年，知府胡醇仁重新之，并贮书籍为多士诵读之资。

胡醇仁《捐置书籍文略》：夫粤西人物敦庞，天真未漓，外务纷华，不识不知。使启其颛蒙，导以礼义，较于奢靡夸诈之地，甚易变也。虽半杂瑶壮，而天之所畀，未尝独异。不过狃于习俗，染于陋风，遂至此极耳。使施教有序，发蒙以时，未有不憬然悟、翻然改者。但五岭之外，书籍维艰，圣经贤传，内而身心性命，外而经济谟猷之书，不特目所未见，抑且耳所未闻。即岁、科两试，士子不作《学》《庸》文，固可见其一斑矣。今捐备经史子集共若干部，藏贮道乡书院。

许有志之士借读，以为多识前言往行之一助。

乾隆九年，知府石礼图置学田。（有《增置学田记》，不录。）（《府志》）

三渠书院。在北门外。康熙三十一年建。（金《志》）今废。（府册）

敬业书院。在塘背庵旁，今废。（金《志》）

明贤书院。在府前，今废。（金《志》）明万历时，以其地改建县学。（据唐世尧《记》增）①

富川县

江东书院。在平乐府富川县北六十里。宋淳祐间，澹然居士毛基建。（《续通考》）久废。（《县志》）

富川书院。在东门内。乾隆十六年，知县叶承立建。（县册）

贺县

鸣阳书院。明万历间，通判摄县事程世采建，久废。（《县志》）

昂霄书院。万历癸卯，邑人毛翊建，今毁。（同上）

荔浦县

正谊书院。在城东南。嘉庆五年，知县杨伦建。（县册）②

梧州府
苍梧县

回澜书院。在东门内，县义学旧址。康熙三十五年，知县刘以贵改建为茶山书院。（金《志》）

刘以贵《茶山书院记略》：茶山脉发桂林，背负城，面枕江。余以其地势亢爽，为置书院造士。夫院不在山，顾反得被山名者，以其地势亢爽，犹山之余也。院有堂、有阁、有斋舍、有庖湢。是役也，董之者陆子兰，今盖为罗粒司云。

---

① 〔清〕谢启昆等纂：《广西通志》卷一三六《建置略十一·学校四》，清同治四年（1865）补刻本，第12—14叶。
② 同上书，卷一三六《建置略十一·学校四》，第18—21叶。

四十六年，知府李亨时建缁林阁。四十九年，知府李世孝复建讲堂、学舍，更名"回澜"。（李《志》）

李世孝《改建回澜书院记略》：茶山之麓有书院，为苍梧令刘君以贵所创，距今十余年，荒落殆尽。吾宗合州静山继来，于书院旧址构楼其上，未卒事而去。余偶游览其间，见夫诸江汇流，浸淫浩衍，方之学海文河，于斯为盛。又思士习之日下，不加振作，如彼波靡。昌黎有云："障百川而东之，回狂澜于既倒。"讵非守土者之责与？且以书院距茶山较远，遂更其名曰"回澜"。又其楼偏向东，不足以收全郡之势，复更而南之。旧楼惟坏栋仅具，因治其瓦墁，增以窗扉，围以桄槛，其规模较昔为胜。构斋舍三楹于东北隅，为讲论义理之地。东偏构屋十楹，为诸生寝息之所。其下为庖湢，外则周以墙垣。经始以季春，落成于仲冬。

雍正三年，知府徐嘉宾修，巡抚李绂更题曰"传经"。

李绂《传经书院说》：大江以南经学，自陈长孙先生始。左氏借其言，得立学南方，学者当百世祀之而不祧者也。先生苍梧人，于梧士尤亲切。属梧州徐守辟书院课士，来请名，因题曰"传经"，俾梧士知兴起焉。徐守，大兴人，有志于文教，并书之以劝来者。

八年，知府吴士鲲重修缁林阁。十二年，知府徐德秩阁旁建学舍三十余间，仍更今名。（金《志》）乾隆三十四年，讲堂圮，知府吴九龄重建。（《府志》）

梧山书院。在儒学右。明嘉靖六年，都御史姚镆、巡按石金建。今废。（郝《志》）

岭表书院。在府治东南。明嘉靖十一年，都御史陶谐以总镇府旧址改建，时程文德由翰林编修贬信宜典史，主讲席。今废。（《府志》）

梧阳书院。在府城东门外回澜堂西。万历四十八年，知府陈鉴建，选十属生徒，躬为讲授。今废。（郝《志》）后人即此为陈公祠。（《府志》）

观澜书院。在南薰门外陈公祠旧址。先是，营官占为居宅。国朝康熙二十五年，知府陈天植捐俸买，复改建为诸生肄业所。（金《志》）

陈天植《观澜书院记略》：梧旧有菉漪、东湖、岭表各书院，教习生徒，宣扬义理。自经兵燹，荡然无存。丙寅之岁，余不敏，忝莅兹土，访之耆旧，求其所谓菉漪、东湖、岭表者，久已废为荆棘蓬蒿。乃于南门之东，有明梧守陈公讳鉴者祠宇一址，世远人湮，复为他人有。余乃捐金售之，命吏清其地而复建之，颜之曰"观澜"。亦因地临江浒，澜漪可观。而子舆氏有言："观水有术，必观其澜。"又曰："流水之为物也，不盈科不行；君子之志于道也，不成章不达。"吾闻士子之习于斯者，毋务虚名而忘实行，毋发春华而弃秋实。行治于躬，孝行于家，礼让行于乡，使民有所观感，而蒸蒸然日底于善。此余之志也，此余所以命名之意也。

后圮，改建双贤祠。（《府志》）

菉漪书院。在桂江西岸白鹤观前。明成化间，都御史韩雍建。今废。（金《志》）

东湖书院。在府城东门外漫泉亭东。郡人吴廷举建。今废。（金《志》）

龙泉书院。在桂江西岸山麓。郡人石邦柱建。今废。（金《志》）

修明书院。在长洲尾。邑人李世瑞建。（《县志》）今废。（县册）

鼓岩书院。在城北二里庆林寺旧基。乾隆二十五年，知县郑交泰建。三十四年，知县牟钤修。（《府志》）①

藤县

三元书院。在梧州府藤县治西，宋冯京读书处。（《续通考》）明景泰元年，佥事汤性方创。三年，知县唐礼重建，并购旁地以广之。宏治七年，知县廖佐复建楼堂以祀文简。万历九年，奉勘鬻为民居，别建永安门内。（郝《志》）今改为义学。（《府志》）

解元书院。在仁封乡赤水镇。本三界祠。明嘉靖元年，提学刘节改建。今废。（《府志》）

南麓书院。在县学东北隅。明嘉靖九年，典史孙懋建。万历六年，知县陈雅言修。万历间，火。崇祯九年，知县梁昌重建。今圮。（金《志》）

友仁书院。在三元书院右。明隆庆元年，同知摄县事何文绍建。万历九年，奉勘为民居。（《府志》）

容县

勾漏书院。在梧州府容县。旧为州学，宋建。（《续通考》）邑人以祀安抚机

---

① 〔清〕谢启昆等纂：《广西通志》卷一三七《建置略十二·学校五》，清同治四年（1865）补刻本，第8—10叶。

宜吴元美。今废。（《府志》）

绣江书院。在县治西。久圮。康熙二十九年，知县李瑞征重建。（金《志》）

南山书院。在县学左思贤堂旧址。明万历四十六年，知县侯应遴改建。今废。（李《志》）

岑溪县

橘园书院。明嘉靖间，教谕李时讲学处。

文昌书院。在学宫后。明崇祯十二年，知县卢日就建。国朝康熙四十三年，知县张义（《府志》："义"作"羡"）修。（金《志》）今废。（县册）

藜经书院。在县治内。（县册）

怀集县

南溪书院。在定怀门外。明崇祯十六年，知县李盘建。（郝《志》）[1]

浔州府
桂平县

浔江书院。明万历时，左参议高则益、御史唐炼以分守别署改建。

国朝乾隆七年，知府刘昕潭以义学并入，改浔阳书院。（《府志》）二十年，知府胡南藩迁八贤祠之周、程三先生主祀于院内。二十七年，知府汤大宾、知县吴志绾重修。（《县志》）

汤大宾《记略》：浔郡书院，四邑人材之所萃也。余下车后诣书院，见其规模卑隘，急欲新之。悉心擘画，遂与桂平令吴君志绾襄其事，共捐银四百两，择绅士之老成练达者董其成，几阅月而美轮美奂，耳目一新。于是币聘名师以掌其教，而四方来学之士恐后焉。

三十九年，知府陆燝增建后堂，以祀周、程，复旧名。（《府志》）四十九年，

---

[1] 〔清〕谢启昆等纂：《广西通志》卷一三七《建置略十二·学校五》，清同治四年（1865）补刻本，第12—22叶。

水圮。五十一年,知府陈玉麟重建。(府册)

思灵书院。在县学左。乾隆三十八年,知府陆燡、知县卢焜建。(《府志》)

陆燡《桂邑书院记略》:邑署后,旧有义学,而学舍褊浅。浔阳书院兴,肄业生童咸起而归之。义学者日渐倾颓,久而芜没。卢君宰是邑,慨然有创建之志。于县学左得地,前广十五丈三尺,后广九丈五尺,左长十五丈五尺,右长二十六丈五尺。倡捐廉俸二百,而众绅士之闻风兴者,亦复踊跃争输无少后。癸巳春,余来守是邦,稔知其事,心窃嘉之。喜文教之日兴,而愧盛举之未能稍助一腋也,爰捐百金。是年秋八月,工遂竣。落成之时,门堂寝室,焕然一新。中设讲亭,旁列两廊学舍,凡诸井灶,罔不具备。综计二十六楹,缭以周垣,而文阁峙其西南,奎光映带,蔚为巨观。爰卜吉崇祀周、程三夫子于其寝,以为后学模楷,悬以匾额,颜之曰"桂邑书院"。盖自饬工庀材,其费计千九百金有奇矣。夫修废举坠,有司之责。卢君创是举,本不以为名,顾毅然以培养人材自任,可谓贤矣。襄其事者,前任揭阳知县刘君业勤,举人陈君良士、刘君光美,贡生刘君业仁,生员潘宗海、李奕,贡生高进、李万祥云。

旧名桂邑,以二字鄙俚,故改从山名。(府册)[①]

平南县

武城书院。乾隆十三年,知县李仲良建于城外状元街。(《县志》)

李仲良《武城书院记略》:戊辰秋,予捧檄至平南,检阅旧志,知前明万历时始置乡学。康熙间,李君钟璧继建义学于明伦堂。雍正甲辰,成君宗发就关帝祠设社学,可谓牖民无已矣。然不旋踵而废。士之问业者,往往假浮屠氏之宫为居。予于乡之缙绅先生来谒,亟首询所以兴复者何如。诸君曰:"士习之衰,犹病者手足痿痹,弗克自振,幸公挽狂澜焉,庶凤疾其有瘳乎!"予曰:"自前朝有四大书院之号,著名海内,于是闻风继起者遍天下。至一郡一邑,各建书院,以祀先贤。群弟子循习其中,发名成业,往往有瑰奇卓荦、崭然出类之英,倘董子所谓陶冶而成之者耶?盍仿其制而兴兹役。"诸君曰:"善"。

[①] 〔清〕谢启昆等纂:《广西通志》卷一三八《建置略十三·学校六》,清同治四年(1865)补刻本,第5—6叶。

予先白其事于大府,得报可,乃偕广文董、周二君暨诸绅士,择胜地于城东厢外。其地初为宝积寺,释子之所宅也。寺久圮,厥基清旷,据全邑之胜。予首捐清俸,士子乐佽助者,踵接响应。爰构材募工,命绅士分董其役。仲冬,讲堂成,历癸酉腊月工竣。为屋三重,两廊翼以精舍。为楹三十有八,门楗户牖,犁然备具。前三楹为门,匾其上曰"武城书院"。邑本晋武城县地,义从其朔,亦犹袭鲁武城遗意,冀邑中人弦歌之不辍焉。中三楹为诸生讲业、课艺之所,题之曰"学海观澜"。盖前襟带龚江,波洄活泼,得之心而寓之目也。后三楹为楼,颜其额曰"景徽楼"。上崇祀三夫子,盖宋二程从侍大中公于龚州,延濂溪周子讲学畅岩,合而祀之,明高山之可仰,而景行向往之不可已也。予选得邑之秀者五十余人,肄业其中。诸生既借秀于武城,又群育于书院,岂无瑰奇卓荦、峣然出类之英出其间,以接武前修,声施遐代者乎?诸生可奋然而兴矣。①

贵县

怀城书院。旧在东门外。乾隆二十四年,知县石崇先以学宫旧址修建。四十四年,知县陈霆改建书院于学宫旁,知县何成棱竣其工。(《府志》)

武宣县

仙城书院。在县城外东南隅。乾隆三十四年,知县郑高萃建。三十九年,知县顾芬;四十年,知县彭日龙;各增建。四十七年,知县郎士贵重修。(《府志》)

黄衮《书院告成记略》:武宣于浔为小邑。自辛卯闽中郑公来治斯土,谋诸阖邑绅士,始建书院于城外东南隅,仅成一座三间。适公署篆他邑,事遂中寝。至丙申,则有豫章彭公续工理之,亦仅规模粗就。凡一切所当区画而善后者,尚缺如也。辛丑冬,适西蜀郎公出宰是邦,甫下车即以书院为兴教之地,毅然以续成为任,并捐俸以倡,同城僚属与士民无不踊跃乐助。遂鸠工庀材,斤者斫,刀者削,筑登度蒉,是黝是垩,而正座两廊,前后左右,无不焕然一新。随进师生讲学其中,束脩膏火,皆设法以为永远之计。其心劳,其财费,其功实倍

---

① 〔清〕谢启昆等纂:《广西通志》卷一三八《建置略十三·学校六》,清同治四年(1865)补刻本,第8叶。

于创始之人矣。工竣，因为之记。①

南宁府
宣化县

敷文书院。在府城内北，即县学旧址。明嘉靖七年，新建伯王守仁建。（郝《志》）

万历十三年，左江兵备道陈希美修复之。明末，毁基址为兵舍。国朝康熙九年，分巡道宋翔、知府韩章又修复之。（李《志》）

宋翔《重修王文成公书院引》：阳明先生以良知立言，以克诘戎兵立功，谪贵州，佯投江上。平宸濠，宴坐九华，靖安南，遂瘁身王事，藏甲胄十万于胸中，讲道德一堂于千载，种种异人。虽当年群小以事不师古，言不称师为讥，然而功名在天壤，直道自在人心，是以爵新建，谥文成，旋晦而旋复也。庚戌冬，翔奉命巡朗宁，询之郡县，始得其遗像久没于砌筑间，讲学元基已荡然瓦砾之场。呜呼！先生之道德功业可谓伟矣，尚如是其尘积弗彰，而况无闻者与！虽然，官兹土者任文事，佽武备，均于先生之高风实绩，宜俎豆而钟鼓之。奚忍往迹鞠为茂草哉！刻日鸠工，幸我同人惠肯自注，共襄此举，是亦振兴西南学道之儒，起而接武以弼翼我朝，庶不负此日同舟斯会也。

骆士愤诗：为筮师贞吉，将军诏大儒。楼船横绝域，戈甲耀苍梧。止照青藜火，何劳金仆姑。前星推挂矢，中队看投壶。四海归无战，三危格有虞。柳营屯子弟，兰馆聚生徒。高诵《由庚》什，常韬遁甲图。圣功开草昧，文教辟荒芜。冠冕敦三礼，雍容奏六符。至今留庙貌，想望见规模。

二十五年，知府赵良璧；五十一年，知府戴锦；五十六年，知府沈元佐先后修葺。雍正元年，同知闻人绅重修。（《府志》）

闻人绅《重修敷文书院记略》：南宁郡城之北，有曰"敷文书院"者，乃前明新建伯王文成公奉命征田讲学降寇之故地也。宁人德公之不以兵戎格强暴于几席之间，土地人民得以安全，因即其地像公之形于石，而春秋俎豆之，凡

---

① 〔清〕谢启昆等纂：《广西通志》卷一三八《建置略十三·学校六》，清同治四年（1865）补刻本，第10—12叶。

历二百有余年。绅世家余姚，与公同里，先人多受业于公之门。家庭传述，得于公之道德文章，窃闻知于过庭者甚详，其丰功伟业，考诸记载，亦略知其概。心焉向往之，实匪朝伊夕也。丙申岁，由直隶之顺德，量移南宁，向知公有征田之役，尝建功于是邦。因晤郡之人士，备述当年讲学勘乱之故事，并得识其书院而瞻拜之。石上之音容，望之俨然，其肃余心乎！第南方地卑湿，楹栋之间多穴蚁，堂宇俱将颓而莫考，萧条暗淡，有为人意之所不能安者。乃竭捐薄俸，购木石，择缓急，肇工于丁酉年之桂月，竣工于壬寅年之春月。

东泉书院。在府城内。明嘉靖六年建，祀督府东泉姚镆，岁久颓圮。四十二年，知府方瑜移像于敷文书院，与王文成并祀。（金《志》）

东郭书院。在府城东一里。明嘉靖二十九年，知府王贞吉以千佛堂改建。今废。

西郭书院。在府城西一里。明嘉靖二十九年，知府王贞吉以崇善寺改建。今废。

中郭书院。在府城南五里。明嘉靖二十九年，知府王贞吉以堡平废寺改建。今废。（俱同上）

式南书院。在府治西城隍庙大街。康熙五十五年，知府沈元佐建。

陈元龙《式南书院记略》：南宁，古邕州，民蛮杂处，号称难治。唐李翱抚以恩信而民始服，宋狄青摄以威武而叛始息。然诗书礼乐之治犹未兴。明王守仁征思田，讲学于此，遂立敷文书院于北门之内，岁远而荒矣。予来抚西粤，幸逢圣天子久道化成，太平沦浃之时，文教覃敷，暨于遐陬，全粤之人胥向风从教。南宁虽距会城千里之外，视听所不及，守土者得其人，宣上德意，以逮于下，则何往不治！宛平沈君由全州将内擢部郎，予重其材器，请于朝，俾往守是邦，盖三年而果能相与以有成也。既设义学于郡治之左，延明师，集生徒，朝夕肄业其所，弦歌之声相闻，乃不自以为功，而欲归美于予，相其中区建书院焉。以宏大其规模，而聚民之视履。既竣事，悬额请名，磨石请文。予不能辞也，为颜之曰"式南"。

雍正三年，改建节义祠。（《府志》）

修和书院。在式南书院左，亦沈元佐建。雍正三年，改建忠孝祠。

蔚南书院。在府署东。乾隆三十八年，知府杜琮以前守魏志栋所建育婴堂改建更名。（司册）

广学书院。在县东四图站墟。乾隆十四年，知县戴汝槐建。（司册）

右文书院。在县南三图刘墟。乾隆十四年，知县戴汝槐建。（同上）①

隆安县

榜山书院。乾隆五十七年，署知县、府经历张树绩建于东门外王文成祠故址。（县册）

横州

淮南书院。在城西海棠亭。明正德间，知州黄琮建。今废。（《府志》）

豫庵书院。在学右。今废。（郝《志》）

悟斋书院。在乌石岭。明嘉靖间，给事中吴时来以谏谪戍驯象卫，建以讲学。后召还，诸生图其象于石，为祠以祀之。碑犹存。（《府志》）

淮海书院。康熙四十年，知州柯宗仁建义学于驯象卫旧署。（金《志》）督学靳让题额曰"浮槎堂"。雍正二年，知州刘斌重建。（《府志》）乾隆十一年，知州谢钟龄重修，额曰"秀林书院"。（司册）嘉庆六年，巡抚谢启昆率署知州杨学照建屋三楹于院右，祀宋秦少游先生，易书院曰"淮海"。

秦瀛《新建淮海先生祠堂记》：横州故有先淮海先生祠，在城西之海棠桥，桥之上有"淮海堂"，盖先生编管横州时，与村民祝翁对饮处也。嘉兴钱君裴山以视学粤西，过其遗址，赋诗绘图，寄瀛杭州。时南康苏潭谢公适抚粤，而瀛移臬来湖南，乃寓书于公，问所为海棠桥祠者。公复书言：海棠桥之祠，久不可考，已蠲俸缗，别于横州之秀林书院。构屋三楹祀先生，而易"秀林书院"为"淮海书院"，且命为文记之。瀛再拜喟然曰："有是哉，公之勤勤于是举也！"古君子不幸罹党祸，远窜荒徼，后之人每为之凭吊而累欷，而非有大贤官于其地，则前人之迹亦往往听其兴废而不克长留于人间。先生当日自郴改横，又自横改岭海。宋末，知雷州事虞应龙尝合祀莱公、东坡诸贤与先生于雷州西湖之上，文信国为之记。今公填抚粤西，既修庆远黄文节祠，又建祠以祀先生。瀛非信国比，顾为先生后人，不可无言。而公之贤，当非虞公所及。古君子

---

① 〔清〕谢启昆等纂：《广西通志》卷一三八《建置略十三·学校六》，清同治四年（1865）补刻本，第16—22叶。

之所以不泯于奕世之远者，不诚赖有贤者哉！且公之以淮海额书院也，抑又有说。《禹贡》称"淮海惟扬州"，先生生高邮，扬州属也，故世称淮海先生。而公昔尝守扬州，喜造就人士。横州故僻远，而公欲使州人皆能兴起于人文，以比吾江左之盛，不亦美欤！祠经始以嘉庆六年某月日，落成即以是年某月日。瀛不敏，谨序其凡，复为享神之词曰：横州一角天南陲，千山万山啼子规。海棠花谢蛮江湄，熙宁迁客吁可悕。姓氏长落同文碑，华光亭下魂不归，夔魖踯躅猵獌悲。中丞构筑峨新祠，秀林书堂拱绣楣。灵风飒飒披神帷，寒泉秋菊陈一卮。嗟彼章蔡骨已糜，维公仿佛犹在兹。①

永淳县

大同书院。在城内南。旧为童公祠。崇祯九年，知县容文烶（原作烓，据金《志》改）改建。今废。（李《志》）

大观书院。在城内。今废。（《府志》）

徐公书院。在县治右。康熙四十六年，士民为知县徐凤池建。（金《志》）

腾蛟书院。在城内。明嘉靖十四年，知县方鹏建。（《府志》）今废。（县册）②

太平府
崇善县

丽江书院。在府城东门外。（《府志》）雍正二年，知府甘汝来建义学于高公祠前。（李《志》）

甘汝来《示召生童入义学告谕》：太平，古骆越地，僻处粤西极边，与安南接壤，人文科第从来远逊中土。然十室之邑，必有忠信，况一郡之大哉！蜀有文翁，而蜀乃大化；潮有昌黎，而潮乃渐盛。度其时之蜀与潮，未必不吾太平等也。所患无文翁、昌黎其人耳，地何能限人哉？某来守兹郡，下车后，观风课士，校阅文艺，颇多瑰玮卓荦，因孜孜图所以教育多士者。又念莅兹岩疆，

---

① 〔清〕谢启昆等纂：《广西通志》卷一三九《建置略十四·学校七》，清同治四年（1865）补刻本，第2—5叶。
② 同上书，卷一三九《建置略十四·学校七》，第6叶。

民顽俗悍，思以《诗》《书》《礼》《乐》树之风声，则所以化边氓而挽土俗者，亦惟设学为先务。于是捐构数椽，以为弦诵之地；敬延名宿，借以观摩。阖郡生童凡有志入学肄业者，悉赴儒学报名，汇齐造册，申送入学。诸士日就月将，一唱百和，他日士习日隆，民风丕变。人文科第之盛，安知不今日之蜀与潮等也。某岂文翁、昌黎其人哉。尔多士生逢盛时，沐浴圣化，虽无文翁、昌黎，犹兴其尚，踊跃以从事，弗辜守土者之雅意。

九年，知府屠嘉正始榜为"丽江书院"。乾隆二十年，署知府商盘重修。

商盘《书院诗》：讲堂清切傍棂星，近圣人居至德馨。晛晥声中春负笈，扶疏花下午横经。香浮鹊尾重帘卷，雨洗鳌头叠嶂青。柳不鄙夷潮渐盛，千秋前哲足仪型。

二十四年，知府查礼以规制狭隘，迁建今地。（府册）

查礼《丽江书院记略》：书院之设，盛于宋，沿于元、明，逮我朝，声教四讫，书院遂遍天下。粤西虽瘴疠之乡，省、郡、州、县亦多构书院，延师课士。惟太平一郡为古骆越地，远寄边徼，向无创置。其郡志所载之静庵书院，实前明太守胡世宁祠，静庵，其号也。又肇化书院，亦前明参政翁万达祠也。二祠久废，故址俱不可考。雍正二年，前守甘汝来权以高不矜郡伯祠为士子读书处。九年，前守屠嘉正榜为"丽江书院"。然湫隘不堪，栖止肄业者不过七八人而已。余以乾隆丙子夏六月来守是郡，目击其衰，不禁喟然兴叹。爰捐俸以倡，继之以丞倅牧令并诸土官，而明经王模亦率郡之绅士踊跃输金，以襄厥事。于是庀材鸠工，卜地于拱辰门之右、丽江之上，面流枕郭，基垲原高。崇其视成之堂，广以问业之斋，翼以居学之舍。工既竣，购饮食坐卧之器以便之，经史子集之书以导之，将鼓箧招夫来学，居肆陶成，固不患其湫隘矣。后有隙地，多古木修篁蕉荔之属，外环以池，广且百余亩。晦明之际，天光云影，鱼跃鸢飞，允足悦性怡情，而浚发人之智慧者。复于杂树之间，架屋三椽，以收其胜，颜曰"静宜轩"。前有桄榔一株，亭亭耸秀，亦郡城所希者，倚之为亭，即名"桄榔亭"。二三子攻苦之余，持一卷书，啸歌俯仰于其上，觉天机与理趣，触绪纷来，其会心又宁在远耶。是役也，费不出于田赋，工不假于里胥。经始于丁丑二月，落成于戊寅四月。计经费统用钱二百六十七万，其院中岁借田租为师生束脩膏火之资，详载别石。

肇化书院。（金《志》作"笔花"）在府城内北门之右。嘉靖二十一年，士民为前参政翁万达建，塑像其中，春秋崇祀，亦名翁公祠。（《府志》。江一桂有记，载《祠宇》，略。）

静庵书院。在府城隍庙右。祀明知府胡世宁。（李《志》）

桂香书院。在北门外。旧有义学，久废。乾隆二十四年，知府查礼为县属建。（县册）①

左州

左阳书院。久废。明嘉靖中，尝于旧址建学。（府册）②

永康州

康山书院。旧为义学，在儒学署后。雍正二年，知州江莪建。（金《志》）乾隆二十七年，知州麻永年修，匾以今名。（《州志》）

麻永年《重修记略》：庚辰秋，余来牧兹土，首欲造士。按永康有义学二，前守江君莪草创，无锡朱君继易以瓦，三楚张君复建大门。岁久，栋宇榱桷，蠹穴其中。余恐倾塌，爰会司铎何君及诸生，谕以重修，出资以倡，咸皆踊跃。遂择绅士之能干画者郭子正祉等分职董事。蠹者易之，敝者新之，缺者补之，颜曰"康山书院"。

嘉庆四年，署知州阮增荣修。（州册）

丽泽书院。在城内。康熙二十七年，知州许延邵建，今改为吏目署。（《府志》）③

宁明州

太子泉书院。在明江城西门外。明永乐间，土知府黄广成建。解缙谪交趾，尝于此与广成赋咏结欢。今废。（金《志》）

南坡书院。在思明府城南门内。（《府志》）康熙二十九年，教授高熊征建。（金《志》）

---

① 〔清〕谢启昆等纂：《广西通志》卷一三九《建置略十四·学校七》，清同治四年（1865）补刻本，第12—14叶。
② 同上书，卷一三九《建置略十四·学校七》，第16叶。
③ 同上书，卷一三九《建置略十四·学校七》，第19叶。

陆祚蕃《南坡书院记略》：戊辰冬岁试，再按邕州，而思明教授高子熊征以新创南坡书院记来请，予不获辞，曰："思明土司，文教不兴，好学者少"。因商于土府黄守维鼎，得南门旧公馆地，深十有五丈，广十有七丈。前临莲沼，环植嘉卉，创建书院。前三楹为讲堂，后三楹祀文昌像与学士解公缙神位，俱覆以瓦。两旁为书舍若干间，召集生童，弦诵其中，朝夕不倦。予览毕，诧曰："何教授寒员，乃能留心造士如此，可不谓举其职者耶！"然考其书院之所由建，太平守黄君良骥、郡丞陈君达首俞其请，嘉与乐成，并得督工总理，郑之宸实心董事，而贡生谭馥等协力同心，是皆宜大书特书者也。

高熊征《思明书院祀解先生记略》：案《省志》，先生讳缙，字大绅，吉水人，洪武戊辰进士，上封事论时政，剀切万言，改御史。永乐间，为翰林学士，直文渊阁，时上方用兵交趾，先生力言交趾古羁縻国，通正朔，时宾贡而已，得其地不足郡县。上遂疏之，出为广西参议。尚书李至刚奏先生怨望，改交趾。嘉靖间，袁公帙，字永之，吴县人，以佥事督学粤西。初视学，首问："名宦祠有解先生缙乎？"众对曰："无有。"袁公愕然，即檄郡祀先生云。征尝读先生洪武间《陈王道》一疏，上称为奇才，熊征不禁喟然叹兴曰："先生真奇才也！其学似董江都，其直似汲长孺，其文似贾太傅，其正似韩昌黎。遭际开创之英君而不得一行其夙志。谪广西不已，又谪安南。李至刚之奏胡为乎？使成祖以任三杨者任之，其勋业治效，当不止如斯而已也。"熊征改调思明，遍询古迹，遗文弃帙，断简残碑，无不手录。考太子一泉，旧为土府书院。永乐八年，先生谪交趾参议，尝寓于此，与其郡守黄君广成寻芳咏诗，结欢岁余，而先生始还。今其长老犹能指其所过之处、所题之景，历历言之不置也。而交夷沐先生之化，渐染华风，迄今其俗喜购书甚于中土，春秋释奠，称为先师，如朝鲜之有箕子也。非其德盛感深，何以得此乎！书院之设，原以助学校之不及，如白鹿洞以朱子讲学而名，其他如岳麓、嵩阳以昔贤得名者，类有崇奉。今思明僻隅，名贤罕至，文教之兴，始自先生。春秋俎豆，微先生其孰能当之？尔诸生肄业于斯，诚尊崇而效法焉。将见学为醇儒，直能匡主，文可名世，正不阿时。出而仕也，则足以致君而泽民；伏而处也，亦足以淑身而善俗。庶无负诵法圣贤之意。诸生咸曰："有是哉，敢不唯命是听。"因遂书之以为记。

附高熊征《请正风俗议》：一、《诗》《书》之泽，宜遍被也。欲善风俗，必先正人心；欲正人心，必先兴教化。每见一乡之中愚顽杂处，间有一二诵说《诗》《书》，敦行礼让者，则知敬而礼之。土民族类虽殊，究亦同此心理。宜令土府、州、县各捐建义学，延品行端方者为之师，率官族及土民中之秀者入学读书，每年将在学肄业生徒姓名造册报府。五年之后，各将颇通文理者送府考试，即以应试者之多寡，定各土司之优劣，薄示劝惩，使知鼓舞，则《诗》《书》《礼》《乐》之化渐臻，而风俗人心或可少变矣。

今废。（州册）

宁江书院。在州城西门内。乾隆五十四年，知州李早荣建。（州册）

龙州厅暨南书院。乾隆四年，署通判杨仲兴；九年，通判张嘉硕；恢扩之。二十二年，知府查礼、通判张春芳增建。（厅册）

查礼《龙州暨南书院记略》：余于丙子夏六月来守太平。是岁冬仲，遵例巡阅关隘，一至龙州。龙州与交趾壤地相接，洵太平之门户，旧为土州。雍正三年，土州不职，裂其土，降为上、下二龙土巡检司。既而下龙司巡检又不职，遂削其秩，而以通判分驻其地。今之膺斯任者，则张君楚洲也。楚洲自桂林改龙州，未满二载，士民感其恩泽，声誉闻于远近。楚洲谓余曰："斯方之士，性多愚鲁，然尚知读书。龙固有书院，苦湫隘无栖士之所。"余因诣其间。院屋三重，前为门，中为讲堂，后有层楼，上祀文昌之神，下为塾师偃息之处。而肄业者实无所托足。余视其两庑有隙地，左右可构屋四区，区三楹，可栖二十余人，虑无经费资。余与楚洲各捐俸为之，诸生亦愿各出金以襄厥事。于是庀材鸠工，阅五月而书院轮焉奂焉矣。楚洲来请记于余，余曰："未可记也。天下事不患其不举，而患其不继；不患其不成，而患其速败。今书院虽奏功，而每岁仅有四峒之浮粮银四十金，不足为师生膏火及屋宇修葺之用。是则院方盛而即衰，旋兴而旋废，究何益于龙之士民欤！"复与楚洲熟筹之，有裁汰头目之食谷一百五十余石，爰取为书院资，以期永久。议既定，楚洲复来索记，余曰："斯可记矣。"因详叙其颠末。楚洲名春芳，浙之归安人。是院创于乾隆己未，今瑞州守杨君仲兴权通判时，劝诸生捐金以建。继而扩其规模、崇其榱栋者，前通判张君嘉硕也。院名暨南，以其地在南荒，故其旧额犹存。擘窠大书者，前通判许君朝也。并记之。[1]

---

[1]〔清〕谢启昆等纂：《广西通志》卷一三九《建置略十四·学校七》，清同治四年（1865）补刻本，第21—23叶。

镇安府
天保县

秀阳书院。在东关外。乾隆八年,署知府陈谟购地创兴。十年,知府张光宗建。(《府志》)

张光宗《建书院记略》:镇安,土府也。介在极边,罔知文教。自雍正十一年,前孔守以圣裔来守是邦,始详请修建文庙,设立专官,秉铎斯土,声名文物之教,于是乎启。然而规模初立,典礼未备,书院一事,未经议及者,遂阅数任。迨后陈署守谟以郡城东有秀阳书院,旧制北向,基址湫隘,未堪扩充,适有思得其地以益宅者,以己南向地一区出而呈官兑易,而书院于是乎有其基矣,然而陈守有志未逮也。予以乾隆甲子岁十月抵镇安视事,恭谒文庙,后接见诸生于明伦堂。郁郁彬彬,亦绝无边鄙椎鲁气,可知从前官斯土者之作养,代有人也。未几,翻阅旧牍,得东门外易书院基地一事,爰率属履其地而亲勘焉。其地南北深十六丈,东西阔七丈三尺,西南缺一隅。又购一民居以补其所不足。于是四隅周正,步位宽舒,可以置讲幄,建曲廊。庭除书室,咸可次第就理。予慨然曰:"是可以集吾事矣。"乃捐金庀材,而各属亦乐有所输,继前守之所未逮。专命知事朱润忠监督其工,始事于乾隆乙丑之孟夏,阅丙寅仲春而厥工告成。①

直隶郁林州

兴文书院。在城内十字街。(《州志》)明万历初,兵巡道徐大任、苏浚建。(据《文载》王同休《记》增)

二十四年,改建提学道行署。今废。(郝《志》)

瑞泉书院。在城南濯缨泉侧。(《州志》)明崇祯十三年,前知州刘履丁议建,兵巡道金九陛、知州潘起鹏续成之。(据金九陛《记》增)

今废。(《州志》)

得一书院。在水月岩。今废。(《州志》)

---

① 〔清〕谢启昆等纂:《广西通志》卷一四〇《建置略十五·学校八》,清同治四年(1865)补刻本,第1—2叶。

紫泉书院。在今明伦堂左。乾隆十六年，署知州南宫秀建。十八年，知州段汝舟建西学舍三楹，后改为训导署。（同上）①

博白县

养正书院。在县署东。明嘉靖二十四年，知县饶天显建。今废。（《县志》）

环玉书院。在东门外。乾隆十年，知县南宫秀建。

南宫秀《新建书院记略》：我之来白州也，天显饶君所建之养正书院废久矣。爰不惜捐资创造书堂一座，两廊轩堂五所，周围墙垣、门楼位置，方若棋局。捐地者，国学生朱景博也。纵一十五丈，横一十四丈。请额于大中丞，题曰"环玉书院"。盖取义于文星玉水，志美其地，以冀钟美其人也。时乾隆乙丑仲春兴工，至季冬而落成。②

北流县

养正书院。在县城东。明同知施宗谊建。久废。（郝《志》）

天一书院。在南门外。康熙元年，署知县安九埏建。旧为文昌祠，明崇祯间名"得月台"，为礼部杨廷抡读书处。（《县志》）

起潜书院。在儒学北。久废。（同上）③

陆川县

三峰书院。在县南万丈坡。乾隆二十一年，知县石崇先建，学政许道基题额。（《县志》）

石崇先《新建书院记略》：岁在乙亥，余摄篆，睹其衣冠文物，彬彬然礼教邦也。其学宫崇圣祠、明伦堂，凡有关于学校者，悉辉煌整肃，独书院缺焉。绅士等请于城南万丈坡创建。余曰："此盛事也，其亟图诸。"爰集绅士履其地，相度基址，建讲堂一、藏书阁一、楼一，俱各三楹，两廊书舍各十二楹。适学

---

① 〔清〕谢启昆等纂：《广西通志》卷一四〇《建置略十五·学校八》，清同治四年（1865）补刻本，第6—7叶。
② 同上书，卷一四〇《建置略十五·学校八》，第10—11叶。
③ 同上书，卷一四〇《建置略十五·学校八》，第12—13叶。

使案州科试，诸生陈请赐记题额，颜曰"三峰书院"。盖取三台山对峙之祥，为多士劝。是举也，经始于乾隆二十一年三月，落成于□月，计费银六百有奇。其书院租石粮田，勒诸石以垂不朽。

许道基《三峰书院记略》：乾隆乙亥冬，石君崇先摄邑篆，不三月，政关教养，激劝者次第举而创立，书院其一也。明年二月，余按郁林，君率其人士，以院之未有名也，乞署名，且记所由昉。予曰：《志》称，三台山在县南一里，峰列如三台，向学宫，盖人文之生山也。院近圣人居而化成，人文实学之支，盍即以三峰名？于是陆之士闻其祥也而喜。予进而诏之曰：尔知名三峰之意乎？元功运行，弥纶块圠，若洼若突，不知而然。惟山岘峛礌砢，青碧空嵌，得天地正骨秀气。峰之于山，尤其巅者也。隐嶙下临，崚嶒上插，芒射星精，位崇五云。峰之自为名哉，骨气使然。天不能不凝，人不能不伏。因以借灵巍岑，立景泮水。吸精导脉，主我人文。岂不欲以峰之三台为贵者相乎？亦求其骨气而已矣。骨气生而有之，则正而秀，亦赅而备之。而第扶之，勿倾以邪，擢之，勿蒙以秽。正者峙，秀者出。标格所树，天自凝，人自伏，耸然而独贵，是亦人之三台已。人有圭爵，峨峨金紫赫烜，而时过名没，不克卓立千古。无他，骨靡而气浇也。惟立德、立功、立言之不朽，比诸山峰之不骞不崩。盖积厚者峻极，有主者常贞。故曰：居仁由义，大人之事备矣。士登斯堂，面斯峰，顾名而思义，砥节而磨光，亭亭乎玉立之姿，高高乎不可掩抑之概，则峰之精神揽而收之方寸矣。①

兴业县

石南书院。在文庙左，训导署前。乾隆四十三年，知县王巡泰建。（《县志》）

王巡泰《石南书院记略》：余宰兴业，受事之明日，谒至圣庙，集诸生讲学，郁郁彬彬，不异邹鲁文学，而科第少衰焉。丁酉入闱分校，兴业弟子无登贤书者。余谓科第之盛衰，固不足为人才忧，而械朴风微，士气销沮，经义治事之斋，阒其无人，所为长喟而心悱矣。乃与邑之贤绅士合谋佥议，得地于文庙之东，鸠工庀材，诹吉兴役，几卒岁而竣事，颜曰"石南书院"。石南，古兴业也，故名焉。讲肄有地，师生有舍，门庑庖湢悉具，又多方募力以足脩聘膏火之用。

---

① 〔清〕谢启昆等纂：《广西通志》卷一四〇《建置略十五·学校八》，清同治四年（1865）补刻本，第15—16叶。

恭缮《御制训饬士子文》，勒之屏间，书朱子《白鹿洞规》于左，因为《学约》若干条以附其右。是役也，经始于乾隆戊戌孟春之月，落成于是年长至后三日。董其事者，武进士唐君维舟、司训庞君惟熙也。学博潘祖训、典史徐家敏皆与谋焉，例得并书。①

《御制训饬士子文》颁勒直省各学

（康熙四十一年）

国家建立学校，原以兴行教化，作育人材，典至渥也。朕临御以来，隆重师儒，加意庠序，近复慎简学使，厘剔弊端，务期风教修明，贤才蔚起，庶几械朴作人之意。乃比来士习未端，儒效罕著，虽内外臣工奉行，未能尽善，亦由尔诸生积锢已久，猝难改易之故也。兹特亲制训言，再加谨饬，尔诸生其敬听之。

从来学者，先立品行，次及文学，学术事功，原委有叙。尔诸生幼闻庭训，长列宫墙，朝夕诵读，宁无讲究？必也躬修实践，砥砺廉隅，敦孝顺以事亲，秉忠贞以立志。穷经考义，弗杂荒诞之谈；取友亲师，悉化骄盈之气。文章归于醇雅，毋事浮华；轨度式于规绳，最防荡轶。子矜佻达，自昔所讥，苟行止有亏，虽读书何益？

若夫宅心弗淑，行已多愆，或蜚语流言，挟制官长；或隐粮包讼，出入公门；或唆拨奸猾，欺孤凌弱；或招呼朋类，结社要盟。乃如之人，名教不容，乡党弗齿，纵幸逃褫朴，滥窃章缝，返之于衷，能无愧乎？

况乎乡会科名，乃抡才大典，关系尤巨，士子果有正才实学，何患困不逢年？顾乃标榜虚名，暗通声气，贪缘诡遇，罔顾身家，又或改窜乡贯，希图进取，嚣鸣腾沸，网利营私，种种弊端，深可痛恨。且夫士子出身之始，尤贵以正，若兹厥初拜献，便已作奸犯科，则异时败检逾闲，何所不至？又安望其秉公持正，为国家宣猷树绩，膺后先疏附之选哉？

朕用嘉惠尔等，故不禁反覆惓惓，颁兹训言。尔等务共体朕心，革遵明

---

① 〔清〕谢启昆等纂：《广西通志》卷一四〇《建置略十五·学校八》，清同治四年（1865）补刻本，第17—18叶。

训，一切痛加改省，争自濯磨，积行勤学，以期上进。国家三年登造，束帛弓旌，不特尔身有荣，即尔祖、父亦增光宠矣。逢时得志，宁俟他求哉？

若仍视为具文，玩愒弗儆，毁方跃冶，暴弃自甘，则是尔等冥顽无知，终不能率教也。既负栽培，复干咎戾，王章具在，朕不能为尔等宽矣。自兹以往，内而国学，外而直省乡校，凡学臣师长，皆有司铎之责者，并宜传集诸生，多方董劝，以副朕怀。否则职业弗修，咎亦难逭，勿谓朕言之不预也。尔多士尚敬听之。①

广西书院添设算学季课示谕

光绪二十三年（1897）

广西书局桂平梧盐法道向、候补道谢为出示晓谕事。照得自强之道，必先作育人才；求才之道，必先推广学校。中国二十年来，京都同文馆、上海广方言馆、格致书院、广东博学馆，皆合中西算学，相与讲习讨论，皆所以新庶政而图自强也。前经内外臣工奏请，以时事多艰，人才凋乏，亟宜讲求实学而致富强。迭奉廷旨，通行各省，遵办在案。上年七月初三日，总理各国事务衙门议复刑部左侍郎李端棻奏请推广学校以励人才一折，内称如各地各府县，自可由督抚酌拟办法，或由书院量加课程，或建书院肄习专门，果使业有可观，三年后由督抚奏明该衙门，再行议定章程，请旨考试录用，以昭激劝等因。本日奉旨：依议、钦此。仰见庙谟深远，洞悉本源，凡可以励人才而资御侮者，无不立沛恩纶，此穷变通久之至意也。

今广西地处西陲，迫近交趾，龙州接越南之铁路，南宁、百色，将必展至。梧州又开为通商口岸，转瞬之间，西士云集，苟无通达中外、周知时务之士以济世用，譬犹之盲聋暗暗，窒塞而不通，非细故也。但广西素称贫瘠，延师筑室，费实不赀，学堂之设，行将有待。且西学灏如烟海，凡光声重力矿汽化电，及一切格致、农业、技艺之学，非得其门径，则其道无由。欲得其道，则自算学始。窃考西人算学之书，其无不习之者曰阿尔热八达，

---

① 〔清〕柴照、刘树贤修，〔清〕顾国诰纂：《富川县志》卷六，清光绪十六年（1890）刻本，第10—11叶。

译为东来法。其书专演移项相消之式，即中国之天元四元借根方。是则西人算学，其源出于中国之明证。今中国算学，自明季失传，近始昌大，实赖西人之书，互相考校，故《御制数理精蕴》、《历象考成》皆参用西法，此礼失求野，不可废也。兹本道等公同酌议，拟仿广东学海堂办法，于经古书院添设算学一门，课以四季，每季由书院监院禀请抚宪命题考试，问以算数、算理、天文、时务四项。其应给奖赏几何，事属创办，亦难预定，当按课卷之优劣以定名次之多寡，每季由善后局拨款发给，以励向学之士。俟将来学有成效，人才蔚起，如何推广设立学堂之处，再行随时酌量办理。此次添设算学季课，本道等盖为培养人才以备时用起见，除详报抚宪及分别移行外，合行出示晓谕。为此示仰举、贡、生监、童生人等知悉，须知算学为当时急务，尔等有志向学，留心时事者，即便赴经古书院报名注册，听候定期考试可也。禀之，特示。①

马援王守仁请列祀典并颁匾额折

（光绪十六年十一月初八日）

奏为功德在民，群思报祀，请将汉臣马援、明臣王守仁，凡广西各属已有庙祀、书院之处，列入春秋祀典，并请颁发御书匾额，恭折具陈，仰祈圣鉴事。

窃广西地极南徼，土汉杂居，自秦汉以来，达人杰士、垂勋布惠者，代不乏人，而能使千百年后，村野之丁男妇孺，土属之椎髻瑶壮，无不感慕讴思，旷代如新，争出其纤啬力作之资，私为创造祠庙、书院，则惟汉臣伏波将军马援、明臣两广总督王守仁为最著。臣校阅所经南宁府城及所属，多有马援、王守仁祠庙，而横州之乌蛮滩马伏波庙，尤著灵异，水旱患难，祈祷辄应。思恩府城土民所建阳明书院，祀王守仁，今犹重加修葺，讲学其中。至马援庙祠，各府所在尤夥，土人拜舞崇奉不绝。

臣尝读汉史，马援征交趾，讨征侧，定六十余城，所过辄为郡县治城郭，

---

① 陈谷嘉、邓洪波主编：《中国书院史资料》下册，浙江教育出版社，1998，第 2018—2019 页。

穿渠灌溉以利民。又《明史》称王守仁总督两广，破断藤峡八寨，降土酋卢苏、王受，抚其众七万，宗传以致良知为本，弟子盈天下，至今粤民犹追思乐道两人之遗事于弗衰。臣窃维教养之泽，深入人心，故报祀之隆，永于身后。马援、王守仁均与有功德于民，则祀之例相符。查王守仁从祀文庙，久荷恩褒，祀典已极隆重，无可再加。然俎豆虽公，百代之馨香，而肸响难已，一方之私祝，似并行而不悖，因教劝而易从，与马援均足以兴起顽懦。合无仰恳天恩，俯准颁赐御书匾额两方，交臣敬谨悬挂横州乌蛮滩马援祠庙，及思恩王守仁书院。凡广西所属各府、州、县，前已建有马援、王守仁祠庙、书院之处，饬令地方官春秋专祭，以顺舆情而宏治化，出自逾格鸿施。所有请将汉臣马援、明臣王守仁列入春秋专祀缘由，谨会同两广督臣李瀚章恭折具奏，伏乞皇上圣鉴训示。谨奏。①

---

① 〔清〕马丕瑶：《马中丞遗集》卷二，收入《清代诗文集汇编》第718册，上海古籍出版社，2010，第624页。

中编

人物编

与书院相关人物，第一类是客籍文官，他们是决定地方书院兴废成败以及地方学风、文风的关键力量。他们中的一些人，上至巡抚，如江西人李绂；下到知县，如湖南人唐鉴，在广西均致力于"化育人才"，捐俸倡修书院，为书院聘请山长，筹划经费；同时也不忘关心生员学业、生活，亲自到书院授课（官课），为书院购买书籍，制定学规，极大地促进了清代广西书院的发展，真正做到了为官一地，泽被一方，令本籍士人不由感叹"何幸卿云覆此方"。第二类是山长，他们是书院的中坚力量。他们有的取得功名，在外为官数年甚至十数年后因各种原因回乡；有的仕途蹭蹬，难获一官，终身以授徒讲学为业。他们不慕名利，勤勤恳恳，安于清贫的山长之位，刘定逌、郑献甫、苏宗经、周璜更是任山长数十年。他们有的家族几代人为山长，如蒋励常、蒋琦龄爷孙，周必超、周璜父子，代代相传，为广西培养人才。有的师徒相继，如刘定逌、张鹏展的学生韦天宝，韦天宝的儿子韦丰华，延续道统、文脉。山长的品行和学问都是一地翘楚，有很高的声望及影响力。

清代广西书院山长群体本身也是书院的受惠者。他们在书院中获得成就后，也造福后人。如郑献甫，少年时代就读柳江书院，后来主讲德胜书院、庆远书院，再掌教榕湖书院、秀峰书院。朱琦在秀峰书院读书时，山长是吕璜，他曾写诗记录听吕璜授课的感受。朱琦辞官回乡后又在秀峰、桂山书院任山长，成为桐城派在广西传播的承前启后的重要力量。韦丰华年轻时就读于秀峰书院，后在岭山书院、阳明书院、西邕书院等为山长十四年。他们还是较早将新的思想文化引进广西的中坚力量。康有为两次来桂林讲学，时为桂山书院山长的周璜钦佩康的学识，与其诗歌唱和，交往频繁，并为康有为在桂林讲学进行宣传，奔走相助。

清代广西，书院是地方文化的中心，它凝聚着当地最重要的两股文化力量：客籍文官和本籍山长。他们共同影响了一段时期内本地区的教育、文化面貌及发展水平。他们同时也是一面多棱镜，折射出清代边省地区知识精英的生活状况、思想境界以及文学水平。

本编所收，以上述两类人物为中心，按生卒时间排列，选取他们诗文中与读书、作文、应举、授徒、兴学密切相关的内容，也收录少部分客籍文官反映广西地区教育、风土等内容的诗文。

李 绂

李绂（1673—1750），字巨来，号穆堂，临川县（今属江西省抚州市）人。少孤贫，好读书。清康熙四十八年（1709）进士，授翰林院编修，曾任云南、浙江乡试正考官等。五十九年（1720）升内阁学士，迁左副都御史。六十年（1721）任会试副考官。后又历任吏、兵、工、户部侍郎、广西巡抚、直隶总督等职。李绂任官三十余年，历康、雍、乾三朝，始终勇于任事，颇有政声。但也因正直敢言，不揣圣意而屡被降职甚至陷狱，所主修的《广西通志》还被查禁。

李绂关心地方文化，重视教育，主张广修书院，认为"士聚处讲贯，学业易成"。清雍正二年（1724）任广西巡抚时，复修宣城书院。清乾隆四年（1739）守母丧时与县令李廷友同捐资创办青云书院，并亲自主持教席，一时名士云集。八年（1743），因病告老回乡，居抚州城内卜桥寺石芝园，担任兴鲁书院山长。

李绂学问渊博，一生治学，精研理学，主张学习与实践并重。著有《春秋一是》《陆子学谱》《朱子晚年全论》《阳明学录》等书。上海古籍出版社2010年出版的《清代诗文集汇编》第232册收李绂所著《穆堂初稿》五十卷，第233册收李绂所著《穆堂别稿》五十卷，均据清道光十一年（1831）奉国堂刻本影印。

赋得薰风自南来示书院诸生（有序）

唐人科场应试诗，俱用五言六韵排律，其体以细腻熨贴为工。今馆阁课士亦用之。余欲以馆阁之材厚期粤士，既以此体相课，仍自作一章，示梗概焉。

气转清和候，微风着体轻。于时欣长养，与物助生成。占用年丰稔，来当日丙丁。将云归北浦，送雨到前荣。迎户红榴颤，穿帘紫燕横。无须忧不竞，未许弱条鸣。

乙巳中秋天香书屋宴集用桂子月中落天香云外飘为韵分得天字

偶然持节来南天，桂林两见秋月圆。阴晴此夕千里共，清光肯使西南偏。肆筵设席集宾友，诗豪酒客相流连。文章政事各有役，如丝作茧长自缠。忽闻令节纵杯斝，饿雁脱臂离鞲挺。西风向晚怒未息，阴云东北来连蜷。摇毫掷简发高唱，云收雾散光婵娟。天心人意有感召，志之所至气至焉。菲材未足当烦剧，炎荒简僻心所便。年丰人乐幸多暇，一觞一咏同群贤。天香书屋我所署，古桂谁种今几年？清阴数亩月初转，未愁文宴妨筹边。只惭拙政谢豪举，看核虽设无管弦。诗成一笑聊自解，欲以淡泊夸华筵。人生縻聚不易得，劝宾三爵同悠然。

桂林九日院斋宴集

幕府深秋候，端居感岁华。二年分岭表，九日共天涯。雨过蓉犹艳，霜迟菊未花。俸钱沽桂酒，将客漫思家。

重九名堪爱，书帷暂辍劳（余无幕友，座中惟有西席与纂修志书诸友人而已）。题糕辨经学，授简属诗豪。客自弹长铗，余能忆大刀（余客游，继以宦游他乡，重九凡二十有五度矣）。龙山旧宾主，且贺此邦遭。①

寄赠廉州庞守

宣城书院士，之子独超群。去作还珠守，犹思作玉文。凤威迟北阙，骥步骋南云。报最来丹陛，丝纶奉圣君。②

传经书院说

大江以南经学，自陈长孙先生父子始。左氏借其言，得立学南方。学者当百世祀之而不祧者也。先生苍梧人，于梧士尤为亲切。适梧州徐守辟书院课士，来请名，因题曰"传经"，俾梧士知兴起焉。徐守名嘉宾，大兴人，有志于文教，并书之以劝来者。③

复修宣城书院碑记

古之王者，建国君民，教学为先。非学则无以化民而成俗，而教之不合于古，则犹未足以化民而成俗也。古之教者，家有塾，党有庠，术有序，国有学。学之为制，立先圣、先师、释奠、释菜之宫，而列黉舍以居学者。黉与横通，亦曰"横舍"。盖学宫南向，横舍则东西向，使诸生聚处，以讲道而问业

---

① 〔清〕李绂：《穆堂初稿》卷一六，清道光十一年（1831）刻本，第12—13叶。
② 同上书，卷一七，第6叶。
③ 同上书，卷一八，第37叶。

之所也。相观而善，则教之所由兴；独学而无友，则教之所由废。《学记》之法，"一年视离经辨志，三年视敬业乐群，五年视博习亲师，七年视论学取友，谓之小成"。曰群，曰师，曰友，则教学之法不可不聚处也明矣。后世昉古法立学，国学而外，郡县莫不咸建学，然未尝聚弟子员于学宫，其名列于学册而已。散而无纪，疏而不亲，课无与为程，业无与为考。后世学宫之士，德业之不古若，职此之由也。封疆大吏有加意于化民成俗者，就昔贤讲学之所，立之书院，拔诸学之秀者，聚处其中，延经明行修之儒为之山长，日省而月试之。其事若狭隘，而书院之士以聚处讲贯，而学业易成。学成而散之各州县，皆足为后学之师，则其教也广，而民可化，俗可成矣。故书院非古，而教法之合于古，莫书院若也。

今圣天子崇儒重道，奖励学宫之教，清教职，广学额。天下之士，蒸蒸向风。又特命修复所在书院，延立山长以课诸生。有封疆之责者，可无加之意，以仰塞诏旨乎？余奉命来抚广西，陛辞之日，即请修书院，以课多士。考广西旧志，有宣成书院，盖宋经略使朱公祀孙建，以祀南轩张宣公、东莱吕成公者。理宗敕赐匾额，后毁，至元重建。明初改为临桂县学。正统中，御史刘公隽复建于县学西。弘治末，提学姚公镆移建府、县二学，置田百一十亩。明末复废。国朝康熙二十一年，教授高君熊征请于巡抚郝公浴，以线伯①花园改建书院，祀张、吕二公，因以课粤士。其地在县学西，即宣成书院旧址。督学王君如辰为记，乃易名"华掌书院"。华掌，郝公别号也。院内有三贤祠，祀郝公暨王、高二君。

余至粤，亲访书院，则垣颓瓦落，鞠为茂草。既诣三贤祠，郝公与王、高二君主皆无有，惟张、吕二公石主在焉，则郝公之所立也。余惟郝公修复书院，崇先儒以劝来学，非以自为也，如不欲复宣成之称，则必不祀张、吕二公矣。王君徒欲以世俗生祠之陋，推崇其长官，乃去今未几，而三贤之主失不可得，则不惟无以成郝公之雅志，并其所为推崇长官者而亦失之矣。余亟命临桂汤令辟而新之，聚粤士之秀者肄业其中，延乡先达学士蒋公为之师，仍署额曰"宣成"，以复书院之旧。又修祠以祀张、吕二公，新郝公与王、高二君主，

---

① 按：线伯，即线国安。

配食，亲致祭焉。无废古迹，无弃前劳，其所以修复古教学之法，以庶几化民而成俗，固亦郝公之志也。比余有总督直隶之命，委桂林知府王君经纪书院事，而书所以修复之意，使刻于石，以传于不废焉。①

广西造士录序

自西汉之季，苍梧陈长孙先生即以经学见称史传，去今千六百余岁，而广西文学未能埒邹、鲁、吴、越之盛，岂地气固然耶？抑官其地者，造士之术有未至也？南荒百越，闽、瓯、扬、骆不一名，其为越无异。若常观察鼓舞于闽，韩昌黎设教于潮，柳子厚指授于柳，其为教宜亦无异。今闽与粤以东，文学抗衡上国，而粤西犹稍逊焉，则信乎继子厚之后者，未能尽造士之术焉耳。

余奉简命来抚是邦，修复宣成书院，以教诸生。盖将以修己治人、明体达用之学望粤士，不仅为艺文。而文为教始，艺亦道余，则亦未可缓已。初下车，行观风试，兼用诗古文，以求通经学古之士。拔各学诸生有造者若干人入书院，延乡先达学士蒋公为师，又明列教条，月亲至书院考课，手加点窜，甲乙次第，以示激劝。刻《韩子粹言》及诗论数种，购书数千卷，经、史、子、集略备，廪饩而外，并资膏火费。于是诸生踔厉奋发，咸愿底于成。蒋公先生尤督劝恳挚，师弟子至改岁率不归其家，除夕咿唔之声达于元旦。从来嗜学之士，未有若斯之笃者也。余方别择试课诗文付梓人，而适有直隶之命，先刻其四书文如干首，传之四方，以见粤士之才之盛，而造之者不可不亟崇其术也。《记》曰："升于学者，不征于司徒，曰'造士'。"又曰："乐正崇四术，立四教，顺先王诗、书、礼、乐以造士，春秋教以礼、乐，冬夏教以诗、书。"盖造士之术如此其备，因题其册曰"广西造士录"，而叙其首，简多士，将跻于成人有德，通知礼、乐、诗、书之术，不仅为有造已也。②

请发宣城书院山长疏

奏为广励遐方文教以宣圣化事。

臣蒙圣恩，简任广西巡抚。窃念风俗以教化为先，教化以师资为重。今国

---

① 〔清〕李绂：《穆堂初稿》卷三〇，清道光十一年（1831）刻本，第7—9叶。
② 同上书，卷三四，第3—4叶。

家重熙累洽之余，大化翔洽。皇上御极以来，临雍讲学，广额增科，训谕学臣，慎用教职，圣治光华，被于四海。惟广西士风未臻于彬郁。臣于陛辞之时，即请修建书院以广教化。抵任之后，亟行观风。半载以来，颇知大概。广西士子非惟文艺未臻极盛，即品习亦宜化诲。除通都大邑士子稍知自爱外，其杂处瑶、壮之地，渐染顽风，往往仇杀抢夺之案，贡监、生童参与其内，甚或为之倡率。此风嚣陵，不可听其终外于圣治。臣愚以为法以治其既犯，学以化于未然。诚择各州、县中童生有聪明而知自爱者，入于省城书院，使经明行修之儒，朝夕化诲，讲明道义，以变其贪戾之心；课习词章，以驯其顽梗之气。庶几道德一而风俗同，以益成圣人之盛治。

臣查广西从前有宣成书院，祀宋儒吕祖谦、张栻，年深倾圮。今臣已经修建，现在购买书籍，安置其中。又行文九府六十州县，考课士子，亲加覆试，慎择其人，入于书院。惟是教授之师，不可不立；经明行修，甚难其选。敢恳皇上于文学、散员之列，或进士、举人之中，或致士旧臣，或布衣耆彦，有文行兼优者，赐发一人，为广西士子之师。则圣化被于遐方。臣亦借资化理，或免陨越矣。伏乞睿鉴施行。①

寿刘郡侯

建国明伦重，君民教学先。熙朝崇化理，良牧寄蕃宣。郡溯临川古，官逢太守贤。遂开兴鲁宅，上接武城传。主讲才诚薄，敷文志尚虔。三春殊草草，多士已翩翩。嵩岳撄皇览，南山祝大年。颖川期入相，汝水记乔迁。惟借青藜照，千秋教泽绵。②

志书馆试生喜雨呈相国尹公

同云霡霂禁城阴，多士雍容锁院深。时雨润沾元老教，春风和识大儒心。桂枝葱郁连宫苑，芹藻缤纷在泮林。共庆求贤宣化理，先征佳兆得商霖。③

---

① 〔清〕李绂：《穆堂初稿》卷三九，清道光十一年（1831）刻本，第3—4叶。
② 〔清〕李绂：《穆堂别稿》卷三，清道光十一年（1831）刻本，第8叶。
③ 同上书，卷八，第8叶。

古训考

近世以诵读、讲论为学，多引《说命》："学于古训，乃有获。事不师古，以克永世，匪说攸闻"，以为古人读书之证。然曰事曰师，恐傅说所谓学不止诵读而讲论之也。且不知所谓古训是何书籍？《五子之歌》称"皇祖有训"，又曰"训有之，内作色荒"云云，岂其书耶？《商书》伊尹始作训，有"三风十愆"之戒；《太甲》三篇及《咸有一德》，不以训名，亦训体也。《泰誓》《牧誓》并称古人有言，恐止是方言，如庄子所谓法言之类耳。他如《蔡仲之命》称"率乃祖文王之彝训"，《君陈》称"尔尚式时周公之猷训"，盖不过祖训，又皆《古文尚书》之辞，而今文无有也。至《周官》称"学古入官，议事以制"，又云"不学墙面，莅事惟烦"，《毕命》称"不由古训，于何其训"，其言并一正一反，与《说命》辞意如出一手。岂汉时崇重经典，儒者遂专以读书为希圣之业，因傅会残经，托于蝌蚪古文？不知圣贤为学，虽不废书，实不专在于书，《尚书》古文未可以为信也。后人徒以古文有《禹谟》"人心""道心"数言，及《仲虺之诰》"义制事，礼制心"，《汤诰》"恒性"等语，开后世理学心性之宗，似非圣者不能作。然独无一语出于《今文尚书》，良可疑也。朱子谓："今文多艰涩，古文反平易""暗诵者不应偏得所难，而考文者反专得其所易"，是朱子固疑之矣。

《今文尚书》惟《酒诰》称"聪听祖考之彝训"，《顾命》称"嗣守文、武大训"，亦皆祖训云尔，未必别有古书。若《尚书》而外，惟《诗》有"古训是式"之语。式就行言，非指诵说。《易》《春秋》皆未闻有所谓古训者。《周礼·地官》有诵训、土训，不过道方志、地图，未审周已前亦有之否？昔人谓皋、夔、稷、契所读何书？楚左史倚相能读《三坟》《五典》《八索》《九丘》。今惟二典仅存，其实一典耳。其余既为孔子所删，则亦非不可不读者。子路"何必读书"之对，夫子虽恶其佞，亦未有以折其非也。孔子教弟子，必余力然后学文，其语子贡"自以为非多学而识"。谢上蔡记程子语，谓"须于事上学，何必读书然后为学"。然则有志于圣贤之学者，亦惟以人伦日用、实践躬行为主。其行之而有余力，然后玩心经籍，以为退息之居，学庶乎其可。而或者鳃鳃然教人以咿唔占毕，日以读书、讲论为致知之事，谓入圣者必由于此,是谓万物不皆备于我,而仁、义、礼、智皆由外铄我也。寻章摘句,如治丝而棼之。老师宿儒,断断于片言半语之间,终身聚讼,而此心茫然无所归宿,卒不暇顾。是明道、程子所诃为玩物丧志而已。朱子中年,亦以读书教弟子,至于晚年,则专以求放心、敦践履为主,而深以徒倚书册为戒。余所辑《朱子晚年全论》三百七十余条,皆可覆按。惟《语类》有劝人读书之说,则皆门人以意为记录者耳。我圣祖仁皇帝命纂《朱子全书》,凡例云:"语类一篇,系门弟子记录,中间不无讹误冗复,杂而未理。"然则善学朱子者,毋惑于门人讹误之词,而细观其晚年所著述,庶不为世俗烂时文、破讲章所愚也。①

奏明茶果银两用数札子

奏为奏明广西公用细数事。查广西巡抚衙门,从前馈送,有贽礼、节礼、寿礼、表礼、盐规、土物、食物等项,除盐务官运、官销,已将盐规停止外,至贽礼、节礼、寿礼、表礼、土物、食物,经臣一概禁绝,杯水粒米,俱不许送。惟桂林、平乐、梧州、浔州四府桥税向来有巡抚衙门茶果银,每年共八千两。又梧、浔二府,经前抚臣宜思恭增添赢余银,梧州四千两,浔州一千二百两,连茶果共银一万三千二百两。臣在任一年半,共该银一万九千八百两正。此项银两,臣于陛辞之时,虽未知其细数,业经面奏,将来俱交布政司收存公用。臣于中每岁用银一千两为日用之费,余俱缮册奏明。当蒙皇上圣谕:"既系尔衙门需用之项,公私在汝酌用,且巡抚每年日用止一千两,亦断不敷此银,不必交布政司,亦不必将细数开奏。钦此。"臣至广西细查,臣衙门需用心红纸张、赍奏盘费、操兵、赏兵、添补军装等项,为数甚多,不便零星向藩司衙门转支,因止将赢余银为修书院课士及修省志之项,交藩库收贮,余俱交中军公库收存,为本衙门公用。除臣日用银每岁一千两外,丝毫未入内衙,今谨将公用细数开列于后:

     ……………

一、修理宣城书院及置备师生床六十张,桌凳六十副,书架厨柜器用,共用银五百余两。

---
① 〔清〕李绂:《穆堂别稿》卷九,清道光十一年(1831)刻本,第4—6叶。

一、书院师生供给：师长每月米一石、银十两。诸生每人每月米三斗、银六钱。师长俸银每岁二百四十两，诸生炭银每人四两，共用过银六百五十余两。

一、观风通省童生覆试，照路远近给与往来盘费，共用过银一百五十余两。

一、赏观风优取生童及书院每月三课优取生员银牌用过七百余面，共银二百余两。

一、书院每月三会，每会送师长鸡、鱼、肉、酒四色，给诸生每人肉一斤、酒一斤，及平时发给纸笔，逢时节送给酒果，共用银五十余两。

一、购买书院经、史、子、集，共四千五百五十余本，共用银三百五十五两。

…………

一、纂修《省志》，延请纂修八人，聘金、束脩、节礼、供给盘费，共银九百余两。

一、雇募抄写志书底稿书手十二人，饭食、工钱共用银二百四十余两。

一、刊刻志书及书院所用《韩子粹言》等书，写样、买板、刻工，现在共用过银八百余两，志书尚未刻完。

一、印刷志书及各书纸张，工价用银一百二十余两。

一、寄存藩库为书院供给及刻印志书之用银一千二百两。

…………

一、捐修柳州府学银一百两。（发柳州府）

…………

臣迂愚琐褻，干渎宸严，伏乞皇上天恩鉴宥。臣悚息谨奏。①

刻秋山论文序说

秋山论文者，余癸未春主秋山书院，杂书代答问，以应诸生之请业请益者也。时余年二十有九，学浅识疏，于文事亦未有定见，本无足存，属永新张邑侯刻《秋山课义》，曾列之卷首，颇有删润，失余本意，遂别存其稿于家。昨滥膺简命，来抚粤西，修复宣成书院以课诸生，延侍讲学士蒋公主其事，余亦

---

① 〔清〕李绂：《穆堂别稿》卷三三，清道光十一年（1831）刻本，第2—8叶。

时至书院，与诸生讲解，手评点其课文，诸生既不薄余之陋，而颇信余之诚。又蒋公师严道尊，切磋甚力，莫不踊跃以求进学。余亦欣然乐诸生之勤，将聿观厥成也。未几，蒙恩量移，有总督京畿之命，行且俶装，欲久与诸生讲解，不可得矣。捡行箧，得此册刻之，留以示诸生。此不足以尽文章之奥窔，即余年来所见，亦尚有少进，特少年用力之次第，颇可考见，用以为诸生入门拾级之助，或不无少补云。雍正三年孟冬月，穆堂李绂书。①

观风试士檄

照得教为王道之成，士为四民之首。我国家重熙累洽，久道化成。皇上励精图治，尊重师儒，临雍讲学，增广取士之额，复五经之科，回避者特奏，遗逸者补搜。至于文武殿试，特旨得对策殿中，宴赐隆重，前古未闻。士生斯世，所谓千载一时也。

本部院由科目通籍，荐历清华，忝受两朝殊遇，文、武乡、会，五任主考，讲帷侍从十有余年。鼓吹休明，润色鸿业，未之逮也，窃有志焉。方今声教四讫，而此邦人文较之中土未臻极盛，岂僻在炎荒，多士未知自奋耶？毋亦官斯土者，未极鼓舞化导之责也？本部院奉命之初，即先启奏辟书院，聚士子讲学，仰裨教化。入境以来，所见山川奇秀甲于天下，士生其间，岂无有如陈祭酒父子之经术，冯文简、蒋文定之德业，士彦威、赵清惠之经济，张忠简之风节，二陈、二曹之才华，应文运而兴，复见于今日者乎？

拟即亟行观风。值时方溽暑，士子跋涉维艰，是用姑缓。今秋气渐凉，可以论文，可以讲学。除桂林府、临桂县两学生员及临桂县童生，俱限本月十三日齐赴会城宣成书院，听候本部院亲行考试外，其余各府、州、县学生员及各州、县童生，封题发该府、州、县代考，汇卷解阅，拔其殊尤，亲加覆试。果有气质端醇、才优学赡者，取入书院读书。其书院于明春开堂，敦请良师，多置经籍，丰其廪饩，本部院仍不时亲至书院讲解考课，务底有成，以仰副我皇上作人盛治。至于士子家多寒苦、资斧维艰，因而观望不前者，情亦有之。本部院再三筹画，必周必详。凡取覆试生童，计程远近，给与往来路费。留书院读书者，除供膳外，仍量给养家之资，务使诸生欢忻踊跃，噬肯来游，静志凝

---

① 〔清〕李绂：《穆堂别稿》卷四四，清道光十一年（1831）刻本，第1叶。

神，专精学业。至于各府、州、县官吏代考之时，务必关防严密，士子亦宜自尽所长，毋得雇倩剿袭，致覆试文理不符，究归无用。各宜勉力，无负国家之雅化，毋虚本部院之盛心。须至檄者。①

行知书院藏书檄

照得本部院修复宣成书院，敦请先达教授诸生，先将本衙藏书切于诵习者，发给书院。又发银一百七十两，委桂林章守于苏州购买各书。又发银一百两，委全州张牧于江宁购买各书。增所未备，经、史、子、集，颇已足用。第恐典守无人，稽查不力，将来散佚可虞。桂林首郡，宜专责成，为此合行该府，将册开书目，亲诣书院稽查，即会商书院师长，作何藏贮？委令何人看守？从长酌议。并将来该府升转，作何交代？妥议成法，并钞书目，详明司道，公同核议，转详本部院衙门批定饬遵，永远存案。毋违。速速！②

行知书院田宅义租檄

查得省城华掌书院，原有置买临桂县学田一顷八十七亩二分九厘，兴安县学田一顷零六亩四分，阳朔县学田八十三亩六分四厘四毫。又雍正三年分，经原任桂林府章守详请，将公用银买存兴安县监生钟淑天家田七十亩，房屋一所，共一十八间，山场、鱼塘两处。以上田宅均属递年收租变价，支送书院诸生膏火之费。今华掌书院经本部院修复为宣城书院，则此数顷田宅、租谷、租银，应仍归宣成书院需用，或春米以给诸生月粮，或变价以给诸生膏火，拟合行知。为此牌仰该司府官吏，即便遵照，毋违。③

宣成书院条约

窃惟治世在于人材，人材由于培养。我皇上绍休明之运，建郅隆之业，既已崇奖学校，慎选儒官，犹复申饬封疆守土诸臣，建立义学，兴贤育材，所以广励学官之路者至矣。本部院祗④承钦命，节镇桂、海三江十三郡之秀民，

---

① 〔清〕李绂：《穆堂别稿》卷四六，清道光十一年（1831）刻本，第1—2叶。
② 同上书，卷四七，第1—2叶。
③ 同上书，卷四七，第11叶。
④ 按："祗"，原本作"祇"，误。祗承，犹祗奉。

豫养之责，良有所归。顾士溺于俗学而不尽其材也久矣。今兹之举，固将崇德广业，以立学术事功之基。即卑论文艺，亦欲甄陶渐濡，储通经学古之士，光华著作之才，以仰备国家之用。若犹是矻矻于讲章之学、帖括之文，则诸生固已肄业及之，岂今日之所以厚望者哉！兹于鼓箧之初，为揭其纲要，以示之准。

一、辨读书缘起。材之不成，由于不学。今举世皆学，而又乏材者，由不知所以学者何为也？曰：为科名耳，为利禄耳。父兄以此教，子弟以此学，举圣贤扶世导民之具，仅供吾弋取利名之资，而于身心性情、家国天下之故，毫无与焉。则自其成童就傅之年，而所以读书之故，早已迷缪而失其旨。即利禄、科名既遂，究其归趣，一鄙夫耳。诸士第时省所以读书之故，则今日修之家者，必有其事也；异时献之廷者，必有其具也。试问昔之游宦于粤者，何可更仆数？独南轩、东莱二君子，俎豆于斯堂，科名、利禄云乎哉？典型具在，坠绪茫然，学者其亦知所向方矣。

一、辨游艺门径。文艺之于道，末事也；科举之义，又文之末事也。然国家取士之制在是，即孔、孟、程、朱生于今日，亦不得弃之而不务。务之则必尽其功，故得失可捐，而功之不尽，则谓之不诚矣。所谓尽其功者，岂于世俗索解于学究删纂之说，取材于坊刻浅薄之文云尔哉？经艺之体，其理则代古先圣贤之言也，其辞则周、秦以来立言者之神气格律，无弗包也。不探讨于六艺，不足以窥理之奥；不穿贯于子史百家，不足以尽词之变。故通经学古，非靳工于科举之文也，而科举之文之工，亦必由是。然今人皆知通经学古之为美，而顾畏而不前者，何也？则以其业繁，其程远，不若俗学之可以速化也。是大不然。夫俗学之根柢，讲章、时文而已。然讲说日新月异，时文逐风会为转移，其变迁尤甚。世所号为老于科举之学者，计其生平，研览于讲说者，不知其几种矣；敝精于时文者，不知其几端矣。约略所诵，奚啻千百篇？古学以通经为主，九经仅四十八万四千余字，以较时文，不过七八百篇之多。郑耕老谓"日诵三百字，不过四年半可毕"。况《论》《孟》《孝经》，诸生共习，又各占一经，约省三之一矣，再补余经，三年可毕。况姿性高者，日不止诵三百字耶！诸生敝精于科举之文，虽及百千，不免为大雅嗤点。苟腹贮九经，则可以方行天下，而其所为时艺之工，又必有异于人者矣。移其精神学力于是，则品之雅俗，判若天渊，又未尝见彼之逸而此独劳也。诸生亦何惮而久不为此？且令勉诸生为古学，非谓必尽弃其学而更张之也。第科举之学，诸生既已熟习，苟温其故而加精焉，亦足以追时好而取世资。若今之所用为课者，则平生之尚未暇遑者也。今为诸生参分其日力，以其一为时学，以其二从事于斯，随其姿性之高下，以为记诵之多寡。虽时过后学，勤苦难成，记言诚然，然身隶学官，则肄诵之外无余事。苟不为蓄，终身不得通经学古，是所厚望。现在刊刻日历，分给诸生，听自量记质。每日除温习外，能读记经、史、子、集若干字，亲笔填注于册。

一、经学而外，莫重于史。《史记》《汉书》，昔人以配六经，姿性高者，就中节读。余"十九史"，亦当寓目。子如《老》《庄》《荀》《韩》《吕览》《淮南》，文笔俱高。文集若文选、文粹、文鉴、文类，皆宜别择取裁。李、杜、韩、柳、欧、王、曾、苏宜观全集，亦节取读之。余文泛览，以广见闻可也。

一、古人读书，多由手抄，不惟行墨总萃，便于记诵，抑且精神凝注。今所读能日录者尤佳。或作字迟钝，恐费日力者，则购坊本，手加点阅，亦足考课勤惰，参验进退。

一、会文月三，恐防于读也。文不拘一律，要必自己出为佳。剿说雷同，实为首戒。

一、月朔课，前月所肄诸生肃谒主讲，主讲按日历刺举经籍章句，试其诚诵与否。有错误遗忘者，札记以俟再课，后月亦如之。季终通核所诵生熟，并交会等第高下，总注日历后幅，移送本部院，以凭查核，面加劝勉。

一、学勤于专。古人目不窥园，坐而穿榻，专之谓也。场屋之学，不专亦不能成，况肆力于通经学古者乎？专则日积月累，由少以至于多，故曰"蛾子时术之"，未有作辍，而可以为学者也。诸生在馆，不得辄出，有必不得已者，请假而行，刻期遄返。

一、学以严师为先。师严道尊，而后知敬，学古之训也。是以往制必任致政之卿大夫，以其德尊望重，足为后生小子矜式，而严惮切磋以有成也。诸生一言一动，凛遵毋违，则德器凝定，岂直记诵词章之益乎？主讲石塘先生，与本部院同官学士，今本部院承乏兹土，而先生半刺不投，视子羽之非公不至，殆于过之。即此一端，诸生矜式为益，于品行侈矣。

一、本部院捐资饩士，敦延师长，所为造就之力，剀切之旨，一出诚心，非循故事，盖所望于尔诸生者甚大。尔诸生务宜奋发濯磨，文行交修，以副本部院期望至意。其有操履粹白，学殖日新，文章华茂者，本部院别加优奖，即储为将来荐剡之地。如有言行违反，燕僻怠荒，或恃一日甄擢，因而意气扬扬，恣睢里巷，佻达城阙，此则浮薄不材之甚，无足陶铸者。访闻有此，立加摈斥，决不使一莠之滋，乱我嘉禾也。汝诸生其敬听之。

以上条教，不过揭为学之指归，且以课程创见，诚虑诸生望洋却步，故不靳谆复譬晓，用祛疑畏。至于大纲细目，则有儒先成训与主讲之良规，在诸生务恪遵之，无烦本部院之覼缕也。①

宣成书院课士诗

贤才国根本，得之国乃昌。经训士菑畲，教成治益光。朝廷正有道，举孝兴贤良。声教周四际，安得遗遐方。矧兹古西粤，经学汉滥觞。陈氏有家传，上书言丘明。遂令《左氏传》，鼎立于胶庠。霸才震士燮，诗学鸣曹唐。制科宋所重，大魁先冯王。有明尤挺出，朝士多轩昂。文定得启沃，清惠才明将。鹤楼抗风节，凛凛严风霜。争衡于上国，峨峨莫与京。流风百余年，山高水犹长。菲薄忝遭逢，持节来炎荒。愿与诸士约，讲学兴文章。艺苑共驰骤，德囿同翱翔。上以应景运，休征来麟凰。下以致美俗，旧染回狑狼。庶几轸翼南，奎壁回光芒。往闻常观察，风气开闽疆。又闻韩昌黎，文学兴潮阳。望古一遥集，盛事其可忘。教化如有成，百世同芬芳。

案：《续通考》谓"书院在府治北，祀张栻、吕祖谦"，此指始建之地云耳。后府署已迁，昔时书院又经再废，今在府治西南矣。又案：今以秀峰处生员之肄业者，定额正课生五十名，额外正课生十五名，附课无定额。以宣成处童生之肄业者，定额正课生二十五名，额外正课八名，附课生二十名。兹详录

---

① 〔清〕李绂：《穆堂别稿》卷四九，清道光十一年（1831）刻本，第15—20叶。

于此。其已废书院，悉入古迹。其名为书院，而实非诸生肄业之地者，分载古迹廨署。①

李抚宪批

据禀具见：兴行教化，出于实心，置买经书，尤资学殖，率先九郡，深属可嘉。但据称檄行州、县，择士报名，固可辨其品行，而资性敏明与否，不若课其文艺，尤为信而有征。似应出示，令愿就书院之生童报名应试，择其文笔佳而可造者取之，其所取之士，有借训蒙□□不能分身至书院肄业者，计令照书院题，将文字交本县学师送至书院山长，逐一□示还阅，以广教思。仍将此意于告示□说。□□□者，皆来应试，其取入书院之人，务加覆试，见其果可造也而后取之。庶书院皆有造之士，而为之师者亦事逸而增倍。否则，徒为贫士藏身之地，教者勤而学卒无成也。程年兄人品文学俱优，□可不愧师范，该府又能加以礼貌，则师严而道尊，道尊而民知劝学，不患教化之无成也。此禀，仍缴印守备，□先令贤子入学，意亦可嘉，功课□存览。程年兄所寄《感遇诗》甚佳，烦为致谢。②

刘定逌

刘定逌（1721—1806），字叙臣、叔达，号灵溪，武缘（今属广西壮族自治区南宁市）人。清乾隆九年（1744）解元，十三年（1748）进士，选翰林院庶吉士，散馆授翰林院编修。二十三年（1758）休致，载书五车归乡。次年到思恩府阳明书院执教。二十八年（1763）主讲浔州府浔阳书院。四十年（1775）掌教桂林秀峰书院，至四十三年（1778）冬离开。清嘉庆元年（1796）再度出任秀峰书院山长，六年（1801）主讲宾州宾阳书院。一生在广西四地五任山长四十余年，造就人才无数。

刘定逌制定了《秀峰书院学规》，提出"宜立志""宜立身""宜熟读""宜

---

① 〔清〕蔡呈韶修，〔清〕胡虔撰：《临桂县志》卷一四，清光绪十八年（1892）桂垣书局补刻本，第20—21叶。
② 〔清〕胡醇仁修：《平乐府志》卷八，清雍正四年（1726）刻本，第15叶。

熟思"的"为学四法"和"去名心""去欺心""去骄心""去吝心"的"为学四戒"。还写下《三难通解训言》悬于书院讲堂作为学生行动准则。这两则材料都成为秀峰书院的精髓和文化遗产，悬挂于书院讲堂百余年。

刘定逌在世时就极受地方官和百姓的尊重，当时的广西巡抚百龄曾亲题"玉清尊宿"表其门，广西学政帅承瀛曾即席赋诗表彰其"养育人才"的功绩。刘定逌去世后，蒋攸铦在其墓志中称赞他德行如"漓江之水，清且涟兮"，学问如"独秀之峰，高不塞兮"。《武鸣县志》也称他"以盖世之才，崛起于尘寰，科甲文章，伟然当世"。

刘定逌著作有《读书六字诀》《刘灵溪诗稿》《四书讲义》，均已散佚。今仅存《三难通解训言》《罗衣古寺碑记》《重修武缘县儒学碑记》《灵水庙碑记》《灵溪时文》等文及数十首诗歌。无别集留存。

邑太史刘定逌重修学宫记

人之所以为人，学也。学之为道，何也？其事貌、言、视、听；其性仁、义、礼、智；其情喜、怒、哀、乐；其伦君臣、父子、夫妇、兄弟、朋友；其文《易》《书》《诗》《礼》《乐》《春秋》；其功格、致、诚、正、修、齐、治、平；其施自身而家、而国、而天下。《大学》所谓"明德、新民、止至善者"是也。三代而下，通中国言儒术者，莫不折衷于东鲁，奉为俎豆，所以明儒之有宗、学之有统，范天下耳目心思之用，而道德以一、风俗以同，典甚巨。

制云：古矣，武缘学宫！考之《邑志》，自前明洪武二年至隆嘉（庆①）三年，地凡三迁，始奠今所，即武缘所旧基也。长四十五丈，广十八丈，凡六十三丈。地势闳敞，踞邑城之胜。邑郡邓公洪震记载学制、学地甚详。国朝因之。康熙五十三年，邑侯孙公兆奎次第重修殿庑堂祠如其制。乾隆五年庚申，邑侯耿公昭需倡修泮池，砌以石。四十年乙未，邑侯武公越熊奉檄查复西北角学地旧址，建两斋学署。然自修建以来，大率因陋就简，周围筑以土墙。近因癸巳大水之后，影壁以上墙垣坍塌殆尽，礼门、义路两旁甬道遂为居民所

---

① 按：原本作"嘉"，疑误。隆庆，明朝第十二位皇帝明穆宗朱载垕年号，使用时间为隆庆元年至隆庆六年（1567—1572）。

侵占，自是栋宇倾颓，前后门庑堂祠堆积瓦砾，正殿空余神龛一座，两旁木主无有存者。工程浩大，修葺维艰。癸卯冬，邑侯王公柱莅任三载，政肃民和。毅然以振兴文教为己任，捐俸百金倡其首，绅士书捐募捐，计共四千七百余两。历一年，众论多歧，人生观望。首士孝廉梁君生桂等公呈举逌董其役。乙巳春，接奉学使于公鼎手书，郡伯田公凤仪面谕，谆谆以斯文领袖坐镇，雅俗为词，乃与诸首事谒见。王邑侯集众公议章程，绘图备列土木工料清册。议既定，始命诸董事分办，求椿楸于深山，购杉木于柳。分大小、长短、多寡，各如其数。周围垣墙内外砌以青砖，为经久之计。中为大成殿，左右为两庑，附以名宦、乡贤两祠。前为大成门，左右为宿斋所。最前为礼门、义路殿，后改旧明伦堂为崇圣宫。最后即崇圣故址，改为尊经阁，左为明伦堂，后为忠义祠，右即为两斋学署，东西建以角门。以乙巳之秋八月十六日兴工，冬十二月十八日安妥先圣神位，次列四大配以下先哲、先贤、先儒暨崇圣宫名宦、乡贤两祠各牌位。邑长吏率官属绅士行释菜礼如常仪。

越明年，丙午夏五月，木工告竣。而自大成门以下，土功尚有待焉。戊申春，署邑侯竹园孙公鉴锐意学事，集邑中尚义士民于署，公议续捐，复得二百余金，择吉兴工，三阅月而影壁巍然矣。两旁围墙未及就竣，乃以安南军需告急，遂寝其事。己酉仲秋，星沙廖侯文镔至，目击情形，考邑乘，清厘学地。辟开两旁甬道，捐廉建以坊，上通东西角门，坦然大路。分命董事数人督催旧捐欠项，得一百余金，建棂星门于泮池下，气势轩昂相称。

自乙巳兴工以来，历隔六年，经三贤侯而规模始大备。盖成功若此之难也。继自今愿游庠之士登圣人之堂，读圣人之书，想见其为人，反而求诸身心之地，居仁由义，饬纪敦伦。出为名臣，处为贤士。追踪濂、洛、关、闽，直窥《大学》"明""新""止至善"之真传，以图不负圣天子崇儒重道之至意，贤邑宰建学兴教之深心，为一郡人文生色，当不徒以殿宇雄峻、局势恢宏夸耀于通都大邑，且不徒以摘句寻章、梯荣希进争一时科目之盛已也。

逌不敏，请从诸君子后，奋笔以当千里命驾之一策。其同时分办诸董事另镌一石，如其碑云。①

---

① 温德溥修，曾唯儒纂：《武鸣县志》卷四，民国四年（1915）南宁达时印务局铅印本，第36—39叶。

三难通解训言述

乾隆元年,岁在丙辰,夏五月十五日,先明经立轩府君手著《三难通解训》。

逌曰:人生世上,不满百年。日子不是糊混过的,饭不是糊混食的,屋不是糊混住的,朋友不是糊混勾搭的,事不是糊混做的,话不是糊混讲的。一日之内,人人各有当尽之职,当循之分。职之所当然者,义也。义之发于言,则为庸德之言;义之见于行,则为庸德之行,而皆统之于心。义者,心之制也;言者,心之声也;行者,心之表也。小慧者,义之贼而心之害也。怍者,心之羞恶而义之端也。其要只在立志,志者,心之所之,义之帅也。须是把平日旧染积习的关头攻破得开,直从自己心头上立定学做好人,直向上去的主意。

读书穷理,以明其志,循规蹈矩,以习其义。一日之内,自旦而昼,而夕,而夜,立定课程,循序渐进,读正经之书,习正经之字,存正经之心,交正经之友,行正经之事,讲正经之话。毋畏难,毋苟安,毋因循,毋姑待,毋旁杂,毋间断,毋妄语,毋多言。此志一立,如白日当天,魑魅潜形,到得日新月异,而岁不同,自有向上之一机。上之,不愧为天地之肖子,为宇宙间有体、有用之完人;次之,亦不失为谨身寡过,保世、保家之子弟,才不辜负父母生下我来,出世一番。

世上却有一种孟浪的庸材。一日之间,自朝至暮,饱饱闷闷,昏昏沉沉,有诗书不读,有师友不亲,有父母兄弟不知,有妻子不问,有身家不顾,把自己生来至虚、至灵之本体置之无用之地,如已槁之木、已死之灰。一点真元,竟成顽石。一日混过一日,一年混过一年。到结果时,只成了人世间一废物;又有一群后生小子,三三五五,聚集一堂,穷一日之力,讲的刻薄话,行的刻薄事。闻一正言则鄙为迂谈而不听,见一正行则鄙为迂阔之行而不亲。相习成风,牢不可破,不知虚度了许多少年子弟之光阴,败坏了许多少年子弟之心术,废弛了许多少年子弟之才华。飘飘荡荡,日甚一日,年甚一年。到结果时,只成了一群的刻薄鬼;又有一种大言不惭的狂奴,逞其一时之口舌,习为无根之游谈,讲天讲地,说古说今,全不理会自己身心性命为何物,伦常日用为何事。以菲薄前人为高论,以侮慢圣言为快谈。无知小子闻言而惊,练达老成掩耳而过。叩其由来,早把自己生来知羞、知恶之天良根株斩断，不独为学术之害，亦且为人心之忧。到结果时，只成了人世间一蠢物。圣人见得此种病症深入膏肓，法语之言激励他不得，巽语之言鼓舞他不得，只轻轻以一难字拨动他，唤醒他，立下一剂极简便之良方、苦口之良药，待他本人徐徐咽下，滴入心头，猛然有觉，自呻自吟，自怨自艾，陡然发出一身大汗而愈。

细玩两"矣""哉"字，一"则"字，一"也"字，有千呼万唤之势，诵到"博弈"两句，更觉刻骨痛心，令人不堪卒读。非是为此辈开了方便前门，正是为此辈痛下针砭，为此辈塞断后路，所谓嬉笑之言，甚于怒骂也。此是大圣人救世一片婆心，便是万世济人一大国手。自天子以至庶人，未有能出其范围者也。时时默痛其言，而悲喜无端者，切身体认，自知痛痒者也。圣人教我良多也。日日口诵其言，而谈笑自若者，滑口读过，不知痛痒者也，圣人亦无如之何也。

迺自弱冠以来，时时以此铭之于心，诵之于口，服之于身，至于今年且老矣。书此公之同志，以当千里命驾之一策云。（访册）①

秀峰书院题联
于三纲五常内，力尽一分，就算一分真事业；
向六经四子中，尚论千古，才识千古大文章。②

写怀
万仞山头万仞山，层崖绝壁小心攀。要从万仞山头立，细把工夫问孔颜。

夜坐二首
夜静天机寂，心虚万物空。可怜堪作伴，明月与清风。
潇洒微尘外，空虚一物无。残灯还照我，兀坐老团蒲。

偶得
夜坐乾坤大，闲中日月长。虚心观造化，物我一齐忘。③

---

① 温德溥修，曾唯儒纂：《武鸣县志》卷一〇，民国四年（1915）南宁达时印务局铅印本，第84—86叶。
② 〔清〕梁章钜辑：《楹联丛话》卷八，清道光二十年（1840）环碧轩刻本，第3叶。
③ 杨翰卿、叶堃：《刘定逌的理学思想与中国少数民族儒学》，《民族学刊》2022年第1期，第85—86页。

无题

昔日何缘今日幸同舟,犹如苏子赤壁浦中游。诗兴有时取云天作纸,酒狂醉后以海水为瓯。大笑一声鱼龙惊破胆,漫言几句神鬼尽低头。水里夜深慢捞江底月,船中举子个个脸含羞。

对联一副

西鸟东飞满地凤凰难下足;南麟北走遍山虎豹尽低头。[1]

晓枕作

一年又一年,春秋过枕前;人生一百岁,何能枕安眠。

太平吟

我读太平书,我耕太平田;我在太平世,我乐太平年。

六月六日

家家祭田祖,吾亦祝吾田;深耕还易耨,半亩卜半年。

题冯学园桃源春景小影

走尽天涯路,乾坤许自由。长途问老马,吾道是虚舟。
月共乡关远,人同沂水游。江头春正好,归去一齐收。

行年四十五（八首）

行年四十五,读书不知苦,掩卷自忘形,旷然今与古。
行年四十五,吟诗不知苦,随意放高歌,超然今与古。
行年四十五,临文不知苦,字字本性真,盎然今与古。
行年四十五,挥毫不知苦,笔笔自心生,邈然今与古。
行年四十五,形神不知苦,自性自流行,浩然今与古。
行年四十五,家贫不知苦,俯仰一时间,萧然今与古。
行年四十五,世味不知苦,日月有真机,淡然今与古。

---

[1] 黄泽佩:《"盖世才子"刘定逌诗对选讲》,《阅读与写作》1996年第12期,第8页。按:此诗乃清乾隆九年（1744）刘定逌赴乡试途中作。

行年四十五，人情不知苦，有憾还天地，悠然今与古。

读书乐吟

读书何所乐！乐在读书心。读到忘言后，旷然无古今。①

自得吟四首（其四）

哑子得梦时，意中自明白。而口不能言，是谓真自得。

和绍堂盘江书怀

共此晦明共此身，年来共作泛舟人。曾闻陋巷难忘世，肯向长沮错问津。话到行藏千载梦，忧怀家国一时真。吾儒自有同胞志，饥溺情深那计贫！

宿城板桥上六合谷峰叔

尽日意迟迟，他乡又别离。马蹄明月里，已过板桥西。②

隆安江上遇梁生乔楚赋赠（四首）

别去悠悠二十春，江头相对白头人；渊源欲问今何似，皎皎冰壶一片心。

富贵功名随所遇，纲常名教订心期；但从颜巷寻吾乐，莫向杨朱泣路歧。

时温《论语》两三句，日课童蒙四五人；莫谓山中无事业，等闲教读即经纶。

《论》《孟》读来真有用，千秋孔孟在人心；不从自己心头论，读尽遗经枉费神。③

大明山遇雨次耿明府韵

策蹇莫邪山畔行，乱云急雨一时生。风声渡涧喧林麓，岚气浮空结化城。新水频添旧水浊，午烟不断晚烟迎。眼中一片迷离景，好与维摩寄远情。④

---

① 周作秋等：《壮族文学发展史》中卷，广西人民出版社，2007，第740—741页。
② 欧阳若修等编著：《壮族文学史》第2册，广西人民出版社，1986，第598—599页。
③ 中共南宁市委宣传部、南宁市文学艺术界联合会主编：《南宁历史文化精选·随笔卷》，广西人民出版社，2016，第84—85页。
④ 韦湘秋：《广西百代诗踪》，广西人民出版社，1995，第441页。

题栖霞寺浑融和尚小像

下笔当年意已深,无愁蹙额老禅林。如何不画山头月,照见栖霞夜半心!①

秀峰书院学规

宜立志:志不立,直是无着力处。学者须把世间声色、货利的关头打破得开,将自己平日里畏难苟安的旧习一拳捶碎,直从自己心头上立定学做好人、直向上去的主意,才好循序用功。程子曰:莫说道将第一等让与别人,且做第二等,才如此说,自是自弃。这便是立志的榜样,这便是学问的大头脑。

宜立身:身非一块血肉之谓也。仁义礼智是自身本来的性,喜怒哀乐是自身本来的情,耳目四肢是自身本来的官骸,君臣父子夫妇兄弟朋友是自身本来的伦理。学者须从自己身上寻得一个实落,时刻提起他,爱惜他,珍重他,不要亏损了他的本来真面目,方不辜负天地父母生下我出世一番。程子曰"敬义夹持直上",这便是立身的下手工夫,这便是此身一生受用不尽处。

宜熟读:读书不熟,其病有二。钝根之人,难于记诵,视为畏途,便放下手;敏捷之人,贪于涉猎,一经成诵②,便不肯多读,其所以不熟一也。圣贤之书,愈读愈有滋味。先儒云:"读书千遍,其义自见。"这才是个中人语,昔程子读《汉书》,一字不肯放过,学者须是用着这等工夫。

宜熟思:学者粗知读书,先将一种旧解宿见横着胸中,便不肯去向自己心上理会,此是学问大病痛处。圣贤千言万语,一字一句,大有意味可寻。开卷时须先把自己心地打扫干净,静坐凝神,然后逐句逐字寻究他的实理,抽绎他的虚神。从无疑处看出有疑处,从有疑处看出无疑。卓见得当日立教宗旨,实于我身有关切处,方有个着落。昔程子以诵记博识为玩物丧志,只有一个不熟知,却记得多,毕竟于自己无益。

古为学之法

去名心:好名之心,精神外射,浮而不实,见些道理,便不能入。学者起脚,最易犯此病。起脚一差,大本已失,更讲甚学,更学甚事。真是要把这一念痛断根株,才好商量向上一层的学问。

---

① 曾庆全选注:《历代壮族文人诗选》,广西人民出版社,1985,第37页。
② 原文为"踊",误。

去欺心：理见得真不真，事行得是不是，书读得熟不熟，自家心里本是明白，何曾欺着别人，只是怕自己本来明白的一点真知，却被自家当下隐瞒过了。这个关头学者须要着力打得破，才是实在下手功夫。

去骄心：富贵骄人，其富贵可鄙；贫贱骄人，其贫贱可羞；学问骄人，其学问必浅；道德骄人，其道德不真。骄字之根纯系一片客气发出来，最是害事。学者须时刻在自己身上搜寻他的根苗，却要从道理上见得大处。此处见得一大分，彼自消得去一分。

去吝心：圣贤道理，何等光明正大，一有自私自利之见系在胸中，便是不光不明，不正不大，刚恶为忌为刻，柔恶为阴险，为邪曲，其病中于膏肓。学者须见得此理，本自平铺把这一念渐渐消磨。这念消得去一分，道理愈见得大一分，直向上去，方识得孔门万物一体的家法。①

冯敏昌

冯敏昌（1747—1806），字伯求，又字伯子，号鱼山，钦州（今属广西壮族自治区钦州市）人。清乾隆三十五年（1770）举人，四十三年（1778）中进士，改庶吉士，授翰林院编修，分校《四库全书》。四十九年（1784）为会试同考官，先后任刑部河南司、户部浙江司主事。后因翰林同馆得罪权要被殃及而降为空衔主事，遂辞官。之后在河阳、端溪、粤华、粤秀等书院为山长，"讲正学，励躬行，多所造就"。

翁方纲对冯敏昌有知遇之恩、提拔之力。清乾隆三十年（1765）翁方纲为廉州学使至钦州考察生员时阅卷，冯敏昌以一篇《金马式赋》令翁方纲叹为"南海明珠"，以第一名"拔贡入国学"。翁方纲对冯敏昌的评价极高，说冯敏昌是自己"掌文衡"生涯中选拔出来的"天马""骅骝""天才独擅"，最为优秀的"栋梁材"，并作《铜马篇》赠与他。在冯敏昌去世后为作墓志铭。冯敏昌亦敬佩翁方纲的学问，写下多首跟随翁方纲问学、陪游之作。

---

① 韦玖灵：《壮族哲学思想》，知识产权出版社，2017，第143—145页。

冯敏昌勤于笔耕，诗文甚众，今存《小罗浮草堂诗集》《小罗浮草堂文集》《崇雅斋稿》。他的诗，由韩愈、黄庭坚而上溯至李白、杜甫，融会诸家而自成一家，为岭南一大宗。今存诗2000多首，题材广泛，立意鲜明，遣词流畅，格律绵密，颇具功力。与张锦芳、吴亦常一起被并称为"岭南三子"。

冯敏昌"谈艺之余，作七经解说四书讲义，并刻《端溪课艺》……以及古今文赋诗选十余种，日夜与诸生口讲手书"。此外还编撰有《孟县志》《华山小志》《河阳镜石录》《广东通志》《汉魏六朝五言古诗选》《韩诗选》《唐人五言律诗选》《唐人五言古诗选》《苏诗选》《师友渊源集》《古文合选》《文章新印》等书。他的书法由褚遂良入王献之，尤精研兰亭诸本。工隶书，尝遍游五岳，造巅题壁。画松、竹、兰、卉，苍秀绝俗。

冯敏昌所著《小罗浮草堂诗集》存四十卷，《小罗浮草堂文集》存九卷。上海古籍出版社2010年出版的《清代诗文集汇编》第418册收《小罗浮草堂文集》，据清道光二十六年（1846）刻本影印。广西师范大学出版社"桂学文库"2015年出版的《冯敏昌集》，据清嘉庆十六年（1811）钦州佩弦斋刻清光绪二十年（1894）补刻本影印。今人整理本有陆善采等点校的《冯敏昌集》，2010年由广西民族出版社出版；李寅生、杨年丰校注的《小罗浮草堂诗钞校注》，2018年由上海古籍出版社出版。

怡园杂题八首·深竹读书堂
幽情渺难断，幽韵发夜钟。不道深树鸟，惊鸣云中峰。①

深竹读书堂题壁
一径转茅堂，连山响风竹。闻有斯饥人，时食铜盘肉。②

回澜书院晚眺
隔岸炊烟出，长林暮霭横。天遥人有恨，云断目无情。秋落回澜院，吟余

---

① 〔清〕冯敏昌著，陆善采等点校：《冯敏昌集》，广西民族出版社，2010，第3页。
② 同上书，第6页。

近渚城。西风频徙倚,吾欲叹浮生。①

深竹读书堂夜坐

风雨几年游走客,重来深竹读书堂。寒灯掩映人言外,沉篆低徊石枕傍。一静独寻天地意,万尘难到水云乡。春寒又引闲魂去,梦出西除看小篁。②

车中梦与诸弟入深竹读书堂感赋（二首）

风尘一路总茫茫,旅邸何堪忆故乡?惟有梦情难断处,依然身在读书堂。
竹影横窗风满棂,书声长入梦中听。十年兄弟读书约,梦得成时亦易醒。③

薄暮与诸弟自深竹读书堂还家有述

春气变为寒,近晚始迷离。徘徊山前望,林风吹我衣。重云黯若垂,灵雨降微微。不信有能来,中心恒苦悲。犹有和余人,山中同掩扉。读书亦何为?所乐能相依。便可坐旬月,寂寥而忘归。所念惟双亲,旋返其此时。行当至家堂,菽水以悦怡。④

尊经阁观所悬灵觉寺古钟歌

洪炉烈火横天红,神物化成飞入水。波涛沉潾不见人,旷古精灵在于是。大网沉沉烟际开,鲸鱼泣血鼋鼍回。巨网初举见奇状,万人屏息颜如灰。蛮夷大帅心翻悦,心为摩挲手为掠。以昭来世更留铭,铭以其王之岁月。何人探囊出宝刀,剚剔上下如吹毛。想像当年十指上,定有鬼母随而号。铭成见者皆惊顾,布施金珠已无数。得入昭光大有缘,转归灵觉夫何故。蛮王昔造灵觉时,数载功劳能独支。十丈虹梁飞玳瑁,万重碧瓦堆琉璃。于时此钟负灵质,悬向城楼几人击。何日朝随法鼓鸣,横波暮使铜船出。流光荏苒政和年,昌符回首犹目前。试听鲸音晚来发,如有归情当海天。城北老龙殊太恶,夜起腥氛满城郭。既警当年浩荡心,遂动此时战争乐。满城风雨何冥冥,鬼哭神号难可听。波间巨怪气方静,床上老僧心转灵。平明起集缁流辈,削平两角谁令戴。观之

---

① 〔清〕冯敏昌著,陆善采等点校:《冯敏昌集》,广西民族出版社,2010,第11页。
② 同上书,第22页。
③ 同上书,第47页。
④ 同上书,第66页。

无乃亦可怜，从此翻为大自在。呜呼钟也何年成？尘土茫茫空变更。旁门寄迹恐非是，人间重器谁敢争。当朝天子崇文学，文澜学海容濡濯。已看碑版照千春，还闻木铎推先觉。钟乎钟乎得所逢，辗转移来入泮宫。还知得傍琴樽列，不负从前水火功。

覃溪师见示《铜马篇》用韵奉答

昌也生长铜柱边，十年作赋何由传？譬如辕下羸马奋迅不得力，有时亦复顾影长留连。覃溪夫子来堂堂，摩挲眼力当风烟。得我《铜马赋》，示我《铜马篇》，居然见赏尘埃前。窃惟天地万物一马也，牝牡骊黄何有焉？世间识者亦恨少，骏骨断弃无人怜。伏波将军有见此，心中感叹生愁然。忆昔汉帝坐前殿，将军气猛能酣战。力拓金弓满明月，身骑骏马疑流电。鸣钲五月进穷海，首鼠万人遂革面。事后平收骆越金，胸中自守神明见。一朝模范成全形，万里提携向仙苑。真疑造次名千古，谁知鼓铸心百炼。吁嗟！将军岂有独好为此烦？毋乃深悲世俗眼俱昏。枉自高矜古良乐，反失侧立真腾骞。试看元精耿耿照人处，形气神骨一一皆可寻其源。世上有马果若此，岂肯使之局促困苦生烦冤？为思此翁真夔铄，铜船铁鼓俱开拓。后人汶暗强解事，坐使山川转辽阔。将军爱马乃识马，马为所用亦所乐。古来相马相士原可并，名马无人识，名士为吞声。所以昌黎痛哭《战国策》，至今奇气凛凛犹如生。昌也乃获巨手为裁成，能无感发中怀倾？独惭偃蹇弱劣未足超群英，未可云路腾骧万里行，何以弩力仰副知我情？呜呼！何以弩力仰副知我情？①

被落后寄弟三首

侍膳犹行路（时与严君移寓丛桂堂），愁心更倚闾。功名余已矣，篇什尔何如？梦远寒云外，魂惊风雨余。门前相送地，回首独欷歔。

风雨临岐日，劳劳已十年（已重戊矣）。徒令感骨肉，宁敢自留连？灯火秋堂寂，松篁涧道偏。心知有诸弟，为我一愁然。

况以明年事，来归今夜心。船留镜江曲（余明年拟镜江之行），云许故山深。岂

---

① 〔清〕冯敏昌著，陆善采等点校：《冯敏昌集》，广西民族出版社，2010，第67—68页。

有人生乐，真为名路侵。艰难须努力，离隔莫沾襟。①

深竹读书堂夜坐闻风雨声甚壮追忆莲峰海声有作

书堂之外万竿竹，复有桧柏兼松杉。枫杞橡橘细勿道，往往翠色苍云衔。云沉雨晦白日晚，谁使噫气吹穿嵌？天经下令地轴转，鹏羽拟击海水咸。其声之大本足异，况我乍返听宁諴？昔我行矣竟一载，得友幸与中情咸。足茧禺岭珠江上，莲峰落手方崭岩。当时为海所挥击，中夜如雷鼓吾儳。自谓耳目佳在远，岂知心地硜犹凡。故人南向指归路，今夜到家尘满衫。低徊人静辟帘幌，讵识此声回枕函。深山之中果吾乐，何用浩渺思长帆。

深竹读书堂夜雨料捡勺海药樵前后手赠各诗赋寄

浓墨凄迷犹尔日，闲身飘客各如云。何人冲雨来遥梦，答我吟诗但此君。冷署若为怜苜蓿（谓勺海）。幽栖原不弃榆枌。聊从千里传三益，一往心期愿有闻。②

城西晓寒忆深竹读书堂作示介斋晚堂弟

辞家百余里，羁愁已不浅。朝来一风雨，独坐成偃蹇。饥鸟下阶除，残叶行书卷。书堂有旧林，柴关为谁掩？③

励志诗

十载傍人门，一日不得展。今来闭门地，万里去家远。读经经不熟，向道道亦浅。克己亦何人？吾将得一善。④

七月一日宴陶然亭用杜题终明府水楼二首韵寄李明府南涧文藻

蓼芦风举碧云凉，贴我南来旧葛裳。亭子凤城遥瞰秀，游人鸡舌半含香。徒逢笑口开新酿，齐倚歌喉撅熟簧。斜照未酣山翠晚，谁明秋色到西方？

侯封信命留千恨，耳语当筵辱一时。高策要津徒复尔，卑栖小邑略如兹。

---

① 〔清〕冯敏昌著，陆善采等点校：《冯敏昌集》，广西民族出版社，2010，第70页。
② 同上书，第73—74页。
③ 同上书，第76页。
④ 同上书，第105页。

三城白纻秋消梦，别馆红蕉午赠诗。绝胜长安行乐地，投身裹局作枯棋。①

五月十二日以考取国子监学正引见不用后作二首

有召何妨入，无官敢自伤？身从依父母，面幸识君王。旅食三年困，乡心万里长。归途好山势，西望郁苍苍。

失色看僮仆，畏嗟思故人。徒令怜狡狯，且复散心神。弱弟新思奋，明师自有真。毋将《进学解》，来拟《解嘲》频。②

是日暮雨有怀深竹读书堂作寄季光弟

闭门兹日几愁人，引领遥天一病身。暮雨时来应有梦，书堂汝入定伤神。苍苔满径行奚遍，青竹题诗岁不真。我愿勿为三宿恋，前修犹恤首丘仁。③

与诸生读韩诗作

物之饥而嗫韩肤，韩公闻而言嗫嚅。我昔以此为人罪，岂意身今仍蹈诸？④

和答粤秀院长陈给谏观楼昌齐前辈漫成见寄之作次韵四首

友谊平生薄耳余，古情今日见由余。多君尚有排闾翻，顾我宜乘下泽车。远地自安心亦惬，新书遥寄意何如？羊城化雨虽流溢，只怕凌云待子虚。

䩭鹰目侧似含愁，迅起还争第一筹。不用鸿磐数鸿陆，定知龙尾胜龙头。殿前屏息看神虎，席上弹章起沐猴。信是功成堪补衮，未应吾道付沧洲。

自笑真成无当卮，更教河汉使人疑。病余无复飞腾志，老至徒思少小时（端溪书院为余髫龄随先君肄业之所）。千里关河愁陟岵（时方迎家慈就养未至），一窗风雨倦临池。困来始识人之患，故且难温新诟知。

斋心徒愧未能虚，芜蔓惟思日自锄。远志诟应同小草，栋栟终胜杙猿狙。栖迟自哂谋真拙，浩荡相期意不疏。莫向中年感哀乐，且当譬解借诗书。⑤

---

① 〔清〕冯敏昌著，陆善采等点校：《冯敏昌集》，广西民族出版社，2010，第108页。
② 同上书，第116页。
③ 同上书，第147页。
④ 同上书，第180页。
⑤ 同上书，第235页。

端溪书院后有爱莲亭亭前有池状如半月岁久为草木侵翳池栏倾圮径道蚀坏余自今春主讲追感昔游于夏秋之交以叩诵之暇课童伐木去翳并命工甃治径道周池仍缭曲栏亭上为治文窗开月户移旧碑于庭前绕庭植松十余株遂疏池拟将以今春植莲赋诗纪事得五律四章属诸同志和作焉

我有前游恋，其如旧观非。池亭荒草木，径道冷烟霏。未睹安心法，还疑杜德机。平生复初意，要使意无违。

维桑原必敬，恶植更当除。径甃平宜步，池栏亚好扶。文章原气象，吾道不泥途。莫漫嗤多事，劳人但坐迂。

机息原何虑？情忘比在山。亭还开月户，斋自掩云关。载酒奇劳问，言诗赏不悭。若为便腹笥，相见好容颜。

环亭既松种，疏淤复莲栽。预想千寻势，还思并蒂开（乾隆壬午之岁，此池曾开并蒂白莲二茎，是科读书于此院，秋榜售者最盛。余曾目睹，故云）。形骸奚学尔，经济亦何哉！独有堪欣处，潘舆间一来。

励志诗示院中诸生二首

彬彬礼乐地，肃肃堂庑深。属此徂暑交，相从在文林。火云郁成峰，骄阳赫流金。缅彼畦中农，耘锄汗淫淫。亦有道上人，牵车走骎骎。而我亦何事，拥书坐长吟。生徒复予赓，锵然韵璆琳。气类云从龙，鸣声鹤在阴。群居岂不乐，而仍惕予心。圣道渊矣哉，于何用求寻？颜生偾不发，何由示来今？千载有濂溪，与点同胸襟。希颜况逸志，空谷诚足音。至教匪游扬，契心在潜湛。往矣荷蕡磬，邈哉师襄琴。

日月不待人，寒暑如掷梭。渐见火星中，行复秋风多。我年过半百，志业两蹉跎。归来对群经，感叹重摩挲。昔汉承秦火，风诗始萌芽。《易》道既晦昧，《尚书》最缺讹。礼乐况崩坏，《春秋》非一家。区区马郑徒，掇拾兼搜爬。涉津岂无梁？讨源在沿波。如何后代士，抵隙兼蹈瑕。说经用空谭，责人忘过苛。后生憎所问，讵肯勤切磋？兵农与礼乐，一视谓浮华。道术既已裂，异端宁责他？穷经只如斯，求志将谓何？[①]

---

① 〔清〕冯敏昌著，陆善采等点校：《冯敏昌集》，广西民族出版社，2010，第237—238页。

赠肇守丁少溪如玉五古二首

吾观经世士，其用在诚明。诚则无遗物，明则无遁情。奈何才术士，猛骛矜心兵。亦有善者心，仁爱根天成。奈何少明断，百弊从中生。议论守模棱，泣涕罢笞搒。所以学道人，遂为俗所轻。

桓桓丁司马，假守来端州。案牍虽积尘，裁决只如流。观其勤事心，州县有此不？及其稍暇日，乐与贤豪游。亦非作豪游，人才自访求。要于民与国，桑土深绸缪。抑若抗雷霆，劲气堪千秋。使人重叹息，愿言君且休。侧闻季布刚，摧之以为柔。①

三子诗

（谓阳江姚生天培、高要谭生仁表、开平张生应龙也，三子皆志学而数月内继谢，惜哉！故作三诗。）

姚生世力田，崛起思勤学。笔力既少加，文机复清澈。于心有不餍，颜面辄发热。嗟欤伏枕际，要我作墓碣。

谭生家苦贫，四十衿始青。人称小三元（谓县、府试及入学皆冠军也），或曰边五经。老成旧推毂（生为学博周竹里所最赏识），干莫待发硎。如何一舸归，化鹤还如丁？

张子绝简默，雅有仲蔚风。以此学古姿，平渊称一龙（余尝评生文云："平舆之渊有二龙焉。今生为一龙矣。"）。既去复重来，岂为悬棺封（开平之俗，葬后二三年多易旧棺。余将作说，为生止之）？有志不复遂，令人悲填胸。②

移讲粤秀别端州诸同好四首

四十年前叹索居，鸿泥重觅竟何如？纵来须识终当去，游后奚堪更忆初？立雪同心凡几载，传经家学尚全虚。讲堂但许门生摄（甲午岁，陆大田先生设讲，余曾从游，故云），亦愿重寻未竟书。

圣道如天岂易登？□颜旦复望吾朋。从知叩诵千回意，不忘濂溪一派承。精舍百间闻静咏，莲池五夜照书灯。虽然谈艺称□□，但语求仁恐未能。

---

① 〔清〕冯敏昌著，陆善采等点校：《冯敏昌集》，广西民族出版社，2010，第246页。按：此诗作于清嘉庆五年（1800）主讲端溪书院时。丁如玉，字少溪，淮安人，时为肇庆知府。
② 同上书，第247页。

登临暇日亦流连，不异随游向昔年。石室窥寻看水院，江楼觞咏出风烟。相逢但觉人情好，深眷还欣地主贤。此日萍逢须别去，能无信宿勿缠绵。

一片《骊驹》就道声，况张祖席出重城。生徒已愧留余意（粤秀之聘将至，诸生联名呈请制军，欲再留余数年之议，会未允所请），朋友何堪送我情（谓邑中唐明府汝凤，梁昌运、王宗烈、黄惟、梁树四广文，莫元伯、何其英两孝廉并诸人士，俱广陈饯觞，极其缱绻，故云）。光弼入军应有色，廉颇将楚恐无成。惟余广肇途还近，好看贤书接俊英。①

答端溪院长聂君藻庭肇奎见赠之作并次原韵二首（聂君，湖南衡山县孝廉）

衡云开处缅雄文，千载何人蹑旧芬。钟律似逢真内翰（宋聂公冠卿，字长孺，庆历中为内翰，知贡举，得人最盛。景祐中，编钟成。上命偕冯元、宋祁等同修乐书），珠崖犹忆故将军（三国时聂公友，字文悌，为吴将军，击定珠崖之乱）。重恢世泽千秋耀，遥扇儒风四远闻。经术人师看此日，质疑好语旧同群（余五年前亦尝摄讲于端溪，故云）。

学士吾州尚不稀，江门遗绪竟中微。何当文简南游派（昔吾粤湛甘泉先生年八十余，尝游南岳作书院讲学，人士甚盛。邹公谦之亦在焉），重启乡邦静者机。出岫懒云商进退，在阴鸣鹤看从违。皋比愿向他时撤，不玷朝班即拟归。②

惜字歌（石城士人张朝光、陈居邦等求作，即题其惜字轩）

圣皇大观炳中正，化成天下观人文。人文实本天文出，以是设教先用神。惟文之象丽于字，厥初制造何缘因。蛇身牛首自观察，四目之圣尤胝胗。日星河岳逮虫鸟，包括万象综天人。粟飞鬼哭那可道？猱驰狁逐归陶甄。造化之秘泄自此，用载至道开千尘。削竹高词閟皇坟，钟鼎铭功更策勋。黄泉下瘗鬼呵护，碧落上烛霄烟煴。岣嵝迹秘猎碣古，小篆缪篆方纷纶。斯皆金石垂旧闻，体质不敞光常新。一从隶草崇简易，损益之际功尤勤。一时人才盛艺术，笔出蒙恬纸蔡伦。章草八分逮真行，崔蔡钟王下笔亲。源长流远任洄溯，波澜壮阔迷涯津。试观《兰亭》一辉映，尚使江介千花颦（世传萧翼赚《兰亭》时，于桥下展观，万花一时尽落）。因知千金一字直，厥有精气关洪钧。吾闻斗筐戴星六，文昌雪煜开层旻。轩然乘云大司命，位次将相先勾陈。煌煌封号颁紫宸，俾掌文权称帝

---

① 〔清〕冯敏昌著，陆善采等点校：《冯敏昌集》，广西民族出版社，2010，第252—253页。
② 同上书，第270页。

君。梓潼降生虽幻说,文章有神非漫云。惟帝炳灵观下民,文字弃秽诚堪嗔。滔滔东流孰砥柱?罕有爱惜同璘玢。岂知石城一山县,士习民风偏古淳。青衿读书自惕惕,父老告诫尤殷殷。县城之外马鞍山,千寻拔起何嶙峋!谁当其阳建高库?岁以字纸灰从堙。重阳登高发佳兴,萸囊菊酒俱芳芬。题糕之余更记事,赋诗成集还彬彬。奇哉不孤德有邻,惜字轩构当城闉。芝楣绣栌更高矗,云车风马奚来臻。四十人为一大朋,先后肇祀咸精禋。櫹燎旧典仿宗伯,虹光万丈辉霞雯。盘螭高炉当殿焚,百万亿字同归真。山库藏灰匪化蝶,道旁文冢方镌珉。惟神之来当萧晨,冷风晓月清游巡。人能乐善总不倦,神喜锡福方无垠。谁云灰冷终不燃?可识气郁仍当伸。丘园东帛且看贲,王国观光还用宾。文明昭宣比星凤,丹青照耀追麒麟。食善之报岂初志?以风天下尤宜欣。走也读书愧识字,忝附文士肩朝绅。学道何曾见崖略,穷经尚欲专锄耘。斯文未坠功可论,识大识小无须分。思陈盛事敢藏拙?作歌示后方传薪。①

希吕覃生祖望以咏燕诗获隽于其来谒书此志慰兼寓属望焉尔

文战新来好,衿青自不同。风帘吟语燕,云路望仪鸿。已发趋庭训,宜深进取功。侯芭久从学,亦足慰扬雄。②

丙寅元旦书感二首

丁卯生来到丙寅,论年已是杖乡身。平生志业成何事?留取衰残作幸民。生事侵寻气不扬,收身此后更何方?百篇老去殷勤读,一水归欤自在尝。③

端溪书院率诸生祭圣师文

猗欤圣师,元气所钟。道集群圣,统传一中。当其教人,循循善诱。博文约礼,瞻前在后。及乎晚年,删定六经。恩深功大,沾被千龄。慨自末流,门分户别。既虑支离,仍虞灭裂。后生小子,茫无所知。思循其本,还观圣师。于维圣师,训词坦坦。惟圣去人,其间不远。逝遵故辙,屏弃群言。惟

---

① 〔清〕冯敏昌著,陆善采等点校:《冯敏昌集》,广西民族出版社,2010,第276页。
② 同上书,第277页。
③ 同上书,第284页。

诗与礼，道义之门。言聚生徒，实惭温故。尚惟圣师，默加陶铸。牲陈酒洁，极谢惟虔。仰惟圣师，仁临如天。尚飨！

端溪书院始设先儒周子神位告词

恭惟元公，道集厥躬。静虚功直，霁月光风。远绍道脉，启迪愚蒙。况此端溪，获留宦迹。今兹讲院，尤宜矜式。用设神主，圣师左侧。明当享祀，宵谨布席。仰冀神灵，斯焉来集。质明将事，庶几不忒。更冀灵佑，久久无极。谨告。

端溪书院改移先贤朱子乡贤陈湛两先生神位告词

在昔书院肇建，恭设儒先各主，冀蒙灵佑，启迪后学。伏惟沾被，已自无穷。惟是圣师孔子，正位南面。仰惟儒先，道衍先师，分应东西对向。兹皆南向，窃恐神灵亦有不安。因择明晨设祀，敢循典礼，乘夜恭移儒先神位，东西对向，将质明行事。神灵安妥，默佑尤多。谨告。

端溪书院率诸生祭先贤先儒词

嘉庆五年，岁次庚申，孟夏朔癸未，越祭日己酉，端溪书院掌教、候补刑部主事、前翰林院编修，后学某率肄业诸生童等，谨以香烛清酒，刚鬣柔毛，粢盛庶馐果核之仪，致祭于先儒宋元公周子、先贤宋徽公朱子神位，暨乡贤明翰林院检讨谥文恭白沙陈先生、南京吏兵礼部尚书赠太子太保谥文简甘泉湛先生神位，曰：

在昔圣贤，间代挺生。微言既绝，大义难明。实赖儒先，远承道脉。寻源溯流，扶持羽翼。唯我元公，儒学大宗。天人默契，昭如发蒙。亦越朱子，视公后起。佐佑六经，其心一耳。逮于我乡，秀炳南离。白沙甘泉，是弟是师。况诸先生，咸志斯道。俎豆儒林，用垂则效。窃惟圣道，浩瀚汪洋。思欲利涉，必仗津梁。猗哉儒先，功垂名教。凡我后学，宜申祭报。牲肥馈洁，登降陈觞。神既歆止，惠我无疆。尚飨！

越华书院率诸生祭先圣先贤先儒词

两仪既分，三才立极。开天明道之圣，自古为昭；承先启后之功，于今为烈。恭惟我至圣先师孔子，乾坤毓秀，川岳炳灵。麟书觇诞降之祥，虹玉叶文章之瑞。用能祖述宪章，绍斯文之正统；缵修删定，垂百代之常经。揭日月于中天，群言爓火；印心源于示掌，万古传薪。固已功隆参赞，泽被生民者矣。迨乎微言既绝，大义昭宣，则先贤之功懋焉；亦越正学方榛，闻知远续，则先儒之力厚焉。凡此皆人纪克修，后生是赖者也。

兹越华书院者，朝廷育士、大宪培才之地也。地当离明之位，天开文学之光。群士向臻，砻磨事业；英才咸集，砥砺廉方。昌自愧庸虚，权兹讲席。惟学行之不力，恐课诵之乖方。属当秋试之期，敬念圣师之教，用虔释奠，并及儒先。虽薄物明衷，将下同于行潦；而中诚具礼，尚自比夫束脩。伏冀圣师歆临，道宗景从。云旗麟辂，想素王来格之威仪；桐生凤鸣，副圣代作人之盛事。尚飨！

越华书院率诸生祭文昌星魁星词

维神嘉佑斯文，肇赞元功。经纬三极，启开群蒙。光炳三能，端叶中宫。元精耿耿，瑞光熊熊。辉腾极北，灵耀大东。况乎魁星，佐佑功同。参首是枕，斗柄常中。神峙鳌头，精耸文锋。以兹大化，宇内骈幪。维此越华，奉祀虔恭。今遇秋闱，牲醴明衷。冀垂灵佑，大畅文风。拔茅连茹，鸣凤栖桐。后此童试，亦冀开通。庶蒙恩泽，获报尤丰。观文成化，永永无穷。①

再与诸子论诗

风轮持于大地，激荡而为风谣。诗有五言，自汉代始。苏武、李陵，及古无名氏十九首，发言最高，未有作用。其诗缠绵悱恻，有风人之遗意焉。晋魏以来，作者日多，而尚存古意者，惟陶渊明一人而已。降及齐梁，有徐庾体，其诗皆繁丽浓缛，倩媚柔弱。五言淳朴之遗风，至此扫地。

有唐以来，太宗、玄成等，皆能以雄情大力，力挽浮薄。然而王、杨、卢、骆，号称大家，而或看翡翠兰苕，未掣鲸鱼碧海，盖亦未脱时体矣。惟陈拾遗横制颓波，天下质文，翕然一变。芟齐梁之浮艳，扫陈隋之轻薄；自唐以来，五言复古者，其斯人欤？后来李杜发愤为雄，高悬赤帜，割据诗城。虽朴实轻扬，二者交讦，而未可以偏废也。王右丞、韦苏州、柳柳州皆学渊明，其

---

① 〔清〕冯敏昌著，陆善采等点校：《冯敏昌集》，广西民族出版社，2010，第383—384页。

诗皆闲淡简远，耐人寻味。能于李杜外，别树一帜者，其昌黎乎！歌谣而有古意者，李贺也。元白或未免于俗，盖犹有遗意焉。

晚唐有初盛风者，张祜①、杜牧二人而已。他如王龙标之清丽，高达②夫之雄劲，王之涣之清远，常建之辽敻，孟郊、贾岛之寒瘦，裴迪之雅淡。又有贺知章、张旭、张若虚、张子容、秦系、皎然之徒，寻芳穷盛，吟无虚日。而沈佺期、宋之问、杜审言、贾至、岑参诸公，朝廷唱和，不辍往来。有唐诗人，指不胜屈，要皆源分派别，得失各见者也。

大概诗以平淡古朴为尚。平淡古朴者，气骨体格，皆有可观。不尔，即繁华绮丽，已不免于失焉耳。重书于此，以验同人。③

蒋励常

蒋励常（1751—1838），字道之，号岳麓，全州县龙水村（今属广西壮族自治区桂林市）人。蒋氏是全州书香世家，蒋励常曾祖父蒋尚翊、祖父蒋颀秀、父亲蒋振闾皆中举。蒋励常早年追随宦游的父亲，足迹遍及大半个中国。但屡试不售，直至清乾隆四十五年（1780）才中省试副榜第一。会试三荐不授，直至清嘉庆六年（1801）才以大挑二等补融县训导。十二年（1807）蒋励常称疾辞官归里。十九年（1814）始任全州清湘书院山长，"其造士以德行为先，而文艺次之，刊朱子白鹿洞书院教条揭于讲堂，并序其所以立教之意于前，反复千余言。日与诸生讲学，未尝少倦。遇笃行单寒之士，资其衣食，使其肄业。"④蒋励常为清湘书院山长十年，"弟子数百人，多获高第"。蒋励常注重对家族后辈的教育，培养出蒋启徽、蒋启扬、蒋琦龄一大批人才。蒋励常去世后陈继昌为作墓志铭，梅曾亮为作家传。

蒋励常生前所为诗文，未尝留稿。清道光十年（1830）其子蒋启扬始准备刊刻，裒辑得文50余篇、诗8首，因阙佚太多而作罢。后来其孙蒋琦龄"遍索门生故

---

① 按："祜"，原本作"祐"，误。
② 按："达"，原本作"远"，误。
③ 〔清〕冯敏昌著，陆善采等点校：《冯敏昌集》，广西民族出版社，2010，第440—441页。
④ 〔清〕蒋励常著，蒋世玢等点校：《岳麓文集·行述》，广西人民出版社，2001，第29页。

旧之家",得文110篇、诗9首、词1阕,清咸丰九年(1859)整理刊印成八卷《岳麓文集》。广西人民出版社2001年出版有蒋世玢、蒋钦挥、唐振真、唐志敬点校的《岳麓文集》,附录诗词、《十室遗语》十二卷、《养正编》一卷,是迄今最为完整的蒋励常著作集。

璜溪书院圣像碑考

嘉庆甲戌,余以不才主本州书院讲席。有邓某居大田村,以石刻孔子像一轴来。自言去其村四五里曰桐木村者,相传昔人曾于村旁建书院,虽颓废已久,而旧址犹依稀可认。其下有池,村人因取土得一石碑甚巨,视之则宣圣遗像也,即呼众舁至昔人所建书院旧址中立之。此纸乃数年前所拓。敝居卑陋,惧不足妥先圣之灵,而反以亵越致戾也,故赍而至此。请先生留之而悬诸中堂,朔望则率诸生谒之,俾各知所尊仰,而时有以生其敬畏之心,不远胜于一人之藏之乎?余敬受之。见像左大书"唐吴道子笔"五字,其右则小字五六行,中有"璜"字并"书院"二字,余俱模糊不可读。随取州志所载古迹证之,虽有璜溪书院在大田村一说,至建于何人与始于何时,则不及详也。遂以是而疑其无据。

今年夏时,初斋同年以元曾晷所作《璜溪书院记》示余,始知志非诬,而余之无识而妄疑前人为可嗤也。其首曰"璜溪书院为柳侯仲涂建也"。又曰"柳侯当宋端拱间来刺全州,筑室读书于山中,嘉定八年郡守林岜即其地为读书堂。宝庆三年赐额曰'清湘书院',而旁为柳侯立祠焉"。因知《记》中所谓"读书山中"即今城东北之柳山中。所谓读书堂,即清湘书院,即今相传之柳山书院。而又谓之清湘书院者,以赐额而得名也。凡此皆原柳山书院事。其后则曰"元统元年,杨公廷镇撤而新之,新柳侯祠也。学宾邓华夫实相其役。载新柳侯之像,而旧像无所于舍,乃迎以归所居璜溪之地"。又曰"璜溪发于高山,而远赴于灌阳之会湘桥,溪之左地可数十亩,即其地而筑室焉,号璜溪书院。正堂以贮先圣遗像之碑,而柳侯旧像居房之右,而东向厌于所尊也"。即此考之,则所谓璜溪书院即今桐木村所遗书院故址无疑,而桐木村之圣像石碑则当时正堂所贮之碑也。盖邓氏世居大田、桐木二村,华夫其先世之卓卓者，事以久而失传，使无曾记以为之证，即华夫璜溪书院之设，尚无由考其实况。此碑既久离故所，又谁得于遥遥数百年后而详其所在乎？则甚矣。曾记之有功于前人，而余之固陋幸得初斋而启之也。爰述所见以质之初斋，初斋曰然，且嘱余为之考而书诸圣像之左下方，俾见然者咸知其来之有自云。①

文昌庙碑记

皇帝御极之六年，文治日洽，用昭丕基，明德馨香，格于上下。诏有司凡神祇有应祀而祀典未列者，悉举行之。以文昌神主文运，崇正黜邪，宜入祀典，以光文治。乃命直省州县咸祭文昌。祭仪悉准关帝，庙模亦然。

某适承乏兹土，奉诏从事，而附郭旧有庙数处，既非专所，又极狭隘，非所以昭祀明神之义。爰商之同官及绅士，于城中构祠，率欣然乐从，捐助恐后，相地布宜，择吉经始。董其事者则明经曾某、博士弟子员赵某，而远近士民悉鼓舞而赞成之。为前后殿各一，东西厢二，门三。前殿设神像，后殿设三代主。既成，始得修祀事称明诏焉。

窃惟典礼所载，凡有功德于民者均得祀。史称"斗魁、戴匡六星为文昌宫"，《天皇会通》亦云，"文昌，位斗上明则文运敷于四海"。至世谓神为周宣王时张仲。盖星辰之精有时降而为人，如"维岳降神，生甫及申"之说，亦无足怪者。夫上焉司文命于在天，下焉尽人伦以端化。与夫数千年来，灵迹昭昭，所以正人心而植世教者，不可胜述。其有功德于民何如耶？《书》曰："禋于六宗"，《礼》曰："幽宗祭星也。"后世明堂礼自北斗以迄众星，多至五百七十位，而文昌独不得正位而享焉。所谓以功德得祀者，亦戋戋矣。

今朝廷显微阐幽，洞彻乎天人之故，俾千百年人所共忽之典，一朝创举，诚盛事也。某等敢勿敬奔走以承流于下，抑又闻之"祭以酬先也，亦以诏后"。古之人有奋乎百世之上，百世以下闻者，莫不兴起。矧登其庙堂，睹其遗像，有不啻抠衣趋隅而身亲炙之者乎？《诗》言："高山仰止，景行行止。"窃愿与诸公及邑之人士共勉之，以仰副圣天子尊崇文教，阴骘下民之至意也。于是乎书。

---

① 〔清〕蒋励常著，蒋世玢等点校：《岳麓文集》，广西人民出版社，2001，第11—12页。以清咸丰九年（1859）刻本对校。

（文昌固星像，然今所祀，实梓潼张亚子神。见于李义山、孙可之诗文者。文特取俗所传孝友祀张仲，匪特立言之体应尔。盖其因文设教之意深矣。受业侄崧谨识。）

融县重修魁星楼记

城西南隅魁星楼，建有年矣，所以为一邑风水计也。岁久摧坏，近楼居人辄积秽其下。前尉杨君希圣见而恻然，欲有以修葺之而未果。今年春，君因病告归，终以斯楼未修为憾，思假手于余。濒行，分行囊金付余，余不获谢。爰商之诸生赵国梁，赵欣然代为经纪。逾月工竣，自楼之基上及檐桷悉为改观。巍巍雉堞间，远近辉映，而于形家言尤为得地。异时多士奋兴，骎骎乎久而益盛，必有归功斯楼者，君之泽亦远矣哉！

君区区末吏耳，不朘民以自养足矣，遑竭己以利民乎？即不然，或甫下车，假一二盛举以自结于民者有之。若既舍此而去，其又肯分行囊而以必行其志为快乎？呜呼，余以是知君之惓惓于融人者深也。君之归，融人攀辕留者不绝于道，盖其施在民既深且久，而斯楼则新之于既去之后，尤所难忘也。昔羊祜治荆襄间，于岘山立石纪功。祜卒，民望而陨涕，因名其石为"堕泪碑"。然则融人之于斯楼也，其为之何？①

答门人家鼎山书

读来札备悉一切。至所云尊大人安厝一节，此系大事，惟谨遵家礼办去为妥。若徇俗情，务为铺张，此风一倡，彼无知者必以为观美，踵而行之，其害礼而贻讥于将来，洵非细故，不独资费伤财为足訾也。至如浮屠家诵经、拜忏创为超度之说，以欺乡里愚夫、愚妇，先辈方不惜多方以沮抑之，但稍知义理者，尚不屑为，况我辈读圣贤书，所究何事，顾反为所蔽耶？鄙见如是。有议之者即以余言告。②

《养正编》序

世无不可教之人，教焉而易入，与夫习焉而易化者，则惟孩提时为甚。失

---

① 〔清〕蒋励常著，蒋世玢等点校：《岳麓文集》，广西人民出版社，2001，第19—21页。
② 同上书，第31—32页。

此不教，及其稍长，习染深而天真日漓，然后趋而之善，已难为力矣。岁在乙亥，犹子启骏从予游，时年甫十一。予思有以预养其天真，不至有所迁移也，恒苦于无术。久之，乃叹古人教孩提，道虽多，至求其简而能赅大而有要者，无如《论语》圣人教弟子章。因别孝、弟、谨、信、泛爱、亲仁、学文为七事，于每事编昔贤嘉言懿行，有与之合者系于其下，且择其词义浅显而雅驯者，以便于讲习，俾得优游涵泳于其间，庶几哉天真以是而养，才识以是而启矣。作圣之基，将于是乎在，而何患乎污俗之染哉！或曰："学人博学无方，是区区者，奚啻太仓之一粟？"余曰："学人博学无方，然圣人教弟子，则不从博而从约，盖别有一道，非子所及知。"然则予之所编，方惧其赘也，子顾以其少耶？[1]

录《白鹿洞书院教条》示士小序

书院，造士之区也。顾造士莫先于德器，而文艺次之。学者读圣贤书，当思圣贤立言，非博辩是逞，将以为后之立身砥行者法耳。圣贤之所是，即吾人之所宜遵，当一一有以勉诸己。圣贤之所非，即吾人之所宜戒，必一一有以问诸身。沈潜既久，将有日进于道而不自知者。由是而出则为名宦，处则为名儒，以树勋名，以型乡国，岂异人任耶！即从此摘笔为文，亦非时学所能逮。何也？吭圆者鸣，不期善而自善；翮健者飞，不期高而自高。有德者必有言，理固然也。不然，徒掇拾先辈之陈言，以妄希一时之幸获，非惟事有难必，即幸而获售，一旦置身仕版，平昔之浮华既归于无用，当前之职守，更非所素娴，则得失足以撄其心，利害足以变其守，其不至失身而蹈于下流也，鲜矣。是岂昔人创立书院以造士之盛心，与愚今日所望于贤辈者哉！因谨录朱子《白鹿洞教条》于斯堂之东壁，以备朝夕警省，且愿与贤辈互匡其不逮云。[2]

《赏花诗草》序

丁巳仲春，及门李子公右，以庭花盛开招同人赏之，成二律。唐子树勋次

---

[1]〔清〕蒋励常著，蒋世玢等点校：《岳麓文集》，广西人民出版社，2001，第36页。
[2] 同上书，第42页。

其韵，亦得二首，并以质余。余赏其酬唱之雅并和之。后某先生并从弟鹤陵见其稿，和之，亦各得四首。及门诸子和者尤众，共得诗二十八篇。

夫金石无声，物触之鸣。余于应酬赠答之作本非所长，故往往倦于把笔。今其所和诗有不惮再三者，以两生有以导之也，况其素娴于此者乎？昔右军修禊兰亭，太白燕桃李园，考亭游岳麓，皆辑同游所咏而序之，岂必其诗之尽可传哉？良以胜地不常，知己往来唱和之乐，有未可遽忘者耳。吾虽远不逮古人，顾其一时同心酬唱之盛，自顾此生又宁可多得？序而存之，殆于此亦有极不能忘者乎。①

赵饴山《声调谱》书后

古诗失传久矣。赵饴山《声调谱》虽言之凿凿，而语多拉杂，意鲜折衷，仍使读者愦愦。余于所引诸诗中玩其评注，得其用意，恐久而或忘也，姑择其要者识之以备参考。如评岑参《登慈恩寺塔》诗云，无一联似律者，平韵古体当以此为式。可知古诗不可上下二句纯律，间出数句无碍也。评王维《青溪》诗云，近体有用仄韵，仄韵古诗却自不同，只在粘联及上句落字中。细玩之，可知仄韵近体，上句落字断宜用平，而古体则不独仄可用，兼有可救下句处。仄韵近体，上下句断宜用粘，而古体则以不粘为得也。评孟浩然《秋登万寿山》"愁因薄暮起，兴是清秋发。天边树若荠，江畔洲如月"四句云，下二句俱律句，正以上二句第三、第五字用仄而调协，可知下句律，上句断不可用律，而仄韵诗上句仍用仄字落，正所以为下句地也。又云上二句落字仄，合下律句，仍是古调，又云下二句亦拗律调，可知拗律不特可入古体，兼可救古体中之律句也。评《夏日南亭怀辛大》云，"开元、天宝之间，钜公大手，颇尚不循沈、宋之格，至中唐以后，诗赋试帖日严，古近体遂判不相入。然盛唐诸公，亦无四句纯律者，今人不得借口也"。可知开元、天宝间，亦无四句纯律古体，以后并两句拗律亦少矣。

总之，古体间用数律句亦可，若连用四句或三两句纯律则不可。拗律虽无碍，然亦不可大段是拗律，大段皆拗律，则是拗律诗，非古诗矣。又每句四五

---

① 〔清〕蒋励常著，蒋世玢等点校：《岳麓文集》，广西人民出版社，2001，第43页。

字连用平或连用仄，如"仄仄平平平，平平仄仄仄，平平平平平，平平平仄平"之类，即古体中亦不宜多用，转韵尤不可用。否则语句过于生硬，于音节未免有乖矣。①

救字法

评东坡《和蒋夔寄茶诗》中一句"三年饮食穷芳鲜"云，下三字平，第四字必仄以救之。如第四字平，则第六字必仄以救之。总之每句中或连数平声，数仄声字，恐句过于生硬，必于当要处用一字以救之，使不失为圆转。二、四、六字，七言紧要处也，然亦不能过泥。

古体句法不一，而先生以"仄平仄仄平，平仄平仄仄"为古诗句，岂古诗必宜用此两种句法耶？何古人多不然，此实余所不解。

余少观笠翁《诗韵》有云，如无平声字可用，当以上声字代之。因取律诗中当用平声字作上声读之，拗口殊甚。今饴山乃思以入代平，不思平声和缓，入声直突，二者更难强同。不知何所见而云然也。谱尤有难尽凭者，如杜牧《送卢秀才》诗，"行人碧溪渡，秋山念君别"，注云拗律。王维《青溪》诗，"澄澄映葭苇，清川淡如此"，注云拗律。孟浩然《秋登万寿山》诗，"心随飞雁去，平沙渡头歇"，注亦拗律。至所选齐梁体，沈佺期《和杜麟台春情》诗，"峨眉返清镜，闺中不相识"，则云末二句古体，又云亦与古诗相入。同一用平仄，而彼云拗，此云古体，余不知其何说也。且既云古体，又云亦与古诗相入，然则古体与古诗又各有异耶？②

祷雨文

族后学某，谨洁香茗，敢告于前明大学士家文定公之神曰：呜呼！公在有明，为我全民设策救荒屡矣，全民赖以存活者亦屡矣。兹值大旱，禾苗尽槁，再延数日，必成大灾。今之全民犹昔之全民也。公之灵日在帝侧，倘犹俯念斯民，必有所以苏之者。爰具芜辞，用申哀恳。

（嘉庆庚辰夏，全州大旱，遍祷无应。先大父独斋洁告于文定之祠，应夕

---

① 〔清〕蒋励常著，蒋世玢等点校：《岳麓文集》，广西人民出版社，2001，第46页。
② 同上书，第47—48页。

大雨。孙琦淳谨注。)①

两餐约

天为人之大父，地为人之大母。天地以百谷养人，犹之母以其身之乳养子。人之浪费百谷，犹子之轻弃母乳也。吾见各省贫富皆日食两餐，唯吾全独三餐，以两日而兼三日之食，其浪费甚矣。是以去岁旱蝗，今春秧复被冻。无他，天所以重为浪费者警也。因此敬劝我乡人，自非田家作苦势必加餐，余人俱两餐，庶天心可回，而饥馁可免也。②

重修清湘书院启（代州牧某作）

全之有书院，自柳侯仲涂之作读书堂于柳山始。至理宗朝，赐额"清湘书院"。而清湘书院山长之称，见于虞道园集中。盖历元而犹盛也，不知何时废。州人乃改建于湘山寺侧之洗钵岩下，而仍其名，亦谓柳山书院，未几亦废，今惟存故址而已。城北隅之清湘书院，则建自乾隆癸卯岁，去柳山愈远，亦蒙其名，今四十有一年矣。其在柳山洗钵岩者，当始建时，非不奂焉轮焉，焜耀一时。特以有其创之，莫或继之，咸坐视其败坏，至于久而不可为，遂使昔之翚飞鸟革，弦歌诵读，不数十年悉沦于荒茵蔓草之中。此固守土者之耻，亦都人士之羞也。

某初官斯土，闻有书院，即躬往城北隅周视，见讲堂前后数进，犹有可观，及细历左右学舍，则有窗无壁，或有壁无屏。因念及此，亟为补修，尚不至于甚坏。不然，其必与在柳山、在洗钵岩者同归芜没耶！爰集绅衿，嘱其及时兴工，且告之曰：我朝文教日新，各省州县虽僻陋在一隅，皆有书院以造士储材，况清湘夙号名区，既不能恢廓规模，复宋、元盛时之旧，广致生徒，俾有所栖托，以成其业，而极其盛，仅得此寥寥数十椽，乃复听其败坏而莫之理，可乎？诸君其亟为计，毋令后人复诮于后人也。则皆以公项匮乏为辞。某欲独肩其任，而廉俸所余区区者又于事无济。转辗思惟，不能不借助于阖邑之仗义急公之诸君子。倘以已成之功不可终弃，各量力捐助，

---

① 〔清〕蒋励常著，蒋世玢等点校：《岳麓文集》，广西人民出版社，2001，第82页。
② 同上书，第84页。

使既坏者得以复新，不至如前两书院之随兴随废而莫之恤也，斯作人有其地，而来游者众，异时多士奋兴，英贤辈出，皆诸君子之赐也，即守土者亦借以有光焉。①

告归留别诸生

一介老书生，六载官融水。上未酬圣明，下亦负多士。二竖适为灾，促我归桑梓。居积非所长，探囊空澈底。所赖各知交，酾金供行李。对此深自惭，图报终无以。昔人当别离，一言答知己。请为诸君吟，幸毋河汉视。物生两大中，秀灵唯人耳。人不自树立，亦与物相似。是以古大人，读书慎率履。朝夕抚陈编，言言鞭近里。举足少有乖，终身惧不齿。体验既多时，姱修谁与比？况是植根深，枝叶自绮靡。本此以为文，行成才亦美。处则为醇儒，熏蒸遍乡里。出则为名臣，功业垂青史。吾侪亦丈夫，自弃宁弗耻？力能追前贤，方谓真男子！今我别诸君，所言此而已。融水深且长，湘江清无滓。相隔各一天，会面安可拟。倘不陋斯言，无殊同卧起。②

初夏即事

解组归来岁月侵，清湘讲席喜能任。春风久坐兰闻室，宿雨潜滋笋满林。嘉客偶同三径赏，名山长订百年心。阶前树木新留法，添得惟桑数亩阴。（讲堂前手植二桑，已与檐齐。）③

鹧鸪天（赠吴竹庵明经）

旗鼓文坛二十年，丰于人事啬于天。琴弹凤尾知音少，编绝麟经得解先。才矫矫，度翩翩，度是名儒才是仙。试问眼前乐几许？趋庭诗礼子孙贤。④

---

① 〔清〕蒋励常著，蒋世玢等点校：《岳麓文集》，广西人民出版社，2001，第86—87页。
② 同上书，第95—96页。
③ 同上书，第99页。按：点校者将此诗拆分为二，误。
④ 同上书，第100页。

张鹏展

张鹏展（1760—1840），字从中，号惺斋，又号南崧，上林县（今属广西壮族自治区南宁市）人。曾祖张鸿翮曾为永宁州学正，祖父张友朱官庆远府学教授，父亲张滋为全州学正。张鹏展为清乾隆五十四年（1789）进士，选翰林院庶吉士，散馆授检讨，充武英殿纂修。五十七年（1792），充云南乡试副考官。改福建道监察御史。清嘉庆十四年（1809），由太仆寺少卿升光禄寺卿等。十五年（1810），充山东乡试正考官，本年又转太常寺卿，提督山东学政。官至通政使司通政使。

张鹏展为人正派，忠于职守，以"居官必思于物有济，遇事惟求此心所安"为做官准则。清嘉庆二十五年（1820）引疾归乡，任秀峰书院第三任山长，后还先后任上林澄江、宾阳书院山长，从教生涯长达二十年。其所培养学生中，韦天宝较为著名。

张鹏展注意诗集的编撰，提督山东学政期间曾编《国朝山左诗续钞》，归乡从教后曾耗时十余年搜集整理广西诗歌文献，编成了广西历史上第一部诗歌总集《峤西诗钞》，全书二十一卷，收录蒋冕、秦璞贞等260多位诗人的诗作2100多首诗。梁章钜仿其体例编《三管英灵集》，收张鹏展55首诗中的7首。张鹏展其他著作还有《谷贻堂全集》《离骚经注》《兰音山房诗草》《读鉴释义》等，大多散佚。广西壮族自治区图书馆存有清道光十七年（1837）刊刻的《谷贻堂全集》。

三里文昌楼汇水书院记

嘉庆庚辰，余请假旋里。越明年，道光辛巳，砚凹陈侯履三里丞厅任，下车即走价致诗于余，余得诗狂喜，以为吾邑得贤侯也。侯，西江名宿，弱冠至京师，幕于刘文清公二十余年，日以德谊、文章相摩励，书法得其家数，遒劲圆丽，诗亦似之。余夙闻名，心折也。阅数月，侯枉驾从访余于平山草堂，聚谈间，因云三里城建自前明，迄今垂三百年，城内外未有一文生，即附辖百余里，与博士弟子员不过三数人，此间隽秀未尝乏人，以官是土者引导之未尽其责也，心窃愧之。由是就厅事左畔辟也。园迤东为"哦松亭"，又东得旷地，建楼三层：中祀文昌，上祀魁星，下一层为讲堂，环堂左右为学舍。阅年工成，折柬邀余登览。楼高出城，诸峰环绕，西北诸水汇于前若襟带，跨石梁为汇水桥，山光水色照耀于槛楹间，洵足豁人心目。侯每政暇，集诸生于此，口讲指画所作文，亲为点定，如父兄之于子弟，不辞劳瘁。课毕，捻髭于哦松亭，微微作声，得佳句辄与学生共赏，诸学生乐之。是年，城中何生金兰见赏于学使祝蘅畦先生，取入邑庠，移节过三里，知生为侯所教育，作诗赠之，亦以志侯之德也。

夫十室之邑，必有忠信。何地无才？非遇加意作养者，遂与其地之草木同安固陋。倘于边隅尽得如侯者，为之循循引诱，则梗楠杞梓之选，蔚为国桢，岂必在通都大邑也哉？然世亦有知博爱士之名，而卒无成效。则又何也？其故有二：曰惜费，曰惜力。盖养尊处优，日与微贱下士谈艺，则体不尊；且劳形案牍，或营情琐屑，耗其精神，而力难继。侯事本简，又无声色货利之好，故得致力于讲习，至老不倦。若增置学舍，广添膏火及延师诸费，惟有余资者能之。侯俸入清薄，又不屑为苟且之行，乃初至任即营此，不下千余金，间有佽助，亦自无多。惟侯竭力摒挡，罄数年清俸撙节之入，为此地培植人材计，此则尤人所难。合是二者，侯之所以贤也，嘉惠远矣。侯以记见属，因次其始末志之石，以为后之履斯土者告焉。①

《峤西诗钞》序

峤西诗之刻，凡以存一省之文献也。粤西士习，大抵务实而不务名。上焉者生平刻励于道德经济之业，不屑屑于雕章棘句以示长。间有山林绩学之士，风雨一编，苦心镂刻，只以自怡，未尝刻集以炫于世。是以粤西之诗，少有存者。

夫山川之精气为人，人心之精者为言，言之委婉成文者为诗。其发舒于人伦日用之间，为忠爱，为孝慈，为节义，为廉介，为恬适，胥足炳耀于山川，其精气不可掩也。特无人掇拾汇萃以垂示于后，使仅如天籁之啸于空，自起自灭，过而不复留，为足惜耳！

粤西自唐有二曹专集行世，家有其书，先之仅传"黄牛""丝布"之咏，

---

① 〔清〕徐衡绅修，〔清〕周世德纂：《上林县志》卷九，清光绪二年（1876）刻本，第13—15叶。

出于女子。迨宋数百年，现在专集者惟一方外契嵩，科名如冯当世、王世则，文学如张仲宇、张茂良、滑懋、唐彻、欧阳辟、蒋砺、石安民，或见称于张南轩，或受诗于梅圣俞，或与苏东坡相酬答，赫赫为一代大儒所许。迄今求其逸句残篇，了不可复得。此亦望古者之所心恻也。

展素不能诗，嘉庆庚午奉仁宗睿皇帝命，充山东乡试主考，并督学山东，见德州卢雅雨运使纂其乡人诗，仿元遗山《中州集》之例刻之，名曰《山左诗钞》。展因其为时已久，复采其后六十余年之诗，续之曰《山左诗续钞》。任满携刷本入都，分送诸友。时吾乡之宦于京者卿敦甫、何弨甫、卓宽甫咸以为吾粤西诗素无辑本，何不采取汇纂，俾不尽湮没，亦敬梓之意也。展不揣固陋，遂与公启征求。起癸酉，迄壬午，陆续所得，钞录成帙，其中德望素著者，正襟朗诵，得所矜式。或浮沉仕路，隐约山林，亦可诵其诗而见其心。聊以存一省菁华于万一。夫前乎此，既放轶者多，无从寻索。近时有作，又或以穷山邃谷阻于地，不克遍觅。所得只此，倘不及时镌刻，恐久而愈湮，此则展之所区区不能自释也夫。时道光二年壬午孟夏之月，澄江张鹏展序。①

请厘吏治五事疏（嘉庆五年）

臣边省庸愚，知识浅陋，蒙恩擢置谏垣，夙夜兢惕，无可自效。第思来自田间，于民风吏治，间有所闻。谨条列五款，恭陈御览。

....

一、宽童试考额，以绝苞苴也。岁科两试，文武童生，由州县录名送府，由府录名送学政，向来并无额数。自前山西学政戈源奏请录送童生，须大加淘汰，务取清通。有五、十卷不通者，即议处州县。戈源初意因年老厌事，卷多艰于翻阅，欲耽一时之逸，而不知贻无穷之累。臣见近来州县借词淘汰，视为利薮。有将应考童生，仅录送一半及仅小半者，而留其一半以为居奇之地。往往有不录取者出银贿买，数金以至数十金不等，名曰"买卷"。买多者多送，买少者少送。以臣前岁告假回籍，一路目击耳闻，所在多有。伏思童生聪慧亦随时长进，由县府试待至院考，远或年余，近亦不下数月，不清通者转而清通，正宜宽以励之。况一为渔利起见，有钱者不通必取，无钱者虽通必弃。寒

---

① 〔清〕张鹏展纂：《峤西诗钞》"序"，清道光二年（1822）刻本，第1—4叶。

畯数金何处设措？以致裹足不前。小试为士子进身之阶，似此其为人才之害，实非浅鲜。恳乞停止此例，止许查明身家清白，除刑丧过犯以及籍贯与例不符外，其余概行全送，以杜绝弊累，亦以广励士气也。①

拟古七首

　　佳菊自矜最，春夏沃条茎。惜香秘不发，岂与群卉争。亭亭岁华晏，淡薄欲何成。寒泉渍灵荄，风露洗金精。伊古厘眉翁，吸蕊得长生。存兹济物性，萧然寄孤清。

　　寂寂啼鸟散，靡靡幽兰芳。素月度重闺，藻漪生虚堂。美人时独立，衣露素琴张。渺渺千载心，孤怀谁与量？闲云不成雨，淡意欲何将。感兹理清曲，曲罢碧天长。

　　端居观物理，营营聚众欣。唊啜恣蚊蚋，得失纠纷纷。昔时独怀子，转与饕餮群。美好为心累，情痴无垢芬。鼠厕了未悟，蛾膏竟自焚。惟应青田鹤，餐冰唳白云。

　　桂树生南海，团团自成阴。禀气清虚府，独秀秋风林。一枝递京国，遂别南山深。孤老托盘盘，兢兢远人心。芙蓉各珍锦，皎镜美华襟。野性非适俗，漫畏远见侵。冷露寡所谐，梦断湘中岑。

　　烟锁百尺楼，月上东峰顶。凝辉射绮疏，碧空注孤影。天半皓歌声，婉转依漏永。欲尽未尽思，随风到人境。深知歌者苦，亦冀识者领。自非千载人，幽怀谁与省？翱翔双青鸾，矢音答酸耿。

　　亭亭孤生松，托根千仞冈。独立岂不伟？孤峻难为芳。万里嘘长风，才小欲自量。排云慎羽翼，无首龙之详。不危何处高，绝物众所伤。守雌天下溪，君子道其常。

　　束身事羁游，冉冉无宁役。回想旧所经，风草无遗迹。知音半零落，渺若前生隔。日见少者老，何乃今犹昔。感物悟时迁，志行苦未积。中宵雨堕瓦，冲怀增震惕。人生期百年，百年何所获？补过希前修，寸阴逾拱璧。②

---

① 〔清〕贺长龄编：《皇朝经世文编》卷二〇，清道光七年（1827）刻本，第 27—30 叶。
② 秦婷婷：《清代壮族诗人张鹏展研究》，硕士学位论文，广西民族大学，2019，第 139—142 页。

辛未除夕与同人饮于四照楼和东坡寄子由韵馈岁

情意苟不薄，木瓜胜琼琚。物薄而谊微，析糠为车舆。人生违井里，亲串日以疏。客宦盛礼文，真意何由摅。言笑恐非我，况兹百物余。亦感节候换，馈遗聊相于。名柬数往还，纷纷喧前除。缅怀素心人，风雨万山居。何当归衡茅，握手得轩渠。芹橘亦不恶，相见物之初。①

守岁

天地无停机，昼夜磨旋蚁。冉冉催流光，有如车轮驶。人生逾半百，去日苦多矣。况复已赢余，老至可偻指。挥戈欲相留，乌兔迭骋轨。赤绳长竟天，谁能系之止。守岁兢俗末，偶逐儿童喜。更鼓数添②挝，相对喧庭戺。诚恐岁蹉跎，今夕聊复尔。片刻胜千金，此意非不美。百年常鼎鼎，一息讵足恃。迟暮悔何成，殷鉴宁非迩。着鞭在机先，寄语盛年子。③

赋来吉亭寄赠不园太守

何二不园守广南三载。广南僻处迤南，素无领乡荐者，至是连科各举一一。滇省积岁歉收，广南独丰，郡人乐之，因筑亭，颜曰"来吉"。落成，不园以诗见寄。率成。

佳士如时花，含薰待春至。善政如好风，翕翕吹以意。相与淡无迹，沦浃惟一气。优游积岁月，遂若有神异。吾乡不园翁，天骨迥清粹。洪流峙千尺，玉立翛然寄。独余爱士心，竟类昌歜嗜。公暇一灯青，环对析奇字。广南及三载，两入登科记。竟使岩疆人，仙桂等平地。时和民乐康，筑亭娱公志。不负平生怀，珍重亲风义。南来一片云，瑶章灿可示。万里见孤衷，天末曾遥思。④

丁丑东崖十四弟希吕挑得教职南旋书以志别

桂海一片云，邂逅金台遇。乍合无定端，欣话旧山雨。随风又南归，处处江天树。广文自不恶，谈经得新趣。强仕博寒毡，喜非儒冠误。独余看云心，

---

① 秦婷婷：《清代壮族诗人张鹏展研究》，硕士学位论文，广西民族大学，2019，第145页。
② 按：秦婷婷论文为"漆"，《谷贻堂全集》作"添"。
③ 秦婷婷：《清代壮族诗人张鹏展研究》，硕士学位论文，广西民族大学，2019，第147页。
④ 同上，第149页。

十年才一晤。此去后会遥，携手盍少住？

送黄春庭暄散馆归班旋粤

七载别乡邑，曰归亦可喜。况有垂白亲，劳目门亟倚。归程信和风，夹路斗红紫。不少彩芳人，成蹊羡桃李。怀彼岁寒姿，暗淡照溪水。养根为世用，亮哉保厥美。策马访南阳，载览岘山趾。石田泉最清，传自老莱子。抚旧获新得，守真待再起。斯意岂不惬，私衷每欣企。独念久相依，岁月惊弹指。素心乖晨夕，谁能遽遣此。去去望征轮，云外是乡里。①

送谢芷川先生之任四川渠邑

九载全湘地，仪型志凤敦。谈经倾列席，有道式通门。世业留青简，文章炳紫垣。贤书蓉阙上，德教桂山尊。蟫府罗贻册，鹅湖继重藩。培风追绝学，立雪佩微言。剑阁衔朝命，琴庭沛国恩。擘笺承祚宅，载酒于云轩。角竹分祥瑞，铜鱼涌瑞源。真卿嘉惠远，良佐淑徽存。月照渝江水，花生宾氏村。日边隆懋绩，天语带春温。②

自题蕉窗听雨小照

乙丑夏，优居里门。丙寅春，汪首禾中丞延主秀峰讲院。堂后故种蕉十本，风辰雨夕，诸生讲退，倚窗听芭蕉声，凄然不能自已，率成数韵，丐美君图之。书其时日，示诚感也。

丛过不可省，知非玗向迩。历此夜心动，并随雨声委。雨滴不上天，去者长已矣。笔砚分无端，岂为昔年米。唤童勿添香，沈沈倚虚几。③

题廖候麓桐阴读易图

书读味外味，得旨在清永。况乃大易数，群动基于静。阴阳何燮理，大用靡不骋。所以书卦人，鞭草著内景。识者参其秘，一一求要领。溪回山风凉，碧梧卧寒影。携卷倚秋树，得此无人境。天心庶可见，了复发深省。两编竹素

---

① 秦婷婷：《清代壮族诗人张鹏展研究》，硕士学位论文，广西民族大学，2019，第150—151页。
② 同上，第158页。
③ 同上，第165页。

书，一叶银床井。学道养天和，从人指箕颖。①

题俞衰一秋声读易图

峣峣襄曲田，湛湛沂阳水。移节我经过，叹赏无穷已。山水奚足佳，芳徽堪仰止。自有菜与姜，遂觉山泽美。懿哉纯德修，八人如饮醴。广郁城东湾，昔传梁孝子。题赠廑髯苏，人识东湖涘。迄今八百年，绣翁继芳轨。建祠倚湖漘，孝思肃楹几。我来一登临，香风送蘋芷。缅兹不匮心，绵延式乡里。

题罗绣亭南涧图

东南倡学道，巨儒起闽漳。仲素能力引，龟山有升堂。奕祺守家法，延平世其昌。绣翁达苗裔，来自闽海乡。卜筑临郁水，帘色饮湖光。亟爱南涧美，风物胜沧浪。临流构书斋，草树挹余芳。坡公有遗迹，追寻时相羊。闲携佳子弟，读书水一方。人静无物扰，道青溪涧长。擘笺写为图，云水拂青苍。展卷意长适，幽怀未可量。②

题某年伯读书饮酒图

杯尽壶自倾，时还读我书。陶公解其意，性适情所护。今为披此图，无乃柴桑居。座拥百城□，玉踩富□储。旁兼置巨□，落落镇犀璩。闽中珍白薄，香赛松花蛆。春云霭檐隙，秋月上帘裾。雒诵清风生，把盏犹轩渠。上下三千古，一斗重踟蹰。糟粕岂陈迹，嗜如逾蟫鱼。赏之以三雅，圣贤曰相于。有时陶然醉，心游一书初。此中本忘言，醒来亦盎如。况复敦诗礼，趋庭有公闾。每当晋春酝，谈经欲启予。醇风酿太和，道味相萦纡。饮醨知妙理，式训得菑畲。何时持一瓢，借观沾丐余。③

十六夜偕汤谦山郑榕塘步月至曾紫光参府迎秀堂畅饮适梁宜亭陈兆瑞亦同至共援笔分体赋诗得田字

每因酒狂欲上天，况复高会列群仙。南丰素性喜豪放，烛光铃阁开琼筵。

---

① 秦婷婷：《清代壮族诗人张鹏展研究》，硕士学位论文，广西民族大学，2019，第166页。
② 同上，第168—169页。
③ 同上，第172页。

谈笑风生诗兴发，不惜美酒斗十千。谦山得意书更疾，奔驰应接四十贤。谷口子真亦瞻逸，摇头抚手笘便便。愧我枯肠搜欲遍，确莘州留耕石田。强复凑字成乌合，终难弹丸脱手圆。宜亭兆瑞最后至，搦管亦如下水船。静据隐囊抽秘思，含毫风度雅翩翩。文士至乐在聚首，挥洒壮志凌云烟。对酒若不倾怀抱，未知此会更何年。①

陈处士书斋

幽境客初到，已知尘外心。池寒蒲影定，藤老鹤巢深。灯焰耿虚壁，泉声过远林。别来良晤少，对话寺钟沉。

送顾某下第归越

古调自怡悦，还携秋卷归。但怜今夜宿，重与故人违。云净吴山出，江晴越鸟飞。明时有公道，终莫恋柴扉。②

至桂林与郑榕塘访桂

夙与琼华约，风高入桂林。如何迟暮意，兼感别离心。之子小山夜，洞庭秋水深。玉盘无以报，空忆琅玕金。③

浔江遇雨

暝烟才破晓，骤雨压江城。枕警人初觉，篷虚风更鸣。顽云屯树杪，飞瀑乱滩声。谁见汀洲上，萋萋此地情。④

得八兄秋闱喜捷

忽接南来雁，吾昆有捷音。贤书九重达，世德一家深。屈指长安信，知经慈母心。今宵同不寐，未隔楚山岑。⑤

---

① 秦婷婷：《清代壮族诗人张鹏展研究》，硕士学位论文，广西民族大学，2019，第181页。
② 同上，第189页。
③ 同上，第191页。
④ 同上，第195页。
⑤ 同上，第196页。

庚午奉命典试山左闱中用蒋司马韵

圣主恩深宠命繁,到来洙泗访渊源。自惭蠡勺临溟涨,每对琴材惜烧痕。后日知谁能报国,此心谅我乃通门。聚奎堂上三更烛,好与同怀得细论。

落叶

卧听风雨搅闲眠,为起开窗月在天。暗逐鸦翻辞树杪,乱催蛩语坠阶前。故人断绝山中径,远梦寒生江上船。此夜夜长思万绪,只应灯火对残篇。①

樊城晓发

东风吹雨细无声,一夜襄阳春水生。岘首云深山不见,数篙烟雨下宜城。②

将放榜仍用前韵

笔下纷飞落叶繁,五更巨浪触心源。焚香未必无多过,泣至应添几许痕。恐负奇才频检箧,翻忧明日已开门。棋如失著成千古,耿耿孤怀孰与论。③

无题

听荷小阁,宾阳书院之东阁也。阁为汪孟堂云任郡伯所筑。阁前凿池种莲,地颇幽胜。阁工成日,有诗四律。张鹏展次韵和之,并石刻登诸壁。

使君厅事枕江隈,小阁轩楹面面开。红藕生香围十亩,绿波照影见层台。郡宽山簇供全览,吏退庭闲时一来。钱自不名心迹迥,巡阶随意数青苔。

九华秀峭九枝莲,清梦萦纡入远天。晓起静看池上萼,宵分吟望海门烟。桂邕官况无封鲊,菽水儒风有薄田。今日长生思报柬,万家斋祀地行仙。

羊城十载羡鸾栖,客岁移春到峤西。帆影偶随云共落,花香不隔鸟交啼。逢迎快得轺车驻,问讯犹传海伯齐。试上听荷亭子望,声华岂复阻山溪。

期月循声起颂讴,高怀寄托回清幽。数弓偶拓消闲地,一叶疑乘自在舟。

---

① 秦婷婷:《清代壮族诗人张鹏展研究》,硕士学位论文,广西民族大学,2019,第200—201页。
② 同上,第202页。
③ 同上,第203页。

翰墨名章江令笔，宾朋胜集庾公楼。了无酷暑炎氛静，镜水烟消似素秋。[①]

金斗

孤村横练影，清江带其肘。决渠引澄波，势回东北走。兹坡扼厥冲，卓立如复斗，相传实产金，是为水之母。至今明砂畔，英气孕育久。往往如飞萤，夜光生黑黝，远望时复燃，寻之了无取。真精溢奇彩，若遣神为守。感斯三叹息，怀宝慎所有。

莲花寺钟

众流环一村，陂塘湛清泚。胜地如莲花，古寺踞其蕊。居人数百家，柎萼相因倚，绿檐互映带，照影明镜里。午夜鸣寒钟，月华满井里，深巷闻驱牛，书声断续起。婉转和钧天，余音渡云水。斯时会心人，悠然悟太始，何必访桃源，境静俗自美。

上巳和乌五元韵

生平耽奇趣，山水尤所贪。况复值佳节，风光三月三。槐火石泉六度新，高斋寂寞过良辰。流觞未访兰亭友，捧剑宁知河曲神。明日春城花处处，花飞欲送春归去。龙池草色已生烟，太液垂杨潜作絮。为问春风若处多？天南天北梦中过。忆到少年风浴地，茂林修竹近如何？

董家堤遇雪

黑云冥冥风势恶，日夕雪花如掌落。行人黯淡马不骄，荒林冻煞枝头鹊。依微火起问前村，主人闻语为开门。抖擞衣裳竟入座，纸窗蟋蟋梅花翻。往年春半寒应薄，今年二月寒犹作。野店清灯万里人，中宵冰砚吟肩削。诘朝侵晓渡黄河，未识河边积雪若许多？

秋杪江亭有作

寂寂江亭晚，寥天秋气微。湘流终古淡，鸥意背人飞。一笛生凉雨，千峰

[①] 秦婷婷：《清代壮族诗人张鹏展研究》，硕士学位论文，广西民族大学，2019，第206—207页。

对落晖。扁舟无限兴，惜与此心违。①

对联

静以修身俭以修德；入则笃行出则友贤。②

附：韦天宝《献业师张鹏展八首》其八

万卷书犹少，龙威拥百城。论文思正始，考道验生平。晚节松弥茂，寒香菊倍清。卅年朝市迹，史册付公评。③

吕 璜

吕璜（1777—1838），字礼北，号月沧，晚号南郭老民，永福县（今属广西壮族自治区桂林市）人。其父吕茂纶因冤狱充军江西万安，生吕璜于江西戍所，"家贫，贩米盐凌杂市之，以觅蝇头"。清乾隆五十六年（1791）其父获赦，携家归里。吕璜在家乡"读书为文，益刻苦且自励"，"日则与匠石为伍，夜则读书，就寝不两时辄起"。十七岁时，县试第一。二十三岁时，入秀峰书院读书。清嘉庆六年（1801），二十五岁，乡试高中第二名。会试屡次不售，十年间辗转四乡书馆授徒为业。十五年（1810），三十四岁，再入京。次年"会试中式四十三名，复试一等"，殿试第三甲四十四名，赐同进士出身。历任浙江庆元、奉化、山阴、钱塘知县，升杭州府西塘海防同知。清道光五年（1825），因"会检德清县民妇徐蔡氏尸骨不实"被褫职，滞留杭州六年，专心研读，并寻师问道。曾师事姚鼐私淑弟子吴德旋和古文家梅曾亮，潜心研习桐城古文。十二年（1832）返抵桂林，赁屋而居。生活无着，欲出售所收书本字画，"以佐馕粥，而罕有售者"。十四年（1834），出任经古书院（即榕湖经舍）山长，次年主讲秀峰书院，直至去世。

吕璜倡导桐城古文义法，返乡后以培养士风、倡导古文为己任，是桐城派

---

① 欧阳若修等编著：《壮族文学史》第 2 册，广西人民出版社，1986，第 603—605 页。
② 民族院校公共哲学课教材编写组：《中国少数民族哲学和社会思想资料选编》，天津教育出版社，1988，第 425 页。
③ 中国人民政治协商会议上林县委员会办公室编：《上林文史》第 1 辑，1987，第 92 页。

流入广西的首倡者和领路人,也是在全国都有一定声望的广西作家之一。名列"粤西五大家"之首,龙启瑞、朱琦、王拯、彭昱尧均为其学生。

吕璜著作,今存《月沧文集》六卷,《月沧诗集》二卷,卷首有墓表及吕璜《自撰年谱》。《涵通楼师友文钞》《粤西五家文钞》《岭西五家诗文集》等丛书所收吕璜诗文集多源自该本。2000年广西大学胡永翔有《月沧诗文集校注》硕士学位论文。

秀峰书院杂诗八首

峤外英才茁,才偏萃此多。由来觇远抱,非止擢巍科。骨峻山篸玉,神清水带罗。难凭是天事,人事近如何。

有美刘夫子(灵溪先生),前徽几许存。其言应不朽,于道亦云尊。学的端趋步,经畬厚本根。所嗟人已逝,谁与更重论。

观天防坐井,井底岂能豪。技到文章小,名争日月高。先生竿又滥,都讲礼频叨。模范吾何有,登堂首重搔。

箧中三万卷,廿载枉相随。老合书城拥,闲犹廪粟縻。岂真稽古力,好是得朋时。教本能兼学,归来惜已迟。

古杭沦滞久,往往接时贤。小结云霞契,同参文字禅。谈应犹可纵,智早未能专。惭负宜兴叟(吴仲伦先生,余尝从受古文法),霜毛尽坠颠。

少日横经地,东偏有旧居。咿唔成底事,忝窃负时誉。庭树看俱老,岑苔问已疏。卅年称一世,况复七年余。

将衰才举子,受性不如人。纸笔粗知好,仁贤愧未亲。麻中蓬易直,果下马宜驯。用尽析薪力,何时渠负薪。

结宇傍南郭,乡关成寓公。几曾容啸傲,浑欲效冬烘(岁以冬深,辄讲归家)。车马喧仍在,山林兴未终。萧然此高寄,差与奉祠同。①

示经古书院诸生诗三首

古人贵通经,所贵在致用。近人务说经,乃务以哗众。群经述作残,大旨

---

① 〔清〕吴征鳌等修:《临桂县志》卷一四,桂林市档案馆1963年石印本,中册,第71—72页。

条贯共。汉唐笺注家，谈言只微中。宋贤炳薪传，道积鉴斯洞。论足周圣涯，亦足醒昏霿。奈何鬼琐流，嚣然复聚讼。党护故纸堆，张汉而抑宋。瓦砾偶拾取，浪诩怪石供。供之犹自可，持作弹丸弄。岂知仁义府？高坚屹不动。

将为古文章，汉唐多可宗。北宋有作者，亦复称豪雄。其义根六经，其语羞雷同。学诗溯汉魏，千九百年中。师资转益多，毕竟将安从。取法必最上，超超自行空。老氏贵知希，诗文理常通。人世交口誉，境地知未崇。果且进于古，笑讥或易丛。倘求合于人，古音听谁聪。

岭西少藏书，亦少专己儒。转恐啬于义，或病稽古疏。著述矢天籁，不受绳墨拘。专集凡几家，未恢宏远模。大府幸鉴此，首辟博雅途。泛滥极瀛海，因之识归墟。咸韶有正声，岂容杂笙竽。终期收远名，始亦慎所趋。伊余愧薄劣，况久风尘驱。谓我比老马，我材实骞驽。平生忆交游，谈艺时不孤。咫闻或多矣，分饷心区区。①

秀峰书院讲堂联

先有本而后有文，读三代两汉之书，养其根，俟其实；舍希贤莫由希圣，守先正大儒之说，尊所闻，行所知。②

笏山试律跋

试律一体，古诗人不甚措意，韩退之所谓"可不学而能"，盖指此种。故流传诸什颇多，未厌人意。至国朝乃雅丽精密，无以复过。近时如吴谷人祭酒、王铁夫学博，尤能寓纵横于超隽，令古人见之，当亦为之俯首也。闻笏山之为此最敏妙，每对客啜茶盏许，而一篇已成。倘亦不甚措意耶，然何其工且丽也！使天假以年，从容炼冶，当益进于超诣矣。有才若此，顾不获如谷人先生回翔词馆，与时贤相切劚，仅以校官待次，又早不禄，即求如铁夫先生之坐老寒毡，亦不可得，岂非命耶？余前既序其诗，读此帙竟又为掩卷三叹也。③

---

① 〔清〕吴征鳌等修：《临桂县志》卷一四，桂林市档案馆1963年石印本，中册，第81—82页。
② 〔清〕梁章钜辑：《楹联续话》卷二，清道光二十三年（1843）刻本，第22叶。
③ 〔清〕吕璜：《月沧文集》卷一，收入《粤西五家文钞》，清光绪二十四年（1898）刻本，第14—15叶。

魏春松先生紫阳讲舍图序

韩子谓："圣贤者，时人之耳目；时人者，圣贤之身。"斯言也，三代下唯有宋大儒足以既其量而无余。春松魏先生盖有感于是，故为谏官时，尝上疏请乡会试仍复旧制，以性理命题使为论，圣天子嘉之。制虽未改，天下学者渐知返而趋于实，则所以牖斯人之观听而使之无即于浮浇，非一疏之引其端与？先生既退老杭州，大府礼谒焉，延为紫阳书院师。夫因紫阳之山，而书院于以名。杭有是，徽亦有是。独徽之紫阳天下无不知者，以朱子故也。先生禀朱子之学为学，即广朱子之教为教，鹅湖、鹿洞，其风未远矣。然朱子讲授于其乡里，既为武夷精舍，晚年又有竹林精舍，而一时贤者，如蔡仲默、黄直卿辈皆请业其中，以视他邦之书院，其教泽尤深至而可乐也。先生昔游岭南，尝主粤秀书院；在吴中，则主正谊书院；在金陵，则主钟山书院。今老矣，紫阳之麓，山水明秀甲东南，人才亦蔚然以茂。斯图所以作，倪亦乐之，而有竹林、武夷之思，欲得黄、蔡其人相与研说，以分寄斯人之耳目乎！璜座主李滋园先生，先生门下士也。璜虽衰驽，幸获侍先生，亦愿熏习焉，一正其视听，庶不汶汶于时人中也。①

喻莱峰太守试律诗序

昔梅圣俞日课一诗，故其诗工且富，虽不自收拾，而存者尚千余篇。苏子瞻羡之，谓："诗甚习，不为功，如圣俞者，真可法也。"莱峰太守自改庶常及官礼部，尝喜为试律诗，日课一首，如圣俞然。顾不自收拾，亦如圣俞然。公子小峰间取而私录之，散佚已十六七矣。故诗之工略如圣俞，而富乃不如。顷者，小峰将出其所录以授梓，而属余为序。余尝以作诗如作字然，箴铭赞颂，字之篆隶也；古体、歌行，字之行草也；近体则字之真楷也。自来论书者，无虑数十百家。至唐张怀瓘始为《玉堂禁经》一篇，"玉堂"之云，非今之所谓馆阁乎？余以为试律诗，固犹夫馆阁之小楷尔。张氏之言曰："荒僻去矣，务于神采，神采之至，几于元微。"作小楷而信能如是，其在馆阁有不以善书名者乎？作试律诗而倘亦是，其在馆阁有不以工诗名者乎？而岂有异指乎？太守诗温雅丽密，足以黼黻隆平。愧余不习为诗，未谙功候疾徐，乃徒以

---

① 〔清〕吕璜：《月沧文集》卷三，收入《粤西五家文钞》，清光绪二十四年（1898）刻本，第10叶。

目皮相也。小峰趋庭之暇，试以余言进质，其谓然乎？其不谓然乎？①

仰山俯泉书屋记

昔欧阳永叔守滁州，因其岁物之丰成，恒与滁人游于丰山泉石之间，仰而望山，俯而听泉以为乐。今诵其所为《丰乐亭记》，若披图读画，旷然熙然，足以发人之遐想。余同年友李君晓谷与其弟劭史治别墅于所居北流之近郊，枕山面流，而园之、亭之、台榭之、沼之、槛之、竹树花果之，缭以回廊，为书屋其中，颜之曰"仰山俯泉"，其有取于欧阳氏之云乎？或疑两君倦游归里，所处与欧阳氏异。所与偕者，幼子童孙之属，亦与滁人异。不知异者其迹，而不异者其乐也！夫乐莫大于与人同。所与者为材子弟，则其乐弥甚。晓谷前时为学博，而劭史所宰者山县，寒毡多暇，即簿领亦有余闲，所为同人之乐，未必遂逊于滁。及归故乡，而兄先弟后，抒啸于林皋，且得秀异子弟，相与翱翔书圃之中以为乐，其乐必且益畅。然而童冠小生于读书之乐知之或浅，虽曰至味不易咀寻，毋亦人事之纷、尘嚣之溷，有以汩乱之故，不足以领其深乎！引而置诸人迹罕至之区，而又有佳山水以供其凭眺，有亭榭以畅其优游，有四时柯叶华实、飞走鳞介之叠出以快其玩赏。嘘吸清光，漱涤神志，久之，至味浅深，无不咸领。是则景物之乐，大有助于简编之乐。两君之所以偕其童幼，藏修息游于别墅，不但与欧阳氏同趣，即曾氏之舞雩沂水、风浴咏归，亦何不可以同趣耶？惜书屋之成未久，而劭史遂已下世，晓谷徘徊其中，追维畴曩，得无有大不乐者。虽然，兄弟之乐不过一时，而后昆之乐递传于无尽。昔濂溪周子每令程伯子寻孔、颜之乐，信能寻之。其为乐也，以视夫沂水、丰山、曾氏、欧阳氏之所寄而又深远矣！《诗》曰"高山仰止，景行行止"，此仰山之说也；而《淮南子》谓"乡者其人"，《易》曰"山下出泉，蒙。君子以果行育德"，此俯泉之说也，而《孟子》谓"盈科而后进"。李氏后来之秀，其知所抗希矣乎！晓谷来官临桂教谕，属余作记，故为绎其命名之大指如此。②

---

① 〔清〕吕璜：《月沧文集》卷四，收入《粤西五家文钞》，清光绪二十四年（1898）刻本，第9—10叶。
② 同上书，卷四，第14—15叶。

甘肃高台县知县加知州衔临桂周先生墓志铭

先生讳琢，字方玉，号净溪。先世自江西安福迁临桂，居西乡之店头，曾祖母以苦节著闻，事具邑志。祖某，考讳道亨，乾隆壬申举人，官终昭平县训导。母廖氏。先生生岁许，而廖孺人卒，庶母张氏抚之。幼端介不凡，五岁经书一再过，辄上口。年十六，补邑弟子员。乾隆庚寅，乡试中式第一。壬辰，成进士。己酉，谒选得甘肃灵台令。嘉庆元年，调署安定，再署陇西。次年，调敦煌。越三年，调署高台。又四年，以课最调陕西长武，未行而没。

先生作令，不务赫赫名，以苏民困、培士气为急。灵台地硗瘠，且苦水旱，多积逋。上官或不察，督之严。前令逮顽户，痛棰之。先生屏不用，仿陆清献公"甘限法"，与民约，展其办。举民熙然，输将咸奋。有张翔者，为无赖马龙杀于路。其家指所仇杨志新以控，执之坚。先生以杨不类杀人者，且无验，缓其狱。密使人踪迹之，得马，一鞫而服。其摘发隐伏多类此。会河水泛溢，损田庐，亟捐资为糜，以济饿者，区画周至，或号寒，则给以絮衣，民气以舒。先是，甘肃冒赈事发，牧令罹重辟者五十余人。自是虽有灾，莫敢告。先生初莅安定，适岁饥，且经兵燹，民多流徙，亟申请发粟。上游难之，再三请，至以去就争，卒得谷六万石赈之，安集全活以万计。修东山书院，增膏火，延名师主讲，暇则亲至训课，勉以正学。士始知通经、植品，有登科第者。巨盗镜双四子逃陕中，漏网十九年，先生悬厚赏，购得之，置于法，于是他盗贼闻之，皆遁去。陇西附巩昌，为诸边冲要，前时以军需故，频增杂派，市物率轻其直，命曰官价。上官过境，所役常至千人，皆具于民，先生一切罢之，官为雇以备役使。邑有巨狼，数出哑人，自为文驱之，遂不复见。敦煌为西徼沃土，有渠十二，酾之足溉数百顷，而民率逐锥刀，怠于农，渠久淤。盖南山有金矿，诸游手踞厂中，招集无赖，往往兴大狱。先生下车，首驱厂棍，法有田者数十人，使归农，疏十二渠，增其堤，植柳堤上，遂为久远利。高台贡生郭新命，虎而冠者也。先生在敦煌已知其人，及署高台，甫上事，新命适以侵番界系吏，因杖而流之，豪右夺气，皆自戢。邑西百里产盐。故事，运盐入县乃散之，民多委折。先生给符，壮者令自赴池受盐，节浮费无算，民咸便之。其加意书院，裁驿站冗费，一如安定、陇西时。先生作宰甘中，先后十有四年，上游倚重，无知不知皆曰"周君古之廉平吏"。以卓荐引见，奉旨加知州衔，制府以为尤异，故有长武之调。将之任，会邻邑黄令者转饷至安西境，车覆于河，黄惊怖欲自沉。先生以五百金予黄，而躬与之庐于河滨，使人挈水以求亡金。凡二十余日，为暑湿侵，遂病不起。时癸亥八月十六日也。

生于乾隆丁卯年正月初九日，得年五十有七，所著有《蕌苊堂吟草》一卷。配廖孺人，子五，长瞻麓，监生；次瞻洛，乾隆乙卯举人；瞻岱，嘉庆辛酉举人；瞻纪，郡庠生；瞻渭，嘉庆丁卯举人。孙九。瞻麓等以嘉庆甲子十一月葬先生于路汀桥含珠岭，未有墓志。又十七年，乃属永福吕璜补铭之。璜与瞻岱同谱，先生之考则先君子尝从请业也。以世好知公为笃，是宜铭。铭曰：

渊狱皋牢，笔走云涛，郁为文豪。里门有塾，以广家学，壮而称宿。处约恒恬，久宦依然，负郭无田。贻子孙以安，惟仁惟宽，后起炘炘。彼驰逐之墱，厥驾或耎，盍视斯垄。①

唐　鉴

唐鉴（1778—1861），字栗生、泽翁，号镜海，又称小岱山人，善化（今属湖南省长沙市）人。祖父唐焕，清乾隆六年（1741）举人，官至山东平度州知州。父唐仲冕，五十八年（1793）进士，历官福建按察使、陕西布政使。唐鉴中清嘉庆十四年（1809）进士，选庶吉士，散馆充国史馆协修，历任十九年（1814）会试、二十三年（1818）顺天乡试同考官。选浙江道监察御史，降调六部员外郎。清道光元年（1821）任广西平乐知府。后历官山西、贵州按察使，浙江、江宁布政使，太常寺卿。二十五年（1845）年老开缺后，主讲金陵书院。清咸丰三年（1853），返湘后闭门著书直至辞世。

唐鉴在广西为官时非常重视教化之功，兴建学校，"诲诱寒畯"。他亲临

---

① 〔清〕吕璜：《月沧文集》卷六，收入《粤西五家文钞》，清光绪二十四年（1898）刻本，第1—3叶。

书院讲学，召集地方士子到官署读书，亲为课问，并为制定学规章程。他不但利用地方官的号召力倡议兴修久已颓圮的文庙、考棚、书院等，还带头捐俸，襄成其事。唐鉴有丰富的书院讲学经验，丁母艰时，曾主讲山东泰安书院，还在钟山书院、白鹿洞书院讲过学，致仕后为金陵书院主讲，曾国藩曾向其问学。

唐鉴一生扶掖贤俊，倡导正学，勤于著述。在翰林时，著有《朱子年谱考异》《省身日课》《畿辅水利备览》等书。在广西时，著《读易反身录》。居丧时，著《读礼小事记》。入为九卿时，又著《易牖》《学案小识》等书。所为诗文，收在《唐确慎公集》（十卷）中，有四部备要本。2010年，岳麓书社出版有李健美校点的《唐鉴集》。

兴观群怨

朱子非以诗名者也，而其诗之沉郁深至，有诗人所不能到者。间尝端坐而敬玩之，见其静而正、曲而当、微而彰、直而文、温而理、广而信、简而该，远征而不失其指归，泛举而不违乎义蕴。因时感愤，而能使顽者耻、昧者醒；比类致辞，而能使过者规、善者劝；赠答之偶然也，而不离乎切磋严惮；侮慢之忽至也，而不失乎忠爱恳诚。夫子曰："可以兴，可以观，可以群，可以怨。"其在斯乎！朱子之诗，非即可拟"三百篇"也，而亦稍近之。夫而后知其平日之学之功，纯粹以精，有以养其温厚和平之德，成其春容大雅之才。吟风弄月之怀，发现皆道本；乐天知命之事，歌咏亦性真。是以音响出于自然，裁调卓乎高妙。不必淡如彭泽，而素抱只在南山；不必悲比杜陵，而此心每依北斗。吁！吾朱子之道，愈老而愈穷；吾朱子之诗，愈衰而愈少。盖不敢作也，避祸于危也。吾衰而录之，以其诗即其学也。①

续理学正宗序

师道立，则善人多；善人多，则天下治。师道之不立，至今日亦已极矣，可胜慨哉！夫词章以相煜耀，故训以相谇争，假陆袭王以相迷罔，窃功盗名以相欺诳。言者若是，行者若是，学者若是，教者亦居然有师，有弟子，有渊

---

① 〔清〕唐鉴：《唐确慎公集》卷一，清光绪元年（1875）刻本，第14叶。

源，有授受，有门庭，有径路矣，何莫非师之谓乎？然而此俗师也，此背道之师也！师道至此，尚可问哉？俗师之教也，使人趋于鄙，习于陋，局于小，安于卑，智者入于纤巧，能者逞其偏私。其究也，脂韦其体，模棱其用。背道之师之教也，使人旷其志，游其心，枯其性，荡其情，恍惚焉以为真，梦幻焉以为神。其究也，决裂藩篱，偭弃规矩。此二师之弊，岂浅鲜哉！夫是以沉锢于学者之心，愈深愈悖，读六经而显昧于六经，读《论》《孟》而动违于《论》《孟》，读《学》《庸》而大刺谬于《学》《庸》。浮慕浅尝者，固懵懵焉不知理道为何事；高谈雄辩者，更断断焉任其所自为，而不顾其得罪于贤圣。醉生梦死，岂不大可悲耶！然则如之何而可也？则非周、程、张、朱其人者出，无以指迷途而登之坦道，拯胥溺而授之深衣。然而此必不可得之事也，则有周、程、张、朱之书在，有周、程、张、朱之学在。今夫孔子犹天也，可仰而不可攀也；颜、曾、思、孟犹日、月、星、辰也，可仰而不可攀也。周、程、张、朱则露、雷、风、雨也，可闻其遗响而振兴也，可沾其余润而灌溉也，可追溯其春、夏、秋、冬之气象而得其全体大用也。天之教由露、雷、风、雨而宣，孔子之教由周、程、张、朱而明也，是乃断断然者。六经之训，由来多矣，而自有周、程、张、朱而后，微言奥旨，可得而见。《论》《孟》《学》《庸》之传，亦已旧矣，而自有周、程、张、朱而后，大本大原，可考而知。天而无露、雷、风、雨不成其为天，人而无周、程、张、朱不肖其为人。

柘城窦先生因而忧之，于是有《理学正宗》之辑，所以示孔、孟之统纪不坠，而使学者知所指归，不至纷于歧二，溺于流俗也。余始读而喜焉，继又读而惧焉。喜者谓孔、孟之道虽屡历世变而有传人，惧者谓传人不数见，而元、明之许、薛仅见也。阅后思之，抑又幸焉。幸许、薛之后有余干胡先生、泰和罗先生，生当新会、新建之间，痛惩其迷溺，力破其矫诬，虽狂澜大肆，而正学卒未尝挠。国朝稼书、杨园两先生起而昌之，扫荡群嚣，统归一是，其行至卓，其辨至严，谓非许、薛、胡、罗之后劲，周、程、张、朱之继绪乎？

吾友丹溪何君闻吾言而然之，手四先生之集，庄诵焉，深思焉，精选其所以发明程、朱者，辑为《续录》。其于窦先生忧道之心，为学者择师之深意，同一兢兢焉而不容已者欤？

嗟夫！师道之不立，学术之所以乖也；学术之不正，世道之所以日漓也。

有心斯世者，必自培植人材始；培植人材者，必自讲求学术始。使此书得行于世，而又有主持教化者鼓舞而利导之，安见庠、序、学、校之风不可复反于隆古耶？此余所为殷殷焉重有望于同志者矣。①

感应篇试帖诗序

天下有知其所当然并究其所以然者。理由心得，性自天来，油然于不容已而仁见，奋然于不忍甘而义见，秩然于不敢紊而礼见，昭然于不能昧而智见。孝弟本固有之良，忠恕亦自反之道，正不必征之于鬼神，托之于因果，而后为善，而后去恶也。然而提撕省察，乃存养中不可无之功；悔吝吉凶，亦动静间所必谨之事，人果暗窥屋漏，显对大廷，上稽古人，近考当代，不愧不怍，以戒以规，一念勿及于邪，一言勿出于妄，一视一听勿移于非礼，则满腔皆善，形骸不得而闲之；反身而诚，物欲不得而夺之。此即圣贤省己之实修，亦即圣贤求仁之要旨。警悟莫善于此，惩戒亦莫切于此矣。世之言感应者，不当作如是观乎？

夫人禽之界甚微，正则为人，偏则为禽；明则为人，蔽则为禽；诚则为人，妄则为禽；敬则为人，肆则为禽；尽性分者为人，性分之限者为禽；敦伦常者为人，伦常之薄者为禽。此皆宜反之于身，求之于隐，慎之于思念之间，修之于幽独之地。不必其事之昭著，而此心之暗昧有入于禽而不自知者，当何如觉察？何如戒谨？何如存养克治也？人亦尽人道而已，使此心无禽心而已，而感应之理在天壤间，存以为警悟、惩戒可也。贵筑郭子虚堂以所得《感应篇试帖诗》索为之序，因据所知者揭而质之云。②

敬恕轩记

仲弓问仁。子曰："出门如见大宾，使民如承大祭。己所不欲，勿施于人。"盖此心之仁，非敬无以存之，非恕无以推之。存之以敬，则于事不敢慢；推之以恕，则于人不敢横。夫人惟慢与横之念不绝于方寸，于是徇己凌物、悖理逆情，日寻于肆虐凉薄而不自知，而恻隐之端泯矣。余秉臬黔阳，每与僚寀相勉于爱人，而深惧此爱人之心有间于慢与横之两念也，爰用书此以自儆云。

---

① 〔清〕唐鉴：《唐确慎公集》卷一，清光绪元年（1875）刻本，第31—33叶。
② 同上书，卷二，第12—13叶。

楹语记

枭廨西偏,有池有亭。道光戊戌春,鹤来止焉,饮啄自适,无猜无猜,偶一鸣,清响振云霄。噫!何其高耶!夏池莲帖水出干,亭亭从泥中挺立,花洁而不滓。虽盛暑,有清风徐徐来。此其品为何如?可以为鹤伴矣。鹤之来也,有意耶?无意耶?避尘嚣耶?觅俦侣耶?吾不得而知之也。莲凡处皆有,未尝不入俗,而实未尝污于俗。其生于池也,未尝有异,非同鹤之为世罕见也。然而鹤之高、莲之清,是皆君子之所取法者,爰为楹语以记之。

其楹语曰:亭前日暖常留鹤,池上风清独爱莲。

五原学舍图记

粤西,山国也。列嶂如林,不数里必有奇险之处。居民不习攀缘,因弃之不顾,于是瑶人来居焉。山峦层叠数十百年,树木遮荫,虽大旱,水瀺瀺从岩穴中出。居其间者灌溉资焉,是之谓水源。富川十三源,皆为瑶人耕作之地,故言瑶以富川为最多。壬辰,楚南有事,祁中丞檄余守富川。余稔知十三源之瑶,其尚衣冠,重礼义,随民籍入庠序者有人,而宋塘、三辇、龙窝、平市、倒水五源尚未改故习,然每与之言顺逆之事,未尝不义形于色也。于是授以团练之方,教之以坐作进退、尊卑长幼之礼,皆欣欣然乐而从之。尝私相谓曰:"我辈亦人耳,遂不可读诗书,学义礼乎?"余闻之,择其子弟之秀者,与之以《四子书》,为之村设一蒙师以分授之,而五源皆具状以义学请。阅数月,宋塘山之学成,三辇继之,倒水、龙窝、平市亦继之。余每一至,儿童绕膝捧书背诵者,竟日不绝,已忘余之为官,又岂自知其为瑶人哉!夫天之生人,畀以至灵之性,即畀以向善之心。瑶岂有异耶?惜学粗立,而余适膺荐北上,未尝得睹其衣冠人文之盛也,因绘图以记之。异日倘复莅彼都,昔之儿童当已成立,五源风俗当何如懿美耶?道光十四年督粮舟次御黄坝自记。

新建五源书院碑记

宋塘、三辇、龙窝、平石、倒水,富川之东五源也。修广约六七十里,为户数千,为村数百,黄童白叟,田更牧竖,嬉游于太平盛世者,由来旧矣。道光壬辰春,江华九冲赵孽滋事,楚南用兵,富川隘口如宋塘、三辇等处,直当其北路，筹防御甚急。而五源之人义见乎辞，仁形于色，奋勇争先，为官捍卫。时余奉檄守富川，巡历所至，负弩前驱者，辄数十百人。因与语，加以慰劳，并示以孝弟、忠信、礼义、廉耻诸大端，无不欣然喜悦，欲读书从事于义理，于是群焉有建立义学之议。

夫人受天地之中以生，其性之善，天畀之也。虽地有夷险，习俗有淑慝，皆不得而泯之。五源瑶户之立义学，亦宜矣。方赵孽之炽也，妖氛肆起，奸宄潜出，人或为富川危之。而余谓众志已固，无足忧。卒之奠定如磐石。而五源于同心捍卫之余，捐置钱七百余千，兴建书院、讲堂、斋舍，屹然以成。巡抚粤西宫保祁公闻而嘉之，奖劳有加，亲题额以赐，所以鼓励五源。而凡如五源者，皆宜知所向化矣。

是役也，建议于壬辰之夏，落成于癸巳之春。富川训导朱德鈫为之定基址、辨方位，往来劝相，始终其事云。①

晓谕昭潭士子示

为晓谕事。照得郡县书院，所以储材；每月课期，所以励士。本府前次莅任，为士子备学田、筹膏火，时与往复，冀其有成。昨岁重来，多烦迎迓，亲若子弟，于以见昭潭之淳风，而长官更不敢不勉也。是以本年边围告警，防堵方严，戎马倥偬，奸宄窃发，而于菁莪棫朴、杞梓梗楠，未尝不系怀焉。用是筹先疆场，而庠序之教亦备规条；身在戎行，而黉舍之风时加采择，不敢忘也。今边事既靖，文德宜兴，愿与诸同志不时讲贯，以相与登昭潭于邹鲁，溯乐水之朝宗也。诸生其共勉焉是幸！特谕。②

道乡书院学规四则

一曰立志。希圣希天，全视乎此志。孔子曰："士志于道。"孟子曰："尚志。"士子束发入学，先当定其趋向。所趋远大，则其成也必远大；所趋卑陋，则终于卑陋。志岂可以不立哉？但初志或峻，而继焉怠、终焉忘者，

---

① 〔清〕唐鉴：《唐确慎公集》卷三，清光绪元年（1875）刻本，第1—5叶。
② 同上书，卷五，第15叶。

则无以励之于后故也。日对《诗》《书》，取圣贤之言行以为步趋，闻严师益友之督责以加惩戒，奋勉向上之心不间于瞬息，是未有学而无成，成之未有不臻于远大者也。尔诸生手执简编，试思简编中所载何人？所书何事？读此何为？朝廷取士何用？则志之当立可知矣。

一曰勤学。《说命》曰："逊志，务时敏，厥修乃来。"《记》曰："蛾子时术之。"盖言勤也。勤则不至于间断，无间断则诗书之浸灌、义理之涵濡，日入日深。及其后也，忘其为勤，而德纯且一矣。诸生每日温经几卷，读史几卷，于所读书得新知几处，于所不知者从先生问得几条，自立课程登记。每月逢三逢九作课文，必穷尽题中之理，以己意阐发之，取其真实，不贵浮华。诗则义本风雅，温柔敦厚，是其教也。若能随事讲求，始终不懈，何患德之不纯乎？

一曰敬师。《记》曰："师严然后道尊，道尊然后民知敬学。""敬"之一字，学者彻始彻终之要诀也。而弟子之于师，尤为敬之自然流露，而有所不容已者。于此而不敬，尚望其居恒之常存敬畏乎？夫肆本凶德，慢亦轻心。施之于言则取尤，见之于事则招祸，往往有一语不加谨，一步不加防而患随之，并终身之羞辱丛集焉，而莫得而解免者，是不可辨之不早也。是以君子戒谨恐惧于不睹不闻之地，尚且如临师保，以为指视之特严，况身当师保之前，其为严惮宜何如也？立敬自长始，欲敬身者，自当先知敬师。

一曰择友。"益者三友，损者三友"，夫子言之详矣。学者守夫子之教，去损取益，其切磋琢磨为何如乎？而嗜好不绝于内，纷华不屏于外，动而相引，将有入于邪僻而不自知者矣。是贵立志以端趋向，勤学以励功修，敬师以持身心，而后所取皆正人，所与居皆严惮之士。有善相劝，有过相规，疑则可以共晰，义则可以共趋，怠惰者群相策勉，勤慎者咸知则效。则学之有成，未尝不系乎择友也。①

谕发膏火田总管值年首士执照（条规八则）

照得本府前次捐银六百八十两，为道乡书院置买潮水村田业。经历年首士办理之善，筹画之周，以其盈余为之扩充，既以价银九十二两买中关十六甲铺屋一所，提归恤贫项下开销。又以价银一百五十两买中关十二甲铺屋一所，

---

① 〔清〕唐鉴：《唐确慎公集》卷五，清光绪元年（1875）刻本，第18—19叶。

又以价银二百八十两买南门大街铺屋一所，其每年租银积为修理文庙及书院等处之费，虑事既属精详，立意极为久远。捧檄重来，殊深嘉许焉。爰用捐银二百九十两买土名上下虾子田六十三工，每年收针秤净租谷七千斤；又捐银七十五两，买月字岩走马桥田四工，又新田十三工，共十五工，每年收针秤净租谷一千二百斤；又捐三十两，买月字岩石枧洞田七工，每年收针秤净租谷四百九十斤。并因潮水村佃人有盗卖诸弊，诸绅士按址清查，实勘得田一百二十七工一十二两，每年收针秤净租谷一万一千二百九十八斤。前后田契四纸，均存府署礼房立案。屋契三纸，发首士于更递时交收存据。其收租、发米等事均系值首经理，每年值首总管二人、值年二人，公举殷实老成者为之，年底更递，留二换二。四人不必尽居城者，城中二人，乡间一人，外县一人。值岁、科考年头，该值首约齐九学，出贡首廪，将每年膏火薪水及恤贫等项数目，公同核算，开列清单，粘贴书院，以示公而无私。为此，合与执照，使执首有所据依，倘二三十年之后，此照或有损坏，准呈府依式另换。其首士姓名，按年于执照内填注明白，须至执照者，前照仍存值首手收。

后列条规八则：

一、前次所收租谷，只筹月糈，未及膏火。今计所收几至二万斤，拟以一半筹备膏火，一半酌发月糈。正课生员拟定八名，正课童生拟定六名，生员每名每月膏火银八钱或六钱，童生每名每月膏火银六钱或四钱，值首每于次月初按名按课分发。除正、腊两月，合计须发银一百两。附课不定额数。住斋者无论正附，同发米三十斤，以为薪水之助；若不住斋，均不发米。其或偶遇大歉，所收不敷所出，听该值首公同商议，通变办理。此系设立膏火滥觞之始，不周不备，有待后之君子推广而曲成之。

一、每年膏火薪水之余，遇有乡试，值首与书院肄业生员中式，奖以银二十两或十六两，作为锦袍之赠，误中副车及拔萃科者折半。青云之士，意岂在此？而鼓舞振兴，正未容已焉。

一、恤贫一项，经值首以潮水村之息买十六甲铺屋收租开销，则每年所收各处田亩租谷专办书院膏火、薪水之用。如有盈余，值首仍前设法生息，数年后又可增置田产，禀明本府，归入书院，一例办理，广为乐育，实有赖焉。

一、南门大街铺屋及中关十二甲铺屋，每年收租银共四十八两，为修理文庙及书院等处之费。历年所筹，甚为周密，以后即照前经管办理。增辉庠序，历久如新，惟值首是望。

一、每年值首收得租谷，开明入数，呈报本府。其一半归在膏火项下者，乘时粜卖，以备支销。其归月糈项下者，即在府城内外查访殷实妥当碓户，取具确保，陆续令其立字承领，春筛干净，按月支发。值首备具取米折字及流水簿，登挂明白，以免遗漏。凡针秤净谷一百斤作米针秤六十斤、本地秤六十三斤。

一、潮水村、上下虾子、月字岩、石枧、走马桥等处，本属沃壤，向无减租之事，惟偶遇大灾，值首亲往履验，公议酌减若干，报明本府查核。倘佃户借端抗租，则送府惩治追缴。

一、佃户不肖者，盗当盗卖，以及暗中顶耕，无所不至，始则缴租不足，旋且隐没田工，实为田间一大蠹。如雷观章、雷之质、雷德合、雷德苟，以及雷德仁等，非以书院公田私行变卖，即以他人批约冒滥承充。本府已将盗卖之契追缴，分别惩创、退耕。此后该值首五年一查，若安分守法，准其换写批字，仍旧承批，其有似雷之质、雷德合诸人者，立即禀府究办，招佃另换，决勿姑容。

一、值首往田间收租，所用船只、夫役、脚费，以及往来饭食，据实开报外，每年酌议点心钱四千文。诸值首绅耆，急公好义，为之不怠，又岂独守土者之幸哉！①

禁止淫词小说示

照得淫词小说，最有关于风俗人心，诱人于邪，陷人于恶，往往以未有之事装点而为金粉之楼台；以本无之人杂糅而成溱洧之士女；见者心动，舍廉耻而入奇邪；闻者艳称，弃礼义而谈轻薄；人心之坏，风俗之浇，莫甚于此。除饬各府、州、县，将一切淫词小说以及新出《画舫》《青楼》等录，概行饬坊烧毁，毋许存留外，合行出示晓谕。为此仰城乡士、农、工、贾人等知悉：

尔等各有正业，无事闲书。慎勿以有用之心身，自荡于淫邪之词曲；更勿

---

① 〔清〕唐鉴：《唐确慎公集》卷五，清光绪元年（1875）刻本，第20—23叶。

以有限之岁月，甘掷于荒忽之见闻。岂圣贤传经可读而反不读，世俗传奇不可读而反欲读耶？当不如此其愚昧也。特谕。①

题张渊甫孝廉四图

却扫读书：俗尘纷且淆，浇浇同一浊。因之入肌髓，玷涅不可濯。却扫者谁子？闭户抱其蜀。谓友宜善交，谓书贵善读。但与古人稽，那肯末流逐。藏焉斯一室，身修而世淑。

停琴迟友：沧海激层波，高山攒众碧。中有太古音，听者不能识。邈哉黄虞远，皋夔缅在昔。斯人续遗调，割然振金石。俗耳狃所嗜，但知筝与笛。眠之不复弹，绿阴照寒壁。

春郊放牧：春雨沐林皋，春风被郊野。驱群上山坂，草长深没髁。但愿畜蕃息，不敢事苟且。寝讹观性情，蹄蹴记多寡。所喜在买犊，所除先害马。从兹茁壮长，不愧牧民者。

山居种树：兰蕙生于泽，梗梓生于山。种之贵有人，成之在得天。山居适无事，缅焉为长叹。欲以灌溉久，庶几材质全。奇葩挹芬馥，长条干云烟。眼中果见此，足以酬林泉。②

立春连日大雪将赴粤西因而书感

天上琼瑶一万重，铺来遍地笑三农。春从玉树枝头见，人在金陵客里逢。鹤出林皋非素志，鸿飞岭表认前踪。盈髭满鬓都如许，欲着鞭时意已慵。③

辛卯春之官粤西道出长沙寒食日拜大父墓

一雨连绵五十日，朝暾忽射寒云裂。青山衮衮向人来，中有一峰特突兀。仰止千仞苦攀跻，前者牵挽后者推。兹山络脉千万派，峦头高举如狻猊（俗名狮子脑）。大父于兹宅幽室，我来含涕看遗碣。回思掌上掀髯时，晨夕承欢持枣栗。转瞬年华五十三，缁尘满衣雪满发。二千里外一官远，山河间关行特缓。刚逢寒食拜山前，族党争来荐麦饭。吁嗟乎！苔藓斑斓松柏古，石马嘶风乌叫

---

① 〔清〕唐鉴：《唐确慎公集》卷五，清光绪元年（1875）刻本，第37叶。
② 同上书，卷七，第20—21叶。
③ 同上书，卷六，第25叶。

雨。草青青兮慈云布，灵之来兮为延伫。将去兮欲牵衣，安得膝下兮含饴？人生壮大不如少小好，况复远违祠墓，奔走四方，不能及时奉蘋藻。

粤西杂韵（四首）

湘江撼衡疑，漓江走桂管。二水本同源，分之各异畛。群山郁其间，矻硞而巁巄。或蹲如虎罴，或伏如蚌蜃。绵延二千里，其势不能尽。五岭起嵯峨，清淑此中蕴。闻有绿发翁，云霞与深隐。若往从之游，潇然脱尘坋。可奈世间人，不知反其本。

山川有异态，天地无殊域。云雨从空来，变幻在咫尺。炎凉亦何常，朝更而夕易。非关造物偏，是乃遇陬僻。辟谷求金丹，不如守真识。悠悠中无主，妄感投其隙。

捧檄来榕江，僦居得半厦。闭户搜残编，出门假羸马。所苦炎雨重，鸣蛙闹厅庑。又苦蛮烟深，训狐啄屋瓦。是岂彼苍心，实由生物伙。若使善恶分，凤凰满天下。

白云起东方，所思在泰岱。昔年垩室居，长负曲木耒。从此为农夫，岂不廓然大？揭来曳华裾，强作折腰拜。温饱非吾心，自反殊足怪？劳劳车马尘，连衡四五辈。相见辄纵谈，聊足供一快。退食静无言，一室养天籁。

重莅昭潭

一别昭州已七年，重来民物更殷然。平畴绿水环篱落，比户清风入管弦。五事不忘梅挚瘴，一家同饮敬公泉。自惭揽辔全无术，只此焚香祝有年。①

留别昭潭七律四章

重绾铜符至粤西，十年雪爪印鸿泥。漓江水暖春宜麦，黉舍风清夜照藜。当务合参门外藕，淡怀惟守瓮头齑。小儒敢冀前贤事，却把宽严细品题。

拔善锄奸费采询，风餐露宿又从新。山隈水漘曾经地，牧竖田更旧识人。只为败群除害马，不须惊众更埋轮。自惭无术酬童叟，且喜昭潭俗本淳。

蓦地烽烟出近疆，飞驰羽檄到戎行。春云压阵千山雨，明月横戈五夜

---

① 〔清〕唐鉴：《唐确慎公集》卷七，清光绪元年（1875）刻本，第1—3叶。

霜。欲奠民居添壁垒，更收众志作金汤。请看比户弦歌起，连襟儿童入党庠（富川五源瑶户建立义学）。

春雨方过涨绿波，邦人洗腆献骊歌。下车三载无仁政，荐剡频登愧礼罗。拥盖自怜缁鬓白，振衣犹懔素丝绗。（临行，绅耆赋诗志别，并赠以伞盖、袍服等物）买舟欲别应留赠，但祝年丰百谷多。

粤山

粤山突起楚山夷，我从楚南到粤西。看山三年兴未已，又别粤山看楚水。楚水迎劳如相亲，尘怀鄙吝从此洗。明月同舟三两人，绿树环江一千里。舟人打桨蓦波去，渔歌泛泛不知处。横空飞出青芙蓉，指点衡疑在云雾。名山一半归楚粤，忙里看来未亲切。戎行从事牛马走，辜负峰峦特突兀。终年劳劳今得闲，好将此意传青山。青山输我真面目，我愿青鞋布袜杖策相追攀。①

题古樗山房读书图

读书亦多门，所贵在穷理。穷理亦有要，即事求其是。自受天地中，懿德备性体。奈何弃不讲，悠忽甘废弛。自守圣贤教，正学系道揆。奈何置弗闻，纷驰失涂轨。夸哉诞謑子，动辄诧闻见。宝书百二十，尧典十四万。局矣村究家，一生困椠牍。失剑方刻舟，遗珠但买椟。更有词赋流，意气干云上。一字九还丹，矜喜出群党。汝当端其本，勿与流俗俱。治心重克复，立身重规模。一念三检点，弗为情欲驱。一事三持循，弗为习染濡。提撕在衾影，存养通鸢鱼。以是对编简，不负此居诸。以是求义理，不蹈乎虚无。嗟予年就衰，所惮志益懈。尔室严旦明，欺来有至戒。展甥读书图，用以申此意。②

检书叹

缥缃亦何亲，所至辄满室。一日理行装，书乃居其七。筐篋不能盈，囊橐亦盈溢。以是致盗疑，盗亦太无别。

读书竟何为？笑我不知老。老而好读书，吾亦有至宝。至宝苟不失，虽穷未枯槁。检书喟然叹，万事感怀抱。

---

① 〔清〕唐鉴：《唐确慎公集》卷七，清光绪元年（1875）刻本，第5—6叶。
② 同上书，卷八，第1—2叶。

狼籍亦云污，涤除反之洁。非有检察功，安得此污雪？展之复拭之，一一去其涅。以是观吾身，与书同一列。

聚书恒有年，散书在一夕。聚散若是颠，念之长太息。是诚益我多，乃竟贻之厄。相对更何言？低头自引忒。

咏怀

太极一团团，乃是天人理。一气大流行，两仪定纲纪。人生天地间，惟理为足恃。充之即为仁，体之即为礼。顺之即为孝，和之即为弟。完其所自来，亦曰理而已。始知一团中，万化由此起。

天地一何宽，斯人处之狭。天地一何周，斯人视之乏。从来贪者奢，所愿百不愜。缘崖睋前登，饮河争一呷。只此不足心，使身无著法。岂知我生初，赋畀至周匝。完之以秉彝，广之以德业。如何尽屏弃，都为物所劫。纷纷逐外荣，捷捷骋高猎。遇事或乖违，低头苦忧慑。浩浩大圆中，草木亦欣合。

万事蓦然来，一人一规矩。夷叔可西山，周公可东鲁。箪瓢为颜回，櫂辐为夏禹。缅怀古圣贤，穷达皆砥柱。巢许安足称，管晏更无取。是以洙泗间，行藏不轻语。

凤凰音中律，麒麟步中规。虽然在郊椒，无奈知者希。知希遂见弃，不足为深疑。东海有琪树，西山有灵芝。南园有修竹，北林有高枝。置身已得所，不异丰与岐？

道德贵宽闲，意兴戒萧飒。但有藜可羹，何妨履不纳。疏水岂知贫？轻肥恐近侠。兀然一青毡，欲卧就短榻。只知诗礼书，不问筐箱箧。昨来经萑苻，江湖困远涉。苍狗本浮云，所见复何慑？友人致佳想，遗我时晴帖。慰劳何其周，怀之不能答。

读书方弱龄，立志在壮岁。厥后数十年，此志亦殊锐。栗栗临深渊，滴滴辨清渭。功加惩窒多，学审格致未。理以实事穷，事以实理会。严防顿悟机，切戒袭取义。除去独中私，奋起刚大气。瞬息皆鸢鱼，存省即天地。天德纯乎仁，诚者识其意。天道本乎中，敬者必有事。惟敬自精微，惟诚特广大。仁必由诚来，中不出敬外。吾本愚无知，安敢语深邃。只此希古心，不忘向道志。①

---

① 〔清〕唐鉴：《唐确慎公集》卷八，清光绪元年（1875）刻本，第3—5叶。

忆书

先子买书不买田，书贾一来三五船。倾仓倒廪勿弃捐，往往重叠如云烟。姑苏坊市旧藏少，更觅嘉湖世家宝。非徒巨册勤搜罗，即是微言亦探讨。辰桥五楼四丈高，远山近水无尘嚣，清虚缥缈干云霄。藏书不谨遭讥嘲，读书无识空烦劳。题曰"憩书"义以标，一一签识防混淆。阅来四十有余载，屡易缥缃寄高庋。神明守护无残毁，先世留贻有期待。昨年悬车居白下，铁塔山前结茅舍。移来半分充荒斋，日日温寻习旧课。方期假年不即老，世上惟有读书好。朝焉夕焉亦何求？使我胸中大分晓。从此涵泳渐深造，澄然无事绝纷扰。咄哉丑虏滔天恶，熠熠妖氛薄城廓。微服重过千里来，回头转望万山却。万山却，夷陵远，风雨潇潇客愁满。时还读我手钞书，不问颐园万千卷。①

往赴朗江书院

牧唱渔歌总旧腔，斯人蜷伏倚寒窗。一林红叶真吾宅，千树桃花是朗江。尔室潜修殊固陋，名山佳士必敦庞。新晴忽听查查喜，有鹊巡檐一二双。

轻风薄霭暮春天，一路耕牛满陌阡。老大诗书犹痦寐，生平歌咏属林泉。山阴修禊寻常事，沂水流风契道贤。自叹荒芜无学识，鳣堂久已愧青毡。

黉舍轮囷气象函，鼓钟入学士修修。西河设教吾何敢，东汉传经亦岂堪？正学昌明天下盛，此身修省个中参。愿吾群友同攻苦，心性源头子细探。

早看朝暾晚看霞，肩舆四日已回家。念吾腰膝犹如旧，觉那清和更有加。后院新篁过一丈，当门细草散群葩。雏孙哑哑来亲我，也是天生至性嘉。

八十自寿四章

团扇轻衫自在身，年年初度此良辰。榴花肯照穷酸子，艾叶还宜太老人。淡泊情怀贫胜富，清和气象夏犹春。孩提一二斑衣舞，堂上欢呼分外亲。

声光不欲在人先，步步回头未敢前。少小庭闱严教诲，壮游师友共钻研。科名有分殊潦草，道德无穷幸勉旃。栗栗兢兢五十载，读书始见性中天。

墦间垄断最堪羞，那得人中第一流。夜寐晨兴惟自励，瞬存息养是潜修。当窗细雨花迎径，转幔高风月上楼。僻地岩居朋旧少，田更牧叟即吾俦。

---

① 〔清〕唐鉴：《唐确慎公集》卷九，清光绪元年（1875）刻本，第7—8叶。

垂裳特召大恩纶,迭觐天颜十五晨。从此长年蒙渥泽,惟将百寿沐深仁。山农喜得盈畴雨,边吏称无越塞尘。我是无知村学究,好谈忠信告乡人。①

苏宗经

苏宗经(1793—1864),字是程,号文庵,玉林(今属广西壮族自治区玉林市)人。清道光元年(1821),中广西乡试第四十八名举人。历任新宁州训导、平乐县教谕、梧州府教授、国子监监丞等职。苏宗经勤于兴教劝学,注重修复学校及古迹,居乡遇公益事情都能不避嫌怨积极组织,曾倡修玉林紫泉书院,并协助知州王彦和(王引之子)重修州城围墙,受到了清廷的嘉奖。

清道光十年(1830)起,苏宗经先后主讲玉林紫泉书院、平乐道乡书院、新宁吉阳书院等。他读书甚勤,著作颇丰,有《读史管见》四卷、《坊表录》四卷、《名臣百咏》一卷、《明史约编》三十卷、《鉴史精华》八卷、《慎动斋文集》十一卷、《酾江诗草》二十六卷,以及《广西通志辑要》等。

《酾江诗草》现存有清光绪十八年(1892)刻本,《慎动斋文集》有清道光十九年(1839)其子苏玉霖抄本,上海古籍出版社 2010 年出版的《清代诗文集汇编》第 582 册据此影印。

题紫泉书院田租册

定州(郁林为古定州)培士百年深,产业源流试细寻(乾隆年间始薄有产)。今日生徒沾小惠,当时父老费婆心(所有之租俱绅士与官策画而得者)。文风鼓励都兴起,士气淳漓感古今。租石稍增还小补,素餐五载愧同林(余自甲申管,至今增租二十余石)。②

---

① 〔清〕唐鉴:《唐确慎公集》卷一〇,清光绪元年(1875)刻本,第 17—19 叶。
② 〔清〕苏宗经:《酾江诗草》卷一,收入《清代诗文集汇编》第 582 册,上海古籍出版社,2010,第 13 页。

阅灵石县童试卷四章呈席明府

借箸筹机到治泉,算来文字也因缘。自惭豹管窥斑小,好是牛刀幸化先。几队锦鳞汾水跃,一轮明月介山圆。围炉芋火冬烘里,啜茗焚香学选钱。

一柄挥来麈尾轻,文坛帐里细谈兵（题目皆余出）。欲回风气崇先进,爱惜韶光勉后生（首场已冠"先进"二字,末冠"后生"二字）。行重澹台敦品好（二场出"行"字）,学惭孟氏幼年成（三场出"夫人幼而学之壮"七字）。知交伯玉心相印（四场出"君子哉蘧伯玉"一句）,雪色梅花一样清（诗题"数点梅花天地心"）。

半生精力困文坛,阅历方知笔战难。万马势能长戟扫,一心血易短檐干。骊黄混杂愁知己,黑白分明倩宰官。束发童军曾谬冠,张来铁网怕遗珊。

青蓝满案独分披（五百余卷惟余自看）,难语珠无一颗遗。堆锦烦心欺玉尺,乱花迷眼误金篦。砚池幸免阴风入,窗纸常迎白日窥。桃李品余潘氏县,恰当春意复来时。①

秋夜与门人月中散步

小雨乡村尘净后,风清月白长精神。师前弟后言谈乐,水际园边趣味新。幽境逍遥随处见,天机活泼此时真。归来犹在榕阴坐,笑煞明窗卧俗人。

修紫泉书院

笑余肠太热,未免勤趋事。求官既不能,独善岂不贵。书院为公所,讲学古今异。都是假文章,绝少真子弟。山长多酬应,门生为名利。讲堂无规条,学舍多空备。培材名本大,何曾有实济？鹿洞与鹅湖,莫非告朔饩。土木虽剥落,亦堪风雨蔽。孔子不云乎,怀居非吉士。忽然思改作,岂不伤劳费。谁知物所成,往往乘机会。吾郁俗淳厚,人情好为义。州牧来罗公（见上《丈田诗》）,好文非俗吏。捐钱三十万,序文劝恳挚。群士望风趋,无名以为愧。累累千余贯,集腋成裘易。罗公俯爱余,言动多投契。何敢先父老,筹划忘讥刺。钱银手不经,敦匠荐贤替（时举家叔监生懿谊、生员杨明懿、吏员吴元华经理）。工料期坚实,粉饰无华丽。屋比旧时多,庭无生草地。堂室既明敞,几案都添置。所

---

① 〔清〕苏宗经:《酾江诗草》卷一,收入《清代诗文集汇编》第582册,上海古籍出版社,2010,第16—17页。

望典守贤,料理无荒废。①

汇溪书院

山辉水媚景鲜妍,被化曾经二百年。乐业人家知孔孟,培材县尉亦神仙。子看桃李离离结(院中桃李各两株,时子已成),声听弦歌袅袅传。最好危楼高百尺,春风时入画栏前。②

八股文

双行偶对调翩翩,流派曾经五百年。仕宦凭渠为左券,师生除此少真传。可怜伏案坚磨铁,谁识开门竟弃砖。进士举人都混混,问来经史也茫然。③

示诸生

为山事业几人成,每以无闻勉后生。心里有天原坦白,眼前说理易分明。学期务实非游戏,文不妨多似用兵。宝剑虽埋终射斗,劝君且莫急功名。④

汇溪书院春日杂兴四首

百尺高楼望出城,烟花水石有余情。人村历落青山绕,晴雨皆堪画谱成。
暖日和风恋一庭,阴阴桃李子青青。群花舒笑栏干外,小蝶逍遥舞不停。
苔色阶砖篆小蝌,芭蕉邻院影婆娑。似贪书室清闲趣,映过墙头绿意多。
多情每日一登楼,雨足郊原事事幽。草绿花红烟碧处,短蓑长绠叱黄牛。⑤

俗学

六经四子理原周,注解纷繁亦可愁。涉猎只知工八股,科名便欲占三头。才猷不讲千秋业,地位安能第一流。用世何堪还误世,机云华岳本浮游。⑥

---

① 〔清〕苏宗经:《酾江诗草》卷一,收入《清代诗文集汇编》第582册,上海古籍出版社,2010,第20—21页。
② 同上书,卷一,第23页。
③ 同上书,卷二,第23页。
④ 同上书,卷二,第26页。
⑤ 同上书,卷二,第28页。
⑥ 同上书,卷二,第31页。

得荔圃叔书喜重修书院工将竣

胜地培材百载中，门墙整饬喜重崇。裘成也幸狐能集，巢好难忘鹊有功。作事每滋群口闹（时有欲将此钱作他事者），对天只尽一心公。扶持颓败吾人责，名实何须叹世风。①

就紫泉书院席

紫泉讲学处，堂室新整饬。我从凤化归，秋尽卸前职。官绅动高兴，急布师儒席。关帖到敝庐，谓我堪矜式。再三辞不获，勉就心惭恧。居然长诸生，何才又何德？规条不敢出，月课循旧则。只把官置书，装订充见识（王太守彦和置《钦定七经》《皇清经解》《朱子纲目》《十三经注疏》等书）。更将不便事，变通为改易（余以文庙侍香者住院门，膏火则逐月而取）。虽然讲文章，子弟都无益。空对渠渠屋，照耀光颜色。两月三万钱，问心真素食。②

辞书院席

讲坛也笑俗尘侵，悬帐三年愧素襟。脩脯低颜聊裹腹，文章润色不从心。行云自可随舒卷。大事还愁负责任。此日虎皮真要撤（张横渠见周茂叔撤虎皮让之），看渠桃李别成林。③

中秋日拜平乐县教谕檄

甘霖曾润晚禾胎（时旱得雨），碧月还如宝镜开。三盏既逢佳节醉，一官又喜救贫来。乡关薄宦宜游子，博士闲斋称短才。章服岂为横目炫，安能报国有涓埃。④

初至平乐学署

有室无堂壁半颓，门庭狭曲轿难回。旁观且莫兴嗟叹，我本身从陋巷来。⑤

---

① 〔清〕苏宗经：《酾江诗草》卷二，收入《清代诗文集汇编》第582册，上海古籍出版社，2010，第33页。
② 同上书，卷二，第36页。
③ 同上书，卷三，第38页。
④ 同上书，卷四，第56页。
⑤ 同上书，卷四，第57页。

五日酬诸生馈节

苜蓿盘餐淡不妨,苦瓜仍可过端阳。懒将套礼随同辈(官场送套礼,余则否),愧见多仪上学堂。岂为先生贪饮食,也因诸子爱文章(以余课文之故)。莺鸣声气谐和里,会看东山起凤凰。①

述怀

隐逸不济世,孤负七尺身。我本热肠者,未甘庸碌人。抱膝长吟时,旷怀古名臣。或立在朝右,利弊能条陈。或出为牧令,父老能相亲。略将胸中书,布施一二分。不敢望大富,囊橐多金银。不敢望大官,势位据要津。但得留善迹,骨朽名犹芬。如何授冷职,年已将五旬。德薄文章陋,诸士虚诜诜。欲期县令官,将及古稀辰。天或留顽骨,岂有余精神。好把痴心绝,无求屈亦伸。莫诵《伐檀》诗,莫嫌齑菜辛。何妨旅进退,要使心常春。

学署石榴花

方丈庭中亦可夸,多情笑指石榴花。似将艳色酬恩意,还有余光照别家。座里琴书生绚彩,栏边苜蓿也繁华。天然富贵君知否,讲幄何须用绛纱。②

劝士十章

劝诸生,为好人。士为四民首,贵重如席珍。顾名自可思其义,庠序有堂曰明伦。文章本是敲门瓦,秀才须要求其真。

劝诸生,宜力学。敏钝质虽殊,学古皆有获。只管埋头去读书,自觉后时异于昨。聪明之子少成功,都因志为时趋惑。

劝诸生,要立志。所读者何书?所学者何事?丰衣饱食养顽躯,草木同枯不足贵。文章德业看前贤,勉强追踪毋自弃。

劝诸生,要立身。既入黉门里,当须异众人。苟贱卑污事勿作,免使讪谤来愚民。刚毅木讷仁可近,放肆骄奢何足珍。

劝诸生,要守穷。富贵有定命,贫贱原非凶。颜子箪瓢千古美,小人之滥

---

① 〔清〕苏宗经:《酾江诗草》卷四,收入《清代诗文集汇编》第582册,上海古籍出版社,2010,第59页。
② 同上书,卷四,第61—62页。

无善终。志气宜伸万物上，恶衣恶食有清风。

劝诸生，要守分。事若不关身，虽闻何必近？乡邻有阙可闭门，勉强出头多自偾。躁率应虞蹉跌时，静验机关免悔吝。

劝诸生，勿揽讼。邪事无公心，长枪勿短用。心术坏尽已不知，回首儿孙岂不痛！择术何堪学矢人，机心常动无清梦。

劝诸生，宜忍气。人与世相交，每多不足意。一时忿气不能平，祸起纷争事无济。犯而不校为大贤，自反无他物何计。

劝诸生，绝洋烟。怪物为身祸，人人知其然。胡为沉溺不能返，都因警觉不能先。此身若视如金玉，彼物安能把我缠？

劝诸生，早纳粮。士人居草莽，报国无他长。惟此区区田亩税，切勿欠负违王章。家门若免粮差到，衣食无余心也康。①

元宵太守赏宴

蜡炬高烧四座明，黄堂开宴众官盈。绿腰弦入歌喉滑，红袖娃扶酒盏轻。已听冬咚挝二鼓，不妨酩酊醉余觥。盘餐自有风流意，时值元宵世太平。②

暮春遣兴

饮食墨为庄，斋居可徜徉。隔墙垂柳嫩，当户石榴芳。竹箔遮风力，纱窗借日光。笑兼书院课（书院课卷，府委余评），八股愧抛荒。③

五日酬诸生馈享

两年乐水坐皋皮，佳节诸生每敬师。酒似乳浓香冉冉，粽如臂大络累累。只将食物联真意，不比官场袭套仪。月课区区休欲报，算来八股亦儿嬉。④

分祭邹道乡先生（先生名浩，字道乡，宋人祀书院）

春秋丁祭及前贤，分献先生已四年。灵气邈然虚想象，高山仰止有因缘。

---

① 〔清〕苏宗经：《酾江诗草》卷四，收入《清代诗文集汇编》第582册，上海古籍出版社，2010，第65—66页。
② 同上书，卷五，第67页。
③ 同上书，卷五，第68页。
④ 同上书，卷五，第69页。

可知烟瘴翻为福，历久诗文尚可传（先生诗文多存志乘）。自愧昭潭官教谕，束脩空饱腹便便。①

赠林擂仙

不劳脩脯有明师（昔贤云不用束脩而有师者，读书是也），此事先生已细知。过客未嫌敲户少，借书不厌入城疲。耳边莺燕从渠杂，胸里琳琅已自奇。我似蠹鱼餐故纸，与君同味更阿谁。

和冠臣寓意韵

人心无所据，随事生从违。鱼腹与熊掌，贸然不知归。少年困饥渴，倾身趋棘闱。只知名利佳，那问是与非。一官纵冷落，妻子免啼饥。才迂慕止水，强弩解巧机。好古养顽钝，食淡体偏肥。不恨门罗雀，吾学好者稀。应酬无良方，颠倒弦与韦。伯鸾高尚士，不畏时俗讥。脉脉有奇气，针芥存几微。借书知意在，论事无腹诽。真心自落落，调琴数玉徽。长流应濯足，千仞还振衣。胸阔乾坤小，大人失巍巍。心田遇时雨，百卉皆芳菲。新诗何多情，盥手无蔷薇。愿加药石砭，勿愁毁谤飞。得一可无憾，莫云知者希。世事如江河，滔滔良可欷。劝君学鲁阳，把戈试一挥。（冠臣时掌道乡书院）

修学中书籍

盈盈大柜书，缭乱同故纸。历任数十官，册存交代耳。令我心悲恻，竭力为料理。拨尘搜蠹鱼，辅助命儿子。分部重装束，整齐别经史。诸生来观云，学中安得此？朝廷有善政，孤负谁之耻。典籍尚抛残，那免讥凡鄙。

修学宫祭器

孔子大圣人，到处庙奕奕。春秋洁牛羊，簠簋宜整饬。阿谁为守器，教官乃专责。木豆与竹笾，平乐皆用锡。乾隆中年置（县令孔公置），厥数余三百。六七十年间，残缺无颜色。爵杯与炉鼎，耳落足欹侧。其余形仅存，凹凸貌黧黑。供奉在几席，令我心凄恻。换骨为陶镕，修容亦刮拭。忽然改气象，射眼光的皪。两柜严收藏，掌管免狼藉。只存心一点，原费无多力。何以历

---

① 〔清〕苏宗经：《酾江诗草》卷六，收入《清代诗文集汇编》第582册，上海古籍出版社，2010，第76页。

任官，无人执此役？或嘉我有为，曷禁面发赤。本分事尚多，些须岂尽职。①

读书

文章精妙岂人为，浓愈支离淡愈奇。见道不从茫邈虚，开怀多在静闲时。深惭濂洛关闽语，枉铸风云月露词。展卷古人皆有作，算来还是俗难医。②

得玉儿书知童试不售

名场如海渺悠悠，莫惜金鳌不上钩。花属迟开宜久看，泉能深掘始长流。功名何止欹横目（凡物之目或圆或直，惟人目横），学问还须到尽头。两束书来翻一笑，未曾悬望又何愁？③

元宵前二日溯漓江迓提学

为迓文衡出学堂，登舟又听箬篷香。漓江水浅涟漪绿，油菜花开烂漫黄。旌旆尚停阳朔县，烟波且玩季鱼塘。夜来聊伴渔家宿，虢虢滩声到枕旁。

应提学考

考棚日夕励精勤，试讫诸生试广文。分卷明明循故套，登坛草草整残军。病驹也幸宽长辔，老妇何如著旧裙（各教官多倩人作文，余独否）。六载束脩惭裹腹，捧题心醉面先醺（题为自行束脩一章）。

索诸同官和诗

昭州恰似小瀛洲，十八儒官岁共游。谈笑既欣联气味，歌吟亦可赏风流。莺花声色方成趣，苜蓿盘飧已有秋。萍合何堪倏忽散，不教珠玉锦囊收。

考棚陪试

彬彬童冠两廊盈，陪侍文衡看考棚。默坐浑如僧入定，静听似觉墨交兵。点心面煮鸡肠滑，适口茶烹雀舌清。铃设护花循旧例，令严那有弊端生？④

---

① 〔清〕苏宗经：《酾江诗草》卷六，收入《清代诗文集汇编》第582册，上海古籍出版社，2010，第76—77页。
② 同上书，卷六，第78页。
③ 同上书，卷六，第79页。
④ 同上书，卷七，第85页。

送梦笙令北流

灵凫旋集又飞翔（去年九日始回平乐），最喜良缘在故乡。既有文章光乐水，更看雨露及铜阳。嘉禾遍野宜除莠，美荔环城好树棠（北流多荔枝）。归信已先乡里贺，早排竹马迓龚黄。①

池督学祠

使车到处不论钱，费尽精神只爱贤。尸祝千秋留粤地，何须遗子买肥田。②

奉委兼理昭平学两斋三首

六载昭州赋《伐檀》，龙平苜蓿又兼餐（昭平为古龙平县）。生平此地频经过，山色而今得细看。

学宫书院面南池（文庙在城外），一县山灵秀在兹。林树低迷城市外，橹声帆影送新诗。

看山访古尽遨游，童冠追随脚力遒。草草代庖难恋景，聊将鸿爪雪泥留。③

学署石榴和乐天玩庭树韵

榴花栽署院，岁岁夏成阴。干大台加阔，枝长屋覆深。既免牛羊触，那忧斤斧寻。红英散庭砌，绿意生衣襟。有时供浅笑，亦或佐闲吟。向午遮狂热，清晨唱小禽。每乐儿童意，能忘仕宦心。婆娑已七载，何异在山林。④

学署古槐和子镜韵

不当道路托黉墙，绿荫无多气味凉。长与茆芹滋雨露，何须丝竹兆征祥（唐尚书省有古槐，夜闻丝竹音，省中必有入相者）。洛饶葱翠精神在，已把轮囷气象忘。惹得诗人开眼界，老苍也有令名彰。⑤

---

① 〔清〕苏宗经：《酾江诗草》卷七，收入《清代诗文集汇编》第582册，上海古籍出版社，2010，第86页。
② 同上书，卷七，第89页。
③ 同上书，卷七，第90页。
④ 同上书，卷八，第98页。
⑤ 同上书，卷八，第99页。

论学

学问夫如何？身心见天理。儒与释佛殊，有用兼有体。汉儒能博核，宋儒发微旨。六籍至于今，湖海有涯涘。后世读书者，立说好诋訾。得鱼或忘筌，饮醴寻渣滓。程朱与陆王，往往分界止。静观行事间，多有不循轨。探骊珠未得，那辨非与是？所贵圣与贤，行己先有耻。①

学署古梅

园中有古梅，形似开双箸。苍藓生满身，皮肉半经蠹。种植知几载，兹又七年度。壮者条加长，缺者孙枝吐。每当霜雪候，碧花发如故。嗟彼同类者，茂盛生大路。香色惹人爱，攀折将及跗。何如此亭亭，常有高墙护。开落随气运，虽老还坚固。一人爱已足，不贪众目顾。②

玉儿州试冠军

衡茅眉意未曾伸，幸见兰阶一点春。童子二千儿夺帜（郁林应童试至二千余人），书香卅载我传薪（余于嘉庆乙亥州试冠军）。久期老作闲居士，也愿渠为跨灶人。但得文章延世业，何妨无米扫空囷。③

领紫泉书院关帖

性情迂拙学成孤，又食牢州掌院租。岂有文章宜子弟，为贪盐米活妻孥。廿年旧栈惭刍秣（余于道光十一年掌院），近日英才厌楷模。可惜会推凭左袒（掌院须众人公举），鸦鸣鹊噪总愁吾。④

陈悦林赠诗次韵奉酬

富贵无命仙无才，半生栗鹿沉尘埃。富春垂钓尚不得，敢思功业登云台？人间何物能长久？断简残篇苦拘守。默将古事证今人，心虽了了难开口。依然觅馆开讲堂，紫泉书院排云香。笔墨荒疏负脩脯，先生蟠腹羞饭囊。乾坤放眼

---

① 〔清〕苏宗经：《酾江诗草》卷八，收入《清代诗文集汇编》第582册，上海古籍出版社，2010，第104页。
② 同上书，卷八，第106页。
③ 同上书，卷一〇，第126页。
④ 同上书，卷一〇，第139页。

都能小,生世未甘名自了。善事不妨舍己从,功绩何须太分晓?焦琴何幸有知音?一首新诗似度针。掀髯笑子箴砭少,莫说多年结契深。走笔笞来真草草,子既年高余亦老。唱酬犹带酸咸声,一笑壶卢应绝倒。①

书院双柏

亭亭双柏植庭前,曾历星霜十八年(栽于道光十二年)。秀色可怜生隙地,高标争势欲参天。移根手种人何在(为茂才杨明懿种),抚树心伤我怅然。为嘱闲人休剪伐,容渠蔽苇影翩翩。②

和周廪学理堂(国柏)贺得官韵

自愧无能赋《遂初》,檄文又捧守丧余。身家终靠官仓粟,乡里难乘下泽车。欲别友朋多脉脉,可怜夏屋舍渠渠(谓书院)。培才心力亏君辈(时为置宾兴田),结果收功我不如。③

初至新宁

合江镇去路南义(镇在南宁西五十里左右二江合流处),历落山峰眼界赊(至此多石山)。绕郭清潆文字水(新宁城西江流曲折为文字水),争春红艳木棉花(此地多木树,正月开花)。市廛俭朴难租轿,梁栋颓残睨破衙。还胜东坡儋耳谪,吉阳书院可安家。

修学署

数间斋署倚簧墙,零落颓残室与堂(梁颓、室坏、门无)。人去经年谁管理?我来弥月费周章。增华何敢只因陋,补缺粗完亦有光。此后不须谋假馆,也亏知爱共匡襄(时同官陈松生与诸生谋借公项三十千)。

入署

修葺工程尚未全,何妨苟且展寒毡。妻孥内室分安榻,宾客闲斋可布筵。

---

① 〔清〕苏宗经:《酉江诗草》卷一一,收入《清代诗文集汇编》第582册,上海古籍出版社,2010,第142页。
② 同上书,卷一一,第142—143页。
③ 同上书,卷一一,第143页。

楼耸好看山翠黛（前有文昌楼），巷深免听市喧阗。拟将隙地栽花树，勾引诗人句共联。①

归署（九月廿二）

寇匪多如蚁，水陆无好路。邕江溯渌江，风帆三日度。观音堂系缆，心中释悸怖。不必唤篮舆，入城可徒步。触目增悲怆，避难人无数。老稚列肆挤，牛羊衢巷布。问渠何如此？室家不可住。邻里皆干戈，焚掠见处处。闻言泪欲下，嗟叹归学署。小儿出户迎，荆妻病稍除。芙蓉花恰放，丛菊萼将吐。蕉竹茁枝芽，菘芥含霜露。风鹤虽闻警，斗城恃卫护。苦海悲生民，安得慈航渡。②

学署菊花

众人皆爱菊，能知菊性否？肥土种盘盂，不如瘦地亩。雨露共沾渥，气脉得独厚。我到南陵来，学堂种左右。吐萼虽逾时，未能应重九。而今仲冬过，芳蕤尚长久。早枝渐低头，迟萼又开口。风雨纵遭厄，精神还抖擞。彼在富贵家，零落已无有。凡物好顺适，雅俗难相偶。所以陶渊明，结作知心友。③

围园

是处可有为，所患心鄙吝。百物本相安，都由自起衅。学署居僻地，围墙倒不峻。蹊径无处无，四路皆可进。鸡豚恣污秽，牛羊肆蹂躏。花木难栽培，菜蔬费安顿。欲期内地静，先把外缘困。棘茨严封疆，门户施栏楯。界限既整饬，樵牧亦不近。葵菊花繁华，菘芥叶肥润。逍遥乐幽赏，胸次犹愤恨。笑彼掌权人，贼剧方问阵。④

学署花

我自到南陵，署院满荆棘。逐渐扫荒秽，气象稍异昔。种花不必多，多每难培植。爱花不必贵，贵每劳珍惜。迁地不相宜，牡丹又何益？奇葩与异卉，

---

① 〔清〕苏宗经：《酾江诗草》卷一二，收入《清代诗文集汇编》第 582 册，上海古籍出版社，2010，第 147 页。
② 同上书，卷一二，第 153 页。
③ 同上书，卷一二，第 154 页。
④ 同上书，卷一二，第 156 页。

转瞬终狼藉。姿色虽平常，目悦心便适。地旷随安插，盘盂厌拘窄。灌溉或偶愆，夜气滋土脉。聊供主人玩，易尽奚奴责。原非遗子孙，岂为娱宾客？牛羊略防闲，邻舍任攀摘。他年别渠去，亦免劳相忆。①

收学租

半百田租养赡凭，饔飧差胜打包僧。可怜风下人多诈，恰值秋干岁薄登。煮谷输秦渠效法，市恩于薛我安能？代耕那若躬耕好，免为欺瞒起厌憎。②

修学堂

衙舍如邮年岁久，日蚀月侵伤蚁口。梁楹力竭难支持，常恐瓦倾打碎首。仰屋而叹亦何益？危而不持愧居守。巧妇难为无米炊，挪项征材靠良友。有材无匠事何济？不惜已囊费升斗。补偏救弊亦为功，尽使良材换衰朽。不须更新作华丽，忧去已堪乐饮酒。世间何事不可为？只要斧柯能入手。劝君莫作自了汉，百物抛残囊橐厚。请听黄鸡白日歌，富贵如云非我有。③

怀郑小谷

撑持世道要通儒，循俗安能算读书？忧国流民图可绘（广西寇乱当路，壅于上闻。小谷遗书京友始入奏），传经书带草难除（小谷掌桂林书院）。三千食客身无与（用兵以来，乡绅或团练或投效，多沾惠军需，小谷独无与），十载刑曹位尚虚（小谷归里十余年不肯出）。西粤戎尘何日息？吁天可惜不关渠。④

领俸不得

霜余苜蓿也难丰，顾盼谁堪问鞠劳。脩脯已经惭屡讨，腥膻何敢望相通？泮鸾未把飞鸮化，轩鹤原无汗马功。自笑先生穷苦惯，吟诗荒院嚼寒风。⑤

辞诸生举掌书院

忍饿余方学剑南（陆放翁），既然得陇蜀何贪？敢随世俗心轻薄，不愿生徒

---

① 〔清〕苏宗经：《酾江诗草》卷一三，收入《清代诗文集汇编》第582册，上海古籍出版社，2010，第163页。
② 同上书，卷一三，第169页。
③ 同上书，卷一三，第169—170页。
④ 同上书，卷一三，第172页。
⑤ 同上书，卷一三，第173页。

德二三（院为章甫所掌，以私嫌欲去之）。越俎真当收异议，尊师未可听私谈。此邦文学推章甫，染翰何须别觅蓝？①

修学署外门

衙署非吾庐，原来似逆旅。脩俸非吾财，倘来暂相与。我到南陵学，堂室劳撑拄。外门复倾颓，不及栖流所。经年始料理，谁识先生苦？虽无栏槛施，亦自成衡宇。不必司启闭，来往皆徒侣。挂榜非吓人，要知是庠序。②

赠章甫

好学能文压士曹，更兼气味似醇醪。每将古册开双眼，可惜头颅有二毛。九万里程虽未到，五千两价已称高（时户部奏请捐银五千两为举人不准）。吉阳书院连斋署，常喜琼瑶报木桃。③

学署秋花十咏

木莲浓艳复重台，趁着秋风作意开。堪笑盘莲辜负我，不教寂寞喜渠来。
（芙蓉）

文彩风流意气清，天孙云锦织来成。十旬伴我闲斋笑，直到凋残尚有情。
（紫薇）

剪碎红纱复作团，精神壮丽异寒酸。渠原自有长春气，全仗春风笑牡丹。
（扶桑）

雪貌冰容院落边，明星点点耀晴天。精神别在繁华外，重忆庐山慧远莲。
（白木槿）

金凤堪怜未可轻，不须培植易生成。能教荒院常春色，莫笑渠无赫赫名。
（凤仙）

爱菊谁能菊性知，此君雅与俗相宜。竹篱蔬圃风霜里，白发闲官坐对时。
（菊花）

---

① 〔清〕苏宗经：《酾江诗草》卷一三，收入《清代诗文集汇编》第582册，上海古籍出版社，2010，第174页。
② 同上书，卷一三，第176页。
③ 同上书，卷一四，第184页。

紫囊破处见琳琅，不事修容不喷香。外貌看渠都朴拙，谁知结果有琼浆。（芭蕉）

防身棘刺自森然，不似蔷薇好蔓延。那管世间时节变，含芳吐艳四时妍。（月季花）

本是文章艳丽才，似曾丹篆梦吞来。讲堂帐外霞蒸处，每有红光照绿苔。（石榴花）

从渠红紫闹文章，别有清芬绕学堂。一点金心参妙旨，岂徒白面似潘郎。（黄栀花）①

章甫借地种薯

人生本如寄，处处堪栖止。但要心能安，不为物所鄙。玉君曾折桂，能文守廉耻。自从去年春，家巷豺狼起（去年三月，匪胁龙凤新旧四庄拜会章甫居新庄者）。昔日团御寇，今日良从匪。安能障百川，挈家入城里。田庐难顾恋，隐忍都抛委。书院挂空名，租谷遭蛇豕。况逢岁荒歉，稻粱少入市。贷粟无监河（见庄子），清臣难乞米（唐颜真卿，字清臣，有乞米帖）。家法传农业，操作凭妻子。借地施犁锄，不须种蘼芑。畲陇宜薯蓣，蝗虫又不齿。累累拔连茹，免使呼庚癸。不见东坡老，黄州苦经纪。营地假谋生，谪居犹乐只（东坡居黄，请营地耕种）。善人遭厄运，自有天料理。我诗出饿肠，惭愧无绮靡。②

童试

文艺博冠服，原来饰太平。考棚岁岁开，杂沓来群英。青衿与雀顶，泮水邀光荣。自从道光末，西粤贼民兴。处处闹干戈，居处难安宁。乡塾被蹂躏，弦歌那有声？救死恐不赡，何暇求科名？提举经三年（明设儒学提举，即今学政），辎轩滞不行。而今欲复命，潦草巡文旌。州县承前风，试事开南陵。可怜孑遗民，辛苦思入黉。买卷只半百，半是城厢生。岁科额仅足（每考取二十名，时欲岁科并取），文字何庸评？回忆我初来，多士犹蒸蒸（时应考有三百余人）。转瞬数年间，

---

① 〔清〕苏宗经：《酾江诗草》卷一四，收入《清代诗文集汇编》第582册，上海古籍出版社，2010，第184—185页。
② 同上书，卷一六，第219页。

霜落花飘零。元气几时复？师旅无南征。①

劝士六章

昔东坡在崖州作《劝农》四言诗六章，因其风俗以立言。余在南陵适逢时乱，诸生有逾闲者。自咎无以教，因仿坡翁而为劝士之言焉。

咨尔诸生，首于四民。作伪日拙，心地宜真。我长此庠，莫是前因。何以教汝？要为好人。

虽读诗书，治生亦亟。子贡大贤，何妨货殖。樊迟稼圃，原非鄙僻。负耒横经，谋道谋食。

未能上达，何妨教读。束脩虽微，能闲私欲。古来豪杰，或为医卜。理义常亲，自消鄙俗。

当此寇狂，计惟避走。身外钱财，于我何有？莫逞强干，结交恶友。乡里难欺，十目十手。

青衿雀顶，得非容易。亲戚乡邻，待汝尊贵。作事卤莽，众人怨詈。纵不怀刑，梦魂当愧。

口不忍言，况书于纸。耳闻目见，可怜可鄙。我无善诱，问心有耻。善士尚多，探汤慎始。②

见劳中丞示本年秋闱新例

久矣弦歌声不闻，泮池生草不生芹（乡试自己酉至今未行，童试自癸丑歇起）。白面书生作何用，只应投笔思从军。忽看告示颁来新，欲歌鹿鸣燕嘉宾。似为逆苗舞干羽，未能偃武先修文。小儿何知情欣欣，以为士气屈重伸。先生不觉自叹息，辜负明公一点恩。水多蛟蜃途扬氛，举头怅望足逡巡。呼卢喝雉无凭据，谁肯贪名不顾身。而况措大多饥贫，屡遭兵燹尤艰辛。赴场盘费已掣手，何堪公用捐金银（新进者每人捐银二两，起科者每人捐银三两为贡院费）。圣朝取士如积薪，科场虽歇岂无人？强罗度厄寒窗子，何救流离失所民？何如竭力芟荆榛，教渠百卉

---

① 〔清〕苏宗经：《酾江诗草》卷一七，收入《清代诗文集汇编》第582册，上海古籍出版社，2010，第227—228页。
② 同上书，卷一七，第237页。

渐回春。重开荡荡平平路,自然桃李繁公门。①

酬诸生敛钱舒难

文章疏懒鬓如丝,七载胶庠教未施。今日捐资舒我难,风犹敦厚未全漓。②

嘲举人

三篇墨卷步青云,得失冥冥若有神。到底文章声价好,虽贫犹值五千银。③

自咏

曾经食俸十余年(平乐县八年,新宁州七年),解组仍无半亩田。湫隘自能心荡荡,箪瓢也觉腹便便。弹琴有志随流水,似鸟斯翁号信天(鸟有名信天翁)。胸里琳琅何处用?摅情写景富诗篇。④

童试志喜

南流近数载(郁林为古南流县),闾阎略安寐。惟有泮池荒,鸾声不闻哕。书声虽未歇,无以伸士气。夏间寻江平,提举来容易。季冬月始朔,文旌光郁地。考棚门忽开,生童如水沸。官绅严防范,豺狼免窥伺。五属数百人,文章庆得意(合八考州属取进一百七十六人)。芹藻纷芳馥,银顶雀扬翅。关节亦不通,清白无私蔽。吾州幸有福,他府焉能似。可怜左右江,诗书久抛弃(时柳、庆、南、太各府不能考)。⑤

劝捐童试宾兴序

童试宾兴之举,合科岁之卷结束脩与杂费而计,必需千余石之租,乃堪敷用。果能成此美事,将来学者易于进身,文风倍加昌盛。在有力者踊跃捐资,不特泽留子孙,而且惠周邻里,其德甚长,比之捐修庙宇者,更为实事。以故公议建祠城内,将捐钱百贯者,设位以酬之,明德馨香,曷其有极。倡仪之

---

① 〔清〕苏宗经:《酾江诗草》卷一八,收入《清代诗文集汇编》第582册,上海古籍出版社,2010,第251—252页。
② 同上书,卷一八,第260页。
③ 同上书,卷二〇,第271页。
④ 同上书,卷二二,第297页。
⑤ 同上书,卷二三,第329页。

后，众志乐从，曾出红单，以观局势，果觉从善之意，如水之流，或用蒸尝，或用己橐，弥月之内，已得百分有余，事可唾手而办。通算费犹未足，因各乡之好善者，未知此事，或知而未得其详。兹将各单汇录为簿，再行遍邀，则为善者必不肯让人独为，有力者独乐何如众乐，岂不同声相应乎？他日者，或子侄，或亲邻，蓝衫雀顶，登祠拜谒，皆得仰而望之曰：某某吾亲也，某某吾戚也，诸生之所喜，即捐惠者之所荣矣。百贯之钱有限，千秋之德无穷，识者自能辨之。缘将公议善后章程，并书于左。①

再劝捐童试宾兴序

凡为善者，各量其力。力大者为之而善，力小者为之而亦善。汉昭烈帝云："勿以善小而不为。"盖量力而为，则小善与大善等也。童试宾兴之举，捐百贯者已有二百余名。中等之家，不能百贯，而可捐四五十或二三十及数千者，镌碑祠内，均同不朽于千秋。后世子孙见之，亦生喜色，曰：吾祖父亦有功于学校也。即现在之应试者，采芹泮水，固不苦于束脩，而进场之卷结，已免出腰囊。使为祖父者不勉力捐资，不特对众人而有愧，即对子弟亦有惭矣。且为子弟者，游宾馆之堂，仰之不见祖父之位，旁观不见祖父之名，情亦何安？则勉一时之力，以成最佳之事，而留千载之名，必有不容已者。缘于百贯之外，敢问其次，知踊跃从善者必多焉。所有善后章程，仍列于左。②

考棚风雨亭记（癸巳，道光十三年）

吾郁地势平衍，山蕴藉，水潆洄，固蔚然一大都郡也。前明属于梧州，自入国朝，气运聿新，人文蔚起。雍正三年，大宪入告，请升为直隶州，统辖博、北、陆、兴四邑。而学使于三年之内，两次案临，于是以巡道旧署改作考棚。至于今应考生童多至七八千。开考之时，每在三四月，辕外街衢湫隘，挤拥难堪。偶值雨水淋漓，足无所容，濡衣不免，士人苦此久之。

岁在己丑，五属合议，将民人所据之地，彻其列肆，建亭其间，为应试者站立之所。或有风雨，亦得而避焉。合捐得钱八百余贯，公举家叔国学懿谊与蒋茂

---

① 〔清〕苏宗经：《慎动斋文集》卷一，收入《清代诗文集汇编》第582册，上海古籍出版社，2010，第389页。
② 同上书，卷一，第390页。

才文洋经营匠事，为亭二，各四间。复以余钱增建考棚内大堂之东西号舍，并重建点名亭。院前一街，铺石三百三十七丈。一举而数事并成，不亦美乎！

呜呼！考棚者，士子进身之阶也。父兄敬重之、保护之，绸缪策画而建是亭，财力兼劳矣。为子弟者，诚宜仰体父兄之心。有形之风雨，既有地以庇其身；无形之风雨，宜防范以澄其志。不特青衿鹊顶为宗族光，而玉品渊修更为乡里重。此亭之设，庶无负欤！

宗经应童试五考，为诸生四年，食廪饩半载，幸无劣迹，致愧此棚。而今而后，可告无罪与否，尚未或知。因记此亭建置之由，略为赘言，愿与由是路者勉之。

重修紫泉书院（代梁孝廉献林作，道光十一年辛卯）

呜呼，文运之兴，岂易得哉！吾郁之名虽古，而建城于兹，则始于宋至道二年。阅宋、元两朝以至明之万历，六百余年，巡道徐公大任、苏公浚始创建书院。其在十字街者曰"兴文"，在水月岩者曰"得一"。既圮之后，崇祯十三年，巡道金公九陛复建于濯缨泉侧，名曰"瑞泉"。沧桑既变，基址无存矣。

自入国朝百余年，南宫公秀乃创建于明伦堂之东，名曰"紫泉"，由是文运兴而人材盛。嘉庆元年丙辰改建于此。地基宽厂，布置得宜。数十年来，膏火屡增，科名日盛。学校之光，非浅鲜矣。但正厅狭隘，彼此不均，讲堂檐矮而暗，土壁无屏，面墙致诮。两廊学舍卑陋而浅，有墙不墁，无阶可升，兼以虫蚁侵蚀，风雨飘摇，凉亭倒矣，文鉴亭欹矣，诸土木剥落朽腐矣。

道光五年乙酉，恒州牧梧捐廉修文鉴亭。六年丙戌，复与苏孝廉宗经、梁廪学谦五发单募捐，欲大修葺。既而因故不果。九年己丑季秋，横州刺史罗公来署郁篆，留心学校。冬间，既与苏孝廉宗经等策画增膏火田九十余亩。次年庚寅，复议将书院更新。季春八日，亲至院中，邀有力者而劝焉，自捐廉三百缗以为之导。于是州人踊跃，奋勉共捐，得钱一千一百余缗。因日者言，是年向道不利，材料虽备，未能兴工。季秋而罗公去矣。

辛卯仲春八日，将正厅讲堂改造而广大之，凉亭与文鉴亭变制而恢廓之，俱以灰砂筑基，防白蚁也。两廊学舍增高尺余，并出长檐，昭轩爽也。头门内两旁隙地，各建一厅两房，便公事也。照墙外构地三尺，别为外路，示清肃也。门左右小屋各一楹，正厅后小屋四楹，阍厨湢厕，各得其所也。内外上下，莫不整洁；诸凡器具，罔不备齐。且买田十亩以资膏火。中间费用不继，州牧王公拨充公银八十两以助之。至季秋，所有工程陆续告竣。奉考亭朱夫子而祀之。王公延请山长，讲学课文，增加膏火，购置异书，更书题联匾。而罗公之联匾，亦邮寄而来。彬彬焉，郁郁焉，甚盛事也！

夫讲学之地既新，宗祀之师又正，束身其中者，固宜勉勉循循，讲求格致诚正之功，以裕修齐治平之本，不徒以文章诗赋博富贵功名，庶无负罗公理学名臣之训也。

是役也，内外调度，计画绸缪者，苏孝廉宗经等也。其经营匠事，始终身任者，苏国学懿谊也。其持簿募捐者，某某等也。均有劳绩，理宜备书。余谫陋无文，何堪作记。因同辈远出，凡事与闻，不嫌僭笔。略述梗概，以备后考。

罗公名尹孚，字子信，安徽歙县人。嘉庆辛未进士，由翰林出知嘉兴府而降是任者也。匾云："秀甲天南。"联云："气象万千含，欣逢地运龙兴，山堂石室宏炎徼；英豪行辈出，试看人文鹊起，甲第科名冠海邦。"

王公名彦和，字子美，江苏高邮州人，乃尚书引之次公子也。匾云："经明行修。"联云："紫水昔蒸云，羡前辈政事文章，留有典型光栗里；绛帷今立雪，望多士廉隅砥砺，勉成英俊贡枫宸。"①

重建文昌阁记（代州牧李钟璧作，道光七年己丑）②

余至粤西廿余年矣。粤中人文之美、科甲之盛，郁林称望郡焉。岁在丁亥，恭膺简命，迁守是邦。戊子初秋，驱车莅止。观其地势平衍，而无狭隘局促之象；山川蕴藉，而无峻削奇险之形，无怪乎豪杰挺生，代有其人也。而精神聚会，诸景毕收，则城之西南隅为最。瑞泉清涟，龙桥蜿蜒，长江纡曲，至此而束，如襟带然。诸峰嵯岈，对面远排如屏障然。州人建阁于斯，以祀文昌，诚得其所。

---

① 〔清〕苏宗经：《慎动斋文集》卷三，收入《清代诗文集汇编》第582册，上海古籍出版社，2010，第412—415页。
② 原文如此。清道光七年（1827）为丁亥年，己丑为清道光九年（1829）。光绪《郁林州志》卷七称"道光八年知州李钟璧重建，有《重修文昌阁记》"。故本文应作于清道光九年（1829）。

余下车时，适重建工成，睹其金碧炫耀、冠冕堂皇，亦巨观也。己丑仲春，恭行典礼，诸绅雅意欢迎，设筵饮福。余因备询始末，而知昔仅一座，今则续增后座也。前座昔卑而暗，今则高大光明也。前院昔仅数武，今则扩而宽之，且加凉亭也。演剧之台昔偏于左，今则整齐以肃观瞻也。昔日所无，今日而有；昔日之朴，今日而华。今昔之异，岂特此阁为然？而此阁已觇其概，富庶之象，不可见哉！

抑又闻之，州地无崇山峻岭，轮囷干局之材不易得也。兴役之初，筹谋梁栋，方欲不惜重价，骋之异乡。而乃于石脚堡江渚之中，水涨沙去，见出巨材。其性坚，其质黑，大且十围，乡人将斫而小之以他用也。任事者命工往求，乡人乐让，扶运以归。四柱三梁，绰然胜任。是木也，其沈沦汩没于江干泥淖中，不知几何年矣！一旦应运而兴，出为世用，而又不溷于穷乡僻壤之间，竟能显耀于文物声名之地，殆亦神灵为之呵护也。其撑持担当之力，岂朽也哉！此又因得材之异，而卜是邦文运之昌也。

是役也，经始于丙戌季春，落成于戊子初秋，约费金四千余，并州人所乐捐者。前牧恒琴轩给引于先，州人请余记其概于后。余喜州人之乐善崇文，而彬彬兴起也，因即所闻而述之。其倡义某某，敦匠事某某，掌积某某，理宜备书，以垂于石。①

修平乐县学祭器记（辛丑，道光二十年）

祭有器，所以别神于人，昭诚洁也。在礼，祭器不假。其珍重为何如乎？明洪武初，置孔庙祭器，依古竹笾木豆，既而易以瓷，即可铜可锡矣。而州县之孔庙备器者罕。

平乐祭器之设，始于乾隆四十二年。县令孔公广材为簠二十、簋二十、笾豆一百零八、铏十二、尊一、登一、爵三十有六、香炉二、烛台四、盥盘二，皆锡者，存于学署，责教谕典焉。

余莅任伊始，觉诸器皆班驳陆离，不似锡矣。其爵或缺耳，或折足，黑黝更不堪矣。盖阅历六十余年，因陋就简，谁肯不惜小费引为己任乎？余于辛丑

---

① 〔清〕苏宗经：《慎动斋文集》卷三，收入《清代诗文集汇编》第582册，上海古籍出版社，2010，第418—419页。

之春，将其爵重铸。诸器则凹者起之，缺者补之，通为刮磨，焕如新造。更置爵箱一、器柜二以藏之，庶几不亵不散欤？夫物之新不能不旧，而旧能更新，是所望于后来同志者。道光辛丑，郁林苏宗经文庵记。

修平乐县学书籍记（辛巳，道光二十年）

国家载籍极博，文明大备，凡所以展发前贤之事理者详矣尽矣，而又虑夫有志于学者不尽见闻，于是颁之各州县之学，俾为师者与诸生相琢磨以成有体有用之材。其意不亦美欤？而乃为师者不特不以之教诸生而已，亦不学。有问以学内所藏何书者，茫然莫答。其交代之册，概以虫蛀残缺了之。世之教官比比然也。

余谬膺平乐教谕。抵任之后，按册而稽，有记虫蛀者，有否者。既而启柜观阅，则纷乱颠倒，尘埃半积，鼠穴藏焉。呜呼，书之不幸竟至是乎！缘与儿辈检查种类，有包而未启者，有散而未折者，有针而未切者，有装而皮去线脱者，有一部而缺数卷者，有霉烂蠹残者。穷十余日之力，得《钦定易经》十本、《诗经》二十四本、《书经》十八本、《春秋》二十七本、《朱子全书》三十六本、《宪皇帝上谕》二十四本、《明史》百一十二本、《御制诗》一十四本、《四书驳吕》六本、《性理》六本、《唐宋诗醇》十八本。付工装潢，亲号书脚，以便检阅。作二箱以藏之，不与旧者伍，不觉焕如新购者矣。尝邀诸生来观，莫不讶曰：某等未知学内有是书也。百数十年来，历蠹餐鼠啮之余，至今日而得重新，此书之幸为何如？

夫余之所以不惜财力而为此者，亦惧此书之终成故纸而辜负朝廷之美意也。后之主是学者，能以余之心为心。此书其有豸乎！若再存遗弃之意，或有觊觎之心，恐子孙不识丁矣。道光辛丑，郁林苏宗经文庵记。[①]

重建平乐县学文庙记（道光二十四年甲辰，代平县令徐盛时）

国家崇奉孔子，至矣、极矣，非为祈祷禳祓之举以验报应休咎之符，盖以立纲常明教之的，维世道而系人心也。有一学则有一庙。庙之不修，有司之责

---

① 〔清〕苏宗经：《慎动斋文集》卷四，收入《清代诗文集汇编》第582册，上海古籍出版社，2010，第443—445页。

也。有司力不及，则绅民之望也。故文庙之隆盛，足以觇风运之盛衰。

平乐，粤西大郡也。道光三年，唐太守率八属绅民重建郡学，用银万有余两，已为阖郡之光，而县学相形暗然无色。盖不修已六十余年矣，县父老久矣已筹之。余于庚子之秋自修仁移莅此地。谒拜之际，觉正殿狭小，后殿低浅，皆瓦倾而椽朽矣。忠孝祠在后殿旁，两庑贤儒用总牌，体制不符矣；后殿从祀诸儒神位未设，祀典不全矣；以明伦堂为学署，名义不清矣。屡商之诸绅，欲为改修，每有难意。岂诸绅之无力乎哉？有司之不率乎？非余之愧而虽愧也。

辛丑秋，治茗于署，延绅士数十人而劝之，皆为首肯。因捐廉以为之倡，于是士民踊跃。数月间，募得银四千两有奇。举公正之绅鸠工庀材，通行改作。其地之不均者，在后则取足于府之射圃也，东则府参军之闲园也，西则购之人家也。均齐方正，坐向仍其旧，而低者升之，狭者辟之。诸绅竭力尽心，任劳任怨，至癸卯冬而落成。工坚料实，美奂美轮。垣墉增崇，鼓钟整肃，此皆诸绅士急功好义之所为，余何力之有焉！

甲辰季秋，余调署北流，诸绅以记请。余曰：记他庙文易为，记修学文难为也。在昔记修学者，惟朱子为多，其次则欧文忠、曾子固，文并可贵而能传，以其展发孔子之教以教人，俾入庙者读其文，晓然夫纲常名教之理。违其理则不可以对孔子，即不可以为人。学者莫不怵目刿心，日加长进，而后风俗人心醇而不薄，则记之为有益也。余何为乎？不特有愧孔门，而于欧、曾诸公亦无能为役。勉强捉笔，何以为言？而有不得不言者，以是举捐题之奋勇、规制之变更、气局之宽展实过于前，非书以留之而后人无考也。于是略序其由，俾镌诸石。至庙之原流迁徙，前人志之已详，不赘焉。①

镜海书屋铭（并序）

书屋者何？平乐人敬事前太守唐公之所也。胡为乎而敬事？盖唐公为循吏，而遗爱在人也。曷云书屋？祠之异名也。镜海云何？公之别号也。

公名鉴，湖南之善化人。道光初年，以侍御出知平乐府。威惠兼施，廉能并著，谦恭下士，诚实待人。凡可兴之利、可除之害，莫不实心实力、酌理准

---

① 〔清〕苏宗经：《慎动斋文集》卷四，收入《清代诗文集汇编》第582册，上海古籍出版社，2010，第446—447页。

情而为之。下车伊始，觉道乡书院学业寥寥，即敦聘名师住院教诲。不时到院，亲为指示。复召其优者入衙作文，饮食而赏赉之；其脩脯之不足者，出己囊而加厚之。且捐俸若干，置买田业，以为后继。复置经史诸书于院，以资诵读。八属之俊秀，趋赴如归，学舍不能容。文庙颓朽久矣，公捐银八百两倡修，八属景从，得银巨万。兴工之际，每便服步临，稽查督率。其办公绅士，亦许便服入衙商酌事务。故财归实用，工成而冠冕堂皇，可甲通省。考棚缺坏，亦捐俸修补，不派属员。其湖南之为商于此者颇多。公忧其子弟废书，为设义学，置产以资之，彬彬乎文翁之教泽也。有某木匠因荔浦抢案为贼诬攀，县令已议首犯，公悉心复审，得其行止情形，实无干涉，木匠更生。砂子街有杀人者，已私和。公廉得其实，曰："生者受财，死者不冤乎？"卒拿其人，置之于理。凡八属之案到府，即为详讯，不滞一人。吏畏民怀，又有张释之、于定国之风焉。值八排瑶匪弄兵，公率属堵御于富贵之间，内安百姓，外防匪人，日夕劳勣。或假作星算堪舆，入村查察，知其利弊，故奸宄不容，民无惊扰。事定之后，有功悉表，不掩微长。大宪荐之于朝，特蒙陛擢，现今已为江右之藩。其进岂可量与？

公于平乐凡两任，前以病去，士民送之拥塞路；后以升去，送者愈多，人情鼎沸。公恐难于面，别乘小轿，垂帘而出以避之。郡人念之不忘也，因作书屋数楹，奉公长生之位而敬事焉。

宗经教谕是邦，闻公之流风善政，脍炙人口，不啻司马温公之在洛，儿童走卒，亦称君实也。学署与书院比邻，每瞻望间，不胜高山之仰。缘不揣固陋，略序所闻，而为之铭曰：

人心至涣，匪德曷收。官位暂然，嘉名久留。呜呼唐公！政务勤修。罄精神之所用，统小大而咸周。既百废之具举，岂虚假而浮游。惠入四民之髓，心同八属之忧。财力亏乎一己，于士庶乎何求！情不容于自己，惧宝山之空游。真才德之兼备，信仕学之俱优。听口碑之载道，仁顶祝之不休。三贤祠后，黉学庙前[1]。书屋奕奕，人心悠悠。凤山并峙，乐水长流。光芒万丈，具瞻斗牛。[2]

---

[1] 按："三贤祠后，黉学庙前"原文为"三贤祠后，黉学庙前头"，疑"头"字衍。
[2] 〔清〕苏宗经：《慎动斋文集》卷八，收入《清代诗文集汇编》第582册，上海古籍出版社，2010，第525—526页。

课诸生策问

问：从师之道，师其名乎？师其学乎？在今日之学，人徒知文章而已，而文章之外，别无所师乎？当未有八股以前，师之所以为师，与学之所以为学，必有在矣。当八股极盛之日，何以有名既成，官既大，亦殷殷然好学从师？如本朝汤潜庵先生，以翰林出身为潼关道，终养在籍，执贽于举人孙夏峰者十余年；尹元孚先生，以内阁学士为江南学政，时年五十余矣，事竣，亦执贽于方望溪之门。如汤、尹二先生，名既成矣，官既大矣，又何所求？岂尚欲学八股乎？或欲学诗赋乎？知必有歉然不足而见夫学之无穷者，故此汲汲焉以求师也。愚学浅德薄，诚未足为诸生之师，方欲求夫可师者而师之，诸生试思其义之所在，而详答焉。

问：《论语》一书，开首一章则言"学"。解曰："学，效也。"效先圣贤之所知所行，谓所知之理，所行之事也。而理为何理，事为何事，则引而不发。使不求其所以然，徒曰明善复初，从何下手，则学为空学而不切于身，岂孔子教人之意乎？又何以见圣教之广大精微乎？学而优，乃可仕；仕而优，亦宜学。诸葛孔明曰："非学无以广才。"是吾人于学，无时无地可以止息。以故学之不讲，孔子犹以为忧，况吾辈乎？然必求夫事理之所在，而后觉学之不能已，用之不能穷。有缺憾之心，无满足之意。诸君就傅受书，则讲此学，今又将转以教人，必有素得于心者，不至如陈榕门先生所谓"书自书，我自我"之病也。其确实著之于篇。

问：学兼知行固矣，而知不至则行不力。知非冥索，必循古人之迹以求之。古人之迹见于载籍，虽生知之圣，岂能废书而生闻见乎？《论语》云："君子博学于文。"《中庸》曰："博学之。"《孟子》曰："博学而详说之。"《书》曰："学于古训乃有获。"《易》曰："多识前言往行以畜德。"是书贵于读，读贵乎多也。而博而不约，则泛滥无归，胸无所据，措之行事，或失其宜。孔子之删述定修，由博而约，然欤？否欤？时至今日，文明大备，六经之注，百倍正文，皓首穷之，而不能尽其简要者何在？汉、晋以来，《文选》一书，脍炙人口，而识者何以为浮靡无用？宋朝理学最精，性命之说，积书充栋，或亦以无益讥之。周、程、朱、张之言行平实者，岂徒见于此乎？自宋迄乎本朝，名儒辈出，其著作之可以坐言起行者，多集于陈榕门《五种遗规》，得一部而数十部见焉。学者欲尚友古人，可以家置一编也。其中之最纯者，可历举欤？吾人为学，将以适用。未用时，嫌于出位而不肯学；既用时，百事分心而不及学，诚卤莽而灭裂也。愚所见无多，管窥蠡测，有愧前贤。诸生各举所明，以资不及。①

培芝书室示诸生

诸生入门请业，无非欲为异日出众之才也。内而圣贤之学，固宜共论；外而礼仪之节，亦当急求。《相鼠》之诗，所当明鉴。凡弟子之见先生者，如《通礼》所载，或亦繁琐难遵，而衣冠拜揖之文，不可废也。诸生勿以拘迂为言，要思恭敬洁诚之意焉。

培芝书室学规

诸生本年来学，大抵皆平日所信于我者，方肯负笈相从，必非虚冒读书之名姑为尝试也。既成师弟之义，则诸生之父兄与诸生之所望于我者靡浅，而我之期望于诸生者亦靡轻。上之则望其为圣为贤，青出于蓝，冰寒于水，古今多有，固所愿也。次之亦望为乡党自好之士，免至非笑于人。此师弟之真心，岂得有善不劝，有过不规，如路人之相待乎？所有法戒之事，不有成约，则不知所从。谨将日用所易行者，序次开陈，以与诸生勉。

一、鸦片烟乃损身败家之怪物也，三尺童子无不知之，而明知而故犯之，殊为不解。诸生中既染者不必入门，未染者可为大戒。如或带引外人执枪到馆者，一经觉察，惟本生是责。

一、赌博乃惑心志、损精神、废时业、败家产之事也。其大者固所厉禁，即象棋小事，亦非用工读书时之所当为。犯者重责不贷。

一、酒以合欢，原日用所不废。而酒能败德，为君子所防。如有饮而不节、放肆妄为者，决不宽恕。

一、朋友为五伦之一，与君臣、夫妇、兄弟并重，当思久敬为善交之道，不可因片言些事，遂生猜嫌疑忌之心。自来人多则相轧，各分其党，便起争

---

① 〔清〕苏宗经：《慎动斋文集》卷一〇，收入《清代诗文集汇编》第582册，上海古籍出版社，2010，第574—576页。

端。所宜切戒。

一、姿质敏钝，随乎其人，有志竟成，仅分迟速。会间之文，切不可抄录成作。若一发露，欺己欺人，其耻何如？

一、所读之书，以五经、四书、子、史为本，而习制艺以为进身之阶。近来小说传奇，多是子虚乌有，无益身心事业，而且荡志移神。诸生切勿逐靡随波，以为谈助。如有携来馆内者，搜出则付之丙丁，而责以不率。

一、有恒为作圣之基，居肆成事，百工且然，而况学乎？诸生在馆者，非有急要之事，不必出门归家。若不能已，则出必告，反必面。其近家者，朝夕回家食饭，亦宜速来。如有事不能到馆者，亦宜先告明白。

一、乐群亦朋友之事，而群居终日，言不及义，诸多不轨之事，皆起于斯。须宜警醒。

一、讲堂为礼教之地，于此不敬，其独居可知。凡会讲，击梆之后诸生先集，依长幼之次立定，先生就位始坐。听讲之时，不得言笑，亦不得脱履、交胫、摇足以乖大体。讲后，如有疑者，则起而问。若无，则先生退，诸生随退。

一、每会课，文一篇、诗一首，能赋者便作。卯刻出题，酉刻缴卷。过夜者不阅，无诗者不阅，字体草率者不阅。发会之日，不分等第，以在馆者课而非试，恐生疑忌之心，以起争端也。

一、每日丑刻，馆童起，系长梆一道，诸生齐起，点灯洗面读书。卯刻，击梆三棍，先生出讲堂，掣签三五根，念书。其经与文章，不论新旧，俱以如流为度。至酉刻，击梆三棍，诸生齐集讲堂，待先生就位，依次坐定，掣签三五根，要虔所讲书。其不在掣内者，则各归窗下用工，不得过房聚讲。

一、朋友有过，虽可讳而不可攻，但忠告善道之义，则不可少。即先生有过，诸生亦当直告之以朋友亲切之情，不得路人视之，背后论其短失也。子路人告之以有过则喜。诸生告过，当自我先可也。

以上十余条，乃有益而易从者，诸生不自靡薄，勉为遵守可也。如以为拘滞而放荡不羁，是自暴者之不足以有为。虽不及吾门，亦无所恨。①

---

① 〔清〕苏宗经：《慎动斋文集》卷一一，收入《清代诗文集汇编》第582册，上海古籍出版社，2010，第587—589页。

示诸生

向来书馆每于考后多厌读书,或而回家久不来者,此乃无志者之所为也。要思功名一道,固关命运,而果能学问充足,未有久屈不伸。《语》云:不患人之不己知,患其不能。不可想见乎?诸生中或有得志者,在家有事固不容论;其不得志者,正可因郁生愤,闭户潜修以图明年之试。切不可因一时不遇,遂起懈心而自甘于暴弃也。吾虑诸生之惑于庸俗者,豫为此嘱。尚其勉之!①

培芝书室孟冬示诸生

董遇云:读书用三余,以功贵有恒,不可以秋冬、日夜间也。本年诸生几三十人,其谨慎者不少,而资质多属中才,大抵非实力用功不易成就者矣。愚不畏劳苦,竭尽浅衷,计讲过之文,已不下三四百篇,未知诸生得益否?又未知诸生所读之书能增见识否?今冬来,诸生渐渐引去,其自检与归,而对父兄,未知何如?愚诚不得而知。究之循循善诱之法,不能无愧矣。所愿有志者于此两月之间,贾其余勇,多温几篇旧书,多记几件事实,勿以余月置之,斯为无负。②

与梁孝廉茂苑

秋间判袂,倏忽冬周。俗务牵缠,无由会晤,而阁下寒暄佳畅,无不询访而得之。吾辈数年以来,如是如是。紫泉书院近七八年来皆外人挂名掌教,院中阒其无人,其房屋消索将坏者多矣。吾辈出身于此,其可坐视乎?今州尊王公性情蕴厚,易于进言。十五日,众拟明年山长欲请本地缙绅在院居住,以为修葺之基。所在众缙绅,其学优品洁者亦不乏人,而年者高即不敢烦,其懒于应酬者又迫之不起。屈指数之,惟阁下品行文章为一方所仰。一悬绛帐,自可矜式诸人。其束脩钱壹百千文,膳钱二十千,贽见、两节在外。弟为董事,颇得与闻。阁下素有培植人才、维持风教之心,似乎可以一出。不然,天生豪杰,居乡岂无表见乎?弟俗冗未拨,不能亲到面谈。阁下志果何如?即希裁答。③

---

① 〔清〕苏宗经:《慎动斋文集》卷一一,收入《清代诗文集汇编》第582册,上海古籍出版社,2010,第590页。
② 同上书,卷一一,第593页。
③ 同上书,卷一一,第594—595页。

龙泉书室奉侍关闽濂洛五子示诸生

吾辈读书,祖于孔子。三尺之童,莫不知之。惟是孔、孟之后,儒术不明;四书五经,解说不一。千余年至宋周濂溪夫子出焉,展发道缊,上继鲁、邹、二程,亲入其门,学尤精粹。既而张横渠接踵而起,由是儒道大明响应,而崇正学者遍天下。嗣而考亭朱夫子出,集诸夫子之大成,至今四书五经之解,如有射有的①、木有绳而不可易。则吾人之学,所以得免他歧之惑者,不甚赖于五夫子乎?学者读孔、孟之书,当知孔、孟之道之所以明,则学五夫子之所学,为不容已也。

愚不敏,自幼读书,以为取科名而已。近得五子之书读之,而知孝、弟、忠、信、礼、义、廉、耻八字,为吾身所不能少,而必用夫格物、致知、诚意、正心之功。而所谓科名者,则尽人以听天也。兹讲学于此,因设五子之位,与诸生奉而事之,使朝夕对越而不敢外,庶几改过迁善,而不入于小人之流欤!②

与博白俊秀冯四兄

客岁考棚一晤,忽易春秋,缅想光仪,时萦梦寐。转瞬芹香泮水,吐气扬眉,可预贺也。弟株守简编,毫无善状,惟勉以古人相对,以闲此心,庶几不入于小人之路耳。回忆前年于府中得阅陈榕门先生《行述》一卷,本欲就近借抄而不果。今弟于敝州遍访不得,则当时错过,其可悔乎?但思榕门先生理学名臣,事业文章并臻纯粹,不特为粤西之豪杰,而且为天下之威凤祥麟也。吾辈读其书,想见其为人,每有感发兴起之思,则《行述》一书正当存之,以为圭臬。足下既有所藏,自必可公同好。如果能以好贤之心推之于弟,则恳于州考试时顺袖携来,俾弟得为录出,以消渴心。其原宝则完全归赵,断不疏虞。是望是祷。

与梁孝廉茂苑

前月于城中不报而返者,因于梁三兄处说衙中云"诸事皆弟主持"。弟于

---

① 按:"有射有的",疑第一个"有"字为衍文。
② 〔清〕苏宗经:《慎动斋文集》卷一一,收入《清代诗文集汇编》第582册,上海古籍出版社,2010,第595—596页。

中路而归，避大嫌而弃小信，茂苑其谅之乎？弟之不到城者，月余于兹矣。书院山长，八年以来，因衙中荐人占据，堂舍荒芜，无人居住，弟故力为挽回，以免仍前有名无实。今官既不体恤，吾辈可以置之度外矣。

昔闻茂苑云"欲到省候委"，此志甚善。学者读书数十年，不得一官以显父母，三寸不律，含冤已多。今茂苑有路可超，又值太平之世，抱所学以往，一则苜蓿之余，胜于负米；一则虎皮所展，吾道能光。何所歉而不为？此弟所以为茂苑劝也。税驾何时，希为明示，俾得杯酒以别。幸甚。

与郁林叶守戎

回忆春正得亲芝宇，倏忽两月，未领尘言，而轻裘缓带之风，未敢不时深钦仰也。麾下福星临照，军台事业固已伟然，而士庶之人亦无不愿沾恩泽也。弟深荷相知，其有益于州之事不得不为之道达，使恩流士庶，颂在尊台。如考试文童，其住居城外者约有千人，于鸡鸣点名时，城门未开，不得已越城而过，是欲登云路之人先作逾垣之客。不甚惜乎？设雨水淋漓，因而污衣蹉跌者有之，更为苦楚。去年哈守府曾经体恤士子，已感鸿恩。兹麾下局度宽宏，不殊前哲，应亦继行美举，仍于三更号炮时，饬守卡贵丁，四门并启。其出场夜，则候二更后方行关锁。俾士子一进一退，皆得掉臂游行，则感德靡浅。而况时值太平，不虞他变。如河南、直隶诸省通衢之路，俱于鸡鸣启门以便车马来往。敝乡安静之地，更无所虑。可知开方便之门，恩诚莫量。此弟所为窃有请也。①

上郁林王太守凤坦书

窃闻王道不外人情，郅治或因风俗。郁林地邻边塞，土瘠民贫。文物声名，固逊江湖之胜；士农工贾，颇留淳朴之风。惟牧斯土者曲意抚摩，则被其泽者，欣心鼓舞。宪台福星临照，半载于兹，清畏人知，明无物遁，四境之内，来暮兴歌矣。而其中循习旧章，微有不便于人者，某不自量，窃为仰诉焉。

紫泉书院膏火，自乾隆九年之后，仰蒙列宪栽培与诸绅策画，至今始有微

---

① 〔清〕苏宗经：《慎动斋文集》卷一一，收入《清代诗文集汇编》第582册，上海古籍出版社，2010，第597—598页。

租。虽培养之惠无多，而鼓励之机不少。此范文正之于孙明复所为叹息深之也。惟肄业诸生，远近不等。每月支给膏火，必要亲到院中接领。或以三四十里之远，来取二三百钱之资。往返道途，殊为烦苦。似不若循十年前之例，任管事者支给，随其便取领。宪台或欲面试，则悬牌召之。如此则彼此两便，简要不繁矣。当否可行，伏希钧夺。

与郑廪学毓钜

书院之数，弟于七月初已强接领独管，即入禀帖，恳州尊不必到院亲支膏火以便诸生，而并欲免管理者烦劳之计也。幸已允准。弟因各给印票，于裕丰店发钱，颇为简便。惟弟钝拙性成，不堪繁剧。古人因催租而败诗兴，弟每因追租而乱文思，此管城子与孔方兄实难相与也。至于托人代理之说，亦偶试之而不可行。当此跋胡疐尾之时，弟既顺诸君之意于前，诸君应为善筹谋于后。万望阁下到街妥酌其人为幸。

呈郁林王太守凤坦请丈书院公田禀

为循名考实以杜弊端事。书院有租，以训士也。而租所出之地，必有步武可凭，方能历久而免人侵占之弊。紫泉书院自乾隆九年以至于今，积租三百石有奇。所有田丘，但经清丈，其田形弓步，图诸册籍，藏在房科。近又镌于碑碣，永垂不朽矣。惟平凌里古枪寨、红泥岭、竹山黄广峒三处，共田十六丘，未知广狭。其余又有东门下古峒、茂林、沙粒坡、蓬塘、泉塘鸡笠园五处，其丘数并不知多少。使不急为丈清，则将来或以大变小，由蚕食以至鲸吞，势所必然，岂不孤负前人？兹恳仁宪出签，传知各佃，令其带引管理者，丈明步亩，著册存案，以杜后弊，则恩留士类，感德靡涯矣。①

紫泉书院田租记（道光五年乙酉）

郁林书院颜曰"紫泉"，盖取城南瑞泉紫水之义也。其迁建源流已详于州孝廉长宁尹牟辉孔碑矣。至院中之租，未能昭晰详明，以纪前人之功而杜后来之弊。缘前后所得之田坡、池塘、房屋，谨核由来，以为饮水知源之义焉。

---

① 〔清〕苏宗经：《慎动斋文集》卷一一，收入《清代诗文集汇编》第582册，上海古籍出版社，2010，第600—601页。

其白石甲土名杨塘坪、鸭脚湾二处，积步田四十三亩，米一石六斗四升七合。此乾隆九年州牧唐公增祁所拨黄朝烈新垦之田也。北流平凌里古枪寨、红泥岭二洞田十三丘，屯米六石三斗四勺。寒梧堡黄广垌田三丘，民米二斗八升，此乾隆十七年抚宪李锡秦拨。北流报垦田一百零一亩归之，而膏火始有焉。而前之数项，仰蒙列宪栽培，旧所得租银不过三十二两零，钱一十六千而已。嘉庆十二年，附贡郑俊垣，举人苏献可、牟陛进、陈科錂，岁贡陈甲涛、杨圣钟，监生苏宗仁查得瑞泉寺田多租少，呈请州牧丈得近寺前后并泉口塝上下及黄莺塘、长鼓窝、长鼓坡、崩塘底共田一百六十八丘，积步一百零七亩。坡十二块，塘一口，共积步二十五亩有奇。长枝坡、周密、新富坡三处田一百四十七丘，积步九十步零。坡地一十八块，塘一口，共积步五十七亩零。此皆坐落于石脚堡也。黄涧塘田二十四丘，积步三十六亩零，此则坐落东关也。以上并瑞泉寺田，今丈过于原租六十三石之外而增多以归书院者也。既而州孝廉杨德珍等又拨抚康乡龙平堡圆珠寺田二十丘，经州牧王杏舒、严登鳌批给，而租犹未得也。至州牧刘漙亲与郑俊垣、苏献可等，复丈得田积步三十七亩，民米六斗二升以归焉。其南门外榕木塘二口，则道光二年州牧恒梧捐银一百两，并拨修南桥余银四百两所置也。院东之塘一口，则建书院时所置也。直街城守衙隔壁之铺，则嘉庆十七年用银二百两所置也。今计所入之租约三百千有奇，固属各宪乐育之恩。而瑞泉寺、圆珠寺二处，实郑俊垣诸先生经营策画，不惜财力，不畏人言，所抚而有之者也。若夫茂林甲、砂粒坡坡地五亩五分，与东门外下古洞、蓬塘村、鸡笠园、泉塘村等田坡，现为礼科所管，其步数尚待考也。

夫书院为聚才之区，圣贤之道，脉系于斯，国家之取士始于斯。今紫泉之束脩膏火如此其微，则此方之育才为何若乎？经于道光四年谬与廪学梁谦五典守，不能策画增多，以为憾事。而尤虑前之所有，久而无稽，以负各宪与诸先生之心力也。爰详核而记其实。至于实心维持，培养士类，则望贤有司之擘画焉。

紫泉书院新增学租碑记（道光十年）

书院有租，鼓舞人才之具也。昔孙明复先生为秀才，因贫废学。范文正取之书院，月得三缗，养母读书，以成硕学。鼓舞之益，岂浅鲜哉！而租之所由来，大抵皆守土者之经营与乡绅之擘画也。紫泉书院数十年来积租三百余石，经曾溯其源流，勒之碑碣。己丑仲秋，经下第归里，适太守罗公莅是邦，存培士之念，有吐哺之风，方与诸绅议修书院，而先得田九十八亩，为租一百六十七石以归之。是大沾润于士林者，可不亟为记载，以示来兹乎？其田在龙平堡二图峒，乃监生吴胜纯兄弟之业也。重典叠当已八九家，契券所书四千余贯，而监生梁廷广一契，钱二千贯为最多。次陈敬义一契，银七百两。其余诸契，动数百贯。莫非名浮于实，田之所值，不足以偿矣。

敬义以局势散乱，先着为强。疆理东南，尽行据管。胜纯兄弟束手无谋，故诸人攘夺纷争，雀鼠干戈，数年不息。廷广料势揆机，好安畏祸。完璧不得，焚券不甘，于是献之公庭，请归书院。念之正、虑之长也。继而文惟禧又将邓远信一契，价银一百二十两，始捐文阁，未妥，并愿归之。胜纯兄弟亦写立捐单，脱其债累。太守罗公传集诸契，威劝兼申。敬义悦在济公，减收缴契。其余亦取母遗子，无复竞心，时则醉司命矣。

经与诸绅亲为勘丈，除其田与价称割于原当者之外，绘图注册，招佃批耕，历年之争讼既消，诸士之栽培加厚，不亦美欤！斯田也，先为诸人之所纷纭，势固难于统一。既许书院之收赎，不易于清偿。况当腊尽之时，用力者倦于神，用财者吝于出。营谋干济，颇费周章，而守正行权，终归妥协。其时之同事者，则苏孝廉崇澜、梁孝廉拔伦、陈孝廉第颂、梁选士明照、牟孝廉端元、杨茂才明懿、牟茂才兰堂、牟廪学乘春、陈廪学祖元、苏增学崇洋、牟茂才其蕙、文国学绍颎、欧国学嘉福、苏国学宗屿、杨典史盛源也。揭项者，则吴吏员元华银三百两，杨廪学英钱五十缗，蒋茂才文洋钱四十缗。虽纳息而生，而为众人所不为，以济急成务，亦不可没也。厥后揭项不清，郑副贡毓钜复与经等纠约黄副贡佐清、郑司狱俊垣、龙贡士其材、萧茂才业经、陈国学愈飏、张国学孔成、邓国学秀芝、吴吏员元华、陈国学郁机、张国学文煌、黄俊秀金濂十一人，各借银四十两以还之。约以陆续归款，不计利息，诚义举也。

前后诸君，或劳力，或劳心，均属有功学校，理宜备书，以垂不朽。经从诸君之后，终始周旋，备知颠末，不揣固陋，叙列其事，以告后人，俾知一时际遇贤有司，而诸君亦和衷共济，以成此美也。至于罗公断案，充公江阳堡蕨菜坑田四丘、平地垌田二丘，增批独竹坡田租，亦应连类附记，以见二年之内，所资于书院者如此。文运之兴，岂有艾哉！

寇塘田一段，积步三十亩五分。七年之内，全得六年。其一年我得三分之一，盖轮田也，岁租五十石。寇塘表田一丘，积步一亩六分，租三石。寇塘口田二丘，积步一亩三分。朗垌庙门田五丘，积步三亩七分，租十五石。大坑田十三丘，积步十亩五分。蚂蝗塘田三丘，积步二亩四分。竹子塘田二丘，积步一亩八分。江塘底田四丘，积步三亩四分，共租二十四石。竹篙新村田十二丘，积步七亩，租十石。鹿案塘田九丘，积步五亩，租八石。鸡头岭弼田五丘，积步二亩，租四石。大坑之木心塘、蓬塘、萍塘、竹子塘、羊梅窝田、木头田二丘，俱轮值者，岁租六石。李家村之木柯塘、桐油塘、破笠塘，亦轮值者，岁租八石。以上之田，并在二图垌，其轮将并归康二二排紫泉书院户，民米一石七斗四升。其租金议递年拨十四石，归吴胜纯兄弟为祀产，亦厚道也。其余则积为文生大比宾兴之用，是助斧资、励科名与增膏火而劝诵读，原系同条，均为美意，惟善行无弊焉。

蕨菜坑在江阳堡苏村，田四丘，积步一亩，租一石。平地垌田二丘，积步十亩二分，租十四石。民米二斗四升，康二二排紫泉书院户。独竹坡在北流下一里，近新墟地，原租四十六石，每石折银四钱，由县解州。今由州书院发批，斛谷不折。若夫北流黄榄垌租三十五石，向每石折银六钱，并乾隆十七年李公所拨者也，亦宜实归原租，拨清粮米为妥。①

李彦章

李彦章（1794—1836），字兰卿、则文，号榕园，侯官（今属福建省福州市）人。清嘉庆十六年（1811）进士。历任内阁中书、军机章京、江西乡试副考官、内阁侍读。清道光五年（1825）任广西思恩知府，对思恩地区教育付出良多。

---

① 〔清〕冯德材修，〔清〕文德馨纂：《郁林州志》卷二〇，清光绪二十年（1894）刻本，第25—31叶。

后任广西盐法道、江苏按察使、山东盐运使等职。

李彦章是翁方纲弟子，翁氏去世后，他继承师志，持续以"为宋人寿"的文学活动使得宗宋的风气得以延续。任思恩知府期间，李彦章捐银1500两，并在思恩士绅间倡捐，兴建阳明、西邕两书院，招生童300余人。他将阳明书院分实学、实用两斋。实学斋祀道学五子，实用斋祀经学诸儒。在西邕书院设汉学、朱学二斋，引导生徒宗经致用。李彦章亲自为书院制定《榕园学规》，自编《榕园识字编》《榕园辨韵编》等教材，并亲临书院"讲贯提撕，加课策论、诗赋，亲加评阅"，并建立了奖学金制度。思恩得以成为当时的教育高地，"两书院生童远近云集"，甚至有不远千里负笈来学者。

李彦章娴诗工书，精鉴藏，擅楹对，有《榕园楹帖》传世，著作今存《榕园全集》。上海古籍出版社2010年出版的《清代诗文集汇编》第584册影印《榕园文钞》六卷、清道光刻本《榕园诗钞》十六卷、清道光八年（1828）刻本《榕园楹帖》一卷。

思恩府新建阳明书院记

天下之人材，皆出于书院，顾书院亦遍天下矣。而有兴有废，惟赖尝有大贤大儒过化之地而独传。如濂溪以周子传，鹿洞以朱子传，他如安定、河南、鹅湖、岳麓，以及龙溪、道乡、宣成、淮海，或远或近，亦无不传。余则湮没浮沉，阒无人知者，何可胜计？天岂亦必待其人以肩名教、兴文运，使借其地以自显？抑山川与人相遇，始托以不朽，有不知其所以然而然者，窃谓是皆有理与数焉。

思恩，古百粤地，久为荒服，无儒家流。其偃武修文，实自明新建侯王文成公始。夫公以一书生，任天下之重，卒能功在社稷、名重华夷，所至勋业炳然，以实学为实用。世顾以公心学为议，非能知公者。方公总督四省军务，恂恂然以儒将自居，未至思田，即创建敷文书院，与学子讲学，乃竟不烦一旅，受降其七万一千人，民到于今受其赐。计其小住军门，不数月耳，而为之复流官、移郡治、平八寨贼、置九土司，立里安图，兴教设学，凡所经画久远者事事皆有，其量十世，其量百世之思。於戏！岂非人杰哉！郡中旧有阳明书院，明时郡人建以祀公，寻以其地为学宫，而书院遂一废不可复。然郡人所以享其利、服其教、畏其神，固至今三百年如一日也。

余由枢密近臣奉天子命，来守万里外边远之郡。或告以郡治穷陋，土恶多瘴，前守罕有至郡，不可以居。余谓守土安边，宜在郡以为民望。且志在宣布朝廷文德，教化汉土士民。毅然下车，何陋之有？丙戌暮春入境宾州，适出铜鼓，余喜以为鼓箧之兆，与劝学宜。既逾月，至郡城，首拜文成公祠下，访当时屯兵四营遗迹，又恍然如见其为人。及询所谓书院移建之遗基，或云即公今祠，然传疑而不敢信。会余观风后，郡士有数十人负笈从学，时固无所得讲舍也。无已而皆令馆于公之祠庑，旬一进，课之于余守居之润经堂。将殷然亟作精庐，又迟迟未得其地也。未几，簿领渐理，督九土司修城。登高四望，周览原野，见有林木荟蔚，二江合流，隐隐于荒烟蔓草中，得平地数百弓，可居可游，可堂可室。问骑从为何地，则以榕园废址对。余作而喜曰：昔洙泗合而出圣贤，睢涣合而成文章。今此二江似之，天殆所以作讲堂也。乃即日出俸钱，操鼙鼓，躬往景度，惟新是图。谓宜克日观成，仍颜之曰"阳明书院"，将选一郡庠序之士，与诸土官秀异之子弟而聚学于其中。适所部十二土州县司，相率谒余，皆言世受王公恩，争愿纳宾钱以助役，且言幸有子弟许入学，意若益以有事为荣者。余以此既喜人心为善之同，而益信文成遗爱在人，亦其理之所宜有也。

郡地穷且僻，溯自文成筑城后，营建之事，罕有为者。鸠匠庀材，其难十倍。余监工日，号往来江干，得卜乃营，不遗余力。盖经始于丙戌八月，落成于丁亥二月。凡堂筵斋讲之地，堤塘庖溜之规，台沼改观，江山助秀。继又拓地为屋，方舟为梁，垦种水田，广开园圃，以桔槔试水利，以早稻教民耕。树谷树木，实与树人同一计焉。是役也，伐石以丈计，伐木以千计，人力之工以万计，瓦甓之数以十万计。两年蒇事，可谓繁矣。然负薪运石，历三四百里而不以为艰；民布官金，用六百万钱而不以为费；提陀主户，徕一十二司而不以为劳。《记》有之曰：乐事赴功，尊君亲上，然后兴学。《诗》有之曰：有斐君子，终不可喧。一以为崇德报功，一以为兴教劝学，永奉无极，咸感无言。此岂寻常书院之工所可同年而语哉？

讲舍既立，多士如林。余既试其文章，访其行艺，乃以三月三日，选三百三十三士，而释菜于榕园。近有诗、书、礼、乐、射、御、书、数之士，执业而登堂；远有瑶、壮、侗、狪、狑、狔、獠、獹之民，观礼而盈列。祀文成公于崇报堂，愿郡人之居安乐而思功德也；祀道学五子于实学斋，愿郡人之知性命而崇正学也；祀经学诸儒于实用斋，愿郡人之通经术而求致用也。回溯数百年前文成所憩之日，兵戈初定，城郭未成，风流令行，似当有未必豫望诸今日者。若非我国家休养生息之久，渐摩暨讫之宏，余又安能来远修文，率作兴事，而遽可得此于期月之成耶？考思、田用兵事，在明嘉靖丙戌，文成至止，实维丁亥、戊子之间。以余猥与斯文仕学交，拙于公私淑，无能为役，惟后公三百有一年，而与公至郡之岁支干相合，若皆有缘于此邦。且今年得公小铁炮一，以款识稽之，正公嘉靖戊子之年平定八寨时军中所造。余近日行边，适至其地，见故垒犹存，读公此行天定之诗，亦若有旷代而相感者，谓非有数于其间焉，不可也。余既求得公之讲学台真像，又摹其手书平定思、田大字，刻于讲堂，俾邦人知公功德及人，赫赫犹前日事，而又使学者知道学文章、功名、气节，皆当一以贯之，实学实用，微斯人吾谁与归矣！余未冠忝科第，荒落将二十载，顾以郡人相信相亲之意，自兼掌教，腼然为一郡之师，不讲不修，年年滋愧。惟与诸生相勉以道，相见以诚，辨义利而重闲存，先器识而后文艺，欲求所谓性行端洁，居家孝悌，有廉耻礼逊，而有志通明学业，晓达治道者，以副吾望。诸凡浮薄、昏愚、放僻、邪侈，皆毋入吾门焉。

院中凡分为十二斋、十六轩，而统于实学、实用二斋，且仍题其讲学之堂曰"润经"。既共以经术吏事相切磋，亦不忘吾党谈艺相从之所始。余谓大学之教，由格、致、诚、正，而必推于修、齐、治、平。圣门论仁，亦先言兵、农、礼、乐，故必力为有用之学，方可以为有用之人。余暇日方辑《学矩》十六门，始于立志、立品，终于实学、实用。夫所谓实学者，六经、四书之言，身体力行而有得之谓也，亦非外乎六经、四书而可以高言实用也。为学而不本经书，必流为异端邪说、支离固陋之学；为治而不本经书，必流为刑名法术、杂霸小补之治。吾愿诸生为真经学，即为真道学，勿徒取剽窃伪饰以乱其真。顾行顾言，有体有用，处则可以居德善俗，出则可以济物利人。范文正作秀才时，便有先忧后乐之志，但能自待不薄，即有以增吾道之光。求如朱子所云：有实行而无空言之弊，有实学而无不可用之人，庶几于吾党而一见之。至于科第功名，又其学之可以券操而蕝焉小者也。夫三代以上之道，有孔、孟集其大；三代以下之道，有程、朱得其传。诸生求之于书，有余师矣，何必于余之区区讲论云乎哉！郡北大名山，延亘数百里，以屏障于书院。东西二江之水，亦自百蛮中萦回数百里，而会于堂前。天地之奇，有美必合，况复溪毛可以荐，铜鼓可以征，有养士之田，有藏书之阁，有陂塘、川泽、田畴、园圃为井牧之饶，有楼台、亭榭、山林、水石为息游之助。以余所见，书院宜无有胜于此者，勿谓地僻不传于世，而疑其言之大而夸也。若夫所输金钱田谷之数，所筹膏火脩饩之规，所定春秋祭享之仪，所储书籍农具之目，则皆载诸别石及图籍，故但述所以景贤劝学，相与创建之意于此碑，而其余不详及焉。

思恩府新建西邕书院记

思郡自前朝正统三年升土州为军民府，又十年而有学校，又五十七年而改流官，且中更兵燹之侵寻，官司之逃窜复纷纭者，二十三年之久，至嘉靖戊子而始平。然求其讲学养士之区，犹迟迟三百年，至今不克备。余以丙戌四月至郡，观风俗，问学校，慨然于文风之不振，士气之不兴。乃考郡士在庠者千有七百余人，而童子乐得试于有司，尤相倍蓰。窃惟我国家暨讫之教如此，都人士向学之心又如此，今而不为之劳徕匡直，其何以起风化而养贤才？嗟乎，是谁之责欤！吏言郡中近年方营西邕书院，阅五年而不克就。余按籍考之，盖道光五年前抚部赵文恪公尝檄所司兴书院，时郡守垫江程君如令区画，乃改王文成公之祠为书堂，酾钱量作斋廊，工未成而移守去。众土官谓王公祠不可废，力言于权守盱眙汪君，始塞门径，分祠与院而二之，改院门于东，补缮粗完，议为蒙学。顾讲堂之未建，门向之犹偏，髦士之不来，膏火之无出，盖将迟之有待，而属余以落其成也。会余倡率土官十二人同建阳明书院，先捐廉尽购西邕院旁之屋若地留以待。余力始经营，而武缘县之荐绅士民，闻风皆来，愿分任其捐资辟建之事。

揆日既吉，召工必良，选木于大名山，选石于狮子岩，类择其坚且精者在事，奔走聚酾，及号工授方之士，皆慎以勤。余终日鼓役榕园，亦必往来其间，规度而程督之。其始以丙戌十月，其成以丁亥二月，堂皇南向，重门洞开，规矩准绳，深广如法，藏书有室，种桂有亭，斋庑翼如，庖湢皆备。余既颜其堂曰"正学",亲书朱子《白鹿洞规》于楣间,于是延礼师儒,选试童冠。上巳之前日,释菜于修道堂,分处多士于六斋二十四轩,各有居业,俯仰揖让,巾卷在庭。余乃进之于堂,而告之曰:若知所以建立书院之难,若亦知所以建立书院之意乎?古者八岁入小学,保氏教以六艺六仪;十五入大学,师氏教以三德三行,且自乡大夫至于州长、党正,皆以能为长者能为师。即里中之仕而有德退归者,又各有以教其乡之子弟。师道既立,人材易成,后世所教既殊,所学亦异,或驰逐于功利科举,或沉溺于训诂词章,浸致仕学不相通,言行不相顾。况边郡在古九州以外,教养无具,学者率多不言实行,不读全经,而墨守其寻常庸陋之书,故其学每不可与道古。昔孔子之论士也,惟曰"行己有耻";论学也,惟曰"博学于文"。盖以士不知耻,则为轻浮无行之人;学而不博,则为空疏无本之学。言近指远,莫显于斯。至于性命之原,尽人而具,圣贤之道,历久常存,非空虚寂灭而无所从也,亦非高远艰难而不可学也。濂、洛、关、闽五子,皆道学正宗,今以妥侑于修道堂,使其知吾道一脉相传之绪。余闽人也,在朱子生长之地,尤尝私淑其教,以上溯圣贤传受之道,有真传焉。然朱子尝言:先王之教,以明人伦为本,所以渐摩诱掖,鼓舞作成之者,无非有以养其爱亲敬长之心,而教之以修己治人之术。吾闽真文忠公尤绍述朱子者,其引先正格言以示潭州学者曰:学者,学为忠孝也;学者,学为仁义也;学者,学为人也。此于发人深省之言,亦何其精切简明若此哉!

余取人必先器识,论学必先根柢。猥以一日之长,郡人士多以问学而来亲。虽于榕园亲教学校诸生,而于童子之在西邕院中者,月有课,日有程,亦一如阳明书院之法。古之人自入学考校,以至视其亲师取友,谓之小成;九年知类通达,强立而不反,谓之大成。要皆大学教人之事,故经奖成而官使之,近者悦而远者怀。诸生等当知余之爱养人材,若护元气。凡所以礼待两书院之士者,亦惟求教无异教,学无异学,立则俱立,成不独成,要皆望其至于大成而止,而并无所分别于其间。潘安仁云"两学并列,双宇如一,祁祁生徒,济济儒术",其或即于吾郡见之乎?

郡廨与书院隔一巷,咫尺之近,若比邻焉。余日坐守居之润经堂,每听书院读书声,或夜分未休,或鸡鸣已起,辄为喜而不寐。二年中无闲一日,即其中之入芹泮、拔榕园者,已数十人矣。然余所望于多士之以德行道艺为邦家光者，固不仅以其习于章句以为儒，贤于流俗而自足也。郡去京师万里，风气视中土为迟，然余独喜其俗不偷，学不凿，无奢靡，无浮夸，无商贾游贩之民，无僧道煽诱之习，淫词邪说尚画然不能阑入于其间。使为士者皆能好学深思，力行待取，敦于孝、弟、忠、信、礼、义、廉、耻，以为齐民之法；通于射、御、书、数、兵、农、礼、乐，以为用世之才。经正民兴，化行俗美，一变至道，其庶几乎！余于阳明书院碑中，但述所以报功劝士之心，而略于论学，故备叙于此石，使一郡学者皆知所从事，而惟善之宗焉。夫岂徒为西邕童子言哉！又岂徒为吾郡书院言哉！

董理其役者，诸生覃国士、周培纲、黄彩衢、曾文士、周建业、梁源济、潘增元。区画尽善，例得备书。其众捐金钱之数，则分勒诸石。而余所捐器用书籍，亦以记于策，皆有稽焉。①

武缘县新建岭山书院记

岭山书院既成之四年，侯官李彦章始来守。邑人士有志请业者，来请记其讲堂之碑。时余方经营郡中书院、义学事宜，尚迟迟其未有述。又二年，为戊子之九月，余行部至县，先谒书院，周览廊庑，严翼可观，乃与邑之耆绅及学官弟子相见于讲堂，既叹美其经画有方，而于正学要道之传、人心世俗之感，皆不可无以告。

余维岭山本古郡，唐时始称武缘县，其改隶思郡，迄今亦仅三百年有奇。先是，邑中尝有修文、阳明二书院，顾修文既久圮，阳明之院有知县艾光绂竟改以为仓，盖有司以教化为迂疏，学者又罕能躬自树立。虽有聪明秀异之士，亦大半汩没于章句词章之中。一二大村故家，有以举业秀孝为雄盛者，又复家自为教、人自为师，侈然以稍胜流俗而自足。嗟乎！二者之失相等，皆人材风俗盛衰厚薄之所关，惜其皆未见于圣贤问学之远且大也。

古之时，大学始教，自离经敬业，博习讲学，以至知类通达，皆视其学问之事；自辨志乐群，亲师取友，以至强立不反，皆视其德性之事。然而舍经书而言学问，此异端之所以流于隐怪也；舍躬行而言德性，此心学之所以坠于空虚也。吾闻朱子有云：道之在天下，其实原于天命之性，而行于君臣、父子、

---

① 〔清〕李彦章：《榕园文钞》卷一，收入《榕园全集》，清道光二十年（1840）刻本，第1—10叶。

兄弟、夫妇、朋友之间；其文则出于圣人之手，而存于《诗》《书》《易》《春秋》《礼》《乐》、孔、孟氏之籍，本末相须，人言相发，皆不可一日而废。程子亦云：其道必本于人伦，明乎物理；其教自小学洒扫应对以往，修其孝弟忠信，周旋礼乐，所以诱掖激励，渐摩成就之道，皆有节序；其要在于择善修身，至于化成天下，自乡人而可至于圣人之道。由此观之，则明伦格物，致知力行，皆不能离乎性以言学。道在是，即教在是矣。学者由此而学，庶乎不差，庸行庸言，自卑自迩，夫何至视之甚远而背之以驰耶！

余一第廿年，久荒幼学，年来守郡之暇，兼主讲堂，抗颜为一郡之师，实与两院诸生无所传习。惟所重者，必在通经明道，以实学实用为归。虽与邑人士远近不必同堂，而先传后喻之间，当亦有气相求而声相应者。邑之李白夫先生从学枫山，又遣子往从泾野。平生潜心礼乐，卒卓然有以独传。士苟有志圣贤，亦视人之所自立，惟实致其力于身心性命之地，察识体验于人伦日用之间，道德之归，非远人也。况邑之儒童最多，为一郡之冠。观其所尚，盖习俗质厚而好文，当益求诸经济学问之宏、天地民物之理，庶几可与言有用之学，而无不可用之人。其寻常科举之途，则只人爵之常，而为学焉所必得者也。

院中有屋若干楹，堂斋庖湢，皆合于法。登楼四望，秀极江山。凿池种荷，清可以鉴。诵弦佳日，与息游宜。至养士之田，凡一百六十有七亩，皆在农舻村。先是逋负累年，余亟檄所司清厘之，而书院于是有恒产。院中春秋祀事，四乡之士必来，俎豆莘莘，礼亦盛焉。其营建落成年月，师生修饬章程，以及劝建之官、董理之士，则前此已别有记，兹不备书。①

辟建思恩府试院记

思郡试院不在府城，而在宾州。盖宾为冲途，学使者三年两临，驻节于此，而郡守以时往试宾州及上林、迁江二县之士，亦就为考棚焉。院以右江道行署改建，而年月无可考。惟乾隆六年，知州宋允升以试院倾圮，请重建。又二年，而知州阮维璋重修之。迨二十五年，知州徐尚忠重建东文场。其明年，迁江令梁震更修饰，广坐号。自时厥后，遇岁、科两试，惟有司补苴罅漏，稍修缮而已，终未能有所大修。上雨旁风，益以将圮。

---

① 〔清〕李彦章：《榕园文钞》卷一，收入《榕园全集》，清道光二十年（1840）刻本，第14—16叶。

余自丙戌守是郡，历岁、科二试，所录童子倍常额，稽坐号只一千二百有奇。屋久浸颓，人浮于地，盖为之忾然在念，而不可以缓图也。始锐意辟而新之，书文告示士民，胥克用劝。继乃捐金倡率，屡与都人士议厥工。会余以戊子之春，权守宜州，亟作诗颂数千纸于郡人，以当鼙鼓，眷眷暂去，尚过宾相度，策调而后行。归则见其乐事赴功，若不忍负吾意。嗣余观察桂管，及移摄浔江，郡人犹不远数百里，以巨细工作之事，谆谆而来问。其相亲而相信又如此，余则益有以知其必成也。居无何，而试院果成，郡人先砻石于院门，而来浔求余记。

余惟思自汉唐以后，固犹是羁縻之州也，学校之既设，礼乐之既兴，而武、宾、上、迁，亦先后各由邻郡来改隶。民固久以不学为耻，士且益以试于有司为荣。今学官弟子员至千有七百余人，而童子试者倍蓰无算。偏陬至有邹鲁之好，其气象将日上而蒸蒸。余方嘉乎教化可行，即考试足以观所尚。顾闻之，昔以号舍之限，竿摩之习，士不尽录，录亦不尽多，至有赢粮远来，求一入唱名而不可得，士气之郁，更有甚于向隅。呜呼！是谁之过欤？余猥以一郡斯民之长，深有万间广厦之思，前后二年，心营目度，有可辟之地，有可劝之民，而乘势待时，亦适若与余相逢而踊跃。兹乃湫隘者易而爽垲，庳陋者易而光明。昔者粪土之墙，今则厚其砖而磐之巩矣。昔者颠摇之坐，今则坚其几而石为跌矣。昔之布席七丈二尺者，今已拓为十四丈五尺矣。昔之敷坐一千二百人者，今且容至二千四百人矣。地倍于前，号增于旧。凡夫台门听事，前阿后堂，宋楹皆良，绳墨有法，丹青涂塈，翼然焕然。老树百年，风日不到。院中规制仪式，殆与朱学使前记相仿，而加闳以深焉。有官吏自宾来者，为余言其结构之雄，足冠通省，而今而后，其庶几有以释余心也已。

郡境比年以来，地不加广，然余两次校士所见，初试始四千人，继见已将六千人矣。且远如十二土司之氓，近若十五屯所之士，向之不得上达者，余悉予通名送考，为力除其攻讦阻抑之风。今又得请于上官，通饬郡之有司，广录取而去积弊。既以彰国家久道化成之盛，亦以励郡人力行待取之心。凡试于此院者，当思所以辟构之甚艰，更念所以一试之不易，咸图储实学，利用宾。所关于一郡试事者甚宏，所关于一郡人材者尤不细矣。

是役也，兴工于戊子五月，落成于己丑六月，用金钱五百万，而不烦官司，不倚官锸，盖四邑士民争出财力为助，以底于成。瓦甓之以枚计者八十万，木之以株计者四千章，他物称是。总理是役者，生员白纯玉、朱德显、张澄清，监生谭云亮、黄鸿，武生刘彦朝终始其事，皆贤以劳，备书诸碑，以示来许。其各邑劝捐督催各姓名，则列于别石，以并志其勤焉。余方在浔议辟试院，已首捐千金为之先，且当以吾思人乐善之举及经画之法以相示，视已成事，其又将以此劝及浔人也。

西邕书院首士题名碑记

道光六年，岁在丙戌，郡守李彦章以三月入境，四月至郡，五月先以俸钱买西邕院旁黄、龙两家之屋与地，为辟建计。继乃得榕园废址于江上，又捐廉督率十二土官创建阳明书院于其间。八月按试宾州归，阳明书院先兴工，而西邕之院犹有待。孟冬朔日，武缘县绅士来谒，皆会食于润经堂，议辟建西邕书院事。是月五日工作已集，至明年二月与阳明之院同时落成。

盖余治郡事繁，稍暇又在榕园监工，罔能兼顾，而西邕书院劝捐之勤且速，经理之贤且劳，在事诸君实有力焉。既书其始终董事者数人于记中，又详记营建岁月，而备考其首士居址、姓名，皆书于此，实以嘉其趋功乐事，相与有成。他时重读此碑，亦皆宜毋忘今日。凡有关于郡中书院、义学之事，必各思艰图易，共为保守而增修之，即以传诸万世千秋，有基勿坏可也。两书院相度诹择之事，皆廪生韦有彬任其劳，必慎而协于吉。余两年自兼掌教，主讲榕园，而西邕书院掌教贡生李宜春、惠泉义学掌教增生朱友程，皆郡人而尽心训迪，俱可纪也。至书院岁修及春秋祭祀董事薪水之需，则余已捐买廛屋一区，以命绅士司出纳。岁时释菜会祀四乡，偕来久远相亲，亦足观礼焉。值年董事者由公举总理，不必以碑中首士为限。捐资士民姓名已刻别石，故不重书。（姓名略）①

---

① 〔清〕李彦章：《榕园文钞》卷一，收入《榕园全集》，清道光二十年（1840）刻本，第19—23叶。

校刊教谕语序

逾五岭以南，去京师僻且远，其风气限于山川，学者往往无师授，信乎！曾子固之言曰：士有聪明朴茂之质，而无教养之渐，其材之不成固然。是非守土者之责而谁责耶？彦章不敏，由秘阁侍读奉命来守思恩，所治为前代思、田二郡地，阳明先生之泽存焉。今虽土瘠而旷，俗犷而轻，官治不教之民，士多无本之学。然观横舍之内，隶学官弟子员者至一千七百人，而童子亦以得试于有司为荣，以此乐其重士向学，而窃喜教化之可行也。

彦章不鄙夷其民，先从教士始。方思有以变化鼓舞之，而下车伊始，条教不遑。适检箧中，有同里谢退谷先生所撰《教谕语》，质实简切，易知易从，洵可以砭俗订顽，箴盲起废，亟为镂版，先授诸生，俾知寻问学之津，严义利之辨，言行相顾，教学相资，学古入官，由此其选。且因以厉人材之盛，致风俗之成，固太守之所望于诸生，亦在诸生之各知所处尔。退谷先生以名孝廉官教谕，此即其课士之语，自以名书。昔者尝馆裕州刺史先外舅瓶城高公家，彦章虽不及见其人，而熟闻其学行精醇，训课有法，宜能言之亲切如此。先生所著尚有《漳泉治法论》，赵笛楼制府取而刊之于闽。是编先经武进吴大令承烈已梓于陕，虽经世之才未展其用，而言有坛宇，观者亦可想见其人矣，故并述而为之叙。

道光六年三月，候官李彦章识于守居之润经堂。

余刻是书成，山阳汪文端公见之，谓其质实切当，且在吕司寇《呻吟语》之上。余在思郡，创建阳明、西邕两书院，自兼掌教者三年，日与髦士切磋，多取其意。移权庆远日，亦尝以示龙江书院之士，盖前后已刷多本，两郡学者几于家有其书矣。去冬来权桂管观察事，虽亦典领秀峰、宣成二书院，而簿书鲜暇，讲课未能，与此间诸生相见之日甚少。会将代去，惟以此编刷印多帙，遍贻书院诸生，借为言教之资，其亦有不忘淑艾者欤！道光九年二月，彦章又识。[1]

---

[1] 〔清〕李彦章：《榕园文钞》卷三，收入《榕园全集》，清道光二十年（1840）刻本，第15—16叶。

议建阳明书院纪事示十二土官

郡城旧有阳明书院，建于府治之东。明万历间郡守侯国治以其地改建学宫，因移书院于府治之西，日久遂废。太守今奉天子命来守兹土，下车后，首拜王文成公祠下，访问书院故址，或举庆祝宫之地以对，终无有能知其详。夫以阳明功德，大有造于思人，而讲舍久湮，谁尚有顾名思义者？太守思有以复其旧，毅然为之，因择地城之东南，得榕园遗址焉。山水之胜，竹木之美，双江合绕，湛然清华。太守视而乐之，将营书院于此，于以景先哲，复古迹，率属官而言教化，萃善士而养人材，盖一举而四善备焉。既当首出官俸以为之先，而所部土州县司，自其先世以来，皆同被阳明之泽，畏其神而服其教者，适皆来郡，闻余此论，则皆喜，谓宜合众力以成之。余既钦文成遗爱之在人，喜讲堂养士之得地，而又嘉吾土属之勇于为善，相与有成，不仅揽山川，托游观，而与民同其乐也。落成之日，将择土官子弟与郡士之学行兼优者，日与讲学，砥行其间，入其门者，勺水思源，高山知仰，庶使邦人念报功崇德之举，终不可喧。此固太守所乐观厥成，而尤愿官民之无忘此意也，故先述缘起如此，其益勉群力共成焉。是为叙。

倡修府城西邕书院说

思恩开郡三百年，而书院之立独后。道光二年，前广西巡抚武陵赵公捐俸为诸郡倡，于是前守垫江程君就王公祠之后，议建西邕书院，只筑讲舍三楹，旁屋十间。即祠之门以为门，迨署守盱眙汪君始分祠与院而二之，故改建书院门于东。顾斋舍之未宏，膏火之未备，则迟迟其犹有待也。余由枢密近臣奉天子命来守兹土，下车之后，每旬月入书院，课诸生，视其地隘而户偏，窃以为未当也。先出官俸买院旁余屋二所，尽有其地，将辟而新之，开院门南向，以合文明之方。适观风之后，郡中诸绅士多来谒者，余为言文教不兴，书院不广之故，与谋所以改院门、建讲堂、增学舍，为久远计，因谓工繁费巨，亟宜合众力以成之，诸君皆曰善。其秋岁大熟，诸绅士又皆至，公议捐资，共成焉。余不敏，虽不能家喻户晓，惟既捐廉购地，为诸君子先，固以行教化、培贤才，引其责为己任，而尤以筹土木、捐膏火，分其责于诸君，使知勇于为善。乃太守之所乐闻，而借以趋事劝功，为乡里子弟之倡，则所望于诸君子之助我者,尤不小也。先是夏秋之间,余已首出廉金,率十二土官,捐建阳明书院于城南榕园之故址。今更幸兹,迩安远肃,岁丰人和,又得于亲民勤政之余,与诸君子同堂讲学。议葺西邕讲舍,劝捐膏火田租,成此两书院于郡中,岂非一时之极盛欤!人之好善,谁不同心?吾知此邦之人,必有不惜费,不畏难,好义急公,争先恐后,以得预于此举为荣者。现已择吉定于十月初五日动土兴工,余方克期岁前落成,明春将考选生童分入两书院肄业,庶几敦诗书而兴礼乐,厚风俗而养人材,文教之行,自今伊始。故先述其缘起,以为之劝,急于乐观厥成焉。其捐输姓氏,当视其所签多寡之数,以次勒名于碑,用垂不朽,非若寻常邑中捐资有名无实之比,是则愿夫吾郡之为善者奋然兴也。①

劝复龙溪书堂说

龙溪书堂者,山谷先生谪宜州时之旧居,而摄州事丹霞张公因之而为书院者也。昔在崇宁甲申五月之初,先生始至是州,僦居黎氏屋。次年五月,迁居南楼,黎氏不忍以其屋属他姓,因以为亭,请名于公。公自题之曰"宝华",以环亭多美石也。其后一百一十年为嘉定乙亥,而丹霞官宜州都曹,访公故居,则黎氏已不能尽有,转而之谢、之秦。谢得其一,秦分其二,三家者皆士人,闻其将以建祠也,皆愿献其地。丹霞即以是年三月壬申,先作祠宇,后为堂,上为阁,旁翼十室,前立重门,总名之曰"龙溪书堂",而哀公在宜翰墨,尽勒诸石。先是,公有像在黎氏,亭匾在秦氏,至是作亭存其迹,并以旧匾旧像函之阁而刻之堂焉。既而摄知是州,又售旁地及园,几四十亩,拓之以为书院,且置田千六百亩以养士,丹霞前后有二记,并籍其田若地及田入米数为一碑,图书院之规制形胜为一碑,用心可谓密矣。

今按图而考之,其门之匾曰"龙溪书院",门之内,前曰山谷祠,后曰龙溪书堂,上曰卧龙阁,书堂之左为堂长位一,右为讲书位一,而祠之东西庑曰共学斋,曰适道斋,曰与立斋,曰与权斋。又作礼殿于堂之西,象周公、孔子、孟子,而绘文翁蜀学图像于其壁。又西为虎变亭,旧址虽墟,犹想见焉。然丹霞之建祠作书院皆嘉定乙亥岁事,次年丙子人日,已备记于阁之下方。其书院之两庑四斋,本即祠之十室,盖祠堂、书院并不分也。观其旧题"龙溪书

---

① 〔清〕李彦章:《榕园文钞》卷五,收入《榕园全集》,清道光二十年(1840)刻本,第1—4叶。

院"于祠之门,正与祠碑所云总名"龙溪书堂"之语相合。乃《郡志》《省志》皆妄析祠与院而二之,或误名其阁曰魁星阁,或失载周公像而称颜仲二子,均为耳食之讹。而谢蕴山中丞所修《通志》,既误引《续通考》谓山谷祠在书院旁,因以书堂、书院各为一所,又误指明嘉靖间祠院始合,且谓四斋题额非嘉定时旧制,是皆不考之失也。且书堂之可复,昔尝有人为之矣。明嘉靖二年,前守王公显高撤新是祠。后二年,而龙潭叶公蕙以继守来,有兴复书院之志。又于六年之春,辟道祠西,以复宋旧,而扁其外门曰"龙溪书院",重建斋堂庖庾,清其左右侵地各三丈有奇,展为址,以俟营建,还其书院田地之为民侵没者。按碑图,尚有田千三百亩,有地三十丈,因令征租入以为祭,田则亩输钱十,地则丈输一金,又复还一园一池,有时蔬鱼果供祀燕,而售田百亩,以营祭而礼士。事具《省志》所载《杨梁记》中。有功于祠,泂为张丹霞后所仅见也。然龙潭在郡之日,丹霞三碑具存,修废举坠,稍易为力。今又三百年矣,豪强民佃之侵隐兼并者恶其害,已而皆去其碑。乡人既莫可谁何,有司又久不之问。文献不足,日久日亡,今又误于祠院两分之言。世惟见其祠之仅存,而漠然视书院为可废,传人传地,几令学者不能举其遗区。士无以居,居无以学,其可慨孰甚焉。余既议公祀典,清理祠田,读图记之碑,正配食之位,而尤于景贤设教之意,念兹在兹,亟当重新公祠,复兴龙溪书堂,以为多士藏修息游之地,因先揭书四字,悬于祠堂,并赋四诗,以龙溪书堂为韵,而详言其祠与院之始末规制于是篇,盖以劝夫郡之荐绅士民,顾名而思义,同力而合作焉。语曰:有其举焉,莫敢废也。观于此者,可以兴矣。效率之诗,附列于左:

席帽旁连铁笔峰,当时讲院俨相逢。须知堂长丹霞位,旧有仙人白石踪。三字故坊非折桂(书院旧有折桂坊),十年树木更栽松(山谷先生手栽松,名曰万红,余方将种以补之)。披图未改书堂景,起伏山形到九龙(书院前对九龙山)。

特寻名迹出城西,桃李都难认故蹊。安得诛茅仍宋宅,莫忘种柳即苏堤。士田埋没碑三尺(张丹霞先生置养士之田一千六百亩,尝以其地与田及田入米谷,籍而为碑。今碑既久亡,田遂不可问矣),池水渟泓石半圭(丹霞碑记云:方池有立石,形如半圭,其色正黑,名之曰墨池)。七百年前谈艺地,河汾真有白牛溪。

新题堂榜照阶除（时先题"龙溪书堂"四字于祠），修教从来重复初。常恐无人声寂寂，只思于我屋渠渠。南轩记出横宫旧（时余捐修郡学，而南轩先生旧碑始得出土），西蜀图寻礼殿虚（张丹霞作礼殿，绘蜀学图像于其壁）。岂仅庆江由正路（余于庆江书院改开正门，亦以示行不由径之意），更期双宇尽诗书。

馨鼓休疑鼓役忙，何时如愿拓斋廊。敢称一日能为长，早羡三元旧有乡。学市本须因地势，人材要使破天荒。苏黄文教齐名远，遥配东坡载酒堂。①

观风策问武缘县诸生

问：人材关乎山川。郡治北倚大名山，雄秀至数百里，又有二江合流，平原广衍，固山水之胜也。何以今之科名寥落，不及从前？岂诸生学术之未精欤？抑有司教化之不讲欤？府庠之士今四百有二名，武邑亦三百八十有二士，可谓巾卷之盛矣。实学实行，有体有用，可不争自切磋欤？西邕书院虽设，而学舍太隘，膏火无出，尚未能养士其中。今将筹廪饩以立课程，广藏书而勤讲学，费将安出？太守固必捐俸钱力为之倡，诸生可不勉哉！

前代府东有阳明书院，后移建府治之西，旋即圮废。有能知其旧址否？以王文成公之功德，邦人不可忘也。不当考古迹而复之欤？岭山书院之成亦三年矣，将为急查那阆等处田租，以裕经费，然租谷息银是否足充膏火，师儒讲课是否尚有恒规，能详言之欤？前代武邑社学多至十余所，今之存者仅矣？得无待于广设义学欤？土瘠民劳，山多田少，太守深知吾民之苦。而旷土是否尚堪开垦？村农是否勤于力田？赋役之利病何如？风俗之淳浇何似？皆能切指之否？附郡水利何源最盛？何流最长？某水可灌禾田若干亩，某村共有坝堰若干区，宜各就其地势言之。抑塘堰陂渠，此外尚堪增修而广蓄欤？得雨稍晚，种稻仍不迟否？杂粮遍野，种孰多欤？蔗糖油榨，利孰广欤？盗窃未能尽绝，宜何以予其自新？会匪在所必诛，宜何以禁其未犯？安民莫善于保甲，何者简便为可行？滋事莫易于胥差，何者害民为尤甚？乡有孝义贞节，吾将随时表章之，保无见闻不及欤？地有棍蠹讼师，吾将随时惩治之，保无访察未周欤？利之宜兴而未兴者何事？害之宜除而未除者何端？皆关教养之纤筹，尤即咨询之急务也。本府奉天子命以守是邦，既悉率牧令之先，亦自任师

---

① 〔清〕李彦章：《榕园文钞》卷五，收入《榕园全集》，清道光二十年（1840）刻本，第8—11叶。

长之责。下车之后，无一念不在闾阎，惟思有以易俗移风，亲民重士，而人情风土尚未详知，多士生长于斯，见闻必确，其各就所知以对，示我周行。公事公言，无泛无隐。

观风策问宾州诸生

问：宾之置州自唐始，然吴陆绩之银章青綟，后嗣能世守之。宋王节置进士库，而宾之二进士以经学连镳。昔人所谓冠冕遗风，由来久矣。若韦、梁以忠义显，二蒙以科第荣，杨宗盛为词宗，宋吉之为廉吏，则又功名道德，代有传人。何以百余年来，科名寥落？岂多士学术之未广欤？抑有司教化之未行欤？州庠之士，今至三百八十余人，巾卷亦云盛矣。实学实用，可不急待讲求欤？宾阳书院，月课非不举也，而膏火不足，尚未能养士其中。讲学无人，藏书有待，将欲董劝而振起之，其道何由？郡境地瘠民贫，此州独为沃壤，水田广衍，农事甚勤，得无近山之区，尚多旷土欤？水利沟渠，民知致力，而争水之讼不免。塘堰陂渠，尚能多开而广蓄之欤？织布之勤为可喜，盍不兼栽桑橡以宜蚕？莳烟之利固倍收，何如多种杂粮以足食？盗窃未能尽绝，缉捕者宜何以稽之？会匪在所必除，胁从者宜何以别之？保甲以安良善，然畸零之户，当如何而便于编查？义学以教童蒙，然创设之初，当如何而遍为劝置？词状有好联名之讼，果何法而诬讦不行？村民有不卖粮之愚，果何策而清厘得实？乡有孝义贞节，吾将随时表章之，保无见闻不及欤？地有棍蠹讼师，吾将随时惩治之。保无调察未周欤？利之宜兴而未兴者何事？害之应除而未除者何端？皆关教养之纡筹，尤即咨询之急务也。（余与策问武缘县诸生同）

观风策问上林县诸生

问：上林自唐初始置县，而韦侯开扩化外，诸子亦继起多才，不朽之功，显名最早。宋时举进士者，已有李会、黎昂，此外尚可数否？敬恕之堂，孝勇之门，尚友古人，遗风未杳。且山川雄秀，又时有巨人长德出乎其间，士欲求师，岂在远欤？邑庠之内，养士至三百八十四人，洵一时之盛也。实学实行，有体有用，可不争自讲求欤？访问邑之书院，仅有虚名，无善本之藏书，无常供之膏火。今将董劝而振起之，其道何由？大名之山，澄江出焉，泉源之多，足溉田若干亩，水利能悉均否？塘堰陂渠，仍能广为潴备否？邑之山峇向多旷土，民果勤于开垦否？硗垍之地，有无多种杂粮欤？贫家妇女，以耕作负贩为勤，其余力亦知纺织否？三里既立汇江书院，肄业者并有入泮之人，附近之士，不当谋经费之筹，为永久之计欤？八寨今非地险，尚存土兵，虽鲜训练，而有巡防。凡接壤他境诸峒，果能安靖否？金源、铅厂、矿沙日衰，果地利之久竭欤？抑人事之未善欤？子山沙线尚可寻否？流商厂丁果皆渐少欤？渌旺山石门村偶有铁矿，已久禁私采，果无他弊否？其得失能言之欤？旧志谓风俗朴茂，克胜农业，冠婚丧祭，一遵古礼，此可喜也。不知今之习俗果又何如？俗多误信风水，因而封堆争地，发冢盗葬，甚且拆骨置坛。试问以掩之诚是之语，忍心害理，是岂礼欤？化导乡里，革除恶习，能无责诸贤士大夫欤？盗窃者惩而复犯，其不知自新，徒严缉捕无益也，宜何以格化之？拜会者犯则必惩，但亦有胁从并罹重典，可悲也，宜何以消除之？保甲以安良善，然畸零之户当如何而便于稽查？义学以教童蒙，然创设之初当如何而遍为劝置？捡视邑之词状，则衿民联名，久讼者不少，士与匪人甘为同列，何以息诬讦而使有耻心？察访邑之地方，则村墟保长号书之不设，官于公事无可责成，何以立章程而能言整顿？（余与策问武缘县诸生同）

观风策问迁江县诸生

问：迁江山多田少，土瘠民贫，此固限于地利，然低隰高原，荒芜居半，果由地土之硗垍欤，抑亦人力之不勤欤？邑既五方杂处，邻境又易有逋逃，上下里二十冬与十五所之地，粮赋科则及民情风俗有殊别否？今邑庠之内，士只一百三十五人，虽学额本少，士自难致于功名，或亦地僻无师，家贫废学，故为之倍难欤？今将鼓舞而作兴之，其道何由？印山书院久废，不可不筹经费，邑中岂无绅耆能与有司襄盛举者欤？岂无父老愿为子弟励读书者欤？北三江有二源，其水合流，果可灌田若干亩？清水、红水二江，两岸高陡，亦有筑堰架车以资灌溉者，某村某墟之田，能得其水利，可详晰言之欤？种烟者其利倍收，若以广种杂粮，不更足食欤？贫家妇女，耕作负贩，日勤且劳，有余力兼及纺织否？拜会之案，甫经严办。村愚能知所儆否？然革面不如革心，前虽胁从，后可改过，欲清其源，以杜其非，宜用何道欤？安民莫善于保甲，但畸零

之户，多半依山而居，编查归并之法，何者为便？邑多窃案，惩而纵之，罕知自新，能设法以弭之欤？（余与策问武缘县诸生同）

考试书院诸生策问

问：为政大纲，不外兴利除弊。然兴利如理财，行一分则增一分之益。除弊如治病，早一日则得一日之安。本府莅郡经年，每怀靡及，无处不悯吾民之苦，无日不思教化之行。惟是士气虽兴，而三大经之外，惜其无书可读。民劳虽甚，而千余里之广，惜其有利未筹。蠹役虽已严惩，而豢贼诈民，保无诇之不及欤？命盗虽无报案，而会匪烂岽，保无伏于无形欤？团练停矣，虽为民除扰省钱，宜如何而自知守望？书院建矣，虽与士培根俟实，宜如何而争自观摩？善体吾心者，能一一切指之欤？劝兴水利，虽已多告工成，然可行而未兴者何方？已成而未报者何处？无论陂塘堰坝，能各就乡村地段实在情形详举之欤？各州县境内，皆有江深岸陡之处，或以田高水低为无用。然辘轳汲水之法，斜斗旋转之式，激水到田，岂不可因地制宜欤？戽斗取水，民亦劳止。宣化有龙骨车，岂宜于彼而不宜于此耶？抑农之惰而费之惜耶？保甲十家牌法极简便，已约以必行矣。条示章程，尚有无遗漏格碍，能直言之欤？匪类当入另册开报，宜何以许其自新？拐贩已令村墟盘查，宜何以除其窝顿？乡约当讲，故保甲首在得人，而公举孰能无弊？早嫁轻离，故薄夫动辄弃妇，其浇风何以能除？男女赶墟，当如何使之有别？赌场逋盗，当如何使之难藏？风水惑而检骨为常，宜何以变其恶俗？拜契滥而唱歌不已，宜何以化其淫邪？美利莫如树木，今则斫多栽少，非十年之计也。松杉不种，岂皆由土性未宜欤？义学宜广设于乡，近已示以三善三便矣。谁无子弟，能不观感而为之欤？孝义贞节，太守最所乐闻。虽时有表章，而见闻尚少，抑有所壅蔽欤？民间卖田，或图重价而不卖粮，或惮推收而不过户，以致匿粮帮贴，飞洒诡寄，百弊丛生。久之田去粮存，积为后累。而武邑之冬头月甲，只籍其总数于官，故实欠银粮，年年缪辖，竟不能辨其孰为冬欠，孰为户逋？且三百二十九户之中，同户难分，株连不免。不但旧冬之欠比在新冬，并有一户之欠累及数户。均吾赤子，苦乐不均。今欲裕国计而恤民生，核实以清厘之，有何良策欤？至利之宜兴而未兴者，尚有何事？弊之宜除而未除者，尚有何事？皆能切言之否？本府诚求民隐一体相关，且愿诸生等学为有用之才，故咨询亲切如此。其各勿存私见，勿摭浮词，但以确实可行者著于篇，是厚望焉。

观风庆远府策问汉土各属诸生

问：人材本出于山川，士习可成为风俗。然人苟不图树立，则地灵之说亦虚；士若不顾廉隅，则乡党之型安在？转移之理，可得言欤？郡境溪峒雄深，江山奇秀，天门人物，曾出三元。何以百余年来，科第寥寥，更不如古？岂有司教化之未及欤？抑诸生学业之未精欤？南轩修学之记，碑石尚存否？龙溪课士之田，遗租可复否？庆江书院，经费非不足也，而人不住院，士不研经，院无藏书，学无日课。今欲萃聚而振起之，其道何先？一郡之大，兴建书院甚稀；数村之间，访问塾师亦少。习儒好学，当数何地为多欤？太守渡红水江而来，所见境内山多田少，地瘠民劳，已深知吾民之苦。然旷土何以不垦？山塘何以不开？有山何以批给流民？有水何以不栽早稻？岂牛力之不足欤？抑人力之不勤欤？属境水利，何源最盛？何流最长？某里共有水坝若干区？某水可灌禾田若干亩？已修而未载志书者何处？未开而可施工力者何名？能就本里本村水源地段而一一言之欤？各邑有堡、隘、砦、关、寨、峒之雄，形势孰尤扼要？土民有瑶、壮、狼、獠、狑、獞之别，风俗何以区分？修府志而挂漏尚多，宜如何而更加采访？遇乡试而观光甚少，宜如何而克副宾兴？务本莫重于农功，本府虽有十弊诫农之言，恐民隐之尚多未达欤？安民莫善于保甲，本府曾立十家简便之法，岂邻郡而不可通行欤？跳神跳鬼之愚，其妄同于出圣，当何以靖此巫风？洗村洗面之辱，其端起于唱歌，当何以化其淫俗？事由投老，而串诈者每勾差保，宜何以弭讼狱之源？女不归团，而早嫁者易致休离，宜何以正婚姻之礼？贪小利而买田改契，丢粮瞒税，反留子孙受累之根，查之有良策欤？惑风水而停棺迁葬，检骨分坛，且致掘墓构争之事，禁之能相从欤？南丹妇女，尚不赶墟，何故以汉境而坐男使女？黔楚流民，尚来勤垦，何故以峒场而舍己让人？孰是孰非？孰得孰失？能分别言之欤？蔗糖、黄豆，所得地利者孰多？棉花、苎麻，与种杂粮者孰广？盗窃未能尽绝，宜何以予其自新？会匪屡已严惩，宜何以格于未犯？乡有孝义贞节，吾将随时表章之，保无见闻不及欤？地有棍蠹讼师，吾将随时惩治之，保无访察未周欤？利之未兴而宜兴者何事？害之宜除而未除者何端？皆关教养之纡筹，尤即咨询之急务也。太守移权兹土，志在亲民教士，不异治思郡之时，而惟恐旬月倥偬，功难速效，民瑶错处，俗未周知。多士生长于斯，见闻必确，其各举所知以对，副我咨诹，公事公言，无泛无隐。①

阳明书院祀王文成公生日祝文（九月二十日）

惟公心契良知，学昭先觉。云楼毓秀，神人征光相之坊；水部起家，儒将肇筹边之奏。豹房势盛，抗一疏以输忠；龙驿官遥，说五经而讲学。牙璋发众，乘流则直缚骄王；琅铎专征，平贼又入参机营。素富贵、患难、夷狄，三穷三通；兼理学、经济、文章，一官一集。先则九华宴坐，回天奖学道之人；继而十善敷陈，率土赖止戈之武。恩州旧治，既首设以流官；田石新平，复量存其苗裔。分九巡简地，收兵洗八寨之蛮；筑三受降城，纳幪示一钟之约。昔之蛇乡虎落，弩竹衣兰，得经部伍之余，皆有安磐之庆。熟赞皇之边事，西道皆知；畏诸葛之天威，南人不反。今且堤官服教，主户怀恩。感仆射如父兄，桑麻乐业；说雄边之子弟，草木知名。洵为有造于邦人，久已奉尝于庙食。彦章从政之日，有志希贤，亲民之堂，眷怀明德，后三百年之郡守，独奉萧规；前七万众之子孙，本祠乐社。乃成讲院，即表阳明。求遗像于敷文，香先一瓣；刻真书于悬榜，墨费双钩。既思饮水之源，礼当释菜；适数降崧之日，祭比传芭。带水屏山，启图书之福地；芦笙铜鼓，入迎送之神弦。益知不朽有三，合功德言即长生之实；所贵知行合一，率士大夫读《传习》之编。经正则兴，公灵如在。尚飨！

庆远府龙溪书堂祀山谷先生生日祝文（戊子）

惟公孝友生知，文章天纵。北学校官之授，即导儒风；西江诗社之先，独开宗派。钓台修水，无双井之安居；槁木摩围，有半生之漂泊。孤忠修史，反中流言；垂老投荒，竟符字谶。感千古离骚之事，如降庚寅；数一生终始之年，再逢乙酉。慨自所居不定，无地相容，短簟轻纱，旁风上雨。党人碑在，已甘东汉之穷；君子道消，终有南楼之厄。而卒之宝华留憩，手帖争珍。边人

---

① 〔清〕李彦章：《榕园文钞》卷五，收入《榕园全集》，清道光二十年（1840）刻本，第25—35叶。

竟拜衣冠，故宅且修祠庑。虚舟处处，船百漏以何忧；庙食年年，树万红而遗爱。自享以声闻之寿，何伤于日月之明。

彦章石谷前游，曾摹像设；岚漪小屋，屡结诗缘。于公一瓣之香，已证十年之梦。书曾瞻对，每常悬戒石之铭；天予量移，俾暂谒清风之阁。湖山此地，未堕荒烟；香火今年，况逢寿日。墨池可瀹，玻璃复旧祭之田；祠版初题，笾豆教诸生之礼。龙溪书院，仍存署以遗名；箕斗生朝，敢因仍夫旧误。嘉与此邦人士，斯爱斯传；依然极快平生，宜山宜水。呜呼！永怀其德，溯偏陬所教之初开；私淑诸人，冀词客有灵之相识。尚飨！①

丙戌秋宾阳试院喜雨作

秋田沛泽望天功，默祷居然已感通。乐岁休征时雨若，长官心事与民同。黍苗秀擢千畦外，梧竹凉生一夜中。更待晴郊思省稼，劝农催起稻花风。②

西邕书院菊花盛开（十月十六日以是课题诸生，因成一律示之）

未荒三径即东篱，谁种禽华独后时。小雨菊天留客久（是朝微雨），边城花信得秋迟。半庭冷艳宜书幌，一束余香入酒卮。莫道金英开较晚，傲霜心共岁寒期。③

将之省门临行宿阳明书院作诗示院中诸生

论文半夜就书缸，又为《骊驹》缓别腔。愧说春风依一月，愿留时雨遍双江。流连诗话花前会（三月三日与三百三十三士修禊于此，得诗甚多），开拓溪山画里窗（玉笋池之上新作鉴亭，后为船斋，为"岚漪诗屋"。又后一轩，题曰"画里窗"，皆予燕生谈艺之所）。三宿转增桑下恋，东坡久不羡他邦。④

喜雨示郡中同僚及书院诸生

云阴四合尽开颜，拯遍农家稼穑艰。三日宜夸作霖雨，百源难得此江山。

---

① 〔清〕李彦章：《榕园文钞》卷六，收入《榕园全集》，清道光二十年（1840）刻本，第4—5叶。
② 〔清〕李彦章：《榕园诗钞》，收入《榕园全集》，清道光二十年（1840）刻本，第1叶。
③ 同上书，第4叶。
④ 同上书，第6叶。

顿看蜿螣如风扫，肯放蛟龙在水间。一泻天瓢真快事，直疑河汉落人间。①

阳明书院（楹帖）

大门
合千里外，东至屯所，西至田阳，俗喜儒风，今已见从游多士；愿十年后，家有洙泗，户有邹鲁，化行荒服，我又宗先世成公。

服其教，畏其神，故非常之功，必待非常之人，遍为尔德；官先事，士先志，有君子之词，而无君子之行，莫入吾门。

润经堂（即讲堂）
周二千里以观风，统思田之有土有人，士尚能言旧德；后三百年而至郡，继教化于先知先觉，我仍得与斯文。

率土尽同文，愿此邦易俗移风，欲使偏陬如上国；登堂能讲学，与多士敦诗说礼，须知太守本书生。

志于道、据于德、依于仁、游于艺；昼有为、宵有得、瞬有养、息有存。

崇报堂（祀王文成公于此）
卓矣先生！立德、立功、立言，此之谓不朽；勖哉多士！近智、近仁、近勇，知所以修身。

仁者爱人，方知子弟田畴，古称遗爱；公之生日，想见文章功业，今尚长生。（阳明先生生日题句）

实学斋
刘略班艺，虞志荀录，自昔有怀；朝经暮史，昼子夜集，以此为法。（集句）

刚日读经，柔日读史；十年树木，百年树人。

实用斋
以禹贡治河，以春秋折狱，以三百五篇为谏书，考古证今，致用要关天下事；知圣贤源流，知民物利病，知四千余年之得失，先忧后乐，存心须在秀才时。

忠信为宝，多文为富；先民是程，大猷是经。（集句）

尔诸生勿矜词藻；凡读书当看事功。（书覃溪先生诗句）

---

① 〔清〕李彦章：《载酒堂集》卷下，收入《榕园全集》，清道光二十年（1840）刻本，第2—3叶。

德性轩（题匾云"缮性复其初，穷理至于命，有欲励进修、志性道者居此轩"）

动成德，言成文；达于性，遂于命。

文艺轩（题匾云"万言为霖雨，九能为大夫，有欲多材艺、能文章者居此轩"）

儒多文以为富；名一艺无不庸。

经义轩（题匾云"正学十三经，承师廿二子，有欲熟传注、勤考证者居此轩"）

为讽谏之儒，为易俗移风之儒，二千载诂凡六变；有敦厚之教，有疏通致远之教，十三经义本同源。

史论轩（题匾云"上下三千年，纵横一万里，有欲思稽古、能论世者居此轩"）

史载笔，士载言，自昔怀刘略班艺虞志荀录；知其人，论其世，是能读三坟五典八索九丘。

道古轩（题匾云"文献廿四门，会要八百事，有欲考古制、熟故事者居此轩"）

居近识远，处今知古；研经赏理，敷文奏怀。

通今轩（题匾云"愿读中秘书，能知天下事，有欲通典章、娴掌故者居此轩"）

不出门须通天下事；知朝廷要用读书人。

象舆轩（题匾云"有天文之学，有地理之学，有欲知乾象、辨方舆者居此轩"）

斗苞兼衍畴人学；寰宇宜知郡县图。

仓雅轩（题匾云"字学首三仓，训诂起五雅，有欲问音字、析疑义者居此轩"）

长向丛残辨蝌蚪；不妨磊落注虫鱼。

礼乐轩（题匾云"忠信为礼本，声音与政通，有欲明损益、知律吕者居此轩"）

忠信之人可以学；声音相应主于和。

兵农轩（题匾云"言兵古七书，言农古九家，有欲通韬略、讲农桑者居此轩"）

阃外春秋关学问；田间风土重耕桑。

知音轩（题匾云"三韵兼古今，四声辨等切，有欲综音学、知合声者居此轩"）

四声义自三书异；两界音由五部分。

读律轩（题匾云"读书不读律，致君终无术，有欲志皋苏、精杜郑者居此轩"）

古有名流通法学；我求决狱用春秋。

水利轩（题匾云"史记重河渠，汉书志沟洫，有欲讲水事、习宣防者居此轩"）

禹贡治河儒者事；水田兴利老农心。

算学轩（题匾云"隶首作九章，盖天述二卷，有欲诵乘除、肆推算者居此轩"）

刍萌隙积增勾股；专缀纵横证步天。

金石轩（题匾云"钟鼎冠禹金，刻石兼汉画，有欲考款识、鉴碑帖者居此轩"）

汉鼓唐碑新著录（题云，余下车宾州，有铜鼓初出土。按，伏波南征已重此鼓，其为汉器无疑）；商金周石古文辞（又以行部上林，访得万岁通天二年石刻于智诚峒，尤金石家所未见也）。

书画轩（题匾云"笔法十二意，画学十三科，有欲工鉴赏、妙翰墨者居此轩"）

银钩宝绘通游艺；画断书评重鉴真。

濂学斋（题匾云"书不尽言，言不尽意，此周子之学，志此者居之"）

淤泥不染莲同爱；意思都存草不除。

洛学斋（题匾云"一成人材，一严师道，此二程子之学，志此者居之"）

几人得入春风坐；千载如游夜雪门。

关学斋（题匾云"精思力践，妙契疾书，此张子之学，志此者居之"）

一室简编堆左右；二铭义理证东西。

闽学斋（题匾云"穷理致知，注经翼圣，此朱子之学，志此者居之"）

须以经师兼道学；果然精舍似沧州。

郑学斋（题匾云"洽熟经传，网罗众家，此康成之学，志此者居之"）

经到礼堂皆写定；门尊通德有师承。

许学斋（题匾云"解说文字，博采通人，此叔重之学，志此者居之"）

五经同异推儒术；六体源流聚说文。

古学斋（题匾云"修学好古，实事求是，此考古之学，志此者居之"）

读万卷书，惟好古；论千年事，贵知言。

词学斋（题匾云"通天地人，兼才学韵，此词科之学，志此者居之"）

制科宏博先培俊；著作承明贵致身。

选学斋（题匾云"笔海前修，江都覆注，此文选之学，志此者居之"）

六代文章承汉魏；五臣注本让江都。

诗学斋（题匾云"制雅缉颂，研京炼都，此诗赋之学，志此者居之"）

廿四体，当知流别；三百篇，可以兴观。

铜鼓亭（道光六年，下车宾州，适出铜鼓，距宋元丰甲子宾州出铜鼓之岁七百四十三年矣）

七百卌载山川，地宝重看铜鼓出；四十六碑文字，师承须自石经来。

绿竹长松间桃李，玉簪罗带巧溪山。（集宋句）

古器得观金马式，远人同赋白狼诗。

修志亭

江山得地开诗境，文献何人备史才。

时有诸生来问字，不安四壁怕遮山。（集王禹玉、陆剑南句）

清坐使人无俗气，读书何计策新功。（集山谷、剑南句）

观澜小榭（题匾云"丁亥仲秋，榕园张灯是榭，适成水月之佳，得未曾有，兰卿并记"）

常倚曲栏贪看水，忽逢佳士与名山。（集宋句）

以多文为富，见大水必观。（集句）

合江台

二江双流，洪台独出；诸子六艺，古人与稽。（集句）

藏书楼

蓄得奇书且勤读，忽逢佳士喜同游。（集放翁、山谷句）

检点载书图，分秘阁芸香，万里携来储善本；流连问读地，对名山树影，二江合处起高楼。

鉴亭

若教闲里工夫到，为有源头活水来。（集范文穆、朱文公句）

玉笋池

拥石池台，约花栏槛；檀栾金碧，婀娜蓬莱。（集吴梦窗、张寄闲词）

船斋

居然岸上牵船住，直与江南鼍画同。

平底船真如屋里，等身书尚忆童时。

池边小屋低于艇，江上青山峭似诗。

吟院虚明如画舫，酒鳞环合起金罍。（修禊日集黄山谷、苏子美句）

岚漪诗屋（题匾云"山谷题岚漪轩，在江西落星寺。余奉使时，向往之，因以为号，今作斯室，亦以志诗缘也，兰卿记"）

燕寝咏清香，对小雨长江，恰为涪翁燃一瓣；鹿鸣歌众雅，布中和乐职，

渐看何武出诸生。（山谷先生生日题句）

地如山水匡庐，借徼外林峦，别开生面；我慕文章太守，聚江西香火，不但诗缘。（欧文忠公生日题句）

巾卷久留人，鼛鼓殷勤，也比落星重结屋；弓衣知绣我，吟牌唱和，居然边徼尽能诗。

谷园集衍西江派，文字窗开东野诗。

临流赋诗，因树为屋。

能令水石常在眼，任有闲忙不负诗。（集宋句）

池上新年有荷叶，觉来满眼是庐山。（集苏）

小雪浪斋（题云"道光丙戌十二月十九日，作坡公生日于郡中，拜像赋诗，盖距景祐丙子七百九十一年矣。次年三月，小雪浪斋成，因记其事，使郡人每岁荐公生日，知苏斋后处处有余诗缘也"）

满眼溪山，此地作东坡生日；十年香火，有缘即北地苏斋。

画里窗

画里移舟，诗边就梦；扫花寻径，拨叶通池。（集宋人词语）

砥柱碧山石，结交青松枝。（题云"此吾师北平公所赠楹帖也，其言正大，谨摹示院中，诸生相与励品慎交，知所私淑耳，苏斋弟子李彦章谨记"）

意钓台

居士仁心到鱼鸟，古人名教自诗书。（集宋句）

宧尊

安得山泉变春酒，尽移岩石作尊罍。

小有池

三山岛屿圆灵水，万古仇池小有天。

知稼亭（题匾云"开水田成，乃作是亭，当知田家风味也"）

经训即菑畬，我欲课耕兼课读；艰难知稼穑，士无恒产有恒心。

一段农家好风景，数椽茅屋淡生涯。（集宋句）

多识前言往行，以畜其德；若农服田力穑，乃亦有秋。

观获台

地有陂塘须日浚；学如耕稼待秋成。

菜香亭（题匾云"吾民不可有此色，诸生不可不知此味。小圃亭成，书此。兰卿记"）

咬得菜根，百事可做；坐此亭下，众山俱青。

种桂庭

月宫移种新栽桂，灵水先除满眼花。（集宋句）

看十万山之楼

筹远穷于千里目，登楼看尽百蛮山。

一水护田，两山排闼；千岩竞秀，万壑交流。

清涟桥

泉在山中有本性，风行水上成文章。

登瀛桥

虹彩双桥，镜明两水；砥碧山石，登青云梯。

榕园讲舍

茅瘴辟荒芜，难得边人尤信道；榕村宗讲授，敢夸闽学有真传。

智欲圆而行欲方，心欲小而志欲大；正其谊不谋其利，明其道不计其功。

榕园东门

更作园林负城郭，只今榕叶下亭皋。（集宋句）

玉带桥

画桥碧阴，明漪绝底；绿杉野屋，好风相从。（集《诗品》）

画屏山

人在画屏中住，客依明月边来。（中秋张灯书苏句）

新添十竹皆紫玉，恰对九峰如画屏。（题云"此出都时，英协揆师书赐楹帖也。讲堂坐对画屏山，读是语，若先为之识者，谨摹刻真迹于山中，以志墨缘。彦章敬记"）

三百三十三士修禊亭（道光丁亥上巳，与宾僚诸生禊集于此，因建是亭）

群贤毕至，少长咸集，地有崇山峻岭，茂林修竹，以极视听之娱；炉烟微袅，草木自馨，人皆英词妙墨，好古多闻，共此清适之乐。

聊开禊席临流水，又与风光作主人。（戊子上巳修禊日集宋句）

春草池（在画屏山）

池塘见说生新草，眼界初欣得茂林。（集连文凤、刘弇句）

竹所（在画屏山）

别开小径连松路，忽有朱栏出竹间。（集王半山、刘后村句）

诗屿

楼台四望烟云合，草木一溪文字香。（集秦少游、林景熙句）

柳堤

种树先思十年计，放船留此六堤游。

松石处（题云"兰卿所赏松石"）

松下何时多结屋，石边留客屡题名。

文昌阁（一名聚奎楼，匾曰"奎躔启运"）

司命星文天六府，环江楼阁海三山。

文昌八座邻枢极，阿阁三阶敌井干。（集宋句）

文昌朗曜魁三象，绝徼筹边第一楼。

都邑竞喧收杞梓，文昌新构满鹓鸾。（集苏句）

龙神祠（匾曰"行大慈力"）

汉土尽蒙庥，夙夜诚祈，千里普求时雨若；山川洵得地，祠台经始，二江相合出云多。

西邕书院（楹帖）

大门

院配阳明，皆先生过化之地；教成邹鲁，此初学入德之门。

二门

礼门悬规，义路植矩；修学童冠，斟酌质文。

正学堂

儒馆辟边城，渐户多弦诵，士励廉隅，快养人材为世用；郡斋邻讲院，喜公暇论经，夜深闻读，不忘书味似儿时。

修道堂

书不负人，已看采藻采芹，廿六士同登泮水；道若大路，从此希贤希圣，十三经即是康庄。

汉学斋
滂喜凡将三体字，经神学海百家师。
宋学斋
奥窔辨图书理数，渊源宗濂洛关闽。
周易轩
知微知彰，知柔知刚；尚象尚占，尚词尚变。
尚书轩
书总百篇，文章之祖；训尊三极，丘索皆芟。
古诗轩
原于赓歌，委于风雅；拾其香草，衔其山川。
三礼轩
体合四端，源开三本；纲纪万事，雕琢六情。
三传轩
一事一例，如观山水；善经善谶，皆出春秋。
通书轩
太极通书，回环道妙；光风霁月，洒落胸怀。
定性轩
规圆矩方，绳直准平；时雨春阳，精金良玉。
经传轩
好学一篇，流传津逮；解经三传，体会精微。
正蒙轩
反求六经，订顽砭俗；危坐一室，左图右书。
大全轩
旧学商量，新知培养；六经羽翼，四子阶梯。
闲存斋
庸德之行，庸言之谨；今人与居，古人与稽。
博约斋
欲博不杂，欲约不陋；多见阙殆，多闻阙疑。

聚仁斋
戴仁而行,抱义而处;有过则改,见善则迁。
和义轩
可与共学,可与适道;不为义疚,不为利回。
明礼轩
有威可畏,有仪可象;无本不立,无文不行。
藏智轩
大智若愚,大巧若拙;胜怠者吉,胜欲者从。
履信轩
孝弟忠信,礼义廉耻;允孚亶展,谋诚亮询。
博学轩
尊其所闻,行其所知;守之以约,矢之以卓。
审问轩
请业则起,请益则起;咨礼为度,咨事为诹。
慎思轩
慎则寡尤,慎则寡悔;职思其外,职思其居。
明辨轩
明则德昭,聪则言听;井以辨义,巽以行权。
笃行轩
忠信待举,力行待取;功崇惟志,业广惟勤。
小学斋
十三年学乐诵诗,早及方名数日;九千字书师童学,兼求训诂形声。
举业斋
篇家笔十万言,霖雨要期才有用;读经日三百字,课程莫道久无功。
游艺轩
六艺只由书计始,九年终有大成时。
识字轩
先从扬子知奇字,要学归公善古书。

能赋轩

能读千赋乃善作，自成一家始逼真。

学文轩

文能换骨余无法，学到寻源自不疑。（集陆放翁句）

春风亭

花木亭边，须趁春秋佳日种；芭蕉声里，爱听风雨读书多。

种桂亭

得与优游此亭而相乐，敢不封殖嘉树以无忘。

闻木樨香，无隐乎尔，知菜根味，不求于人。①

庆江楹帖附钞（选录）

庆江书院讲堂

前一千年旧置宜州，起冯黎科第，黄赵书堂，遗泽至今夸桂海；行六百里移权邻郡，喜五马西来，七经东授，诸生亲我似榕园。

山谷祠

直道莫能容，却听雨登楼，薄醉平生无此快；大名长不死，慕落星结屋，论诗异代久相师。

载酒为公来，率儒服儒冠，仍似旧开诗屋宴；僦居无地住，占宜山宜水，却教长祭墨池田。②

郑献甫

郑献甫（1801—1872），原名存纻，字献甫，因避咸丰帝讳，改以字行，别字小谷，晚年自号识字耕田夫、草衣山人，象州（今属广西壮族自治区来宾市）人。郑献甫出生于书香世家，祖父郑璨为清乾隆五十四年（1789）举人，父亲

---

① 〔清〕李彦章：《榕园楹帖》，收入《清代诗文集汇编》第584册，上海古籍出版社，2010，第523—531页。
② 〔清〕李彦章：《庆江楹帖附钞》，收入《清代诗文集汇编》第584册，上海古籍出版社，2010，第539页。

郑珊为庠生。清道光五年（1825），得中拔贡，同年又中举人。六年（1826）起，在江西婺源冯氏学馆教馆一年有余。九年（1829），在洛江书院教书。十五年（1835），得中进士，官刑部主事，主事云南、江苏清吏司。任职十四个月后，以亲老乞养为由南归。十九年（1839），被湖北巡抚伍实生聘为幕宾，在府中教其子读书。二十一年（1841）回乡。二十二年（1842）起，先后任德胜书院、庆江书院、榕湖书院山长。清咸丰三年（1853），主讲秀峰书院。七年（1857），为避太平军而移居广州，先后主讲于广东顺德凤山书院、越华书院。清同治元年（1862），回桂定居，主讲秀峰书院。七年（1868）回象州主讲象台书院，受知州李世椿之聘总纂《象州志》。八年（1869），主讲柳州柳江书院。十一年（1872），卒于桂林榕湖书院。

郑献甫三十余年致力于书院教育，在教育目标、步骤、内容等方面积累了丰富的经验，形成了自己的观点，造就颇多，桃李遍布，有"两粤宗师"之誉。如主张广泛阅读，说如果考什么书就只读什么书，则考试效果不会好。老师教学要"授读有序，讲解有方，自然次第可贯"。主张读书要有热爱，要浸润其间，"书之养我，犹水之养鱼"，鱼不能须臾离水，人不可一天不读书。

郑献甫一生著作甚丰，有《补学轩诗集》《续刊补学轩诗集》《补学轩文集》《补学轩文集续刻》《愚一录》等，并参与编纂《象州志》。其中《补学轩诗集》八卷，含《鸦吟集》四卷、《鹤唳集》四卷，清咸丰十一年（1861）采菽堂刻本；《续刊补学轩诗集》十二卷，含《鸡尾集》六卷、《鸥闲集》六卷，清光绪五年（1879）黔南节署刻本；《补学轩文集》六卷，含《散体文》四卷、《骈体文》二卷，清咸丰十一年（1861）刻本；《补学轩文集续刻》六卷，含《散体文》四卷、《骈体文》二卷，清同治十一年（1872）桂林杨鸿文堂刻本；《制艺杂话》，清同治十年（1871）黔南臬署刻本。

上海古籍出版社2010年出版的《清代诗文集汇编》第608册，收有清光绪五年（1879）刻《补学轩诗集》十二卷和清光绪八年（1882）黔南节署刻郑小谷先生全书本《补学轩文集外编》四卷。广西人民出版社2013年出版有顾绍柏、岑贤安点校的《郑献甫集》三册。另有广西师范大学出版社2017年出版的孙艳庆、袁卫华注评的《郑献甫宜州诗文注评》。

论诗述意示学子

古诗皆可歌,其音有宫羽。后人失初调,所学止言语。均之号徒诗,何必标乐府?执题摭旧文,未免彼为主。借题写新事,何妨我作古。低头唱妃豨,传讹等鱼鲁。呀呀学语人,尺寸一何苦!缠绵妇人酒,恍惚神灵雨。重累百不厌,处处刑天舞。妄云写性情,何曾由肺腑?旧题憎李白,新诗壮杜甫。元白及张王,拓清亦云武。高吟望古人,片月洗秋宇。①

补学轩歌

奇木异石一事无,东堂西室三丈余。竹几精设藤床粗,横排斜插千卷书。主人伏案方呫唔,客子打背相揶揄。白袍破矣青衫枯,把卷挟策何求欤!作官不绾千石符,归田不执三尺锄,咬文嚼字胡为乎?主人笑请客子居,鱼目正沸烹茶炉。隐囊坐席布四隅,投笔抛卷时一吁:我生本是呫毕儒,漂泊故业游江湖。秉烛才启北壁厨,索米已曳西曹裾。燕赵齐鲁荆扬徐,万里误跨博士驴。十年常别先人庐,门巷相望怜妻孥。揭来劝作田舍奴,荒园旧圃幸不芜。残篇断简聊相于,鼠腹难容惠子车,后时贪补前时愚。主人小语真烦纡,客子大笑为轩渠。烟海难满河易淤,未审所补将奚如?前有万古风吹嘘,后有百世云模糊。泛然求益太觉诬,精卫填海蚁驾舆,金闺解事进玉壶。客子自悔夫非夫,主人亦悟吾忘吾。平生小事多糊涂,案上共逐食字鱼。②

题德胜讲院

孤城大如斗,小坡偃如埭。书堂起东麓,屏嶂森左界。我来甫及秋,日夕见万态。重门四扇开,文笔一峰对。橘柚如寒星,磊落绕屋挂。棕榈如长人,鬅鬙负墙拜。晓霞明屋角,朝爽落瓦背。偃仰不多时,此意真可画。问字或鸡谈,校书如马队。行矣尚眷然,回首一而再。

村郭二三里,衣冠数十族。山重水复间,书声出深竹。人言德胜酒,色夺洞庭绿。瓶罂走四方,我意了无欲。颇闻诸洞天,僻处众山麓。佺偬负两屐,此意实未足。名公清献游,逐客鲁直伏。声名寄此邦,惜哉不留躅。风清月白

---

① 〔清〕郑献甫:《补学轩诗集》卷一,清咸丰十一年(1861)采菽堂刻本,第36叶。
② 同上书,卷二,第6叶。

时，望古偶寓目。作诗题讲肆，请始郑小谷。①

城外小饮至暮归讲院

客子欲归鸟欲栖，乱峰深处夕阳低。山桥一带小村北，水碓数声高岸西。鬼火拥青离古冢，星光飞白过寒溪。秋宵未必啼春鸟，辛苦前行滑滑泥。②

程酉山太守代刊补学轩制艺赋此志感

文字生涯笑拙鸠，江湖浪迹付轻鸥。三年自分临邛客，千古相期即墨侯（太守，齐人）。润色问谁知敬礼？流传从此误阳休。抚心惭甚扪心感，耿耿寒灯照案头。

和凝小集刊游艺，皇甫高名序练都。百草世无医俗药，万言今有诊痴符。貌媸未敢重开镜，椟好翻愁不买珠。刻篆雕虫凭众论，扬雄早自悔非夫。

千金敝帚已前尘，一瓣心香证夙因。孝穆不为藏拙客，刘邕终似嗜痂人。灾梨祸枣真无谓，流水高山别有神。论盛文书荐衡表，风怀重忆古名臣。

苦海箧中搜旧稿，甘棠舍侧爇香芸。人夸张赵亲裁事，我借韩苏代校文。鼓吹待开炎海雾，流行真托泰山云。陶元沐素从今始，恐负先生赏鉴殷。③

自题想见山阿人之居一首（并序）

庆江书院，古龙溪书堂也。余自癸卯主讲居堂之前楹，下榻西偏，集东坡"梦绕千岩冷逼身"之句，对山谷"家移四壁书侵坐"之句悬为联，而以大谢句题为额，自跋其后曰：余三十以来退处山林，四十以来出为山主，非仕非隐，非城非野，总之不离山中人者近是，因取谢句志之，纪其人非纪其地也。若宋时之山长，元时之山主，据前史《学校志》所载，非命于朝廷，即铨于礼部，而岂山中人哉？客有入坐者，幸无执古制以绳今称，而笑余之不学也。长夏无事，徘徊吟咏，又成此篇。

有官不作粉署郎，无官不作耕田父。朝市大热林泉冷，山人出山作山主。龙川之水下象台，来去扁舟未云苦。藤床竹榻自占户，儿童都识伯休甫。貂蝉

---

① 〔清〕郑献甫：《补学轩诗集》卷二，清咸丰十一年（1861）采菽堂刻本，第12叶。
② 同上书，卷二，第14叶。
③ 同上书，卷二，第28—29叶。

无分上头颅,蝉蠹有情充肺腑。闲来偶阅大谢句,萝带荷衣笑而舞。苏黄旧诗亦有缘,骈枝作对供题柱。非仙非儒更非佛,只有山中人可伍。诗成不用碧纱笼,此间谅少红香土。①

主讲龙溪六年矣倦游志别赋此索和

朋辈临歧各黯然,风光轮指自生怜。地闲幸少当官责,期满羌符考吏年。山翠万重牵去袂,书囊千卷压回船。不须更赋河梁句,客燕宾鸿正满天。

掾吏官卑郡守崇,宴游羁客总相同。六朝通隐疑何点,四坐平交学孔融。去住有情游子路,温凉无恙故人风。春萍秋蒂知何似,聚散休教唱《恼公》。

三宿空桑尚有情,六年讲坐况同声。非关太学轻王式,未肯文园卧马卿。乡里回头稀老辈,妻奴依口唤先生。等闲便作林间想,菜圃瓜畦取次行。

苦竹千竿水一湾,故庐先世本幽闲。草堂又辟东西瀼,桂树将招大小山。此去我真耕谷口,向来人尚望云间。闭门塞窦吾何敢,权当逍遥供奉班。②

移主榕湖讲留别龙溪故人再吟四律索和

江乡归计正将行,郡国移书忽改盟。大吏有缘招邓粲,诸生无术挽阳城。《鹿鸣》久息丁年梦,鸥泛重听癸水声。一曲《骊歌》三叠唱,低徊相对不胜情。

西河太守旧班春,东阁翘才有凤因。鹗荐想多前席语,鹤书翻托后车尘。不教傅晏留常客,兼为佺期觅替人。居似未安辞未敢,闲来私计自由身。

谈艺评文兴未央,登山临水送先忙。空悬此坐招徐稚,可悉何人说郑庄?三径几曾归栗里,五言重与赋河梁。门前千尺龙江水,写出离情尔许长!

羁居频岁伴栖鸦,交代何期亦及瓜。别主一山如换县,孤行千里欲移家。相思江上榕垂叶,独秀峰前桂吐花。他日故人重载酒,可能相访绛帷纱。③

初入榕湖经舍夜置短檠灯戏作

齿牙时动目光浮,老态惟余未白头。灯烛短檠今日喜,葫芦长柄几人愁?

---

① 〔清〕郑献甫:《补学轩诗集》卷三,清咸丰十一年(1861)采菽堂刻本,第10—11叶。
② 同上书,卷三,第31—32叶。
③ 同上书,卷三,第34—35叶。

风帘窣地思来燕，烟水如天望去舟。书卷重开对孤案，客怀乡梦两悠悠。

己酉榕湖经舍消夏

山中人作城中客，孤馆深居阅物华。帐外雷声蚊聚市，阶前雨色蚁移家。文章代笔忘留草，朋友贻书问买花（时初纳妾）。学子无言啼鸟散，松阴满地自烹茶。①

秋思在秀峰书院作八首

橘柚罗堂前，芭蕉战窗下。秋光生其间，如着妙手写。风来嘶断蝉，日出散野马。枕簟何苍凉，重以微雨洒。流萤闪空案，落叶碎古瓦。中有寂寞人，起居晏如也。

麝煤余两丸，蠹简积千卷。朝夕相周旋，密若东宅眷。秋味闲处生，凉痕静中见。松风送竹雨，往往自入砚。不披五铢衣，不持六角扇。开轩坐灯前，飞虫扑人面。

右邻孔明台，左邻风洞山。叠彩独在后，隐几如屏环。跛羊石上牧，好鸟林中还。清晓启北牖，声影落案间。奇秀入山骨，苍老留客颜。旁人招出城，卧游方不闲。

主人日掩关，高客时到门。韦布对冠裳，意若忘其尊。或说东坡鬼，因移北海樽。左右设纸笔，得意俱忘言。夕阳下后山，新月升前轩。我醉听客去，书声秋树根。

南宫充贡士，西曹试为吏。将相及仙佛，少日本无意。我虽不当官，我岂不得志？读书兼种田，老去更有事。愚者谓自高，智者谓自弃。两言俱知我，不若一笑置。

年老不求医，家贫不畏盗。林泉城市间，皆可寄吾傲。陈诗诉忧离，鼓曲歌《懊恼》。愚夫妄人耳，岂若从所好。欢喜双鹄翔，平安一鹊报。无酒亦欣然，共向田间劳。

富贵过黔娄，温饱过伯夷。寿考过颜回，安乐过启期。今我较古人，天岂有所亏。文章本公器，学问当自为。拳石比太华，自处何太卑。一代不数人，不知当属谁。

① 〔清〕郑献甫：《补学轩诗集》卷三，清咸丰十一年（1861）采菽堂刻本，第38—39叶。

廿年作游子，廿年作寄公。余年欲何为？今年先折中。逐蠹或砚北，叱牛亦墙东。弱妻与稚子，共乐林下风。天果与上寿，退为田舍翁。天不与上寿，退居兜率宫。①

乙卯冬初讲院独坐偶成

七年流寓少比邻，千卷藏书绕此身。垂老幸留囊底智，将行争念甑中尘。谈心大有谈元鬼，索字多于索债人。检点乘时尽交付，故园重探一枝春。

豪杰奇怀儿女情，人前低首怕孤鸣。敬容坐对真残客，戴邈平看尽晚生。天下文章应有主，山中花木本无名。不知行近天台路，蝶使蜂媒几处迎。

自从南国返闲云，不觉西山又夕曛。歌舞回头金谷集，干戈满眼土团军。乡人有盗知徐幸，处士无官笑郑薰。地角天涯愁浪迹，闲居聊复恋乡枌。

邓林拄杖鲁阳戈，晚景尤当唤奈何。豺虎窟中新鬼大，鹓鸾天上故人多。一餐自益黄甘粽，万室谁为《白著歌》？正是悲秋悲不已，纷纭重看有司傩。

频年拭目待升平，几处惊心报死生。三万髑髅南海冢，八千子弟北江兵。云中有雁飞书急，林下无风落叶轻。偃仰望空私怅恨，如痴如醉未分明。

未游五岳负闲身，独悟三生了夙因。庄叟荒唐称傲吏，刘桢卓荦本偏人。淮南桂树山中老，岭北梅花梦里春。一度沉思一凝望，者回真结许由邻。②

守岁讲院作

椒盘小饮微醺后，桂海游行欲暮时。流寓几年成熟客，公家万事付痴儿。偏人颇似刘公干，正字深惭蔡子尼。一任旁观更相笑，身闲心淡只吟诗。③

命桂儿上学作此示意

孺子当教趁大昕，中丁释奠采香芹。垂髫羌及七年学，上口莫先《千字文》。山斗瞻韩常笑昶，朋交拜纪或因群。幺豚雏凤俱难辨，人事一分天二分。

比邻欲听新莺啭，讲舍闲营小鸟巢。架上我留书万卷，梦中谁授《易》三

---

① 〔清〕郑献甫：《补学轩诗集》卷五，清咸丰十一年（1861）采菽堂刻本，第15—16叶。
② 同上书，卷五，第17—18叶。
③ 同上书，卷六，第11—12叶。

爻？家风窃恐卿惭长，世事安能祝代庖？蒙养蒙求吾不与，莫将春色等闲抛。①

校书偶述

古人博群书，心知言外意。今人校群书，目穷纸上字。蝇钻迷故新，獭祭辨同异。未开曹氏仓，徒守孝先笥。偶然获丛残，相与诧奇秘。据子竟改经，悍然不复忌。所知岂无一，不知犹有二。此唱而彼和，歧出更多弊。始犹攻宋人，久乃鄙晋世。解《左》恶元凯，谈《易》嗤辅嗣。似乎非两汉，不许注六艺。《释文》别作本，便云是古义。《说文》未收字，即云是俗制。②

元夕儿子上学

昌黎示儿贵，利禄不去口。渊明责子愚，纸笔不在手。贵者欲有为，愚者欲有守。今我异古人，祖窃分左右。与其干公卿，不若守田亩。儿贵固可羡，勿效牛马走。儿愚亦可喜，且与鸥鹭友。

翁老子乃幼，父慈师必严。起居以身教，章句须口拈。《尔雅》及《少仪》，汉宋小学兼。新机井底导，故业汤中燖。朝讲更夕贯，卷册随时添。聊尽止慈心，勿为责善嫌。为山始覆簣，期合浮图尖。

架上千卷书，胸中万言策。父欲授其子，珍重过田宅。朗朗闻诵声，欣欣有欢色。非祈求科名，求亦未必得。惟恐弃岁月，弃乃大可惜。谢公不教儿，王粲方作客。努力复努力，劳薪幸能析。③

示学子

人生十岁学之始，行年六秩学当止。发名成业及宦游，中间三数十年耳。我今已过不亲学，人言曷不亟行乐。智非智兮愚非愚，请为诸子言其略：前我去者多老翁，后我来者多幼童。齿牙摇动头发皓，耳目幸未如盲聋。汗牛载书数难检，鼹鼠饮河量亦浅。天公颇似念此翁，纵有期时期再展。身闲不秉鹤颈锄，眼暗尚辨蝇头书。安眠饱食坐视荫，恐负天予人之余。一檠短处一案长，朝夕对此聊襄羊。书生有例号书蠹，岂必妄冀名山藏。邺架曹仓今请老，月地

---

① 〔清〕郑献甫：《补学轩诗集》卷六，清咸丰十一年（1861）采菽堂刻本，第12叶。
② 同上书，卷八，第17叶。
③ 〔清〕郑献甫：《补学轩诗集》卷二，清光绪五年（1879）黔南节署刻本，第4叶。

花天都过了。高歌持酒醑长恩,卿永保之吾永好。百年或把颓龄续,万卷仍思终日读。不为佛子不为仙,肯享人间无事福。①

中秋桂郡太守试士场在榕湖经舍间壁有骑屋山窥风檐下瞰者家人喧而执之则童子也特送县署仍作笺请县释之戏而作此

榕湖经舍大如斗,桂郡文场在其右。墙外声传墙内应,往来行人负墙走。凿壁微闻蚁穴穿,攀垣或见熊馆悬。鸣钲喧铎欲停后,堕地有物声轰然。身轻欲学燕栖厦,足蹴俄惊鸳坠瓦。一人就执百人逃,留得危骑屋山者。老夫怕问从何来,一尺灯前一卷开。可怜可愤亦可怪,操舍无计空徘徊。旁人自起告贤宰,门下相呼索名纸。公然下状比前人,可是洛城玉川子。平生小事多糊涂,晓来大悔私轩渠。区区小子岂足治,请释仍遣长须奴。弊窦从来如鼠穴,东壁窒之西壁裂。目无所见耳无闻,何事公堂再饶舌?秋风凉处秋月明,来日试士无横行。明窗净几寂如水,坐听统如打鼓声。②

读书口拈

饱读久亦忘,饱餐久亦饥。朝饔而夕飧,稽考正若斯。既无辟谷术,安有抛书时。行年六秩余,黾勉将何为?万事不挂眼,三味常朵颐。晨夕似督课,对案一卷披。正非作闲遣,亦非戒荒嬉。三旬纵九食,岂可遂断炊?夔中杜诗细,海外苏文奇。老入著作林,栩然殊可嗤。得失世无竞,饥饱吾自知。未必与年进,庶不随年衰。③

理残书戏作

琐尾流离后,兵戈水火余。犹留三亩宅,闲庋两厨书。狼藉谁料理?蚕丛自扫除。长恩杳何许,散乱走蟫鱼。④

戏书示儿辈

百事不好好读书,少年食字如蠹鱼。费心费目更费手,栩然到老仍无余。

---

① 〔清〕郑献甫:《补学轩诗集》卷二,清光绪五年(1879)黔南节署刻本,第14—15叶。
② 同上书,卷五,第12—13叶。
③ 同上书,卷六,第10叶。
④ 同上书,卷六,第18叶。

百事不知知种田，清晓荷笠随乌犍。买犁买锄并买粃，欣然作社祈有年。耕田有年未可料，读书无余真可笑。自从髦士不归农，遂使游民多似盗。何如婢任织、奴任耕？此外不别谋吾生。兼之柔读史、刚读经，此中聊以陶吾情。两事讵明老夫志？一言难惬旁人意。果然读书致富贵，何必耕田自劳悴。人才各有能不能，我性终嫌事何事。《艺文志》与《耒耜经》，左右纷陈请尝试。①

七月十三日以他事随秋试者至会垣感赋

　　云山历历水泱泱，老子何心复上场。故里几人同赴试？新秋五日正离乡。偶然为客梦长路，久不出门忘急装。行李依然行色改，旁观应亦笑槐忙。

　　顿觉秋香入桂丛，笑随江路伴渔翁。云林斜起一行鹭，露草互喧双岸虫。村落烟痕残垒外，盂兰灯影乱流中。芦帘纸帐平生惯，简易从教守素风。

　　远行难得客怀开，静坐聊将好句裁。雨意亟随船尾去，人声争哄渡头来。更无鹭埤埋丛棘，时有蝉琴奏古槐。寂寞荒寒增感慨，数家零落旧城隈。

　　俗事相牵俗客愁，名山耻说作重游。谈经非复前槐市，流寓仍居古桂州。乘兴子猷忘见戴，感时王粲不依刘。相逢诸子聊相慰，共道先生雪满头。②

乡人请予主讲象台书院时已圮第于里舍遥领耳

　　头童齿豁态难藏，艺圃文园兴未央。问字客过扬子宅，著书人老郑公乡。承基何日开横舍？写本随时定礼堂。半世抗颜南面者，杜门高卧亦登场。

　　栖迟村落数行鸦，萧寂门庭两部蛙。乡老引年居右塾，鄙人常日习东家。枌榆旧社初归燕，桃李新阴又放花。自是名山缘未了，敝庐仍设绛帷纱。③

柳江书院在罗池庙侧乱后城北荒凉余瓦砾而已今年德载之大令乞余主讲在城中新地回忆少时肄业朋辈都尽不禁慨然久之作忆柳江书院二首

　　且趁东风媚早春，欲从北郭访前尘。兔葵燕麦今无路，鹿洞鹅湖古有邻。丁令回乡仍故我，杜公同学更何人？自言自语谁能会？顾影私怜立雪身。

---

① 〔清〕郑献甫：《补学轩诗集》卷七，清光绪五年（1879）黔南节署刻本，第7叶。
② 同上书，卷七，第19—20叶。
③ 同上书，卷八，第4叶。

记得龙门早夺标，笑随鱼队共乘潮。西川立学如文党，南斗占星拜伍乔（时上元伍实生观察右江提倡书院）。心赏有人曾入幕，手栽无树不干霄（院中肄业，金渔庄学博，鄢勘斋、严墨庄两大令及献甫，皆以乙酉隽）。今来重拥皋比坐，惭对诸生作《解嘲》。①

补学轩独坐

天将清福予吾侪，肯使尘缘入我怀。檀板金樽难列坐，芝兰玉树欲生阶。未能作雨云何用？不愿为龙鲤亦佳。长日垂帘开一卷，高吟时复杂诙谐。

感时心定气常平，即景诗多句易成。翡翠帘开风有力，鸳鸯瓦湿雨无声。白衣送酒陶元亮，红烛修书宋子京。清苦浓华俱至乐，两般得一足平生。②

更定吾乡粮册小住象台书院戏作长句纪之

买券卖券百亩田，秦时始听民自便。本色折色一条鞭，明代因与官自专。吾乡虽界五岭外，名郡久在两汉前。官家版籍民质剂，兵燹以后如云烟。春陵不意得元结，林邑何幸来任延。十取一耳三缓二，半尚不及安能全？白粮第欲足故额，黄籍不惜颁新编。粮系田下田系里，各注如出口率泉。野人七秩车已悬，名山一席坐尚权。伍符尺籍竞献簿，罗列亦满先生毡。邑中传餐比重客，坐上伴食如冗员。闲来散步窃自笑，山中结得城中缘。大厦深檐正结构，但闻斧凿无管弦。凭高视远偶极目，四野秀色何鲜妍。土浮水浅本弃地，刀耕火种惟贪天。惊蛰催耕已如此，《捕蛇》为说当不然。桃花零落杏花发，相与欢笑歌丰年。③

闲居象台书院

城中选胜踞高丘，尘外偷闲亦上流。顿少故交知我老，渐多新屋觉人稠。热云挟雨驱双雁，远水涵山点数鸥。草色花香生气在，江天无际自凝眸。④

---

① 〔清〕郑献甫：《补学轩诗集》卷九，清光绪五年（1879）黔南节署刻本，第3—4叶。
② 同上书，卷九，第6叶。
③ 同上书，卷一〇，第4叶。
④ 同上书，卷一〇，第7叶。

新秋寓象台书院偶拈

竹榻生夜凉，松窗纳朝爽。秋从何处来？人坐此间赏。乍逢今雨霁，弥觉古月朗。徐步下空庭，唧唧百虫响。

老火势当退，将退焰尤烈。稚金意欲生，方生气犹怯。苟无炎凉期，安有夏秋节。天时悟世态，一笑不容说。

雄雷挟雨行，雌风吹雨止。声容忽消歇，惟见大田水。苗既勃然兴，人亦欣然喜。卷帘平看山，英英白云起。①

秋初送儿辈赴乡试

槐子黄时挈小奚，桂花香里步长堤。仰天未习吴刚斧，平地思登谢朓梯。千佛名经新顶戴，五仙人观旧羁栖。初程笑看轻装发，月店霜桥取次题。②

壬申仲春刘荫渠中丞重立孝廉书院招往主讲慨然补作

英雄末路事如何？山长头衔字未磨。造士别开文学苑，迎师专领孝廉科。年前著录鸿生老，坐上谈经枘曲多。白发青灯闲写照，田大今又御堂袭。

陌上花开陌草薰，榕城飞札到乡枌。郢书虽奉刘公纸，粤雪终惭柳子文。敢以老儒先祭酒，权为挡客重将军。试从独秀峰前望，一片何来隐士云？

榕湖千顷有回潮，桂海群贤共解嘲。故友半登高第录，新词重唱小山招。依刘笑我如王粲，伸郑何人作马昭。随处游行随意住，庄生平日本逍遥。

青眼如初白发新，精庐聊与拂行尘。闲来东阁观奇士，又向西都作大宾。自笑钟君偏爱我，谁知烛武不如人。起居且喜无拘束，补缀书生未了因。③

榕湖经舍夜坐

风声括地扫余炎，花气盈庭坐短檐。闪闪星如人瞬目，离离松学我掀髯。贪凉七月犹铺簟，汛爽三更不卷帘。独领时光还独咏，一炉香作几回添。④

---

① 〔清〕郑献甫：《补学轩诗集》卷一〇，清光绪五年（1879）黔南节署刻本，第11—12叶。
② 同上书，卷一〇，第12叶。
③ 同上书，卷一二，第1叶。
④ 同上书，卷一二，第5叶。

学宫议

今之台省,岂古之台省乎?然所以课官纠吏者,犹其事也;今之州县,岂古之州县乎?然所以敛赋折狱者,犹其事也。余观于今日所谓学宫,与近人所谓学记,乃茫然而不识其故。何者?今之学宫,乃古之所谓孔子庙;而今之书院,乃古之所谓学宫耳。何以明其然耶?

古者党有庠,术有序,乡有校,国有学。其时未有孔子,固未有孔庙也。唐、宋以下,宗孔子之学,用浮屠法貌之而为庙;又因孔子之庙,用成均法广之而为学。是故有积屋之区若干,而门序、正位、讲艺之堂、栖士之舍皆足;有积器之数若干,而祀饮寝食之用皆具;又有藏书之阁,有宾客之位,有游息之亭。其见于前人学记者如此。今则中为大成殿,后为崇圣祠,旁为东西庑而已,无论献囚、执讯、读书、舞羽,一切皆无其时,无其地。即所谓春秋致祭者,亦其地之有司率同城文武小吏与分胙之教官耳。士之自爱者未尝至,民之无分者更未尝知也。所谓学者,学何事乎?然其相沿有故,其相畔有因。考之古,若韩昌黎所为《孔子庙碑》,此则言孔子庙而非学也;欧阳子所为《吉州学记》、曾南丰所为《宜黄县学记》,此则言学而非孔子庙也;王介甫所为《慈溪学记》,此则即孔子庙而为学也。盖小邑皆立孔子庙而未能设学,故辄因孔子庙而旁营为学,记中所谓治其四旁为学舍、讲堂于其中者是也。

何古者分其名犹合其实,今乃变其实犹冒其名耶?故愚谓今之国子监,犹存古法。而今之国子生遍天下,皆由纳粟而入,发名成业,固有终身未至者。其余乡学,但有孔子庙耳,非学宫也。其司铎但作奉祠官耳,非学师也。学宫之地,学师之名,其殆主书院者尸之乎?彼潮州学为之师者赵德也,慈溪学为之师者杜醇也,岂尝命于吏部之官哉?今以古之祠官为学师,而又以古之学师为山长,名不正则实愈乖。故为学官者,但掌名籍、营糗脯,而不知教学为何事。其山长虽有师、有弟子,有堂、有斋舍,亦各缘膏火而来,或反不近孔子而别求乡贤以主其地而专其祀。然则天下事觚不觚,可胜叹哉![1]

---

[1] 〔清〕郑献甫:《补学轩文集·散体文》卷二,清咸丰十一年(1861)刻本,第13—14叶。

岘棠书院记

昔蜀郡为文翁立祠,齐国为石相立祠,是下之思其上也。韩公为潮州立书院,范公为平江立书院,是上之惠其下也。各有所取,亦各不相羼。即其人功德在民,学问文章,世可宗法,或别设其祠主,亦未必改其祠名。

宜之岘棠书院殆异矣。始立祠堂者谁?为前通守屠公也。始改书院者谁?由前通守马公也。考之志,乾隆二十八年,屠公来判宜州,平南巢,定白土,驻德胜镇,民思其德,喁喁然无以名也。乃就城之东偏,相土负石,草创立庙,颜曰"屠公祠"。越五十余年,而马公莅,曰:"噫!民之于公也,得毋有岘首之思耶?公之于民也,得毋有棠舍之爱耶?与其率数百愚民岁一祀公,如何令数十秀民日再拜公?"乃即祠堂改为书院,而以岘堂名之。其后道光二十年,萧柳溪明府权通守篆,再拓之。又二年,魏晓园明府摄通守篆,益新之。计为屋若干,为费若干,有门,有讲堂,有室,有回廊,有垣,制以次第而备。

献甫于壬寅秋寓德胜,曾履其地,瞻其宇,惜未得读其碑。今阅四年矣,乡先生请为之记,而名宦事多无所考,乃意为志其略而归之。然屠公以一闲官而能使民立祠,马公亦以一闲官而能为民兴学,相去七八十年后,荐绅先生、庠序秀士、儿童走卒,闻二公名,皆叹羡嗟感若万口齐。则昔之所以施其惠而致其思者,亦可测矣。《于公传》言"治狱活人而不详何以活",《朱邑传》言"桐乡爱我而不详所以爱"。古之为循吏者,类如是哉!余始疑岘棠之名,割裂颠倒,未免杜撰不典。后读樊川诗至《再宿芜湖感旧十六韵》,有曰:"岘山云影畔,棠叶水声前。"喜曰:"其出于此乎!"尝欲书为帖以悬于门而未果也,附记于此,以稔后人。屠公名用中,□□人;马公名□□,□□人。丁未冬十月象州郑献甫谨撰。①

厘定秀峰书院崇祀乡贤神主记

吾乡词章之学,历代未甚著,而训故之学,则汉末已大昌。若《后汉书》所载陈长孙,《吴志》所载士彦威,其最也。

---

① 〔清〕郑献甫:《补学轩文集·散体文》卷二,清咸丰十一年(1861)刻本,第33—34叶。

书院例祀乡先儒，向第及陈而不及士。献甫承乏院长，偶拜神主，见题以"司空南阁祭酒广信陈公"。窃疑范史列传之陈元非此官，而《儒林传》之陈元又非粤人，得毋以同姓名而误邪？尝为中丞长沙劳公言之，公曰：据范蔚宗列传，陈氏诚非南阁祭酒，而陆元朗《叙录》于传《费氏易》条下，又题以"南阁祭酒"，或是元朗偶误。夫元朗非杜撰者，曷更考？其实以来，退而检校《释文》，反覆《叙录》，乃敢确然信其一为苍梧人，专习《左氏春秋传》者；一为京兆人，则兼传《左氏春秋》者。蔚宗固可据，元朗亦不误也。按《儒林传》虽未详传《易》之陈元为何郡人，而《释文·叙录》明引范氏《后汉书》云：京兆陈元、扶风马融、河南郑众、北海郑氏、颍川荀爽，并传《费氏易》。则"京兆"二字虽见元朗书，实本蔚宗传，岂有自书之而自忘之邪？又自注其下云：字长孙，司空南阁祭酒，兼传《左氏春秋》，故后叙《春秋》遂实书曰：司空南阁祭酒陈元作《左氏同异》。其文明白无疑矣。或曰：传《易》者题"京兆"，传《春秋》又属京兆，都不及苍梧陈，何也？曰：汉人经学，必别经师，本传言陈钦，虽与刘歆同时，而各自名家。考《左氏传》自曾申十二传，而至尹更始，更始传其子咸及翟方进及胡常，常以授黎阳贾护，方进以授国师刘歆，遂分贾、刘两派；刘歆以授扶风贾徽，徽传其子逵，而后及司空南阁祭酒陈元；贾护以授苍梧陈钦，钦以传其子元，而后遂无闻《叙录》。故于贾一派，叙至苍梧陈钦而止；于刘一派，则自扶风贾徽以下递详焉。设上文依徽传其子逵之例，再增钦传其子元一语，则可无混同之弊矣。后世传经学者，既不敢断为两人，而志地理者，遂浑为一人，总之于《叙录》未参考耳。况《后汉书》列传称辟司徒府掾者系为《左氏训诂》，而《释文叙录》称为南阁祭酒者则曰作《左氏同异》。传经虽同，著书各别。近人侯君谟补后汉《艺文志》，乃于《左氏训诂》下注曰：一作《左氏同异》，此尤为牵混之显然者。

献甫以其说就正于中丞，中丞亦以为然，且进教之曰："陈之先有钦，其后有坚。卿士之先有赐，其后有宣。虽并著名于史，而其书不传，惟长孙训诂、彦威经注，历代皆著录，宜并祀焉。可一题以汉司徒掾苍梧陈先生，一题以吴龙编侯苍梧士先生。误者正之，缺者补之。子曷记其详以示后，勿令骇为不知而作可也。"献甫因次其语而镌诸石。夫表其乡之贤,以示其乡之人,此官斯土之雅也。而宗其乡之学,以变其乡之风,此生斯土之责也。献甫于乡先生无能为役,顾承乏此席凡八年,乃为此举,非得好事如中丞公,亦莫克厘正。故谨志其略,以贻后人,俾知其故。时咸丰之七年元宵后一日也。①

识字耕田夫别传

识字耕田夫者,郑其姓而逸其名,尝读苏诗有云:"我是识字耕田夫。"取为印章,遂以自号。

幼时随父上冢,泊舟近岩,月夜散步洞口,其长老出对云:"岩空留月宿,"应声对曰:"水阔放云行。"长老摩其顶,谓:"是儿将来或可为诗人!"其父曰:"吾正恐终为诗人耳!"十岁读五经,又三年读九经,甫入童子军,即补弟子员。年二十有五,始为拔贡,登贤书。三十有五,始成进士,官比部。自念少无宦情,又亲届高年,乞假归,丁内外艰,遂不出。浮沉乡里,教授诸生,于舍侧葺补学轩,自为记曰:

凡物阙斯补,补斯完,完斯止,学无所谓完也;凡物少斯补,补斯足,足斯止,学无所谓足也。故事皆可补,惟学无可补。予少时涉猎传记,贪多务得,徒以博取科名耳。二十时有志词章,而苦无法;三十时有志考据,而苦无书;四十时有志著作,而苦无学。幸退而闲居,畜鸡种黍,实此余日。因葺宇半间,庋书四架,日必皇皇其中。家人见其无所为,而又若有所求也,笑曰:"得毋以今补昔欤?何其惫也!"余心知不然,口应曰:"然。"因以名吾轩。

其所述若此。性不好品茶,不好饮酒,不好驯禽,不好种花,不好琴,不好棋,不好蓄古玩,不好仙,不好佛,不好作官人。其与人也,不好结盟;其处己也,不好讲学,而好读书,好游山,好近妇人。人或以为苦,而窃自以为乐,更历寒暑不厌也。既早达,得捐其俗学;又早退,得从事古学。尝自言:"丈夫当读万卷书,行万里路。"当其壮盛之年,北走燕、赵,南留江、淮,东游齐、鲁,西居汉、沔,颇得江山之助。功名既不显于世,言行亦不见重于乡,惟以文墨自喜耳。著有诗文集若干卷,又《愚一录》若干卷,皆以次第行

---

① 〔清〕郑献甫:《补学轩文集·散体文》卷二,清咸丰十一年(1861)刻本,第54—55叶。

世。少年受知于上元伍实生中丞,中年见重于泰安程酉山太守,而生平最契于同里李秋航大令。是数公者,性情既各异,学识亦不等,而相得分谊最笃,其有偏好耶?抑有别鉴耶?外人固不得而知矣。

赞曰:耕田夫特归田人耳!非能荷蓑笠,把犁锄,事疆亩也。又自号识字,尝问以奇字,如司农刘夫人碑中"伇""达"二字;《吴越春秋》"踂""蹴"二字及《管子书》"赈"字,《墨子书》"骳"字,《淮南子》"窔"字,酒官碑"夵"字,亦不能知也。然以较博士不足,以较农夫固有余矣,学者故仍相与循此称云。①

伍实生中丞墓志铭(节选)

公讳长华,字实生。江苏上元人也。先世来自西域,代主星象之学,显名前朝。至祖少西公家益昌,父主簿公施益普。子男五,各以科名致身。公第二,壮岁为拔贡生。癸酉举于乡,甲戌成进士,殿试一甲第三人,授编修,叠秉文衡而未迁官秩。道光二年壬午自广东督学使擢为广西右江道。公本供奉内廷,忽迁授外职,旁人疑非所愿,公曰:"择官而仕,非礼也;充位而居,非情也。"道故驻于柳,柳州学宫柳江书院,唐以来数百年矣,拓而新之,诱而进之。诸生执业,口讲指画,过于塾师。吾乡人知为文章自柳侯始,兼通词赋则自公始。学者奉其主于柳侯祠而尸祝之。

公自题祠门即集柳句曰:"洁廉自居,忠信自仗;文章在册,功德在民。"盖自况也。乙酉擢长芦盐运使,丁母忧去职。服阕,仍补长芦盐运使,又丁父忧去职。服阕,再授两广盐运使。不一年,迁甘肃按察使。不一年,迁云南布政使。戊戌特简巡抚湖北,来觐京师。公受国恩益深,负物望益重,惟以报称自励。当是时,楚中告灾,流民纷逃,大狱频起,浮言胥动,邪教煽张,公内宽平而外整肃,颁水衡,禁兵器,清狱市,绥戢而驯扰之,民赖以少安矣。大冶知县忤湖广总督,公奏请卿尹专鞫。上以为此地方官事,仍交地方官办,即命公会藩臬同治之。时知县已待罪,总督犹视事;狱具,上疑未尽法,钦差别来平反,罪几不测,赖上知其廉慎,仅罢职。公无憾意,亦无悻

---

① 〔清〕郑献甫:《补学轩文集·散体文》卷三,清咸丰十一年(1861)刻本,第79—80叶。

容，怃然买舟回里，家居未久，罪人方办，而公不幸殁矣。①

象台书院官试策一

问：象属覃四倡乱，连年用兵，祸患未除，盖由包庇者酿成，亦由仇杀者激变。现今率党投诚，随营效用，地方可冀安帖。但善后一切事宜关系尤重，应如何认真筹办以臻长治久安？

夫大股之贼据城池，聚而可攻；外来之贼扰闾里，散而易去。惟象州数年以来皆本地为害。其始犹招外匪，其后则自集奸党，所以至于用兵六七次而未靖者，盖习见治盗者不过招安，为盗者大都免死，故敢于纵横自恣，焚村落，劫财物，掠人畜，退而以邻里自庇。今其症候已屡愈，而其病根依然在，未可以安帖相贺也。包庇之说不过依附之私，非真有豪侠为主也；仇杀之说亦借口之常，非果有械斗挑衅也。且既已招安之后，狐群狗党能使尽入大营乎？熊状豺声能使尽改素志乎？其杀人父兄、掳人妻女、占人产业者，倘或夹路相逢，犹不免衔恨相戕；今容其乡邻并处，一有推刃即云激变，或别有犯案又云激变，是一旦苟且招盗，而以后总不容治盗也。善后者得毋不虑后乎？

窃谓被胁从贼者其法宜宽，甘心附贼者其治宜严。趁此大兵压境，首盗就抚，其所列同伙若干人有姓名住址，其各团密禀若干人亦皆有姓名住址，不露风影，不动声色，率各团之公正办事者编查户口，隐拘贼党，务令一一就戮。其中有已愿随营者置勿问，其外有未尽知名者亦姑勿问。如此，则素不安分者、自知难免者势必闻风而惧，出境而逃，则查户口、拘贼党，不患有抗拒之事，然后出示。每令一村具一簿，如写门牌式：某村某人，年岁若干，生理何业，家口几人。无论同异姓，每一人占一页，其末署某村共烟户几家，共人丁几口，附结称"并无寄居匪人，容留贼党，如有隐瞒，别经查察，合村甘与同罪"字样，收齐村簿，乃发给门牌，皆自捐廉刻刷，按户查对。若有不符及不实者，立即究问，不令差扰。牌上并注明"官捐纸墨，不许取民户钱文"，似乎其势可行，而其弊不生。否则，非徒无益而已也。然非先戮有名贼党，则各村所列之簿，贼仍在其间，愚民敢斥之不列乎？非先去有名贼户，则各村所给之牌，贼亦杂其中，清官能辨之不给乎？此所费地方贤父母之心者。至于查清

① 〔清〕郑献甫：《补学轩文集·散体文》卷四，清咸丰十一年（1861）刻本，第3—4叶。

之后，则一州之户口、一州之地势、一州之人情，已朗然心目之间。或有安业农民，而不肖劣生妄借端诬控者，即曾作贼亦勿听；或有拿获贼党，而不肖绅士亦有列名共保者，即大众势亦勿听，并各治以不应重罪。如是，则地方之事省，地方之人安，而病根可从此渐除矣。若夫循习具文，虚张故事，每村取一结了事。前数任皆曾行之，本地人亦习知之，所谓善后者可睹矣。谨对。

象台书院官试策二

问：搜捕余匪，清理团甲，诸务将竣，地方似可从此安辑。惟瑶山丛杂，邻境犹多伏莽，象属匪徒难免漏网，山僻既易纳污，愚顽尤易煽动，十余年之盗根，未必一旦遽能艾绝。如得精勇百名，久防年余，分驻各墟及东北边围，时事镇缉，虽有游魂，无能为变。俟人心久定，旧染胥捐，然后销撤。但库款支绌，未便渎请；民间凋敝，又难筹备。必如何设法乃能成斯长策，远杜贼萌欤？抑另有他计，可期永久无事欤？

治民如治病也，但保养而已；治盗如治痈也，必决去之乃可。然其根已深，潜滋暗长，其蘖易萌。非得勤干而廉明者，为之善其后，必更蕴其毒矣。

然盗方炽之时，官无势必借众力，盗已熄之，俟官有权惟操一心。但视百姓如子孙，视盗贼如虎狼，有则立捕，送则立办，逃则立榜，使人知官之立意如此，官之行政如此，官之待人如此。则隐伏者咸与搜寻，潜回者密与禀报，疑似者相与盘诘，停留者显与杜绝，盗之踪迹易明，民之擒捕亦易奋。所患者捕时不辨良莠，或偶误拘之；攻时不分玉石，或偶误掠之，而众情为之嚣然，或疑或沮，不免有所私虑耳。然使误者立与开释，诬者立与讯究，而无庸劣绅蠹役参其间。即有所偏执，有所疏忽，人必共为谅之，民皆相信，盗皆自疑，其势不过操牢半年而告靖矣。

若舍其能自为者，而筹其难自主者，纵有良法，亦同画饼。即如募取精勇，分布各墟，岂非靖余盗之良策哉？然安分之民必不肯为勇，游手之辈必不免生事。常则掠取灯油钱，变则包送行客货。散而处之各墟，其无用与团丁同；聚而归之闲馆，其有害与扒船同，无论经费无出不能行，即经费有出亦不必行也。譬之艰难立家，惟修治田园，约束子弟，申明夏楚，共守藩篱，是则贤父兄有余；若外乞邻人，旁招壮者，执梃以监其子孙，击柝以防其盗窃，必付之一叹而已耳！况呆法既立，流弊必生。当事者恃以无恐，谓"吾有此法，可不复操此心"。倘推迁而去，继事者能奉行勿替乎？故曰：冀其难自主者，不若尽其能自为者，可以对上下而无愧也。愚妄不知事体。谨对。①

象州重修孔子庙碑记

国学乡学，自古有之；先圣先师，亦自古有之。《记》曰："祀先贤于西学。"又曰："祭乐祖于瞽宗。"不知其人为谁。而胄监立孔子庙，则自唐武德年始；州县皆立孔子庙，则自贞观四年始。若前史，所有孔子庙皆不出阙里者耳。韩昌黎有《处州孔子庙碑》，欧阳公有《谷城夫子庙记》，此以庙为主者。曾南丰有《宜黄县学记》，欧阳公又有《吉州学记》，此则以学为主者。宋时州之士满二百人，始得立学；其不满二百人者，仅得立庙。见于王半山所作《慈溪县学记》。盖庙之兴，由学之废也。自古学宫皆立孔庙，后之人遂以孔庙为学宫。问孰为讲堂？孰为横舍？孰为射圃？毋乃觚不觚者乎！

吾州孔子庙旧矣。唐时始建，地在城外。明时拓东城，乃归城内。洪武间，同知李永创建，后毁。正统间，知州何敬重修，后复圮。万历间，知州谢一枫再建。入国朝，康熙四十九年知州张天训、雍正三年知州陆廷光、乾隆十八年知州郭芝、嘉庆□□年知州吴凤来皆相继续修。见于旧志及所作记文。其后递有修补增饰，不及详也。咸丰改元，吾乡多故，□年大盗破城，民屋无一椽，圣庙亦无一壁，弥望皆瓦砾而已耳。

同治三年，荔波王蜀江明府权州事，感庙貌，乃倡议与都人士修建，仅成正殿及明伦堂。已而南海洪小庚刺史至，复为都人士访落乃毕两庑及崇圣祠，于是庙之制复完。有司以献甫为乡人也，属纪其事，因为之题，上仿韩、欧旧例，曰《重修孔子庙碑记》。而圣贤之道何如大，学校之义何如善，所以造就人才，转移风俗者，皆不敢衍说，且无烦衍说也。若《文翁传》中所云"修起学宫"，《韩延寿传》中所云"修治学宫"，《何武传》中所云"先诣学宫"，注以为庠序之舍者，则皆无与云。

庙创始于□□□年，落成于□年，共费缗钱□千□百有奇。董事者候补训

---

① 〔清〕郑献甫：《补学轩文集续刻·散体文》卷一，清同治十一年（1872）桂林杨鸿文堂刻本，第21—24叶。

导廪生石建渠、生员刘元春,例得牵连并书。①

梦琴舸吟剩诗序

今使琴瑟和鸣之后,忽断偏弦;埙篪互奏之初,遽停孤管。此即木石为心,亦未有不闻余韵而低徊,想遗音而踯躅,而况掇拾成编,借彼碎金,贻兹残锦者乎!

《梦琴舸吟剩》者,年家子林师欧遗诗也。以浊世公子为清流俊人,论文奉六一翁以为师,谈诗准《廿四品》而作。则当其轩轩霞举,娓娓风生,徐悱才人配以刘家小妹,慈明淑士佐以荀氏中郎;虽将芜田园,远抛故里;而大好山水,随侍新安。倘王仲宣不以体弱损年,卫洗马惟以神清觅句,则黄金懊恼,白日玲珑,出则金昆玉友之和,有联珠集焉;入则夫唱妇随之乐,有同声歌焉。岂非天上半仙,人间全福哉!而乃左妹先亡,空传香茗;武丘犹在,孤咏小山。其弟玉峰孝廉裒辑抱残,标题掠剩,共得若干首。搜其佳句,为序碧云;乞我小言,代弁素简。余读之不禁泫然曰:悱恻之旨肖其情,恬愉之音出乎境。君性天温厚,才地清华,其中亦郁郁有不自得者。潘黄门《悼亡》之词,不堪卒读;苏玉局"初别"之目,至于屡标。而其《感怀诗》注有云:"骑省之痛,黄垆之伤,十数年间复何心世缘耶?"仲长统之愁难寄天上,张平子之怨尽露篇中。宜其留等豹皮,去同蝉蜕矣。

独余登乡书时,与其祖杏村中宪为齐年;流他乡时,与其父异如太守为执友。而君昆季则皆赴秋试于桂林会城,始识面者也。阅历廿年,哀感三世。前者又为君闺房畏友梁夫人题《昙现诗存》焉。见赐食之北平,兼铭继祖;录答书之徐淑,又序秦嘉。于君家固有文字缘,于我生愈增身世感矣!呜呼!②

制艺杂话

《经义模范》,杨氏所传,论宋人经义也;《作义要诀》,倪氏所辑,论元人经义也。今元人经义不存,惟宋人经义尚在。顾荆公十篇,不过初体;文

---

① 〔清〕郑献甫:《补学轩文集续刻·散体文》卷一,清同治十一年(1872)桂林杨鸿文堂刻本,第38—39叶。
② 〔清〕郑献甫:《补学轩文集续刻·骈体文》卷一,清同治十一年(1872)桂林杨鸿文堂刻本,第3—4叶。

山三首，或疑赝作。其体皆备，其法益详，必以明三百年为准乎？今学者读高头讲章，习新科利器，谬以袭谬，歧之又歧，试问以体制所自，程式奚如？大都不得其解，因相与不求其解，而文于是乎极弊。

年来主讲书院，不免多讲经义，学者皆若罕闻，乃录其闲谈，都为杂话，共得数十则如左。或见而哂曰：古人有诗话，古人亦有文话，经义之体，词人不道，何亦琐琐及此？曰：八比文义理本于注疏，体势仿于律赋，矩度同于古文，体本不卑，作者自卑耳。尝见荆川之会墨，一峰之破题，顾亭林《日知录》言之。东乡之误评，钟陵之佳语，阎百诗《释地续》言之。二君皆博极群书，词掩群雅，不屑为八比文者，而亦论及八比文，然则杂举所见，各言所知，亦何害于道也？又况骈体为文之变，宋王氏有话，倚声为诗之余，近毛氏有话，又何靳于禀承帝制解释圣经者耶？客以为然，遂书为序。时咸丰之五年夏六月二十三日，小谷氏识。

策论取士，多谈功利；诗赋取士，多尚词华。荆公创经义体以救时敝，使之明义理、考典章、贴语气。学者非考究唐之注疏，研寻宋之语录，则必不能解圣贤之言；非浏览唐之律赋，诵习宋之古文，则亦不能代圣贤之言。何则？言之精者为文，注疏之琐碎，必济以律赋之整齐；语录之腐俗，必行以古文之渊雅；而后义理明、典章确、语气肖，其品似在策论、诗赋下，其学实在策论、诗赋上。今学者乃以为至卑而习为至易，无怪乎苟以干禄而无所解也。

《论语》《孟子》列于群经，《大学》《中庸》编于《礼记》。古无所谓四子书，世之称四子书，其始于熙宁以后乎？临川、眉山首创论体，止斋、六安渐开时局。古无所谓八股文，世之称八股文，其始于成化以后乎？自是而四书讲义、八股文章，遂为士大夫之常业。

《韩文公集》有《颜子不贰过论》，《苏文忠集》有《孔子从先进论》，皆是《论语》题，又皆是考试作，正与今应试作制艺者相类。特未尝用口气，未尝摹神吻，未尝拘比偶，未尝装破题，未尝作大结，故虽科举之文，法尚疏而体尚古。至时文出而局以一定格式，加以一切禁忌流弊，遂为古文家所切诟。

唐赋起，或整练八字，或对练两语，即今破题所本也。结处或借颂时事，或别抒己意，即今大结所本也。中间不用论断者必顺叙口气，如王棨《沛父老留汉高祖赋》，即作父老语；宋言《渔父辞剑赋》，即作渔父语，即今用口气所本也。前后用己意论断，所以验其学识；中间用口气代言，所以征其义蕴。万历以后，八比就衰，士或借以行私，于是禁用大结，而又仍用破题。天下事有头无尾，而国运随之矣。今学者试问"以通篇皆代人言，何以起头必作己语"？皆不能对。又问"以破题或作对句，何以押脚必用虚字"？亦不能对。盖天下之以讹传讹久矣。今唐荆川、归熙甫、陈大士、黄陶庵集中，破题犹有存古者，大结犹有未删者，学者曷取而考之？

文以散为古，骈即不古矣；文以奇为变，偶即不变矣。顾亦不尽然。韩文公《原毁》篇，前后皆作二整比；白香山《动静交相养赋》，通篇乃似十数小比；而柳子《贺王参元失火书》，前叠三句，以后即作三层递讲；苏老泉《史论》，前立四柱，以后即分四段发挥；韩文公《原性》亦前列三等，以后即将三意申明。文何尝不古？格何尝不变？时文之用对偶，盖本此也。试读荆川《季氏将伐颛臾》一章文，及尤瑛《寡人之于国也》一章文，尤为分明学古者。

古文一气舒卷，不容画段；律赋八韵发挥，故须画段。然画之使逐段分明，非画之使逐段横决也。今观白香山《汉高祖斩白蛇赋》、元微之《兵部观马射赋》等篇，虽八韵发挥，何尝不一气舒卷。若牧之《阿房宫》、欧公《秋声》、东坡《赤壁》本是文赋，不是律赋，其通体流走又勿论矣。今之时文，即古之律赋，例应点句，又例应勾股，所以便冬烘者之阅耳。而学者若一经画断，遂两不相顾。其稍知前中后之法者，亦不过勿令颠倒，未尝自成运掉。如作传奇者每唱曲一套，即道白数句以为出落通气，其去夫丑末能有几哉？

言之不已，又长言之，其衍为一篇，即古文之法也；言之已明，又重言之，其裁作二偶，即律赋法也。譬如《听秋虫赋》以闻虫之人分发，《曲江池赋》以游池之时分发，起句以此一层立柱，以下即贴此一层取义，未有率尔出之，而意无分别，词可互换者，恶睹近日合掌陋套乎？荆川自言平生得法只是开合，大士自言平生得力只在分股。盖天下之物，无独有偶，人心之灵，举单见双,必出比一字不敢轻,而后对比一字不敢苟。如诗句然,"暮蝉不可听,落叶岂堪闻",上二字分对,下三字不合掌乎?"蝉噪林逾静,鸟鸣山更幽",论其词亦分对,论其意不合掌乎?解此则于文必严矣。

时文之题,不外"四书";时文之人,必博群书。否则断无是处。今学者动谓"十三经""廿一史"何与此事?特诗古文家借以见才耳。然试问《关雎》合乐,执圭聘礼,不考《仪礼》,能动一字乎?庶人在官,八家同井,不考《周礼》,能动一字乎?又况周、召二南国见《汲冢书》,淇、澳二水名见《博物志》。世之论地理者或略焉。"灭明故有父",见《左传》文;"子思必有兄",见《檀弓》语。世之考人物者或骇焉。他如颜渊"度觳"之仁,曾子"架羊"之义,仲弓"含泽"之谚,冉耕《芣苢》之歌,杂见诸书,尤难枚举。而欲以固陋之学,阐发圣言,推求古典,如明人"宗庙之礼"二句,题文谓:"昭之子孙在左,穆之子孙在右",而不知死者之昭穆以左右分,生者之昭穆不以左右分,是不熟《礼记》也。"君召使摈"一节,题文谓"拜宾时视与手俱下,宾之顾不顾,在所不敢知,故待复命",而不知本有"宾升车不顾,摈送宾复命"之文,是不熟《仪礼》也。读之皆令人笑来。是古欲以经义明经,今反以经义蔑经矣。

时文之题,必宗一说;时文之理,必考众说。否亦不知是处。古论、鲁论,字既多异;汉注、宋注,解亦不同。以义门何氏批《困学纪闻》,而于"射不主皮"节,马注不了其义;惕庵张氏作《翼注论文》,而引道"千乘之国"节,何注不得其句。又况琐末余子耶!故不观古本《大学》,不知今本《大学》纲目之分明也;不观何晏《集解》,不知朱子《集注》义理之精深也。至于赵岐古注,多有删节;宣公正义,皆属伪托。即称习"四书"之文,亦宜考"四书"之本。

实字研义理,虚字审精神,此看书法也;虚处起楼台,实处开洞壑,此作文法也。虚处认得不真,实处必说得不透。故曰"理贵踏实"。何以神必摹虚耶?曰:子不见明人之作文,子亦见宋人之注书乎?如"自诚明谓之性,自明诚谓之教","之"字在"谓"字下易解也;"天命之谓性,率性之谓道,修道之谓教","之"字在"谓"字上难解矣。朱子注云"盖人知己之有性，而不知其出于天；知事之有道，而不知其由于性；知圣人之有教，而不知其因吾之所固有者裁之也"。"之""谓"虚字既分明，本节实义益透。辟若如今人囫囵读书，似"谓""之"二字亦同"之""谓"二字，则岂有一言之当乎？又如"回也非助我者也，于吾言无所不说"，本是赞赏而乃加以指斥，得注中"喜憾"字则了然；"由也升堂矣，未入于室也"，本当推崇，乃反贬抑，得注中"特耳"字则豁然。此皆摹虚为踏实之证也。作文何独不然？

神理之切泛，由临时之体贴；义蕴之浅深，则由平日之讲求。胸中本无一物，而腕下欲作千言，非剿袭陈言，即敷衍俗意耳。然其功在多读古书，其效即在精研《集注》。若《孟子》"有不虞之誉，有求全之毁"节，说此二句似无谓，故作此二句多牢骚。注中填实本旨曰：言自修者勿以是为忧喜，观人者勿以是为进退。解此则下笔有主矣。又《论语》"吾日三省吾身"节，自检三件何所益？故说此三句殊少味。注中补实其功曰"有则改之，无则加勉"。解此则立言有归矣。又如"子路志在车裘，颜渊志在善劳，夫子志在安怀"，各执一词，殊不一类，作文便如满屋散钱。注中揭出本义曰"子路求仁，颜渊不违仁，夫子安仁"。便觉滴滴归源，层层入细。若不解此义，第一节只似侠士，第二节只似善人，其与夫子所言三句皆不相入，理既粗而文亦谬矣！

文之实理既得，文之虚神又得，则可以练意矣。然将欲练意，必先练识。识者不离文字之中，而又不滞于语言之下者也。即如陈中子、方百川俱有"吾犹及"一节题文，而方之识高于陈，一破题外余地，一得文表纤旨也。韩慕庐、焦此木俱有"事齐乎"二句题文，而焦之识高于韩，一将"乎"字作商量语，一将"乎"字作危迫语也。曹蛾雪、方朴山俱有"王自以为与周公"一句题文，而方之识高于曹，一前路徐衬周公，一讲下突出周公也。识既独到，意即判然。如鸿鹄举于碧落，尽见山川；如渔父入于桃源，别有天地。此为第一义谛，知练意，则可以言练局矣。

将欲练局，必先练势。势者，死活所分也。譬之相地者，某处来龙，某处过脉，某处结穴，非不井井成局，然或四平无势，则一路直泻矣。又譬之作室者，某为外门，某为中厅，某为内奥，非不罗罗成局，然或四布无势，则一览径尽矣。故均之叙意，或顺或逆，必相其机；均之出题，而或缓或急，必尽其致；均之顾母，而或明或暗，必循其格。皆所以布势也，即所以布局也。或请举其似，曰：如张太岳"先进于礼乐"一章文，小讲收句云"吾方忧其弊而莫之救也"，得此一呼，其势百倍；下面出"君子也，小人也，皆有力矣"，赵侪鹤"名不正"一节，小讲收句云"子以我之正名为迂也，岂以名不正而可以为政乎"，得此一拍，其势百倍；下面出数"不"字，皆有神矣；又如叶自端"生而知之者上也"一节题文，小讲下突接句云"借曰不学，则必生而知之者而后可也"，紧练得四字，便呼得一篇，其势全重"学"字，而"徐作"上数句，皆无一呆语，此皆势之分明如画者，知练局则又知练笔矣。将欲练笔，尤当先练气。气者，所以敛吾笔、纵吾笔、抑吾笔、扬吾笔、顿吾笔、宕吾笔者也。顾气之横奇近阳，如水出峡，如火燎原，如龙行空，如虎步野，势不可当，而起伏出没，又不可测。气之疏鬯近阴，如松吟风，如桐过雨，如雁度塞，如鱼乘流，势无所滞，而婉曲跌宕，又无所轶。是以驰骤而不病其泛驾，结练而不病其循墙。若气不能横奇而笔貌为横奇，气不能疏鬯而笔欲为疏鬯，其粗者必野，其弱者必促。跛骡行路，三起三蹶，不离故处；寒士乞怜，半吐半吞，依然此语，则有令人不能耐者矣。

　　今论文者传"起""承""转""合"四字，不知始于何时，犹作论者传"理""弊""功""效"四字，亦不知始于何人。要之，皆极不可训，而又断不可行者也。如神龙行空，攫拿夭矫，岂有呆步？如大将置阵，作坐进退，岂有定方？文不过首尾欲成龙而已，不过方圆欲成阵而已。是故有起而又起，承而又承者；又有转而不转，合而不合者；又有当承反起，当合反转者。今若教人以起则要承，承则要转，转则要合，必至心机呆滞，手法平衍，而到死无一笔出奇矣。且以此四字论全篇犹可，以此四字作小讲则大谬。吾尝举赵侪鹤"齐人有一妻一妾"一节题，小讲云"慎名检者，不以饮食为细；畏清议者，不以妻妾为愚"，无若齐人。然此讲道理至足，题义至完，试问起、承、转、合何在？总之，文妙只擒、纵、离、合、断、续数字耳。然将欲纵之必先擒之，则以后可以即擒，亦可以不擒而纵之，愈见其奇；将欲离之必先合之，则以后可以即合，亦可以不合而离之，愈见其妙；将欲断之必先续之，则以后可以即续，亦可以不续而断之，愈见其连。否则，当其纵之、离之、断之之时，已漫无擒之、合之、续之之势，必且举足不敢违，敛手不敢放，安得纵横如意，控制由我，周流于九天九地而无滞哉！

　　截搭之题，前人不作；吊挽之法，前人亦无。惟隆、万间，时无英雄，文有魔道，乃有游戏如此者。然不过见题之起止，还题之偏全而已，未尝有吊字、挽字恶法也。宋时子朱子已极言割截之妖，国朝陆稼书亦详论截搭之谬，不意至近日而盛行。余以为好出截搭题，其人目力必昏，盖恐人以抄袭相眩，故妄以为成文必少，而不知已无所禀以为准矣。好为吊挽文，其人心地必坏，盖专以诞妄为事，故窃自喜，顷刻必成，而不知已无其理而取闹矣。余尝见有作《景公说》出至"畜君何尤"题者，前路吊"尤"字不得，吊"畜"字又不得，竟有不能下笔者。又尝出"齐饥至是为冯妇也"题，前路吊"冯"字不得，吊"妇"字又不得，竟有相率来问者。噫！谬种之流传，乃至此乎！

　　作文无他谬巧，切题而已；切题无他谬巧，相题而已。然其中有断不可忽，而人皆不能悉者，请为约略言之。如"未入于室也"题，不得于题中漏却"由也升堂"句，此人所知也；至不得于题后找补"由也升堂"句，则人不知矣。"前言戏之耳"题，不得于题中脱却"偃之言是也"句，人所知也；至不得于题后找补"偃之言是也"句，则人不知矣。岂知语有先后，则词有次第，岂容倒置不顾耶？又如"其不善者恶之"题，"其"字跟上句，来不得再加"不如"两字。"如之何者"题，"者"字合上句顿，不得又加"不曰"两字。又如"民之归仁也"三句题，分发下两句，必不可分顶上一句，否则多添一"民之归仁也"句矣。"离娄之明"四句题，分点上二句，必不可分带下二句，否则多添一"不以规矩不能成方圆"句矣。又如"君子不重则不威"四节，"敬事而信"五事，上文无派定数目，许其合并侧重。若"三畏""五美""九思"等题，上文已派定数目，则断不许合并侧重。"怪力乱神"四字，"文行忠信"四字，下文无总结语言，许其后半合发；若"刚毅木讷""诗书执礼"等句，下文另有总结语言，则断不许其后半合发。此皆近人所讹谬而不思者，聊为举一可以反三。

题苟有上文则必领上文，盖语气来路在此也。然有可领者，有不可领者。今人无论语气何如，讲下必用"如吾言"云云，或用"则""岂""但"云云，习为固然，视为当然，而不知已说下一句，又追说上一句，最为颠倒无理。如作"有朋自远方来"一节，小讲下忽接曰"如为学者岂但说于己而已哉"；作"在亲民"一句，小讲下忽接曰"如入学者岂但明明德而已哉"。理未尝不可通，而语已不相串矣。然则宜何如？曰"前人于题之各自为说者即各自立意"，更不领上文，钱鹤滩作"迩之事父"二句，金正希作"节用而爱人"一句是也。若相承为说者即相因立意，须先说上文，如季彭山作"与国人交"二句，崔东洲作"我则异于是"二句是也。然莫妙于小讲起头，先承明若昔夫子论某某而及此，及贤者述某某而及此，最为古法，可以立式。次则于小讲起笔领题，而于收笔扣题，如钱鹤滩"王顾左右而言他"篇，小讲云"孟子忧齐治之不振，冀宣王之改图"，故先以二事发之，而及"四境之不治欲王反求诸身也"。又王守溪"瞻之在前"二句题，小讲云"想其发叹曰：夫子之道高矣、坚矣，而义极其妙焉"。各以末句紧拍本题，笼起全局，而接处更不必另承。又次，则于小讲中承盖而消纳之，若王房仲在"邦无怨"二句题，小讲云"世之论仁者直以仁为心，德则止于事心矣，而卒未始遗事也；直以为仁由己则止于成己矣，而未尝不兼万物也"。暗承上"敬恕"两层。又叶永溪"君子无终食之间违仁"一节题，小讲云"且夫至无间者仁之体，而至不容间者体仁之功，一取舍必于是焉，固仁也必取舍而后于是焉，其去仁亦多矣"。明承上"去处"两段。又其次，则于小讲起笔径自擒题，而于收笔虚涵领题，如茅鹿门"管氏而知礼"二句题，小讲云"盖曰礼也者所以治上下，经家国，此固为人臣者所以自将，而亦君子之所不敢轻以与人者也"。下即分顶"树塞""反坫"两层，而各冠以"管氏侯大夫也"句。又顾泾阳"行有余力"二句题，小讲云"若曰夫弟子语其所存，固在未雕未琢之天，语其所趋，又在可善可恶之介，故其心不可使之一息而无所用也。"下即承上"孝、弟、谨、信"数层，而总承"以其理无穷，终身行之而不尽也"句，既不突接，又不另起，皆作法之至善者也！

题苟有下文，又当落下文，盖语气结局在此也。然如"小子何莫学夫诗"

一章，出前数句则落处可用"然犹不止此"等语。王之臣有"托其妻子而之楚游者"一章，出到二节则落处可用"然此其小焉者也"等语，其他苟非趋到下文，即不必强落下文，只还本题语意足矣。若结在下文，而截去下文，上面有数层说下者。如作"月无忘其所能"题，落处非并"日知其所无"句，断不可直落"可谓好学也已"。作"敬鬼神而远之"题，落处非并"务民之义"句，断不能落"可谓知矣"。今皆以讹传讹而不考。又有前面不点题句，而落处始出题句者，必相其语气，审其文势，可如此，乃如此。若韩长洲"诗云经始灵台"篇，只全出诗词，故其末全点诗词，不必更赘一语可也。往有作"诗云迨天之未阴雨"至"孔子曰为此诗者其知道乎"题者，一妄人亦仿韩长洲所作前式，于落处全出题，则笑柄矣！此亦不可不知。

　　领题固有法，落题固有法，中间出题尤有法。如陈大士"人之有德慧术智者"一节，讲下直承末句"去"字说入全题，曰"去疢疾则将去德慧乎？去疢疾则将去术智乎？无慧而德愚，无智而术拙，无疢疾而德无慧，术无智"数语，将题之累赘字，翻作文之奇突笔，此法之奇者也！金正希"夫子温良恭俭让以得之"一句，讲下亦承末句，逼出全题，曰"则尝于宾主相见之时，而观其感应不爽之机，其愿得奉教君子而就正有道者，非邦君之能与，而邦君之不能不与也，夫子殆温良恭俭让以得之者也"，将题之想象语为文之提唱势，此亦法之变者也。又尝见吴櫹有"譬如为山"一节题，通篇全注两"吾"字，而通篇不出两"吾"字，直至末乃点"夫"，而后恍然自悟曰"是吾之责也夫，是吾之责也夫"，譬如画龙点睛。又张标有"所谓立之斯立"四句题，通篇皆摹"所谓"字，而通篇亦不出"所谓"字，直至末乃点"夫"，而后罜然高望曰"其殆谓吾夫子欤，其殆谓吾夫子欤"，法亦新。又有必当衬以他语乃能醒出本句者，否则累说不得了然。如"虽闭户可也"题，上面必要顿"岂但发不必被，冠不必缨，而无害为可哉"，而后"虽"字、"也"字始出。"犹为弃井也"题，上面必要衬"岂但未尝试掘及未能深掘之为弃哉"，而后"犹"字、"也"字乃出。又有本句顿得不足，又要帮句衬之始足者。如金正希"然后敢入"篇，其收"然后"字曰"盖至于驱车直入，而精神已大费踌躇矣"，可谓妙绝。李祖慰"翔而后集"篇，仿之作"而后"字曰"盖至于敛翼而集，而精神已大费踌躇矣"，亦可谓妙绝，乃复为衬一句以足之，曰"而不然者，则无宁矫翅而飞也"，更觉精警透题，此亦不可不知。

或曰：人有已知相题、已知行文，而局苦呆，笔苦直，则何也？曰：此虽关乎天姿，亦可挽以人力，在乎善用反、正、起、结数字而已。譬如前一股反说，对一股正说，此必笨极，不能成文；巧者将反意置前为两偶，将正意置后为两偶，则中间有波折，有过渡，有夹缝，其妙不穷矣，局安得呆耶？又如反笔作起，正笔作结，此笔顺下不能成文；巧者将两起割之为两偶，将两结割之为两偶，则承接无横决，无平衍，无支诎，其病悉去矣，笔安得直耶？非但此也，即如题义当兼两说，文义必兼举两说，若呆为对偶即少味矣。程子解"居敬而行简"，谓"居敬而所行自简"，"而"字无转湾；朱子解"居敬而行简"，则谓"居敬而所行又当简"，"而"字有转湾。方朴山作此二句题文，竟用程子之说在前为立案作二股，别用朱子之说为断案作二股，而中间跌出"而"字，重波叠浪，生出文机，通篇精神俱旺。如李光弼入郭子仪军，刁斗森严，旌旗变色，令人耳目改观，尤为巧绝，可以医俗耳！义理既富，法度又精，气体尤不可不辨。天下怪之病可医，俗之病不可医；涩之病可治，滑之病不可治。李贺之诗，刘蜕之文，可谓怪矣，而后世钦为至宝；孟郊之诗，宗师之文，可谓涩矣，而当时见赏巨公。若学者诵习皆许浑诗、李远赋，必入圆熟一派；起手即谈长庆体、《剑南集》，必入平畅一派，而一切俗与滑之病出矣。时文何独不然？故论者于海刚峰之不入绳墨，诸理斋之不事修饰，章云李之不循寻常，皆不敢有所贬。而圆美如瞿昆湖，和平如孙月峰，或不足焉，正谓此耳。譬之仙人、侠客、癖士、枯禅，装束迥与人殊，性气又与人别，而入坐落落自喜，至老于世故者，衣冠言动，毫无圭角，然自有一种说不出可厌处。

有降就时文之格，而纡回震荡，纯是古文之神者，前则归震川、周莱峰诸人，后则黄陶庵、陈卧子诸人也；有尽变古文之貌而谨密微至，独造时文之极者，前则王守溪、钱鹤滩诸人，后则徐思旷、罗文止诸人也；有尽得古文之精而清奇深厚，特辟时文之径者，前则唐荆川，后则金正希诸人也；有专工时文之法而淡远流逸，间存古文之味者，前则茅鹿门，后则艾千子诸人也；其有不似古文，不似时文，而自为至文者，前则嵇川南、张小越，后则陈大士、章大力诸人也。学者各就其性之所近，而求其学之所入，必有独至处。制艺之推明，犹诗赋之推唐，与策论之推宋，取其工而多者言，非但出彼时，即为佳制也。故许钟斗之文，望溪讥其俗；陆治斋之文，桐川谓其尽；董思白之文，吾亦嫌其圆。他若胡思泉、郝敬舆过于平实，万二愚、张鲁叟过于刻削；邓定宇、钱季梁，亦无甚可喜处。但其人皆有学，故其文皆可传。若项水心之徒流为尖巧，谭友夏之徒流为纤仄，陈眉公之徒流为游戏，此则断不可法者。何则？时文之魔生，而古文之气尽也。

国初诸老谈诗，颇讲格调；至乾隆间俗士作文，亦讲声调。此则明三百年所无者。嗟乎！圣贤之文字，亦圣贤之语言耳。有此意直作此语，而必抑扬其声，如优人登场，帮字裁句，唱出恶剧。有此言自用此字，而必涂饰其句，如记室作启，凫趋燕贺，填尽恶腻。天下不读书者流遂谓时文别有一种面子，亦别有一样腔子，而此道乃为丑末之余技。西泠诸子，南纪名流，如吴颉云、秦剑泉、吴并山等，得不为作俑者所借口乎？善论诗者不必皆工作诗，严沧浪是也；工作诗者未必皆善论诗，谢茂秦是也。时文亦然。前朝韩求仲、汤霍林、艾千子、钱吉士，最善谈文，尤工选文，而所自作，亦未见过人；国朝俞宁世、何义门、王己山，亦善谈文，亦工选文，而所自作，均未有过人。岂眼光太细，手法太慎，遂无以自尽其才欤？然今世流传选本，惟俞宁世百二十家最妥协，次则蔡芳三之三十家亦清慎，又次则刘芙初之《八家文钞》犹近理，其余皆当从火者耳！夫文不窥全集无以知其造诣，而此虽不全具家集，尚可略见家数，故足尚也。若各出意见，各采精华，必多不得其真。彼义门之《小题行远集》，己山之《八集塾抄》，文不尽善，论皆入妙。至《钦定四书文选》，杂出茅钝叟、周白民诸人手，间有非望溪本旨处，然曾经望溪操选政，终与坊本有殊。学者第看此数种，而无惑于他歧，庶不致迷其途耳。

场屋之文，谓之墨卷；平素之作，谓之房稿；而成体之文，又谓之名家。虽异其名，非异其制也。名手场屋之文，无异平素之文，即其正大光明处，安得所谓墨腔与所谓墨派耶？今人奉乡、会试墨卷为场屋中程式，若必如此而后可，殊不知明三百年来，数十家内所有中式文皆在，则皆墨卷也，亦皆名家也。而不学者乃划定鸿沟，甘为雉窜，苟语以王、钱、瞿、唐之文，及章、罗、陈、艾之作，则必震惊不顾。岂识明时凡有能者无不得第，尤能者更无不得元，王守溪、钱鹤滩、瞿昆湖、罗一峰、唐荆川、章枫山、邹东廓，皆元也。而上有太岳，下有邓黄；上有华亭，下有陶董。作者如射有的，取者如磁引针，致为古今佳话。高文安有不遇？高文而不遇，则命也。万历时有王房仲，天启时有徐思旷，然文如二公，即不遇，何损于二公哉！夫文本不以得失论，即以得失论，而得者如彼其常，失者如此其偶，人亦可以自决矣。

文判于所学，尤判于所志。志在实学者，必恐以揣摩陋其意；志在虚名者，必恐以服古妨其功。两者常互讥而未已。殊不知富贵功名，关乎命者也；言行文章，由于学者也。尽吾学以顺吾命，倘其得则两得也；荒吾学以幸吾命，倘其失则两失也。学者此志不先定，则诱于势利，惊于速成，终身不能自立。文征其学，亦征其品。读方孟旋文，知其为孝子；读左萝石文，知其为忠臣；读赵侪鹤文，知其有风节；读汤若士文，知其有风流。故文者，挟吾之性术、精神、气度而出之者也。文中无实际是为浮，中无真际是为伪。彼言与行乖，文与人左者，非特其人不佳，即其文亦不佳，第不得有具眼者为之鉴耳。

余论文以此终，请为文者以此始，庶不致迷其本。①

守三诗草序

安如赵君官灌阳博士，甲寅以试事至桂林。示我诗一卷，有《题范户曹砖诗》，与鄙作五古同意，因劝存五古前作而删其律。君以为然，因得僭阅，恨不得小吏遍抄之。然君静者也，其诗亦静者也。世人纷纭争利，喧呶争名，视之若未尝见者，宜其心独清，其气独恬已。每观前代作者诗集中半属名公巨卿，而并非贱士，元周权是也。诗集中无一达官贵人，而亦非鄙儒，唐王建是也。君交游不乏，乃远避热路，而与献甫相商冷局，读其集者亦以是观之。②

---

① 〔清〕郑献甫：《制艺杂话》，清同治十年（1871）黔南臬署刻本，第1—18叶。
② 李文雄修，陈必明纂：《龙津县志》第九编，民国三十五年（1946）修纂，广西壮族自治区档案馆1960年铅印本，第181页。

朱 琦

朱琦(1803—1861),字濂甫,亦字敬庵,号伯韩,临桂(今属广西壮族自治区桂林市)人。清道光十一年(1831)乡试第一,十五年(1835)中进士,选翰林院庶吉士,散馆授编修,历任给事中、福建道监察御史等职,期间常上疏论天下利病,切直敢言,为"谏垣三直"之一。二十六年(1846)辞官回桂林,先任秀峰书院山长,之后到桂山(孝廉)书院执教。清咸丰元年(1851)太平军兴,朱琦归里办团练,叙功,奖道员,候选,再入京师。十一年(1861)总理杭州团练局。太平军攻杭州,朱琦督守清波门,城陷而死。

朱琦诗文具有气节耿亮、识度恢弘的特征。他曾在秀峰书院师从吕璜,后入京跟随"姚门四弟子"之一的梅曾亮学习。朱琦是晚清广西文坛的主将,时人对其作品评价较高,如"雄直苍劲之气,实与汉人为表里""合杜、韩为一手""表扬伟烈,慨想清芬。力主风骚,心殷家国"等。梅曾亮也称赏他"学韩而自开异境""下笔老重"。李任仁编写《广西乡贤遗著》称"清道、咸间,粤西诗人,论者必首桂林朱伯韩先生。方是时,寿阳祁氏、歙县程氏、湘乡曾氏,倡杜、韩、苏、黄诗,一时俊彦多出其门下。伯韩六辔在握,与之齐足并驰,身更丧乱,所作类多悲悯人天,有杜陵诗史之目"。杨传第在给其诗集写序时,称"先生于文学桐城,能自以才力充招之,故常沛然有余于所为之文之外。诗则浑雄,不立纲宗,而自成体势"。

朱琦著作,有清咸丰七年(1857)刻《怡志堂诗初编》八卷,清同治四年(1865)运甓轩刻《怡志堂文初编》六卷。上海古籍出版社2010年出版的《清代诗文集汇编》第613册收此二书。清光绪二十四年(1898)刊刻的《粤西五家文钞》,收录有《怡志堂文初编》。燕山出版社2019年出版的《桐城派文集丛刊》第273册,亦收有朱琦的这两部作品。清张凯嵩所编的《榕湖十子诗钞》亦收有朱琦《怡志堂诗初集》,广西师范大学出版社于2012年影印出版此书。

闻吕先生论文有述

文字无今昔，六经为根荄。夫子抱遗篇，狂简慎所裁。讲席秀峰尊，百史能兼赅。吾粤文献考，家法推东莱。二陈去已远，苍梧亦辽哉。最病士疏陋，荒俗难挽回。绝学屡兴叹，百年待奇才。丹铅老不疲，旧书读百回。初时自浙归，颜鬓犹未颓。高筑万卷楼，啸歌城西隈。后稍移南郭，花竹傍檐栽。弟子逡逡进，白发笑口开。论道有绳尺，举酒方欢咍。指谓旧师友，徜徉不我猜。初月照高炯，乃自桐城来。义法守方姚，无异管与梅。示我震川文，有若饮醪醅。元气自开阖，众妙归胚胎。废兴虽百变，真意无隔阂。忆昔束发初，执卷心忽摧。每恨古人远，津逮难沿洄。岂期生并世，几席获追陪。勖以坚操履，闭门绝梯媒。①

咏古十首

子寿抱金镜，风度孰可方。执法诛禄儿，乱源思预防。时危道不直，白羽为悲伤。丹橘委岁寒，孤桐懔秋霜。郁郁《感遇诗》，哀然冠三唐。陵轹务高蹈，并驾独子昂。岭峤有正声，千载永相望。

杜陵有遗老，乃是稷契人。致君必尧舜，风俗可再淳。广厦构万间，所谋非一身。望帝托杜鹃，感愤悲填膺。煌煌《三大礼》，郊庙实式凭。惜哉老布衣，仅以诗人称。

昌黎好荐士，如饥渴饮食。同时郊岛辈，槁饿待扶植。绍述虽异趋，推毂一何亟。古人性情厚，持论少奚刻。嗜善非为名，义在求自得。李杜去未远，追逐无遗力。爱古不薄今，掩卷为太息。

少时学为诗，酷嗜《秦中吟》。乐府百余篇，梦寐相追寻。风骚义少劣，汉魏实浸淫。元相昔并称，筝琶异青琴。纷纷牛李党，倾轧争崎嵚。公独务恬退，抱道甘陆沉。出处两不愧，终始无异心。老妪奚足云，语浅意自深。

时俗竞豪宕，澹语每不喜。栗里寂无人，苏州乃继起。即事乐名教，孤赏涤尘滓。林樾蔼已绿，洄塘泛春水。郡阁时无事，群彦盛文史。风雨海上来，燕寝抱深耻。眷言归西斋，养疴卧田里。百年老且寿，陶然味兹理。

---

① 〔清〕朱琦：《怡志堂诗初编》卷二，清咸丰七年（1857）刻本，第13—14叶。

我家榕城西，畛壤接柳州。柳候昔谪此，罗池怀旧游。蛮荒地若瘠，子女声咿嚘。质钱没奴婢，獠俗变浇偷。蛟龙屈冉溪，云雨兴遐陬。岂惟雄文章，政事一何优。独惜少年时，锐进昧始谋。三复孟容书，才人为涕流。

　　岷江奔激湍，大峨陟飞磴。子瞻本诗老，笠屐快游兴。忆昔绍圣初，群奸方酖政。磨蝎何多厄，恃此道力定。四海一子由，相倚若性命。晚偕幼子过，儋耳造幽夐。艰难自著书，和陶以天胜。

　　宋诗从韩出，欧梅颇深造。荆公独峭折，硬语自陵踔。诗教根性情，观人殊静躁。湖阴坐吟赏，于我亦私好。文字岂能废，经世末知要。兵论无一谐，画虎微含诮。禹稷读何书？望古发悲啸。

　　涪翁内外编，锐意药甜熟。明月作寒鉴，高咏齐玉局。江梅证气味，《演雅》寓感触。平生奉母心，友爱性敦笃。作堂名怡偲，结寮傍槁木。西风吹樊道，泪洒古藤绿。忧国挺大节，如公信不俗。

　　晦庵昔论诗，南渡首放翁。万树寒梅花，团扇夸吴中。壮年志功业，边雪凄朔风。中原误和议，仗剑思从戎。斗酒换西凉，一笑千觞空。南园偶作记，规讽何从容。凄凉绵州诗，异代符孤忠。①

论诗五绝句

希圣何人更起衰，身尊稷契道宁卑。试看李杜光芒在，不用雕镌出小诗。
古人难到嫌才弱，陵跨前贤气太粗。用法须窥法外意，汉唐一脉本同符。
韩生画马真如马，永叔学韩不袭韩。面目各存神理得，惊人犹易惬心难。
愈少可珍思汉魏，虽多奚补远风骚。我知圣处真难到，虚掷黄金亦太劳。
汉庭老吏当参取，宋史遗编肯博收。既说苏黄诗已尽，如何沧海又横流？②

郑小谷

　　郑子在谷口，散发作隐沦。西曹早挂冠，五十而多闻。气压三万签，肠撑五千文。谈经专讲席，说诗少替人。好奇自一癖，别欲张其军。沧海方横流，妙语百态新。我懒无斗志，迹异心转亲。飞鸟欢同林，流水欢同源。不

---

① 〔清〕朱琦：《怡志堂诗初编》卷二，清咸丰七年（1857）刻本，第2—3叶。
② 同上书，卷六，第9—10叶。

读老释书，不喜儒家言。荒宴托鬼仙，芙蓉城岂真。相如实病渴，眉公汝前身。百怪搅诗肠，僻性未可驯。辱赠夸绣衣，七字气益振。扰扰粤天末，南溟有潜鳞。①

象山讲堂

一塔荆门峙，千秋祠宇新。象山非异学，朱子有争臣。无极何容说，阳明独契真。何时扫精舍，双洞绝纤尘。②

答友人论诗

周诗三百十一篇，曾经圣手难为言。鲁齐诸家守师说，卜氏绝学毛公笺。篇删其章句删字，侈称古诗有三千。郑卫淫风尚不削，肯安褊迫裂歌弦。秦人摧烧妄立石，老儒已死阙不传。尚余《离骚》二十五，圣处已到日月悬。汉初乐歌颇近质，苏李扬马导其前。熟精《文选》抒妙理，《玉台新咏》别为妍。高文要得建安骨，探道始识渊明贤。大谢小谢并清发，鲍庾藻思何翩翩。三唐两宋面貌异，善学能变神则全。轻薄猎华盗名誉，自元讫明犹蹄筌。我家曝书八万卷，犹病音学不贯穿。古声淡泊味者少，自提一律归精坚。平生宗法有数子，李杜韩白苏黄元。此外诸家间参取，渔洋老笔亲排编。五字七字各正变，割置连璧无乃偏。归愚别裁见自别，北平河间稍便便。贬斥李何亦太过，不如惜抱持论平。后生晚出悦袁赵，狂流东下奔百川。竞摘苕翠媚俗眼，难追汗漫遗羲鞭。孤生单闻岂云挽，和者寝众纷高骞。北行苦寒濡冻颖，老马识途私自怜。悲歌慷慨询旧俗，往往真气出幽燕。肺肝槎丫不可遏，俯仰今昔心茫然。胡鸣不平逞雄骜，吾读《天问》解以天。③

题龙皡臣诗稿

古音去人远，独嗜无与亲。之子挟瑶瑟，三叹为我陈。惊流无回波，倾輲少完轮。四顾积冰雪，寸抱生古春。养之渊静中，霭然还温淳。塞劣岂异趋，

---

① 〔清〕朱琦：《怡志堂诗初编》卷七，清咸丰七年（1857）刻本，第6—7叶。
② 同上书，卷七，第16叶。
③ 同上书，卷七，第22—23叶。

听曲稍识真。繁音怍众蚓，百悔丛微身。终焉涤尘鞅，逸志希道邻。远盼葛天前，甘为陇亩民。①

再题翰臣书后次前韵（书自姑苏来）

客邸天寒方念子，江边雁至是新年。路经短簿祠前月，笔写仙坛石上烟。别后诗篇真劲敌，旧时文字压时贤。固知痒处爬难到，笑说方平不妄鞭。②

偶述

吾友善论学，语我心有天。乍闻惊创获，细思得其源。我方读《尚书》，慨想三古前。知人能官人，安民邦乃安。当时君臣际，亲若朋友然。质直无面从，慎之一话言。聪明必自民，命讨不敢专。事事有天在，万虑救几先。禹拜皋孜孜，难窥圣心渊。夏商当大竞，九德精用权。周公独知之，吐哺勤下贤。明告孺子王，载之立政篇。吁俊尊上帝，此语万古传。后来英杰人，识此拯时艰。得半已足霸，矧能用之全。自从汉魏来，任法以防奸。九品与中正，考课不惮烦。唐后用科目，试士法相沿。铨选委吏胥，贿赂构弊端。虽有救时宰，破格良独难。采名易滋伪，蹈常差免愆。宰相用读书，稍可济其偏。守官如守道，道明斯能官。黜陟操政本，元化隐转旋。兹言非迂疏，吾友信且坚。更当颛讨论，汲汲相磨研。异时侍讲读，倘可陈经筵。③

李竹朋诗序

吾同年友李君竹朋，自翰林出守闽之汀州，谒归，就养京师，以山水文籍自娱，尤好金石碑版书画，能鉴别古今真赝，不差累黍。暇时出所著诗文集及试帖示余，且曰："诗者性情所为，虽技之小者，人不能强也。吾与子趋尚合矣，而所诣则异。子之诗纵横奇宕，不名一格，而或轶法度之外，吾诗守绳尺，不轻下一字，亦时有入微妙处。"

余笑曰："然。人所禀有刚有柔者，天生也；其资乎学以救偏而增美者，人也。人事极，则天机自与之相应。其不相应者，必毗于刚与柔，即美矣，而

---

① 〔清〕朱琦：《怡志堂诗初编》卷八，清咸丰七年（1857）刻本，第14—15叶。
② 同上书，卷八，第16—17叶。
③ 同上书，卷八，第24—25叶。

非其美之至。且吾闻性情本也，文字末也。古人为诗文，多自道性情，而不徒以文字。虽在千百世上，而吾读其书，若接阶席而与之语。故曰：其为人伉直者，词劲以达；为人和雅者，词温以平；为人沉深者，词郁以厚。推类而言，词虽百变，虽技之小者，各肖其人以出。惟天与人一，艺与道合，而后不毗于所偏，而为美之至。《姚子姬传》有言：古今文字，阴阳刚柔而已。其得阳与刚之美者，如霆如电，如崇山巨壑，如决大川；其于人，如凭高视远，如君而朝万象，如鼓万勇士而战之。其得阴与柔之美者，漻乎其如叹，邈乎其如有思，懦乎其如喜，愀乎其如悲。观其词、审其音，则其人性情举以殊焉。"

竹朋曰："子所云云，当吾意，即书以为诗序。异日刊君文，可并以弁卷首。"①

自记所藏《古文辞类纂》旧本

是书余得之京师，旧有金陵吴氏启昌记，刻于道光五年八月，较康氏兰皋刻本为备，盖姚先生晚年定本也。

自桐城方望溪侍郎以义法为文，刘耕南学博继之，而先生又以所闻授门人管异之、梅伯言及康、吴诸子，为《古文辞类纂》七十五卷。其为类十三：曰论辨，曰序跋，曰奏议，曰书说，曰赠序，曰诏令，曰传状，曰碑志，曰杂记，曰箴铭，曰赞颂，曰词赋，曰哀祭。一类内而为用不同，又别之为上、下篇。先生尝云："文无所谓古今也，惟其当而已。知其所以当，则于古虽远，而于今取法如衣食之不可释。"又曰："神理气味者，文之精也；格律声色者，文之粗也。苟舍其粗，则精者胡以寓？学者之于古人，必始而遇其粗，中而遇其精，终则御其精而遗其粗者。"先生每类自为之说，分隶简首，自明去取之意，甚当。而于先秦、两汉，自唐、宋诸家以及本朝，尤究极端委，综核正变。故曰：学而至者神合焉，学而不至者貌存焉。学者守是，犹工之有绳墨、法家之有律令也，无可疑者。惟碑志类云：志、铭不分为二，不得呼前志为序，南雷《金石文例》颇主此说。琦谓古有有志而无铭者，亦有有铭而别属他人为志者，似志、铭亦当有别。古人于叙事之文恒曰志。志者，志也，不独

---

① 〔清〕朱琦：《怡志堂文初编》卷四，收入《粤西五家文钞》，清光绪二十四年（1898）刻本，第7—8叶。

铭墓。若谓前志不可呼为序，必别书"有序"二字，此则昌黎亦不尽然，非欧公不能辨也。

又先生于唐以后所取稍隘，虽李习之仅录《复性书》下篇。其他存者，盖鲜矣。而于方、刘之作，所收甚多，岂侈其师门耶？同时业古文者，有无锡秦小岘、武进张皋文于桐城为近。而新城陈硕士最笃信师说，其学初求之鲁山木。又有朱梅崖、恽子居亦好为文，声名藉甚。山木喜称说梅崖，而材稍确。子居材肆矣，间入伪体，故至今言文必曰"桐城先生弟子"。今存者，梅伯言农部。伯言文与异之上下，而劲悍或过异之，惜早逝。伯言居京师久，文益老而峻，吾党多从之游，四方求碑版者走集其门。

先是，吾乡吕先生以文倡粤中，自浙罢官，讲于秀峰十年。先生自言得之吴仲伦，仲伦亦私淑姚先生者。是时，同里诸君如王定甫、龙翰臣、彭子穆、唐子实辈，益知讲学。及在京，又皆昵伯言，为文字饮，日夕讲摩。当是时，海内英俊皆知求姚先生遗书读之，然独吾乡嗜之者多。伯言尝笑谓琦曰："文章其萃于岭西乎？"未几，琦假归。后二年，伯言亦移疾返江南。

自余归里，连岁寇乱，出入兵间，不暇伏案，但忆梅先生语，太息而已。家中旧书，时有散佚，爰取是编绸绎之，略为疏辨，并次论当世作者，而于卷尾私识之曰：文之义法与其体类，是编备矣。至求其所以，当遗其粗而御其精，如古人所谓文者，则更有事在，而此其迹也。吾同年生郑献甫论文有云：有立乎其先，有充乎其中，有余乎其外，吾又有取焉。姚先生名鼐，字姬传。吕先生名璜，自号月沧，因以名集，晚更号南郭老民云。

咸丰三年正月既望，琦谨记。

书郑比部四策后

乙卯夏，郑子小谷自象郡复来。晨起过访，小谷循其髯微笑，慨然论时弊，乃曰："天下有大策四，曰士、农、兵、盐。凡取士欲其少，校士欲其难。天下士愈多，士愈病，取之少则足以养，得之难则人知悦学，知悦学则真才出，而又足以养之，则士知有耻，然后可责以复古，而为天下之用。今言兵、言农者纷纷矣。然以粟易银而农贱，以民养兵而财匮，世知患之矣。故谓法有近古而可用者，农莫若权谷帛以行，毋得专税银，斯银轻而农重。兵莫若复府兵之制,毋仰哺于上,斯费省而兵强且利。权有宜操之自上者,有不宜操之自上者。操之上而必不可听之下,铸钱是也;均之下而不必擅之上,行盐是也。"

又曰:"天下之弊,当革其甚。禁私铸易,禁私贩难。税其所出,而听其所之,皆不易之论。可以救时,可以经远,所谓天下大策,近古而可用。"而余怀之已数十年而不敢言者,而小谷尽言之。子瞻云:"如五谷凿凿可以疗饥,药石断断可以已病。"荀卿亦云:"坐于一室而见四海,参稽治乱而挈其要。此四策之谓也。"小谷又谓:"今之乡团即古之民兵。曩时轻诋之,今亲往督之而知其难。"余笑曰:"团练无赫赫可指之功,然用以维系人心,不至尽驱而为盗者,犹恃有此耳。"日既夕,因挟所著《四策》归,卧而读之,未半,蹶然而起,为书数语于后。①

高寄泉《续教谕语》跋

曩读闽中谢先生书鋈《教谕语》,一以仁义中正,而严绳以儒先之法;以为近世学官能举其职者,莫先生若也。然规规程、朱,读者犹病其过高;今之秀才,未可骤希。

吾友寄泉教谕大名,以质行为诸生倡。暇时因文励行,诸生每进谒,必告以无入公门,自重而远利。其说本之谢先生而较平易,名曰《续教谕语》。始立品、端本、知耻,约之经史而兼及文词、诗赋、策论,皆有条法,诸生乐而亲之,其有所疑,皆就而质之,于是讼者止、贪者畏,其所历州郡学士习浸变矣。

夫学校,人材之本,天下政教之所从出也。故曰:师道立则善人多,善人多则天下治。今司铎者皆自谓冷官耳,而不知其有关于天下政教之大如此也。若寄泉者,其不负所职哉!

昆山顾亭林先生祠记书后

咸丰二年,韩君介孙教谕昆山,既于玉山讲院之左建顾先生祠而为之记,

---

① 〔清〕朱琦:《怡志堂文初编》卷六,收入《粤西五家文钞》,清光绪二十四年(1898)刻本,第1—3叶。

且召诸生语曰:"诸生生长先生之乡,其学先生之学乎?"先生之学,自汉而约之宋,以方闻质行、实事求是为归,不为性命空谭。自其少时,即负绝人之姿,九经诸史,略能背诵。晚游关、陕,历河、济、燕、冀间,交其贤豪长者,考其山川、风俗、利病。笃老嗜学,未尝一日废书。行必载书自随,有一疑义,必反复参考,援古证今,求其至当而后止。先生尝自云:"读书有所得辄记之。其有不合,时复改定。"积三十余年,为《日知录》及《郡国利病书》,盖自道所得也。又以孙愐《唐韵》及宋《广韵》,其中部分不能无失,后人以意分合增减,舛讹殊甚,乃证之《诗》《易》及子史,为《音学五书》。自是六经之文可读,沈氏之误一以古音正之。尝与人云,学必自《小学》入。而与俗儒守章句不适世用有别。吏治、财赋、典礼、舆地之属,皆探源竟委,能见其大。而于礼教之衰迟,风俗之颓敝,尤孜孜规切。潘耒谓"有明三百年一人",不诬也。近世学者颇知趋向先生,而吾友张石洲始为先生年谱。道光二十三年,道州何子贞又同石洲创为先生祠于京师慈仁寺之西南隅。后十三年为咸丰六年,琦又为先生祠记,而介孙于昆山适建先生祠。前后数年间,南北若合符契,朴学滋盛矣。

介孙名印,江南人,将为县令近畿。先是介孙少依其舅丞于浚,先大夫时为浚令,因是识介孙。彼此嬉游稚昧,介孙独能记忆,且少余一岁,忽忽今五十年。去秋见介孙,问以所学,则曰"吾师顾先生者"。出《祠记》,叹异之,既幸其有合,且曰:"吾两人少同游,长同术业,及今又同为顾先生祠记也,盍书《昆山祠记》后?"于是为识数语,且揭先生为学之大指,并阮太傅《祠记》暨琦所为碑文,贻昆人汇刊之。咸丰七年十二月。①

周必超(周璜附)

周必超(1806—1869),字熙桥,号慎庵,别号佩霞,临桂(今属广西壮族自治区桂林市)人。清道光十四年(1834)举人,三十年(1850)进

---

① 〔清〕朱琦:《怡志堂文初编》卷六,收入《粤西五家文钞》,清光绪二十四年(1898)刻本,第10—12叶。

士,授甘肃礼县知县。清咸丰六年(1856),回乡为父守丧,七年(1857)服阙拣发云南补用知县。晚年返乡后任宣成书院山长。清同治八年(1869)辞馆,同年病逝。

周必超"五应秋闱、八上公车",科场蹭蹬,授官多在偏远省份。"一生足迹半天下",常有飘零不遇之感。时人对其诗文有"纵横挥洒、悲壮淋漓""孤愤""曲折如人意,珠光剑气逼人"等评价。周必超写给友朋及门生等的诗歌亲切、温和、儒雅。集中几首与其子周璜相关的诗,表现出父亲目睹孩子在科举路上取得佳绩时的欣慰、骄傲以及谆谆告诫。周必超在宣成书院"栽成后进,为时矜式",其子周璜更是子承父业,大半生都在书院为山长,是近代广西杰出的教育家。

周必超著述颇丰,有《分青山房诗抄》四卷、《分青山房文集》两卷、《分青山房词稿》一卷、《陇西阳坡寨谋逆记略》一卷、《退忆篇》一卷、《读左随笔》八卷、《家训》一卷。《分青山房课艺》四卷是周必超为书院生员考"四书文"所撰写的95篇时文范本集。所拟题目有《如琢如磨自修也》《仁者大也亲亲为大》《本立而道生》《晋国天下莫强焉》《叟之所知也》等,类似于今天的老师押题,并写作的范文。他还辑录各家赋论为《赋学秘诀》一卷,从相题、押韵、用典、句法、平仄等切入介绍赋的特点、作法、读法及批评。《分青山房课艺》和《赋学秘诀》二书的针对性和实用性都极强,在当时应该有一定的影响力。

挽龙翰臣同年

与君年少共词场,桂折蟾宫袖惹香。好月有情供品次,新诗脱稿待商量。记从话别交弥淡,每见书来喜欲狂。不展奇谋竟长往,玉楼从此著文章。

晴窗得意写乌丝,红杏筵开花满枝。绿水送人千里共,清风惠我一帆知。浮槎名重持衡日,种树恩深布政时。手把一篇挥涕看,芙蓉楼上旧题诗。①

---

① 李木会:《周必超〈分青山房诗集〉校注》,硕士学位论文,广西大学,2007,第49页。按:原论文将两首混为一首,误。此论文中的字词及句读错误径改。

哭孙兰检夫子（庚戌会试蒙荐，讳铭恩）

忆别师门已十年，重来京洛倍凄然。官箴敬佩三言戒，经艺蒙收五库篇。味列八珍羞杂俎，词非百炼愧青钱。荒庄尚乏消埃报，泣奠椒浆到九泉。

玉清半格岂凡胎，七曲文星入世来。叠掌冰衔分两校，早趋尕殿晋三台（师以兵部侍郎视学皖省）。烟波铁网珊瑚树，桃李公门会状才。曾记吾师临别语，殷殷勉我策驽骀。

文章尔雅训词深，句酌千言字并斟。吐凤才华篇缀玉，雕龙诗赋体裁金。神仙高致空流辈，班马浓香有嗣音。片羽吉光留手迹，感恩从此不挥琴。

劫换红羊乱未平，猝遭奇祸竟成名。殿军何愧孟之反，骂贼无惭颜杲卿。浩气怒喷常侍血，孤忠忿结仲由缨。泰山一死钦千古，多少英雄愧此生（师督战皖疆，力竭遇害）。①

哭赵柳南师（甲午蒙荐，讳兴周）

一荐师恩重，拳拳感至今。天涯人已老，道远梦难寻。甫立程门雪，旋鸣单父琴（揭晓后师回马平县任）。清华堂署玉（师由庶常改授知县），模范式如金。藻鉴严分校，棘闱惜寸阴。文章征契合，声价愧璆琳。报德期来世，抡材费匠心。西昆传赋好，南极大星沉。棠荫人皆憩，钟鸣乐尽喑。何时躬拜墓，楸槚拱森森。②

璜儿科试第一诗以勖之

见说名场偶冠军，登梯望尔步青云。寒窗风雨篝灯苦，蕊榜声华桂窟薰。得意尚须防满损，立心只合务精勤。权操必胜非容易，切忌人云我亦云。③

喜璜儿秋捷

乃翁真蹭蹬（余五应秋闱，八上公车），南北十三场。喜尔科名利，增余门弟光。八年随侍任，一举捷于乡。地下应含笑，孙枝已发扬。④

---

① 李木会：《周必超〈分青山房诗集〉校注》，硕士学位论文，广西大学，2007，第69页。
② 同上，第94页。
③ 同上，第101页。
④ 同上，第114—115页。

公余杂咏（三十首）（选四）

下车先课士，深院昼扃扉。春草阶前满，鸣鸢天际飞。苦吟刚旧稿，偶触畅新机。相与共欣赏，清言玉屑霏。①（其五）

仙才思柱史，雅韵续《离骚》。小憩听鹍馆，频挥吐凤毫。名园秋色老，碧汉月轮高。一首《冰壶赋》，闲情属我曹。②（其十九）

前路今余几，行藏不待占。床头宵拨火，室内昼垂帘。得纸雄飞笔，观书暗记签。桃源随处是，高蹈羡陶潜。（其二十九）

张翰思莼菜，陶朱挂布帆。江湖谈往事，风月署清衔。舟已轻扬逝，人谁末议谗。浮名终是累，敝屣弃朝衫。③（其三十）

宣成书院古柏（余晚年应聘宣成书院山长，己巳捐馆，先太史接主讲席）

黛色直参天，大可数十围。森然挺劲质，凌冬驻寒晖。群木植其下，罗列如小儿。卷空起波涛，势挟山岳摧。老干无败叶，不随秋草萎。霜雪众所畏，岂识岁寒姿。④

感怀

两番铩羽辱春风，徒抱文章憎命穷。北马南船尘浊里，残书破砚梦魂中。半窗明月依人冷，一颗寒灯对我红。自信多愁还自笑，班超投笔此心同。

名花人艳说芙蓉，曾到瑶台第一重。媚骨且凭时好尚，荒园惯养性疏慵。也知孤洁难邀赏，第解妖娆亦受封。买得胭脂何处着，苍松莫改旧时容。

木声疑是浪声淙，夜起频挑白玉缸。惶恐余生多畏路，坦明雅抱且开窗。琴书半榻今栖室，风雨扁舟昔渡江。空赋归来犹故我，牛衣羞对影成双。

寒梅初放一枝枝，遥忆萍踪只自悲。万里敝裘曾作客，廿年利器未逢时。途赊空赋江山好，亲老谁堪仕宦迟。紧促眉头何日放，挥毫无那强成诗。

闭户非关雨雪霏，黄金散尽故人稀。长贫仆黠潜逃主，劝学妻贤数断机。伏枥雄心坚未挫，冲霄健翮倦还飞。儿嬉且博高堂笑，权把青衫当舞衣。

---

① 李木会：《周必超〈分青山房诗集〉校注》，硕士学位论文，广西大学，2007，第138页。
② 同上，第142页。
③ 同上，第146页。
④ 同上，第151页。

无钱时与酒杯疏，湫隘嚣尘晏子居。放胆摩挲三尺剑，随身坐卧一床书。恒饥稚子香思饭，多病衰亲味欲鱼。叫彻苍穹都不应，拟将卖赋学相如。

茫茫搔首问长途，二十年前事已徂。庄氏屠龙空血刃，宋人守兔尚□株。此生合老蓬门否，他日能离席帽无？欲作邯郸仙枕梦，一床权把破毡铺。①

励志诗

志士岂异人？勋业何彪炳。一室裕敷布，六合任驰骋。凌烟生颜色，万载齿不冷。穷达亦偶然，操持贵能永。所志患不高，浮名非可幸。搔首思古人，敢言谢不敏。苍生在怀抱，四海皆引领。英风邈千古，史册光炯炯。而我复何如？愿言□内省。日月去如矢，天地皆幻机。而况中处身，藐然尤几稀。所贵达官人，有志任自为。方居穷困时，卓立绝攀依。一旦来弓招，蓬荜生光辉。运途虽坎坷，志节岂可亏？中登嵩华巅，北涉渤海湄。妙趣探林泉，高怀抗陶韦。势位不可忽，斯言何可卑。黾勉亲古人，不患莫己知。②

沁园春·送周小湖师出守庐阳

青盏飘云，红杏含霞，碧柳当风。正一举一鹤，待迎竹马；千山千水，遍踏花骢。记得当年，两番持节，罗尽洞湖铁网中。君恩重，便乌台载笔，青绶酬庸。

任他杜召黄龚，但太守风流自古同。听父老欢声，争传刘宠。儿童笑语，都说文翁。昔坐春风，今思化雨，十载师门感旧踪。殷祖饯，怅依依情绪，摹写难穷。③

附：周璜

周璜（？—1897），字黻卿，周必超之子，临桂（今属广西壮族自治区桂林市）人。清同治七年（1868）进士，选翰林院庶吉士。后以父母年高，乞养

---

① 李木会：《周必超〈分青山房诗集〉校注》，硕士学位论文，广西大学，2007，第188—189页。
② 同上，第203页。
③ 同上，附录。

归里，不复出仕，以授徒讲学为业。在宣城书院、榕湖书院、桂山书院任山长近三十年，成就人才无数，清光绪年间状元张建勋、刘福姚等均出其门下。清光绪二十年（1894），康有为首次到桂林讲学时，周璜为桂山书院山长。周璜钦佩康的学识，与其以诗唱和，交往频繁，并为康有为在桂林讲学进行宣传，奔走赞助，主持"圣学会"主办的"广仁学堂"，助康有为开展维新运动。周璜兼善书法，现桂林图书馆收藏有周璜多幅书法作品。周璜作品结集为《聊自娱斋诗文集》《聊自娱斋弃余草》。此集有鲜明的"自娱"倾向，吟咏花草，抒发闲情，晚年的自述怀抱之作亦含蕴深厚。

书愤

潦倒干戈漫十年，那堪寰宇尽烽烟。输忠未着良臣绩，侧席徒劳圣主贤。到处风声兼鹤唳，于今沧海半桑田。书生未具《平戎策》，坐井空忧杞国天。

军符络绎遍西东，避乱谋生处处同。南亩有人看战士，平畴无地不兵戎。沙飞旧垒行云惨，血染长城塞草红。更有一般堪笑事，败军偏自报虚功。①

无题六首（选二）

深悔多情念转牵，愁怀如梦复如年。佳人有信凭鹦鹉，芝客消魂哭杜鹃。自恨不才真薄命，敢将好梦望前缘。年来多少伤心事，写遍薛涛五色笺。

独对孤檠春昼迟，那堪重咏定情诗。三更别梦无人识，万种愁怀只自知。不死未能捐块垒，多情原不碍迂痴。花开花落知多少，都是离人肠断时。②

赠康有为诗

读书愧未半袁豹，多病翻教遇长卿。鹿豕心中甘小隐，鲸鲵海上看横行。杞忧空下穹途泪，边衅争寒与国盟。却敌岂真无上策？炎疆搔首望神京。③

---

① 王德明：《清代粤西文学家族研究》，广西师范大学出版社，2013，第 28 页。
② 王德明：《广西古代诗词史》，广西师范大学出版社，2009，第 161—162 页。
③ 中国人民政治协商会议桂林市委员会文史资料研究委员会编：《桂林文史资料》第 2 辑，1982，第 100 页。

龙启瑞

龙启瑞（1814—1858），字翰臣，又字辑五，临桂（今属广西壮族自治区桂林市）人。其祖父龙济涛曾为武宣县儒学训导、柳州府儒学教授。其父龙光甸历任湖南溆浦、湘乡、武陵知县，台州同知。龙启瑞清道光十四年（1834）乡试中举，二十一年（1841）一甲一名状元进士及第，成为桂林继赵观文、裴说、陈继昌之后的第四个状元。二十三年（1843）任顺天府乡试同考官，次年任广东乡试副考官。后为侍讲、提督湖北学政。清咸丰六年（1856）为通政司副使、提督江西学政。七年（1857）为江西布政使。卒于任。清同治十一年（1872）入祀江西名宦祠。

龙启瑞少年时就读于黔阳龙标书院，清道光二十九年（1849）其父病逝，回乡丁忧留在了桂林。在京任职期间，龙启瑞与梅曾亮、朱琦、彭显尧、王拯、邵鼓辰、唐岳等以诗文论交，名震京师。与吕璜、朱琦、彭昱尧、王拯被合称为"岭西五大家"，与朱琦等为"榕湖十子"。对提升广西文学在全国的影响力有一定贡献。

龙启瑞"经术湛深"，著有《经集举要》《尔雅经注集证》《古韵通说》等。文学创作的成就亦较高，文章"深入理奥，撷宋五子之精而衍其传"，被认为是"至中至醇之文"。其词"凄丽清婉，颇得晏殊父子之遗"（钱基博）。

龙启瑞著作《经德堂文集》《经德堂文别集》《浣月山房诗集》《汉南春柳词抄》有清光绪四年（1878）京师刻本，上海古籍出版社2011年出版《清代诗文集汇编》第655册收录《经德堂文集》六卷、《经德堂文别集》二卷、《浣月山房诗集》五卷。校注本有岳麓书社2008年出版的吕斌编著的《龙启瑞诗文集校笺》，包括《浣月山房诗集》《汉南春柳词抄》《经德堂文集》。

古诗五首（其三）

　　文章虽末艺，贵与情性俱。真性苟一漓，千言亦为虚。君看扬子云，识字论五车。失节事新莽，千古为唏嘘。试观刘越石，文艺颇粗疏。歌诗只数阕，浩气凌八区。春华岂不贵，秋实诚相须。被服苟不完，焉用双琼琚。骨格苟不称，焉用曳绣裾？寄言摘华士，根柢当何如。①

答朱伯韩前辈去岁见赠诗一首

　　余生鲜兄弟，为学常患独。每见同志人，重之逾骨肉。辛岁始识君，联镳战场屋。雄文富波澜，浩气吞岳渎。余时齿尚少，见面颈辄缩。弱冠游京华，计车正相逐。蹑云不我待，先骋骐骥足。是时长安居，得共联床宿。河汉转夜阑，清谈时剪烛。君言天下事，担荷在吾属。康济正需才，同心愿相勖。又言古人交，期许重心腹。讵徒尚声气，外华鲜中朴。侧闻长者言，顿使雄心伏。平生金石性，未遽谐流俗。感君敦古谊，得以雁行目。去岁对大廷，甲科蒙首录。芸馆有先型，兰台步芳躅。贻诗厚相励，高谊见忠告。翰林储材地，匪徒修边幅。礼乐及兵农，经济当预蓄。昔者陈文恭，斯言可三复。日昨东南来，凶夷恣惨毒。长鲸走岸旁，吞噬饱所欲。安得倚天剑，迅扫妖氛速。备员忝侍从，仓廪盗微禄。谁使至尊忧，要亦吾辈辱。吾兄匡时志，睹此眉应蹙。行将列谏垣，丰采觇奏牍。上益圣主聪，下为生民福。贱子实不才，敢和阳春曲。前修愿交儆，良箴时往复。庶几雷与陈，交情老愈笃。②

朱伯韩先生新铙歌题辞

　　芳塘夜雨香发荷，小阁兀坐驱睡魔，书灯如豆供吟哦。邻鸡无声夜虫寂，乃读朱君所著乐府《新铙歌》。《铙歌》五十章，伟烈陈颇多。我朝先皇楸神武，以古相较百倍过。君从国史见旧本，私家简牒供爬罗。芸窗昼赋日五色，云锦织字龙腾梭。鳌掷鲸呿露光怪，气烛北斗声流河。金石刻画固史职，君之才识难同科。外人相赏在文字，岂识大义悬羲娥。颂含规诲著古昔，观此犹念陈《卷阿》。国家开创在武略，沈阳奋起挥天戈。兴王要当本

---

① 〔清〕龙启瑞：《浣月山房诗集》卷一，清光绪四年（1878）龙继栋京师刻本，第3叶。
② 同上书，卷一，第11叶。

仁义，亦有将材兼牧颇。承平数世犹肄习，旗营劲旅纷番番。攻无不克战必胜，剪除巨憝同幺麼。百年安饱余痼习，耳闻金鼓言已讹。忆昨海氛肆狼藉，东南震荡沧溟波。几令我皇重宵旰，年来沴气方消磨。楼船下濑尔何力，回视褒鄂惭冠峨。多君具此大作手，宦职又到金銮坡。大唐中兴有元子，尚纪崖石书擘窠。斯文光焰韩柳亚，况纪圣德逾元和。愿征瞽矇被弦管，取彼国子相研摩。后来观此念大烈，定有《殷武》赓猗那。罢读危坐三距跃，应知此意无蹉跎。①

买书

千金买好花，春尽花自落。万钱沽美酒，饮罢兴亦索。千金买侍儿，色衰恩爱薄。不如买好书，相对无今昨。日与古之人，来往相酬酢。我兴日在东，书味散帘幕。我睡月在西，书灯光灼灼。有时良友去，风雨增寂寞。开函召之来，相对颇不恶。有时黄金尽，兀坐少欢谑。展卷读其间，忘彼藜与藿。是为持健方，亦号医俗药。人生贵适意，静躁欣有托。敢向道途者，傲我闲居乐。差胜游侠儿，绕床呼六博。②

目疾废读赋此遣闷

吾生本书淫，效用惟在目。一日过万卷，于愿盖不足！朝来红纱幛，碍我光明烛。趋暗而恶明，闭一难用独（时疾在右目）。终日但危坐，展卷不能读。方其内热时，如饥对粱肉。又如好饮人，渴卧忆糟曲。人生百年内，何者非嗜欲？爱缘暂相染，邪正实一族。何当尽屏去，内视守真朴。庶几还本来，了焉清如玉。

书斋夜读

十年席帽走风尘，到此方知道味真。夜雨作寒诗境界，孤灯照读字精神。寻书肆上无虚日，得句花前不负春。但愿太平无一事，未妨薄宦是清贫。③

---

① 〔清〕龙启瑞：《浣月山房诗集》卷一，清光绪四年（1878）龙继栋京师刻本，第28—29叶。
② 同上书，卷二，第4—5叶。
③ 同上书，卷二，第8—9叶。

送朱伯韩前辈

黄叶飞时君始归，方谓远别从兹始。谁知今日武昌城，我作主人君过此。人生聚散岂有定，伟哉造物真奇诡。我持使节辞燕市，昏宿晨趋少停轨。君乘大舸江上来，看尽东南好山水。丈夫壮游乃得意，归帆可傲轩车美。多君有才号国器，经济博通世无比。台垣矫矫凤朝阳，谏牍泠泠霜入齿。圣恩宽厚容戆直，臣心淡泊思田里。忆昨朋侪开祖饯，几辈太息中坐起。惜君无计可相留，梅老新诗见深旨。我亦窥君隐微意，独未相从劝之仕。负郭虽无田可耕，传家幸有书堪理。峨峨讲堂秀峰下，学徒莘莘盛冠履。君归邑子得模范，定见英髦相继起。况君好贤本天性，突过昌黎荐侯喜。比者同舟得二陈（毅叔、广夫兄弟），称道名声溢我耳。吾乡自是不乏才，能左右惟君所以。梗楠蔽日不天生，往往嘘植由尺咫。君才未竟霖雨用，定有阴功到桑梓。我送君行颇自惭，名山事业安能拟。遥知天外望冥鸿，翘首东华叹者几。①

赠胡生（名南薰，蕲人）

胡生老学究，闭门穷九经。谁知破屋中，藏有书连楹。晚遇朱司业（谓久香学使），所学乃益精。专治古《尚书》，著论稽坠形。茫茫大荒服，神禹之所营。方域错杂出，判若渭与泾。《禹贡》乃专门，布图如列星。置之矮屋中，妙论笔不停。斯文脱秦炬，壁藏徵圣灵。微言复中绝，伏老无遗声。遂使梅（赜）姚（方兴）辈，伪学滋蝗螟。南宋产巨儒，闽学撷菁英。尚疑格制间，真赝无由明。生今治此业，明辨祛瞽瞢。何当为余说，妙议发铿铿。嗟子晚闻道，独学恐难成。明当馆我室，切磋为友生。插架万卷书，任子翻纵横。庶以探讨力，见圣于墙羹。无为斗筲子，汉宋徒纷争。②

闱中即事八首

校阅殷勤匝月期，西风香满桂林枝。宝山献璞何嫌早，浊水求珠岂厌迟。五色漫迷开卷后，一灯犹忆读书时。十年辛苦分明在，敢道今朝便不知（瑞四入乡试，五赴礼闱，中间辛苦场屋者盖十有六年）。

---

① 〔清〕龙启瑞：《浣月山房诗集》卷二，清光绪四年（1878）龙继栋京师刻本，第 12 叶。
② 同上书，卷二，第 21 叶。

木天伟望幸追陪，衮衮群公未易才（谓根云前辈及同事诸君子）。文字夙缘千里合，海山晴色一堂开。愿移明镜当空照，会有珊瑚入网来。知否青袍门外望？五云高处羡蓬莱。

驰骤文坛大合围，回思往事兴遄飞。健儿百战年方壮，同学诸人贱者稀。谁向崆峒倚长剑，更随时世换新衣。近来曾否翻花样，独觅窗前旧锦机。

暗决朱衣计已迂，平生不受古人愚。早经云海淘沙砾，深恐璠玙间砆砄。文士苦心从此见，矮檐风景记来无。可怜踏遍槐花路，半世升沉定一夫。

百粤岩疆启尉佗，山川灵秀近如何。风流丞相梅花岭，文教昌黎荔子歌。远物岂惟珠玉贵，良材应望杞楠多。相期力挽文河水，洗尽滔滔瘴海波。

牝牡骊黄到眼真，敢言伯乐是前身。玉如可琢无妨玷，锦不成衣未足珍。每念文章关气运，肯教英杰老风尘。祝他白屋青灯客，平步丹梯志早伸。

忆昨新乘使者轺，风云万里护征镳。兹游幸得江山助，回首方知道路遥。驿馆频仍官膳致，行囊丰渥帝恩邀（向例，试差准给盘费）。不知镇日冥搜里，可有涓埃答圣朝？

锁闱忽忽已秋深，试事将阑岁月侵。海国烟波游子梦（家大人远官浙中，未得便道往省），河梁风露使臣心。云梭已织登科记，月府新成下里吟。待写情怀莫匆促，鸿泥他日重知音。①

文庙崇祀录序

古者无庙而有学。《记》曰：凡始立学，必释奠于先圣、先师。谓若唐虞有夔、伯夷，周有周公，鲁有孔子，皆各就其国祭之，无则与邻国合焉。其教春诵夏弦，读书执礼；其物干戚羽籥，是其为师也博，而其为学也近。隋唐之际，始诏天下州县皆立学，尊孔子为先圣，以门人高弟配焉。后州县之学又废，乃立庙以行释奠之礼。然则自有孔子，而圣师之道始专而一；自州县之学废，而庙享之制始尊而严。事固有失于古而得于今者，亦顺乎时而惬人心之同然而已。虽然，古之学者去圣师之时未远，其居处之地又不越乎邻国，故凡声音笑貌，言语行事，学者皆得耳闻而目接焉。自入学后，所习皆礼乐之事。夫以常行之礼祀至近之人，故得心神敛肃，容节安谧。内以固其肌肤之会，而

---

① 〔清〕龙启瑞：《浣月山房诗集》卷五，清光绪四年（1878）龙继栋京师刻本，第15—16叶。

外以遏其匪辟之萌。古者士行修而学校有裨于实用，率是道也。

今之时去孔子远矣。乡僻学者至不能举其世系，加以四配、十哲、东西两庑先贤诸儒之位次，偶入其中，固已瞻仰惶惑，又所为笾豆、簠簋、笙磬、柷敔之属，率皆近今所未尝用。目睹焉而莫名其器，手操焉而莫成其声，则虽日近夫圣师之廷，犹不能知夫礼乐之教人之意也！又况终岁未尝一至，没身未获一睹者哉！然则欲复古者教人之方，莫若使今之庙如古之学，使人人皆能言圣师之所自出，而其礼物、乐律之备，习于身而日与之为接，登其堂而如将遇之。夫如是，乃能洒濯其心而不流于不肖。

惟然则应城熊子所辑《文庙崇祀录》者，宜为君子所亟取者乎？始熊子之为是书，以今日庙学之尊，去圣久远，末学小生不能讲明其故，故其书备列先圣及诸贤先儒之本传，而历代所作之赞附见焉。礼仪、祭器、诗歌、乐舞，一取诸本朝金石碑记之文，并缀于后，而以六代之圣制冠于卷端。推熊子之心，固欲以褒崇之典，见圣道之日隆，实欲使天下之人得见是书者，皆如亲炙圣门，而与七十子之徒上下议论。而又因以日习夫礼乐之故，使其愧怍不形，而奸慝不生。然则欲复古者教人之方，而使今之庙如古之学，其必由乎此。

余不敏，承乏是邦，固以教人为责者，则见熊子此书，其能不忻然喜、肃然敬，而愿与多士共受而习也乎！遂述庙学源流而为之序。①

与益山房集序

岁庚寅，侍伯父紫垣先生于里门，始识春庭黄先生。先生谈吏事，一言而善。余虽少，心识之。后先生起复官山右，余亦随侍宦游湘、沅间，逮通籍来归，先生已乞身林下，因得修同馆后辈礼谒见，颜冲以和，词粹以温，往日隽杰廉悍之气，随齿发俱变。于是叹先生之德之进，而吏材之不足以尽先生也。惜奉教未久，而余返京师，独时时从乡人问先生起居。闻先生主讲秀峰书院，所裁成后学甚众。不数年，先生归道山，余适奉命视学楚北，先生嗣子恪斋以《与益山房诗文集》来示，且属为之序。余谓先生为民父母，为人师，皆有所成就，不孤其任。少年好学，至老不倦，身隐道尊，所言皆归于笃实，于圣贤

---

① 〔清〕龙启瑞：《经德堂文集》卷二，收入《粤西五家文钞》，清光绪二十四年（1898）刻本，第3—4叶。

心性之学尤三致意。盖先生之心实有见于道，而非徒其文之为贵而已。某不敏，昔承先生奖借，今无似以副厚期。读先生之文，犹忆躬陪杖履。时窗外蔷薇盛开，和光冲融，盎然心醉。日月更代，哲人徂逝，思之不禁邈然而增感也！①

绍濂堂制艺序

自功业道德之儒不世出，而世遂以时文为诟病，夫诚见乎雷同剿说，束书不观，终日从事于臭腐熟烂之物，几不知有古今天地之大。及措之于世，则茫乎不知所以为。如是，为时文之误人也亦宜然。自有明以来，以制艺取士，国家因之，阅数百年，其间忠臣孝子、魁人杰士出于其中者，几十之七八。今试取其文读之，与其人无不相符合，虽功力有至、有不至，然皆非世之为文者所得而及焉，则信乎时文之不足以误人。而人之有所见于时文外者，其文乃因之益重。尝试论之，以为古之善为文者，其人皆不屑以文人自命者也，无论韩、柳、欧、曾、二苏之俦，其立身制行皆能卓有表见，即时文中如有明之唐、归、金、陈，本朝之方灵皋、李安溪、陆稼书、张素存，其人皆不仅以时文见。而天下之善为时文者，无以过之。然则谓时文之不足观人而达于吏事，亦鄙夫小儒之言，而未足与于疏通知远之道也。

吾乡周景垣先生，以庶常改知县，分发河南，逮知湖北德安府事。凡所至皆有声，大吏于疑难事皆倚君以办。而先生暇时独好时文，凡书院课士，府县考试，率皆自为拟程。积之既久，得若干首，并合前科举时所作都为一集，谓某为粗知此事者而见示焉。某因谓先生之才之学，其见于时文者，特其小小者耳。而已非凡手之所能为，且又能处繁剧之任而优游有余，居高明之位而诲人不倦。其施设展布，不又即此而可见哉。今先生方观察吴中，吾知其立身行道，必有希踪古贤，为斯文增重者，而世之以时文为诟病者，读是集亦将翻然悟矣。②

---

① 〔清〕龙启瑞：《经德堂文集》卷二，收入《粤西五家文钞》，清光绪二十四年（1898）刻本，第6—7叶。
② 同上书，卷二，第10—11叶。

王 拯

王拯（1815—1876），原名锡振，因慕包拯而改名拯，字定甫，号少鹤、少和，别号忏甫、忏庵、茂陵秋雨词人、龙壁山人等，马平（今属广西壮族自治区柳州市）人。清道光二十一年（1841）进士，初任户部主事，后迁军机章京，再迁大理寺少卿、正卿，官至通政司通政使，并兼署都察院左副都御史。清同治四年（1865）辞官归乡。七年（1868）任榕湖经舍山长。十一年（1872）主讲于桂林秀峰书院。培养大批优秀人才，如粤西词派领袖、晚清四大词家之一况周颐等。

王拯好为诗，初仿王维、李白，后喜韩愈、孟郊、欧阳修。晚年颇推重宗尚宋诗的诗人莫友芝、郑珍等，论诗主张"本之性情而可达政事"（《林颖叔方伯诗序》）。他不喜袁枚、赵翼，认为"适以导人食色之性"（《陈心芗诗序》）。王拯曾就学于柳江书院，钱基博认为其"虽词笔未臻洁净精微，而气调则颇倜傥岸异，在唐宋八家中，气体于柳子厚、苏东坡为近；特为子厚之警遒，而无其雅练"。他宗尚桐城派，曾从姚鼐弟子梅曾亮游，受古文法，与吕璜、龙启瑞、朱琦、彭昱尧并称"岭西五大家"。他论学术，反对乾嘉汉学，认为"所谈既不以行于身，为文至不能通其意"（《大学格物解》附记），表现出明显的理学倾向。

著有《龙壁山房诗草》十七卷、《龙壁山房文集》八卷、《茂陵秋雨词》、《归方评点史记合笔》等。上海古籍出版社2010年出版的《清代诗文集汇编》第659册收录清同治桂林博文堂刻本《龙壁山房诗草》，清光绪七年（1881）刻本《龙壁山房文集》。

彭子穆昱尧归平南时学使楚雄公新丧余送子穆亦将归柳州也

海上成连去，秋风一夜生。此时抱绿绮，凄绝雍门行。落木含商气，清歌怀徵声。君行坐孤舫，高调复谁评。①

---

① 〔清〕王拯：《龙壁山房诗草》卷一，清咸丰九年（1859）刻本，第2叶。

清明日同彭子穆昱尧唐子实启华谒吕礼北先生璜墓作

岭外惭荒僻，高门望典型。搴帷悲脱履，入室有遗经。忆共弥留语，能毋涕泗零。同来思筑室，衰草已青青。①

司业池公生春督学粤西不材受知最早愧不能秉公教至于老大靡所成立桂林同学立公专祠者已数年溯公之卒十余年矣祠中秋祭适以从征归粤得与敬步遗集赠彭生韵二章即效其体

使车行令肃风雷，匠石雄心起万材。八月秋风思广厦，千金骏骨有高台。当时蜀相人争哭，此日桐乡祀傥来。曾记白衣门外立，殷勤东阁为频开。

后堂彭戴倚门高，往日乘风欲驾鳌。一事未成伤老大，百年多难入兵骚。沉思倜傥樽前度，愿乞英灵盾鼻豪。丹荔黄蕉等闲事，河汾将相望同袍。②

学书二首

我生百无能，幼即好纸笔。就塾四五龄，衣领翻墨汁。归来我母笑，授我楹书帙。大父耄喜禅，晨兴把不律。常从梵夹底，退管蒙余乞。家贫纸贵愁，颠倒涂鸦壁。老大叹无成，思之泪承臆。少年书虿尾，枉用空名饰。簪珥逾十年，遘时烦羽檄。昔闻金莲华，学士为捧泣。吾今更蹉跎，短烛抱宵直。多言成旷弃，放意事书策。巾箱余捆束，縿楮色纷溢。贵僚所分赐，别殿云龙质。挥洒惧弗宜，盈筐空什袭。回头髻龀年，怆惘不能述。

吾闻书心画，神理乃攸托。人心之不同，如面别善恶。丈夫古冠剑，夫岂容造作。虽然具矩规，缮性宜有觉。其中通圣域，道艺本相若。大原先正心，时习博返约。真养得浩然，塞充满廖廓。是由集义至，袭取能附着。稽山贤父子，高致压东洛。岩岩平原公，精诚渺汤镬。雄姿发天秀，刚劲郁廉锷。观其变化成，一一出盘错。世人习脂韦，謦欬竞锛凿。登山思岣嵝，螭虎生拿攫。风云捭阖间，造化由橐籥。嗟余徒侈口，孱力又晚学。谁哉田舍郎，叉手而并脚。③

---

① 〔清〕王拯：《龙壁山房诗草》卷一，清咸丰九年（1859）刻本，第 4 叶。
② 同上书，卷四，第 3—4 叶。
③ 同上书，卷一四，第 2—3 叶。

榕湖经舍感怀八首追次永福师月沧先生秀峰书院杂诗韵

散栎投闲早，寒榆触感多。吾方期晚学，世或竞殊科。户外双湖映，屏间列岫罗。江山人代起，讵独为孙何？

乡邦考文献，磊落数贤存。南阁经声远，东溪道脉尊。原泉须到海，蕡实要培根。我倦驰车马，归来好重论。

曩昔池司业（前学使籥庭先生），怜才万厦豪。群公擎手易，一座拥比高。上日花期过，深堂草具叨。典型谁复见？短发不胜搔。

经堂连掖院，谢学数追随。枉复云霄傍，真惭岁月縻。坐窗频怅望，载笏负论思。半学能相长，开轩偿未迟。

当代论文术，成名定孰贤。传笺高北学，文字妙南禅。毕竟宜身反，何须执已专。书岩愁见咥，振策且峰巅。

中兴开盛业，回首五云居。只恐羞班列，何容计毁誉。悲来尘劫重，老去世情疏。万事俱流水，遗编抱烬余。

休居支病骨，乡土说宜人。那可春花眩，仍思夜火亲。俊游怀凤举，澹想结鸥驯。敢负声闻力，孤生亦爨薪。

大府兴贤意，殷勤本至公。光阴怜烛炳，心力戒煁烘。此事防觥滥，何人会曲终。犹然奉囊粟，虚廪昔时同。①

松孙邀同过丁秀才韬书院看菊次韵奉和

散塾群归一拓提，秋光全占巷东西。孤踪也复辞彭蠡，胜友何期对郁犀。芳径晚风中酒面（菊种有西施面，甚佳），故宫寒日下城梯（书院在故明藩邸侧）。东邻大有屏风句，便作先生学舍题。②

新绿二首（榕湖课题）

原野迷离旧烧痕，枳篱欹插又成村。寒山祠宇平芜尽，乔木人家几处存？点点熟梅经雨绽，纷纷聚鹬满湖翻（谢皋羽诗"飞冈满湖冠聚鹬"）。归来款段风香里，细柳新蒲忍重论。

---

① 〔清〕王拯：《龙壁山房诗草》卷一五，清咸丰九年（1859）刻本，第1叶。
② 同上书，卷一五，第6叶。

小庭清润閟双扉，坐起书床鼎篆微。苔径那堪妨客屐，山窗还自补云衣。连天远树都如荠，几日新篁便欲围。愿与诸君勤灌植，岁寒松竹倪相依。①

种树（秀峰讲舍作）

抱瓮归来已后时，春风栏槛又新移。潇潇一夜山根雨，天意苍茫那便知。②

存恕堂遗诗叙

《存恕堂诗》二卷，孝廉商君所作。余生桂林，即与孝廉家比舍居。时先大父老矣，先妣在，茕茕寡弱，唯孝廉家常左右之。五六岁出就塾，见孝廉孝友文学，心即慕之。后别去，不相见已数年。年十余，省大父桂林，诣孝廉，见所为诗歌，殊爱好。孝廉喜，为诗以赠。又数年，成辛卯乡试，桂林孝廉相见尤喜，日携出游，凡桂之数十里间高岩巨壁无不之者。又与尽见其所交游名俊。是时孝廉方起声名，友朋最盛，大府征为书记，咸爱重相推引，而孝廉顾弗屑，负其高才奇气，论议锋颖，殆欲以豪杰自树立。又数年，余往来桂、柳间，孝廉数游京师，拓落以归。每相违岁时，则见其意气不如前，独勤学弗倦。群经皆手自写，丹黄珞珠，旦夕钩提，寒暑弗辍。家素贫，孝廉少困饥寒，长始以笔札佣值，稍稍富。及游京师归，而亲年日高，家又多故，所入渐不充，则重郁抑。日馆事暇，仰屋长悲，夕不能寐。必为诗歌自溷。诗日多，则病日痼，如是数月。一夕，遽以不谨于饮食死。

呜呼！国家以科举求天下人材。粤西最边隘，乡试岁举四五十人，礼部试亦岁进士五六人或八九人。孝廉之材，其与夫日月变化、登高第、擢显仕者岂或逊？乃七试而举于乡，三试而黜于礼部，而孝廉已死矣。使孝廉不为此，优游橐笔以养其亲，或不即死；然以其材又揆诸其亲之心，孝廉乃必就是死。呜呼！人生意气最盛，由少逾壮，不过十余年间，行身一不遂，劳苦颠顿，戚嗟怫郁，非士有道，鲜不为所摧夺。夫以吾见孝廉之材，平居尝为人出忠谋、解患难，使得为世用，日伸长之，必有异于寻常万万。而天啬其遇，使中道殂。虽人生死有数，而不必以为通塞。独天既材之而又厄之，独何心哉！岁之丙

---

① 〔清〕王拯：《龙壁山房诗草》卷一五，清咸丰九年（1859）刻本，第13叶。
② 同上书，卷一七，第9叶。

午,余重至桂林。孝廉死数年,其所交游亦几尽。访孝廉家,其妻携其幼子茕然堂上。老姑年八十余,忆与家及孝廉比舍居时孤弱之状适同,尤悲痛不能自已。自数年来,欲为孝廉传志弗果。检此遗诗,录而弁之,并系其事之略如此。余生师友之间,于孝廉最早,恩义又重。今其家萧然独对,其幼子检其箧笥之零落者,而未知所以措之。人之观余于孝廉者,其谓之何?

孝廉名书浚,字麓原,临桂人,道光辛卯科举人。其先籍山阴,明大学士文毅公后也。孝廉著述皆未成,诗非其所精业,然已清俊足传于世,世必有识之者。①

赠范百崇学博叙

天下府、州、县皆有学,学皆有官,固将以其道德文艺为学子师者也。世失其职,师弗能以教,弟子弗能来学,春秋奉孔子祭祀。学使者下车,州郡捧学子册籍,稽姓名、趣期会而已。而其位禄不高厚,簿书不集,案牍不劳,刑罚征科之事不闻,奔走供帐之役不及,于是人皆易之,材略高远之士所弗屑为。为是官者,苟非阘茸氂疾,则亦进止趑趄,淡怀荣利,乐其清简,以自足而隐其身者耳。呜呼!凡官所治者民也,而学官所治者士。士者民之秀,乡党风俗之所自出,国家取以为公卿牧伯之材者也,而学官独教育之。吾尝以谓非董仲舒、王通其人,夫岂有能胜任者哉!

叙州范子百崇,与余交京师,粹然质行,古之君子。余尝信百崇笃于自信也。甲辰,大挑天下贡士,百崇得学官。明年,复罢会试以去。人且谓百崇学行屈是官,余独以谓天下有政而无教者久矣。士生当世,在各尽其所能为。百崇居于乡学,从已甚众,且能敦谨以率其教,然则天以是官成百崇也。昔宋胡安定教授湖州,辟经义治事之斋,率其学人,敦行雅饬,化行于下,而声闻于上。朝廷以其法颁天下,百崇行矣。异日蜀人士来京师,有能敦行雅饬如胡氏弟子,将必游于百崇之门者乎?吾望而识之。今与百崇质,以为来者验也。②

---

① 〔清〕王拯:《龙壁山房文集》卷四,清光绪七年(1881)刻本,第1—2叶。
② 同上书,卷四,第19—20叶。

蒋琦龄

蒋琦龄（1816—1876），初名琦淳，避帝讳改琦龄，字申甫、石寿，号石月，全州县龙水镇龙水村（今属广西壮族自治区桂林市）人，蒋励常之孙。清道光十四年（1834）中广西乡试解元。二十年（1840）得中进士，改翰林院庶吉士，次年散馆授编修，后历充国史馆协修、纂修、总纂等职。二十七年（1847）外放为江西九江知府，旋调陕西汉中知府，再调西安知府。有干练之才，且勇于任事，不避艰险，历任各处，皆有所作为。清咸丰五年（1855）擢为顺天府府尹。仅一年，丁父忧，后因终养母亲乞归，不复出。先后主讲衡州石鼓书院、永州濂溪书院、桂林秀峰书院。

蒋琦龄曾应诏进《中兴十二策》，议论朝政得失，抨击时弊，名震朝野。著有《空青水碧斋诗集》《空青水碧斋文集》《空青水碧斋尺牍》《白华之什》《碧斋楹联》等。广西人民出版社2001年出版有《空青水碧斋诗文集》（上下），2012年重印时将《空青水碧斋尺牍》《白华之什》附后。上海古籍出版社2010年出版的《清代诗文集汇编》第664册，收录清道光蒋氏丛刻本《空青水碧斋诗集》《空青水碧斋文集》。巴蜀书社2014年出版有银健、梁扬的《空青水碧斋诗集校注》。

况少吴先生诗集序

古今之以诗鸣者不可胜纪，而或传或不传，或裒然大集，后乃阙佚，或片言短韵，脍炙人口，则以为有幸有不幸焉。又或以为善为名不善为名焉。余以为幸不幸，天也，无可如何者也。为名则传，不为名则不传，人也，而不尽然也。古之为诗而脍炙人口者，必其性情真，足乎己而不徇乎人，未尝有名之见存也。则凡裒然大集终于阒然无闻者，安知非专于为名，务为标榜徇人，而己之性情不见乎？隋以前金石碑版多不著姓名，李太白之书，范文正之词，司马文正、文与可之山水，米元章之赋，并无人知，后世乃知之，欲逃名而不可逃。盖可传者，亦终于必传。然则传不传不敢知，亦第为其可传者而已。

吾乡诗人之传者，二曹、王文元、翁大举以来，代不过数人。国初则谢石朣梅庄，继之者袁醴庭、朱小岑、家鼎山也。至道、咸间而朱伯韩、王定甫、龙翰臣、蒋霞舫、苏煦谷同时并奋，称极盛焉。琦龄获与诸君游，皆获读其诗。乃最后始获读观察少吴先生之诗。先生与鼎山先生同乡举，与先大夫同举进士。历谏官，著直声，出为河南监司，有惠政。年未五十，退归养亲，遂不复出。人第惜其未究厥用，不知其绪余发为诗，导源选体，驰骋于唐以来诸名家之场，无体不工。而近体声容全乎浑雅，思力穷乎清新，尤赅唐宋之妙。盖自束发即妩佳句，逮乎戴白，凡得诗二千余首，排比八卷，可谓盛矣。夫固与鼎山上继谢、朱，下开后贤者也。顾平日退然，未尝以诗自鸣，所著多不以视人。即林居二十年，当伯韩、定甫诸君盛坛帏，奋角逐，先生以先进，顾束杠解㠶于其间，以故乡邦牛耳之执或不知有先生，此岂有意于名，必求其传？而其诗之卓卓可传顾如是。虽欲逃名不传，亦何可得哉！

琦龄于道光间以年家后进谒先生于京寓，比登朝，先生即出巡粮盐，相从之日绝少，而先生特念之。壬寅入都，途被寇掠，先生书问拳拳，今集中更有见寄四首。其期许之厚，轸念之勤，溢于言表。乃诗成，终于未寄，琦龄今始见之，读而流涕，足见先生笃于朋旧，而不必其人之知之。此其于诗，性情之真，足乎己而不徇乎人，泊然远于声名标榜之为，亦其一斑也。独琦龄老犹侘傺，学无所成，即诗之一道，亦粗涉焉。虽不徇乎人，亦无以足乎己，厚孤先生期望，于斯集之梓重有感焉，而不能已于言。僭序其首，滋足愧已。

光绪初元乙亥立冬日，年家子全州蒋琦龄谨序。①

与郑小谷农部书（乙丑）

慕执事之文章风义，怀愿见之私久矣。宦学奔走，迄无参对之幸，未敢骤以书通，而平生咏叹如怀古人。顷舍弟澜奉回见寄《养堂诗章》，高奇秀迈，蓬荜陋室，得此璆琅大篇，岂但因之生色，盖将托以不朽。此旁州士大夫惠题者不少佳篇，要自未满人意，莫如公此诗，迨所谓一洗凡马空者。极佩眷予之厚，益增钦仰。伏承燕坐皋比，陶铸英乂；乡邦志乘，更资椽笔；山川民物，托于笔削以增重，述作盛业借窥一斑。客岁曾托王芷庭同年转呈先祖及先君、先叔父志传，兹承命再寄梅言翁所作先祖家传，仓卒间榻本无存者，谨寄上先

---

① 〔清〕蒋琦龄：《空青水碧斋文集》卷四，清光绪全州蒋氏刻本，第1—3叶。

祖所著《岳麓文集》《养正编》各一部，梅翁及莲史先生所作志铭，均在文集卷首，伏冀垂览而采择焉。感甚！幸甚！

何时款奉，少尽所怀？手状谨复。秋暑未艾，万万为道自重，驰仰不尽。

又（丙寅）

客岁再奉手诲累幅，所以抚教甚具，次及文章，铺陈议论，并辱示以新志体例。若以不肖为粗有知识，可语以心而借牖其朴塞者，何幸之大也！心悸气动交于胸中，旋以脚气淹涉，冬春久滞而未敢率复，徒增愧仰。伏惟阁下简弃俗荣，远骋高厉，昭融典义，校度古今，自当执耳，与柏枧诸公狎主齐盟，不但为西南尊宿而已。顾其心犹欿然，自视勤学好问，惓惓之意溢于毫楮。周览赐书，钦想勤企。往者尝与梅言翁同官京师。言翁为先大夫齐年，居又同巷，获扫其门，惜未能自刻厉毕。讲讨其古文一派，虽同出姬传，似非管陈诸公之比，微嫌边幅少狭耳。诗尤清深婉峭，在石湖、后村之间，拔出嘉道风气之外，窃以为鸟群孤凤。近闻少鹤、惠西诸君梓其遗集，想犹未备插架之数。至先生所摘家传之疵，则亦有故。盖言翁素未与先祖谋面，先祖生平著述，亦未寓目，彼见行状所云"少从戎旃，老就学官，教授乡里，踪迹不伦，措施亦异"，故文成而语先大夫云："吾唯以一孝字括之。"此盖未能深悉其为人，而强以大言笼罩。

夫古之儒者文武唯所施行，穷达视乎用舍，此必有得于中而一以贯之者矣。传之而未能定其为何如人，文无主意，则安得不以改字缩句为事乎？站役数语，指其小疵。先生法眼，以为并无成竹，何其洞见症结也，不胜钦服。然其他文字，或不皆如是。他日先生见之，或不以鄙言为阿好也。至道州高才博学，其所宗尚，则在亭林，盖源于永嘉陈、薛之派，以博通古今，讲求实用为务。亦尝与同官蜀中所上封事为倾泻肝膈之作，乃多迂琐不切时要之谈。始知以考据为经济，正不易言。此又与梅先生为古文学者异也。庐陵有言："能为其可传，不能为其必传。"吾乡先达，类多暗修，少声气之游扬，故谈艺者所罕及。然诗如游仙，赋如望子，亦未尝不与池草江枫，脍炙不朽。人贵自立，是所赖先生为枌榆生色矣。顷芷庭书来，云志书已将脱稿，不胜欣幸。旧志昔称善本，未能细读，家中藏书毁尽，无从取视，承示体例，具见良工苦心。而另为别录，不改原书，尤是虚怀，钦迟无已。唯群盗、昭忠、宦绩、人材，各以录名，其职官科举、殉难人民、节烈妇女，以何为名？宦绩、人材各为录而仍各附于职官科举之后，合为一卷，而群盗、昭忠、殉难、节烈，别自为门，仍无所附录。岂六卷之例亦未能画一耶？人材不皆科举，节烈不尽死寇，不亦与职官、殉难两门亦稍异耶？想细目别有斟酌矣。志与史异，史易代始克成之；志则数十年而一修。自来名志门目，莫能相同，或分或合，或沿或创，盖时地为之也。故旧书可续者续之，不能续者变之。今先生于旧书不能不续，而又不忍变，别自为录，好古服善之盛心，自来未有也。以阁下服膺前人，知后来之亦当服膺阁下。然使来者咸别为书，则恐破碎不成其为书。是新旧之编，将来皆欲不变不能者也，毋亦使后来者独为其难耶？自来可传之志，亦不以续编掩。先生宏才，总揽罗络，何妨损益熔铸，自成为小谷之志，而听心池之志别行，管见犹惜谦让太过耳。已将杀青，自无变易。欲闭不言，又恐辜不弃朽废而下问之意，故复云尔。

某少溺帖括，长困簿书，又积忧恐，今虽退休，而始衰多病，神志顿少，才力败缺，养亲之余，愧未能尽意于笔砚。辱奖借太过，非不肖之所敢承。比敝族修谱以秉笔，见推辞之不得，半年勒成六卷。今录其序文考辨凡篇求正。昔子固亦尝以氏族之书请教于永叔矣。家之有谱，虽非史志之比，而于世教甚有关系。唯震川"宗法废而始作谱"一语独中肯綮，惜犹引而未发，序本此义而畅言之。先生视之，犹有一二语中理者否耶？不必以文章格律论耳。又刻成先祖遗书一部，并寄呈览，均希有以教之，幸甚。

今夏，枯旱毒热，穷乡悯雨，病夫神气日益眊然，近觉窗户生凉，始能把笔敬修手状，上问起居。岳茶一匣，聊以充信。伏惟为道自重，精调寝兴，不胜驰系。

又（丁卯）

客秋再辱尊教累幅，闻所未闻，如侍左右而聆謦咳，开拓心胸，振发聋聩。感幸无以云喻。续志例纲举目括，简而不漏，切而不烦，为自来志乘所未有。真能自出手眼，前无古人，良由才学识皆第一，乃能有此大集。诗文同此一副本领，自无不魁奇环玮，震古烁今。其下笔出人意外，复惬人意中者，不徒恃学之深博也。然于论程朱，见体道之精，虽不废考据，而非调停之说也。于论鸦片，见经世之善，实可见诸行，不徒立论之工也。词章之学觉，在先生固为余事，岂赞颂所能尽耶。鄙夫惟有五体投地而已。自惭陋劣，前呈所作，辱不弃而教之，生平未有之幸。家谱之文，不能尽出正史，此亦势之无可如何，深恐以无稽遗讥大雅，虽据旧文，而其所刊落者亦已十之六七矣。碑文近在墓下，窃以为较确。夫以理悬揣而不稽诸载籍，此考据家所必诃也。然如《唐书·宰相世家表》，以白乙丙为孟明视之子，洪容斋谓其承用私家谱牒，多所谬误，乃至诸家世次，寿数短长，史迁所记亦见讥于欧公。则国史亦容有未可信者耶！故援金石以校史文之舛漏，又考据家所不废用。敢引以为据而仍其旧文，不敢窜易。"自晋惠帝至宋理宗几千年"之语，始亦疑之，后详味文义，"几"字或平读，如"月几望"之"几"，《尔雅释诂》："几，近也。"则与九百之义适合。安阳之称，亦沿碑文之旧，始欲依袁宏替称字，而嫌于与碑文歧异，其以大司马称者，正史外亦未之见。亭侯虽小，爵也；大司马，官也，似不当相较。两汉宰相如萧、曹、邓、吴以官称，而灌、绛、魏其以爵称，田蚡终于相位，亦称武安，恐非以官爵大小别之。蜀汉无称爵者见于史，诸葛或以姓称，公琰、文伟以字称，岂亦有说耶？疑随时人所习呼耳。近王渔洋作诗，称赵子龙为"顺平"，故妄意称"安阳"或无碍，然实愧无据也。至碑所称尚书，考史乃录尚书事，非六曹之尚书。六朝有"总录""录公"之称，汉时犹非官名。碑文诚误，然或一时失捡，误以后世恒见之官呼之，亦未可执是以疑碑之伪耳。平日读书不多，遇此等愧不能参考而求其是，冀先生终有以教之，幸甚。大集初读一过，辄作恶诗二首，以寄欣折之诚，并录呈以发一笑。何时参陪，借罄所怀。①

小谷郑先生墓志铭

有儒一人，崛起岭外，曰象州郑先生。先生教于粤，粤之士宗仰之。名闻天下，天下倾慕之。其卒也，远近闻者如有所失，莫不嗟惜之。卒后，其孤溎与其门人姚善镛手先生之状，以先生遗命，属全州蒋琦龄文以铭其墓。琦龄与先生居相近，而踪迹违异，但以书相闻。先生尝见所上时政疏，谓"不图当

---

① 〔清〕蒋琦龄：《空青水碧斋文集》卷五，清光绪全州蒋氏刻本，第57—64叶。

吾世而有此"，而又规之以论学不宜有汉宋之分。琦龄既折其言，窃以谓疏所云特就世之已分者，思有以救其弊耳。闻先生且以主书院，复至桂林，相去益近，冀相见就质所疑，不意遽归道山，终不及一见于先生，方有无穷之慨慕。辱以志铭见属，其忍以不文辞？

先生姓郑氏，讳存纻，字献甫。避文庙嫌，名以字行，小谷其号也。先世于明末自北直隶迁粤之象，为象人。卒葬于象。曾祖名士，始入郡庠。祖璨，乾隆己酉科举人。父珊，名诸生，教授乡里。祖父以覃恩封赠如先生官。先生，道光乙酉拔贡生，是科举人，道光十五年成进士，官刑部主事，乞养归。同治六年，广西巡抚、学政以品学兼优合奏于朝，特赐五品卿衔。其为人乐易简旷，未尝忤于物，淡于荣利。在刑部仅十四月，既归，遂不复出。孝于亲，笃于内。行二，姊适人，贫窭无子，迎归，终养之。修祖祠、置祭田、编族谱，定其族之学业法则，名之曰《家记》。象被兵久，百事废坏，为修州志及书院。民田以失契隐粮，吏缘为奸。令民各书其田数、谷数纳之官，官颁以印照代契。民有信守，粮无缺移。其当官未久，尝慨禁鸦片烟非策，谓朝廷待吸鸦片烟之人宜如倡优乐工，凡仕进者令其署状不吸烟，如所谓无刑丧过。犯者人以为耻，则吸者宜少。不禁亦不税，庶于政体合。其为学，姿禀超绝、强记博览，自谓于物无所好，唯于书如鱼之于水也。既绝意进取，益贯综六经、诸子百家，于经义、史论、古文、诗词、四六骈体皆精之。其文于事物必钩述源委，见于何书，一一疏证之，虽至近至微不漏。其讨论条达委备，无艰苦雕刻之态。有补学轩散体、骈体文十二卷，《鸦吟》《鹤唳》《鸡尾》《鸥闲》诗集若干卷，杂著时文《制艺杂话》《愚一录》若干卷，家藏书目录四卷。岭东西大吏聘主书院二十余年，学者叩焉不穷，索焉皆获。所谓闻其名而慕，聆其论惊以喜，与之居不能舍以去者。其造就不可胜纪也。顾其考据之精博如此，而不屑以汉学自名。其品之高、行之笃如彼，而生平不喜宋儒之讲学，盖与其一切著述不拘格辙、不分门户，皆断然自为一家之学也。

岭右远在京师西南数千里外，动于时世之风会也常后。其山水峭厉而潋激，其民俗朴野偏狭，其地则南轩、东莱所尝讲学，其乡先哲之学，如前代蒋成父、陈处实、周东溪，本朝陈榕门，皆今所谓宋学也。士生其间，沐其遗风，服习其教训，备雾于时尚而不善为名。先生始撤而新之，虽当代鸿博大儒无以过。说者谓一洗荒陋之陋，而莫敢眮也。

然天下事，不唯学术，智者创之，巧者述焉，众从而和之，和之久，势积重而偏则弊生，弊至于不可为。有起而救之者，通其变，济其穷，功复同于创，其述而和之，亦终不能无弊者，古今一辙也。儒之术，汉以后日益分训诂、谶纬、义疏，词章，杂然而代兴。义理之学至宋而始盛，元述之，明和之，而章句流于隘陋，性命蹈于空虚，则亦不能无弊焉。姚江矫以简易而空疏滋甚。国初诸儒以鸿博救之，学始有汉宋之分。学者莫不舍宋而趋汉，述而和之，盛极于乾嘉，弊亦极于嘉道，贱躬行而贵口耳，弃义理而骛名物，学不切于身，用不关于家与国也。当时执牛耳之戴震东原氏则已悔于末路。谓"所记不如义理之养心"。姚鼐、程晋芳、张海珊、刘开之徒，各著论以挽其失。顾其末流，愈泛滥不可收拾，猖狂而猝不可胜。昔韩子抵排佛老，持论不如程朱之精严。程朱盖尝涉历二氏，比于入室之操戈。今先生为考据，而不肯以汉学名，不尊宋而制行与古贤合，殆亦借考据以夺时贤之气，而关其口以救其弊。至于宋学之失亦所弗取。则所谓不分汉宋，而求为中正之归者耶。学者尊而述之，岂直一隅之幸而已哉。

先生享年七十有二，以同治十一年十月三十日卒于桂林之书院，即以其年十二月六日归葬于祖茔之次。娶刘氏，二子，长曰滂，早卒，次曰□。女四，长适陈，次适刘，次字某氏，次尚幼。先生已官于朝，衔为京卿矣。尝自言非处士也。顾不乐仕进。广东巡抚欲奏而委用之，力辞之。广西巡抚之再荐，亦辞之而无及。既被命，乃服其服以拜赐，已而缄之，著《冠服说》以见志。盖始终以唻名嗜利为耻，异于今之为汉学者也。故依石徂徕之例，从其有德之称曰"先生"者，学人之呼，亦先生之志也。铭曰：

其初善兮其弊终，弊之极兮变则通；玩于物兮丧其躬，是为时学之穷；弃不一兮取不同，是为通儒之中。柳之水兮沖瀜，象之山兮龍嵷。佳城郁郁，佳气葱葱，行人过而下马兮，匪独粤士之所宗。

郑先生专于考据，其学不免于偏。然人品甚高，且不以汉学自名，自是一时才杰卓然自异者。文虽斡旋，然亦就其实曲传之，非改其真面以就已也。不分汉宋而为中正之归，则九原亦感如椽之笔矣。至其洞悉今昔学术源流，意有归宿，令人于言外得之。信乎有关世道之文。（李德礽谨注）

不分汉宋而为中正之归，谈何容易。文出以疑词，而增一求字，仍断而未定也，异于今之为汉学者。余论乃是定论。称量出之，适如其人，不轻许可。读者或不觉耳。（受业唐曜文敬识）①

跋朱伯韩遗墨

伯韩于本朝书家甚嗜刘文清，学焉与之神似。然刘书之妙，实宗米法。伯韩则益入平原之室，故于逸宕之中特饶雄直之气，抑其生平节概亦与鲁公相近。所谓"书肖乎其人"，此中殆有不容假借者耶。此卷为令嗣德修世讲所藏。余尤爱其小楷谨严，奄有晋人风规，盖其得意之合作，合众妙于一手，尤可宝也。②

赠族弟春甫震举时同应本州童子试

湘南山水天下奇，间气每于人钟之。我家名流尤辈出，汉宋以迄明弗衰。前有鶡寄翁，壮岁理学辉湘中（成父先生壮岁即精研理学，从鹤山于靖州）。后有敬所公，英年射策魁南宫（文定公年十五领解，成化丁未成进士，年尤未三十）。迩来风流讵歇绝，致身最早孰与同。坐令万里桐花路，不闻雏凤声璁珑。湘山西去更灵秀，忽降奇才破荒陋（弟家覆釜峰下，是湘山最胜处）。年少已讶学不廉，才多足信文为富。新诗示我十样笺，木难翠羽珍珠船。岂但方圆参棋局，早应过客留高轩。诘朝同试图书府，旌旗遥望眉色舞。文场恃子张吾军，勇气兼人愧余贾。花葩口齿粲芬芳，云汉手抉分天章。试官刮目宝所贵，诸生咋舌走且僵。生成修凤屠龙手，一芹试采诚何有？从知圣代得奇童，会有名公呼小友。仙路青云面面开，青云之句兆佳裁（近作有"欲步青云路，青云面面开"之句）。与君共登青云梯，我有其志无其才。伫看祖生着鞭去，愿附骥尾相追陪。③

---

① 〔清〕蒋琦龄：《空青水碧斋文集》卷七，清光绪全州蒋氏刻本，第4—9叶。
② 同上书，卷七，第41叶。
③ 〔清〕蒋琦龄：《空青水碧斋诗集》卷一，清光绪全州蒋氏刻本，第3—4叶。

窦谦谷煦明府玉斧斫桂图（图为其分校江西乡试时所作）

桂树团囷映天阙，桂蕊散漫低蟾窟。花楼甸线敞琼筵，醉眼清琴飞黄雪。银云栵栵赴瑶池，群仙起舞光陆离。霓裳咏罢轺轩发，醉斫珠宫第一枝。露脚斜飞望舒息，月里仙人寻不得。归来一点广寒秋，下笔能移众香国（杨诚斋诗"移将天上众香国"）。我闻灵椿不老燕山叟，异种亲培绵最久。五龙齐擷五枝香，柯叶连蜷根柢厚。复见出壑炯清冰，怪底斫轮称老手。窦侯秀茁双南金，郄枝被折老兔擒。桂兮本是君家物，况斫吴生斫处林。淋漓作画多真意，成阴何翅十年事。眼明长见吹古香，高攀世业垂无坠。更有宗匠望独隆，运斤习习看成风。斑门之下无拙工，此斧无乃金针同（窦所取多知名士）。锦衣贴月气多沮，鸡树一枝难借取。我欲斯斧玩斯图，良工利器思古语。①

礼闱分校

橐笔多年困转蓬，雪泥重引旧飞鸿。文章岂为科名用，颠倒今知造化工。疑有蛟龙随夜雨，只应桃李笑东风。何须添烛催吾辈，春色三分二已空。

君恩未报拜恩稠，但捡初心得自由。卞氏何惭文仲面？欧公愿出子瞻头。从知仙乐无凡响，坐惜明珠有暗投。自古战场凭吊苦，况从壁上见残骉。

会经堂后双丛杞，春老无人翠压茎。远胜园官供菜把，惯随菊蕊馈先生。萧闲院落煎茶地，悉窣阶庭振纸声（吏人求书者甚众，院中唯闻纸声索索然）。饱食犹堪酬笔债，也将涂抹偿春晴。②

闱中食杞（并引）

贡院会经堂后，有丛生杞。甲辰分校，尝采食之，有诗记其事。其秋以京兆试再入，摇落不复可食。乙巳又至，则春条加密焉。既总揽其盛衰，复感其地僻无人知，且知味者鲜也。仍作诗以俟后来同好者，庶几毋终沦榛芜焉。

我笑天随生，苟且厌粱肉。庭莎虽未剪，齿牙自惭恧。亦笑密州守，咀嚼闲草木。妄思延年寿，对案几颦蹙。宁知天下味，真者在蔬藜。况此佳杞苗，天精散幽馥。回甘自苦余，可爱固胜菊。我生藜藿充，愧耗太仓粟。寒菜犹咬

---

① 〔清〕蒋琦龄：《空青水碧斋诗集》卷一，清光绪全州蒋氏刻本，第22—23叶。
② 同上书，卷二，第10叶。

根，举家惯食粥。校士荷诏恩，三至历寒燠。秋叶一陨黄，春条再垂绿。后堂寻诗地，采掇动盈掬。菜把辱官庖，陈根致莱菔。有肉色如墨，有鸡小于鹜。尔杞杂其间，赖以果吾腹。同来所未见，笑谓堆苜蓿。殷勤劝之尝，苦口疑有毒。文章固如是，最下乃甜俗。君知郊岛涩，终胜元白熟。具眼擢孤芳，毋令闭幽独。吾诗但侑食，敢效苏与陆。

次和大司马许滇生先生乃普试院画竹

碧玉千寻已早抽，岁寒仍见绿云稠。新篁竞学干霄势，为有高枝在上头。

此君面目本清癯，春尽燕山得见无。回首湘灵鼓瑟处，临江亭子认三吾（三吾亭在祁阳浯溪，水竹绝胜）。①

斋中读书

翛翛风雨来，摇我南窗竹。我竹新种者，生意舒万绿。言携架上书，来就窗前读。风过雨亦止，萧然释烦燠。微言供玩味，清景媚幽独。人生苦热恼，得此意良足。惜哉出门去，仍与尘网触。不如巾柴车，归路讯松菊。

分教习庶吉士

清职愁难称，非才分已过。文章酬价贱，翰墨纳交多。自笑鲇缘竹，还如鼠饮河。倒绷应未免，相望共规摩。②

送朱伯韩琦侍御还乡

柏府霜寒乌夜飞，朝簪晓脱理征衣。泰山东望云犹蔽，秋色西来燕已归。出处无惭从古少，文章有用似公稀。郭门供张何须设，恐被旁观说见机。

诸司条例竞苛烦，独使殷忧属至尊。莫怪触关阍者怒，难忘辑槛圣君恩。再来宣室须前席，此去名山亦立言。李泌放还非不用，异时仍觅旧巢痕。

寒花背指放船时，驿路深秋景最宜。新得诗篇聊自赏，旧焚谏草有谁知？洞庭日落帆千里，易水风寒酒一卮。我是徂徕狂直讲，终逢圣德更题诗。③

---

① 〔清〕蒋琦龄：《空青水碧斋诗集》卷二，清光绪全州蒋氏刻本，第 12—13 叶。
② 同上书，卷二，第 17—18 叶。
③ 同上书，卷二，第 20—21 叶。

应试过华清宫梦明皇命题诗

昭应仙云入梦时,好春东出华清祠。休将禁苑铭靴手,先赋真妃裙带词。①

次和张中丞秋闱即事

贡树香分野菊醵,承明早入愧朝簪。论文未解丹还九,作吏今愁伍失三。往事只应惭李荐（乡会试分校者三）,旧人谁与唱何戡？会经堂后双丛杞（旧有闱中食杞诗）,落叶秋深隔渭南。

再岁生徒宴贺频,不辞敛版走风尘。莫嗤信手轻涂乙,尚为初心念苦辛。多士待烧今日尾,阿婆犹现青年身。扣帘赖有文章伯,句法争传众口新。②

大散关寄信甫毅甫时方应京兆试

有客东来兴尚豪,重阳节近记挥毫。褒斜夜雨铃愁说,大散秋风木怒号。过雁有书传足远,登龙得信解头高。迟君官阁联床夕,却话巴山行旅劳。③

再用前韵示院中生徒

衡州古名州,胜甲郴岸左。人才盛文章,珠玉随咳唾。科名每不负,蔚为邦国佐。搜岩富异材,入海收百货。山川钟灵秀,此语谅非过。退之咏红亭,迁谪气不挫。朱张继讲学,声应工倡和。数公翼宫墙,如室左右个。升堂接謦咳,由路夷坎坷。后生或梦见,精爽通夜卧。行身得所依,淬掌持自课。列郡方尚武,诗书贱岂奈。弦歌何寂寥,士气日以懦。思为投笔超,或耻饭钟播。仁义路渐荒,志节屈寒饿。作人陛下圣,新运额手贺。斯文日再中,有秋农勿惰。登兹合江亭,远想春风座。观澜学海至,得句惊石破。勖哉前构宏,勿遣俗尘涴。④

挽朱伯韩

宣庙有三直,吾推朱子公。立朝凡几日,疾恶乃如风。炙手兀时宰,焦头论近功。当年笑迂阔,颇与紫阳同。

---

① 〔清〕蒋琦龄：《空青水碧斋诗集》卷四,清光绪全州蒋氏刻本,第2叶。
② 同上书,卷四,第2叶。
③ 同上书,卷五,第13—14叶。
④ 同上书,卷一一,第4—5叶。

未泄种胥愤,堪悲晁贾才。旁求朝命下,痛惜士林哀。奏议尘封久,灵旗血战开。中丞速攻取,白马拥潮来。

绝学成孤诣,高文得正传(平日讲宋学,为文宗桐城派)。规模诚阔远,襟抱亦冲渊。岳笑轻尘足,材劳朽木镌(尝欲为羊城之游,又友朋为援例捐分发,皆以余言而止。余诗集经其点定)。刘蕡风义重,叠入玉溪篇。①

郑小谷献甫比部寄示诗文集奉柬二首

伧楚论诗文,其陋同学术。共持门户见,不耻残剩乞。荥阳冠群儒,依傍乃不屑。独挥八极斤,安用三尺律。博物无常师,识见弥卓绝。镕铸为伟辞,荟蕞亦择扯。学无汉宋分,诗岂时代别。生平笑归安,古文家以八(集中论文语)。贯穿会众长,有作皆超轶。岂唯一世雄,直是古人杰。

彦和亦有言,新奇乃反雅。披华固宜谢,诡趣斯为下。夸饰仍不诬,兼美盖亦寡。事博趣益昭,万汇入陶冶。君才诚天授,上齐古班贾。自然英雄姿,未许捉刀假。神交已多时,康成忍近舍。惜哉不得去,迹阻徒心写。泠泠楚明光,敢谓知音者。访道会有时,一接桂枝马。②

用前韵送犀裳秋试报罢省亲长沙

桂枝马未策山阿,谁斫吴生斫处柯。浪说画眉时样巧,从来眯目战场多。兰陔春草方催发,茅屋秋风且放歌。荆玉琢成犹待献,不辞恶石暂相磨。③

韦丰华

韦丰华(1821—1904),字剑城,别号大鸣山散人,武缘(今属广西壮族自治区南宁市)人。祖父韦有纲曾任广西永宁学正、兴安教谕,父亲韦天宝为清嘉庆二十五年(1820)进士,曾任巴县知县,到任五个月病卒,年仅三十五岁。清道光二十二年(1842)至二十六年(1846)五年间,韦丰华在秀

---

① 〔清〕蒋琦龄:《空青水碧斋诗集》卷一一,清光绪全州蒋氏刻本,第16叶。
② 同上书,卷一三,第3叶。
③ 同上书,卷一三,第11叶。

峰书院读书。多次科考未中，韦丰华辗转在村馆、义学等处授徒谋生。三十年（1850）始因家乡乱作，被"委以团务，自是戎马倥偬，不得安处"。清咸丰元年（1851）开始在阳明书院十斋启馆任教。三年（1853）至十一年（1861）间，韦丰华组织团练，"捍卫桑梓"。十年（1860）以军功被选用知县（没有实职），同年县试拔贡。清同治五年（1866）在家乡创办琴泉义学，在其中执教十一年。清光绪二年（1876）起在岭山书院主讲，四年（1878）返回琴泉义学课徒。十六年（1890）主讲西邕书院。十八年（1892）主讲阳明书院。二十七年（1901）以八十岁高龄辞归，获赏五品蓝翎顶戴，受思恩知府题赠"功在梓乡"匾额。

韦丰华诗文多和书院读书、教学生活相关。他与当地客籍文官的交往颇多，写下了不少表示景仰、感激的文字。其诗文著作，可以说是清晚期广西地方书院山长生存状态及情感、思想追求等的全景展现。

韦丰华所著有《黯然吟集》一卷、《耐园文稿》一卷、《应酬杂著》一卷、《增修武缘县志草》十四卷，今仅散见于《武缘县图经》、民国《武鸣县志》等书。广西民族出版社2009年出版有邱振声、赵建莉点校的《韦丰华集》，广西师范大学出版社2012年据民国十年（1921）抄本影印出版《韦丰华集》，收《今是山房吟草》七卷，《今是山房吟余琐记》初编三卷、后编五卷（存四卷），《大鸣山散人年谱》一卷、《诒穀堂族谱》一卷。本汇编所收韦丰华资料以点校本为主，以桂学文库本对校。

五月社课会即席口占

樽倾蒲酒醉同人，笑语欢然满座春。畅叙幽情添胜友（是日更有故人来入社），互呈佳作证前因。流连水石清闲趣，啸傲乾坤放浪身。壮志销磨豪兴在，一时心迹并超尘。①

初讲书示诸及门

执经肃肃侍童蒙，六籍纷披待折衷。入室他年观诣极，举隅今日乐开功。

---

① 〔清〕韦丰华著，丘振声、赵建莉点校：《韦丰华集》，广西民族出版社，2009，第41页。

相期只似求鸡犬，俱学应须绝鹄鸿。谁克起予谁助我？两端试与叩悾悾。①

书馆感吟

坐破青毡白发侵，童蒙漫与共居今。时敦木铎徒循例，日渡金针谁会心。牧受牛羊思塞责，仇成药石感滋深。春风岂靳频施惠，桃李何因蔚作林。②

道不合辞馆感吟用呈知好六首

斯世论交古道稀，穆生去楚早知几。而今吾亦从吾好，引领明山赋曰归。
苦念寒酸甚自惭，轻装惆怅捡文簏。于人恨乏圆通术，又益旁观一笑谈。
漫说遭逢命运乖，不能偕俗也非才。收将化雨还山去，忍负名花几树开。
散人踪迹本萍浮，进止真成不自由。多悔当时轻就聘，又添一段别离愁。
介性生成石不移，深心难使尽人知。旁观漫作扳留计，此去依经匝月思。
宾主原知少宿缘，师生徒尔费缠绵。闲身自笑投尘网，谤议多招岂为钱。

辞馆将归月下浇花漫吟二首

已属风波不定身，流连花里漫怡神。多情只有书窗月，依旧团圞朗照人。
准拟来朝赋我东，莫由长伴浅深红。明知勺水无多惠，聊端栽培未了衷。③

中秋暂解馆示诸及门六首

偶从林下育英才，杖履优游半载来。忽漫秋风催返步，无因驻到菊花开。
竟为年荒罢鼓歌，今宵无复有吟哦。停杯漫把诸生问，吾道伊谁得最多。
未了栽花一段情，来朝偏要我行行。分明尚有三冬约，毕竟离愁触绪生。
进退逡巡捡客装，恨长还是此心长。儿童却怪无知识，听欲还家喜欲狂。
草堂住久惯于家，欲去踟蹰去晚霞。第一关情何处是，小阑丹桂正含花。
青灯映映照离筵，从此师徒又各天。不识诸生凄绝否，吟蛩今夕倍缠绵。④

---

① 〔清〕韦丰华著，丘振声、赵建莉点校：《韦丰华集》，广西民族出版社，2009，第52页。
② 同上书，第55页。
③ 同上书，第69—70页。
④ 同上书，第71页。

为会考赴省候试别家人二首

重把浮名绊此身,明天攘臂走风尘。半肩行李贫犹昔,一枕黄粱梦又新。自顾龙钟怜老我,谬思鹿逐得先人。前程显有青云路,想是寒酸吐气辰。

话别难消内顾忧,零丁孤寡系心头。离家或免当家累,作客行添独客愁。不惮骅骝驰远道,漫言雕鹗荐高秋。寒儒奋迹谈非易,敢指抟风诩壮游。①

诸同年约考教习再练试卷偶成

自笑名心未肯灰,老怀依旧系云雷。来禽帖古还重抚,展骥途长更别开。齐脚文章摩习尚。抬头诗句苦敲推。趋时要善逢时术,欲得微官也费才。②

岭山书院独夜感吟四首

忝充山长漫称尊,肄业何曾有及门(书院倾塌,肄业者多不住院)。阅古大都评古艺(院课多有录古以取胜者),论文谁与共清樽(近日,斋长亦下乡收租去)。破毡半榻增寒意,疏柝三更击梦魂。抱卷倍添岑寂感,虫声如雨咽篱根。

绩学生平苦未工,起衰大力逊韩公。剧怜末俗风趋下,安得斯文日再中。积集如今须变革,圣功从古重端蒙。为师岂第谈时艺,后起知谁喻此衷。

词章最贵出心裁,五色花从笔颖开。孰意长官殷乐育,偏教多士竞论财(邑侯奖赏愈厚,而录古愈多)。文翁教泽深如许,武邑儒风挽不回。灵水明山磅礴久,何时再有轶群才。

独对青灯夜倍寒,筹思振靡苦无端。转移士习言非易,管领骚坛任本难。虎观谈经追往事,牛刀奏绩待贤官(邑侯近有重修院宇之议)。栽桃种李年来事,盼望春华日倚栏。③

题岭山院楼壁登龙图四首

水媚山辉是此区,文光彪炳武城隅。画工也识登科好,为绘龙门一幅图。

河流九曲浪千层,恰有风雷会可乘。鼓翅扬鬐看直上,门高俱让鲤先登。

运北图南壮志恢,乘时奋迹出云隈。暴腮莫更谈前事,变化从今即俊才。

---

① 〔清〕韦丰华著,丘振声、赵建莉点校:《韦丰华集》,广西民族出版社,2009,第82—83页。
② 同上书,第89—90页。
③ 同上书,第110—111页。

文星高朗际时雍，扬滞飞翘各奋庸。寄语散材休气馁，从龙终有好遭逢。

步和覃印泉同事书院赏莲之作二首

女墙环抱小塘东，界断嚣尘十丈红。碧沼静涵清浅水，琼花香霭疾徐风。相看净植标三伏，共喜流芳溢六空。芹藻丛中惬幽赏，多君酣抱五经筒（印泉兴豪，夜深沽酒再酌）。

漫言君子爱谁同，唱和声喧艺院中（原唱先有隆邦彦属和）。馨发共推花绰约，品题先得句玲珑。栽培自我追前日（院池莲久衰歇，及余主讲始复故常），韵事凭君占上风。有酒无肴嘉客至（时适周子洁叩门见访），夜深应理钓鱼筒。

诸友劝赴乡试感吟二首

五十年来白发侵，散材偃蹇伏山林。平时尽有登科愿，此日非无见猎心。祖逖先鞭私感触，王郎拔剑重沉吟。闺中老女终须嫁，却为衰颜感不禁。

九科颠踬追前事，竟把功名累此身。半世坎坷仍故我，三篇文字类输人。弹琴岂果知音少，献璞偏经刖足频。遥指青云筹再往，可怜须要拜钱神。①

重修岭山书院落成即事有作六首

重修讲院费绸缪，经始春三忽又秋。自古欢颜须广厦，于今集腋果成裘。辉增丹腰规仍旧，地逼红尘境独幽（院在城北隅，甚僻静）。既葺黉宫趁余力，藏修精舍早兼筹。

岭山泰运转洪钧，儒教修明待费神。垂象欃枪欣息焰，盈门桃李各争春。会应武邑风还古，窃幸文翁泽未沦（院创自道光初元，张邑侯显相主其事。今所存资皆其遗泽）。况复牛刀新奏绩，主持更有爱才人（此次举废，皆是孙蓉舫邑侯之力）。

危楼矗立插苍冥，虎岭龙津地效灵。秋水半潭侵座碧，远山成队列窗青。平添乐趣三更月，朗照偏隅六府星（楼上奉文昌神）。课罢问余何所事，书声随意倚栏听。

天井如屏石级分，层层有路曳青云。登梯莫不思扬滞，横笔相期克扫军。夏屋有容堪绩学，宵灯同对且论文。传心孰笑多奢想，秋解春元指望殷。

---

① 〔清〕韦丰华著，丘振声、赵建莉点校：《韦丰华集》，广西民族出版社，2009，第112—113页。

用世无因守破毡，谬居讲席已三年。怀才自笑青山老，设教聊将绛帐悬。振靡扶衰殷有愿，熏香摘艳喜多贤。文章华国儒生事，要渡金针敢卸肩。

　　鹅湖虎洞耳闻中，漫道今吾与古同。芋火光分堂左右，英才美聚邑南东（院中肄业多东南两路人）。鼓钟振响追周镐，芹藻流馨企鲁宫。启宇育才储国器，栽培行睹告成功。

梁伯琴学博见访有作即呈二首

　　翠叠明山地炳灵，泮林芹藻远扬馨。人师共仰端模范，士习咸夸得典型。化雨频施殷课月，文风拟振更观星（伯琴谓学宫缺贵人峰，宜于心星之度构层楼以补之）。缁帷岂是闲无事，折节论文到草庭。

　　文星朗照及幽沉，陡觉辉增翰墨林。耳熟科名惊贯耳，心倾矩训快谈心（伯琴所颁示读书作文课程，皆使循习）。京华雪印遥追昔，儒雅风流独步今。何幸宫庭闲草木，许亲光霁惬怀深。①

伯琴学博见和重修书院落成之作叠前韵奉答六首

　　经营院落始绸缪，旧事追谈五七秋（张邑侯创设书院在道光初元，距今五十七年矣）。贤宰时勤兴土木，儒生咸借学箕裘。清时教泽欣覃远，绝徼文光久发幽。今日衰颜思复振，化民成俗此先筹。

　　荆楚翘材赞国钧（孙邑侯，湖北宜昌举人），修文一股再留神。岩疆建树先敷教，艺院栽花要作春。革故鼎新求佐理，网张罗致及沉沦。岭山山长推承乏，岂我多能可铸人。

　　无因摆脱此寒毡，埋首书城忽有年。起凤腾蛟遗矩在，栽桃植李夙心悬。白云仰企成先业（白云，先宗人讳昊字也。和章有"罗红洞里绍先贤"之句，故及此），黄卷珍藏待后贤。此日谈经追虎观，谬将绳墨重双肩。

　　毓秀钟奇岂杳冥，权将默祐乞神灵。岑楼再葺金添碧，藜杖应叨火照青。相约洗心新日日，却怜垂发短星星。光芒艳说冲牛斗，究是虚声浪使听（来诗有"怪底光芒射牛斗，个中原是谪仙人"之句，故云）。

　　英少书声共夜分，相期从此际风云。达材切冀多成器，贾勇欣看小冠军（近

---

① 〔清〕韦丰华著，丘振声、赵建莉点校：《韦丰华集》，广西民族出版社，2009，第114—116页。

得及门刘文绮府科考捷案元之信)。好我苔岑深结契,叨君槐市细论文(书院堂课多经伯琴批评)。扶轮大雅裁狂简,八百孤寒待泽殷。

要使斯文日再中,作人愿力更谁同(来书有"武邑谁怜趋愈下,文川我欲障之东"之句,故云)。诸儒会极星环地,多士朝宗水向东。芸卷扬馨兴草泽,荐绅统领属芹宫。药笼但愿收樗栎,敢与名师并记功。①

步和伯琴学博修学署置书橱落成之作

学署书橱两井然,工竣即刻有诗传。宫墙美富追当日,典籍精华萃有年。问业尽教还请益,仰高谁敢复钻坚(邑城多盗,元作有"门墙前后庆高坚",故云)。谈经喜得衙斋静,风月犹欣不用钱。②

解馆将归吟别伯琴学博用其留别亲友之韵四首

春回黍谷上梅天,荏苒流光又暮年。见世本非鸾与凤,潜踪应视鲔还鳣。明知蔗境无多味,漫结芸坛不了缘。自笑公然专讲席,第将八股作心传。

平生习气等酸梨,难怪凡材早见遗。莫逐登科先业绍,聊凭拔萃小名驰。灵椿陨露空留荫(余未生而先子早下世),文梓迎风早折枝(余长子又青年早折)。况是兰摧荆且悴(癸酉东孤孙殇,比去夏内子又先逝),命乖如此欲何为。

壮志虽云未肯阑,生涯无奈破毡寒。飘零自悼经千劫,朴拙何能办一官(伯琴曾以干将不终埋没相许,自顾怃然)?介性不移虽入俗,愁心交感恨多端(吾邑文风未振,正气未伸,抚事伤时,窃深抱恨焉)。嗟贫叹老聊挥管,敢谓曾登李杜坛(伯琴俯与唱酬,谬以能诗相许,故云)。

课余无事爱摘华,大敌相逢是作家。笑我多方砖引玉,输君好句笔生花。将离敢惜披肝胆,有味何嫌冷齿牙。结个诗缘归里去,又抛芹藻问桑麻。

解馆将归时事交感夜坐示诸及门十四首

高馆希为伴,孤灯夜倍清。冰凝寒有骨,雨细冻无声。教事随年尽,归情逐梦生。拥衾劳辗转,疏柝忽三更。

造士官司责,肩偏要我分。及门争立雪,得路几登云?集虑飞鹗切,鸣期

---

① 〔清〕韦丰华著,丘振声、赵建莉点校:《韦丰华集》,广西民族出版社,2009,第116—117页。
② 同上书,第121页。

翙凤殷。多年成底事,据席但论文。

废坠须修举,谈经更督工。首谋嗟任重,襄事幸心同。藻绘辉黉序,芹香霭泮宫。主持资长吏,疏拙敢言功。

环顾储材地,鸠工再奉官。抽捐童辈易,借助老生难。旧院翻新样,高楼得壮观。敢辞劳且瘁,相待有孤寒。

偶忆琴泉事,回头倍黯然。资难筹白镪,祸竟起青钱。皂隶权能揽,绅衿累又牵。不图隆盛世,铜臭也熏天。

冬头相对戚,亦觉可怜生。应比官刑重,催科里役横。绩期中考奏,赋急下忙清。恐后输将辈,希闻笑语声。

一纸公门递,须钱百十千。衙规今倍昔,讼费后增前。托有包苴入,愁方荷校捐。财神如不力,莫漫喊青天。

胥役经行处,无风水自波。恩凭邀蔓草,法不恕菁莪。雨雪文光晦,冰霜正气磨。谁问超世网,林下有樵歌。

道路喧传说,村村堵未安。偏隅招赋易,浊世做人难。炙手三班热,迎眸四野寒。欲言还结舌,谁敢试危冠。

半子阳曾复,零丁恨未休。检身思对影,涉世忆从头。壮往羝羸角,荣华蜃幻楼。昂藏聊尔尔,忽又一年周。

困顿平生事,都攒独夜心。壮怀余短剑,初志郁焦琴。望断榛苓远,愁增荟蔚深。隐忧何处写,端合返山林。

请业人无几,吾今亦可归。余情萦院落,暮景恋林扉。久识风霜苦,还防雨雪霏。迟回缘底事,病体怯风威。

永夜沉吟意,文坛未了缘。诗情感触枨,别绪苦缠绵。邑里虽同地,师徒又各天。来年拟重聚,逆计指琴泉。

分手自兹去,家山已欲春。菊松还待泽,兰桂早成邻。遁世独清事,归真不辱身。年来功过在,毁誉一由人。

伯琴学博过院送别并赠诗用前留别韵奉答四首

翘首林泉世外天,早悬风月待余年。长空飞倦真如鸟,故土潜多幸有鳣。鸣鹿漫言蘋可食,求鱼久叹木徒缘。还归问我忙何事,一线书香尚未传。

明知百果皆宗梨，斯世皆非我弃遗（近日肄业生徒多有留教来年之议）。道路尚须劳引导，骅骝无奈怯奔驰。回头草欲荒三径，屈指梅曾放一枝。叙乐有园家有政，芸人舍己究奚为？

酬唱赓歌兴未阑，院斋却苦一灯寒。棋残端合完斯局（岭山教席故例，每三年必易师，故云），鲍落非同守有官。留别句聊宣悃款，赠言情讶溢毫端。行行且止还连袂，高咏重登大雅坛。

知心久约赏春华（邦彦近以别业桃李将花，有信相约），指点双泉更有家。庶免我生长草草，由他人世自花花。曾凭白刃争眉角（谓办团剿匪往事），且吃红绫诮齿牙（谓朝考旧事）。两事及今都罢手，笑将香粉当胡麻。①

琴泉院启馆吟示诸及门二首

救敝扶衰力已殚，林园归卧席应安。岭山主讲留陈迹，琴水寻春惬静观。相与名流成契阔，未除习气守寒酸。栽桃植李存余泽，且向堂前灌桂兰。

童蒙求我执经来，漫展寒毡馆又开。贫士生涯原尔尔，穷苦乐趣亦恢恢。论文所贵能知道，答问还思更达材。今岁应无尘俗扰（前在岭山常有地方琐事相须措置，故云），风花雪月任敲推。

寄怀伯琴学博六首

明山灵水判天涯，知己无多怅别离。秘枕珍存题赠句，一番雒诵一神驰。

见怀客腊荷传笺，愁破风凄雨晦天。却恨双鱼沉雪海，覆函递不到君前（去年复书，曾为邮人所误）。

三阳送暖到芹宫，虎岭龙津淑气通。高咏料应忘署冷，满门桃李笑春风。

课罢鳣堂逸兴悠，趁晴闻作凤凰游。文章烟景春光好，李贺奚囊想并收。

结个诗缘我便归，闲身自笑锢岩扉。高情深感今如昨（有人自岭山来，言伯琴频到书院探余入城之信），光霁还瞻别思飞。

寸悃聊凭尺素舒，更烦青鸟一传书。重论樽酒知何日？好把吟篇远惠予。②

---

① 〔清〕韦丰华著，丘振声、赵建莉点校：《韦丰华集》，广西民族出版社，2009，第122—125页。
② 同上书，第128—129页。

步和伯琴学博得内戚暨旧徒采芹食饩佳报之作

笑引芳卿诵报章，采芹食饩姓名香。才堪用世长齐展，道有传人愿毕偿。庆祝更添如意事（报到日适值伯琴乃内子设帨之长），谈经还忆读书堂。内兄岳叔同翘举，内戚多多集吉祥（乃内兄补廪，乃岳叔更捷武库）。

伯琴仁甫两广文赴宾阳送考吟赠其行

八百孤寒振羽翰，缁帷人亦驾征鞍。趋风共趁春光暖，冒雨应忘客路难（起程日大雨如注）。快睹藻芹生泮沼，凭收桃李满骚坛。谁言豆腐官常冷，此去齐更苜蓿盘。①

闻岁考之报门下无一采芹食饩者怅然有作二首

特达胡为只异三（门下惟曾异三考得一等，第一名又系实廪），荣邀廪禄竟空谈。曳兵战士争趋北，拔帜奇才举让南（此榜得食廪者，皆邑南人）。笠岭峰峦虚毓秀，琴泉花木亦增惭。佳音倾耳佳无几，累得山人酒不酣。

更将横扫问诸童，披靡依然竟望风。桃李满门徒侈计，珊瑚入网亦谈空。春深临浦芹滋绿，节过清明杏冒红。科考有期重整旅，可能转败各成功。

旸甫宗弟自土司遄归应试中途病故闻讣悼之

桃李盈春林，期许符我心。旸甫独殂谢，凄然传讣音。念我昔稚齿，颖异曾逊尔。云路争祖鞭，尔偏莫我比。壮哉穷益坚，磨砺三十年。苦心天不负，五旬终腾骞。晚成知大器，指日擢高第。翘翘杞梓材，胡然道路弃。昔我为峰英（峰英名孟贤，旸甫族弟，殁已八年，有才不寿），老泪曾一倾。熔铸几费力（峰英从余游多年），不克观厥成。吾宗祚不薄，得尔再振作。客岁读鸿文，登科深有约。易名曰慕贤，起后期光前。有才却无寿，梦梦难问天。澹斋崛然起（澹斋名龙昌，辛卯孝廉，旸甫族叔，无子），文名贯人耳。族子衍其传，奈何复如此。

陆峙东世好岁试招覆不售赍志而殁闻讣悼之

孰意翘翘士，名难与命争。豪才空在抱，小试漫蜚声。失路归三岛，回头

---

① 〔清〕韦丰华著，丘振声、赵建莉点校：《韦丰华集》，广西民族出版社，2009，第130页。

拥百成。令人谈往事，使我泪纵横。况复传诗礼，徒多萃弟兄。梓桐悲短折，樗栎慨滋荣（陆锡梦先生有七子，长者多能而早逝，惟峙东力继述，其余皆无足比数）。种桂还虚愿，移花浪有情（峙东中年未有嗣，拟以女招贤承祧，故云）。承家劳独任，保世究何成。大限严如此，长眠恨不平。峙东吾悼尔，终老一童生。①

黄希彭姻丈接掌岭山教席吟寄二首

铸颜雕宰重双肩，快睹名流马帐悬。雨化首施君子教，雷同应辨古人篇（院课诸生童多录古名作以干奖赏）。鸿文日课金针渡，鹿洞风徽木铎宣。八代起衰权在手，好凭翰墨衍必传。

一村花竹富书声（李兰卿郡伯旧赠夏黄村诗人句），黄卷风流旧有名。在泮藻芹斯萃聚，盈门桃李遍栽成。鸠工借我弥残缺（院宇倾塌，经余出首修补），蛾术需君阐粹精。邑志补修犹有待，悬知课罢倍关情。

诸及门科考报罢来归吟示慰勉三首

丹梯有约共攀跻，翘首青云路转迷。体弃菲葑仍复尔（岁考失志，不意科考依然被弃），材登栻朴更休题。固然诸子时难遇，也是先生运不齐。此日草堂稀喜报，琴泉树石亦增凄。

转败为功岂易言，名场多惹泪添痕。刘叉幸早鳌头占（旧及门刘生文绮以府案元得幸入泮），李至徒为凤羽骞（旧及门李生国桢，文不甚佳，亦幸入泮）。迢递前程斯发轫，汪洋学海孰探源。得之有命看如此，文字高低不要论。

升沉荣落本由天，抱璞何须泣涕涟。事业要须争结局，功名只合听因缘。兴言蕊榜神为往，只恐芸窗志不坚。未必青衿无我分，储才好待再来年。②

落花吟为道考招覆被弃诸童作

无端萧索到芳丛，遍地斓斑讶堕红。粉蝶梦醒三径悄，黄鹂声老一林空。方将国色邀欣赏，讵独时妆扮未工。忽漫吟开复吹落，世间多事是东风。③

---

① 〔清〕韦丰华著，丘振声、赵建莉点校：《韦丰华集》，广西民族出版社，2009，第132—134页。
② 同上书，第137—138页。
③ 同上书，第141页。

及门陈佛岩府科试抡元志喜二首

青毡一席破琴泉,刺绣金针渡有年。窃幸及门如我愿,欣看奋迹占人先。抡元似昔曾成例(旧及门甘生照京、刘生文绮皆科试府案首,今陈生亦然),覆试纵今岂再捐(陈生前次道考曾经招覆见遗)。义学悬知文运转,笔花齐放各争妍(前列者,及门更有四人)。

小子能为第一人,先生也不枉劳神。论文早拟机中锦(及门廿余人,陆生文本较胜),有价堪沽席上珍。信是发祥由择课,会应登第更超伦(黄希彭谓建义学原课欠佳,故读其中近无得售者。去秋更为择吉修山以开文运,今果然)。环观童辈英英起,况复如花恰际春。①

得及门黄小兰谢小坡科试喜报

风云会合本前因,孰谓遗珠不见珍。再得锦标真得到,重烧火浣倍增新(两生皆岁试招复见遗)。先登蕊榜曾三志(岁考及门得售者二人,并宗儿而三),薄采芹香又两人。种李栽桃经数载,漫夸着手尽成春。②

李新畲执友主讲岭山得与晤叙既归有怀寄还四首

有缘幸得合萍踪,久别重逢意倍浓。流俗自增新感喟,故交不改旧心胸。扶衰此日还需子,任怨多年却笑侬。桑梓关情劳计议,生成缺陷待弥缝(新畲久客归来,见本乡俗敝风颓,雅有整顿之意)。

岭山一席驻经师,乡国兼须力护持。猾夏端难忘远虑(近日有洋人将入境传教之信),登春幸共恋清时(近日十七里父老皆有防御洋人之议)。文论马帐非徒尔,治赞牛刀更待谁。单父鸣琴殷友事,悬知决不负彼期(彭次云邑侯以庶吉士改官新任,每事必向新畲询访而后行)。

既超浩劫几星霜,往事回头待纪详。修志我曾留一役(前四年,余曾拟增修县志,以众心未协未及行),著书君合展三长。穷间幸尚存黎献,令尹还欣得庶常。机会可垂堪借手,寄声当局莫彷徨。

文江应为障之东,行将化雨寓霖雨。好挽今风还古风,谁谓穷居权不属。言坊行表莫非功,(原抄本不全)。③

---

① 〔清〕韦丰华著,丘振声、赵建莉点校:《韦丰华集》,广西民族出版社,2009,第172页。
② 同上书,第175页。
③ 同上书,第177—178页。

启馆日示诸及门

寒士恃舌耕，孰不竞趋利。笑我却不然，株守绝希觊。宾阳来聘书，谓是好馆地。顾恋琴泉花，多金偏舍置。岂不畏困穷，而甘处乏匮。惟念满庭芳，一一难遗弃。双桂早含丹，丛兰且滋翠。桃李梅橘橙，结实俱取次。吾身苟远出，灌溉任谁寄。开正春气到，人各有所事。择日又启馆，还把吾徒萃。往者勿可追，来者胥受贽。抗颜俨为师，责半父兄备。种植有余闲，端应日讲肄。树木计滋培，树人谈道谊。德行其本根，梢末乃文字。吾儒有用身，隐居即求志。所愿二三子，功毋亏一篑。腾实斯蜚声，为我慰劳悴。自顾闲散人，清贫本无忌。馆谷丰不丰，岂或萦梦寐。花里听书声，欣然情自遂。闭门可独醒，焉用随人醉。①

自书馆回家过年

子弟各归去，吾今亦返家。雏孙啼恋祖，病子苦呼爷（次男久抱恙）。卒岁筹须裕，居贫愿每赊。怪来吟兴减，兀坐对灯花。等是家常用，新年费十千。漫云丰馆谷，犹恨涩囊钱。有命求难强，生财听自然。贫寒知数定，何敢咎皇天。②

启馆日有作（二首）

未了传经事，春回馆又开。旧徒仍萃集，新友亦随来。树再培桃李，阶还拓藓苔。散人长有役，可是只求财？

漫作趋时局，词章且细论。熏香沿积习，削墨扫陈言。有代金针渡，何嫌木铎喧。相期成绝业，谁克溯真源。③

遣宗儿赴秀峰书院肄业

儒生患孤陋，广益须远游。果不恋妻子，安能守园丘。桂林秀峰院，群萃皆英流。奇疑便赏析，声气堪应求。遗事念我父，壮往迥不侔。南嵩得师长，叠彩为勾留。洎我继先志，亦尝出谷幽。求友榕垣里，羁系五春秋。我父志向

---

① 〔清〕韦丰华著，丘振声、赵建莉点校：《韦丰华集》，广西民族出版社，2009，第197—198页。
② 同上书，第203页。
③ 同上书，第206页。

上,从不为贫忧。云路果翔去,声名震皇州。我身济舛运,努力排诸愁。虽则终偃蹇,亦无或承羞。今为我儿勖,继序是早谋。年华值富盛,进取无夷犹。虽曰家累重,我尚能为头。砚田即瘠薄,亦有下农收。今岁逢大比,举业谁弗修。他山资错石,登科原有由。惟念省会地,人情多虚浮。得朋谈匪易,择交须贤俦。结契仗忠敬,言行相旋周。自重责人薄,方克寡悔尤。命尔出门去,约略为熟筹。广行胜独学,侈愿何以酬。慎哉作游子,未雨应绸缪。竭蹶副余望,后劲追前矛。谢李携同志,夙称情分投。有美偕待价,非犹贾不售。指计蕊榜揭,荣登孝廉舟。还拟京国往,万轫游瀛洲。①

西邕院启馆感吟二首

守相宣猷志化民,修文借助懒残身。因知为国储材切,快睹从游待泽新。院小却难容济济,年衰漫拟诱循循。抚躬自觉肩担重,一席青毡任树人。

阳明以后有兰卿,往事谈来记得清(吾郡文风始振于王阳明先生而盛于李兰卿太守。今已不及于古,慨甚)。化雨涵濡敷善教,文风靡敝振边城。英才乐育成规在,实学尊崇习尚更(俗学溺于词章,少有志于正谊明道者矣)。漫把人师推及我,究将何术铸群英?②

西邕院夏夜即事四首

荒城无地足徜徉,局促蜗居苦热场。却幸雨收余夕爽,莎鸡环砌话秋凉。引绳削墨日忘疲,暗渡金针也费思。一曲熏来刚课罢,挑灯还改自家诗。频醒蝶梦自蘧然,暑退宵凉别有天。横枕不嫌门洞启,半轮斜月到床前。萧斋寂历俗尘清,随笔成吟寄远情。不意诗魂频击醒,官衙更鼓静中声。③

偕陆晓楼斋长谈时事感题岭山院壁

抚时思古倍伤今,世事详论感不禁。廉正几能追往哲,贪偷多半属儒林。扶衰振靡怜孤掌,攘往熙来隐痛心。后顾无穷重惆怅,中流砥柱问谁任?④

---

① 〔清〕韦丰华著,丘振声、赵建莉点校:《韦丰华集》,广西民族出版社,2009,第221—222页。
② 同上书,第231—232页。
③ 同上书,第234页。
④ 同上书,第241页。

邑诸生钱遂生邑侯于岭山院陪席口号以呈

官绅师弟订来缘，桂月依依照别筵。万缕情怀杯酒里，娲皇恨不补离天。①

在邑访莫子慎广文不遇既归西邕有吟寄六首

重论促膝怅缘悭，虚向芹宫往复还。合笑山人无赖甚，漫将屐齿破苔斑。

冷官艳说有闲情，追逐吟朋出郭行。所到溪山题句遍，黄梁曾否应同声（谓黄芷坪、梁熙亭也）？

赠言闻道擅佳章（谓赠谢邑侯之作），拟向吟坛一抟扬。不意孱躯多怪疾，催人速返白云乡（余适有风痹之患，不克久住，故云）。

忆自官街一面来，梦魂频夜与徘徊。相思合再图良觌，无奈沉疴锢散材。

斗大思城拥薜萝，万山丛里得秋多。寒斋寂寞无人到，药铫茶铛伴坐哦。

系念鳣堂别思深，屋梁月落几沉吟。无多骚雅山河阻，谁共青灯话素心？②

砚宾郡伯重建阳明书院并构书楼落成初夏自西邕移席课读即事有作八首

三十精庐化劫灰，多年芜没复荒开（李兰卿郡伯初建书院，原有书屋三十间，以郡城失陷倾圮，今始修复）。园林有主推循吏，教诲相须及散材。胜地山水归管领，春官桃李付栽培。吾衰久矣犹无恙，合笑龙钟负杖来。

载籍新颁到五车（马玉山中丞颁给书籍，奉饬就院开设书局），冠童咸集水云涯。文翁化俗功徐奏，刘向传经愿倍赊。把卷坐消清昼永，凭阑吟对夕阳斜。榕园况是春常住，墙外柔桑怒发芽（院地旧名榕园，系岑土府游弈之所。今郡伯以其余地植桑）。

信是阳明仕学优，文章勋业炳千秋。归流改土名臣始（王阳明先生平八寨，始改土府设流官，开郡治于此），讲艺投戈胜迹留（阳明先生受降息兵，尝讲学于此，故院即以阳明名）。崇报昔贤祠宇构（院后堂旧名崇报，阳明神主于其中），仰维今日礼堂修。馨香俎豆瞻遗像，宸翰辉煌在上头（院既重修，马中丞寄到阳明大像，饬镌于堂中，并奏请列入祀典。今上御笔题"教衍云岩"四字匾，升诸神座之上）。

危楼矗立俯穷荒，万轴牙签个里藏。有事枕经还眠史，驰情摘艳且熏香。

---

① 〔清〕韦丰华著，丘振声、赵建莉点校：《韦丰华集》，广西民族出版社，2009，第 244 页。
② 同上书，第 245—246 页。

兴言蕊榜秋来揭，苦抱芸编夏课忙。环顾及门期远到，循循那觉小年长。

肥梅好雨快时晴，画里窗开眼界清（楼下旧有船斋三进，第二间名"画里窗"）。临水看山饶逸致，僮花仡鸟结遥情。匾门涉趣尘心豁，抚景兴怀别思生。废院修成谁起议？风流咸忆谢宣城（重建此院，实系谢遂生邑侯倡捐之力）。

一麾回忆李公来，为国储材夙志恢。作雨扬风先学校，临渊踮石尽亭楼（兰卿郡伯建院于三十轩外，更构合江楼、观澜榭、修志、铜鼓、知稼、菜香、修禊诸亭，皆临江踮石，扉如图绘）。欣看绍复齐捐俸，可奈增修尚缺财（今院屋尚未克如旧）。春禊秋灯多乐事，抚今思昔重低徊（兰卿郡伯常于上巳率三百三十三士修禊于院中，又中秋在院张灯会饮赋诗，备极升平之乐）。

局促西邕历二年，不图今许赋乔迁。画屏作对环春树（画屏县院前案山名），诗境追寻拨晓烟（院东偏池中石，兰卿郡伯尝镌陆渭南"诗境"二字于其上）。积弊却遗多士恨，扶衰还待大夫贤（兰卿郡伯所置膏火之资，今仅存者多为赀户拖欠利息。今郡伯正拟整饬，而忽以丁艰去官，只留待后，多士欷甚）。灵光愧我岿然在，孤掌难鸣只听天（年来老成凋谢，欲厘清积欠，苦无相助，慨甚）。

思城斗大万山间，元气何因得复还？教养兼筹资大吏（谓马玉山中丞也），声灵震叠及诸蛮。从游窃喜来夷裔（今年肄业多有土司远来者），主讲无如值老孱。回首少时遥记忆，当年弦诵满重关（兰卿郡伯既成此院，再构西邕，尝有"不道二黉能并建，一时弦诵满重关"之句。余童时肄业院中，犹及见其盛）。

榕园即事漫吟十首

自笑徜徉不世情，闲吟闲坐复闲行。嚣尘远隔论文地，人浊何妨我独清。
溪山水石足陶然，心远浑忘世俗缘。自许榕园权作主，逍遥亦一地行仙。
袅袅歌声与耳谋，昼长吟罢倚高楼。凭阑纵目芳郊外，火米畬田正有秋。
优游散步到江干，意钓无烦更把竿。信是水流心不竞，忘机鸥鹭与盘桓。
诗境流连晚趣多，夕阳冉冉上崇阿。会心所在原非远，倦鸟知还树几科。
百年事业诵弦中，童冠追陪一老翁。消受林泉清静福，合将佳兴与人同。
石有留题石有顽，摩挲时拨藓苔斑。天开负郭清闲界，尽许迂儒托老孱。
院门斜傍曲江开，不禁观书问字来。有几俗流能似我，晤谈酬对尽英才。
云龙风虎会无因，万卷丛中老此身。一任樵夫工笑士，残年准作在山人。

啸傲烟霞乐不疲，散材无用适时宜。鸟啼花放须关照，那管风波十二时。①

收到馆谷自嘲二首

儒冠儒服久藏珍，就聘依然一隐沦。管领山水权作主，逢迎风月迭为宾。谬居讲席称名宿，仍旧题衔署散人。抱拙守愚安故我，何由救得此生贫？

古稀晋一漫叨天，残喘分明亦苟延。业请冠童忙月课，债拖衣食慨星悬。于怀遣兴无多日，枵腹谈经又尽年。谁意及今收馆谷，囊钱也有十余千。②

阅课卷示诸及门八首

榕园院落境清幽，主讲多年课士流。朋有远来真可乐，我缘衰甚却增愁。登堂请业须言教，据席讲经与道谋。心血平生几费尽，更将何术惠婷修？

试把诗文议定宗，苏韩李杜合追踪。名家不少成规在，售世终须习尚从。棘目何疵拦路虎（句中有梗字读不下者，昔贤谓之"拦路虎"），挥毫有谱入云龙。应心得手圆为妙，着意休教理域封。

小讲虚笼费酌斟，擒题人首敢粗心。行机取势详开合，宅句安章辨浅深。滥墨端应高阁束，明文好作正途寻。六经醉后方拈笔，此语堪为座右箴。

逢时利器究如何，要诀言来不在多。合掌同头都是病，空腔滑调莫非魔。清圆醒快删芜秽，沉实高华熟揣摩。第一破题难苟且，主司去取首凭他。

八股文通八韵诗，摘华俱取适时宜。铭心誓与仙为伍，吐气焉能俗不医。雅正清真名贵品，端庄流丽吉祥词。由来铸字非容易，莫笑前修捻断髭。

赋者敷陈亦擅扬，谋篇分段好平章。精词律吕丝桐奏，多买胭脂采藻扬。慷慨务参骚客旨，婳妍还抚美人妆。指南一帙行当世，所愿同心爇瓣香。

随时徇俗漫为师，考古观今几熟思。岛瘦郊寒应借鉴，班香宋艳要兼资。金针暗渡言须我，铁网宏收问及谁。应试挟持何具去，青灯坐对好敲推。

诵弦人萃笾交孚，幸际熙朝雅化敷。作育恩涵贤太守，裁成责备老寒儒。云程在目高期许，月课劳心费改涂。削墨每为苛刻论，吾徒曾否谅区区？③

---

① 〔清〕韦丰华著，丘振声、赵建莉点校：《韦丰华集》，广西民族出版社，2009，第249—252页。
② 同上书，第267—268页。
③ 同上书，第272—273页。

及门皆赴试独夜漫吟

娱老我何恃？讲席罗英奇。传心日提耳，兼论文与诗。榕园辟馆宇，□□□□□。□□□□□，□□□□□。①

解馆吟示诸及门二首

讲院相依岁又终，流光难挽水朝东。清完课月论文罢，更约来年合志同。雨散云分归岜崿，风香日再暖菁葱。有缘此地能重会，三益知加集冠童（日来，有至院询来年教事者不一）。

五教矜言化雨如，心传何在只攻书。宏才岂第工词藻，至乐偕寻向饭蔬。所愿尚赊同古好，将离难舍与今居。年来觉后肩担重，可奈颓唐老逼予（近日，郡伯又关请留馆）。②

阅小课卷有感二首

夜课更深墨再研，灯前裁就短长篇。挥毫秃笔乌龙水，呕出心肝只自怜。

及门济济竞吟哦，佳作都将付错磨。却怪鲜能除熟套，年来滥墨误人多。③

阅课卷即事吟（二首）

匪是论文便说诗，闲居那得空闲时。劳生有役劳难告，老至几同老不知。削墨引绳殷指授，焚香继晷照心期。环观试问登堂士，克副提撕果属谁？

可畏祁祁萃后生，榕阴深处富书声。趋时窃慨词章靡，镇日矜谈性道精。急索解人存素愿，尽材由我竭丹诚。宵深何借消余兴，雨霁风晴皓月明。④

再诣院出门作

怅我长劳要舌耕，风霜雨雪瘁余生。难安蔀屋矜团聚，再赴榕园作远行。未克息肩为铎任，还抛盈耳弄璋声。明知此去非长别，顾恋牵衣也动情。⑤

---

① 〔清〕韦丰华著，丘振声、赵建莉点校：《韦丰华集》，广西民族出版社，2009，第277—278页。
② 同上书，第298页。
③ 同上书，第299页。
④ 同上书，第303页。
⑤ 同上书，第307页。

解馆自郡归里

穷年埋首向书林，岁晚难抛故土心。且别榕园三径古，遄臻蔀屋万山深。当归岂畏征途雪，主讲仍函盛□霖（朱郡仍下关留馆）。解橐却贻儿女笑，碎花几两束脩金。①

陈砺庄郡伯卒于宾阳试院吟以志悼（二首）

共幸阳春有脚来，神君忽作泰山隤。方图御侮今休矣，未遂旬宣亦恸哉！赤紧正恢仁寿宇，黄堂胡折栋梁材？况兼仙吏风流尽，愁集镇铘雾不开。

旅榇遄归并买船，西邕逝水亦凄然。相寻化羽登仙箓，未及悬车致仕年。静镇递遗边徼爱，廉平谁嗣使君贤？岩疆怅睹骈幪撤，不吊端应咎浩天。

李温之同年到郡教授任过访榕园有作即呈（二首）

知心又遇李青莲，载证三生石上缘。论学具征无异趣，忘形叨与认同年。光风霁月心非俗，品水评山眼是福（温之精于相地）。自幸毵荒犹未死，维皇纵许友多贤。

信是潜修德不孤，过从谈笑有鸿儒。多君竞爽抟鹏路（温之昆玉三人，并登贤书），愧我沉沦守兔林。白刃几经花世界，青灯仍恋雪头颅。榕园讲席谬承乏，岂靳良箴规老夫。②

今是山房吟余琐记初编

三十二

道光壬寅以后，余肄业于秀峰书院凡五载。所得良友如泗城王耿川炳星、林和庵中霭、归顺陈梅坡良勋、平南傅弼臣杨清、马平杨秋涛淦及其弟采臣作丽、灌阳文东里定侨、邓袖南锡俊、郁林牟荫南树棠数子，前后缔交，皆称莫逆，能以端品殖学相敦勉，不徒而酒席诗坛中泛谓知己也。别后常劳魂梦。比辛酉秋，再赴乡闱，遍访消息，则或仕或隐、或襄或没，所得相与把晤，重证前因者，惟袖南一人焉。余于是殊不胜今昔存亡之感。偶吟数绝见意。而袖南亦拳拳念旧，依韵见酬。将归，且有诗以赠别。"桃花潭水深千尺，不及汪伦

---

① 〔清〕韦丰华著，丘振声、赵建莉点校：《韦丰华集》，广西民族出版社，2009，第309页。
② 同上书，第318—319页。

送我情。"余于袖南得之矣。其见酬三绝云:"流水年华感逝波,惊看双鬓欲丝皤。头颅如诗同为客,可奈萍蓬散日多。""怀人风雨忆南天,樽酒论文旧日缘。一自韦皋相别后,关山烽火怅年年。""谱订金兰道本同,久离情绪幸相通。好将出处商量定,得志毋忘一亩宫。"

其《赠别》二律云:"桂花香里赋偕游,远别多年愿总酬。难得倾心明月夜,正逢搔首问天秋。雄谈激壮经戎马,逸气纵横贯斗牛。况有新诗赓唱好,云烟满纸写绸缪。""赋就停云屡递笺,令人一读一缠绵。正欣鹏路冲霄汉,忽唱骊歌厂绮筵。巢父长鲸归去日,谪仙秋雁送行篇。离慄别绪终难了,底事忙撑张翰船。"

此数诗袖南当日自谓其未绵丽,然情之所钟,语不嫌朴。余每披吟,恒觉其至情洋溢于楮墨间,并忘其言之工拙也。

三十四

周稚圭中丞之琦,原名之隽,河南祥符人。先君子庚辰会试房师也。道光辛巳,先君子以即用入蜀,未履任而疾终官邸时,中丞任四川盐茶道,笃师弟之情,偕蒋砺堂制府攸铦作主募资,得白金千有余两,付先季父鹿坡公,俾扶榇南归。后岁己丑,中丞以布政官桂林时,先大父司铎兴安,叨其念旧,格外垂青。庚寅先曾大母寿晋九秩,更叨撰文以祝。迨壬寅重来抚吾西粤,余适奉慈命诣桂林肄业,得以小门生礼谒见,又叨垂悯孤贫,助以膏火费。公余且令以课艺呈阅,尝批示曰:"文思深辟诗韶秀,自是可造之器。"余于中丞,累代受恩如此,实不胜感激图报,而无如才疏学浅,甚以运舛时乖,亦徒结一虚愿已耳。忆余以文呈并以诗献时,曾有"举首仰攀铃阁峻,鞠躬趋进戟门高。新恩厚被重重渥,旧事深叨款款论。幸许及门裁小子,何因登第报名公"之句。中丞训曰:"吟咏是读书人余事耳,做人以端品笃行为上。吾愿尔为名儒,以继乃祖乃父理学之绪,非徒愿尔为词客也。"言犹在耳,心焉识之,顾备经浩劫,学殖日荒,自抚泚躬,且年几半百矣,窃恐终负所望。①

---

① 〔清〕韦丰华著,丘振声、赵建莉点校:《韦丰华集》,广西民族出版社,2009,第347—348页。

七十四

　　李兰卿郡伯甫下车，见吾郡荒陋，即惓惓以教士为务，于郡郭东南隅双江合流处，得王文成公讲学遗迹，特辟榛芜，构精庐以居文士。榜其门曰"阳明书院"。其地系土官岑氏废园，旧多榕树，名曰"榕园"，故书院亦名"榕园"。郡伯自号"榕园主人"。园中讲堂曰"润经"。其后堂曰"崇报"，内奉文成公神主。每秋九月卅日为公生辰，郡伯尝率三百三十三士以行祀礼，赋七古一篇，以纪其事云："度六壬辰逢此日，神光忆照尚书室（公生成化八年壬辰，迄今经六壬辰）。笙竽绯玉天上来，里巷争传异人出（公生时祖母岑氏梦神人衣绯玉自云中鼓乐送公来）。一乡犹羡说云楼，三部量移尽清秩。少年慷慨已筹边，八事纵横陈得失。自从筑室居阳明，一悟不复求长生。读书作圣儒作将，有志事业图平成。龙冈偶谪万山里，五经说破蛮夷惊（公贬龙阳驿丞，承夷西人作龙冈书院以居之。著有《五经臆说》）。赣南开府三奏捷，擒王擒贼奇功名，思田地广二千里，中有蛮瑶古难理。先生应诏起行军，十善深谋计终始。受降七万一千人，解缚军门皆不死。筑城设学复兵农，大事班班在青史。功高谣诼尚纷纭，几与伏波伤折毁。威名诸葛万古同，至今庙食乌蛮中。大学有三大功四，日久论定言尤公。平生原不判朱陆，良知格致皆浑融。后人枉自异门户，竖儒所见真儿童。人生何者为真寿？立德功言斯不朽。当时经纬即远谋，此拜留公初未久。丁亥重逢一转车，去公已远吾来守（公平定思田在嘉靖六年丁亥。今余来又逢丁亥）。新开讲舍未经年，先得酹公一杯酒。南郡空传讲学台，传闻遗迹满蒿莱。迎公真像刻公字，笑口定为邦人开（南宁敷文书院，为公驻节时讲学地。今久废，惟讲学台刻石真像尚存。余尝拓得是像奉诸院中，又远向归德土州觅拓公"摩崖纪功"大字，摹刻润经堂楣间）。因公生日作此宴，溪毛可荐红蒙汩。况有诸生作匏叶，萃萃俎豆陈樽罍，三百三十五年久，三百三十三人来。龙阳驿砚得新拓，墨缘远聚天为催（是日适得温云心都下来书，以公龙阳驿自铭宋砚拓本见惠）。不知谁悟知行合，须学儒家好秀才（公年三十时访地藏洞真人，问以第一义，不答。徐曰："周濂溪、程明道作儒像，两个好秀才也。"于是益进于性道之学。所论知行合一，黄绾谓先生欲使人言行相顾，勿事空谈耳）。"①

---

① 〔清〕韦丰华著，丘振声、赵建莉点校：《韦丰华集》，广西民族出版社，2009，第362—363页。

一〇一

兰卿郡伯治郡，教士亲民。有暇即流连风景，载酒题诗。吾邑溪山之胜，一水一石，赏识殆遍，足迹所至，皆有题记。而其所最萦情者则阳明书院，以其江山会景，骚雅萃居，且其地附郭，不劳远涉故也。当日院中行乐韵事，多不胜述。诸前辈言其最盛者，莫如中秋夜榕园张灯；上元夜榕园张灯；三月三日，邀宾僚偕三百三十三士榕园修禊。三举为吾郡自来所未有。其中秋张灯词四十绝，去岁余曾于蠹丛中拾存，得二十五绝。今更于友人处得其上元张灯、上巳修禊之作，因并登之，以传吾郡胜事。其《张灯》二律云："上元高会接中秋，叠彩围花四望收。雨后艺林偏得月，夜分灯火尚明楼。葫芦笙助歌衢乐，桃李园宜秉烛游。七百年来张宴事，时平莫羡古宾州（上距宋皇祐癸巳狄武襄元夕之宴百凡七百七十有六年）。""溪山泼翠烛摇红，能得新晴便不同。花月春江新乐府，榕园晚景锦屏风。一樽宾主忘宵永，万影楼台入镜中。天与元灯消息近，广寒宫接蕊珠宫。"其《修禊》二律云："楼台佳处足跻攀，消得韶光半日闲。一夜诗催留客雨（陆机以三日雨为留客雨），双江春绕画屏山。不烦张盖迎花底，已卜新亭傍竹闲。五百年来无此乐，题名同是踏青还。""山川香草竞争奇，文采宾僚盛一时，蘸水花光含雨艳，隔江人影过桥迟。清池诗会工蛮语，学馆师儒聚酒卮。便与扬州同禊事，弓衣还绣冶春词（康熙甲辰王渔洋先生在扬州红桥修禊事，赋冶春词，和者甚众）"。

一〇二

听荷小阁，宾阳书院之东阁也。阁为汪孟堂云任郡伯所筑。阁前凿池种莲，地颇幽胜。阁工成日，有诗四律。张南崧先生鹏展次韵和之，并石刻登诸壁。后兰卿郡伯按试宾阳，复邀宾僚和阖邑诸生集阁中，作荷花生日，赋诗二律，又《荷花生日词》十五绝，皆版镌藏之阁上。今宾阳书院既遭贼火，诗石、诗版并皆灰化。惟南崧先生诗尚存于《谷诒堂集》中。兰卿郡伯诗尚为吾友白云鹗所珍藏。而孟堂郡伯之诗，独无从觅处。孟堂郡伯，名云任，吾郡一贤太守。岭山书院存其记文一篇，笔甚简劲，固工于诗者也。惜余童时，诣宾应试，尝登堂雒诵，而不能抄存，是亦一恨事！特存南崧先生、兰卿郡伯两人诗于此，不敢合其偕就湮没也。

南崧诗云："使君厅事枕江隈，小阁轩楹面面开。红藕生香围十亩，绿波照影见层台。郡宽山簇供全览，吏退庭闲时一来。钱自不名心迹迥，巡阶随意数青苔。""九华秀峭九枝莲，清萝萦纡入远天。晓起静看池上萼，宵分吟望海门烟（郡伯诗有'吾庐原在碧崖栖'之句）。桂邕官况无封鲊，菽水儒风有薄田。今日长生思报枣，万家斋祀地行仙。""羊城十载羡鸾栖，客岁移春到峤西。帆影偶随云共落，花香不隔鸟交啼。逢迎快得轺车驻（郡伯奉命刺归顺，初入粤上游，即委守思田），问讯犹传海舶齐（郡伯前宰番禺，威信行于海外商贾）。试上听荷亭子望，声华岂复阻山溪。""期月循声起颂讴，高怀寄托迥清幽。数弓偶拓消闲地，一叶疑乘自在舟。翰墨名章江令笔，宾朋胜集庾公楼。了无酷暑炎氛静，镜水烟消似素秋。"

兰卿郡伯诗云：

"杨柳池台地自偏，荷花世界碧无边。同游恰称观莲节，残暑都消造榜天（六日榜出，至是每甚暑，辄戏曰造榜天。见《唐书·陆扆传》，时方校试，故云）。一缕秋阴添画里，百重山色到尊前。我来止接深潭水，仍结芙蓉种种缘。""三分凉意十分香，久坐弥耽野趣长。新瓦雨声才漱玉，卷筒风味又传觞。无忘此乐花生日，所谓伊人水一方。不用家家团扇画，已收诗话满巾箱（是日课书院诸生，即以荷花生日为题）。"

其《荷花生日词》云："催得新莲十丈开，秋前云锦蘸楼台。年年爱作花生日，又入陂塘画里来。""正疑朵朵照长廊。试院煎茶菊露房。知是晚凉新雨过，藕花风起隔城香。""莲叶舟浮荔水庄，故园风景冠榕乡。多年孤负寻诗意，一派蒹葭忆六塘（余家荔水庄，有六塘种荷，皆可通舟，蒹葭草堂尤踞池上之胜）。""三海都如罨画天，早朝诗半出花前。车箱曾听跳珠雨，杂记金鳌退食年（西苑三海直庐皆临水。随跸皆得游。壬午六月廿日下直，过金鳌玉蝀桥遇雨，停车观荷久之）。""水楼爱住七峰间，窗格看花夜不关。更趁荷风常信马，亭台金碧是三山（每直御园，所居七峰别墅，余独喜楼居，以其临水多荷花也。夏秋间，下直之暇，每偕同人联骑往观苑西诸湖莲花，行过三山，如游天上）。""湖亭虾菜聚汀洲，银锭桥西梦旧游。襟上酒痕仍未浣，赏花人忆定香楼（癸未六月廿四，尝会都下诗人集于净叶湖上之定香楼，作荷花生日，得诗一卷）。""少小何才赋采莲，江湖烟水偶流连。依稀记得荷花荡，十九年前忆泊船（江南人每于荷花生日出游荷花荡。画船载酒，岁以为常。己未夏，余自京师归，顺梓观焉。尝作荷花荡歌）。""绝底明漪玉笋池，翻泥种出绿参差。不应偏误催花约，虚过红桥翠婉时（阳明书院新浚玉笋池种莲，今将花矣。本欲作花生日，迩来迳行部宾州，仍命住院诸生是日同修花事）。""青山池馆旧停骖，竹瓦芦帘我久谙。今日来修花供养，分明圆扇画江南（去夏曾以观风憩此阁）。""避暑林塘此最清，小楼终日有诗声。笑他当日邕州集，只佽花开阅水兵（宋陶弼宾州阅武堂诗'安城太守知边计，蕑莒花开阅水兵'）。""明镜塘荒地百弓，荷香桥已水田通。转添十亩玻璃绿，不换西湖面院风（州东二里有明镜塘，旁为荷香桥。荷芰弥望，今改为田，故云）。""匹练秋光入画函，遮门荷叶似青衫。何须月得千壶酒，欲带莲花博士衔。""小阁香光十倍加，风摇白羽入窗纱。推蓬怪底如船样，三面阑干四壁花。""芙蓉江上误花期，常悔前游到较迟。今岁先来三十日，勾留秋色又催诗（去岁七月按试此州，已过此花生日）。""碧筒风味酒杯亲，好事居然作主人。酹与花神应一笑，秋阴催听雨声新。"①

一一四

咸丰辛亥、壬子，丰香山先生锟主讲阳明书院，余肄业焉。有童辈十余人，愿从余学，余因挈绍祖儿随至院习读。时祖儿年十一二岁也。后阅十余年，书院以兵燹之变，沦于灌莽。追维旧事，窃为慨然。有友人诵李兰卿郡伯《榕园张灯词》有"临水精庐三十屋，终夸有味是青灯"之句，向问当时李郡伯所题"三十屋"之名者，而记忆不清，无以告语。祖儿转能悉数以对。友人曰："此不可不备识之，以告来者。"因记之。

计书院精庐为堂二，前曰润经，后曰崇报，奉王文成公神主而祀之。润经堂东向左侧有斋二，曰实学、实用。此外又有十斋。崇报堂三楹，左右为轩各一，曰德性、文艺。此外又有十四轩。实学斋内匾曰："道学正宗"。正座有宋五夫子神主在焉。联云："刚日读经，柔日读史；十年树木，百年树人。"实用斋内匾曰："榕园讲舍"。联云："以《禹贡》治河，以《春秋》折狱，以'三百五篇'为谏书，考古证今，致用要关天下事；知民物利病，知圣贤源流，知四千余年之得失，先忧后乐，存心须在秀才时。"又有集古联云："忠信为宝，多文为富；先民是程，大猷是经。"外此十斋，在崇报堂右角，贴禅

---

① 〔清〕韦丰华著，丘振声、赵建莉点校：《韦丰华集》，广西民族出版社，2009，第376—377页。

阁西壁。

　　一曰：诗学斋。匾跋云："挖雅扬颂，炼都研京。"此诗赋之学，志此者居之。

　　二曰：词学斋。匾跋云："通天地人，兼才学识。"此词科之学，志此者居之。

　　三曰：古学斋。匾跋云："修学好古，实事求是。"此考古之学，志此者居之。

　　四曰：选学斋。匾跋云："笔海前修，江都覆注。"此《文选》之学，志此者居之。

　　五曰：濂学斋。匾跋云："书不尽言，图不尽意。"此周子之学，志此者居之。

　　六曰：洛学斋。匾跋云："一成人才，一严师道。"此二程子之学，志此者居之。

　　七曰：关学斋。匾跋云："精思力践，抄契疾书。"此张子之学，志此者居之。

　　八曰：闽学斋。匾跋云："穷理致知，注经翼传。"此朱子之学，志此者居之。

　　九曰：郑学斋。匾跋云："洽熟经传，网罗众家。"此康成之学，志此者居之。

　　十曰：许学斋。匾跋云："解说文字，博采通人。"此叔重之学，志此者居之。

　　德性、文艺二轩，左跋云："养性复其初，穷理至于命。"有欲励进修志性道者居此。右跋云："万言为霖雨，九能为大夫。"有欲多材艺、能文章者居此。外此十四轩，在实学斋二，左匾曰：经艺轩。跋云："正学十三经，师承二十二子。"有欲熟传经，勤考证者居此。右匾曰：史论轩。跋云："上下三千年，纵横一万里。"有欲思稽古，能论世者居此。在实用斋二，左匾曰：道古轩。跋云："文献廿四门，会要八百事。"有欲考古制，熟故事者居此。右匾曰：通今轩。跋云："愿读中秘书，能知天下事。"有欲通典章，娴掌故者居此。

其余十轩，在东坡上者，一匾曰：书画轩。跋云："笔法十二意，画学十二科。"有欲工鉴赏，妙翰墨者居此。

轩二，匾曰"金石轩"。跋云："钟鼎冠禹金，刻石兼汉画。"有欲考款识，鉴碑帖者居此。

轩三，匾曰"算学轩"。跋云："隶首作九章，盖天述二卷。"有欲诵乘除，肄推算者居此。

轩四，匾曰"水利轩"。跋云："史记重河渠，汉书志沟洫。"有欲讲水利，习宣防者居此。

轩五，匾曰"读律轩"。跋云："读书不读律，致君终无术。"有欲志皋苏，精杜郑者居此。

轩六，匾曰"知音轩"。跋云："三韵兼古今，四声辨反切。"有欲综音学，知合声者居此。

轩七，匾曰"兵农轩"。跋云："言兵古七书，言农古九家。"有欲通韬略，讲农桑者居此。

轩八，匾曰"礼乐轩"。跋云："忠信为礼本，声音与政通。"有欲明损益，知律吕者居此。

轩九，匾曰"仓雅轩"。跋云"字学首三仓，训诂题五雅。"有欲问奇字，析疑义者居此。

轩十，匾曰"象舆轩"。跋云："有天文之学，有地理之学。"有欲知乾象，辨方舆者居此轩。

总计堂二、斋十有二、轩十有六，所谓精庐三十屋者也。

此外，别有斋形似船而以船名者，在润经堂下。右角贴禅阁东壁，门首联云："莫疑岸上牵船住；直与江南罨画同。"又联："撷石池台约花栏槛；擅栾金碧婀娜蓬莱。"

入第一进，匾曰"小雪浪斋"。联云："小屋低于艇；青山峭似诗。"又联云："满眼溪山，此处作东坡生日；十年香火，有缘即是地苏斋。"跋云："道光丙戌十二月十九日，作坡公生日，于郡中拜像赋诗，盖距景祐丙子七百九十一年矣。次年三月，作小雪浪斋成，因记其事。自苏斋后，处处皆诗缘也。"

入第二进，匾曰"岚漪诗屋"。跋云："山谷题岚漪轩，在江西落星寺。余奉文时，向往之，因以为号。今作此室以志诗缘也。"联曰："砥柱碧山石；结交青松枝。"跋云："此吾师北平翁方纲公所赠楹帖也。其言正大，谨摹刻以示院中诸生，相与励品慎交，当知所私淑耳。苏斋弟子李某记。"

入第三进，匾曰"画里窗"。联云："画里移舟，诗边就梦；扫花寻径，拨叶通池。"又集宋人句云："谷园集衍西江派；文字窗开东野诗。"至此斋尽处，槛俯玉笋池，榜曰：鉴亭。联集句曰："若教闲里工夫到；会有源头活水来。"此斋三进，殆后成故，不入三十屋之数也。

崇报堂联云："卓矣，先生立德立功立言，此之谓不朽；勖哉，多士近知近仁近勇，知所以修身。"

润经堂联云："周二千里以观风，统思田之有土有人，士尚能言旧德；后三百年而至郡，继教化于先知先觉，我仍得与斯文。"又联云："率土尽同文，愿此邦易俗移风，直使偏陬如上国；登堂能讲学，与多士敦诗说礼，须知太守本书生。"

叶筠潭方伯绍本题联云："心学揭良知，忆当年息马投戈，顿化遐陬成泮璧；教思追大雅，欣此日横经鼓箧，共歌乐职和咸韶。"堂楣间刻文成公纪功文，云："嘉靖丙戌夏，官兵伐田，随与思恩相比复煽，集军四省，汹汹连年。于时皇帝忧悯元元，容有无辜而死者乎？乃命新建伯臣王守仁曷往视师。其以德绥，勿以兵虔。乃班师撤旅，信义大宣，诸夷感慕。旬日之间，自缚来者七万一千，悉放之还农，两省以安。昔有苗祖征七旬来格，今未期年，而蛮夷率服，绥之。斯来速于邮传，舞干之化，何以加焉。爰告思曰：毋忘帝德，爰勒山石，昭此赫赫。文武圣神，率土之滨，凡有血气，莫不尊亲。嘉靖戊子季春，臣守仁稽首手书。"

后跋云："阳明先生平定思田，民到于今受其赐。盖以实学为实用。所经略者，事事必为久远计，不尚空言也。此文为先生述事之作，勒于归德上丹之山岩。书之严正如其人。岁丙戌，彦章至郡，乃作阳明书院。次年丁亥工成，率诸生以落之。后先生三百有一年，而与来郡之岁支干皆合。是于此邦同为有缘也。谨摹刻先生书，以示邦人无忘功德，且使学者知道学、文章、功名、气节,一以贯之,必有勉而能者,毋徒作纪功文观也。道光七年,李某记。"

堂匾,叶方伯题曰"教阐同文"。此外有曰"通经致用"者,则李中堂鸿宾所题也。有曰"率土同风"者,则苏中丞成额所题也。有曰"化衍姚江"者,则潘廉访恭辰所题也。有曰"江山养秀"者,则莫尔观察赓阿所题也。周宗师作楫则题曰"化绍真儒",跋云:"思恩旧有阳明书院,岁久无可考。岁丙戌李兰卿太守以凤阁仙班来守是邦。下车伊始,捐资重建,备筹膏火,广设斋房,振兴文教,培植人才,永绍前徽,用志不朽云。"

以上轶事,皆余祖儿所备述也。

友人又曰:"院门及诸亭及台榭,李郡伯所制之联,宜悉识之。"

合江台三层,下奉龙神。匾曰"行大慈力"。联曰:"汉土尽蒙休夙夜诚祈;千里普求时雨若山川。"其余如李郡伯所题咏,未经刻石,而书诸板,存诸天一阁者,则无有能省记矣。

西邕书院,亦李兰卿郡伯所辟建。为堂二,为亭一,为斋六,为轩二十有四。自咸丰庚申以后,亦倾塌无一存。郡伯所题匾联,俱就湮没。而犹有人能悉数之者,自亦应汇而识之。

其大门联曰:"院配阳明,皆先生过化之地;教成邹鲁,此初学入德之门。"

前堂匾曰"正学堂"。楹联二,一曰:"儒馆辟边城,渐户多弦诵,士励廉隅,快养人材为世用;郡斋邻讲院,喜公暇论经,夜深闻读,不忘书味似儿时。"二曰:"贺水溯遗封,八千里远隶边庭。文轸至今通桂管;台山留讲席,二百年久陶元化,礼堂终古衍薪传。"

后堂匾曰"修道堂"。联曰:"书不负人,已看采藻采芹,廿六士同登泮水;道若大路,从此希贤希圣,十三经即是康庄。"亭在正学堂后,匾曰"种桂亭"。联曰:"得与优游此亭而相乐;敢不封殖佳树以无忘。"

斋在正学堂前二,左曰汉学斋,右曰宋学斋。为轩十。左曰周易轩、尚书轩、古诗轩、三礼轩、三传轩;右曰通书轩、定性轩、正蒙轩、大全轩。

在种桂亭侧斋二,左曰闲存斋,右曰博约斋。为轩十。左曰博学轩、审问轩、慎思轩、明辨轩、笃行轩;右曰聚仁轩、和义轩、明礼轩、藏智轩、履信轩。

在修道堂斋二。左曰小学斋。为轩二，曰游艺轩；右曰举业斋。为轩二，曰识字轩、学文轩。修道堂左右两屋，又榜曰讲艺轩、藏书轩。

修道堂之后为堂三楹，亦榜曰岚漪诗屋。此郡人所建，以奉郡伯长生位也。

郡伯题联曰："始可与言诗，愿偕二三子同心，和声鸣盛；于我乎夏屋，安得千万间广厦，大庇欢颜。"后跋云："道光丁亥暮春，郡之人为余建岚漪诗屋于西邕书院中，为燕坐讲学地。用意甚厚，而趋功甚勤，止之不可。既见士民之直道，抑余之独有缘于此邦也！因日与郡人论诗，每日数至，于此乃书楹帖悬诸楣间，以纪岁月。且使邦之人知太守讲学之余不忘诗教，而日望好古者之有人也。"

又叶方伯题联云："惇史徽音，良能准的；境称慈父，邻号神君。"跋云："兰卿年兄郡伯，以侍从出守思恩，教士养民，希宗偃学，德化之洽，实不愧古循吏。京兆之拜，知不在远。余喜其能本经术以为治，爰集史传语，书之楹帖。余更欲兰卿勉之，他日秉麾建节，无渝厥初可也。"

此外有联二。一曰："守卅二条而行新邑之官箴，教士教民，洵能绍新邑箕裘奕世；后三百载而继阳明之德泽，实心实政，允当配阳明祠宇千秋。"一曰："公如稷契皋夔，由侍从清华来宣德化；我有田畴子弟，感实心教养愿报长生。"此则郡士民颂祷之言也。

正学堂匾额，李中堂题曰"敬业乐群"，苏中丞题曰"边城弦诵"，叶方伯题曰"爱亲敬长"，潘廉访题曰"邕管敷文"，莫尔观察题曰"童冠齐业"，周宗师题曰"辟馆培英"。屏间所揭学矩，即朱子白鹿洞学规也。其言具载《朱子全集》，此可不必为赘述矣。①

一三二

岭山书院文昌楼前，凿池种莲有年矣。自来赏莲者，岁不乏人，皆未闻有吟咏者。光绪丙子，余掌书院教席，并奉孙蓉舫邑侯令，倡首重修文庙。董理诸同事即以楼为公所，昕夕聚语，谈宴甚惬。是夏六月，莲花盛开，香风满院。覃印泉席珍赏而爱之，酒酣慨然曰：座对君子而寂然无佳作，负此花矣。

---

① 〔清〕韦丰华著，丘振声、赵建莉点校：《韦丰华集》，广西民族出版社，2009，第382—385页。

乃吟二律云："岭山楼下讲堂东，出水莲花不染红。欲语娇新含湛露，流馨香竞吐清风。摊青共诩钱曾选，浮白相酹酒不空。饮兴更催吟兴发，呼僮还为碧裁筒。""名花不与野花同，净植亭亭璧沼中。斗艳依然冰皎洁，标芳争比玉玲珑。新凉甫纳知时雨，胜赏还披解愠风。周子爱莲欣适我，不烦重理寄诗筒。"此诗成时，董事诸友尚清谈未就枕，印泉遍索和，诸友皆难以两"筒"字，且难以书院之莲花，不敢落笔。比余更深课罢，印泉捧诗相就，余亦难之，免强步韵，终觉未洽。是夕惟隆邦彦得与印泉一抗手耳。其诗云："攒青簇翠叶西东，拥出琼花压艳红。青质晶莹涵化雨，远香馥郁渡光风。谁将国色交推许，早把尘容尽洗空。此夕书林增韵事，何妨偕醉郑公筒。""倚栏清赏一欢同，君子多乎此院中。咳唾吟成珠错落，标新品擅玉玲珑。群英荟萃盈盈水，远韵平添淡淡风。怪尔探骊欣得句，尽收菡萏入诗筒。"余作："相看净植标三伏，共喜流芳溢亦空。栽培自我追前日，讽咏凭君占上风。"两联差妥，究不若邦彦之巧切。书院他处之莲见请不去也。印泉结联以周子洁净轩是夕适见访，故云，非泛填曲赏。①

一三九

道光乙巳，余在秀峰书院。灵川徐瀛台允升深与订交，颇称莫逆。当日相唱和者为诗不下半百。年来以书箱化于劫火，且为日已久，遂不能省记一句。近数科，每至省垣，辄询访之。无如瀛台早作古人。其弟曰允昭，亦谓皆物化，后人尚无继起者，为悼惜者久之。今秋闱中，与灌阳邓梅轩话旧，偶及瀛台送余下第归里十绝，梅轩转记得二绝，琅琅为诵之。余复得瀛台之诗，回忆三十年前知交，而良友不能再睹，心益悄然，殆有甚于当日作别时焉。其诗曰："摘艳熏香笑我痴，砥顽砺钝切相资。而今归去吟坛将，谁与连床更说诗。""但能立志不妨贫，待聘依然席有珍。自古龙头原属老，莫须惆怅向慈亲。"呜呼，瀛台以"龙头属老"相期，今余花甲已周矣，而尚埋头八股中，其何以慰吾友于九泉下耶！②

---

① 〔清〕韦丰华著，丘振声、赵建莉点校：《韦丰华集》，广西民族出版社，2009，第393页。
② 同上书，第396页。

一八九

庚寅夏四月，黄砚宾郡伯得属吏协助之力，复建阳明书院，事闻于大府，马玉山中丞丕瑶深嘉之，特寄所拓得阳明先生大像，饬镌石奉于讲堂上座。复为请于朝，添列祀典，并恳御书匾额。今上乃题"教衍云岩"四字。中丞又亲书"化洽南疆"四字匾，并题"文臣识兵机，理学自征实用；圣功非禅寂，良知直接真传"一联。郡伯并敬镌而悬之。既又自集杜句"伯仲之间见伊吕，先生有道出羲皇"二语，悬诸大像左右，并题楹联二，一曰："此地非鹿洞、鹅湖，喜曲水潆洄，宜风宜俗；其人是周情、孔思，本一心主宰，希圣希天。"一曰："广厦时新，与多士朝考夕稽，文艺后，器识先，莫忘却书生本色；良知千古辟，幸此邦民醇俗朴，诗书敦，礼乐说，或无惭道学遗风"。又以所拓得宋芷湾太史湘题惠州丰湖书院楹联"人文古邹鲁；山水小蓬瀛"十字，摹刻而悬诸院门。中丞再次颁给书籍，饬就院开书局，以待来观者。郡伯复率属创建书楼以储之，名楼曰"敷文"。又命四公子幼达孝廉谨书阳明先生《劝学铭》，揭诸讲堂之壁。面嘱余曰："此铭先生传心语，奉此以为教，文风当有兴者。"余对曰："先生之学主于致良知。恐不善学者强检此心，谬希顿悟，或流于禅寂。初学颖悟有歉，似当从格物入手，乃不堕于迷途。观物察理、读书稽古，皆格物事。然知行合一之论，实圣要旨也。"郡伯亦以为然，乃作课程十三则勉肄业诸生，以精研经籍，博通时务，而大旨皆以先生所铭之言为要归焉。铭词曰："来尔同志，古训尔陈。惟古为学，在求放心。心苟或放，学乃徒勤。勿忧文辞之不富，惟虑此心之未纯；勿忧名誉之不显，惟虑此心之或湮。斯须不敬鄙慢入，造次不谨放僻成。反观而内照，虚己以受人。言勿伤于烦易，志勿惰于因循。勿以亡而为有，勿以虚而为盈，勿遂非而文过，勿务外而徇名。温温慕人，允惟基德，堂堂张也，难以为仁。卓尔在如愚之回，一贯乃质鲁之参。终身可行惟一恕，三年之功去一矜。不贵其辩贵其讷，不患其钝患其轻。惟黾焉而时敏，乃暗然而日新。凡我同志，宜鉴兹铭。"庚寅冬杪，院工告成，寻兴书楼之役。比辛卯夏中，楼工将告竣，郡伯忽以丁艰卸任。吴性存通守钟淑，自那马厅来代郡篆，李筱泉中堂瀚章又寄到"垂型千古"四字匾，悬诸中门。而榕园山水倍为生色。虽亭台未尽修复，亦焕然可观矣。

一九〇

黄砚宾以书楼落成，即命余自西邕院徙席，率诸及门居之。四月经古课，余因以重修阳明书院落成为诗题。作者多勉强完卷，无甚佳构。盖吾乡士流于诗学多不娴习故也。然所作八十余首中，亦有清圆可诵者，约登数首于此，以寓鼓励之意。

吴国祯诗云："五马驰来有砚宾，特从废院拓荆榛。精庐再葺修文治，广厦宏开庇士人。过化当年遗迹在，培元此日建功新。阳明王及兰卿李，知是前身是后身。"

绍曾侄诗云："馆宇兴修历二年，竟成有志大夫贤，覃敷雅化承平世，博得循声绝徼传。胜地清游追鹿洞，精庐萃聚赋莺迁。荒田元气资还复，山水增光景倍鲜。"

苏挺生诗云："斩棘披荆力拓荒，园林院落复恢张。相资属吏捐廉俸，特为先生措庙堂，桂杏先栽参树石，干戈旧恨释沧桑。金书绰楔辉宸翰，绝徼溪山倍有光。"

苏梦祥诗云："废院重修苦费神，驼江凤岭倍鲜新。书楼矗立凌霄汉，讲院宏恢拓荆薪。太守经纶敷绰绰，儒生俎豆萃莘莘。悭囊一破多同志，名宦千秋迹不湮。"

韦世贞诗云："榕园卅载没芜荒，谁意于今再肯堂。太守爱才思昔李，当官立教羡今黄。悭囊一破成嘉绩，广厦千间费主张。载籍况颁从大府，诵弦人集水云乡。"

马世贞诗云："院复阳明幸有成，经营远绍李兰卿。万千厦昔矜言广，三十庐今再构精。狐腋集从贤太守，鸠工劳为众书生。廉能课绩兴文教、永夜吟声即颂声。"

韦瑞麟诗云："只缘心切振儒风，不惮经营敏有功。讲院重开依碧水，书楼特立插苍穹。明山树影晴窗列，秘阁芸香画栋充。着意修文贤太守，当官课最问谁同。"

一九一

道光丁亥十一月，书院肄业诸生，于祭菜后置酒宴李兰卿公及监院两学师于画里窗，兰卿公喜赋二律以答其意，云："讲席多惭玉尺量，齑厨能共菜根香。居然西蜀横经屋，权作东坡载酒堂。瓠叶士皆知习礼，苹蒿我欲赋承筐。榕园他日传佳话，沆瀣从来一气长。""旧学新知各染濡，与人规矩慎歧途（余手编榕园学矩凡十六门，始于立志、立品，终于实学实用）。不妨合吹行周礼，莫但逢衣托鲁儒。经术方能兼体用，文章原要励廉隅。明年相约来须早，同考新安六籍图（尝以朱子六经图石刻装悬堂中示诸生）。"砚宾郡伯拨苔得此二诗，向余求其所作学矩十六门，拟再镌挂堂中。余家无存，遍访邑中读书家，亦不可得，是亦一恨事。

一九二

砚宾郡伯庚寅冬奉宪札教民蚕织，以书院园地饬佃丁植桑以饲蚕。辛卯三月望日，谒阳明祠，遍视桑田，桑颇茂，而地土少润。是夜得雨，喜吟一律以示王葑珊少尉索和。少尉和成，并原唱以示。余亦步韵一律，呈郡伯请政。稿存集中。原唱云："快读坡仙志喜章，郊行极目尽叶桑。千畦合趁三时作，众绿都随一雨忙。柘影侵衣春欲暮，簟纹生水梦俱凉。蚕祠桑鼓知何事，闻说今朝祀女娘。"

少尉和二律云："作人云汉焕天章（时修复书院落成），敦俗殷殷劝艺桑。园僻时招群鹿守，官闲偏为课蚕忙。三农雨慰崇朝沛，一院风清入梦凉。弥望千林生众绿，欢欣报赛马头娘。""绿回大野木千章，霡霂滋生树树桑。献茧首储荒服贡，望霓心比老农忙。云含雨气连村暗，风送溪声到枕凉。沃若正期沾溉渥，田家休事扫晴娘。"

一九三

王文成公画像原藏在黔中之扶风山祠，贺耦耕中丞长龄、何子贞学士绍基闻皆有题咏。光绪壬午，黔人重新公祠，始刻上石。庚寅春，吾邑侯谢遂生司马，偕宾州牧刘竹筠大尹风纪、上林令郑禹九明府锡畴、迁江令颜义宣明府嗣徽同谒郡，访吾乡五公祠。惜其鞠为灌莽，因请黄砚宾郡伯共捐廉，倡修阳明书院，以重举祀事。马玉山中丞乃以所得遗像拓本命镌诸石而位于堂中。颜明府有题识七古一篇。文成公过化之遗迹，于是更堪不朽矣。辛卯秋初，黄兆怀观察仁济来署郡篆，谓公像位于堂当矣。顾士流得所瞻仰，而边民不能皆登堂快睹以慰怀思。是冬仲乃捐廉措款，命余就李兰卿都转修志亭遗址建遗像亭，而移公像碑竖其中，俾游人便于瞻仰。比得代将去，特题柱联云："立德并立功立言，洵与夹水伏山迄今不朽；名祠昭名贤名宦，想见存神过化振古如兹。"余为镌而题之。并以颜明府诗碣竖诸门右。其诗云："阳明先生天人俦，胜国中叶砥柱留。威武将军主邕卣，大同宣府恣遨游。权移北司江与刘，先生干济寓深谋。宸濠战擒八寨收，让功悔迹何夷犹。良知讲学绍鲁邹，一洗空谈性命羞。朱陆异同果孰优，洪水猛兽攻如仇。不免大树陷蚍蜉，当年远谪龙阳邮。罗施文教启荒陬，易窝石樽尚在不？惟传遗像照千秋，疏髯白晳癯而修。貂蝉金紫玉垂旒，祠堂久圮西邕州。废为墟莽践羊牛，丹膔堲茨工新鸠。遗像石拓黔中搜，中丞缄寄重琳璆。余也黔民越峤投，拜瞻祠下乐清幽。长松老桂枝蠢蟉，皎皎芙蕖水面浮。端如明镜性真流，憬然令我仰前修。谱作神弦迎送讴，风马云车象罔求。"①

一九五

黄砚宾郡伯奉马玉山中丞札，兴办蚕桑，集股设局。事甫就绪，而以丁艰去任。辛卯秋初，黄兆怀郡伯接篆，更多延教师，招人学习养蚕缫丝，打线织绸之事因而畅行。未半年，皆有成效。且以其余力，督修城隍神宫及自郡至县石路，而终于整饬书院积弊，其他却土官之馈遗，革胥吏之行私，禁赌以澄盗源，舍药以济……"□悴有关兴替运，漫将故事说田家。""绰约芳姿迥出尘，一番风景一番新。知他历练冰霜久，寒到无皮却有神。""人杰由来感物华，个中消息两无差。愿教天意如人意，从此年年不断花。""妆点非关造物私，自存生理在枯枝。天公只是因材笃，秋色添香胜旧时。"余于所赠绝句外，更有《瑞荆吟》五古七十韵，并存拙集中，此不赘。②

大鸣山散人年叙

古之人有行年五十，而知四十九年之非者。今余行年五十有五矣，历计生平，无一善状可为后人告，岂犹未自知其非耶？抑亦能自知其非耶？尝自念读圣贤书，遵祖考训，俨然身列儒林。其于家也，不敢为不孝不友之行；其于世也，不敢为不忠不信之事；其于修己也，不敢为不俭不勤之习；其于教人也，

---

① 〔清〕韦丰华著，丘振声、赵建莉点校：《韦丰华集》，广西民族出版社，2009，第427—429页。
② 同上书，第429—430页。

不敢为不模不范之身。事长上，则必守法奉公；处乡里，则必准情度理。数十年来，临深履薄，似亦鲜有戾于道者，得谓生平所为皆非耶？顾余又尝循省焉而深思之矣。

忆余甫出世而先严见背，未成童而先兄又相弃而逝。茕茕子立，与先慈孤寡相依以为命，恃爱怜而流于骄惰者有之。自成童以后，宜知自树立矣。乃染于俗习，早学诗文，以干名誉，不能仰承父业，究心经训，自荒根柢之学者有之。比长，不得志于名场，迷途宜急返矣，乃犹役志于八股，以求振拔救贫困，至沈溺于滥墨之中而不自省者又有之。及壮而适遭世变，才望本不足以服人，即宜深自敛抑，乃勉强出头，妄思力挽狂澜以及于难，其以激烈招非者，亦有之。至奉母远徙，庐井丘墟，幸而天心悔祸，乡里清肃，得返故居，宜即优游林下，课读课耕，为承先裕后计可矣。乃复以土逆之变，仍喷热血，再干与世事，以致我德者半，我雠者亦半也。既而叨天之福，幸选明经，且不自问年，不自量力，依然强与当世之英少角逐于名场，以致富贵不来，贫穷转甚。每一回首，愧悔滋深矣。此生既为造物所忌，命途多舛，叠觏闵凶。虽自砥节砺行，经百折千磨，亦不至大乖乎名教，损乎家声。要之，困心衡虑，拂乱所为，究有何事可见重于世耶？噫！不如人垂老益可知矣。余之生平既无一是处，今而后气逐年衰，志随气馁，岂尚能为晚盖之谋哉！夫亦自知其非而自痛之已耳。近日及门皆赴试，斋居有暇，特自纪往事，按年编谱，以授次儿绍宗、犹子绍曾，俾知今之所非、而自求其所是者。

光绪元年岁次乙亥仲夏月中浣大鸣山散人自叙于琴泉讲院之铸人轩。①

苏煜坡

苏煜坡（1848—1893），字翰臣，号金堂，别号筱东，贺县（今属广西壮族自治区贺州市）人。清同治二年（1863）补县学生。六年（1867）中广西乡试第四十八名举人，年仅十九岁，系同科"年最少者"。次年入京会试，落榜。清光绪六年（1880）再赴京会试，又落榜，得大挑二等。十年（1884）选授临桂教谕。十七年（1891）升永宁州学正。十八年（1892）第三次进京会

---

① 〔清〕韦丰华著，丘振声、赵建莉点校：《韦丰华集》，广西民族出版社，2009，第449页。

试,依旧未中。

苏煜坡一生在读书、教书、考试以及与教育相关工作中度过,在临江书院任山长时间较长,"连年教授乡里,主书院讲席,所造就多知名士"。他的诗题材广泛,语言凝练,风格多样,"戛戛独造,自出机轴,瓣香随园而不袭随园,面目洵为可贵"。生前将所做诗集编订为《萃益斋诗集》,唐景崇为作序,其诗涉及书院的有与当时地方官交往唱和之作,有受任或辞别书院时的心境描述,有语重心长谆谆教化诸生之作,有记录任职山长的经历与感悟之作,也有记录自身科举经历以及祝贺身边人科举高中或慰勉落第之作,还有对读书、作文、考试等的心得之作。此外,他还参与编修《贺县志》和《郁林州志》。上海古籍出版社2017年出版有李寅生、周生杰校注的《萃益斋诗集校注》。

赴平郡岁试（乙丑）

匀舞象舞年,虎变豹变志。进境岂易期,及锋仍欲试。云山莽万重,烟水渺无际。去去前程遥,一帆趁风利。①

补书癸亥科试时事

欲明未明天五更,爆声初起人声惊。整衣橐笔趋考棚,蜂屯蚁聚排前楹。长官高坐呼点名,鱼贯而入无先争。忽闻场外如狐鸣,狡焉思逞纷击人（时有考生攻谢君庭榕及余冒籍）。可怜孤军谢宣城,头颅之血沾衣襟。嗟余身短年尤轻,杂立众中睜双睛。随棚军士来相迎,翠幄深处姑藏莺（匿余幕中,以被蒙首）。长官一声传苏琼（方月樵师时充提调）,如绷孩儿疾趋行。呼驺前导登公庭,虎视眈眈寂无声。文宗语和颜色平（鲍华潭师）,命即隅坐陪群英。濡毫伸纸文初成,特地来观加题评。金齑之脍玉糁羹,援餐句竟缁衣赓（交卷后命用膳始出）。咄哉小子太憨生,谬蒙拂拭难为情。人欲锄兰公披榛,从此孤花转流馨。作诗纪事心怦怦,翘首卿月当空明。②

---

① 〔清〕苏煜坡著,李寅生、周生杰校注:《萃益斋诗集校注》,上海古籍出版社,2017,第8页。
② 同上书,第9页。

赴乡试道经八仙界晚投大路铺题壁

镇日山椒彳亍行，观风玩景快生平。鹏程万里游原壮，鸟送千层梦尚惊。弧矢四方男子志，盘餐兼味主人情（主人李姓，素不相识，款接甚殷）。榕城此去无多路，洗耳秋高听《鹿鸣》。①

乡举揭晓寄星衢弟并莫义生

橐笔初来锁院行，何期澹墨竟书名。百年门第天荒破，一代宗工藻鉴精。同榜竟传年最少，前修转虑愿难盈。秋风飞报枌榆里，定有嘉宾赋鹿苹。

先哲曾经中副车（紫祯己卯副榜莫元亭，义生远祖也），不才真愧列贤书。姓名几落孙山后（名次四十八），诗礼难忘祖德余。菊圃霜横秋景好，桂林风动夜窗虚（首场诗题为《秋风动桂林》）。禹门尚有桃花浪，可许春来跃鲤鱼。

到家

爆竹声来烟蔽天，乡人快睹互争先。漫劳儿辈笙歌迓，未暇中途笑语联。过市名投新手板，入门恩拜老神仙。紫袍金带乔妆束，添得银花插帽边。②

落第南归

破浪乘风意自雄，牵云曳雪感何穷。科名要与才名称，绫饼何曾易唊红。一席名山坐未寒，萧然行李出长安。胸中块垒消难尽，长铗临风不肯弹。③

送星衢弟应县试

读书非求自试，出身当由秀才。一帆风送君去，庭外紫荆正开。剑自炉中铸成，金从沙里拣得。记取寸铁莫持，白战书生本色。④

题魁星像（辛未）

天上星辰古，人间面目尊。科名悬寸管，香火峙灵根。一代文光聚，千秋

---

① 〔清〕苏煜坡著，李寅生、周生杰校注：《萃益斋诗集校注》，上海古籍出版社，2017，第25页。
② 同上书，第26—28页。
③ 同上书，第32页。
④ 同上书，第34页。

正气存。朱衣头暗点，得失未容论。①

入馆示诸友

十里春风入座来，一天花雨讲堂开。摩挲神剑须加瀫，莫向丰城老异材。②

读补学轩制艺有怀郑小谷先生

八股名从前代定，后起人文齐擅胜。陈陈相因守范围，作文亦若尊功令。先生博雅同时惊，等身著作中年成。偶为时艺亦绝异，笔如天马空中行。立格虽奇论题好，创解迥出人意表。辞达不嫌破体成，理足始信断狱老。自非才大复心细，辨驳那能悉了了。我闻笔阵有偏锋，堂堂正正原不同。能补前人所未及，岂徒议论称豪雄。如此才华世有几，悔我当年违尺咫（丁卯公在省，竟未往谒）。渡江未见刘元城，登门空慕李元礼。读公心法喜欲狂（谓批选时文读本），观公手书感尤长（有扇为公手书）。会须什袭巾箱去，奉作南丰一瓣香。③

莲塘（上有周子祠，今未修复）

半壁荒祠半亩塘，曾听遗老纪嘉祥。莲花不改千秋色，池水长留一瓣香（塘莲近千百年尚在，亦可异也）。道学渊源开宋代，美人踪迹寄西方（元公生于桂岭县署）。林逋而后周张继（林勋、周冕、张煜俱桂岭人，并祀乡贤），俎豆何时荐一堂。④

复馆桂岭示诸友

篮舆穿过万山云，敬业从来在乐群。香火因缘知未尽，雪泥痕爪笑难分。弦歌罢后帐虚设，谈论深时膏任焚。可忆临歧曾赠语，馈贫粮是富多文。⑤

读刘湘芸观察石凫诗卷

人颂福星遍朔方，天移卿月到蛮疆。政声早有龚黄誉，诗卷能分李杜光。橄鸟判花凭史笔，模山范水付奚囊。一官一集欣先睹，余事王筠乐未央。⑥

---

① 〔清〕苏煜坡著，李寅生、周生杰校注：《萃益斋诗集校注》，上海古籍出版社，2017，第39页。
② 同上书，第49页。
③ 同上书，第50页。
④ 同上书，第53页。
⑤ 同上书，第57页。
⑥ 同上书，第57—58页。

初十日雪堂承五两弟入馆

家学传诗礼,他乡聚弟昆。有帷随董下,此被是姜温。屋岂东西别,山原大小尊。春华须自爱,努力慰晨昏。①

吴生恭群入学来谒赋此勖之

芹宫香到小斋西,得意春风趁马蹄。独立正如嵇绍鹤,深谈可忆宋宗鸡。一行露布初挥笔,万里云程已得梯。唐代秀才科最贵,今通尤要古能稽。②

秋夜偶成

客馆灯如一豆红,凉声满树又秋风。迢迢信滞楼头雁,唧唧音怜砌下虫。敢谓乐忧共天下,转惭温饱在胸中。无多奇字扬雄识,答问先愁腹笥空。③

接徐生上瓒书知乃弟上瑁县试冠军却寄二首

风雪空山兀坐时,飞来佳报展愁眉。区区门下新桃李,竟是临江第一枝。知否初基未足多,出人头地在巍科。年来桂岭风流减,凭仗诸君喜起歌。④

将解席归留别及门诸子

此地三年绊寓公,才华虽短气犹雄。储来玉轴胸襟阔,刮尽金篦眼界空。既竭心思耽夏课,不妨头脑笑冬烘。泥中处处爪痕在,飞去飞来如塞鸿。

严风寒雪逼人来,且住为佳句细裁。色到青蓝皆正色,材如梁栋是真材。三冬文史随年足,千里骅骝取次开。相聚不难相别暂,好花桃李待重栽。⑤

挽太学邓耀南先生

落花风入邓林先,竟作东南领袖仙（君殁后,同乡刘、彭两翁亦卒）。百事经营资女淑,九原归去伴妻贤（夫人先卒）。身经浩劫全清福,手抱明珠及暮年。焚券指

---

① 〔清〕苏煜坡著,李寅生、周生杰校注:《萃益斋诗集校注》,上海古籍出版社,2017,第59页。
② 同上书,第64页。
③ 同上书,第75页。
④ 同上书,第81页。
⑤ 同上书,第95—96页。

困高谊在,定看双凤翥云天。①

闻品多乡试捷音却寄

芙蓉独殿晚秋芳,吹到香风我亦狂。名士岂因科第贵,须知有价是文章。郇云五朵昨飞来,欲济时艰展吏才。一曲霓裳今绊住,春风端要到蓬莱。虎口余生虎榜登,书香一脉继承能。九原今日应含笑,明德达人声价增。临池墨妙本家传,转瞬挥毫到木天。人在榜山山下住,定知灵气占来先。②

馆见在书斋示诸生(戊寅)

漫拟传经到故乡,疏星三五伴蟾光。略无北院堪容膝,尚有西江可浣肠(庙舍颇狭,右临大江)。淮雨别风文易校,春华秋实语难忘。一勤能补何嫌拙,业到精时莫更荒。

不居此座两年余,冯妇今朝又下车。秃管无锋朝削牍,寒檠有焰夜翻书。半生悔被浮名误,万念难将结习除。热血满腔何地洒,牢笼鸿鹄注虫鱼。③

三月初八夜闱中作

弹指韶光一纪终,又看风月到南宫(自戊辰会试至今十二年)。重衾未具惊寒夜,结习难除愧热中。必售文章关福命,无哗战士隔西东。凝神且复披衣坐,喜对灯花照眼红。④

就馆县城示同学(辛巳)

十年桑梓久谈经,未听弦歌到县庭。此日临江星共聚,小窗剪烛雨初停。董帷夜读灯摇绿,郯架晨摊简杀青。珍重茂先吟励志,陈编漫乞古人灵。

氄毹归来意计粗,敢夸老马尚知途。书传本政怀先哲,局整残棋仗后儒。陶侃分阴应共惜,终南捷径莫争趋。起予妙趣谁能觉,倾耳清声听凤雏。⑤

---

① 〔清〕苏煜坡著,李寅生、周生杰校注:《萃益斋诗集校注》,上海古籍出版社,2017,第106页。
② 同上书,第108—109页。
③ 同上书,第131—132页。
④ 同上书,第148—149页。
⑤ 同上书,第153页。

投邑令黄笏山司马

汉廷黄霸最循良，何幸卿云覆此方。十载心倾同小草，三春手植到甘棠。宜民颂美随车雨（下车日大雨），久宦勤忘满鬓霜。儒吏风流政谁似，书堂窃喜傍琴堂。①

赠伍实甫学博

记从残腊乍班荆，奕奕风神胜后生。数仞宫墙今得主，卅年船桼旧知名。书声两耳听来惯，冰鉴三秋照处明。饷遍临江佳子弟，齿牙余慧到苏琼。

芳邻百步几经过，老境夷清亦惠和。风雨深谈忘昼永，江湖久住阅人多。周旋到处心仍素，夏课频年鬓未皤。提唱幸教公在此，可容橐笔伴高歌。②

之临桂学任凤霄先生以诗送行次韵奉答

数载临江住，尊前久论文。名高儒吏隐，人矢慎清勤。说士甘于肉，生儿早拾芹。朔方口碑在，召杜莫言勋（前宰甘肃文县）。

我岂知诗者，公偏许入林。三章挥手赠，一字捻须吟。风物重经眼，云山两印心。离怀兼别绪，难和伯牙琴。

禄养谈何易，今才逐斗升。称名惭博士，惜别重良朋。白雪连宵诵（见赠三律，时时讽诵），青云几辈登。一毡栖首会，春信借梅征。③

临江书院偶成（庚寅）

年年橐笔此中居，客馆翻疑故里如。树木十年阴渐长，看花三月愿仍虚。经营旧垒先梁燕，检点残篇走蠹鱼。一座皋比容我拙，只愁时序负居诸。④

沅儿府试冠军寄诗勖之

名姓居然列榜头，才华岂易动昭州。少年英气初腾剑，良友多情早卜瓯（县试时，同人已预拟）。好借微荣娱老景（家大父悬望颇切），莫矜小捷怠前修。品题尚有

---

① 〔清〕苏煜坡著，李寅生、周生杰校注：《萃益斋诗集校注》，上海古籍出版社，2017，第154页。
② 同上书，第157—158页。
③ 同上书，第202页。
④ 同上书，第260页。

宗工在，雕鹗盘空盼晓秋。①

二月初五日到书院

十日淫霖滞客程，半天新霁促行旌。此来未受泥涂辱，恰有烟波一棹迎。轻装快马到临江，入夜惊闻雨打窗。我已安眠心尚怯，满楼风撼似寒泷。②

三月初八日入闱作

廿载三番此地来，南宫风月老英才。禹门烧尾鱼重至，会见沧溟跋浪开。天气晴和春景新，筠篮幞被伴吟身。入闱恰值清明节，解忆长安定有人。矮屋羁栖器不齐，饔飧全峙五更鸡。夕阳未下人无事，酒气熏蒸火色迷。鸿沟划界各西东，吴楚燕秦语互通。欲见同乡浑不得，风帘独对穗灯红。③

修复学宫记

学宫之立，以崇典礼、振风教，而文运亦系之。吾贺学宫成于道光甲辰，巨制洪规。奠定后三十年，科名踵接，仕宦镳联，一时称极盛焉。光绪己卯，邑人士修棂星门，将大成殿增高六七丈，作金钟架式，岿然城隅间，十里外可望。嗣是壬午、乙酉两科士无一隽，在外之拥节钺、曳印绶者相继放斥、殂逝，如疾风之扫落叶，不可究极。虽盛衰兴废有数存乎其间，而论者无所归究，遂于学宫啧有烦言，非改弦更张不足以驱其惑。乙丑秋九月，前黔抚林公肇元自湘归，亦用形家言，谓学宫当审地势高峻非所宜立，捐三百金交司局事者，诹吉兴工无少缓。资不足，筹款益之。爰于其年冬经始大成殿、尊经阁，次第复旧制，并疏通照壁，高筑墙垣，巍焕之观，耳目一新，盛矣哉！非林公一言之决，工未必若是其速成也。自乙酉冬讫丙戌夏蒇事，费七百余金有奇。越戊子秋，榜揭，邑中得二人。己丑春，李生孝先且联捷成进士入翰林。噫！地运既复，文运重开，冥漠机缄，其应如响，亦异矣！

顾国家教养士类，将以有本原之学，蔚成梁栋，为邦国选、为庠序光。区区荣科名于一时，何与孔门四科取人之意？第学宫以妥先圣之灵，肃岁时之

---

① 〔清〕苏煜坡著，李寅生、周生杰校注：《萃益斋诗集校注》，上海古籍出版社，2017，第272页。
② 同上书，第278—279页。
③ 同上书，第308页。

祀，规模制度一禀，高不容妥，有更端庶，足以昭诚敬。然则此一役也，不惟以继邦先达之志，且将以示后之人恪守成规于无穷，岂徒为培植地远计哉？时董经营役者某某等例合附记。①

---

① 〔清〕苏煜坡著，李寅生、周生杰校注：《萃益斋诗集校注》，上海古籍出版社，2017，第317—318页。

清代广西书院文献汇编

方丽萍 黎业田 丁洁琼 林晓筠 编著

广西高校人文社会科学重点研究基地"民族地区文化建设与社会治理研究中心"
玉林师范学院校级重点学科中国语言文学
玉林师范学院"黄大年式教师团队":汉语言文学国家级一流专业教师团队 资助项目
玉林师范学院中国古代文学文献与特色区域文化研究中心
广西哲学社会科学规划研究课题"清代书院与广西文学发展研究"(21FZW008)阶段性成果

下

广西师范大学出版社
GUANGXI NORMAL UNIVERSITY PRESS
·桂林·

下编 地区编

本编以具体的书院为纲，收录正史、地方志、清人别集、总集及现代研究资料中书院的相关资料。

具体内容有四：一为书院的直接相关资料；二为书院学规、膏火、学田、学额等资料；三为书院诗文，包括地方官、山长、教习及生员等书院相关人员所作与书院相关的诗文、楹联、课艺；四为部分典型的与官学、科举相关资料。

按现行广西行政区域，分桂北、桂中、桂南、桂东南、桂西五个区域。具体到市，所属县在市后。①

---

① 桂北：

桂林市：荔浦市、临桂县（区）、全州县、平乐县、阳朔县、永福县、灌阳县、资源县、龙胜县、兴安县、灵川县

桂中：

柳州市：柳江县（区）、柳城县、鹿寨县、融安县、融水县、三江县

来宾市：合山市、象州县、武宣县、忻城县、金秀县

桂南：

南宁市：邕宁县（区）、武鸣县（区）、横州市（横县）、隆安县、马山县、上林县、宾阳县

崇左市：凭祥市、宁明县、扶绥县、龙州县、大新县、天等县

北海市：合浦县

钦州市：灵山县、浦北县

防城港市：东兴市、上思县

桂东南：

梧州市：岑溪市、藤县、苍梧县、蒙山县

贺州市：钟山县、昭平县、富川县

玉林市：北流市、容县、陆川县、博白县、兴业县

贵港市：桂平市、平南县

桂西：

百色市：靖西市、平果市、凌云县、西林县、乐业县、德保县、田林县、田东县、田阳县（区）、那坡县、隆林县

河池市：宜州区（宜山县）、天峨县、凤山县、南丹县、东兰县、环江县、罗城县、巴马县、都安县、大化县

◆◇ 桂 北 ◇◆

◇ 桂林市 ◇

秀峰书院（桂林）

秀峰书院，位于广西桂林。清雍正十一年（1733），广西巡抚金铁始建。书院在桂林城东叠彩山与独秀峰之间，故名。前为讲堂5间，中为书厅5间，东、西厢有学舍各15间。清嘉庆五年（1800），广西巡抚谢启昆增建寝室5间、东西厢房各3间，立汉代经学家陈元木像于书厅中。清同治十年（1871），护理广西巡抚康国器奏请钦颁"书岩津逮"匾额。清光绪四年（1878），增广学舍。十六年（1890），广西巡抚马丕瑶于书院西斋创立桂垣书局，为广西首家官办图书编辑出版机构。十九年（1893），广西巡抚张联桂创逊业堂课，课士以经史古文辞。二十八年（1902），清廷令各省裁书院，立学堂，书院改为育才馆。秀峰书院是清代桂林四大书院之一，著名山长有胡虔、吕璜、朱琦、郑献甫、王拯等，盛极一时。

秀峰书院

雍正十一年，奉旨令各省会建造书院。俾士子为肄业所，并赏银一千两，筹息以资膏火。乃择地于城东，傅叠彩，面秀峰之胜。前为讲堂五楹，中为书厅，东西厢学舍各十五楹。（金《通志》）嘉庆四年，巡抚台布贮书籍。五年，巡抚谢启昆修建寝室五楹，东西厢各三楹，又立汉司空南阁祭酒陈元木主于书厅之中，为多士式，院长胡虔颜其堂曰"仪陈"。（旧志）道光四年，巡抚康绍镛增广肄舍。十九年，钦定敬阐《圣谕广训》"黜异端以崇正学"四言韵文。咸丰元年御书，布政使吴鼎昌敬刊石"逊业堂"。同治十年，护抚康国器重修，奏请钦颁"书岩津逮"匾额一方，敬谨悬挂。光绪十六年，巡抚马丕瑶于院西斋设桂垣书局。十九年，巡抚张联桂增设逊业堂课。二十八年，诏行省裁书院，立学堂，巡抚丁振铎改为育才馆。（新采）①

---

① 〔清〕吴征鳌等修：《临桂县志》卷一四，桂林市档案馆1963年石印本，中册，第63—64页。

秀峰书院记略

萧馨义

粤之书院不一，其在城东南漓水之浒曰漓江，城东曰阜成，亦曰栖霞，府治之西曰桂林，西北曰留恩，其东曰壶山；壶山之北曰爱日，谯楼之右曰宣成，亦曰华掌，而府治之北，傅叠彩而面秀峰者，则曰秀峰。漓江、桂林、宣成、秀峰，隆造士也；阜成、爱日、壶山、留恩，志去思也。宣成建自宋景定中，元、明之间，修废者数四。国朝因线伯园址建于今所。雍正中，敕各省建立书院。粤大中丞金公，度地于城东北隅，鸠工庀材，凡讲堂、厅事若干楹，学舍若干间。厥地既胜，厥制亦伟，国家论秀书升之典实于是乎在！颜之曰秀峰，志其胜也。①

秀峰书院记

朱椿

窃维我朝重熙累洽，菁义造士，械朴作人，虽穷乡僻壤，靡不熏陶乐育，仰沾圣天子吁俊养贤、文教覃敷之化。况粤西省城为文聚会之区，旧设秀峰、宣成两书院，延请师儒，酌定经费，原属充裕有余。近因文风日盛，多士济济，拟于额定正课生童之外，增添人数，培养斯文。因用度不敷，踌躇至再。本部院三任粤西，幸逢圣主尊儒重道，欣看生童日就月将，随与司道等公同会议，捐廉置买临桂县于万培入官田亩共一百六十四丘，计田九十八亩二分零，每年额收租谷一万斤，可碾米五十石，以三十石拨归秀峰书院，以二十石拨归宣成书院。于附课生童内，秀峰书院拔取十四名，宣成书院拔取八名，列为额外正课。每年自二月开课起，至十一月底止，每名每月给米二斗，岁共支米四十四石，尚余米六石存贮县仓，以备收成歉薄，减租谷之年通融支给。如有不敷，为数无多，由临桂县捐补。自乾隆四十八年为始，按月支给，每年年底列册报销。其每年应完丁折银三两八钱五厘，遇闰完银三两九钱一分六厘，折米一石七斗五升九合五勺。另立书院，官户推收，亦由该县自行捐完，俾饩廪充裕，不致枵腹从事，则文运宏开，蒸蒸日上矣。

---

① 〔清〕吴征鳌等修：《临桂县志》卷一四，桂林市档案馆1963年石印本，中册，第64—65页。

是为记。乾隆四十七年九月谷旦。

秀峰书院记

马俊良

乾隆四十八年，大中丞仁和孙公来抚粤西，德威暨浃，尤加惠士林。与方伯瑞公、廉使杜公议，自巡抚司道以至各府直隶州，每月于养廉内各捐银二两，共得三十六两，添给秀峰、宣成两书院生童膏火笔资。秀峰得三之二。诸生感激奋励，固请勒石，以志各宪惠爱，因为之记。

赐进士出身内阁中书秀峰院长浙江石门马俊良谨识。①

祀汉经师陈君记

谢启昆

嘉庆四年冬，启昆奉命来抚粤西。逾年春，课士秀峰书院。院为世宗宪皇帝赐金所建，所以兴励粤士者，固在通经致用，不徒文艺之工而已。粤西自昔称荒服，然汉时陈君父子崛起苍梧，传《左氏》绝学，南方州郡经学之盛，未有先于粤西者。乃后或衰息，人材不古，若者何与？院之讲堂后有厅五楹，所以居山长者。又其后有房室，将倾圮，盖昔人作之而未讫工者。余为撤而新之，凡十有一楹，以为寝室。而于厅事中立陈祭酒长孙氏木主，率诸生以时致祀，使有所矜式。夫苍梧在汉世，边徼远郡耳，陈君以经师抗疏朝右，邹鲁之士，未能或先。况圣朝教泽涵濡，粤士蔚然丕变久矣。继自今，其必有破其习俗，穷研经术，以上副作人之化者，使者实有厚望焉。②

秀峰书院祀陈祭酒记（庚申）

谢启昆

嘉庆四年冬奉命来抚粤西。逾年春，课士秀峰书院。院为世宗宪皇帝赐金所建，所以兴励粤士者，固在通经致用而不徒文艺之工而已。粤西自昔称荒服，然汉时陈君父子崛起苍梧，传左氏绝学，南方州郡经学之盛，未有先于粤

---

① 〔清〕吴征鳌等修：《临桂县志》卷一四，桂林市档案馆1963年石印本，中册，第65—66页。
② 同上书，卷一四，中册，第66页。

西者。乃后或衰息，人材不古若者何欤？院之讲堂后有厅五楹，所以居山长者。又其后有房室将倾圮，盖昔人作之而未讫工者。余为撤而新之，凡十有一楹，以为寝室，而于厅事中立陈祭酒长孙氏木主，率诸生以时致祀，使有所矜式。夫苍梧在汉世边徼远郡耳，陈君以经师抗疏朝右，邹鲁之士未能或先。况圣朝教泽涵濡，粤士蔚然丕变久矣。继自今其必有破其习俗、穷研经术，以上副作人之化者。使者实有厚幸焉。①

广秀峰书院肄舍碑

李士林

桂林象郡之名，著于史记；嵩阳岳麓之额，肇兴宋代。若乃临桂黉宫，址基贡院，书院缔构，首崇宣成。循县而东，则秀峰书院在焉。院始于国朝雍正间，敚帑藏吉金所建。秀峰面卫叠彩，背倚丹薨翠枅，翚飞鳞比。郁乎衣冠之盛气，绝域之巨丽，勿替年所，无俾斯圮。凡讲堂五楹，厅舍五楹，东西厢各十五楹。嘉庆四年，抚军台公贮书籍如千卷。其明年，抚军谢公修建寝室五楹，东西厢各三楹。立汉司空南阁祭酒陈君栗主于厅事中，为多士式。《左氏》之学，丕阐薪传；仪陈之堂，聿张楣翼。近联华掌，线伯之园斯存；遥跂浴沂，宝贤之池不废。轮哉奂哉，茂矣美矣。

今上垂旒之四年，律中蕤宾，大中丞兰皋康公驻节是郡。下车之次，首询学校，备及书院。于是屏丹骓，偃红旗，幅巾深衣，以临于秀峰之庭。是日也，朱华挺茄，碧桐垂乳，矮缨咸集，弁藻相都。巡长廊，历后簃，发广厦之思，有湫隘之叹焉。士林则鞠跽而对曰："方今人文蔚起，施及蛮貊。桂邑为道会之大凑，比岁宾兴，簪笠弥望，故兹肄舍浸以不敷。"大中丞乃鸠工庀材，院内大门之旁增舍七椽，又捐金二百余两有奇，购顾氏居，前后凡三层，层各如干房。巨竹老愧，重深秘奥。昔汉太学多至千八百余室，宋讲堂百斋可容三千人，所以扬芳聚馨，简奇擢秀。蒋益州之广石室，陈述古之辟郡庠，胥斯道也。继自兹红版骈仓，青衿戒阙，入籥用万芬香之菜毕，持执七修贰樽篹之诚，用享公之赐也，可不勉旃！昔冯文简公以皇祐元年三元登第，位至枢

---

① 〔清〕谢启昆：《树经堂文集》卷四，清嘉庆刻本，第7—8叶。

参,海内荣之。近桂林相国元孙继昌以嘉庆庚辰繇乡贡,礼闱讫,廷对,皆第一。苍梧边徼远郡耳,祭酒年少诸生耳,前晖后光,允升未艾。大中丞以去岁冬十月移镇荆南,其拊粤,尊贤亲儒,恤民养士,狘伺悉化,狂狿一空,来暮去思,式歌且舞。是役也,士林实预畚挶之末,落而成,敬伐石打碑,以志不朽,且告来者。庶几览观,则雅歌投壶,琴瑟之声盈耳,朴斫丹臒竹箭之材成林尔。①

读郑小谷《厘定秀峰书院崇祀乡贤神主记》书后

况澄

案:后汉两陈元,既同姓名,又同字,又同时,又同习《左氏春秋》事,有如此巧合者乎?矧两人皆经师,史必各为立传,何独载此而遗彼也?《后汉书·儒林·孙期传》云:"陈元、郑众皆传《费氏易》,其后马融亦为其传,融授郑元,元作《易注》,荀爽又作《易传》,自是《费氏》兴而《京氏》遂衰。"陆所引五人,盖出于此,而□括其词,造句颇觉整饬,其"京兆""扶风"等字,陆所加也,非范书有此数语。此五人,陆皆注字与官及所习经传,检《后汉书》,马、荀、二郑皆有专传,何独漏陈元一人?《儒林传·易》后云:"陈元、郑众皆传《费氏易》。"《春秋》后云:"郑兴、陈元传左氏之学。"观陈氏传与郑元、郑兴、郑众传连属,中只间一范升,愈见陈元非两人矣。陆叙《三传注解》传述人于《左氏春秋传》下,其文分三节:

第一节自曾申始,至贾护授苍梧陈钦止,此由周讫于西汉也。陈元,东汉人,此处若据"元传增钦传,其子元"一语,时代既分,嫌于失序,况又有作《春秋》一语,亦难安置。元本传云:"父钦,虽与刘歆同时,而别自名家。"李贤注:"钦以左氏授王莽,自名《陈氏春秋》,故曰别也。"是钦撰《陈氏春秋》,若元作《左传同异》,则据叙录所云。

第二节述东汉诸人。先谓言《左氏》者本之贾护、刘歆,护、歆并西汉人,护承上文,歆起下文,次及贾徽,即入东汉,已下递及司空南阁祭酒。陈

---

① 〔清〕吴征鳌等修:《临桂县志》卷一四,桂林市档案馆1963年石印本,中册,第66—68页。

元即钦子，字长孙者，设陆注"钦子"二字，则略无疑义矣。此下注解诸人，至三国止。

第三节，总叙《左氏》兴废，是叙录以时代先后为次第也。或曰："陈元既传《费氏易》，何以本传不详？"曰："详《儒林传》，不重述也。"元事迹多关《左氏》，故略《易》而详《春秋》也。李贤注《后汉书》，凡名人未入列传者，必注字及里居。《儒林传》陈元下不注，因有本传也。本传云："元少传父业，为之训诂。"未知成书否？或即《左氏同异》亦未可知，本传不书，事可略也。士燮注《春秋经》十一卷，吴志燮传亦不载。或曰："陆何以称京兆陈元也？"曰："元或寄籍京兆，否则陆之偶误，范书实无京兆字也。"何以称司空南阁祭酒也？曰："史失载也"。史传体例严，不能过详，即如后汉许慎为太尉南阁祭酒，见所撰《说文解字》，而本传亦不载。考元本传，元所历官，初以父任为郎，嗣上疏请立《左氏》学，与范升廷争，帝卒立之。太常选博士四人，元为第一，帝以元新忿争，乃用其次李封。元后辟司空，李通府乃掾属也。其为司空南阁祭酒，当在此时。盖南阁之官以各掾属充之，南阁祭酒乃掾属供职南阁者之首领，其说别详。李通罢，元复辟司徒欧阳歙府。以病去，年老卒于家。元之官阶如此，或因司空掾是本官，南阁祭酒是兼职，史载本官，不载兼职欤？许传之不载，亦类此。梁元帝《古今同姓名录》："陈元三人，其一苍梧陈元，其二皆非京兆陈元。"谢启昆《广西通志·列传·陈元传》后云："谨案：陆德明《经典释文叙录》引《后汉书》作'京兆陈元'，误。"此说诚然。或谓陈钦既传《左氏春秋》，自应先祀钦，后祀元。因钦以《左氏》授王莽，故弗与也。且元有专传，钦仅附元传，则祀元为宜。至元之后有坚卿，本传云："子坚卿，有文章"，亦未言著书。士燮之后有宣，本传无之，不知所出。或燮弟士䵋，明凌迪知《万姓统谱》讹作"士显"，或又讹显为宣。与京兆陈元之说，《叙录》谅有所本。要当以《后汉书》为断，定为苍梧陈元一人，未知是否，尚希正之。①

---

① 〔清〕吴征鳌等修：《临桂县志》卷一四，桂林市档案馆1963年石印本，中册，第69—71页。

逊业堂记

曹驯

秀峰书院经始雍正初，廓于乾隆，夷庭洞豁，向为士薮，而揭于堂曰"逊业"者，盖规尚书所云逊志时敏之谊，趣诸生蹴然勃然，既业于其中也。桂林自陈文恭洁倡朴学，刬蔽荒服，垂百余年，宗风流衍，士不易遁，秀峰诸讲舍，尤多踔轹杰出者。洪、杨之乱作，旧家藏籍销毁于火，粤学稍稍敝矣。驯通籍旋里，厕兹席有年。每立诸生庭下，诘以所习，率皆四子书文，至郑、马笺疏，南阁训故，涑水、扶风、龙门之纪录，罕有了然举其要者。骛华弃根，用为太息。光绪庚寅，今抚军江都张公为岭藩，而安阳马公实为岭抚，以粤学荒歇，奏于天子倡之。乃闳树峻宇，翼以楼，庋书若干部，不备，又以上闻。旁征于湘、于鄂、于蜀、于吴越、于粤之东。既集公于众，以赢予郡县，随募手民镌古善本，颜曰"桂垣书局"。赵观察蔼臣、黄观察兆怀董其役，张太守璞完、黎直牧彤蕴佐之，盖粤之创举也。逾年，马公以礼去官，张公奉天子命抚岭，惧学未昌，谋于方伯黄公植庭、廉访胡公云楣、观察张公安圃，招选郡邑士之异等者六十人，治经史，分内外课。内课三十，骈居院两掖，岁饩金钱七万。月有试，日有札记。朔望谒先圣，昕而恪；见长者，束出入白，旷而寙，必让，优则奖。外课以次补，亦与试。仍前所称，曰逊业堂，以乡宿周嵩年、祁永膺督课。曰分校，以冯直牧达夫巡事。曰提调，而谬以驯兼主讲席。先是，马公开置书局，罗几于庭，博人浏览。初争取悍索，寻以昕入曛出，不专不固，稍稍而稀。抚军扩之，粤学勃然兴矣。已而郡大牧以资馈高才者次于院，旧舍莫之容。时黄大令南崖为提调，白于安圃观察，乃相地院之东，为横舍十有四。毕，寻反居民所侵地若干亩，将续焉以庇众。而何观察玉林、谢观察方山权其政。既讫，为楹三十有奇。于是，东西两掖复宇相瞰，崇墉缭固，莫不叹抚军之大有造于西也。

是役也，肇于马公，恢拓于今抚军，阅五祀矣。而院中之慧隽者，率庞然自树，追躐作者之藩，或缀贤书以去。其次亦渐趋淹雅，涤谫拔俗，嘘植之为力，岂不巨哉！秀峰历有文课，而经史课遴其特始预示专也。初费艰于出，张观察综是政，再四度乃敷。今抚军闳其规，振学于敝，倘喑而不襮，是不考引盛德以牖邦人于道也。驯有惧心，乃缀于石，以诏来者。光绪二十有一年岁在乙未二月，秀峰书院院长临桂曹驯撰并书。①

育才馆章程

一、馆地。以裁撤秀峰书院为育才馆。

一、经费。筹拨的款二千两，为育才馆常年经费。

一、委员。书局见有委员兼理分题、收卷、印卷、发榜、给奖等事，每节支银十二两，以资办公。

一、图记。刊木质广西育才馆图记一颗，发交委员盖印课卷，以昭信守。

一、山长。聘请品端学优、通达时务绅士为山长，每季送束脩银七十五两，薪水银三十两，合计全年四百二十两。查秀峰书院内书局，向有送院长节敬四十两，见拟照旧由馆支送，合共通年送银五百四十两。

一、甄别。所有通省府厅州县举贡生监，先期赴育才馆报名。如系举人，应注明科分；如系贡监，应验看单照；如系生员，应注籍贯、入学年岁。每报一名，准书识收纸笔费钱三十文，不得格外需索。甄别榜取有名者，方准应月课，以杜冒滥。

一、月课。每年二月开课，十一月停课。抚、藩、臬、道、府轮流命题，周而复始。计每衙门命题二次，合共十课，遇闰不加。

一、课题。每月以中外政治、史学、论策及四书五经义命题。论策题由官出，四书五经义由山长出。每次共三四道，以全作合格，不及半者不录。甲乙由山长评定。

一、期限。每课交卷以三日为期，逾期不收卷，无印者不阅。

一、课卷。制艺、试帖，例定字数，故可制卷，分给目下。论、策、经义，不限字数，篇幅难计。所有课卷，应由应课诸生自备，各尽所长。惟交卷后，宜由委员，盖用图记，以昭核实。

一、名额。举人取四十名，计超等二十名，特等二十名。五贡生监，合取四十名，计超等二十名，特等二十名。

一、膏奖。超等第一名给奖三两，二名至五名二两八钱，六名至十名二两

---

① 〔清〕吴征鳌等修：《临桂县志》卷一四，桂林市档案馆1963年石印本，中册，第72—73页。

五钱，十一名至二十名二两；特等第一名一两五钱，二名至十名一两，十一名至二十名八钱。其余均作一等，不给膏奖。凡膏奖由银号开票，以杜低色折扣之弊。张榜五日后，一律照发。

一、限制。育才馆为不能入大学堂而设，凡在大学堂肄业者，均不准应考，以示限制。

一、杂支。本馆设书识一名，每季工银四两八钱；把门一名，每季工银六两；更夫一名，每季工银六两。三共全年应支银六十七两二钱。查秀峰书院，原有门丁、更夫，如向来当差得力，即可仍旧，毋庸更换。①

存发书籍章程十二条

一、书籍应遵照四库全书目录，分经、史、子、集四门，并著人姓名、卷数、本数，某省局刻，刊列成册。印刷多部，分发各府厅州，转分各士子，并照抄多张，用木板油贴悬各学各书院门首，使一目了然，不但可资检阅，即穷乡僻壤之士，亦知所师承矣。

一、每卷首页盖淮南、金陵、江苏、浙江、广东、湖南、湖北、四川等处刊书图章，不忘所自来也。又盖桂林、梧州、浔州、柳州、南宁、太平、泗城、百色、郁林、归顺十府厅州书局图章，识其所分存也。复将该卷篇数注明末页，加一分存处所图章，以防抽换遗失。至各书头宜号明某书第几卷，并卷面盖用广西巡抚关防，注明某年月日，发交各府厅州书局，再由各府厅州加地方官印盖面，装好收存，庶杜窃卖之弊。

一、各府厅州奉到各书，即将收明数目并存储处所如何装法，随文报明，移请某山长暨责成某学官会同管理，逐年造报一次。遇有任卸，列入交代，移收具报。

一、书局取高敞洁净，最忌潮湿。宜制高架大樟木垛柜，中置间板，仍分别门类，挨次排放，概用木板夹好，万不可用布套，日久生虫。安四扇开阖玻璃，以防灰屑污秽，潮气损坏。纸墨外再加两大整木门锁，标明内储书目，既便收藏，亦免损失。

一、经理尤须得人，将各书盖印图记，刊发书目，并榜列存书于堂门，俾

---

① 〔清〕吴征鳌等修：《临桂县志》卷一四，桂林市档案馆1963年石印本，中册，第82—84页。

众知悉。其总管宜任之山长经理，并责成学官各执簿目，随时检点。每年伏秋抖晒一次，或稍有破损及钉线脱落之处，随时补缀完好，年底逐细整理一次。即书箱书架，亦以时修治，以昭郑重而垂久远。

一、本局人等，均须小心谨慎，晦明风雨，所有窗槅启闭，务必如法依期，不容稍涉大意。至灯烛烟灰及早晚门户，尤须加意检点。

一、书籍庋藏楼上，按部插架标明。设司门一人稽查出入，司书一人报名挂号，并经理交收书籍。看书者到楼下比次列坐，不得自行登楼。先将姓名报明，欲查某书某册，司书者即照登簿另录小条，登楼检取，按部送阅。每人只可查看一二种，多恐应接不暇，阅毕仍交司书妥放原处。每月初一日，由山长将所存各书查点一过，倘有不全，即行追究。如省外各局无藏书楼，责成地方官妥为安置。

一、每日到堂阅书，辰正起，申正止，人数以坐次为限。如来迟人满，翌日再阅。其短衣赤足，气象不敬者，概不放进。入堂闲游，并非看书者，亦即斥出。

一、各书准来就观，不得取出，亦不得落笔圈点及任意损坏。如有短少污毁，许司事当堂追究勒赔。

一、凡读书贵于考证是非，而归于心得。将每日所看之书，自立一日课簿，或考订字句，或议谕某人某事，逐条写入簿内。每条不拘长短，必须确有见解，方不至徒矜涉猎。或自携笔墨，择要抄录，久之裒然成帙，可备稽查。每届一月，将抄簿呈送山长，面诣大旨，庶几因其明以通其蔽，而是非得失，亦可渐次而知也。

一、所发之书，虽由山长、总管、学官经理，但置书原为培植人材起见，不必拘定学中生员、院内肄业。如有隽异嗜古之士，肯就近用功者，均许往阅。

一、读书之道，勤敏为先。各府、厅、州、县阅书士子，如有真正用功，确有心得，才堪造就者，各府、厅、州、县试询属实，许将姓名随时呈报，以凭酌奖。①

---

① 〔清〕吴征鳌等修：《临桂县志》卷一四，桂林市档案馆1963年石印本，中册，第84—86页。

书院经费

秀峰、宣成二书院：雍正十三年，世宗宪皇帝赏银一千两，买田及归官田租，并拨道库盐余银，每年得银一千六百九十二两（盐余银八百两，兴安租银五十一两三分九厘，阳朔租银三十两八钱五分，永福租银三两七钱，马平租银一百五两一钱六分六厘九毫，来宾租银二百三两六钱七分，藤县租银一百八十八两七钱四分六厘，容县租银九十六两零，岑溪租银八两零，怀集租银一百十二两三钱三厘零，宣化租银五两一钱三分九厘零，横州租银八十六两九钱一分八厘，皆按年征解），米七十七石零（康熙四十六年，捐置华掌书院田一顷八十七亩二分九厘，岁收租谷折米九十四石五斗五升八合五勺，以六十三石八斗七升六合四勺入秀峰、宣成二书院，余为庆祝宫守役口粮及纳课之用。雍正十三年，临桂知县魏运景开垦壶山田七十八亩七分九厘，岁收租谷折米十三石一斗三升，三合共米七十七石九合四勺。不敷之数，临桂知县领司库银采买）。（《通志》）

额定秀峰正课生员五十名，宣成正课童生二十五名，月各膏火银四钱四分四厘，米三斗。乾隆四十七年，巡抚朱椿与司道公捐银八百两，买原任凤阳知县于万培入官田九十八亩二分，收租一万斤，折米五十石。定增额外正课秀峰十四名，宣成八名，月各米二斗。四十八年，巡抚孙士毅与司、道、府、直隶州月各捐养廉银二两，共银三十六两。秀峰监院月领银二十四两，增正课生员银三钱五分六厘，书识、纸张银五钱，余为一二等奖赏之用。宣成监院月领银十二两，增正课童生银三钱五分六厘，书识、纸张银三钱，余为一二等奖赏之用。凡银由桂林同知领，自司库发，监院米存临桂县仓。（《通志》）

秀峰书院院长聘金八两，束脩银三百两，每月薪水银七两，米二石三斗。开馆酒席银一两三钱，端午、中秋节仪各六两，年节仪十二两，酒席各一两三钱，每课各酒席银四钱。水火夫二名，月各工食银五钱。额定正课生员五十名，月各膏火银八钱（不住院者减二钱），米三斗。爨夫四名，月各工食银三钱，米三斗。额外正课生员十四名，月各米二斗。乡试之年，自五月十五日至八月十五日，照正课各给银四钱四分四厘，米三斗。附课生员无定额，乡试之年，支给银米与额外同。监院官一员，月支银三两。奖赏：一等生员一名三钱，次名二钱。月三课课卷每本银八厘，饭菜每人银五分。书识一名，月给工食银六钱。门役一名，月给工食银五钱，刷勤惰簿银六分。（《通志》）

续定：院长每年束脩薪水银四百二十两，监院官每季薪水银九两，书识工

食银一两八钱，纸张银一两五钱，刷勤惰簿银一钱八分。门役二名，工食银六两。更夫二名，工食银六两。按季请领。（新采）

旧章：官课超等五十名，每名膏火银一两；特等三十名，每名膏火银五钱，边生倍给。前府详定：每月加师课膏火银三十二两。前巡抚杨重雅官课加超等十名，每名膏火银一两；特等十名，每名膏火银五钱。又，前云贵总督岑毓英捐款生息，加师课奖银十两，第一名奖银一两，二、三名各八钱，四、五名各七钱，六名至十名各六钱，十一至三十名各四钱，三十一至五十名各三钱。（新采）

逊业堂正课桂林府十六名，外府十四名。太归道蔡希邠提银一千两生息，咨送二名。梧州府向万鑅摊捐银一百两，详送二名。外课、附课无定额，正课缺额，外课挨补。正课每月膏火银四两，官、师课超等八名，特等八名。官课超等奖银二两，特等一两，师课减半。秀峰院长兼阅堂课，有提调，有分校，有委员。院长有节仪，无脩金。（新采）

秀峰、宣成二书院，额定岁修及买什物银五十两。（《通志》）

书局经费：桂垣书局，每月由道库领银二十八两作委员薪水、书役工食。光绪三十年，巡抚柯逢时拨银二万两，生息刻书。（新采）①

悔过斋记

吕荣公曰："人生内无贤父兄，外无严师友，而能有成者，少矣。"余自少好读书，十岁能诗文，自以为功名操券。壬午乡试不第，然后知科举之学无凭，虽勤力亦无益也。退而专心诗词、古文，博览群书，欲为一代才人，以为售世不可必传世，孰能禁之？自兹以往，非诸子百家之书不读，非文采风流之事不行，放情诗酒，驰骋词坛快如也，而独于宋儒之书未阅。乙酉春，奉亲命复来秀峰肄业。同学有友号决江者，真读书人，居恒最讲宋儒诸书。见余留心诗文，大谬不然，谓余曰："子为一代才人，盍为一代真儒？"遂历举虚文浮词之弊，告以正心诚意之道，并将《性理大全》《朱子全书》《小学》《近思录》《语录》等书送至案头，堆积如山，迫以不得不阅之势。余因此日取一卷

---

① 〔清〕吴征鳌等修：《临桂县志》卷一七，桂林市档案馆1963年石印本，中册，第203—206页。

读之，始犹勉强，久之如食蔗，然渐入佳境，欲罢不能。遂以圣贤之言反之一身，见平昔所谓文采风流者，无不与书背，不禁寤寐惶汗出，而谓决江曰："微子言，余几枉过一生，不知圣贤正心修身、静存动察之道为何事矣！"于是闭门讨论，身体力行，愈不敢懈。凡曩之所为，一切痛改，即一言一语之失，无不笔之于书，以为惩戒。始信宋书有功，圣道名教不小，而悔讲读之不早也。则凡世之薄宋书而号风流者，殆小人而无忌惮，亦所谓"不得其门而入，不见宗庙之美、百官之富"者也，乌可与之言学哉？余因此见父母之恩，昊天罔极；良友之益，千载难得。今岁若非严命来此，则在家所学依然故我，何日得改厥过？即来此而无决江规谏，再四讽劝，又何以得知其过而自悔、自改哉？异哉！吕荣公曰："人生内无贤父兄，外无严师友，而能有成者，少矣！"兹于秀峰山房，额其斋曰"悔过"，因记其巅末如此。①

送秀峰书院山长沈涵虚进士谒选

许道基

鳣堂先生今休文，推劘屈宋搜皇坟。雅文枢辖构深玮，兰苕翡翠非其群。选楼高筑裁黄绢，五色云飞奏金殿。飘然裙屐下机山，桂岭莲峰开笔砚。颜公旧有读书亭，古洞年年草自青。五咏云徂八咏继，风琴月笛声泠泠。丹铅借作工师墨，芹藻生徒成鲁国。一过拔尤野不空，坐使九方惊失色。三年几席惜三余，捧檄俄传劝驾书。冬日爱宁忘襦裤，秋风思不系莼鱼。经师人牧非二理，聋聩醒兮疲癃起。循良犹是诱循循，百里弦歌皆弟子。②

秀峰书院书怀

苏其烻

北堂拜命理征衣，一舸琴书逐鸟飞。剩有半言萦旅思，临行时问几时归。③

---

① 〔清〕俞廷举著，唐志敬、张汉宁、蒋钦挥点校：《一园文集》，广西人民出版社，2001，第120—121页。按：俞廷举，清乾隆三十年（1765）在秀峰书院读书，三十三年（1768）中举。
② 〔清〕许道基：《粤吟》，清乾隆二十五年（1760）刻本，第53叶。
③ 〔清〕张鹏展纂：《峤西诗钞》卷一〇，清道光二年（1822）刻本，第6叶。

正月十六日开志局于秀峰书院志事二首柬裴山

谢启昆

临川旧志已消磨（李穆堂先生），桂管图经孰正讹。七十年来伤散佚，三千里外费搜罗。采风端赖𬨎轩使，纪事深求著述科。铃幕画闲边务少，可容老子共编摩。

落灯时节载书来，秀岭春归别馆开。敢诩衙官偕屈宋（谓二张、任、王、关、周诸君），须知薮泽有邹枚（谓胡雒君、朱小岑）。龙编尽入探骊手，象译应资博物材。文简事增师掌故，蛮陬典册上兰台。

是日同裴山学使会考书院诸生于贡院复和前韵二首

谢启昆

璞玉渊珠要淬磨，轮扶大雅变浇讹。鸳湖藻镜开文苑，桂梅珊瑚入网罗。莫负项斯邀共誉，休教李䢑愧登科。今年荐士遭隆运，发箧陈书慎揣摩。

雍雍巾卷笈朋来，预试新鹰健翮开。笔下蚕喧春食叶，案头蚁战夜衔枚。六经合听笙簧奏，百获兼收杞梓才（试帖以"六经鼓吹一树百获"命题）。并辔招邀文字饮，昨宵灯火剩楼台（裴山饮余于使院）。①

种树（秀峰讲舍作）

王拯

抱瓮归来已后时，春风栏槛又新移。潇潇一夜山根雨，天意苍茫那便知。②

秀峰书院槐

乙巳谢兰稿

几株槐树正芬芳，密密浓阴覆讲堂。遥想千秋名举子，情忙都为此梅花。

秀峰书院桂

乙巳谢兰稿

孤根移种院之间，宛似菁莪造士般。若待秋闱登第后，折来不异月中攀。

---

① 〔清〕谢启昆：《树经堂诗续集》卷四，清嘉庆刻本，第7—8叶。
② 〔清〕王拯：《龙壁山房诗草》卷一七，清同治刻本，第9叶。

秀峰书院蕉

乙巳谢兰稿

院内松槐拔俗标，其中更有直根蕉。叶如凤尾兼如扇，好与诗翁伴寂寥。

秀峰书院松

乙巳谢兰稿

后雕久已著奇名，万点龙鳞老更成。凉夜桂山风动候，涛声半杂读书声。①

题韦铁夫教谕授经图为令嗣约轩编修

不教颜柳擅家规，一幅如披讽谕诗。代远业犹传故相，官闲身自课佳儿。无鳣集座沉沦惯，有鲤趋庭变化奇。三尺书郎今及第，由来名父作经师。

冰冷儒官建立殊，通经致用果非迂。青毡堂下辞私馈，黄鹄陂前议免租（有本事在）。当局能肩真铁汉，满籝何物笑金夫。不须数典援韦幔，赐策阴功券此图。②

秀峰书院楹联

桂林府之秀峰书院，为岭西人文萃集之区。乾隆间，武缘刘灵溪太史（定逌）联云："于三纲五常内，力尽一分，就算一分真事业；向六经四子中，尚论千古，才识千古大文章。"吕月沧山长称之。余谓此即从申凫盟"真理学从五伦做起，大文章自六经分来"二语衍而畅之耳。③

桂林吕月沧掌秀峰书院，尝拟题讲堂一联云："先有本而后有文，读三代两汉之书，养其根，俟其实；舍希贤莫由希圣，守先正大儒之说，尊所闻，行所知。"甫欲制板悬挂，而骤归道山。其门弟子尚有能述之者。④

桂垣书局藏书楼：秀峰秀灵川灵，登斯楼更上一层，奇揽嫏嬛奥窥宛委。刚日经柔日史，愿诸生读书有用，远宗士燮近法文恭。⑤

---

① 黄旭初修，吴龙辉纂：《崇善县志》，收入《中国方志丛书》第203号，成文出版社，1975，第297页。
② 〔清〕赵翼：《瓯北集》卷一二，清嘉庆十七年（1812）刻本，第1—2叶。
③ 〔清〕梁章钜辑：《楹联丛话》卷八，清道光二十年（1840）环碧轩刻本，第3叶。
④ 〔清〕梁章钜辑：《楹联续话》卷二，清道光二十三年（1843）刻本，第22叶。
⑤ 〔清〕马丕瑶：《马中丞遗集·杂著》，收入《清代诗文集汇编》第718册，上海古籍出版社，2010，第816页。

宣成书院（桂林）

宣成书院，位于广西桂林。南宋景定年间，经略朱禩孙为纪念张栻、吕祖谦而建。张栻谥曰宣，吕祖谦谥曰成，宣成书院合二公谥号为名，是桂林历史上最早的书院。宋末毁于兵火。元、明二代皆有修葺、迁建。清康熙二十一年（1682），教授高熊征移建于谯楼右将军线国安故居旧址，督学王如辰改名"华掌"，以示对张、吕二公之尊崇。清雍正二年（1724），巡抚李绂复题原名。清同治十年（1871），护抚康国器重修，奏颁"道德陶钧"匾。清光绪二十八年（1902），裁撤，后改建为临桂两等小学堂，民国间沿办小学。宣成书院为清代桂林四大书院之一，历任著名山长，元有张信臣、刘恢，明有谈一凤，清有蒋作梅、周因培、苏性、周干臣等。

宣成书院

在桂林府治北。宋景定间，经略朱禩孙以张栻、吕祖谦尝游此，合二公谥为名，请建书院，理宗书额赐焉。（《续文献通考》）后毁。元元贞丙申，廉访副使臧梦解重建。至正三年，廉访使也先普化重修。明初，改为临桂县学。正统五年，御史刘隽复建于县学西。弘治十七年，提学姚镆移建府县二学之间。正德中，提学陈伯献、左布政使何珊、右布政使翁茂南、按察使宗玺、参政黄衷、副使传习张祐重修。初，院有祭田三十亩，并于豪强。巡按杨璋复之至是。巡按谢天锡增置田一百一十亩。国朝康熙二十一年，教授高熊征详请巡抚郝浴以谯楼右线伯花园故址改建书院，奉祀宣、成二公，召集各属诸生肄业其中，督学王如辰改名"华掌"。以后递有修葺。雍正二年，巡抚李绂复题曰"宣成书院"，捐俸给饩，延师课士。嘉庆七年知府湍东额率属修建。（旧志）嘉庆二十五年，山长廖重机倡修。道光二十八年，巡抚郑祖琛重修。同治十年，护抚康国器重修，奏请钦颁"道德陶钧"匾额一方敬谨悬挂。内附祀前广西巡抚郝浴、姚成烈、督学王如辰、教授高熊征、布政使李涛。光绪二十八年，裁；三十一年，改建临桂两等小学堂。（新采）[1]

---

[1] 〔清〕吴征鳌等修：《临桂县志》卷一四，桂林市档案馆1963年石印本，中册，第73—74页。

创建华掌书院碑记

王如辰

大中丞郝公抚粤之明年,为康熙壬戌,四方既平,罢兵休息,业循旧典,补行粤西乡试,贡士仅三十人。公乃慨然曰:"九郡之中,十年才一试耳。而英才向学,域于郡县,有玉不琢,有美不扬,士奚由劝?"

爰考旧志,桂林有宣成书院,实祀南轩张公、东莱吕公,又有桂林书院,代更久湮,学废不讲。乃相地势,择西雍前后池塘,翼以巍楼,形胜既佳,大工斯举。公及藩司崔公维雅、臬司黄公元骥、参议简公上皆捐资以倡,命教授高熊征董其役。鼖鼓初集,群心竞趋,材不庀而良,工不鸠而聚,门堂、斋舍、亭阁、厨汲,焕然备具。又捐资多购经、史及四子、百家之文,延有道宿儒为之师。诸生至者月有廪费,以为常科。岁两试,所取皆才,拔其奇尤,集于斯院。于是驰檄九郡所属州县名俊来赴,济济森森,咸以后至为辱焉。呜呼!可谓盛矣。

予惟圣道之大,视王化通塞。前此延龄煽乱,五岭以南,几为异域。今荡平甫奏,而率履周行,性善可征,教行则复,况三江濯秀,硕德相望,能自得师,何必在远。尧舜之道,孝弟而已,一贯之旨,忠恕匪他。仿鹿洞岳麓之成规,采安定苏湖之教法,以立诚、主敬为要,以正谊、明道为归,圣之作、贤之述、师之教、弟子之学,舍斯奚从?是则公之志也。公既乐粤士之可与进于道,而又虑无以经久,乃议以全省学租为多士佐读之资,而崔公维雅乐公是举,复置鱼塘二区用赡诸生,期永久而无废。颜曰"华掌书院",从公志,示仰止也。

公平生盛德大业,卓识鸿文,史不胜书。予幸得亲炙公之丰采、言论,窥其用心,以知其学,而乐为从事斯院者告也,因勒其事于石而为之记。①

召试诸生入书院学习诗古文词告谕

甘汝来

为振兴古学,以广造就,以光文治事。照得粤西人文,前此远逊中土,实

---

① 〔清〕金𫓧修:《广西通志》卷一一五,清雍正刻本,第35—37叶。

由官斯土者莫为振兴之故,非天之生才之果限于遐裔也。近经前院李加意人材,实心造就,兴复宣成书院,延师讲艺,日省月试,奖励多方。比年来文风丕振,本都院近阅课艺,尽态极变,几于无美不备。其间超踔骏厉之才,不一而足,以方中州名手,或几过之。兴贤育材之效,固已具见一斑矣。但所工者不过科举之学,昌黎所谓俗下文字,薪胜于人而取于人者之具。求其能为诗古文词,如古人之著作,上可当承明之选,下可为名山之藏者,未之或有。本都院甚为尔诸生惜之,计将移尔诸生工于时文之心思才力,施之于古,当亦无不可工者。拟仍就宣成书院延致名师,以与诸生讲求诗古文词法度。兼前院李所购群书,经史子集四部之藏,靡不具备,足供搜讨。诸生暂辍科举之学,俟酉科届期,再为温习。乘此一二年间,日夕劘切,学为诗古文词,以开一方之风气,以昌一代之文章,本都院有厚望焉。合行出示晓谕。为此示仰阖属贡监生员知悉:尔等乡试之后,毋即散归,候本都院出闱,即示期考试。凡有志于诗古文词者,广为收录,送入书院肄业。尔诸生各宜踊跃,副兹雅怀。特示。①

宣成书院经费

宣成书院院长聘金四两,束脩银一百二十两,每月薪水银二两五钱,米一石。开馆酒席银一两三钱,节仪各二两,酒席银各一两三钱,每课各酒席银三钱。水火夫三名,月各工食银三钱。额定正课童生二十五名,月各给膏火银八钱(不住院者减二钱)。额外正课童生八名,月各给米二斗。附课童生无定额,监院官一员,月支银三两。奖赏一等童生一名,银二钱,月三课,课卷每本银八厘,饭菜每人银五分。门役一名,月给工食银五钱,刷勤惰簿银六分。(通志)

续定:院长每年束脩薪水银三百六十两,监院官各季薪水银九两,书识工食银一两八钱,纸笔银九钱,刷勤惰簿银一钱八分,门役工食银三两,按季请领。(新采)

旧章:官课上取二十五名,每名膏火银一两;中取十五名,每名膏火银五钱。前府详定:每月加师课膏火银十八两(内支送脩费银六两),按月请领。前巡抚杨重雅:官课加上取五名,每名膏火银一两;中取五名,每名膏火银五钱。师

---

① 〔清〕甘汝来:《甘庄恪公全集》卷一二,清乾隆五十六年(1791)刻本,第16—17叶。

课第一名膏火银六钱，二、三名各四钱，四名至十名各三钱，十一至二十名各二钱，二十一至二十五名各一钱。在院应课者，岁、科试门斗备卷。（新采）①

榕湖书院（桂林）

榕湖书院，位于广西桂林。清道光十四年（1834），布政使郑祖琛建。榕湖书院与其他书院专课"时艺"不同，以"经古"课生童，故又称经古书院、榕湖经舍。清同治十年（1871），广西护抚康国器重修，并奏请颁赐"经明行修"匾额，为秀才应乡试肄业之所。王拯为山长时，订有《藏书借书条例》。沈秉成任广西巡抚时，曾序刻《榕湖经舍藏书目录》。清光绪二十八年（1902），书院停办。三十一年（1905），改设为桂林公学。今址为桂林中学。榕湖书院为清代桂林四大书院之一，著名山长有吕璜、郑献甫、王拯、唐景崧等。

榕湖经舍

道光十四年，布政使郑祖琛建于丽泽门内，流恩书院东，延院长以课生童。经古：同治十年，护抚康国器重修，奏请钦颁"经明行修"匾额一方，敬谨悬挂。自有桂山书院，此地改为公所。光绪七年，祀前广西巡抚郑祖琛、邹鸣鹤、杨重雅于内。二十二年，祀刑部主事象州郑献甫于西舍，以郑先生主院最久且疾终于此也。三十一年，借地设桂林公学。（新采）②

创建榕湖经舍记

郑祖琛

粤西僻处峤外，涵濡圣化垂二百载，都人士不后于中邦。四千年来，清越秀发，繄惟我熙朝为最。省垣旧有秀峰、宣成两书院，专课时艺，书鲜善本，无所考正，其文清辨有绳尺，而于经古文辞乃往往未暇逮焉。余以壬辰旬宣此邦，尝月集诸生，课以经艺诗赋，间及各体，应官有暇，亲为评骘之。既期年，多士颇跃然知经术之足尚，而古学之未可后也。有请建书院者，卜地于丽泽门孔子庙东，且前时修贡院有羡资，董事马君秉良任其劳，三阅月而工毕。

---

① 〔清〕吴征鳌等修：《临桂县志》卷一七，桂林市档案馆1963年石印本，中册，第205页。
② 同上书，卷一四，中册，第80页。

讲堂三楹，其西三楹，所以馆都讲；其南十四楹，析为二十八舍，以聚诸生。初不意其成之速如此。余方筹束脩膏火，维时大中丞高平祁公抚粤已三年，所以沾溉士林者甚渥，学使池龠庭先生亦雅欲进粤士于渊醇，佥以是为善举。而廉访阿镜泉、观察卞雅堂两先生暨鉴斋乔太守咸有同志，欣然赞成之，各捐金以佽，岁得千金。池籥庭学使、阿镜泉廉访又将捐资多购经籍，贮存书院，俾资循诵，从此可久可大。学舍之南多隙地，从而廓之易易也。抑余更有谂于诸生者，通天地人谓之儒，王潜夫称说经为世儒，著作为文儒，二者无殊途，等而上之，有醇儒焉，有大儒焉。惟志士抗心仰希，毋局于小就，及其学之既成，达则措诸事业，穷则传诸其徒，则后日之艺林文苑流美无穷者，非即今日创斯举者所厚望也哉！丽泽门之外有西湖，旧矣，门内迤南承其流者为榕湖，与榕树楼相直，水四时不涸，实近讲舍，故取而名曰"经舍"者，所重在经也，且以别于两书院也。道光甲午三月，粤藩使者乌程郑祖琛记。①

榕湖书院记

况澄

桂城书院有三：曰秀峰，曰宣成，曰榕湖。秀峰以课诸生，宣成以课童生。课期时文一，试体诗一，由来旧矣。榕湖则道光壬辰岁郑梦白方伯所建，合生童而课以经义诗赋者也，亦称经古书院。其名榕湖者何？以地近榕溪，刘后村榕溪阁诗所谓"两榕犹及见涪翁"者是。今名杉湖，杉易以榕为近古，故以名书院云。闻始建时，为某中丞所忌，曲加调停，始获告成。吁！方伯大吏也，善政犹有阻之者，况郡县乎？吏治若此，可慨也！书院始为郑公训士之地，继偕僚佐输金廓大之，仍按年分俸为支用之费。设规条，聘名师，储馆谷，给膏火，以垂久远。多士肄业其中，谈经讲学，敦品励行，不数年咸得益去。况吾粤经学，二陈（陈钦、陈元）三士启于汉，二曹（曹邺、曹唐）诗学盛于唐，代有名儒。学者朝夕观摩，虽未遽比前贤，要不失为大雅。矧通经足以致用，即分饩亦足以食贫，此郑公之良法美意，宜何如感且勉哉！三书院之外，又有

---

① 〔清〕吴征鳌等修：《临桂县志》卷一七，桂林市档案馆1963年石印本，中册，第80—81页。

所谓爱日、培风、蒙泉、兑泽者，经始于继莲龛方伯，成于费新桥方伯，名书院，实义学也。有所谓流恩者，久已废为公廨，仍旧名。院东分地若干，为榕湖书院新址。初入粤者，或疑书院多，往往致问，故并及之。①

经古书院添设算学季课章程
光绪二十三年

广西地处偏隅，向来风气未开，西学尤绝。中日战后，人知愧愤，官乐提倡。加以龙州筑路，梧州通商，彼中士大夫，尤汲汲以讲求西学为务。近悉官书局宪向观察子振、谢观察方山拟筹巨款，创办学堂、译书各事，以经费未充，先将书院章程略为变通，添设算学一课，俟筹有款项，即次第兴举。今将其晓谕诸生一示，照录于下，以供众览。

广西书局桂平梧盐法道向、候补道谢为出示晓谕事。照得自强之道，必先作育人才，求才之道，必先推广学校。中国二十年来，京都同文馆、上海广方言馆、格致书院、广东博学馆，皆合中西算学，相与讲习讨论，皆所以新庶政而图自强也。前经内外臣工奏请，以时事多艰，人才凋乏，亟宜讲求实学而致富强，迭奉廷旨，通行各省，遵办在案。上年七月初三日，总理各国事务衙门议覆刑部左侍郎李端棻奏请推广学校以励人才一折，内称：如内地各府县，自可由督抚酌拟办法，或有书院，量加程课，或建书院，肄习专门，果使业有可观，三年后由督抚奏明，该衙门再行议定章程，请旨考试录用，以昭激劝等因。本日奉旨依议。钦此。仰见庙谟深远，洞悉本源，凡可以励人才而资御侮者，无不立沛恩纶，此穷变通久之至意也。

今广西地处西陲，迫近交趾，龙州接越南之铁路，南宁、百色，将必展至，梧州又开为通商口岸，转瞬之间，西士云集。苟无通达中外、周知时务之士，以济世用，譬犹之盲聋喑哑，窒塞而不通，非细故也。但广西素称贫瘠，延师筑室，费实不赀，学堂之设，行将有待。且西学灏如烟海，凡光、声、重、力、矿、汽、化、电，及一切格致、农工、技艺之学，非得其门径，则其道无由。欲得其道，则自算学始。窃考西人算学之书，其无不习之者曰阿尔热

---

① 〔清〕况澄：《西舍文遗编》卷二，收入《清代诗文集汇编》第601册，上海古籍出版社，2010，第751页。

八达，译为东来法。其书专演移项相消之式，即中国之天元四元借根方，是则西人算学，其源出于中国之明证。今中国算学，自明季失传，近始昌大，实赖西人之书，互相考校，故《御制数理精蕴》《历象考成》，皆参用西法，此礼失求野，不可废也。

兹本道等公同酌议，拟仿广东学海堂办法，于经古书院添设算学一门，课以四季。每季由书院监院禀请抚宪命题考试，问以算数、算理、天文、时务四项。其应给奖赏几何，事属创办，亦难预定，当按课卷之优劣，以定名次之多寡，每季由善后局拨款发给，以励向学之士。俟将来学有成效，人才蔚起，如何推广设立学堂之处，再行随时酌量办理。此次添设算学季课，本道等盖为培养人才，以备时用起见，除详报抚宪及分别移行外，合行出示晓谕。为此示仰举、贡、生、监、童生人等知悉。须知算学为当时急务，尔等有志向学，留心时事者，即便前赴经古书院，报名注册，听候定期考试可也。凛之。特示。

一、算学为六艺之一，岂能废而不讲。欲通格致制造及一切技艺之学，皆从算学始。近日各直省多有精通算学者，广西人文蔚起，自不乏留心时务之士。兹创设算学一课，以觇实学而拔真才。

一、各省皆有专课算学之地，近复有学堂之设，筑室延师，固为当时急务，第广西经费支绌，筹备需时，缓不济急。查经古书院为讲求实学之所，理应附入，事既简便，且归划一。

一、通晓算学，人数无多。此课盖为储才备用而设，无论外省、本省，举、贡、生、监、童生，但能通晓，即可应课，不分畛域，以示大公。

一、算学一课，既附入经古书院，所有请题、收卷、发榜、发卷一切事宜，自应归经古书院监院经理，以专责成。

一、课期宜仿照广东学海堂章程，分为四季。每季由抚宪命题，限一月内缴卷，迟则不录。

一、算学课卷，须绘图演式，与应考文字不同，课卷应宜自备。交卷时，由监院盖用钤记，随给回考生小票一纸。榜发后，凭票领回课卷及奖赏。

一、算学为育才之举，自应优给奖赏，以励向学。名次分为三等，上取四两，次取三两，又次取一两五钱。视课卷之优劣，以定每等之多少。其并不通晓者，概不列等，以示限制。

一、每季算课，分问算数、算理、天文、时务四项。算数必须合问，算理必发其所以然，天文已包括算学之内，必须实测，不得以灾异占验之言阑入，时务当求实济及可行之法，不得泛论无归。以上四项，能全通晓者，固列上取。如不能全晓，而别有精到处者，亦可取列，贵精不贵多也。

一、算学灏如渊海，何从问津，宜先讲求入门之法。《御制数理精蕴》融会中西，若能究心三月，即可全部通晓。至如代数术，为通微分、积分、重学、光学、声学、化学、力学、汽学，一切格致、艺学之门径，不可不学，通晓亦复不难。又宜兼习《几何原本》，此书有图有说，精妙无伦，精通算学之西人无不专之者。《御制数理精蕴》亦已采录，惟略而不全，欲读此书，另有专本。此为最要之书，不通此书，不足言算学也。

一、算学为培养真才起见，发榜领卷之日，必须本生亲到领卷及奖赏，山长当堂考问，以觇见地。如能贯通算学，志趣远大者，即可聘为教习，引导来学，以示优异。

一、广西虽经费支绌，未设学堂，但三年学成，如有精通算学者，岂能令其株守一隅，所学而非所用？届时自应禀请抚宪，咨送京都同文馆肄业，或咨送各省学堂，以期大用而收实效。

一、算学必须指授，乃能通晓。广西灵秀所钟，自有其人，考生能自择师，群聚讲习，三年之久，必大有可观。风气之开，肇端于此，勿拘故习，勿惮烦难，有厚望焉。①

经古书院经费

经古书院院长每年束脩薪水银四百二十两，三节节仪银十八两，监院官每季薪水银七两五钱，书识工食银一两八钱，纸笔银一两五钱，门役工食银三两，更夫工食银三两，按季请领。（新采）

旧章：官课超等上取十五名，每名膏火银一两；特等中取二十五名，每名膏火银四钱。师课超等上取十五名，每名奖银五钱；特等中取二十五名，每

---

① 邓洪波主编：《中国书院学规集成》第三卷，中西书局，2011，第1392—1393页。

名奖银三钱，按月请领。前巡抚杨重雅：官课加超等上取五名，每名膏火银一两；特等中取五名，每名膏火银四钱。师课超等上取五名，每名奖银五钱；特等中取五名，每名奖银三钱。（新采）①

雨人兄主讲榕湖书院丙午乡试肄业诸生百余人中获隽者十有二人因赋诗志喜兼慰下第诸君诚育才至意也谨步元韵奉和并慰两弟

况澄

粤中才藻阆中吟（乡试诗题，少陵阆山歌句也），丹桂飘香月有阴。浪击三千欣得路，宫还十二感知音。榕湖讲舍论文地，杏雨词坛乐育心。诸子执经多入彀，绛帷时复念遗簪。棣萼当年取次开，榜花高占百花魁。星轺曾叨驰驱使（自谓），云纪争夸磊落才。闭户授经成吏隐，典衣沽酒忆朝回。鲤庭桃李新阴遍，此事娱亲胜老莱。孙山旧事亦寻常，剑气如虹自有光。官职萧闲怜叔季（两弟就广文），壮怀疏阔任行藏。他乡忆昨思鲈味（怡卿今春赴越，秋初始归），病翮逢秋问雁行（愉卿抱恙入闱）。三乐先饶第一乐，升沉何用感名场。②

桂山书院（桂林）

桂山书院，位于广西桂林。清道光二十七年至三十年（1847—1850）间，广西巡抚郑祖琛创建，因地处叠彩山（旧名桂山）麓，故名。清咸丰间，因战火停办。清同治十一年（1872），广西巡抚刘长佑恢复办学，并建孝廉课，专课举人，因又称孝廉书院。十三年（1874），广西护抚康国器重修，并奏请颁赐"经明行修"匾额四字，落款为"同治十三年八月二十一日，内阁奉上谕，康国器奏'重修省会书院，请颁匾额'一折。广西省城向设秀峰、宣成、榕湖三书院，因年久倾圮，筹款兴修，现已一律工竣，着南书房翰林各书匾额一方，交该护抚祗领，悬挂各书院，以示嘉惠士林至意。钦此。护理广西巡抚布政使司布政使臣康国器敬刊"。清光绪七年（1881），巡抚杨重雅添设字课。二十八年（1902），裁撤书院。今址为桂林市工人医院。

---

① 〔清〕吴征鳌等修：《临桂县志》卷一七，桂林市档案馆1963年石印本，中册，第205—206页。
② 〔清〕况澄：《西舍诗钞》卷一一，收入《清代诗文集汇编》第601册，上海古籍出版社，2010，第640页。

桂山书院

在就日门内，定粤寺东，桂山麓。头门五楹，二门五楹，讲堂五楹，东西学舍各十余楹，圣人堂五楹，东西二院上下各三楹，另厢房若干楹。东为孝廉院长住所，西为经古院长住所。同治十一年，巡抚刘长佑建。孝廉课始于道光间巡抚郑祖琛，兵燹停止，至是复之。光绪七年，巡抚杨重雅添设字课，二十八年裁。三十年，借地改设工艺厂。（新采）①

桂山书院经费

孝廉书院院长每年束脩薪水银四百二十两，监院官每季薪水银十两，书识工食银二两，纸笔银二两，门役工食银三两，更夫工食银三两，按季请领。官师课前四十名，每名膏火银二两，按月请领。会试预支一年，按本年考案发给。（新采）

字课：光绪五年己卯，前巡抚杨重雅特设字课。每年六课，孝廉超等十名，特等十名。超等第一名奖银三两，二、三名各二两，四、五名各一两五钱，六、七名各一两，八、九、十名各八钱。特等第一、二名各八钱，三名至十名各五钱。生员超等四名，特等六名。超等第一名奖银二两，二名一两六钱，三、四名各一两，特等各四钱。（新采）②

桂山书院大门联

桂林无杂木，山水有清音。③

寿阳书院（阳朔）

寿阳书院，位于广西阳朔。初名曹公书院，为纪念曹邺而建。曹邺，岭南

---

① 〔清〕吴征鳌等修：《临桂县志》卷一四，桂林市档案馆1963年石印本，中册，第82页。
② 同上书，卷一四，中册，第206页。
③ 〔清〕金武祥：《粟香随笔》卷四，清光绪刻本，第34叶。

著名诗人,唐大中四年(850)进士,曾为祠部郎中,后人称其为曹祠部,并就其故宅建书院以为纪念。后改为慈光寺。明洪武元年(1368),慈光寺内重修书院,后又为寺占。明正统年间,割寺地再建书院。明成化七年(1471),知县杨纲撤寺改书院。清道光十七年(1837),知县吴德征倡捐集资重建,改名"寿阳",吴德征亲自担任山长。此后著名山长有唐他山、覃振武、覃梦榕,皆以博学著称。清光绪三十一年(1905),改为寿阳两等小学堂。今址为阳朔镇小学。

寿阳书院

县城有寿阳书院一所,创建于前清道光十七年,知县吴德征捐资五百金为全县倡。成立后,自为山长,订期课士,文风兴起,为一时之盛。义学则城市各乡皆有之,皆提拨公款或捐资延聘教师,为课贫家子弟之未能求学者而设,只能略识字义及粗浅文理而已。家塾惟富贵者独力为之。私塾甚多,皆当时之秀才、廪贡,大半为寒儒。每年除自行辟馆招生外,多应富贵家之聘,教授其子弟,或代为招生,而以富贵者为东家。束脩之多寡,视生徒之多少为比例。延师由东家先以聘书送达,订一年之约。另有三节送礼,即开馆、端午、中秋是也。冬学亦有之,但为少数,因春、夏、秋三季,三季子弟尚须与父兄服劳,不得不于此时延师课读也。寿阳书院有田数百亩,年值千余元,此项经费概作聘山长与奖给考课生童膏火之费。光绪三十年改建学校后,全数充作学校经费。义学亦然。寿阳书院山长之最有声誉者,在道光间有唐他山一人,同治间有覃振经一人,光绪间有覃梦榕一人。私塾之最有声誉者,光绪间有蔡安澜、赖绍寅、徐新宪、莫和祥数人,弟子甚众,门下士多显达者。唐、覃二山长以博学著称,讲解详明。蔡、赖、徐、莫诸先生或以文章见重,或以诗词擅长,循循善诱,教授有方,为一时之冠。自教育改制以后,最先设立之学校即将寿阳书院改建为县立高等小学。[①]

---

① 张岳灵修,黎启勋纂:《阳朔县志》卷三,收入《中国方志丛书》第204号,成文出版社,1975,第313—315页。

阳朔县寿阳书院记

（清提督学政）池生春

　　天下之务，惟先其重且大者而后其中，次第节目得以循序而举。然或迟之数十年且数百年无人倡行者，何哉？贤良之宰不出，而究心人才风化者鲜也。余以丙申秋奉简命视学粤西，越明春，按试首郡桂林。阳朔，桂林属邑也，其文风不大戾于古，然应童试者不及二百人，应科试者亦复寥寥，岂其人未知向学，抑自来邑有司长养培植，未得其方欤？其冬，吴澹园有书来，言及朔邑向无书院，家自为学，人自为师，士风所以不振也。某维乐育人材，邑长之责，乃捐廉为倡，得斋舍四十间，复置膏腴数亩，以给膏火之费。邑侯是举，诚先其重且大者欤！顾邑侯之意，岂粉饰治具为邑民观美哉？士术正而后天下有风俗，士识充而后国家有事业。欲其术之正，则莫要于择师；欲其识之充，则莫于广置典籍。夫人之体性不齐，扩其材质，莫不有位天地、育万物之量。然往往无所成就，且不能名一艺，而高明之士又每自多其智，厌陈说、喜新奇，恣为怪诞之言，倡为诡异之行，则师道不立而人心无所严悍之故耳。

　　古者，礼在瞽宗，书在上庠。升阶揖让，以柔其气；弦歌射御，以博其材，法至隆也。然其时典籍犹略，至后世圣贤之余经大备，古昔治乱之源、天地始终之理，与夫河渠星象疆域险要，靡不灿列条贯，俾士子朝夕餍饫，恢郭其志气，而练达其材识。上可为名儒，次亦不惜为通材，恃其具也。令邑侯既先立其大睹，其于斯二者自当次第举行，无待余赘。而余为此惓惓者，乐邑侯之志而欲速观厥成，抑余于邑人士有厚勖焉。师者，如工之有规矩；而典籍者皆益人，不能强人之不求益者也。若自佪规背矩，束书不观，汩没于俗学以徼幸利达而止，既负邑侯建立之意，国家安赖有此士？士亦乌得以此无用之心身置于庠序间哉？①

---

① 张岳灵修，黎启勋纂：《阳朔县志》卷三，收入《中国方志丛书》第204号，成文出版社，1975，第344—345页。

寿阳书院记

(清邑令) 吴德征

懿乎！端教化、育人材、励风俗，上昭文运之隆，下征政治之实，劝学为先矣。顾学必有其地，则书院贵。先儒语云：师道立则善人多，由此其选也。阳朔附省近邑，自曹邺之以科第破荒，沿宋迄明，一门而成进士者七，同时而擢台谏者三，辉美后先，至今犹啧啧人口。

乙未秋，余权篆斯土，见夫层峦叠嶂，露结云蟠，而又有荔水、漓江映带左右，意其磅礴潆洄之气，必钟磊落英彦之才。乃求之于秋乡春会，崛起竟鲜其人，岂风会有盛衰焉？何人文不古若也！嗟呼！功业不聚则不精，师承不一则不淳；耳目无所寄而多纷，心身无所赖而多懈。老邑乘旧有会文堂、读书楼，代远年湮，皆夷灭不可考。仅闻有寿阳书院之名，问其地，则黉宫废址；问其实，则都人士虚悬其额，若以待有心者之一创。余甫下车，未遑及亦未敢骤。越明年，与都人士相识者素，乃折柬相招，共商于庭，佥曰："吾邑望此久，创始惟艰，故迟迟至今耳。侯如是，孰不惟命是听？"顷刻而乐输者数十人。于是因其旧址，鸠工庀材。先是黉宫以向方未善，徙去，今则朝南者改而之东，面对中峰，俨插天之文笔。又立帜江楼，以映之通紫气焉。内建讲堂两楹，书舍数十间，自秋徂冬，告厥成功，仍颜曰"寿阳书院"，从众志也。庶几劝学有地矣。然经费无所出，必不能延名师、集多士，犹虚名耳，乌能久？我惟时重起而劝募之，我惟时多方以劝谕之，幸而近者倡、远者从，且前之已捐者复倾囊倒箧以益之，群若以不竭力赞襄为憾！计所输不下万余金，爰置良田数十亩，掌以老成人，约岁所出，给师生膏火膳修之费，盖计不得不如是之周，虑不得不如是之远也。吾知翱翔圣贤之域，餍饫道德之场，不惟贤智讲习讨论以进于高明，愚不肖熏陶渐染不至于废弃。即在蚩蚩之氓，亦观感奋兴，革薄从忠，将见教化于是乎行，人材于是乎出，风俗如是乎醇，岂非吾与诸绅士之所深幸哉！其时规模初定，未及延师，余公暇先集诸生亲为指画，近来两课，见有造者不乏其人。窃常顾而乐之，以为今日勉为醇儒，他日出为名望，媲美前贤不难也。因为诗歌以劝励之，而邑人又请余一言以为志，因次其颠末如此。

创建寿阳书院序

（清邑庠）苏秉中

桂林山水惟阳朔最奇，自唐代甲第破荒，科名鼎盛，论者莫不谓山水之钟灵应尔也。迨历年既久，媲美前哲者复不数出，岂山水有时而不灵，毋亦作育人材之无其地？先贤子夏有曰："百工居肆，以成其事，君子学以致其道"，此寿阳书院创造之所由来也。然有鼎新之地，端赖开创之人。惟我邑侯澹园吴公以乙未冬权象朔邑，览山水之胜，觇士行之朴。他务未遑，首兴学校。爰进父老而告之曰："邑之山峰峦峻拔，邑之水潆抱澄清，倘能培养其间，则邑之人尊闻而行知，自成材而入道。"维时父老翕然同声，愿襄美举。公乃捐俸倡首，从者丕应。遂于文庙旧址相其地势，鸠工集材，易其前为讲堂，后为讲塾，两旁增数十间，为生童书室。改建头门，面向漓江，立帜江楼于门外，不惟保障是资，兼取树帜文坛之意。公之惨淡经营，独运匠心有如此者，是以不数月而功竣，规模宏敞，气象堂皇。公于公余之暇，主讲其中，裁诗问字，生童负笈乐从。有一善则必褒奖之，其不合者必婉而道之，略分言情，不啻家人父子之欢。此诚开我邑千古未有之奇，而人文之从此蔚起者，庶几不负公之美意，于以光大前哲，与佳山佳水而长发其祥也。是为序。①

阳朔书院讲堂联

文笔耸层霄，爱此间对万壑潆洄，教化由来先党序。
书楼崇讲席，愿多士做千秋事业，显扬不仅为科名。②

阳朔寿阳书院联

科名开自大中，更期继起有人，议谥当如祠部直；
山水甲于天下，何幸宦游到此，论文因悟史迁奇。③

---

① 张岳灵修，黎启勋纂：《阳朔县志》卷三，收入《中国方志丛书》第204号，成文出版社，1975，第347—348页。
② 〔清〕梁章钜：《归田琐记》卷六，清道光二十五年（1845）刻本，第28叶。
③ 〔清〕金武祥：《粟香随笔》卷四，清光绪刻本，第10叶。

漓江书院（兴安）

漓江书院，位于广西兴安。清乾隆十一年（1746），兴安县知县杨仲兴倡捐，创建于县署东县学旧址，以漓江源于兴安、环绕县城之意为名。有前门、中堂、文昌祠、东西书房等建筑。历任山长有记载的有兴安蒋方正，蒋方正为清道光三年（1823）进士，时任翰林院庶吉士，丁忧在家，主持漓江书院，纂修《兴安县志》。清光绪三十三年（1907），书院停办，改为县两等小学堂。

宿兴安县漓江书院
查礼

到城日已斜，入院天已暮。草草置行囊，悠悠随所寓。翠柏掩虚廊，苍苔延细路。西风吹幕凉，清斋绝尘污。读书贵有恒，立志方无误。青毡最耐寒，儒冠胜纨绔。如何此寂寥，不闻诵章句。月色满空阶，披衣起独步。夜静虫声悲，唧唧向谁诉。①

璜溪书院（全州）

璜溪书院，位于广西全州，原名太极书院。南宋淳熙年间，进士邓宁民创建。元至正七年（1347）重建，以书院地处璜溪之滨，改名璜溪书院。有房舍60余间，正堂祀孔子像，右侧屋安放从清湘书院移来的全州刺史柳开像。明清两代，几经重修。清末荒废。现仅存"宣圣遗像"石刻，1989年被列为全州县级重点文物保护单位。

璜溪书院记
曾晁

璜溪书院，为柳公仲涂建也。宋端拱间，公来刺全州，筑室读书于山中。嘉定八年，郡守林岊即其地为读书堂。宝庆二年赐额曰"清湘书院"。江南归版图，修创如故，实为先圣燕居之所，而旁为柳侯立祠焉。元统元

---

① 〔清〕查礼：《铜鼓书堂遗稿》卷一二，清乾隆刻本，第2叶。

年,杨侯廷镇撤而新之,学宾邓华夫实相其役,载新柳侯之像,而旧像无所于舍,乃迎以归,于所居璜溪之地筑室而奉安之,故号曰"璜溪书院"也。璜溪发源于高山,萦回演迤,远赴于灌阳之会湘桥。溪之左,地可数十亩,前挹双峰,后枕高阜,冈原翼于左右若堵墙,故即其地而营筑焉。其屋为梁者三,为楹者六十有余。正堂以贮先圣遗像之碑,瞻敬其所由始也。柳侯旧像居房之右,而东向厌于所尊也。华夫之大父曰宁民,习《春秋》,以恩科调横州司户参军,乃为新像,居房之左而西向,谓其尝被斯文之泽,知仰柳侯之风,而今祀侯于其地,故使为主而面之也。华夫用意深远,然其成功亦勤矣。抑余有感焉。华夫创谋于元统之癸酉,暨至正甲申,余随府判顾公用之,以公委至其地,犹未及建也。余喜其幽胜,徘徊久之,且力赞其毋后时而早为。又二年,丙戌春,余再访焉,始立外门。华夫欲余豫记之。余谓之曰:"书院成,游观者必众,其名将与柳山并传,岂无宗公巨卿为君记之者?"华夫辄怅然而止。是秋八月落成,而余以其腊更代,今犹未去,竟执笔得偿所愿。因知事之成否、人之去留,各有其时,不先后而适相合焉,其数盖前定也。则夫士之处世,凡未来者,何必役智虑而预计之哉?(明宣德间重修,吴实有记,不录)①

清湘书院(全州)

清湘书院,位于广西全州,原名柳山书院。宋代散文家柳开曾在县城北山建读书堂。南宋嘉定八年(1215),福建人林岜知全州,为纪念柳开,将北山改称柳山,建率性堂,邀其友魏了翁作记,正式称柳山书院。南宋宝庆元年(1225),经郡守程榆奏请,因全州辖清湘县,宋理宗题"清湘书院"匾额,书院声名大振,与睢阳、岳麓、嵩阳、白鹿洞四大书院并名于世。明正德九年(1514),全州郡守顾琦,以兴贤育才为首务,复修清湘书院,召集工匠绘柳山之图,将书院、堂宇亭榭的古今称谓刻石传记,并自题"应泉"二字于山后泉上方之岩石上,并在柳山诸峰修寸月、曲水等十余座凉亭,供士子游息。清康熙二十六年(1687),书院再度重修,曾复名"柳山书院"。清光

---

① 〔清〕汪森编:《粤西文载》卷二九,文渊阁《四库全书》本,第11—13叶。

绪二十六年（1900），书院迁至宾兴局。三十二年（1906），改为州立两等小学堂。

清湘书院避暑

黄体正

南隅小户开，时有薰风至。一席当其冲，笔砚纷位置。默坐不观书，颇得书中意。庭桂森两树，午阴绿满地。邻园树更繁，嘒嘒蝉声寄。解衣一盘礴，聊以肆吾志。①

龙川书院（灌阳）

龙川书院，位于广西灌阳。清乾隆元年（1736），始建于县城东门外。二十四年（1759），知县宦儒章移建于城内，以境内有龙川水，故名"龙川书院"。清嘉庆四年（1799），知县夏维翻以军需余银迁建于城西文庙右侧。著名山长有唐逢年、唐绍容、唐绍宗父子三人及蒋士奇等。清光绪三十二年（1906），改为县立两等小学堂。

龙川书院膏火田租

嘉庆四年置，租一千陆百四十壹桶。院前学洲地新开田四百五十桶。道光拾陆年，义妇范孔氏捐田租七百桶。旧义学租五十桶。旧修学租九十把。道光二十三年，知县萧断归民僧互争田租三百六十八桶。

一、楠木山田租小桶一百八十一桶。扣书院租桶一百二十桶。

一、官田洞田租三十桶。

一、时官屯田租二百一十八桶。

一、秀江源田租一百二十四桶。通共收租谷三千四百一十四桶零。院长束脩薪水，每年谷六百桶，聘金钱二千。开馆贽仪钱二千，席仪钱二千，置什物钱二千，端阳节仪钱二千，中秋节仪钱二千。肄业生员正课十二名，副课十二

---

① 〔清〕张鹏展纂：《峤西诗钞》卷一八，清道光二年（1822）刻本，第7叶。

名。童生正课十二名，副课十二名。每月膏火，正课各谷四桶，副课各谷二桶；门丁看仓，每年给谷四十桶；礼房笔资，每年给谷二十桶。

一、原额学田一顷二十二亩五分，内除荒田十三亩四分，实熟田一顷九亩一分，征银八两六钱一分九厘（此项田租四十四石，议归学师收管）。

一、科举田租为科举宾兴卷费。乾隆四十八年，建造文庙，以该田租充用，典鬻殆尽。知县范来沛清理，归还田租六百九十桶。内除开垦塘地该租五十九桶半，实存田租六百三十零半桶。又罗允华等入籍，捐租一百零五桶。以后陆续入籍者，又捐租六百六十七桶。通共科举田租一千四百零二桶半（刊有科举册）。

一、考棚田租为修检之费。道光四年，建造考棚剩银，置买学租九十三桶。①

清道光乙未节妇范孔氏捐入书院膏火田租

邑令柳际清记

道光乙未，余来权邑篆，喜见龙川书院地势高爽，规模尤正大光明。生童肄业其间，气体肖而可观，济济称盛焉。询之经理诸君，旧置田租不敷脩水膏火之数，心切计之。越丙申春，案牍稍闲，将捐廉倡首，为邑人之家有余积而好义者酌劝签增。适有孀居之节妇范孔氏，遵亡夫仕元遗命，呈请以己业田工税若干，逐年收租谷七百桶，捐入书院，以资脩水膏火。贤哉妇也，节而义矣！即批准据详，而各宪皆奖许，饬择公正绅士经理。爰札明经陆君锡祚、王君树仪会同踩看符实，收纳有条，然后移交公举正派，轮司出纳，毋任钻营僭管，以杜侵蚀。而节妇捐项始末，除备案公牍外，合刊碑书院，永彰义举。惟所议章程，虽经详定，有宜随时变通者，碍难胶滞拘牵，转滋积弊。其余各款，并旧置之数，已有碑簿照行矣。季秋中浣，余旋赴题补南邕之首邑，留记数言，语山长唐畬堂先生，俾肄业于斯者，见学田因是广。昔本范公，知膏火所由增；今自孔氏，愈实学成品题之佳。士毋虚縻，徒豢养于妇人，是则余所切嘱而厚望也夫。②

---

① 〔清〕萧烜修，〔清〕范光祺纂：《灌阳县志》卷八，清道光二十四年（1844）刻本，第2—3叶。
② 于凤文修，蒋良木纂：《灌阳县志》卷二一，民国三年（1914）刻本，第33叶。

重建龙川书院并置学田记

范光祺（邑举人）

　　文教之兴，关乎运会；风俗之茂，兆于人文。学校，所以兴起人才也，故辟雍、泮宫、党庠、术序之外，后世又增置书院，萃良秀而陶冶之，俾知圣贤修己治人之道，以成其材而适于用。如宋之鹿洞、岳麓、嵩阳、睢阳及濂溪、河南、紫阳、安定诸院，其最著也。吾灌壤接濂溪，尊崇圣学，旧于城外东立斋舍，集士子肄习，地僻浸以摧毁。乾隆己卯，邑侯宦移建城中旧学宫左，规制略备，颜曰："龙川书院"，义盖有取也。

　　第规模卑陋，膏火无资，兼杂于湫隘嚣尘之地，故迹虽存，卒少弦诵之声，培风者未尝不低徊慨也。嘉庆己未，阖境缘百色军需赢，有辨夫余资，佥议建造书院为讲学所，并置田租为膏火资。时邑尹夏留意化原，嘉其议，状申于宪，报可，遴选方正司其役。计初置田租，不足束脩膏火之需，酌清学地，开田以广之。庚申，相基购地于新学之右，枕台山，襟灌水，水分支川，曰"文峰潭"。中洲即开田学地，群峰拱列，带水回环，扶舆清淑之气，盖会萃于是矣。辛酉，乃鸠工庀材，肆兴厥工，余资不给，收买学租暨乐捐者佽焉。需次修葺，前为大门，中为讲堂，后为教斋，隆然特起。堂下两廊，各翼以学舍十间，庖湢建于堂旁，仓廪构于门左，其右基则经管所也。三进各层以石级，缭以周垣，涂以黝垩，饰以丹漆。越丙寅，获蒋君作梅捐款，而工乃竣。通计置租之费二千余，开田之费八百余，建学之费一千余，合共将近五千。规画尽善，轮奂聿新。观者谓左学宫，右书院，互映光芒，真可以越往昔，垂永久矣！落成，同志者欣跃言曰："时教必有正业，退息必有居学，斯之谓矣。"然有教必有养，而后正谊者不谋利，谋道者不谋食，俾得专其心于圣贤之学，此人才之所以蔚起也。

　　方今圣代右文崇学，培植人才，屡颁上谕，广开书院，而又置以学廪，正德厚生，普天同仰。即吾省宣成、秀峰菁莪棫朴，不让鹿洞、岳麓诸院，休哉盛也！兹学田与书院并设，教也而养寓焉。行见师生并育，敬业乐群，斌斌济济。睹群峰之层峦叠嶂，而知景行仰止之有在也；见文峰潭之沦漪清涟，而知澡身浴德之有取也；观灌水之不舍昼夜，而知盈科后进放乎四海之有本也。至若邻泮璧之鼓钟,则春诵夏弦可以警焉;步斯院之爽垲,则下学上达可以憬焉。毋舍是正路,毋旷是安居。由其门则思致礼,升其堂则思致大,入其室则思致精。将龙川之道派,近接濂溪;灌水之文澜,远通洙泗。大之究天人性命之精,小之习日用伦常之事,约之研礼乐诗书之旨,博之裕文章事业之归。渐而进之,优而游之,如龙之潜见飞跃;变而化之,如川之方至以莫不增,以无负国家兴学育才之意。则文运之隆,不特继美前人,又且远迈中州矣。然而经理之善,不能不有望于后之君子欤!听者唯唯,爰属祺述其语而记之。

夏侯名维翿,字鹭汀,号麓门,四川资阳人。协力董役者,举人唐元勋、熊之柄、文作魁,副榜时仁民、蒋长英,贡生蒋荣芳、莫子粹,监生方仕铎、蒋绳祖,生员文武云、莫予智。数载辛勤,有裨学校,法得备书于碑。①

清同治辛未增置书院田租

邑人王树品记

圣人以四教教天下,至后世则文教盛行,而制艺尚焉。然清真雅正,肃括闳深,非浅学所能办。于是聚良秀于书院中而陶冶之,欲其讲求经书大义,以体验于身心。发之为文,可以验其心之所得;施之于事,即以行其心之所安。学养交深,言行皆善,处可为乡党所则效,出可为国家树勋猷,士习端而民风厚,文教之所关,岂浅鲜哉!吾邑龙川书院,两乡前辈经营创造,置买田租二千余桶,其以为脩水膏火之资者,亦已备矣。道光丙申,时有节妇范孔氏愿将田租七百桶捐入书院。及甲辰,萧邑侯柳溪心切作养,又将民僧互争之田租四百九十余桶断归书院。嗣后经老成公议,拨出田租一百六十桶入公车项内,实存三百三十余桶入书院,而经费遂增三之一焉。岁在同治辛未,王公云书,古滇名进士也,由兵部主政来宰吾邑。悯邑地瘠民贫,类多寒士,爰捐青蚨二百千。知经管陆汝砺、王世俊、戴汝沾、唐兆暾等,实心任事,托买田租五十桶以助膏火。又因民瑶互控之田租二十四桶,谕令捐入书院,以息讼端。经费弥增,教养兼备。士食其德者,当仰体邑侯培养之

---

① 〔清〕萧煊修,〔清〕范光祺纂:《灌阳县志》卷一八,清道光二十四年(1844)刻本,第1—3叶。

心，争自琢磨，从事于四教之文，而并体备乎行与忠信。躬行实践，砥砺廉隅，将见品学兼优，科名鹊起，不独身有荣施，而合邑亦增光宠矣。①

清光绪丁丑创设经古书院

邑人王舟记

学校盛则文教隆，根柢深则儒修懋，此经古之所由立也。三代上无论矣。汉、唐以后，名臣理学，史不胜书，未有不湛深经术、漫淫古籍者。我朝经学昌明，稽古右文，超越前代。士生斯世，将欲通经致用，学古入官，则讲求之功，亦乌可以已哉！灌邑龙川书院，养育人才，至周且备，掇巍科登显仕者，代有伟人。惟书院课文艺，兼及诗赋，而经古之学，未有专设，亦缺典也。旧存采芹一项，久未开销。丁丑春，合邑有经古之议，前尹吴筹捐钱四百千，暨两乡捐资，悉置田亩，并将采芹田租拨入。吴公以期满晋省，未克讫工。接篆陆公，下车伊始，即札饬绅董，催集捐资，酌定章程，转详各宪，附于龙川书院。时当创始，而事寓变通，法之良者，意自美矣。夫经古之学，所以别于时文也。今而后，多士之肄业者得所指陈，锐志研经，抗心希古，倾群书之液沥，漱六艺之芳润，毋事乎穿凿，毋矜乎浮藻，闳中肆外，本平日之所得，见之施行。将处则有本有文，不愧乡党笃行之士；出则大用大效，允为国家有赖之才。通经致用，学古入官，于是乎在。则经古之立，所关岂浅鲜哉！

董事者，游戎莫公怀森，生员候选知县宗兄堂，例封修职郎邓公锡仲，廪生文君卜年、范君辉春。舟以谫陋，忝主讲席，复与诸君子共成斯举，谨即其大略镌诸石。至于经理之善，日异月新，聿昭美备，则不能不于后之董事者三致意焉。②

重建试舍记

范光祺

古者学校贡举之法，起于乡举里选，必其学已成材，而后州长考之以核其

---

① 于凤文修，蒋良术纂：《灌阳县志》卷二一，民国三年（1914）刻本，第34叶。
② 同上书，卷二一，第34—35叶。

实，卿大夫宾兴之以拔其尤，何周详慎重若是哉！盖天下之治，必从其根本，得其人，务得其人之实用也。我国家抡才吁俊，由入庠而乡、会试以对大廷，皆始于州、县试，则县试之所，实论秀书升之基，所关匪细也。吾邑向试士于县署大堂，已不称其制矣。嗣奉上谕，崇祀文昌，阖邑集资建庙，爰于两廊并建试舍，士之得所，已二十年于兹矣。第迩来应试人多，坐号既狭，又以崇祀文昌之座，借作邑侯校士之堂，窃有未宜。且地近内署，官因无食息所，乃于厨墙开侧门，通出入，试期遂不由龙门点名，而仍从大堂传进，历厨房，抵号舍，放排亦然。是士子进身之始，路已不端如此。

道光癸未春，邑侯吴顾而慨然曰："吾观灌尊祀圣人，则文庙堂皇也；作养人才，则书院廊大也。即文昌之庙，亦焕然严洁也，崇文之事，无一不备矣。惟试舍局促，兼以射圃倾颓，是缺制也。"谋于文昌宫外补修号舍，增建头门，题疏劝募者已数月。众意未可，乃议另建试舍，协心集资，不惮辛勤。爰相基于县署之左，前龙川书院故址也。鸠工庀材，上建大堂，法至公也；中为魁星，仿明远也；外为龙门，又外为东西辕门，慎关防也。堂之下为东西文场，坐次各数百号，桌凳用厚木足以石，图坚久也。堂之左为庖厨，右为厅一间，为室四间，便官吏居也。龙门左右有厅，可以蔽雨，围以崇墙，可以杜弊。其东文场后，复留余舍，以待将来廊增，式不啻于贡院，而坚美过之。经始于癸未冬，越甲申冬而落成焉。合葺射圃，共费白金四千有奇，规模壮丽。观者曰："此真可与文庙、书院、文昌庙并寿矣。"虽然，试舍成矣，岂以是为观美乎哉？恭逢圣天子崇儒重道，以文艺取士，诚以言者心之声也。其心体乎明德新民之学者，其言必为明道经世之言。以明德而存乎孝弟忠信之行者，则根本切实之言，可以明道也；以新民而究乎天地民物之旨者，则准情酌理之言，可以经世也。或本经术而发为文艺，或将志趣而托诸词章，或原情性而谱为风雅，所发在风檐，而所存实征素蕴。夫以一试舍之狭隘卑暗，尚欲其高大光明，而竭力以易之，况学问事功之大，托始于英年，不去其狭隘卑暗，以求进于高大光明也，奚可哉？然则今以后，邑多士感斯兴起，舍旧图新，存之于平日，发之于一旦。由此而进焉，上为廊庙作栋梁，下为闾阎树模范，日见文运蒸蒸，士多济济。即来此而操尺度者，升至公之堂，具明远之眼，遴选倍慎，拔取自真，斯不负朝廷论秀书升之盛典，吾辈经营创造之深心矣。事有裨于学校，关于选举，则捐资董役，法得备书。①

道乡书院（平乐）

道乡书院，位于广西平乐。北宋名宦邹浩，号道乡，曾因忤逆蔡京被贬平乐。明嘉靖六年（1527），兵备副使李如圭得井栏石，有"道乡书院"字迹。九年（1530），提学黄佐嘱平乐知府龙大有集资重建以纪念邹浩。明万历年间，改为七贤祠。清康熙六年（1667），巡道胡朝宾易名访贤书院。四十九年（1710），知县黄大成以"几易其名，难以化民成俗"，在北门内凤凰山麓另建，复名道乡书院。五十六年（1717），知府慕国琠修葺。清雍正二年（1724），知府胡醇仁重加修整。清乾隆九年（1744），知府石礼图购置学田，并购置书籍。四十年（1775），平乐知县徐鲸标重建。清末兴学校，遂废。

道乡书院

在北关外。明嘉靖六年，兵备副使李如圭得井栏石，视之，乃道乡书院断碑，始建之地及兴废年月则不可考。以石储之学，作诗记焉（诗详艺文）。九年，提学道黄佐属知府龙大有重建，以祀邹浩。去府治北半里，广为丈十有一，袤倍之。前为门，中为堂，凡五楹。左右为栖士之舍，凡二十楹。周以垣，颜曰"道乡"，从公号也。万历间，改为七贤祠。国朝康熙六年，巡道胡朝宾易名"访贤书院"。四十九年，知县黄大成别建道乡书院于北门内凤凰山麓，为讲堂一，为寝室者二，皆三楹。两室之为房者左右各二。后室接前为东庑，庑为房者四。又接为西斋，斋为房者六。前室西为箭亭，后室东为厨房。五十六年，知府慕国琠修。雍正二年，知府胡醇仁复修道乡书院，得提学行署旁隙地，以仓使废署材木创造。乾隆九年，知府石礼图置学田，并添置书籍。乾隆四十年，平乐知县徐鲸标重建。②

---

① 〔清〕萧煊修，〔清〕范光祺纂：《灌阳县志》卷一八，清道光二十四年（1844）刻本，第3—6页。
② 〔清〕全文炳修，〔清〕伍嘉猷纂：《平乐县志》卷五，清光绪十年（1884）刻本，第16叶。

重建道乡书院记

（知县）黄大成

书院者何？士子肄业之所也。道乡者何？朱子题邹忠公岳麓所登之台。今祀忠公于书院，而即以名者也。曷为祀乎忠公也？忠公者，名浩，宋哲宗朝抗志忠鲠，尝奏罢王氏三经取士之法，后又抗疏乞停贤妃刘氏册礼，始忤章惇，再忤蔡京者也。于是再逐再窜，谪于昭者凡三载焉。昭也者，荒徼之区也。荆莽之所蒙翳，蛇虺之所蟠伏，蛮瑶之所丛处，弱肉强食，类禽兽然。故昔之获戾放斥于此者，仅仅得保其首领而已足矣。乃自公之至也，始敦其教诲，笃其化导，诚信孚格，民皆禺禺然向风而慕义。迄于今，思其德，怀其惠，而尸之祀之者，宜独在乎公也。然则书院之建，固有前乎此者矣，而未知其所始也。掘地得碑，而意其前有书院之设者，为涔涯李公。因之创建于府治之北者，为道亨龙公也。大成之莅是邦也，稽故实、询遗迹，而求所以祀于公者，已变灭荒忽，不可复觏，而拉杂于七贤中矣。

夫俎豆道乡，所以报其德教，企其志节，而为斯民之表率者也。乃一变而三，再变而七，紊名失实，而非化民成俗之意也。顾使因陋循俗，不为复其旧章、正其故典，奚其可？况兴废举坠，为政之要也；敦学立行，厚民之实也。大成不敏，敢不勉乎哉！乃捐资斧市材木，祠宇堂构于是乎新也；定礼仪，簿祭器，祀典司守于是乎备也；礼师儒，立规约，英才于是乎聚，教育于是乎成也。庶几哉！公之所以衣被乎民，而民之享祀不忒者，百世之下，犹将闻风而兴起也。书院为讲堂者一，为寝室者二，皆三楹。前祀忠公，后祀文公，讲学有所，而神灵妥侑也。两室之为房者，左右各二。后室接前为东庑，庑为房者四；又接前为西斋，斋为房者六。诵读有位，而宴息有方也。前室西为箭亭，后室东为厨房，皆围以墙，植以树，于以给饔飧，习揖让，观乎德而游乎艺也。是为记。（黄《志》）

始余欲兴复道乡书院也，既得提学行署之旁隙地以为基址矣，然犹恐筑之琢之者，力尚有未逮焉。既又得仓使废署以为材木之助，庶缔构创造，不至道旁筑室。于是相度经营，计工授值，而不日告竣矣。嗟乎！道乡、七贤，同一祀也，而揆诸崇德报功之典，窃谓似有径庭，人之见识高下，或有不同欤？余犹虑世俗之不以予言为是也，乃申详诸上宪，书额颜之堂楣，以冀可垂诸永久也。大成再识。①

重建道乡书院记

（知府）徐鲸标

粤西四大书院，平乐道乡其尤著也，盖亦屡经兴废矣。考昔宋邹忠公浩以忤权谪于昭者三载，清风亮节，立懦廉顽，后人怀其德而尸祀之，因即朱子所表题乎忠公者，而取以为名曰"道乡"。前明嘉靖间，溽涯李公得断碑于道，知有道乡书院，而莫详其始。厥后太守龙公大有因而创建，以祀忠公，此书院所由兴也。万历间，改为七贤祠，而书院废。国朝初，改为访贤书院，而道乡之名废。后复改为七贤祠，而道乡书院之名并废。康熙四十九年，古歙黄公大成来宰是邦，百废俱兴，乃择地于凤凰山麓而重建之，以祀忠公暨朱子、文公，此即今之道乡书院也。慨自数十年来，修葺罔闻，兴废不一，于今仅存故址，颓垣败壁，蔓草荒榛，黄公之规制抑又荡然矣。

乾隆癸巳冬，鲸标来莅兹土，目击而心戚焉。只以视事之初，未遑计及。今年秋，政事稍暇，稽数年书院田租所积，得四百余金。因思以书院所入，供书院之用，有不足，则捐俸以益之。爰详于各宪，得允所请，遂规其地之广狭，定为四楹，楹各三舍。前为讲堂，仍旧制也；中曰景行，景向往也；后奉二公，崇祀典也；旁设庖厨，备物用也。经始于乙未十月三日，落成于闰月四日。匝月之间，堂构焕然，而道乡书院又因废而复兴矣。

嗟乎！余虽不及黄公之贤，且与相去久远，而所以尊奉前贤，振兴后学，其为志则一也。惜告竣后，余即委署宾阳，仅为备其器用。至于延师授徒，并酌筹膏火之计，未殚厥志。惟赖后之君子有以经理而善成之，俾有兴而无废焉，是余所厚望也夫！是为序。（府志）②

---

① 〔清〕全文炳修，〔清〕伍嘉猷纂：《平乐县志》卷一〇上，清光绪十年（1884）刻本，第32—34叶。
② 同上书，卷一〇上，第39—40叶。

重修道乡书院并建考棚记

（知府）方炳奎

甚矣！贤人君子之遗泽孔长也。宋邹忠介公居平乐仅三载，而郡人至今称道勿衰，书院仍道乡名，志不忘也。咸丰辛酉，余奉命来守是邦，适兵燹之后，百废待兴，兼以永、修、荔各属寇氛未靖，恭城之龙围瑶匪伏莽未除，警报时闻，登陴鲜暇。其明年，幸赖兵民同心敌忾，歼渠解胁。自夏阻冬，属境次第肃清。癸亥春，学使将按临，而考棚未建，借黉宫以校士。余目击愀然，为之不安，因思取材于龙围入官树株，而集费于与考生童，其不敷则捐廉以成之，事尚易举。乃倡议醵金，多士咸踊跃，旬日间已有成数。惟查考棚旧址在书院右，地颇狭隘，而书院尤甚。窃以为考棚之试士者暂，而书院之课士者常，不如扩书院之规，而寓考棚之制，庶分之则两隘者，合之则俱见为宽，一举而两得焉。同人咸称善。工既兴，合属士子复联名公请曰：往者道光年间，太守唐公镜海捐置膏火田数处，延请荔浦李公佩蘅掌院，二三年间，从学者日益众。厥后此席多由上司转荐，幕宾遥领聘金，谓之干脩，徒存主讲虚名，并无课士实效。今者幸逢偃武修文，作养士类，应请申明旧章，凡延请山长，无论本省外省，胥由绅士公举学问优长，且能住院主讲者，始可动支脩聘。如此则师得其人，多士必负笈而至矣。余既题其议而允其请，因并记之，以垂久远。

书院，旧岁由平乐县解缴租银柒拾两，唐公捐置平乐虾子地及月子岩田、荔浦潮水村等田，岁得租谷约贰万斤。又平乐铺租四拾余金，足供膏火月糈及祭祀修理之用。又昭平小水地租制钱约二百千，向作山长脩聘及月课奖励之用。所愿后之守土者，与余有同心焉。而慎择山长，勤加训课，庶忠介之流风、唐公之善举，不至终废。而此邦之士，从此投戈肄业，人文蔚起，风气必有蒸蒸日上者，当不负余之厚望也。夫计自四月始事，至十月工竣，共费白金二千两。有奇襄其事者，则前任义宁都戎苏君绍猷、候选训导何生炯然、武庠罗生瑞雯也。所有倡捐及各属生童捐数，备书于左。（新采）①

---

① 〔清〕全文炳修，〔清〕伍嘉猷纂：《平乐县志》卷一○上，清光绪十年（1884）刻本，第50—52叶。

平乐府知府清柱公捐书院膏火银两

序曰：予以嘉庆八年来守平乐，修政务所宜先，惟书院膏火不敷，以致就学者寥寥，欲急筹培养之方不可得，会属邑贤牧尹志同道合，皆有造就人才之意，乃各欣然捐俸，以助予不逮，并前学使钱公培山先生捐存银一百两，共收得银若干两，当交铺生息，月取利以补苴，且将置产业垂久远而未果也。今年春，予调任泗城，去此邦有时，公项不可无托，合计现存银遗之来者，使为之经营，出人则非惟诸生是赖，同官之雅意不就泯灭，予亦与有荣施焉。因叙次其捐输姓氏于左：

广西学政钱楷银一百两；平乐府知府清柱银一百两；平乐府通判杨祐银五十两；前任永安州知州玉麟银五十七两四钱；前任恭城县知县孙奇琇银四十四两五钱；前署贺县知县朱沅银二百一十两；富川县知县陈惠银一百零五两；前署修仁县知县萧池银三十六两七钱；前任荔浦县知县张振纲银七十两。

以上共捐银七百七十三两六钱。

按：此项银两未曾置产，一经兵燹，化为乌有，惜乎不能垂久远也。①

《平乐县志》卷五《书院·县书院》

明贤书院在南门内，明万历时以其地改建县学。

三渠书院在北门外，康熙三十一年建，今废。

敬业书院旧址在塘背庵，鞠为茂草久矣。道光初邑人何太守愚致政归，倡议重建未果。光绪三年，知县张万选将学校公项鸠工修复。中建三楹，左一楹，右廊小三楹，为栖士之舍。七年知县全文炳复倡，首捐资置买田屋以为诸生廪饩，而书院之规模始备。

按：建设书院，所以乐育英材也。平邑敬业书院久废。自张前县修复，延师主讲日课生童。瓦砾蔓草之场，一易而为弦诵诗书之地。文翁之化故不择地而施。苟得名师，何难等边陬于上国，顾规模粗具而脩金与膏火犹阙如焉。余来宰是邦，亦有教化斯民之责。念前人盛举，不可无以赞其成。因割廉俸所入与夫绅士所捐，共得银二千余两，置买田屋数处，收得租银一百五十两有奇。

---

① 〔清〕全文炳修，〔清〕伍嘉猷纂：《平乐县志》卷五，清光绪十年（1884）刻本，第22—23叶。

又以陈、韦两姓之业岁租得约一百七十余金以为课士之资。然所出无多，不过供山长与生徒朝饔夕餐，不致权舆兴叹已耳，敢云振兴文教哉！惟望后官斯土者更图增益，绵教泽于无穷，士习日端，文风益蒸蒸日上，则岂斯邑之幸而亦余所厚望也夫。另将捐置田产勒石讲院以垂永久。

总其事者，黄孝廉中璧、武学博嘉猷、田茂才振邦，例得备书。①

延袁孝廉入道乡书院设教

黄大成

文翁治蜀吾何敢，刘向传经子有余。况以成材供巨匠，真同熟路驾轻车。三春时雨蛟龙奋，二月和风桃李舒。伫看昭潭传盛事，联翩师弟步天衢。②

平乐试院古榕步大人韵

许道基

不是槐安郡，浓阴审雨堂。枝横低翠羽，门掩涩银簧。晓破庭中暗，炎侵叶底凉。不材聊见用，文杏已全荒。

临贺某生当试诉手挛慰以不计字拙既而文更拙于字犹以其挛也怜置五等而批示之

许道基

分明螟螣连心蚀，漫道鸳鸯出手裁。一领青衫挥手去，三年黄卷洗心来。③

义江书院（临桂）

义江书院，位于广西临桂，原名南隅书院。明嘉靖十七年（1538），知县蔡邦坦建于城南。后毁。清乾隆二十二年（1757），知县刘名廷重修，改名"义江"。清嘉庆六年（1801），知县蔡群劝谕绅士捐款修葺，未竣离任，继任知县萧任完成修复。十八年（1813），改为文昌祠。清道光元年（1821），知县

---

① 〔清〕全文炳修，〔清〕伍嘉猷纂：《平乐县志》卷五，清光绪十年（1884）刻本，第27—30叶。
② 〔清〕胡醇仁修：《平乐府志》卷一八，清雍正四年（1726）刻本，第21叶。
③ 〔清〕许道基：《粤吟》，清乾隆二十五年（1760）刻本，第13叶。

谢沄、学正苏信德、周维贤，典史童纯熙会同邑士绅募捐，另建于文昌祠旁空地，仍名"义江"，巡抚赵慎珍题名，后任知县朱象斑续成。清光绪三十二年（1906），改为县立高等小学校。

义江书院

在城南隅。明县令蔡邦圮创建，岁久复圮。乾隆初年，知县刘名廷捐修。后改祠文昌。道光元年，署知县谢沄会同儒学苏信德、周维贤、典史童纯熙，劝谕绅耆醵金，于祠庙隙地另建书院一所。院门上建奎星阁一座，讲堂一座，东西两廊学舍八间，后房三间，周围墙垣皆砌火砖，详请大宪题联额。工未竣，卸任。知县朱象斑踵成之，捐廉置田四十亩为脩膏之需，且劝谕绅耆加捐，共置田八十亩。①

建义江书院记

义之无书院也久矣，曰连成，曰觐日，曰陶镕，名号虽存，而究其实，基址并无所稽。丁丑秋，刘公来莅斯土，下车即留心教化，每月朔望，分课文武诸生，时以书院之缺为义邑憾。今年春，环视城中，至香林寺之南，得一隙地，面对桑山，背坐义水，登高左旋，灵鹫右绕，石角、古东、阳山、华岩诸峰，莫不炫奇叠翠，森森罗列于前，辄慨然曰："建立书院，莫此若也。"爰度地定位，庀材鸠木石砖瓦、匠作工役等费，一一皆捐己俸，而毫不累民。复将空粮官地，归入赁租，为将来补葺之资，其为义培养计者至深且远也。夫义至后晋天福，为佩印之邑，历汉、周、宋、元，远不具论。自明迄今，宰于斯者，不知凡几矣。书院之典，听其缺略，类相习为常，曾不过而门焉。不知夫子昔在车中，与吾徒商榷者，富教而已。富在井田，教归学校。自学校废弛，士师之所督责，父兄之所期盼，弟子之所传诵，惟咕哔是习。一谈正学，则群相讧哗，世道恃以常存，人心恃以不死，全赖书院以辅之。故嵩阳、岳麓、安定、白鹿之设，一时名儒辈出，理学昌明，有功于天下后世者不少。公抵义，他务未遑，即殷殷以此为要图。不诚上统洙泗之源流，

---

① 〔清〕谢沄修：《义宁县志》卷二，收入《中国方志丛书》第205号，成文出版社，1975，第24页。

得为政之大体者哉!

蕃,邑人也,碌碌无所短长,承公下命掌书院教。是岁,暂假馆香林寺中,荐绅先生频来请曰:"书院之设,刘公之德不可忘也,希为文以记之。"余愧不文,亦何敢言记?惟是余所愿者,官总其纲,长任其教,士竞其业。登是堂者,毋汩没于秽腐括帙,毋喷薄乎月露风云,毋以酒食游戏为交游,毋以出入公门为事业,毋矜华耻朴,扶肩连袂而不以为耻。孝悌在所必敦,忠信在所必笃,礼义廉节在所必顾,诗书经传在所必穷。近而人伦日用之常,远而天地民物之大,行之于身心而无不宜,施之于事为而靡不当。处为有守之士,出为有用之人,以上副公造就之心,圣天子乐育人材至意。后之官斯土者,亦心公之心,继继承承,缺则补之,圮则修之。官地空粮之为书院资者,正其疆界,清其基址,毋使日久强豪奸宄役窃乾没,致书院废圮,如连成、觐日等,名存实失。令吾邑永被甘棠之荫,沐教泽于无穷,是则余之所厚望也。

夫书院讲堂三间,深二丈七尺,宽三丈二尺。后堂三间,丈尺如讲堂然。左右厢房三间,头门三间,深一丈二尺,宽亦如之,额曰"义江"。董其事者,邑廪林光烈。经营于戊寅季春之十有一日,落成于仲冬之十有五日,共计费银二百金。又归密落江空粮田若干丘,每年租米四石,佃丁里民石麟景、赵元廷。忠孝节义二祠,前后官地四块,每年租米二石,赁租铺户林均、唐廷琠,一一备勒之石。俾后之览者,知义之无书院而有书院,且得长有书院也,专自公始,咸诵公之德于不衰。①

募修义江书院奎星阁桑山塔序

(国朝)谢沄(知县)

盖闻人文蔚起,权舆于学校,荟萃于师儒,所以振士习、厚民风也。考《邑志》,旧有连成书院,为宋唐子方读书会文处,又有曰南宫,曰觐日,其迹皆湮没无稽。惟城南隅之旧址,系明嘉靖中县令蔡公邦圮所创。义江环流,桑山对峙,榕屏塔影,掩映征祥,洵为合邑钟灵之地。乾隆初年,前令刘公名廷复行捐修,颜其额曰"义江书院"。维时科甲连绵,人才炳焕,乡人士至今

---

① 〔清〕谢沄修:《义宁县志》卷六,收入《中国方志丛书》第205号,成文出版社,1975,第202—207页。

荣之。嗣因塔圮榕萎，肄业无人，改祀文昌。嘉庆中，前令吴公绍沄，思有以复之，并议补建奎星阁，重修桑山塔以培文风，惜未果行而殁。

余奉委摄篆斯土，同僚绅耆咸举前说，为余述之。噫！余谬获通籍，作令粤西，凡有关于士习民生者，皆分所当为，况振兴学校，培养人材，为地方之急务乎！爰往察勘，拟于文昌祠之西隅建立书院一座，为诸生讲贯食息之所，筹设租田以为脩脯膏火之需。乔榕故址补建魁楼，桑山之巅复标巨塔以耀文星而培地脉。度地、鸠工、庀材、计日，工人曰："非千金不克蒇事。"余力不能独任，特捐廉五十金为倡，于仲春诹吉兴工。尔父老子弟素膺科目之荣，渥承作人之化，世泽绵绵，人才济济，自应从重捐资，共襄此举。他日文教咸新，功名显赫，轶乎古昔，岂非福由自作哉！是为序。①

重修文庙记

（国朝）苏信德（教谕）

圣人之道，教化之原。故宫庙之设，不独春秋释奠之区，即文教盛衰之以系也。考义宁县之学，宋张南轩按行所至，大书门扁，石刻犹传，儒教之兴，实为伊始。昔南轩重修郡学，谓"于此保吾性而达诸事，以收所放之良心"。朱紫阳为之记，则云"品节秉彝以行之伦纪事物中，学校之不可一日废也"。诚以庙者，非惟貌视之；宫者，非惟空奉之。瞻仰在望，斯淑艾在心。先儒之亟修乎此，以立教之本在也。我国朝右文昌教，庙祀之修，咸著于令。故兹邑之学，雍正初移自南关，而内定其基，正以离明，而外定其向。至乾隆辛丑年间，邑侯李公家瑞倡之，合邑绅士从之，复重修焉，迄于今三十六年矣。薄蚀风霜，漫漶丹垩，而且瓦片随落，檐甓凋残，桷朽梁摧，门倾墙罅。信职膺司铎，惟是朔望进香，叩拜阶下，所为目不忍睹，心不能忘者，二年于兹矣。匪亟修之，不日不月，倾圮何堪？遂集绅士而谋之。惟我绅士，敬圣服教，根于性而同然于心，咸倡义而乐举焉。于是心计者规画，意匠者经营，殷实者捐囊，艺能者任事。鸠工于春之仲，事甫得半，而风雹中摧，继以水旱相仍，拮据黾勉，至冬之季，事乃告竣。而残者补，罅者完，腐者坚，倾者正。殿宇则

---

① 〔清〕谢沄修：《义宁县志》卷六，收入《中国方志丛书》第205号，成文出版社，1975，第214—217页。

煌煌然，门庑其翼翼尔。于以妥圣神，于以培文脉。学者睹此，必敬生于心，奉教而修道，率性体诸躬，以为民倡。而风俗日醇，人材日盛，可于斯乎卜之。是非徒侈泮宫之颂祷也，盖以岂然炳然，实临炙之；若启若佑，深栽植之。尊文教之宗，而固文风之本，自蔚然振人文之薮者，理固然也。谨勒之石，俾矗飏永戴之。①

捐修文庙劝输钱歌

苏信德

清明之夜骤风雨，倏尔滂沱下如澍。虽是春深寒食时，雨期应在百零五。胡然飞雹逐狂风，电闪雷轰振天鼓。拔树杨沙本足惊，摧墙扫瓦不知数。诘朝周视学宫中，后殿前门及两庑。新修之处少损伤，正殿独残深可怃。屋脊高瓴荡不存，鳌头折足飘下土。愀然静念此何由，或未急修天变怒。构瓦抡材事莫迟，须知工费非小补。迩来钱用小鲛文，几日或来三万五。嗣后佳钱万选行，十旬不见来阿堵。神栖未妥心何安，山纳呇兮仟亦腐。喻利浇风不可为，诸君切莫榷商贾。倾囊弗惜早输来，慷慨而施殊守虏。此举惟公莫济私，锱铢出入登清薄。有谁染指计分毫，圣鉴昭彰天日曙。有俶之宫实且枚，计功迟速凭资斧。落成伐石纪芳名，笃义文风承玉椵。②

重修桂林府学记

诸葛鼎

文章一道，上与天通，而其间灵奇清淑之气，地实主之。故庠序之立，所以预养人材，以为国家异日龙螭风雨之用者也。人材为国家之桢干，而学宫关人材之盛衰。其或山川环秀，则人文以兴；倘或硗确卑庳，四望无光，则科名为之削色。故其始也，观阴阳，卜形胜，以求得夫善美之区。迨其后，蒸蒸蔚蔚，复旦光华，遂与卿云日月相为掩映。其在《诗》曰："思皇多士，生此王国。"其在《易》曰："观乎天文，以察时变；观乎人文，以化成天下。"凡古今宅吉之图，未有不天与地合而相为用者也。虽然，此中更有人事存焉。人也者，主张乎

---

① 〔清〕谢沄修：《义宁县志》卷六，收入《中国方志丛书》第205号，成文出版社，1975，第211—214页。
② 同上书，第227—229页。

天与地者也。而此亿千万人中不可多得之一人，又天地实生以主张乎天地者也。

桂林隶粤西首郡，襟带五岭，其扶舆磅礴之奇，甲于他州。士之怀瑾瑜自见者，亦非他州所敢望。郡庠乃前代宣成书院，建在省治之西。自兵燹以来，风雨漂摇，两庑倾颓，仅存大成一殿，门槛不具，丹垩无存，半落于荆榛蔓草之中者有日矣。大中丞马公开府是邦，瞻顾所及，恝焉心伤，遂慨然以兴复为己任，首捐俸金，倡率群僚，而二三邦君士大夫皆随力为高深之助，遂有卜筑之举。

案旧志：桂地原郡邑二庠相毗，顾邑庠颓坏多载，独郡庠岿然在耳。于兹改建，诸绅衿议稍移于邑庠旧址。数武，居中以受秀山之环拱，而邑庠亦别择有佳地。大中丞公郑重其举，遍采诸青鸟家言，佥以为便。乃下曰："可。"于是庀材鸠工，仍仍登登，不数月而轮奂改观。遂使圣容有俨，官师有舍，生徒有域，向之恝焉心伤者，已顿成炜煌大观矣。甫落成，正当壬子宾兴之期，而多士之羔雉获隽者十有四人。登扬之盛，从古未有，又岂非事与时会，以焕兹大观者也？而鼎因以叹万事之盛衰，未有不存乎其人者也。天献祯矣！其能使奎壁所临，护呵于不朽乎？其能俾图书之府，焕然下移于人世乎？地效灵矣！其能使鸟革翚飞，如蜃楼海市之易乎？其能使四方物力，不胫而驰于上国乎？其能使人心竞劝，疾趋事以奏厥成乎？惟有不世出之人，斯成不数见之事。方今圣天子振兴文治，大中丞公应运而起，家世诗书，久读中秘，秉钺西藩，三载以来，百废厘举，遂不难以数百年旷典，躬自为任。后之生是地者，钟镶抱玮，出诗书以名世，皆知为学宫之滋培者大，而要不能不归于创造之一人也。故曰："事在一时者，时过而易衰；事垂永久者，利食于无穷。"昔文正之于吴门，无择之于袁州，率皆经纪于一日，而流垂于万世。粤虽荒服，乃从此得与上国之盟者，其毋忘我公哉！其毋忘我公哉！

是役也，经始于康熙十年之季冬，告成于十一年之仲冬，先后其十二阅月，费白金三千□百有奇，皆大中丞公力肩其任。大中丞公姓马，讳雄镇，号坦公，盛京人。佐斯举者，方伯李公讳迎春，观察杨公讳晙，驿盐道秦公讳仁管，提学道郭公讳栋，而诸僚属各捐助有差。董其役者，郡丞李君茂枝也。而诸葛鼎以叨司职守，亦得与是事者，敢援笔而为之记。①

---

① 〔清〕吴征鳌等修：《临桂县志》卷一三，桂林市档案馆1963年石印本，中册，第31—33页。

重建桂林府学记

毛遴

壬子宾兴，予奉命试士粤西。盖国朝定鼎粤西后，至比年以来，兵燹独甚，士虽有志进修，苦无居肆成事之乐。闻前之典是役者，往往以人才为虑，予用是惴惴焉。迨入其郊，则见其农服先畴，士食旧德矣。至其都，则见其城郭丽而阛阓肃矣。将及皇华之署，则又见其峻宇飞甍，昂出云霄，朱垣素壁，掩映眉睫，一望而丹雘方新者，知其为宫墙俎豆之地矣。予用是喜曰："上之所好，下必有以应之。治象若此，谓士气犹不改观，予不信也。"迨入棘，披所录卷，则见其有典有则，而一归于纯正。迨歌《鹿鸣》，进诸士而揖之，或美秀而文，或简重而质，而一归于大雅。是非沐浴熏陶于有道之休养教诲，不致此也。

大典告竣，予将北辕，太守进而请曰："自古学校之兴废，关于人才之盛衰。桂林为粤西首善，两江人才皆视式焉。郡邑二学圮废已久，大中丞马公开府是邦，甫下车，以为为政之道，首在兴起文治，文治所出，首在学校，当自近始，亟亟乎有不欲须臾缓者，即大捐清俸以为之倡。监司守令以下，踊跃襄事，择日鸠工，未期报竣。恭逢《鹿鸣》歌诗之日，适当泮宫落成之期，新荐士三十一人，皆释奠于兹，而由此中备弟子员者，得三之一焉。且兹科人文盦会，有咄咄前贤之意，不可谓非桂阳感风教之先，而诸郡皆聿然丕变也。学校之于人才，其应若桴鼓如此哉！先生兹行为文章司命，学校之事与有赖焉，请出一言纪之。"予曰："猗欤盛哉！大中丞以簪缨华胄，早读天禄石渠之书，有其具矣。出抚是邦，正当起衰救弊之际，有其时矣。监司守令咸能以大中丞之心为心，有其助矣。宜乎其政之首及，而事之速成也。学宫落成之日，适遇多士吁俊之期，且有拔茅连茹之庆，虽曰百年之计，树人报尚不止此，然不可谓无其效矣。宜乎太守之言非夸，而予乐道之恐后也。虽然，予西江鄙儒也，愧不能文，又适肩衡文之任，不敢以不敏自谢。"其奈桂阳文献尽废，兵燹无足征者，仅能就所见与所闻而述之，则云是学也，乃唐进士赵观文之故宅，明初以为宣成书院，万历间改为学宫，而郡邑两庠相丽，规模甚隘，兵燹之后，隘者亦茂草矣。中丞公以为鼎新之始，宜立远大不拔之基，佥谋于众，另卜吉壤，以为邑庠，而合两庠之旧址，以扩充郡庠之制。嗟乎！即此一转移间，已足为山川开辟生面，为文章搏捖气运矣。经始于辛亥之长至，落成于壬子之重九，约费四千缗，兴作十余月，而宫墙之壮丽，规制之周详，在他邦所罕匹者，此建学之大略也。至于殿楹廊庑之度，木石力役之需，捐助多寡之数，鳣堂养赡之资，鸠工氏当另书一册，勒之碑阴，以垂永久，予无赘焉。予所亹亹，惟桂之人士游兹地者，笃学兴文，砥行立节，小之而巍焕其文章科名，大之而赫濯其勋猷事业，八郡之内，渐被暨讫，相观而化，俎豆重光。而斯道其南，中丞公与诸君子薪樐械朴之雅化，永在于漓江桂岭之间矣。

大中丞马公讳雄镇，号坦公，盛京人。方伯李公讳迎春，号梅谷，满州辽阳人。观察杨公讳晙，号冬可，直隶曲周人。苍梧副史秦公讳仁管，号凯人，江南南陵人。督学郭公讳谏，号怀苾，山东福山人。桂林太守诸葛讳鼎，福建晋江人。临桂令伍君讳臣，湖广新田人。鸠工氏则桂林郡丞李君茂枝，山阴人也。例得详列，以寿于石。①

重修府学记

王如辰

皇帝御极之二十载，既已扫除群逆，底定南服，自东瓯、百粤、滇、黔之境，复合车书，武功既扬，文教斯启。时余奉命督学粤西，而大中丞中山郝公适巡抚是邦，戢兵抚民之暇，首议兴学，以明伦广教为拨乱反正之第一义。乃进藩臬郡县吏博士于庭，谋及郡学之故而修之，制增于旧，而役不扰民。盖自是全粤之郡县学，闻风而创者修者，接踵告成功矣。

案，桂林府儒学在始安故郡之墟，宋淳熙中，知静江府张宣公栻始廓其制，元岭南帅史公格重修。明初，又迁县学于郡庠西隙地，为唐状元赵观文宅，提学佥事姚公镆重建大成殿及堂斋。本朝康熙十一年，巡抚都御史马公雄镇移建迤西，实兼县学地基而一之。会孙延龄叛，以学宫为牧圉，博士弟子

---

① 〔清〕吴征鳌等修：《临桂县志》卷一三，桂林市档案馆1963年石印本，中册，第33—35页。

逃死于山谷，教用不彰，民用不臧。夫乱之起，由人心生也；人心之坏，由学不明也。学之为道，其伦君臣、父子、夫妇、昆弟、朋友，其教礼、乐、诗、书、易象、春秋，其目格物、致知、诚意、正心、修身，凡以变习归性，消其功利顽桀之气，而纳于仁义中正之途。历观往古治教之统，理乱之源，大率由此。

桂林去京师七千里而遥，然至唐以来，节帅司牧之所过化，名人杰士之所挺生，蒸蒸文物之盛，几与古中国侔矣。乃撤藩之役，滇南一呼而延龄响应，甚者一郡之地，五年之间，反者数起，而土蛮豪壮阻兵攻劫者，所在都有。夫非教化之不明，人心之不正，以致此与？大中丞郝公之训诸司曰："吾欲使九郡之秀民皆入于庠序，如文翁之化蜀，常衮之变闽，惟藩臬诸道大吏是倡是式。吾欲使孔孟之道渐渍于椎髻卉裳之民，复七先生之祠，示莫敢废，惟郡县诸长吏是率是修。吾欲严课督之法，如胡安定之在苏湖，范文正之在南京，将以桂为权舆，惟督学使者，其帅博士师生是训是勖。"我朝文德诞敷，重臣祗命，其曷敢不承？时则布政使颜公敏，按察使黄公元骥，右江道参议简公上，桂林知府徐凤鸣，通判班羽杰、张士贡，知县柏嵩琪、徐必进，儒学教授高熊征，一心同力，鸠工庀材，不数月而缺者补，圮者完，漫漶者鲜，颓挠者耸以直，人士之散者复聚，书籍之购而藏者日增以长。然则有谓人之不乐于学，而习之不可为性也，岂笃论哉？功以讫，谨勒其始末于石，以观德教之成，以无忘大中丞之志。①

重修府学大成殿记

汪份

广西学使前辈龚于路先生，以桂林府学大成殿颓坏为忧，将事理新，属其役于郡丞黄侯之孝，而告之曰："维我院长海宁公出镇兹土，首以劝学崇化为务，既建书院以教生徒，常手定其文之甲乙，又于城内外设义学十八，各延师以督课之。属吏靡然相率修庙学，立书院，以仰承公志。矧余以视学为专司，倘不即不图，以坠教基，罚其可辞？"黄侯甫受命，工未及兴，而

---

① 〔清〕吴征鳌等修：《临桂县志》卷一三，桂林市档案馆1963年石印本，中册，第35—36页。

天大雨不止，墙壁栋楹，倾圮欲仆，砖瓦坠地，纷纷不绝。黄侯则四面架木两层以支撑之，又作铁圈、铁钩，多方护持，庙得不覆。学使先生于是捐资以授黄侯，黄侯谋于郡守、别驾，共相筹画，日夜经理。役始于七月，度尽十一月可讫功。

份奉命来西考试，濒行，而先生求文以记其事。份尝读柳子厚《柳州文宣王新修庙碑》，谓仲尼之道与王化远迩，柳州至唐而夫子之教始行，人去其陋而本于儒，于是刻在庙门，盛称唐之德大以遐。而韩子《处州孔子庙碑》，则谓郡邑皆有孔子庙，或不能修事，虽设博士弟子，或役于有司，名存实亡，失其所业。可见唐时学政如此因循弛废，而柳子所称道，不免失之或夸。又读王荆公《繁昌学记》，谓近世之法，庙事孔子而无学，宋初因其法而未能改。至庆历中，始诏天下有州者皆得立学，而县之学士满二百人者亦得为之。而曾子固《筠州学记》谓庆历之初，诏天下立学，而筠独不能应诏。其《宜黄县学记》则谓有司之议，以学者人情之所不乐，于是天下之学复废。而春秋释奠之事以著于今，则常以庙祀孔氏，庙废不复理。《通考》亦谓宋初州县之学，有司奉诏所建，或作或辍，不免具文。又可见宋时学政之玩，盖较之唐时滋甚。我皇上诞敷文德，声教四讫，虽荒远阻绝之区，亦皆学校如林，庠序盈门，与畿辅近地不异。盖孔子之道，至今日而始益尊以明，而我圣朝至德之大以遐，诚非唐宋之世所能庶几其一二也。今我大中丞海宁公以翰苑师表抚辑广南西路日，务将明圣天子广厉学宫至意。学使先生以文章著名于时，其《闱墨房稿》久传诵人口。及来视学此邦，与海宁公共修学政，即西路郡县有更远于柳州者，亦皆去陋本儒，如柳州所称，无名存实亡、或作或辍、怠玩废弛之患。兹以是役属之黄侯，见事敏速，凡承檄有所造作，不事缘饰以欺一时耳目，故能保护将倾之庙，而使之完旧益新。又以余力治其讲诵之堂、栖息之庐，坚壮牢固，率加于其故。夫我圣朝文德之大以遐，既远轶于前代，而海宁公与学使先生之尽心殚力，共事兴举，得才吏以委之修建，其嘉绩又可追驾昔贤。独份之文笔，于古人无能为役，乃承命作记，得挂名黉舍，兹份之幸也，只所以为愧也与！①

---

① 〔清〕吴征鳌等修：《临桂县志》卷一三，桂林市档案馆1963年石印本，中册，第36—38页。

重修府学碑记略

宜思恭

康熙五十有八年，岁在屠维大渊献维仲之春，余奉天子命巡抚广右。封疆大吏有兴行教化之职，莅任三日，谒先师孔子庙，登明伦堂，进诸生，而诏以朝廷设立学校养士之大义，诸生亦陈诗讲学以退。既而仰瞻庙貌，而见榱倾桷圮，丹消垩落，不禁惕然于心。斯何地也，而可听其颓废若此邪？况桂林为一省之会，而学宫又起化之源，若任其敝陋而不治，其何以造士？且教何以兴？政何以举？此守土者之责也。

案，桂林府学由唐宋迄今，历年既久，其间时代变迁，兴废不一。自康熙十一年，前都御史马公择爽垲地经营，移建于此。殿阁、堂庑、戟门、泮池，以至廪舍、庖湢，规模毕具，咸更新之。嗣后毁于兵燹。至二十一年，中山郝公来抚是邦，寻葺旧规，又阅三十余载矣。虽修葺者自不乏人，然风雨漂摇，鸟鼠侵蚀，其能免乎？兹率先捐俸，尔诸司亟谋所以葺之，毋事改作，一循旧规，翼敬以正，撤故以新，其可以妥幽灵而兴教化足矣。于是鸠工庀材，共襄趣事。木石瓦甓，咸集于官；工师徒役，不扰于众。经始于春之暮，落成于秋之季，凡六阅月。而黝垩髹采，翚飞鸟革，复焕然于叠彩独秀间矣。

时捐理董事者，则有王方伯沛澶、靳监司治齐、署郡守赵世勋、邑令王元贞，例得并书。①

重修桂林府学宫记

任玉森

桂林学宫在府治西南，先是毁于兵燹。康熙十一年，岑溪高渭南都转官府学教授，集资重建。康熙二十一年至嘉庆二十三年，屡有修葺，省志备载，碑碣可考。迄今七十余年，其间缮完之役，靡得而详。光绪十六年庚寅，省中缙绅先生以殿宇年久失修，日即颓坏，惧无以昭妥侑，乃合庠序之士，请于上官，谋所以葺而新之。并重建尊经阁，新建奎光楼，东西拱向，用肃观瞻。函商省外诸绅，众议佥同，酾金大集。遂以辛卯年十一月诹吉兴事，又明年癸巳

---

① 〔清〕吴征鳌等修：《临桂县志》卷一三，桂林市档案馆1963年石印本，中册，第38页。

十月次第竣事。凡遗像之剥落，牌位之参差，瓴甋之毁败，榱桷之朽蠹，宫墙祠庑之倾圮，尽皆易之，尺寸方位，悉仍其旧。丹雘既新，祀事孔明，所以尊先师、重圣教、正人心也。桂林山水甲天下，峰峦嶙崒，拔地千仞，意必有瓌玮特立之士生于其间。比年以来，临桂张君季端大魁天下，其他成进士、入翰林者殆不乏人，科名之盛，雄于边徼。多士鼓舞奋兴，各务正轨，靡不规行矩步，沐浴圣教，有笃实光辉之气象焉。去年正月，余权守桂林，诸绅以庙工将成，请为文勒石，余逊不敏。今年秋，再权府篆，诸绅固以请，辞不获已，乃笔而书其事。

是役也，凡费白金五千三百二十两有奇。省工给直，取自民捐，诸绅主之，而陈允庵布衣、曹谨堂京卿省察尤勤。告成之日，临桂刘君伯崇由内阁荣授修撰，灌阳唐君春卿以讲学超擢阁学，后先辉映，邦人大喜。而余所尤喜者，诸生淬厉于学，远追汉代经师，进德修业，于明体达用处为闾里矜式之彦，出为国家栋梁之需。人材愈出，圣学愈明，是则诸生所素志，而余日往来于胸中有无穷之望者也。大工既讫，复以余资葺临桂县学宫署，共费银三百九十两。又邮书江南，采取磬石，琢磨如制，笋虡更新，计费银二十六两。是则极一时之盛，为自来所未有者。从此金声玉振，礼明乐备，涵濡德教，雅颂承平，莘莘蒸蒸，俾德行道艺媲美前哲，以仰副圣天子建立学校、作育人才之至意。诸绅之心可谓诚矣，诸绅之力可谓勤矣。因附书之，用谂来者。时光绪十九年癸巳十二月，盐运使衔补用道、署桂林府事、补用知府萧山任玉森谨撰。①

清理文庙界址添筑围墙栽种树株记

曹驯

桂林府学文庙在省城西偏，春秋上丁释奠于此，地至重，典至崇也。其东则流恩书院，为校士地。又其东则榕湖经舍，为肄业地。其西则明伦堂，为讲学地。又其西则武庙，为尊崇关圣地。前人布置甚费苦心。其北则金鱼塘，地处荒僻，人多作践。其南则湖南会馆，建置已久，彼此相安。此外余地每为无

---

① 〔清〕吴征鳌等修：《临桂县志》卷一三，桂林市档案馆1963年石印本，中册，第38—40页。

知侵削，渐失旧规。同治年间，里人黄秉震、唐作楷、邓熊公议清理，树以界碑，环以石栏，禀请临桂县示勒石。嗣因楚馆增高，并添建昭忠祠、濂溪先生祠，气象崇隆，几与宫墙并峙。每值春夏之交，金鱼塘水波荡漾，浸润可虞。同人集议捐资建前后围墙，移石栏于崇圣祠及临桂县学文庙。里人曹驯倡议多植松株，作文庙仪树，今将十年，郁郁葱葱，已具凌云之势。文庙体制今更庄严，楚馆后基亦复丰茂。伏思濂溪周子，理学正宗，扶翊圣教，从祀文庙，位在东庑。今楚人建祠庙前，遥相拱卫，于义亦合。周子籍隶道州，谨案舆地沿革，从前道州本属广西，是周子祠，楚人祀之，实不异粤人祀之也。惟见在围墙之右，文庙之前，犹有隙地，众论视为瓯脱，以后均不再建屋宇，俾文庙、楚馆共保平安。虽风水之说，吾儒弗尚，与其多劳顾忌，不如置之使得舒气。是以去年重修文庙，添建尊经阁、奎光楼，俱在宫墙左右，近地不复于前面，经营守旧约也，免后论也。诚恐日久或忘，故撮记大略于此。光绪十有九年癸巳二月，里人靳邦庆、曹驯敬识，曹秬敬书。①

重修学宫明伦堂碑记

高熊征

予以康熙十八年冬，蒙中丞傅公委司教铎。时和硕简亲王暨各将军奉命剿逆，桂林圣殿、明伦堂及学署悉为兵马屯驻，折毁倾圮，粪壤堆积，污秽不堪。虽署抚麻命临桂县略为修葺，然禁旅未移，随葺随毁。恭遇抚宪郝公、学宪王公，皆一代大儒，为名进士，渊源洙泗，念切羹墙。余仰体盛心，始详还学署，并请重修学宫，咸获俞允。而臬宪黄公、太守徐公，俱各捐资。肇工于二十年腊，竣工于今年春，共计用金四百余镪。自是而春秋祀事，俎豆有光。各上宪隆重斯文之意，岂可忘哉！谨勒原详宪批于石，以志兴复之不易云。

桂林府儒学，为化民莫先于造士，兴学乃所以勤民，乞还明伦堂以育人才事。窃惟士为四民之首，学校风化之原。自古善治之君，罔不重学。故凡民之俊秀，既设官以教之，又增其廪饩、隆其斋膳、免其差徭，俾得尽心于学。复岁为之考试以简别之，三年大比以登进之，法綦备也。乃者学校之政不修，民

---

① 〔清〕吴征鳌等修：《临桂县志》卷一三，桂林市档案馆1963年石印本，中册，第40页。

间子弟家自为学。虽有教官之设，不过徒存其名。问子弟之所以学，曰我不知也；问教官之所以教，亦曰我不知也。即如卑职奉委以来，僦居民舍将及两载，诸生自科试一见即风马牛不相及。不但不知其才品之高下，教无所施，即其人之面貌，亦难臆想而识也。常叹有是职始设是官，今有是官竟无是职。徒见考试之时，趋跄册籍；考试之后，索取束脩。呜呼！教官之职，如是而已乎？言之殊可羞也。

今幸钦宪大宗师奉命抚临，留心民瘼，所以励官方而惠百姓者，中外歌舞。然学校未先，民未知教，何以允升大猷？伏见桂林郡庠原有明伦堂，前为斋舍，后乃学廨。近因满州居住，遂使文教之地，顿作戎马之场；明伦之堂，竟成健儿之室。杂沓不堪，居习无所。夫管子伯佐也，定民之居尚知勿使杂处，然后不肃而成。岂以一省之大，遂无一处足以居处满州，而必欲以学宫讲肄之区，为兵马驻扎之域乎？仰惟宪台行令有司，作何设法，居满州于别处，还学署于教官。省郡为首善之地，晓谕士民，但有子弟，咸令就学。日课月试，必有所成。然后通行各属，责成教官，勤加董率。学校一兴，民风自变。人才既盛，教化必行。于以宜昭盛治，黼黻皇猷，未必无小补也。昔昌黎刺潮州，使进士赵德为之师，士风为之丕变，至今脍炙人口。卑职虽非其人，然在职言职，倘有可采，伏候宪鉴施行。

康熙二十年七月二十七日，奉巡抚广西都察院郝批：据详，学宫为兵马僦占，仰桂林府查明，移居以免踏污圣庙。

缴桂林府儒学为乞修明伦堂事。九月二十三日，蒙本府谕令卑职看守明伦堂。因十月初八奉命派守鸬鹚洲满州起身，遂将尚存门扇、窗槅、竹壁尽行折毁，曾经呈报本府在案。即今门役寥寥，日间看守，夜间各兵丁小子仍入折取柱木、砖瓦，莫可究诘。不得已，卑职自捐资十五两，临桂县学捐资五两，买办竹木，倩雇匠人修理内宅门扇、窗槅、墙壁，暂行居住。惟是明伦堂、大堂渐见歪邪，川堂折毁，并地下之砖皆被兵丁小子贪夜挖去。虽临桂县著匠补筑墙围，但尚无大门，亦难看守。兼之两廊折空，檐柱倾邪，若值春雨，必然倒坏，而功甚巨，实非卑职等绵力之可能及。夫缁衣黄冠，梵宫精舍，每见雕墙画栋，鸟革翚飞，学宫为育才之地，而倾圮不堪，非所以崇儒先而重圣道也。

况大殿、两庑、名宦祠先蒙前院麻重修，而启圣宫、尊经阁、乡贤祠尚未修葺，诚有待于钦宪大宗师相继董成之者也。虽时诎举赢，似非当务之所急，而閟宫泮水，实为宫室所宜先。合无恳祈钦宪大宗师念学宫庠序，兴化育才。作何设法趁今春雨未降，将启圣宫、尊经阁、明伦堂、乡贤祠亟为修整，撰立碑记，垂诸永久，将见《棫朴》"薪樲"之歌，再咏于今日矣。

康熙二十年十一月二十六日，奉巡抚广西都察院郝批：仰臬司、学道、知府亲看会议报。时康熙二十二年岁在癸亥春正月念二之吉。西岑后学高熊征拜手识。①

详请建复县学文

黄良骥

窃惟礼重辟雍，圜桥载扬于汉世；教严黉序，城阙见刺于周诗。兵农与礼乐兼资，纲纪因文章益懋。未有师儒之董戒无地，而风移俗易，辄可跻至升平。是以国有学、乡有校、州有党正，其为仰止宫墙，骏奔在庙者，无容或缺也。

粤西虽介荒服，然自秦始郡县以后，历汉、唐、宋至元而迄明，罔弗尊经重道，建学明伦。其时创制立法，增修不一，钟簴未改，俎豆无渝，诗书弦诵，蒸蒸郁郁。语理学则如唐则之横经谈道，语忠节则如李洪之遇难殉身，彪炳史册，代有其选。虽曰涵育多才，实系发祥有地。查临桂县学，旧在郡城南隅，至明之洪武二十八年，迁于府学之右。虽逼邻雉堞，规模湫隘，而堂庑斋舍，无不毕具。有司春秋禋祀，博士乐此谈经，边隅僻壤，礼教勿弛。迨夫我朝定鼎，百粤多故，郡邑胶庠，日就颓圮。康熙十年，抚院马公因妖氛已靖，乃并县学基址，辟建郡学明伦堂。揣其意不止为郡庠，并欲度地鸠工，更设县黉。而不期滇孽告变，延龄继起，蹂躏六年，竟成荒弃。光复以来，将府县合祭，实为缺典。夫有其废之无庸举也，春秋于南门之新则讥之；有其举之不可废也，史克于泮水之修则颂焉。方今天子右文，躬亲阙里，宸翰襃崇，轶隆前代。而省府州邑，不克恢宏至德，兴起斯文。坐视首封学校，卒为湮灭茂草，

---

① 〔清〕吴征鳌等修：《临桂县志》卷一三，桂林市档案馆1963年石印本，中册，第42—44页。

此诚守土者之责也。

卑府任事伊始，志期建复。查有废藩线伯府尚有公署一所，见在旷闲，闳敞深邃，改制较易。况漓江之水融汇于前，独秀之峦拥峙于左，文笔峰澜，地无有胜于此者。合邑绅士率皆鼓舞踊跃，乐睹盛事。此与各都统固山第宅请改祠署者倍堪不朽。合无详请宪台宗主斯文，俯采末议，销甲胄而陈俎豆，易剑佩而进衣冠？方偃武修文之会，合投戈讲艺之宜。将见械朴维新，人文鹊起，宪台雅化作士之功，当与昌黎之倡学岭峤并垂奕世矣。至于一切所费，另容佥谋定议，更请裁夺施行。

奉布政司批：仰候抚院批示行缴。

奉按察司批：以公署而改学宫，深有裨于文教。仰候抚院及藩司批示行缴。

蒙提学道批：仰候抚院及布、按二司批示缴。

康熙二十四年八月十一日奉布政司信牌，为酌请建复县学以崇文教等事。

奉巡抚都察院范批：据桂林府申详前事。

奉批：仰布政司妥议报夺缴。

奉此为照。设复县学，关系大典。今据详以废署改造学宫，有无违碍，合行确查备牌。仰府立将前项改设县学，即刻查酌明白，可否改造，是否无碍。妥议详报本司，以凭核覆，院夺施行，随该本府。正堂黄查看得酌请建复县学事，蒙批查议。

卑府遵奉宪檄，随率同本府儒学教授高熊征、训导袁年起、临桂县儒学训导秦居元，公同亲诣线伯旧署。勘验得照墙尚在，东西辕门可改为礼门、义路门。头门折去，可改为棂星门。二门折去，可作泮池。前堂折去，可改为戟门。左右有地基，可为名宦、乡贤二祠。二堂、三堂尽行折去，可为月台、拜台。两旁可建东西两庑。内宅正堂并卷蓬俱折去，可建正殿。左花厅可改为尊经阁，其前可建明伦堂，其旁可创为学署。右边筑厚墙，以别书院。左边筑厚墙，以别志书局。其见存砖瓦、石阶、石线等项，俱尚可用。惟大殿筒瓦与钩头、滴水瓦、花砖、线砖等项并木料，皆朽蠹，不堪再用，必须另买。通共约计工匠物料需银二千余两。此系公家废产，改为县学，甚为妥便，其中并无违碍。若欲于旧县学之地从新起，盖非四千余金不可，何如线伯旧署用工省而殿阁齐备也。兹应用之需，卑府虽一时乐捐，惟力量有限。然此系临桂县之学，乃临桂县之事，仍应责成临桂县劝同事诸人及乡绅大夫勉意捐输，共襄盛举。将见庙貌重兴，人文蔚起，皆仰借宪台玉成之也。卑府不敢擅便，合候宪夺，转详批示遵行。

奉批：仰候转详院示行缴。于九月十二日奉布政司信牌，为酌请建复县学以崇文教等事。

奉巡抚范批：该本司呈详，查得桂林府申详，临桂县学荒弃日久，实为缺典，请以线伯旧署改复学宫一案，奉宪批司妥议报夺。遵即备行该府，并移提学道查酌妥议去后。兹据该府并准提学道移，据该府详称，率同府县二学教官高熊征等，亲诣线伯旧署勘验，约计工匠物料共需银二千余两。又查系公家废产，改作县学，甚为妥便，并无违碍。并请责成临桂县劝同事诸人及乡绅大夫勉意捐输，共襄盛举等情，既经该道府查确妥议前来，似应如其所请，伏候宪台核夺，批示施行。

奉批：线伯旧署改建临桂县学宫，既经查无违碍，如详行县倡捐设复，以襄盛事，不得派累里民。

缴随蒙本府及各宪捐资。二十四年十二月鸠工，本年三月内落成。①

重修县学宫记

杨宗义

首善必尊成均，风气莫先都会。临邑学宫，全粤教化先声也。岁丁巳，余应礼部试，拣司县铎，目檐廊倾圮状，爰偕司训王君修由声请。

先是，总制两广马公、抚军安公、大方伯今大中丞杨公、大廉宪今大方伯唐公、大观察今大廉宪李公、储公，加意作人，振兴在念，亟得贤有司典厥事。己未秋，适邑侯徐公奉简命令斯土，甫释菜，慨以修葺为己任。商之余，上其事，极蒙奖励，咸义其请，报可。且檄动存公银若干两，以邑侯董其役。鸠工于庚申七月，竣事于是年十一月。欹者窿然，脆者苞然，楛者朴者，泽然色然。都人士心德之。丐余一言，镌石纪其事。

---

① 〔清〕吴征鳌等修：《临桂县志》卷一三，桂林市档案馆1963年石印本，中册，第56—59页。

余曰：临之学，自元迄明，迁徙无常处。国初春秋祀典附府庠举行。越康熙二十四年，乃卜筑于兹，颠末俱详邑乘。兹复焕如一新，繄谁之力与？尔时苗瑶窃发，军兴旁午，余方虑以粮饷剧务，致后斯役，乃不以军旅之事废俎豆，黝垩瓦砌，悉费擘画，不数月告厥成。非留心文教、尊师育士者能如是乎？临庠为全省观望，明经饬行造就，多士合境于此觇声教焉。培植无所，其政实有阙。涵濡之深，衍为气运，文章秀发，真儒辈出，簪笏罗闾里，皆孕于此。即今乡、会两科，镌解额、荐南宫、入中社者，俱指难悉数。则是各大宪之德敷边徼，化隆学校，大有造于西也。余幸襄厥事而观厥成，不揣固陋，勉答邦人士之请，以志盛云。时乾隆七年岁次壬戌仲夏月。儒学教谕杨宗义撰。①

重修县文庙记

周维堂

窃惟积事程功，最难创始；取新去故，尤贵图终。县学黉宫自康熙二十四年以线伯署改建，四十二年重修，嗣加葺于乾隆七年，俱有碑记。迨三十六年，两殿头门更为鼎建一新。嘉庆三年夏，后殿倾圮，前殿、两庑、两祠窗棂、门扇亦渐剥落。蒙邑侯奉新蔡双石先生倡捐修建，绅士周位庚、朱依曙、朱依真、朱桓、刘功、李成路、黄毓瑞、欧学孔、蔡光汉、冷其彦、廖肇璟、阳瑞芝、陈诗、唐岳培、朱一泰、林苞、莫善诒、唐时中、朱庚南、陈钟玟、关维纪、唐维昭、吕培基襄其事。四年春经始凡六阅月，而梓材垣墉墍茨丹雘之告成，复移置程子四箴碑四、范氏心箴碑一。井甃以石，龛供以炉。缺者补之，露者盖之。且邑乘历百余年未经重订，今并采葺编纂，裒然成书。於戏！行一物而三善皆得者，我侯之谓矣。惟是文庙重地，系一邑瞻仰，萃首善人文，不可亵狎久矣。乃栋宇非不崇高，楹桷非不壮丽，由后溯前，甫经数十年，往往颓然坐废者，此何以故？盖缘管钥未慎厥司，而规模迄无成约也。因思彼一时儳为旅寓者有之，借以办公者有之，间或启馆者动用木石，放牲者践踏门阑，汲水者出入朝夕，殊非诚敬严肃之道。兹已奉示严禁，但物力维艰，

---

① 〔清〕吴征鳌等修：《临桂县志》卷一四，桂林市档案馆1963年石印本，中册，第59页。

成功宜惜，并诹同邑佥订数行。庶几美有彰，盛有传，常守斯文矩矱；更冀华以增，事以踵，永为吾道防维。是为引。邑人周维堂谨撰。①

圣像碑记

张联桂

文庙旧有圣像，为吴道子笔，元黄梅令陶景山刻。明正德间，庆远府陈大中以贻桂林守童旭摹刻，立石于大成殿东楹。嘉靖间，桂林守顾允杨重刻。迄今数百年，渐就漫漶。绅士五品卿衔翰林院编修曹驯虑其日久磨灭，后来靡所瞻仰，爰出所藏浙江文庙遗像，钩摹上石。额有篆书"先圣遗像"四字，又篆书"德配天地，道冠古今；删述六经，垂宪万世"十六字。左侧有楷书"扈跸南渡四十七世孙兵部尚书传四十八世袭封衍圣公端友敬立"二十七字。盖宋时所刻像也。循金石例，悉仍之。立石于大成殿西楹，以配东楹旧像。时粤省绅士捐资重修文庙，于光绪十七年辛卯十月兴役，至十八年壬辰八月落成。绅士曹驯既与陈礼中等董其事，并立此像。以联桂巡抚是邦，俾为之记，以绍于后。大清光绪十八年岁次壬辰八月二十七日，广西巡抚张联桂谨志。临桂县生员曹秬敬书。

右碑在府文庙大成殿西楹，长八尺五寸，宽三尺三寸。（新采）②

重修文武庙记

（清邑令）王忻

朔邑故有文武二庙，查碑志，向在城东隅。雍正甲寅春，邑令符恭李公商诸绅，卜地城西，移文庙建焉。嗣于庙右买地区，将以移建武庙，有志未逮而去，距今四十七载矣。文庙虽经重建，而丹墁剥蚀，碧瓦疏裂，墙垣楹柱之数，已不免有就圮者。武庙缘乾隆甲子春寿阳山石陨颓，乃移圣帝奠安于文昌阁内。然阁历久亦几有栋折榱崩之患焉。

乾隆己亥秋，余奉命视篆斯土，一切废搁诸务，例应及时兴复，矧我国家揆文奋武，祀典之所最隆而特重者哉！爰与两广文莫、吕二君、典尉于君，谋

---

① 〔清〕吴征鳌等修：《临桂县志》卷一四，桂林市档案馆1963年石印本，中册，第60页。
② 同上书，卷二四，下册，第76页。

所以重修并建，以续前李令之志。顾念役大费繁，踌躇未决。居无何，而邑士民竟有先得我心者，请于余，而醵金鸠工焉。诹吉兴役，公议廉正一二人，掌出纳之数，择明敏有才干者，轮日董理，期年而两庙工竣。诸生将来复兴公议，又建司训学署于明伦堂后，并文昌、贤良、节孝等祠，重光建造，可谓一举而数善备矣。嘻！阳朔撮尔邑耳，一旦创议，群应如响，不吝财，不惜力，以成斯役也。遂令庙貌维新，山城生色，神之吊矣，诒尔多福，岂独邑人士之庆哉！予与之荣矣，喜而记之。①

重修文庙记
（清教谕）覃勤平

圣庙本在城西，今后殿犹存，各界址固在也。自嘉庆壬戌迁之城东，而邑人士每抚城西之旧址而兴怀，以为地卜寿阳之盛，实挹山川秀气，前辈鉴别不谬，无怪乎存留后殿以待来讼也。余自到任，即闻邑之绅士云云。丁亥冬，乡绅诸先生暨同学诸生翕然合议于学舍，佥谓明伦堂既已鼎新于城西，即当复建圣庙于故所，与之相邻，其城东庙宇留为书院，以育人材。余曰："善哉斯议！所见者大，所规者远。或以工程浩大为难。夫有志事竟成。向也建立明伦堂，更新文昌阁，咸踊跃捐资以蒇事，可见邑人士敦从文教，勇于为义之实心。兹建复圣庙于城西，犹系一邑文风，其鼓舞乐捐更当何如焉！"书院姑置为后图。爰是各执缘部，相率题资，定明年卜吉兴造，鸠工庀材，庙貌聿新，宫墙峻而富美竞瞻，垂诸奕祀，加赖后学于无穷矣。余故喜不自禁而乐观厥成也。是为引。

重修文庙记
（清训导）石建渠

县公赞三王明府莅阳朔之三年，县中绅士容臣王君等七人，于庭集议修黉宫。以夏兴工，至秋毕事，即以仲丁释菜于先师。建渠适来司铎西斋，得比奉祀旧例。凡雕斫者、藻绘者、朱丹而粉墨者，靡不焕然如式。又正其坛壝，安其祀位，依颁行大典，排列如礼。计费砖甓若干，土木若干，工匠若干，共募

---

① 张岳灵修，黎启勋纂：《阳朔县志》卷三，收入《中国方志丛书》第204号，成文出版社，1975，第339—340页。

缗钱一千六百有奇。县公先捐俸,即亲督役,盛矣哉!兵燹以后,郡邑无完者,兹独先加意如此。故司牧者之兴学,亦都人士之好学也。

黉宫本在城西,前临双月之溪,上覆万云之气。龙头、都利诸峰环其左,马山、寿阳诸峰抱其右。其端冕凝旒、巍巍然特立于后者,小独秀峰也。前之人囗嘉囗,壬戌改而东之。于道光戊子转而西之,今则西不复东矣。其改之东者,专卜地利,意主囗天囗也,乃未几而盛者就衰。其转之西者,不专卜地利,意主观人文也,乃立时而衰者复盛。今则天也、地也、人也,和合而益盛者也。为邑人贺,尤为县公贺,贺重新,实贺仍旧也。惟宫墙前设两楹两庑,今拓两丈,则非昔规也。其外望者姑勿论,得门而入者,请赋《菁莪》之"既见君子",《棫朴》之"遐不作人"。建渠虽在后,亦愿颂泮水之八章,以在泮献功,在泮饮酒,广先此觩七人之意焉。

庙既新,当有记,主之者必大书,成之者则虓封。七品衔颜晔容君、总司世元王君、主薄衔日曜高君、保五品衔兆元蔡君、孝廉寿荣陶君、拔贡振英秦君。秉笔会计者,秦子方域茂材也。例得并书云。①

移建文庙碑

(清邑贡生)龙腾云

《易》曰:观乎人文以成化。是人文者,学宫之所钟也。若我朔学,旧在县西独秀峰下,宋淳熙间迁于县署左东向。由宋以迄明初,人文蔚起,科甲犹然称盛。入国朝来,只见南向,不知何时改易。或曰明末,然亦无稽。康熙初,陈令仍沿南向旧址重建大殿。及雍正丁未,惟邑李公莅朔谒圣,见其向山高压逼近,坐山低斜弗称,堂局规模促狭,四顾徘徊,咨嗟叹曰:"文风衰盛,系乎学宫。今地文若此,人文可知。"遂怀迁未逮。至癸丑秋,集邑绅士议图改建,以明经徐子舒志习知阴阳,时委相攸。徐子奉命卜择今址,请公临夺。时绅士咸在,公至,四望良久,跃然喜曰:"美哉斯所!是天造地设,留待今日作用者也。诸绅士盍试观乎?西山独秀如屏,耸屹于后;东岭一字文星,作案于前;卓笔文峰,特出案头;都利贵人,排侍于左;寿阳

---

① 张岳灵修,黎启勋纂:《阳朔县志》卷三,收入《中国方志丛书》第204号,成文出版社,1975,第349—350页。

天马，屏列于右。文班武序，位置天然，景象清奇特异，朔城灵秀，其萃斯乎！学建于斯，无庸再卜矣。"及问此地谁业，庠生苏凤慨对曰："是生兄弟旧居，愿捐作学。"公喜甚，就命徐子布置经营，格定坐辛向乙，择吉起建。公遂其资百金，倡众共捐，庀材募匠，鸠工芟除草木瓦石，即于是冬经始平基用。次年甲寅春，鼎建大殿，选合奇门吉局，以正月壬辰寅时竖柱，甲午卯时升梁。凡两庑、黉门暨五王宫、文昌、乡贤、名宦等祠，一时俱建，规模宏敞壮丽，宫殿焕然改观。公亦得新秋祭，乃解组去。尚有棂星桥、泮门路、照墙，随叨何公、李公前后相继捐资修葺，至乾隆庚申夏，聿观厥成。

仰斯殿也，山环水绕，虎踞龙蟠，文光闪烁，气象万千。据斯形胜，较之旧址，奚翅十百。而今后朔有此学，正宜我朔士朝斯夕斯，群相讲诵奋励于其中，将必山川效灵，宫墙献瑞，人文与地文并发，而为英才代出之区。则李公捐倡移建之功，徐子卜择布置之力，亦得与斯学并垂不朽云。①

重建文庙碑记

(巡抚) 萧永藻

皇上御极四十年，九有输诚，八方向化；事功德业，远迈百王。而崇师重道，乐育人才，尤古昔圣王莫能与京。临辟雍、诣阙里，御书"万世师表"匾额颁行直省，悬示学宫，俾中外人士，咸知瞻仰。是以遐方殊俗，莫不率其子弟，梯航而上，沐浴圣化，猗与休哉！何治之隆与？

岭以西，汉土杂处之地也。其间良悍殊性，醇顽异质，大半耕作自安，弦诵寥寥。此岂西鄙编氓之不克振拔而甘于自弃乎？良由宰斯土者教化不先，无所观感故耳。今粤西乡荐广额十人。昉自己卯，又于壬午，特举武科。凡所以励群彦、开进取之阶者，已无复加。岂属在臣工而可不加意董率，为圣朝广治化之源乎？

余奉命抚西，下车日，辄闻粤属自兵燹后，文庙倾颓，多不足观。正拟通饬修整以襄盛治。乃平乐之恭城令由慕芳者，谓圣祠荒凉，有司咎也。爰偕

---

① 张岳灵修，黎启勋纂：《阳朔县志》卷三，收入《中国方志丛书》第204号，成文出版社，1975，第414—415页。

学博倡议捐输,鸠工庀材,次第修葺。为时七阅月,用资二百四十缗。殿宇巍焕,廊庑聿新。工既竣,丐余一言,以垂永久。

夫教化为治术之本,明伦为教化之先。伦纪不明,民不可得而治也;师儒不重,伦不可得而修也。以故三代盛时,设教明伦,储一时俊乂于庠序学校之中。春夏诗书,秋冬礼乐,士气丕振而人心方古。敦庞成俗,亲逊成风。今恭邑人文虽不概见,而鼓舞有人,行将英贤辈出,济济师师,为光邦国,岂徒芹藻生香,泮壁增色已哉!至田令官方虽未甚悉,而此役则有可嘉。遂徇所请,而乐为之记。①

重修文庙碑记

(学使)高联璧

今天下幅员如是之广也,嗜好若斯之异也,然而党庠术序之设、礼乐诗书之训,南朔东西,翕然丕变,猗与休哉!一道同风之治,唐虞三代以来,未有如今日之盛者也。顾彝教之兴,端由学校;尊崇之典,聿重宫墙。文庙之关乎文运,由来尚已。

皇上御极之四十年岁次辛巳,余奉命视学粤西,夙夜冰兢,矢恭矢慎,惟期克称任使,弊绝风清,以光盛世作人之典,以宏多士登进之阶。岁试按临诸郡,晤诸提调,谆谆劝勉曰:"阐扬圣道,振起人文,学使者之责也;修学宫、崇祀典、宣上谕、明人伦,以端士习而维风化,贤有司之任也。愿恪恭乃职,相与有成。"

梧郡试竣,将至平乐,恭城令以重修文庙告成,具详请记于余,并赍其捐修册籍以呈。余按籍查核,知捐俸首倡者,黔中甲戌进士,知恭城县事田慕芳也;共襄厥事者,教谕叶开运、训导植国璨也;协力调度,购材督匠者,典史朱圻也;董理鸠工,鼓舞众志者,生员崔之朝、萧韵、欧维翰、齐世宗也。

夫恭邑为苍梧僻壤,凋弊实甚,官此者拮据孔艰。田令莅任之始,见宫墙圮坏,即恻然动念,愿捐俸以肇创焉。百度未遑,首崇文教。吾儒之经济,洵非俗吏所能及也。从此大展鸿猷,由期月而三年,政成人和,知其大有造于恭也。制赐商霖,荐升台省,翼一人而被四国,不于此预卜乎?至粤西广文,糊

---

① 〔清〕陶墫修,〔清〕陆履中纂:《恭城县志》卷四,清光绪十五年(1889)刻本,第47—48叶。

口每不暇给，而叶、植二子，慷慨乐助，务底于成，有功名教，岂浅鲜哉！且阖邑绅士暨朱佐员，各能量力相资，经营惨淡，不日而庙貌维新矣。向之正殿两庑、棂星泮壁，鞠为茂草者，今则金碧辉煌矣。向之启圣、名宦、乡贤诸祠，敞于风雨者，今则丹腹峥嵘矣。人文从此炳蔚，鹏抟鹄起，拭目可俟。缙绅诸士之功，亦宏远矣。

余职司文衡，未与计始而乐与观成，愿捐微资以供立石镌珉之费。若夫圣道之昭，垂亘古弗坠；声教之暨，讫遐迩同风。即殚思竭智，备极铺张，不足以表扬万一也。余弗能文，谨纪其功，录其姓氏，简明质实，而为之记。①

重修文庙碑记

（知县）田慕芳

或问：作边邑，有司以何政为先？曰：催科也、抚字也，如防奸、缉盗、案牍、词讼诸庶政皆先务也。余应之曰：否！否！方今圣天子右文，治具毕张，海内之地，风移俗易。而顾令粤西边陲，民瑶杂处，不沾圣教，即有豪杰秀起之士生于其间，亦将颓然自靡，无以自立。于此而欲风移俗易，庶政毕张，其可得乎？恭城僻处昭潭之东偏，自隋大业末，始以茶城置县。历唐、宋以迄有明，声教渐讫，名人辈出。如周惠烈、蒋天秩诸公，或以忠义自显，或以文章自雄，或以科名传世者，指不胜屈。伊独非泮藻之翘楚，而棫朴之美材欤？

余于庚辰六月二十七日奉命令恭城县。到任之明日，刻期谒圣，目击殿庑倾颓，诸祠废坠，阶墙倒塌，无有存者。余用是悚然惧，喟然叹曰："此非他人之过，乃良有司之责也。"夫恭邑之缙绅人士，谒余而来者，类皆彬彬儒雅，崇尚古道。倘为厚植根本，加以灌溉，将来观光上国，黼黻隆平，曷有限量？多士有心，而岂忘发源之地耶？第上无以倡之，不可谓下无其人；己未先之，不可谓人无其助。余用是定期会议，按籍捐资，共襄厥美。诸绅士咸欣然乐从，各陈所愿。维时分调执事，鼓舞众志者，儒学教谕叶开运、训导植国瓛也；协力调度、经画规模者，典史朱圻也；结构完美，董理终事者，新任教谕张廉也。其庠生中，承催众资，俾财用相继，则有齐襄周、贺宸枚、

---

① 〔清〕陶塿修，〔清〕陆履中纂：《恭城县志》卷四，清光绪十五年（1889）刻本，第48—50叶。

孔世赞、李鹍、周一泗、费洪誉、周吉士、常智端、莫贵琳其人焉；购材经费，量入为出，则有萧韵、欧维翰其人焉；至于董理鸠工，朝夕不倦，一木一石，安置得所，则有崔之瀚、齐世宗其人焉。所恃群贤效力，募匠度材，首建圣殿，次及两庑，又次及棂星、侧戟诸门，又次及启圣、乡贤、名宦诸祠，最后而及明伦堂、衣冠、厨膳诸所。自庚辰九月朔旬兴工，越辛巳九月望日告成。期不迫而力裕，事不扰而工坚；不华彩而气象雄伟，不雕琢而植基巩固。斯庙也，微独妥圣灵，奉贤位，即一时官绅士民瞻于斯，礼于斯，聚弦诵于斯，由斯人文蔚起，虎变龙腾。将来功名爵位，事业文章，有与周惠烈、蒋天秩诸公而并显者。余虽不必见其盛，将以斯庙执左券云。用是勒石而为之记。①

重修文庙考棚城墙碑记

（举人）王聘之（邑人）

自古致治之盛衰，视学校之兴废。学校者，王政之本也。国家重道崇儒，阐扬圣教，凡海隅边塞莫不有学。学皆有宫，恭祀先圣先贤及历代诸儒之有功正学者，所以肃明禋，昭诚敬。岁时俎豆，举行释奠，心焉向往之，俾知以圣贤为依归，定终身之趋向。秀者浸淫于道德诗书，朴者观感于章服礼器。堂哉！皇哉！真媲隆三代矣。

吾邑自前明成化十有三年，由凤凰山下徙治于黄牛冈，建学于县之西。太守杨公凿池于前，名曰洗砚池。正德十三年，张副使建腾蛟、起凤二坊于棂星门左右。嘉靖庚申，迁于县之西隅。凡三迁始定今所。国朝康熙、乾隆间，代有修葺。阅时既久，风雨剥蚀，匪惟棂星门倾圮，各处殿庑栋材亦有摧颓之患，兴修孔亟。因工巨费繁，未有倡之，无以启其机而作其气。

岁辛丑，徐春塍邑侯分符于兹，以作育人才，振兴学校为首务，谋集金重修。且以旧制湫隘，启圣祠偏居，不足符体制，壮瞻仰，思拓而扩之。于是发簿捐题，甫相阴阳，而郎官星殒。壬寅春，彭直斋刺史权署斯篆，倡率邑人踊跃捐输，征工僦功，督理工程，始终其事，凡三阅岁而落成。又以城垣为地方保障，久圮未治，倡捐一律兴修。至于童试，为士子进身观光胜地，向无专

---

① 〔清〕陶墫修，〔清〕陆履中纂：《恭城县志》卷四，清光绪十五年（1889）刻本，第50—52叶。

舍，甚非严肃关防之制，择学之东偏创建考棚，俾试事称便焉。凡此三者，次第具举。工成，则详请咨奏，得如例邀议叙者三十五人，蒙抚宪奖匾者十有八人，由县奖匾者一百四十五人。所有未毕未尽之件，又得刘蕙甫邑侯督理完善，洵阖邑之盛举，亦一时之嘉会也。

夫建学倡议者，守土之善政；急公好义者，士庶之公心。有感必兴，如响斯应，此固大圣人过化存神之妙，圣天子政成化洽之隆。而吾邑何幸，得此贤宰官曲成栽培，后先接武，以成厥事。俾得宫宇巍峨，垣堞巩固；肩围丕焕，艺苑崇闳，规制肃而气象昌。佳事佳时，良非无自也。

伏愿我邑士林，从此益讲明立学修道之教，为四民表率，仰副圣天子牖民向学、保爱黎元之至意。行见茶江鲲化，银岫鸾翔，俗采轩辒，家登太史，岂不彬彬称盛也哉！聘承贤邑侯命，随诸君子后，得与斯役，躬逢其盛，谨据事而志其颠末。固知俚而不文，差信质而存实云尔。①

重修文庙记

（国朝）李家瑞

文庙之立，春秋之祭，何为而设也？盖以至圣先师道隆千古，教垂万世，人心以正，风俗以醇，实为生民世道所由系，立庙修祀所以崇报也。

粤自汉文翁立学宫于城都，祀典伊始，厥后唐有文宣王庙之称，宋有夫子庙之称，元则因之。

明洪武二年，诏天下各府、州、县皆立学，文庙之称始著焉。

国朝雍正元年，诏进封孔子先世、五代并为王爵，启圣祠改题崇圣祠。乾隆初年，大成殿易以黄瓦，庙貌辉煌，祀事孔修，自唐、宋以来所未有也。

考义宁学宫昉于宋，创修于城南关外。元元贞间，邑令臧仲璧迁建于县治右西向。明洪武，县丞丁胜改为南向。万历，邑人石上术捐建启圣祠三间。康熙五十五年，知县马士骥复移南关外。雍正四年，知县袁宗佺建于县治右南向，迄今五十余年矣，柱梁倾圮，庙貌隳颓。乾隆己亥春，府经孔广材署篆斯邑，督募兴修大成殿，甫落成而卸篆去矣。予于是适莅兹邑，恭讲礼毕，周视

---

① 〔清〕陶墫修，〔清〕陆履中纂：《恭城县志》卷四，清光绪十五年（1889）刻本，第61—64叶。

崇圣祠、左右两庑、太武、礼义诸门栋桷摧崩，瓦片脱落。目击心怵，窃自计曰："此守土者先务，宜急也。"嗣因调篆苍梧，有志未逮。庚子季秋回任，公暇接见绅士，商修学宫，并为书院课，一时慨然乐输，争先恐后者四十余人，共得资九百余十金。予先捐俸一百一十金，经费有借，庀材鸠工而重建之。先崇圣祠，次东西两庑，大成、礼义二门左右，名宦、乡贤又次之，与大成殿后先辉映，灿然改观，庶几入庙思敬，稍可展谒拜之诚。夫学者沐浴圣教，方且于函丈，诵读间咸存亦保亦临之思，况睹官墙之美，礼器之隆，不更油然生敬而谨凛倍深哉！

是役也，兴工于乾隆辛丑仲春上浣，落成于本年孟秋中浣，而书院亦同时告成。督工与谋者，典尉陈君继志也；经营谋画，始终董其事者，石子达溱也；收发财资，至公无私者，阳子运辉也。襄其事并乐输人姓氏，例得书以志之，爰悉勒诸碑，以垂不朽云。①

乡会田序

（国朝）姚咨羲（教谕）

学校所以储人材，而人材之储，端赖善为养之。夫国家之于士也，免其丁粮，厚以廪膳，其养之者至矣。然栽培振兴之方，良牧必亟讲于下，斯有以广乐育之典，而大裁成之心。义邑处桂林之西，山水明秀，风气淳朴，生其间者，不乏笃实好修之士。岁乙亥，余奉简命，忝得秉铎于斯，兢兢以笃学力行相劝勉。越丁丑，滇南刘君来宰是邦，甫下车，即以兴贤育才为念。每月朔望，集诸生而亲课之，论文讲武，给以膏火，别勤惰，厚奖赏。所以谆谆教诲者，不啻父兄之于子弟。邑人士沐公之作育，咸争自濯磨矣。乃犹以根之培者不深，则枝之发也不茂。壬午夏，出廉俸三百余金，置良田三十五亩七分，以为士子乡会卷资之费。立簿籍，绘图形，按田之广狭四至，稽其坐落而载明之，给邑廪生，轮流掌管，值大比，则出其所积而均给焉。吾于是叹公之明德远矣，且夫物之所以昌大者，岂不在于培养哉！昔韩退之论文云：养其根而俟其实，根之茂者，其实遂立。言固然养士，何独不然？公以

---

① 〔清〕谢沄修：《义宁县志》卷六，收入《中国方志丛书》第 205 号，成文出版社，1975，第 193—197 页。

爱人之心，发为育贤之举，良法美意，悉本至诚，则其教思无穷，而容保无疆者，真足以导迎善气，感被士林，而人材之兴，可于是焉卜之也。且材之所生无尽，而公之建置于义邑者，上以扶植圣教，下以燕翼后学。积累之久，生息浸多，凡继起之士，更得沾其厚泽以自励。则是举也，岂不与文翁之治蜀，范文正之义田，后先比烈，而永远无极也哉！或曰：此公兴也，不可不思善守之。或曰：之美举也，不可不思续捐之。是又在善体公心者之图谋而扩充矣。是为序。①

春试后继莲龛先生召饮尘定轩感赋（壬午）

况澄

先生说士甘于肉，粤藩罗致皆名宿。遂开拔十得五轩，吾兄及弟沾培育。还朝多士半登科，京华联襼春风和。及门自愧瞠乎后，束脩况是巴人歌。清新可喜乃见许，试文亦谓气团聚（"清新可喜""精神团聚"皆先生批予诗文语）。屡随寒士开欢颜，复侍华筵酌清酤。海棠开尽楝花开，尘定轩中同举杯。是时九州士云集，待看春榜占风雷。拾芥吾斯未能信，独喜宫墙窥数仞。品题今日占先声，傥有捷音破文阵。②

谕子弟应童子试

蒋启

到省须在寓静养，商量旧学，研绎新知，蓄锐养精，毋稍荒懈。由是及锋而试，摩厉以须，劘贾烁颜，自克出人头地。最可惑者，攘往熙来，彼此酬应，问之则曰看朋友，然亦思我之来此，为会友来乎？抑有甚于会友者乎？十年勤苦，决在一朝，而乃东涂西抹，致使心气粗浮，文思窘涩，则虽噬脐何补也。愚谓临试与临阵等。军略庙算，原贵裕于平时，而当两军交接之时，苟枵腹而前，则强者亦弱，中先馁也。惟饱食加餐，自觉勇倍曩昔，而敌之馁于临境者不击而自靡矣。应试何独不然？或谓临场读

---

① 〔清〕谢浯修：《义宁县志》卷六，收入《中国方志丛书》第205号，成文出版社，1975，第199—202页。
② 〔清〕况澄：《西舍诗钞》卷三，收入《清代诗文集汇编》第601册，上海古籍出版社，2010，第520页。

书，类于急时抱佛。为是说者，必其甘伏枥上，而漫为大言以自饰也。否则荒芜已极，而又深忮人之胜己也。不然，业荒于嬉而精于勤。值此角能较技之场，未有不欲业之精者，而转谓勤者不如嬉者之佳也，岂通论哉？芹香伊迩，努力拾之。①

---

① 〔清〕蒋励宣等著，吕朝晖等点校：《六人集》，广西人民出版社，2012，第58—59页。

桂中

柳州市

柳江书院（柳州）

柳江书院，位于广西柳州，又称罗池书院。清康熙五十三年（1714），提督张朝午捐款创建。后废为兵舍。清乾隆七年（1742），右江道台周人骥下令学官每月在柳、刘二公祠（今柳侯祠）考试学生，择有志于学者在祠内学习，柳侯祠遂为书院。十年（1745），右江道台杨廷璋命柳州知府成贵于祠内建书舍，书院稍具规模，后又废。二十七年（1762），右江道台王锦和柳州知府等官员捐款重建。清末，书院迁至龙角街。清光绪三十三年（1907），改为马邑两等小学堂。

柳江书院

在城东，即柳侯祠也。国朝乾隆十年，右江升道杨廷璋命郡守成贵在祠内草建书舍，量给膏火，月课诸生，延师造就。虽规模湫隘，文风渐有起色，后遂废弛，书舍倾圮，仅存讲堂三间，余俱鞠为茂草。二十七年，右江道王锦公余之暇，虔谒柳祠，见院宇荒凉，弦诵久寂，慨然以振兴文教为己任。于是首捐廉俸若干，柳属共襄盛举，庀材鸠工，重建掌教书室七间，斋房二十间，厨房、耳房各一间，复修讲堂及柑香亭，一切庖湢、窗棂、桌椅、器具悉备。工竣，更于郡县内遴其文行可造者，优给膏火，肄业其中，延师训课，按月校艺，自此人文骎骎日上矣。院内有碑记。①

柳江书院碑记（乾隆二十九年）

王锦

昔汉文翁设书院以化蜀，唐李宽因之作石鼓，而江州、应天、潭州、岳

---

① 〔清〕舒启修，〔清〕吴光升纂：《马平县志》卷五，清光绪二十一年（1895）重刻本，第13—14叶。

麓，其名遂著于宋大中祥符之间。我朝文治昌明，荣镜寰宇，各省州郡莫不营建书院，董以山长，称极盛焉。凡以佐胶庠所未逮，而广教思于无穷也。

柳郡向有柳江书院，邑《志》云："康熙五十三年都督张公朝午独捐千金创建于城之东门外，后废为营兵公舍。"则其不在柳、刘二公祠可知。自乾隆七年，右江升道周公令学博月试诸生于侯之堂上，且择有志者肄业其中，而柳祠乃讹为书院。呜呼！意非不善，然于神则亵矣。乙丑岁，右江升道杨公抵任，厘清祭田，重修庙貌。每岁约余租禾银六十九两有零，作课士资斧。太守成君请于祠左罗池之北另构讲堂三楹，东南隅筑斋舍如其数，而柳江书院之草创由此始。厥后莅斯土者，但以坐啸画诺为养高。而祀产所余，一切委诸有司，不问出入。于是皋比久撤，弦诵无闻，斋舍全倾，荆榛塞路。其岿然仅存者，独讲堂耳。恐转盼间，并此数椽将化为荒塘野水矣，是谁之过欤？且古之立教者，必广其地，必丰其资，必谨其法，三者缺一不可。时有正业，退有居学，毋相杂也。今欲陶冶多士，而使皆寝兴食息于三楹之中，可乎？岁有脩脯，月有廪饩，以示劝也。今将乐育多士，而使师若弟尽仰给于六十余金之内，可乎？吾为此虑。因与贤守令谋，各蠲廉俸修祠之余，兼营书院，添建掌教书室七间，斋舍二十一间，一切庖湢器物悉备，是教之有其地矣。又于修志时节其赢千有二百金，置产生息，以充书院生徒膏火，是教之有其资矣。虽然，犹惧无法以教之也。语曰："取法乎上，仅得乎中。"尔诸生无待他求，其以柳刘二公为法乎？夫人文章得如柳，可以止矣；气节得如刘，可以止矣。即未能得其全而学其半，是虽上方不足，要已下比有余矣。不然，雷同剿袭，虚声是盗，而于圣贤经义毫无发明；佻达轻狷，比匪堪伤，而于君父纲常茫无扶植，岂特有辜使者崇起书院之意，当亦柳刘二公之罪人也。抑余闻之汪藻①《学记》云："大观中，士之弦诵者至三百人，为岭南诸州县之最。"继自今诸生果争自濯磨，明体达用，力求到于古人，则闻风兴起者，皆重跰鼓箧而至，安知柳江人才不如应天、岳麓之盛，又岂区区千二百金之息所能赡乎？故备述颠末，以告后之继吾志者。②

① 按：汪藻，原作玉藻。《学记》即《柳州修学记》，为宋人汪藻所撰。
② （民国）柳江县政府修，刘汉忠、罗方贵点校：《柳江县志》，广西人民出版社，1998，第310—311页。

重修柳江书院暨柳刘二公祠墓碑（乾隆五十二年）

陆苍霖

柳江书院建于柳侯祠之左，讲堂、斋舍环列罗池，宏敞清幽，洵藏修游息胜地也。余始至，时闻迩年来只以广文兼董课事，诸生均不居院中，几有茅塞山蹊之叹。爰急为洁除，延名宿以为讲席，复价太守牧令捐增师生薪水资，多士鼓箧欣从，人咸谓风景为之一变。惟计祠院自王观察重修后，迄今已就剥落，柑香亭亦岌岌将圮。甲辰春，辛先鼎而新之。乃是夏雨潦连绵，斋舍多倒塌，其垣墉则荡然无存。虽亦勉为补葺，而栋宇榱甍经久朽腐，率无完善之区。且柳侯墓在祠后，盖昔人为衣冠墓，以志不忘，今荒废不可以申展扫。刘贤良去华先生祀于祠侧一小轩，湫隘逼狭，上漏下湿。其墓在鹅山下，亦已没于榛莽，皆非所以妥侑前贤也。

余承乏于兹，瞬阅三载，业资众力，学宫已庆落成，又重建关夫子庙。惟念书院乃陶育人材之所，当使居之安，得以乐群而敬业。况柳侯实为此乡文教鼻祖，固宜报享维虔。刘贤良以忠鲠谪居于此，比卒，鸟鹊衔枝，蝼蚁负土以封垄。物犹如此，人何以堪。前人并皆俎豆馨香，且即于斯为弦诵地，意斯深远，而不修将坏，余志殊未竟焉。爰复捐廉俸为之倡，而太守朱慎斋与所属牧令皆踊跃襄事。教授何一鸣、训导潘成章复能偕首事。孝廉王嗣曾，武举董成梁、沈学仁，贡生陈其釪，生员龙振河、王振宇，襄诸绅士竭力佽助，经纪其堵。随将柳侯祠扩而大之，次另筑山长书室，其讲堂则黝垩见新，斋舍亦增添修葺。岁丙午，在院肄业何生兆能、沈生作梅、陈生景登同膺乡荐，亦见振兴有自也。今院宇祠茔皆焕然改观矣。俟告竣后，更能留其有余，生息以广膏火额数，此又吾志之属望也欤。所有捐资姓名应勒石，以垂不朽。是为记。①

---

① （民国）柳江县政府修，刘汉忠、罗方贵点校：《柳江县志》，广西人民出版社，1998，第312—313页。

重修柳江书院碑记（嘉庆七年）

徐秉敬

书院讲堂，为前守成公创建。观察王公增构掌教书室诸斋舍，而规制始备。厥后，观察陆公复修葺之。阅时既久，栋宇倾敧，垣墙颓圮。嘉庆庚申，余奉简命来守是邦，亟图修复，缺于资。稽历年所赢膏火无几。又逾两载，共积三百余金，仍难集事。因复以融邑洇谷变价三百金，请于今观察使陈允充公，用遂鸠工庀材，诹吉兴事。于讲堂培基二尺，前筑月台，后设轩宇。堂后一池，凿使联络堂东之罗池，以停积潦，跨石梁以通，移建柑香亭于其隩。改掌教书室作宾馆，易谭、陆两公祠作掌教书室，别除一椽以设庖湢，而奉谭、陆二公主于刘贤良祠东西舍。于诸斋舍阙者补建，坏者重完。复于西南隅营建七楹。中三楹为官厅，余以止仆役、居阍人。于是而请业有堂，授教有地，藏修有室，游息有亭，有来宾听论之位，有僚佐容膝之区，有阍仆息足之所。上下以安，神人以别，而位置差得。至若砖甓木石工力，悉予市值，勿累工贾。计资不给，捐廉以助，复捐置器具，以备起居。自夏迄秋四阅月而事毕。余承诸贤后，第求完固，讵能继美前人，惟冀后来者以时修治，无隳厥功，庶几人文蔚起，弦诵休明，是则余所厚望焉。工成，爰记诸石。①

重修柳江书院记

伍长华

道光二年秋，长华奉命分巡右江，校士于柳江书院。见其地荒弃，生众无置足之所，慨然有志修之。归语幕中黄子旭亭，则踊跃赞成，并筹画为经久计。是冬，静谷郎郡伯来，意见亦同。乃度基址，庀材物，兴工于三年四月二日。建门舍三，号舍二十，筑墙八十余丈。凡讲堂、柑香亭、院长斋室、诸生号舍二十五间，旧有而倾圮者悉新之。一切窗棂、厨灶、床几之物，莫不备具。以其九月三十日而功已成。是役也，自闽浙总督前广西抚军赵笛楼先生捐廉二千金，分给三府修建书院，为柳江之始基。两广都督转运使、前右江道

---

① （民国）柳江县政府修，刘汉忠、罗方贵点校：《柳江县志》，广西人民出版社，1998，第313—314页。

翟君、柳州太守以下皆竭力以助，即庆远、思恩、浔州三府十数州县亦乐分廉俸，无有后时。呜呼！与人为善之心，其殆所谓同然者乎。自来学校道衰，以教化为迂阔事。一二崇儒之吏，留心及此，又意存畛域，患不广大焉。今吾柳书院之成，乃自上而下，至近而远，持以大公，而孚以美谊。若此者，不可为吾柳庆乎！有其倡之勉率从之者，吾所望于柳之士君子也。有其举之慎护守之者，又所望于柳之良有司也。①

柳江书院祭产规条议

舒启定

为遵行事，乾隆二十七年七月初三日奉摄本府右江道王札开："照得先贤祭田，祠宇烝尝攸赖，为崇德报功之典，地方官理应实心经理，岂容玩忽从事。查罗池书院崇祀柳刺史暨刘贤良二公，均有祭田，坐落马、雒两邑。每年征租，除办粮运费之外，额共银一百三十九两一钱八分二厘八毫，解府支给，以供春秋祭祀、岁修等用，余息存作添建书院房屋及师生修脯膏火之资。于乾隆十五年间经杨升道酌定规条，勒碑垂久，以杜侵隐在案。兹闻此项祭租迩年陋弊相仍，有名无实，以致祭祀简略，祠宇就颓，即书院亦成虚设，殊非尊贤育材之道。合亟札饬札到该县，即速查核原颁条规所定动用银数应否加减，该县先造款册送核。每届春秋二祭，禀请本道示期，亲临致祭。其岁修粘补亦须将工料详府委员勘估，给领修葺，年底同备办祭品细数汇册，由府报道核销，以杜侵渔冒混。余息存归书院公用，事关祀产租息，嗣后务期实支实用。况柳、刘二公道德忠贞懋昭柳郡，如存沾染私心，不但有玷官箴，且何以对越神明，凛之慎之。"等因。奉此。

仰见宪台修明祀典，整饬官方至意。遵查柳侯祠祭田坐落雒容县地方，每年额收租禾编钱除办粮运费外，实存银一百二十三两八钱六分五厘九毫；刘公祠祭田坐落马平县地方，每年额收租禾编钱除粮费外，实存银一十五两三钱一分六厘九毫，以上通共银一百三十九两一钱八分二厘八毫，此每年应解宪案收存之租息也。至每年领用规条，春秋二祭，每祭银十六两二，共银

---

① （民国）柳江县政府修，刘汉忠、罗方贵点校：《柳江县志》，广西人民出版社，1998，第314页。

三十二两，每年粘补祠宇银二十两，守祠人工食银十六两，香烛银一两四钱四分，共领用银六十九两四钱四分，尚剩银六十九两七钱四分二厘八毫，留作添建书院房屋脩脯膏火之资，此每年应领用之原额也。以上收支动存各数，先于乾隆十五年间奉前升任道宪杨清查酌定，勒碑饬遵在案。嗣因奉行不善，以至日久渐弛，兹奉札查，敢不凛遵办理。伏查原定动用规条，除每年香烛银一两四钱四分毋庸另议加减外，如春秋二祭，每祭备用猪羊二副，并祭筵祭品、演戏等项费用，若如原定银一十六两，似觉不敷，应请每祭酌加四两，方足以光祀典。至每年粘补祠宇银二十两，祠宇为神灵凭依之所，固宜岁加修葺。但承修地方官如果按年实加工料，随时粘补，自可庙貌常新，何至稍有颓废？即使再为酌减，岁支银一十六两，以为添补木石油漆之费，亦足以敷修饰而壮观瞻，是每年粘补一项尚可节省四两。又守祠工食银一十六两，查一切役食均止六两，两祠看守人役每名每年给予六两似不为少，亦可节省四两。以上粘补役食共减银八两，适可为春秋二祭加增之用，挹彼注兹，虽有加减，仍无盈绌。核之原定规条每年领用银六十九两四钱四分，仍余银六十九两七钱四分二厘八毫，照旧支领，并无额外多用。卑职管见所及，应请酌定示遵。（旧志）

按：柳侯祭田坐落中渡县地方，于民廿五年归柳江县地方金库经理。年收租谷折银桂币四百五十元，仍作柳侯春秋二祭及粘补祠宇之用。其祭田地图存在金库。①

表一　柳江县教谕、训导名录②

姓名	籍贯	出身	官职	时代	附记
赵清润	全州	举人	教谕	清康熙元年（1662）	清康熙元年（1662）以前无考
蒋先春	全州	举人	教谕	清康熙初年	
曾　煜	全州	举人	教谕	清康熙初年	曾煜，一作曹煜
邓三英	全州	举人	教谕	清康熙二十一年（1682）	
徐云捷	荔浦	举人	教谕	清康熙三十年（1691）	见府教授
蒋继武	全州	举人	教谕	清康熙三十三年（1694）	
罗　锦	苍梧	拔贡	教谕	清康熙三十五年（1696）	

① （民国）柳江县政府修，刘汉忠、罗方贵点校：《柳江县志》，广西人民出版社，1998，第306—307页。
② 同上书，第155—157页。

续表

姓名	籍贯	出身	官职	时代	附记
唐椿	临桂	副榜	教谕	清康熙四十年（1701）	
邓中	思恩	贡生	教谕	清康熙四十九年（1710）	
唐干	全州	举人	教谕	清康熙五十八年（1719）	
朱之祥	博白	贡生	教谕	清雍正二年（1724）	
唐锡瑜	义宁	贡生	教谕	清雍正五年（1727）	
陈天佑	宜山	贡生	教谕	清雍正七年（1729）	
王维朗	桂林	副榜	教谕	清雍正十年（1732）	
马士俊	全州	副榜	教谕	清雍正十二年（1734）	
陈映湘	恭城	副榜	教谕	清乾隆七年（1742）	
陶安	灵川	举人	教谕	清乾隆十三年（1748）	
蒋如伴	全州	副榜	教谕	清乾隆十四年（1749）	
谢鹏翼	全州	举人	教谕	清乾隆十八年（1753）	
韦国栋	贵县	举人	教谕	清乾隆二十年（1755）	
常陈猷	恭城	副榜	教谕	清乾隆二十一年（1756）	
屈能伸	荔浦	岁贡	教谕	清嘉庆间任	新增
钟琳	苍梧	举人	教谕	清嘉庆间任	新增
张洛书	荔浦	拔贡	教谕	清道光间任	新增
廖应泰	岑溪	岁贡	教谕	不详	新增
罗士聪	苍梧	举人	教谕	清乾隆间任	新增
何铃	富川	贡生	训导	清康熙二十四年（1685）	清康熙二十四年（1685）以前无考
邓文龙	桂平	贡生	训导	清康熙二十八年（1689）	
许文经	新宁	贡生	训导	清康熙三十一年（1692）	
秦琏	郁林	贡生	训导	清康熙三十三年（1694）	
施尧勋	天河	贡生	训导	清康熙四十三年（1704）	
何汝沛	藤县	贡生	训导	清康熙四十九年（1710）	
鲍道宏	宜山	贡生	训导	清康熙五十四年（1715）	
梁殿檀	怀集	贡生	训导	清康熙五十七年（1718）	
邓联科	荔浦	贡生	训导	清康熙六十一年（1722）	
徐展绪	荔浦	岁贡	训导	清康熙间任	新增
卢象伟	永淳	贡生	训导	清雍正七年（1729）	
龙腾云	阳朔	贡生	训导	清雍正九年（1731）	
秦之琰	宣化	贡生	训导	清雍正十一年（1733）	
张耀光	太平	贡生	训导	清乾隆十年（1745）	
梁楧	荔浦	贡生	训导	清乾隆十二年（1747）	
蒋尔楫	富山	贡生	训导	清乾隆十八年（1753）	
张绍依	西隆	贡生	训导	清乾隆二十五年（1760）	
潘斗文	不详	不详	训导	清乾隆二十六年（1761）	
钟韵高	博白	岁贡	训导	清乾隆间任	新增
刘元才	武缘	举人	训导	不详	新增

柳侯书院

王嗣曾

亭池环古庙，世道急熏陶。神爽凭弦管，风流及圣朝。花香春课静，灯影夜窗遥。几度罗池月，精魂不可招。①

江馆仲秋后连夜月色甚清约禹涛泛舟

王嗣曾

烟水苍茫外，无人夜只眠。天寒客梦里，秋老月华边。逸事能吹笛，新词待采莲。不须谋斗酒，溪畔看渔船。

己卯阅登科篆寄诸友

王嗣曾

莫更嗟时命，浮沉自有真。不才空复我，长绁竟何人。天岂遗贤达，文能铸鬼神。无为负闻誉，坎懔向风尘。②

暮春阳和馆中

王嗣曾

疏栏一带接苍苔，寂寞画帏晚不开。门外长衫三五树，月明时有夜潮来。③

访何子如宿罗池书舍

（子如名愚，嘉庆戊午孝廉）

叶时哲

散步相随远，高人酒乍醒。月留三径白，空掩一灯书。古木来山鸟，疏帘入水萤。话长忘夜永，此外有谁听。④

---

① 〔清〕张鹏展纂：《峤西诗钞》卷六，清道光二年（1822）刻本，第19叶。
② （民国）柳江县政府修，刘汉忠、罗方贵点校：《柳江县志》，广西人民出版社，1998，第388页。
③ 同上书，第389—390页。
④ 同上书，第394页。

洛江书院（鹿寨）

洛江书院，位于广西鹿寨。清乾隆十年（1745），知县黄德星捐建于县南洛江畔，故名。后废为公廨。清道光初年，邑侯李复相于县西北隅重建。十七年（1837），知县翟墨卿捐资作为书院经费。十八年（1838），唐继之又捐廉俸并募捐得钱1500缗，存典生息作为书院经费。清末毁。今址为雒容医院。

洛江书院碑记

（广西督学）官献瑶

雒容为柳郡属邑。柳僻处天末，而自唐迄今，名在人口，岂非以刺史柳侯其人哉！案昌黎韩子称子厚为州不鄙夷其民，民皆自矜奋。夫吏，承天子命牧民者也。牧之道，有父母之亲，师保之尊。韩子何独美乎柳侯？盖不择地而理，居之无陋、罔、贰，昔言尤人所难也。

乾隆乙丑，余视学西粤，行部柳郡，取道雒容。维今去柳侯为守之年千有余祀矣，土日加辟，户口亦加滋，而民之足赖者，济济侁侁，有光于唐，吾未之见也。其毋乃蹈常守陋、限于遐裔而不知振耶？

陆丰黄侯德星治雒容逾年，捐己俸，辟学舍于洛江之浒，延师课士，请记于予。侯宽和恺悌，尝令隆安、苍梧，皆先务教化，殆闻子厚先生之风而起者欤？洛江分派永福，合众流以汇于邑南，入乎柳水。锵莹澄澈，灵淑攸钟，侯取以名书院也固当。余忝多士一日之长，两过是邦，必拜子厚先生之祠以去。今复奉使入秦，行有日矣，而拳望诸生矜奋之心，终不能替嘉侯能嗣徽也。乐为之记而归之。

洛江书院记

（清副榜）黄秀莳

雒邑向有书院。《郡志》云：乾隆十年乙丑，黄君德星捐俸创建于城之东，学使官公献瑶作文记之。其后废为公廨。道光初年，邑侯李君复相县之西北隅，得亢爽之地，筑室于其上。前后中为讲堂，东西斋舍凡十二楹，毗后置有园地一顷,以备增廓。工甫告竣,怠而中止。十七年,翟公墨卿莅任,不以风化落第二义,更谋捐金为修补膏火之费。十八年,唐君继之,复自捐廉,共积捐钱一千五百缗,详请立案存留永昌两典生息。迩来邑侯王君得以簿书之暇摄行山长,弦歌不辍,而书院始成。去冬,多士规画章程,将肄业其中,问记于余。

余闻教学之道,近取诸身而已。其有果行育德,蒙以养正者乎?则《周易》可读也;其有逊志时敏,念兹在兹者乎?则《尚书》可读也;其有情欲无介,和平相感者乎?则《风诗》可读也;其有动作必谨,自严坊表者乎?则《曲礼》可读也;其有彰善瘅恶、扶植纲常者乎?则《春秋》可读也。扬子曰:"有刀者砻诸,有玉者错诸。"周氏曰:"圣人立教,俾人自易其恶,自至其中而止矣。"荀子曰:"君子博学而日参省乎己,则知明而行无过矣。"教者准此以教之,学者以此而学之,五质内充,五精外彰于天地。然天有是气,则日月星辰之光辉以丽之;地有是气,则山川草木之行列以状之。圣贤学问理义明,则比事属辞,益形色泽。若者《易》也、《书》也、《诗》也、《礼》也、《春秋》也,人之所服习也,躬行心得者,有素则行之。商订时事,敷陈治体,莫非溢中肆外之余,自有以当人情,中物理,蔼然于仁义之言,一一皆可用之。若《易》之画卦也,《书》之记言也,《诗》之歌咏也,《礼》之威仪也,《春秋》之述事也,人之所钦承也。由是而进棘闱,必能以文章取科第而不谲于大道;由是而仕,必皆供其职,勤其事,心乎君民而不为身计,何待远求哉?抑考师道立则善人多。自今伊始,宜举方正有学者为之山长。而董其事者,亦必相与思之,毋自执己见,毋各怀私意,毋勤始而怠终,毋见利而忘义,以负今日崇起之盛心,当合邑人士之所嘉赖也。

余少无师友,于学失所指归,汨没于声利,支离于糟粕盖久之。今老矣,不能讲求于其间,拳望后生欢欣鼓舞之忱,因乐而为之记。①

---

① 藏进巧修,唐本心纂:《雒容县志》卷下,民国二十三年(1934)铅印本,第40—43页。

重修县学明伦堂记

(乾隆六年) 吴虎炳撰 (旧志)

圣人之道，本于人伦；尧舜之道，不外孝悌。故古者庠序学校之教，皆以明伦为首务，其为堂也久矣。马平本柳郡属邑，自唐刺史柳宗元不鄙夷其民，动以礼法，一时之父老子弟，出相弟长，入相慈孝，嘻嘻嗃嗃，乐有家室，其所以奉令承教，而无咈乎！我侯之指者，郡之民即马平之民也，而又以其暇，大修孔子庙庭，意其时县学之创建，亦且与郡学等，宁尚有弗葺弗备者，烦后人之经画哉！夫是以声教敷焉，人文烂焉，道德由之以一，而风俗遂以大同也。亦越数百年，兵燹迭臻，水火洊至，惟此邑学由兴而废，由废而兴，不知凡几。延至今日，殿庑既崇，庖湢亦具，顾瞻明伦之堂，犹缺焉未备，谁之责与？

岁在壬戌，余莅任兹邑，惧弗克负荷，以阐明圣人之教也。拟重为修复，顾力有弗逮，因循未果。越明年，适得公项百金，并以己资倍之，鸠工庀材，阅八月而堂成，因与博士弟子顾而落之，且为之辞，以丽于石。其词曰：

鹧鸪之山，灵秀钟焉。云蒸霞蔚，萃于黉门。爰有斯堂，造士之本。学贵溯源，尽心知性。所学伊何？曰忠与孝。节义纲常，千古炳耀。惟我多士，实借阐明。讲贯习复，底于有成。修之于家，献之于国。作栋梁材，为丰年玉。在昔马邑，贤哲挺生。鹤楼西野，竹帛留青。彼何人哉！有为若是。相望后先，孰起其继。自今伊始，来登我堂。毋即于嬉，而蹈于荒。出入祗恭，夙夜毋忝。鱼跃鸢飞，道理毕见。大经正矣，大本立矣。谚亦有云："状元归矣。"此山之灵，而不我欺。用勒珉石，以告来兹。

重修学宫碑记 (乾隆二十三年)

赵懋功撰 (前续志稿)

古者国有学，党有庠，塾有序，所以明人伦，兴教化，美风俗也。国家鼎兴百余年，遐迩向风，蛮夷从化，可谓盛哉！我柳郡为百粤名胜区，马邑为右江观化地，学宫之设，由来久矣。然自明以来，废兴已数。赖当路诸君子之力，随时葺补，以至于兹。计自康熙五十七、八年继之后，阅今又四十余年矣。堂庑、殿门、祠宇、学署，半皆就圮。知此县者，每遇更代之际，新旧借口者亦云有日。夫以皇皇圣庙，为人文风俗之根，国家化成之善地，而顾令若此，非所以重职守，亦非所以崇圣化也。

郡守孟公端者，汉军正红旗人。睹睹愀然，以为己任，爰率僚属署县事王昆，各捐清俸，以为之倡。并传集诸生，量力出资。县中绅耆闻而襄事者，一时云集。因择贤而勤者，分收厥资；廉而能者，董掌其事。鸠工庀材，小大齐举，尚其轩楹，廓其廊宇，更增修学署，为二分处，学师俾有宁宇。工未竣，王君复归罗城本任，以蒋君均年者自全州调署。未三月，蒋又以荐擢百色司马去。

予承乏兹邑，喜见贤太守之能兴学崇文，而诸君子能鼓舞赞襄厥事也。先是，学宫之前及明伦堂之路径左右为兵民占据，结茅屋，种瓜蔬，谒庙者竟不得其门，由西旁小巷出入。予请于太尊，给以资费，悉令迁去，复其旧址。自是而轮奂巍峨，亦复局势宏敞矣。工始乾隆二十年十月，落成于二十二年七月。共事请以始末刊诸石，因欣然书之，并历载各姓名及出资之数，以告于将来。①

重修柳城县学宫碑记（清道光十一年）

（知县）黄作霖

今夫学者何？所以学为人而已。学为人者何？亦去其不善以复于善而已。古先圣王知其然也，既生养之，而又驱天下之人一出于学，内而辟雍之建，外而党庠术序之设，游息之有其地，董率之有其人。其文则诗、书、六艺；其器则豆、笾、簠、簋、钟、磬、弦、匏、羽、籥、干、戚之属；其功则自格致诚正以修其身，而驯至于齐家、治国、平天下之大。立教之周且密如此，而其大旨务使人人亲其亲，长其长，而无汩其性，以庶几尽乎？为人之道，菁莪棫朴，涵育熏陶，三物之兴，由此其选也。今天下州县之必立学，意岂异于古所云哉！

道光十年秋，余莅任柳城，下车伊始，祗谒文庙，见榱桷半朽，不亟葺，

---

① （民国）柳江县政府修，刘汉忠、罗方贵点校：《柳江县志》，广西人民出版社，1998，第309—310页。

岁且坏，惧弗克妥侑。又以凤山书院屋宇空存，无资给诸生膏火。因集绅士议捐修，而以其余为书院经久计。首捐俸百金，部民有乐助者听，咸欢应曰："诺！"纳锱缗，输亩禾者，日相属也。于是鸠工庀材，庳者崇之，陋者华之，落成有日矣。会余檄调马平，首邑权篆者且至，需新尹莅厥役。士民佥谓余实倡修，请勒石以记其事。余谓柳民之可与为善，于此亦可概见矣。而抑知学之所以立教，与士之所以为学，果何为哉？

夫人之贵于物者，以其有五伦之叙也，以其有五常之迪也。君臣、父子、夫妇、昆弟、朋友，谓之达道；仁、义、礼、智、信，根乎性生。其说为承学之士所共闻，而其至则圣贤以为任重道远，百年必世之所难罄。知也者，知此者也；行也者，行此者也。舍是而言诚，别无所谓诚也；舍是而言敬，别无所谓敬也。合乎天理之正，则曰中即乎人心之安，则曰和学者闻行知统伦常而归于一致，则所以为学之要，不外是矣。或进而请曰："公之言美矣大矣，若夫为文之道则何如？"余应之曰："子以为古今不朽之言，有出于不朽之人者哉。"《易》曰："君子以多识往行，以畜其德。"《记》曰："敦善行而不怠，谓之君子。"圣门教人，先博文而后约礼。学者生载籍极富之代，山渊探猎，何幸如之！其攻之也专，其守之也固，毋役役于口耳，而反求之于身心，以庶几乎知言养气，不必攻于文而发为心声者，乃布帛菽粟之文，非补缀馎饤之文；日星朗耀，河岳流峙之文，而非爝火萤光，潢潦培塿之文也。如此者，华实并茂，本末兼赅，庶足以仰副国家敬教劝学之意。柳之士愿而秀，诚知所以为学之道而日从事焉。至于俎豆莘莘，材翘德萃，将见羽仪之渐鸿不足喻也，萋葇鸣凤不足多也。词藻云乎哉！科第云乎哉！[①]

鼎建书院文场碑记

谢三聘

古无书院，自党庠术序不设，而书院始兴；古无文场，自乡举里选不行，而文场乃建。一以作育人材，一以甄别人材，固交相为用者也。我邑童试向在官廨而无文场，军兴以来，书院亦归乌有。同治十年，明府麦侯抑卿于南关外

---

① 何其英修，谢嗣农纂：《柳城县志》卷八，民国二十九年（1940）铅印本，第85页。

创建柳侯祠，即祠地为龙江书院，延聘主讲。然为地所限，未便肄业，仅一年而废弛焉。迨光绪十一年，杨明府莳堂复捐廉课士，初定合建书院文场之议，旋解组去。嗣是张、谢二公虑其事之难终，第仍月课之旧而已。十五年春，靖州陈侯伯陶甫下车，慨然已教民为己任，屡进城乡绅耆于庭，训之曰："师道立则善人多。无书院，则经师人师两无师承，此士习文风所以日蔽也。吾此官虽传舍，居一日之官，办一日之事，他非所计。"除每月课士，教养兼施外，相度文庙左侧余地，以正座为书院讲堂。堂上为文昌阁，两廊为生童书斋并东西号舍。后座为院长栖息之所，前座为仪门，门上为魁星楼，最外为头门、照墙。云路天衢，经营既定，核算开籍公项，考童捐项，不过四百余金。自捐廉俸，复将新任查团之陋规，不取分文，概充公用。经始于去冬十月，落成于今春三月，合计共支银一千一百两有奇。是举也，筹款之初，众有难色，非侯自仿所办容县、河池州故事，损上益下，开诚布公，明决兼全，始终如一，必无图其始而观厥成，此洵士民所深幸而不能忘者。虽然文场以甄别人材，三年仅为两考之用，书院非常有师长主讲，生童肄业，则虽有如无。侯今亦将去矣，捐廉课士，终非久计，尚冀贤如我侯者，更筹膳备膏伙之费，庶作育人材历久弗替，文化可蒸蒸日上乎！是为记。①

《马平县志》学校

先王立学教人之道，甚详而不苟。必有其地，天子辟雍，诸侯泮宫是也；必有其时，春秋礼乐，冬夏诗书是也；必有其人，国学统以老更，乡学董以乐正是也；必有其法，帅教则俊士选士，不帅则左移右移是也。而且五家为比，五比为闾，又皆分置塾师，以为蒙养之基，盖即后世义学、社学之制所由昉者矣。

马平僻处岭表，秦汉时仅属羁縻。自唐柳侯来守是邦，建学明伦，而都人始翕然向化，故其碑记云："学者道尧舜孔子，如取诸左右。"此尤大彰明较著者也。夫文起八代之衰，莫如韩柳，其同时左迁而能化民成俗者，亦莫如韩柳。韩子刺潮州，而延进士赵德以为师，潮人知学自此始。柳侯刺柳州，而不

---

① 何其英修，谢嗣农纂：《柳城县志》卷八，民国二十九年（1940）铅印本，第86页。

鄙夷其民，以身示教，柳人知学自此始。故罗池世祀柳，犹潮州世祀韩，岂不以教之贵有其人哉！

今国家崇儒重道，媲隆三代，庠序之外，又设书院、义学，广为风厉，非无其地也；涵濡于岁月，渐摩于诗书，非无其时也。而青青子衿，犹或于明体达用之学阙焉弗讲，毋乃教之者未得其人，并未得其法与？昔胡瑗教授苏湖，设经义、治事两斋，以切靡多士。游其门者，一言一行，莫不循循有规矩。欧文忠称之曰："吴兴先生富道德，佽佽士子皆才贤。"盖纪实也。吾愿司铎者亦法安定之所以教，则师道立而善人多，嗣徽韩柳不难矣。志学校。①

《马平县志》学宫

府学创自唐初。元和间，刺史柳宗元重修，有记。明洪武六年，同知莫玉以地湫隘弗称，徙府治西北隅。永乐五年，推官陆楷等重修，未就，知府马应坤续成之。宣德四年，推官郑士庶改礼殿及讲堂、门府、斋舍、廊宇、庖湢皆备，有记。天顺元年，知府龚遂增建后堂及东西斋，陈邦琳记。宏治间，知府周钦作石桥于泮池上，辟射圃于学东。嘉靖间，知府邓鋐、王三接重建，后圮。崇正二年，知府吴世俊重修，有记。明末兵毁。

国朝康熙间，守道王惟锻、知府刘永清重修。十九年毁，知府江皋草创之。二十四年，巡道周训成捐修两门。二十七年，巡道唐宗尧、知府张曰任相继修葺。五十三年，知府赵世勋修大成殿。五十七年，知府黄之奉重修，规制始备。雍正二年，提督署巡抚韩良辅改修启圣宫为崇圣祠，添建神牌，捐置祭器。十一年，知府袁承功改修明伦堂及两斋舍，马平县知县张嘉硕同修，督学徐以升有记。

县学。前代止有路学。至明洪武间，县丞唐叔达始建于城外罗池街东。宏治七年，知府李文安重建。嘉靖六年，知府崔文继修殿府、戟门、堂斋。十六年，知府邓鋐建敬一亭。三十一年，知府顾沿、推官徐仲相重修。四十年，巡抚御史高应芳檄同知任宇、知县张集重修，有记。明末兵毁。国朝康熙五年，守道戴玑、知县阎兴邦建。十九年毁。二十二年，知县金人望复建，以忧去。

---

① 〔清〕舒启修，〔清〕吴光升纂：《马平县志》卷五，清光绪二十一年（1895）重刻本，第1—2叶。

其后知县朱廷铨、王言相继完葺。四十二年，知县台联甲复修。五十三年，大水冲塌，仅存大殿。五十七年，知府黄之孝重修。五十八年，知县高元贞修启圣祠。雍正元年，改崇圣祠额，添造神牌、祭器。三年，知府王国垣，知县郭拱极、杨为栻及绅士等捐修，并建忠孝、节孝两祠。乾隆九年，知县吴虎炳建明伦堂三间。①

县试口占

（清雉容县知县）颜嗣徽

羊胛光阴五十春，名场角逐忆前尘。诸生细觑琴堂上，曾是当年席帽人。
曈曈朝旭映黉墙，小立闲庭昼漏长。多士穷经期致用，从来华国是文章。②

重修罗池碑记

戴朱纮撰（旧志）

宪副戴公以康熙三年甲辰之岁，承命来分辖右江。甫至，即晋谒柳侯，见祠宇倾颓，阶除草满，遂捐俸庀材，鸠工构造。未几落成，刻石于庙，详载始末。又命余小子纮周览罗池之地，稽其界限，计其广袤，以为是柳侯凭依之处，而不可以不志也。余小子曰："事有旷世而相感者，其先后未始不相符也。柳侯投荒兹土，遂以文教开迪州人，岂谓千秋而下，宁无如我其人相继起乎？"

长泰戴公，以海内大儒，为名吏部，左迁分守右江道。方其甫出都门也，胸臆间即求所谓罗池庙者，而向往之矣。下车之日，即与邑侯阎公急图鼎新，其孜孜之意若不容稍缓者，岂无所见而然乎？盖其溯子厚文教之功，示尊崇不忘之意，下以维礼义于民风，上以培国桢而待用，意至殷也，与河东无异也。公又恐罗池一片地，其方广所至久渐无征，而日以削也。故公虽为文，又属予重为之说，使申画较然，勒之贞珉，垂之永久，无敢有逼处，以干我神灵者。

余乃奉命约步计里，环观既毕，搦管而书。按长沙李西涯作《罗池书屋记》云："罗池在柳州城东二百武，广袤可数里，澄波渟蓄，准平而鉴照。其

---

① 〔清〕舒启修，〔清〕吴光升纂：《马平县志》卷五，清光绪二十一年（1895）重刻本，第2—4叶。
② 藏进巧修，唐本心纂：《雉容县志》卷下，民国二十三年（1934）铅印本，第54页。

外大江自西北来，绕池之南，复东北折而南去，盖柳诗所谓回肠九曲者也。江之外，峰峦峛崺。偃伏翕辟，千态万状，于凡动植之形，器物之象，靡所不似。柳记所称山水可游者也。"余谓李氏之言可谓得其大略矣。地可数里云者，自柳庙之左，开元寺之前，有路直下，所谓罗池街者是也。行三百武，左达为县儒学，又行百武，右达为太平桥，而罗池地居两界之中。柳侯庙踞罗池之脊，居高望远，四外低平，庙左有池，即罗池也。池所由名不可得知，然属神灵所有，州人罔敢冒焉。池之上别有庙，柳人以祀刘司户参军蕡也。统而计之，地广袤果数里，其间峰峦林麓，楼阁烟火，可以指顾而得其胜概，其为旧迹如此。夫钴鉧，柳侯所乐居也，而灵爽弗依焉。西山，侯所宴游也，而功泽不在焉。侯之恋恋我民，而血食千秋者，非罗池也欤？天下之人，因柳柳州而求所谓罗池胜概，而不患乎无征者。戴公修复之功，阎公赞襄之力，为不朽也已。

公讳玑，字紫杓。顺治己丑进士，长泰人。阎公讳兴邦，字弢仲，顺天癸卯经魁，宣府人。①

罗池界址碑记

自柳侯祠大殿后门起，至柳侯墓后围墙下止，共十一丈。自大殿东山墙起，至刘贤良祠止，十二丈。自西山墙起，至戴家园止，共二丈。自西厨起，至李家园止，共四丈五尺。自前殿起，至断碑亭墙下止，共五丈。自董公祠起，至大门止，共二十三丈。大门内甬道左右，宽二丈三尺。自刘贤良祠后山墙起，至围墙下止，共三丈四尺。自东山墙起，至开元寺围墙止，共五丈。自祠前檐起至罗池，共四丈七尺。罗池长十二丈，宽六丈。自罗池南，至王家祠堂止，共一丈八尺。自罗池东，至开元寺围墙止，共一丈七尺。唐二贤祠前后左右通共计直五十丈，横二十五丈，谨记勒石，以垂后世备考。

按：此碑中央书罗池二字，系康熙六年右江道戴玑、知府骆士愤、知县阎兴邦立。

---

① （民国）柳江县政府修，刘汉忠、罗方贵点校：《柳江县志》，广西人民出版社，1998，第301—302页。

重修罗池庙碑记（康熙五年）

戴玑撰（旧志）

罗池庙，州人世祀唐刺史柳侯也。侯之得世祀传者，以文故，以政故，以神灵故。呜呼！古来文章政事及神灵精爽，若而人生则荣焉，殁则已焉，久则歇而绝焉，乌能历千数百年如一日哉？

余受命分辖是邦，入其疆，览其城郭人民，其间之秀而弦，甲而蜚者，皆侯之文也；朴而耨，比而雍者，皆侯之政也。复问其俗，水旱必祷，饮食必祝者，皆侯之神灵也。官兹土者，较守画一，饮醇足矣。无事更弦而鼓瑟，千载而下，流风未泯。呜呼！明德远矣。造而谒焉，变革之余，庙貌芜茀，余甚惧碧血之渐为冷风也。属之耆老，度重困力不周愿，乃以岁俸金钱饬材而重构之。方剗草，适以觐典走京师，而侯之文、之政、之神灵日变现眉睫间，而不去于心也。遂以其状告之乡中人。王子曰："是殆几于道者也，士不穷安能有立，侯之穷以荒裔终，幸也。"余曰："侯之幸也，彼都之幸也，官是土者之幸也。"侯之司马永州也，记钴鉧云："孰使予乐居夷而忘故土者，非兹潭也欤？"至是，则曰："必馆我于罗池。"知百年魂魄，依依此土。历晚证果，为道存也。是能以其文、其政、其神灵，化荒俗之心，作累绥之身也。功大者食永，思所以报侯者。归辄召匠而谋之工，毕集契龟。肇工于乙巳九月二十八日，告成于丙午孟春既望，计为日凡若干，费镪凡若干。时襄其事者，相与饮酒而落之，因书之石，俾后之读韩碑，知侯之文、之政、之神灵为功于当时。读王子与余之石，知侯之进于道，其文、其政、其神灵为功于万世。柳之人尸而祝之者，且绳绳而未艾也。①

柳侯祠祭田记（康熙十一年）

骆士愤撰（旧志）

邃古之初，中央未凿，民固不识不知者也，庸讵知所谓庙祀乎？至若《易》《书》所述虞夏以来，王假有庙，以萃涣也。而庙制或自此始，类、禋、望、遍，史志之矣，其所以言祭义者甚悉。《诗》不云乎："以飨以祀，

---

① （民国）柳江县政府修，刘汉忠、罗方贵点校：《柳江县志》，广西人民出版社，1998，第304—305页。

以妥以侑。"言有田禄而奉祀事也。然则祭田之制，意其仿于周乎？《楚茨》之篇，《甫田》之咏，其文犹可得而稽也。是故以绵上为之田，非晋文之所以祀子推乎？封之寝丘，以奉其祭，非楚庄之所以祀叔敖乎？惟田有以给其后，斯后有以祀其先，则是祭田之设，洵为有庙之所必需也。柳侯之莅于柳也，德教所孚，柳民永怀。自唐迄今，犹旦暮也。而庙在罗池之侧，明季干戈，鞠为茂草，而鬼神狐祥无所食。迨皇清定鼎，海宇乂安，而分守右江道戴玑爰捐资庀材，构祠以奠。非惟侯之神以妥，而柳民之心亦是若矣。犹忆予之幼也，读侯之文，即慕侯之德，高山景行，切向往焉。兹以康熙六年来守是邦，即谒其祠，升其堂，仰视榱桷，俯察几筵，低徊留之不能去云。时住持僧通闻，进而叩曰："侯有庙，所以妥侯灵；庙有僧，所以侍侯也。而僧无资，何以侍侯？可奈何？"窃照柳侯一祠旧有祭田，坐落雒容县雒清乡大汾、独寨等村。后被豪暴侵渔，且钱粮米石未晰。祈恩查明，追给在庙，俾田有以给僧，则僧有以祀侯。予厘剔查明在案，永为常住香灯之费。僧又请曰："其田已蒙给复，其事尚未勒碑，后之豪暴安知不蹈前车乎？"应之曰："若独不闻侯之灵爽乎？在昔李仪醉侮，而侯立毙之，彦通侵夺而侯入梦以示之，此皆柳人耳而目之者也，而独不闻乎？设后有豪暴愍不畏死，肆其侵渔，而侯岂不能詟其魄，褫其魂，以剿绝其命耶？甚矣哉！尔之过虑也。"僧曰："信哉，语有之，叛父母，亵神明之人，则雷霆击之。虽然，雷霆固不能为天下尽击此辈也。是则神道之隐，又不若人道之显也。"予曰："然。"乃记之。爰镌诸石，用从住持僧通闻之请云。①

重建柳、刘二公合祠记

王锦撰

古者祭必以法，法必以族，而尤以施法勤事，列捍灾御患为之先，盖明命鬼神，为黔首，则此其大端矣。后有作者，文章在册，功烈在民，生而屏翰一方，殁而水旱疾疫，有祷辄应，虽宦迹殊轨而投荒兹土，异世同神，皆宜合祠报嘉，使百众畏而万民服，则礼纵先王未之有，可以义起也。柳人祀唐刺

---

① （民国）柳江县政府修，刘汉忠、罗方贵点校：《柳江县志》，广西人民出版社，1998，第305—306页。

史柳文惠、司户刘贤良，数百年于兹矣。其间兵燹迭经，旋兴旋废，不可殚述。国朝康熙五年，右江道戴公暨邦伯骆公协力重建，申画罗池四至，追还侵渔祀田，命僧收租以司香火，庶几勤民而致力于神者。厥后，右江升道杨公于乾隆己巳岁廉得僧人济私状，饬有司掌之，计岁纳缗，以奉春秋，并捐俸葺祠，大书勒石，厘定章程，意诚善矣。乃曾几何时，而执事怠于躬亲，庙貌日就倾圮，岁时祭告，仅属空文，良可叹也。壬午春，余以摄郡之暇，斋祓往谒，见草满荒祠，一切垣墉、殿庑岌岌乎将复于隍。窃惟圣世修明，典物、百神、河岳，莫不怀柔，无有远迩。特于柳、刘两公祠墓，令有司时加防护，岁终具结上闻，永著为例。官斯土者，奈何奉行故事，有防护之名，无修葺之实，其可乎？且贤良祠向在柑香亭之东偏，往来游观，人神杂处，非制也。规方湫隘，光录昒爽，非仪也。与文惠并祠而法庭不正、遗容不饰，非所以昭敬也。因于柳祠左得董公祠三间。董公者，明太守，贤而卒于官。苟就其地，拓而大之，意者神栖少妥乎？爰率属公捐，或沿故，或更新，伐材运甓，既涂既塈，诹日之吉，奉贤良神位而迁焉，即以董公从祀。经始于癸未冬十月，明年夏工乃成。呜呼！论者谓二公合祠非古，而不知贤良与文惠同道。昔文惠当宪宗时，宰相忌其才高，而迁谪于此；贤良当文宗时，宦竖嫉其忠直，而放逐于此，其弃于时，一也。文惠为政，动以礼法，故能去鬼息杀，而趋于仁爱；贤良不卑小官，不怨遗佚，故能巡行劝课于烈日之下，坠马捐躯而不悔，其有功于民，一也。及其卒也，一则预知死期，罗池是馆；一则诚能动物，虫鸟衔哀。赫赫厥灵，邦人永赖，岂非其道同其祠宜无不同者哉？《记》曰："法施于民则祀之"，柳侯有焉；以死勤事则祀之，刘公有焉。①

---

① （民国）柳江县政府修，刘汉忠、罗方贵点校：《柳江县志》，广西人民出版社，1998，第311—312页。

◈ 来宾市 ◈

象台书院（象州）

象台书院，位于广西象州，原名象江书院。旧为义学，在县城北门内。清雍正元年（1723），知州徐德秩创建于城内西南隅。清乾隆十六年（1751），知州郭芝、吏目丁泰捐俸重修。二十七年（1762），知州李宏湑据绅士呈请移建义学于城西象州旧治处，称"象台书院"。后又改名"象江书院"。清道光末年，毁于战火。清同治九年（1870），知州李世椿修复，复称象台书院。清光绪三十二年（1906），改为两等小学堂。今址为象州初级中学。

象台书院

雍正元年，知州徐德秩创建义学于城南隅，未几而倾圮无存。雍正四年，知州陆埰重修义学于城南旧址，未竣而调任以去。雍正八年，知州孙嵩乃捐廉俸终修葺。其自记云：前后三楹，左右两翼虽甚朴素，而苟完苟美，可蔽风日，较前此之倾欹不整者大相悬矣。乾隆二十七年知州李宏湑迁城南隅之义学于城西之高丘，即象州旧治也。自记历引石鼓书院、鹿洞书院、应天书院、岳麓书院以为义学，盖仿书院之遗意，其实即书院之始基。故朱公佩莲作序直名以象台书院。后改名为象江书院。规模宏敞，膏火充裕，百余年来诵读其中者，皆公赐也。道光末年，剧贼入城焚毁，积为秽墟。同治九年，署知州李世椿复象江书院为象台书院，制如旧而加丽。前为头门五间；中为讲堂，奉文昌，五间；后为居宅，奉魁星，五间。左翼上下各三间，右翼上下亦各三间，皆敞之以为考棚。讲堂之前为槐音亭，当老槐树下。头门之前为照壁，嵌《靖盗碑记》。缭以周垣数十丈，设东西辕门，备内外厨灶。郡人郑献甫撰记，文多不录。①

---

① 〔清〕李世椿修，〔清〕郑献甫纂：《象州志》纪地第一帙，清同治九年（1870）刻本，第50—52叶。

象台书院序

(督学使者)朱佩莲

象、桂州县，皆沿先秦郡名而权设于此。临桂县并无桂蠹之生，而象州亦乏象舆之出。秦象郡即汉曰南郡之象林县，永元间诏赐谷食，复其民者，非今象州。今象州乃汉郁林郡之桂林县也。后人泥柳柳州诗"山腹雨晴添象迹"之句，以为象州佐证，诬矣。尝观旧州治所，有象台一方高出地表，后人疑为驯象之地。岂知四望平远，古者望云气以察灾祥，必有观象灵台。窃意吴太守陆绩注《元象图》于郁林，犹陈顾野王著《舆地纪》于吴郡。著地《舆地纪者》者名"书墩"，注《元象图》者名"象台"，流传芳躅，彼此一也。今州东香草江犹生郁金香草，郡名因之。公纪于是乎观象，而谓此隆隆之台，仅以教儿调小象者耶？

甘泉豫夫李刺史来牧是邦，承其先才叔遗治，犹多斗讼，喜嬉乐，乃威爱兼施，良怀奸畏，加意振兴斯文，熏以礼教。州故有义学，在城之北，榛塞湫隘，豫夫见而蹙然，谋迁爽垲。佥曰："城西旧州治，宜且面猫虎而回头，负蛟龙而峙角，占潭江胜势，下泻为浔，卜地无过此者。"豫夫欣然，遂从舆论移建象台。鸠工庀材，为之敞讲堂，增学舍，美哉轮焉！美哉奂焉！并捐资置产，为师生束脩膏火资，罔倡不充裕此。余视学于此，所日想望于贤牧守而不可多觏者也。工既竣，来乞余名。余曰，"此虽义学，而创有四大书院规模，其即以象台书院名之，可乎？"夫象台之设，观乎天文以察时变也，书院之设，观乎人文以化成天下也。移书院于象台，天人之文胥于是乎观矣。杨子云谓通天地人者谓之儒，可徒事占毕之功，而不务乎贯三才，周万物耶？州之知学自公纪始，柳子厚继之。公纪以诗书造士，从者云集江岭间。成进士者得子厚指授，为文章皆有法度，其习诗书，能文章亦旧矣。两宋间科名鼎盛，有谢洪、谢泽兄弟同成进士。先进清芬，濡染梓里，二谢之风扇焉。迄今人才蔚起，文运重开，且有文史足用，和其声以鸣国家之盛者矣，诸生可不争自磨濯？况今日之遭逢，更有易于昔者。我闻二谢读书无地，深入双髻山岩，手凭石案，其辛苦如此。今以贤刺史广励学宫，高闬闳，厚墙垣，给饩廪，赉楮墨，培养如此优厚。所望诸生以远大自期，茹古涵今，研经博物。庶几作为文章，胸罗星斗，手抉云汉，天人之文汇而为一，俾寰海以内则而象之，则此书院也，可方唐李渤白鹿洞。而教条自我文公设之者，岂徒观谢园、扶疏堂、寒光亭，仅以供名流吟赏也哉？①

象台书院产业

旧置业西乡里廷耀村税地三十六份半，每年收租钱二十一千九百文，地亩银一钱。

西乡里马平墟厂地十二区，每区收租钱一千二百文，每年共收租钱一十四千四百文。

新置业南乡下半里龙头村田一大垌完粮二斗，每年收租谷八千斤。

昌化里甘棠、长学、下里、王二、邓池等村共有田八十二区，荒田占三之一，完粮三斗八升七合，每年共收租谷五千余斤。

西乡里龙兴村有田一十四区，完粮二升，每年收租谷　斤。

西乡里石龙墟铺屋三间，每年共收租钱四十八千文，铺地一区每年收租钱四千文。

城中大街铺屋一间，每年收租钱一十千文。

城东外铺地一区（未经修造）。

城西门铺地一区（未经修造）。②

印山书院（来宾）

印山书院，位于广西来宾。清乾隆四十八年（1783），创建于城内文庙旧址。清道光二十六年（1846），重修，后毁于兵燹。清同治十二年（1873），知县周蕃重建头门3间，讲堂3间，正殿3间，祀文昌帝君，后殿3间，祀文昌五世，内外东西两翼考棚。历任皆延聘主讲，按月课试，捐廉发给膏火。清光绪十六年（1890），知府黄砚宾获王守仁遗像拓片，知县颜嗣徽裱悬书院，供士人瞻拜。

---

① 〔清〕李世椿修，〔清〕郑献甫纂：《象州志》纪地第一帙，清同治九年（1870）刻本，第51—52叶。
② 同上书，纪官第二帙，第22—23叶。

外有石碑，刻"印山书院"四大字，为清嘉庆间知县石方川手笔。今址为迁江小学。

印山书院

在城内县前街，先是文庙旧址。乾隆癸卯年创建，道光丙午年重修，兵燹后毁。同治癸酉年，知县周蕃重建。前为头门三间，讲堂三间。正殿三间，祀文昌帝君。后殿三间，祀文昌五世。内外东西两翼，以为考棚。历任皆延聘主讲，按月课试，捐廉发给膏火。十六年冬，奉本府黄砚宾太守发来重榻王文成公遗像一尊，知县颜嗣徽悬书院，以备邑人士拜瞻。又存翻刻马大中丞二语摘读板片在院，以备印刷。外有石碑，刻"印山书院"四大字，嘉庆间知县石方川手笔也。兹查院中王文成公遗像，于民国十年兵燹后毁。十六年夏，院内文昌偶像及后殿五世木主亦均毁除。今改为民团司令部住址。①

印院书声

印维肖厓羼，若若累累，讲舍锡名义取斯。富贵浮荣何足道，须法人师。若者围边陲，弦诵孜孜，破荒士燮有前规。待到经纶雷雨合，鞭起蛟螭。②

象州学校

古州县以设学为主，而立圣庙于其中；今州县以立庙为主，而并无学舍在其外。各记文指孔庙为学宫，固非实；各志书列孔庙为学校，亦非实也。后之称教士者，第作新墙宇，整饬祭器，缮写神主，即以为加意学校。试问有弦诵之舍否乎？有讲习之堂否乎？是亦觚不觚之类矣。故不别为学校之目，而特以冠祠庙之首。

象州学黉宫孔子庙，唐大历十二年始建于城外东南隅，明洪武二年改建于城内东南隅。始移者知州李永，继修者知州李良弼。正统五年，巡按朱良暹属知州何敬重建。③

---

① 韦可德、黎祥品修，刘宗尧纂：《迁江县志》第六编，民国二十四年（1935）铅印本，第215页。
② 同上书，第九编，第283页。另见〔清〕颜嗣徽著，谭佛佑点校：《望眉草堂诗文集》，收入《续黔南丛书》第四辑上册，贵州人民出版社，2012，第439页。"印绶肖厓羼，若若累累，讲舍锡名义取斯。富贵浮荣何足道，须法经师。莫自围边陲，弦诵孜孜，破荒士燮有前规。待到经纶雷雨合，鞭起蛟螭"。
③ 〔清〕李世椿修，〔清〕郑献甫纂：《象州志》纪地第一帙，清同治九年（1870）刻本，第49页。

象州学制

廪膳生员二十名，今定十七名。

增广生员二十名。

附学生员岁科试每考取十五名。

岁试武生十五名。

岁贡二年一名。

学田坐落昌化里，实征熟税四顷一十二亩四分零，实征熟银二十八两三钱二分零。①

科举人物

岭外科名，自唐末始盛，如赵公观文之魁多士是也。吾州科举，在宋时始盛，如谢氏兄弟之联春榜是也。考宋时及第者，旧志得四人；明时及第者，旧志得二人；元则寂寂无闻焉。国朝开科取士，吾乡于康熙间始行乡试，吾州于乾隆间始隽会试，至今又百年，接踵才五人。然所谓人物者，不在此也。表以进士为一格，举人为一格，各贡为一格，副贡、拔贡可按科以列，其挨贡则不能分年以列，仅为载其出仕者于此。犹之登科记、题名记，有详略而无臧否，列于此非荣，不列于此亦非辱，人之能不朽者，别有在矣。故如孝义，如文学，如节烈，以及仙释、耆寿之著，不在表中者，亦纪于表后。②

古者有进士科，无举人科。凡试于礼部者，必先举于其乡。故唐人之应举者，皆曰进士，而冠以举字。有举进士而及第者，有举进士而不第者。其第者授官，不第者回乡。次科仍由乡试觅举，以赴会试，未尝以举人为科名。至明代而举人遂为科名矣。贡士之名，亦进士之目，而限以年岁，拘以额数，则自元至元十九年定制，上路总管府三年两贡，儒、吏各一人；下路总管府二年一贡，儒、吏递进。儒必通吏事，吏必知经史，储以备椽史、令史之用。其时以经生、文士进者鲜矣。明永乐间，始诏府、州、县学贡生员。其后府学一年贡

---

① 〔清〕李世椿修，〔清〕郑献甫纂：《象州志》纪官第二帙，清同治九年（1870）刻本，第23叶。
② 同上书，纪人第三帙，第1—2叶。

一人，州学三年二人，县学二年一人，著为令。嘉、隆以后，遇恩则有恩贡；崇、正以后，加恩又有拔贡，遂与乡榜之副贡共为贡生焉。而滥称明经，误沿唐制，此则不可不辨者。今以后来定制列为表。①

来宾县学宫记略

（康熙廿九年来宾知县张震重建，王启元记）

来宾在柳城之南，学宫居县治之东，建自宋开宝中，其来久矣。但旧学湫隘，历代建修，叠经兵燹，倾圮不一。而邑令张震辟疆选地，更为创建。鸠工抡材，亲为董理。自正殿、明伦堂、启圣祠、两庑、戟门、棂星、泮水，丹艧一新，规模宏远。慨出捐输，不烦公帑。经始于庚申仲秋，落成于辛酉仲夏。于是髦士获介止之处，而庙貌俨巍焕之尊矣。张君告厥成功，请记于予。予尝考舆图，柳郡民醇俗阜，出弟人孝，为岭之最。而来宾去郡仅百七十里，谅亦熏陶渐染，士风必有可观者。尔多士既为四民之首，当知所以自励者乎！②

---

① 〔清〕李世椿修，〔清〕郑献甫纂：《象州志》纪人第三帙，清同治九年（1870）刻本，第1—2叶。
② （民国）柳江县政府修，刘汉忠、罗方贵点校：《柳江县志》，广西人民出版社，1998，第373—374页。

◆◇ 桂南 ◇◆

◇ 南宁市 ◇

敷文书院（南宁）

敷文书院，位于广西南宁。明嘉靖七年（1528），新建伯王守仁（王阳明）驻兵南宁时创修，取"以宣扬至仁，诞敷文德"之意。后人立王守仁像于后厅，春秋祭祀，名为文成公祠。十六年（1537），南宁知府郭楠重修。明万历七年（1579），诏毁天下书院，敷文书院改为别署。十一年（1583），左江道陈希美、知府陈纪等修复。明末，毁为兵舍。清康熙九年（1670），左江道宋翔、南宁知府韩章在原址捐资重建。十一年（1672），南宁知府周起歧重修。之后南宁几任知府及名贤士绅先后修葺。至民国初年书院犹存，名为文成公祠、文成公讲学处。1926年，改建为省立第一中学校女子部。1927年，改为省立第三女子师范学校。1930年，改为省立第三女子中学校，校内有王守仁先生纪念亭，亭碑上有王守仁画像石刻，画像现移置南宁人民公园炮台内。

敷文书院

在北门街口，即县学旧址。明嘉靖七年，新建伯王守仁征思田驻邕时，建有正厅、东西廊房、后厅。日集诸生讲学其中，后人因立公像于后厅，春秋祀之，名为文成公祠，后有田塘园地，前有讲学台，民国初犹存。十六年，知府郭楠修。万历十一年，左江道陈希美、知府陈纪等修复。明末，毁基址为兵舍。清康熙九年，左江道宋翔、知府韩等章取复原地，捐资重建。造大门一座，大堂一座，后堂一座，立公像，规制焕然一新。十一年，署知府周起歧重修。二十五年，知府赵良璧，五十一年，知府戴锦，五十六年，知府沈元左、同知闻人绅，先后重修。道光二十一年，知府刘梦兰、知县李天钰暨绅士劝捐重修。[①]

[①] 谢祖萃修，莫丙奎纂：《邕宁县志》卷二一，民国二十六年（1937）铅印本，第26页。

重修敷文书院记略

闻人绅

南宁郡城之北，有曰敷文书院者，乃前明新建伯王文成公奉命征田，讲学降寇之故地也。宁人德公之不以兵戎，格强暴于儿席之间，土地人民得以安全。因即其地像公之形于石，而春秋俎豆之，凡历二百有余年。绅世家余姚，与公同里，先人多受业于公之门，家庭传述，德于公之道德文章。窃闻知于过庭者甚详，其丰功伟业，考诸记载，亦略知其概，心焉向往之，实匪伊朝夕也。丙申岁，由直隶之顺德量移南宁。向知公有征田之役，尝建功于是邦，因晤郡之人士，备述当年讲学、戡乱之故事，并得识其书院而瞻拜之。石上之音容，望之俨然，其肃余心乎！第南方地卑湿，楹栋之间多穴蚁。堂宇俱将颓而莫考，萧条黯澹，有为人意之所不能安者。乃捐薄俸，购木石，择缓急，肇工于丁酉年之桂月，竣于壬寅年之春月。

重修敷文书院记

刘梦兰

世无讲学之人，而道学不明。世竞讲学之名，而道学滋弊。明季讲学之风颇盛，而东林、复社祸乱相循，国祚之倾覆继之。盖其人本不尽笃行之君子，大都虚声附和，标榜为名，妄议是非，以至激成党祸。即有二三端人正士，不能明烛于几先，逮祸患既成，即欲引身避之而不得，甚可慨也。夫所谓道学者，学为孝友忠信之道，以心体之，以身践之，非以为名也，非以空托也，其于世更无所庸其怵也。所期讲明切究，务为去私存理，以祈至于明体达用，斯不愧为圣人之徒尔。

阳明先生，在有明一代，最为醇儒。其学以致良知为主，与孟子申明性善之旨，先后同符，一时被其教者，无不倾心悦服。至有愚夫愚妇，闻而感泣者，盖教亦多术，贵因其所明而牖之。彼稚鲁颛愚之子，或不知仁义为何物，道德为何名，而人心之灵，莫不有知。良和者，人之所得于天者也。因其本然之知，而引之使觉，则其教不劳而入。而言近旨远，实已彻性命之指归。揭大人之阃奥，极宋儒语录数千万言，无能出此也。方粤西未靖，诸溪峒夷壮叛据险隘，抗拒王师，群盗因之所在啸聚。先生督师剿抚，歼厥渠魁，降其丑虏，不数月内，悉就荡平。乃于幕府练兵之暇，幅巾儒服，进邕人士而与之讲学。一时闻风兴起，远近偕来，遂至俗易风移，家弦户诵。先生之经济学问，体用兼备，具有明效大验，岂高谈性理，毫无实济者，所可同日语耶！先生去后，人思其德，即其讲学书院，建立遗像，守土官时奉祀维虔。

余以道光己亥岁，奉命来守邕管。仰瞻遗像，肃拜堂阶，顾栋宇倾颓，亟应修葺。乃谋于郡中文武官绅，捐资倡修。商民人等，亦踊跃捐助。择日鸠工庀材，轮奂一新。工既竣，复进郡人士而告之曰："学问之道，不外明善诚身而已。先生之阐良知，以明善也，以诚其身也。诚能动物，故一时被其风，百世犹思其泽。吾辈学先生之学，务矫夫浮动伪妄之习，而力敦夫践履笃实之修。识见不能无蔽，思所以扩允之；气质不能无偏，思所以变化之。先生有知，是宜所为嘉与者也。不然，纵具衣冠，陈俎豆，升降堂庑，附托门墙，讵能无愧于前贤耶？"余不才，勉强学问，忝守斯土，愿举斯语与郡中诸君子共勉之。①

咏敷文书院

周起岐

南极文星耀，西荒武库雄。百年留古院，九郡息兵戎。夜月窥心镜，春需铸冶铜。斯文今未坠，俎豆赖群公。

重修敷文书院（二首）

张琼

岭外何缘降德星，依依泮水奏敉宁。师中姓字归麟阁，道学渊源继考亭。元老昔年惟偃武，要荒此日尽横经。西方钟鼓时盈耳，敢赋山榛隰有苓。

格苗曾忆舞干时，未丧新文复在兹。百二山河仗颇牧，三千礼乐集龙夔。正从武事修文事，因以先知觉后知。自此宫墙讶美富，表章遵应让宏词。

---

① 谢祖萃修，莫丙奎纂：《邕宁县志》卷二一，民国二十六年（1937）铅印本，第30—31页。

谒文成书院复新
顾鼎植

经谈虎帐预丝纶，高坐当年程伯醇。岭外有文能止武，堂上习礼致精禋。雌黄已息持公论，丹雘重增勿陋因。浩气旁流禽鸟乐，傍檐飞鸟性情驯。

敷文书院
严大谟

要荒无不共尊王，所虑怀柔道未光。千羽两阶祖大禹，良知一席继陶唐。会因攘息草遗址，重复观瞻焕肯堂。理学百年新俎豆，两贤先后起津梁。

去南宁留题书院
韩章

四年虚禄蠹云楼，频到先生祠下游。三径草荒闲岁月，一庭花落任春秋。偶兴应借群公力，已去能无片语留。庙貌自新基自古，天风山色两悠悠。

敷文书院
骆士愤

为筮师贞吉，将军诏大儒。楼船横绝域，戈甲耀苍梧。止照青藜火，何劳金仆姑？前星推挂矢，中队看投壶。四海归无战，三危格有虞。柳营屯子弟，兰馆聚生徒。高诵由庚什，常韬遁中图。圣功开草昧，文教辟荒芜。冠冕敦三礼，雍容奏六符。至今留庙貌，想望见规模。

宿南宁敷文书院王文成平田州时驻师讲学处也瞻拜遗像敬志二律
赵翼

清高遗像见名贤，讲学台空尚岿然。公已身兼三不朽，我怜生晚百余年。真源却自龙场得，此地应偕鹿洞传。五体能无投地拜，瓣香亲炷一炉烟。

驻师邕管为田州，谈笑功成帖两酋（卢苏、王受）。余事更教藤峡断（平田州后复讨破大藤峡贼），奇勋先著赣江流（擒宸濠事在前）。漫劳异学诸儒诋，终雪虚声处士羞。鞶鞳如林听鼓箧，此风也复足千秋。①

敷文书院水亭为前守杜公所筑予寓其中八日寄颂杜公桂林三首
李文藻

阳明讲书地，东北有新亭。古木斜遮槛，凉风曲入棂。安床容客子，扫径仗祠丁。城上看山色，骎骎马退青。

坐久飞红雨，茶香亦碧腴。晴春带炎徼，郭邑有蓬壶。池浅分鱼妾，林深集鹊姑。醉依奇石遍，箕踞愜狂夫。

曾会南中彦，诗牌挂壁多。繁阴谁手植？留爱满岩阿。室有文翁像，陂传杜母歌。新堂开八桂，忧乐较如何？②

斑峰书院（邕宁）

斑峰书院，位于广西南宁市青秀区刘圩镇，又名"般山书院""般峰书院"，临斑山（也作般山、斑峰）而建，故名。清光绪四年（1878），由乡绅黄玉吾等捐资兴建，建筑总面积约1600平方米，坐东朝西，为硬山顶砖木结构，青砖青瓦清水墙，两边包厢的三进合院式布局。现存一进及左右厢房。2017年，斑峰书院被列为自治区级文物保护单位。

斑峰书院

在刘墟。清光绪初年，绅士黄玉吾等劝捐建立，县人钟德祥记。今改作小学校。③

般峰书院记
钟德祥

咸丰中，官府政法敝坏，盗大起，郡邑乡里相贼杀攻剽。环般山数百里，无宿夕安寝。十余历年稔，而后仅以无事。诗书礼义之教，俱荡然矣。里人长老善长胶庠之儒，慨叹乎风俗之日下，思有以振兴其衰，乃衷集诸同心，劝分

---

① 〔清〕赵翼：《瓯北集》卷一六，清嘉庆十七年（1812）刻本，第3—4叶。
② 〔清〕李文藻：《桂林集》卷四，收入《清代诗文集汇编》第369册，上海古籍出版社，2010，第85页。
③ 谢祖萃修，莫丙奎纂：《邕宁县志》卷二一，民国二十六年（1937）铅印本，第36页。

率人出财，创建书院。度教般山之西，肇工光绪某年月，逾年落成，从来所未有也。将于此讲诵经籍儒先之书，而课试其人才。兴学励行，矜式闾鄢，决始乎书院，厥功甚伟。德祥时官京师，实闻而敬之。今年春，被命出，视师南关，便道过般山故居，与立亭罗先生、皎湖黄先生相见，且遍见少时诸同研席友旧道故，同宿书院中。观经始缔造之难，复窃喜读书彬雅者之日众，诗书之气，礼义之俗，庶几乎亲见其盛。而遭逢太平，可从容修业而有余，异日有魁垒闳达儒者出，而发树名业，为时经纶，吾道之不孤，后来者责也。老及高玉者介生昆季，实首创院事，来请记。今德祥去般山三十年，乃归而得之望外者也，喜焉！记诸石，以贻后之人。光绪乙酉三月三日，钟德祥驻军龙州记。①

阳明书院（武鸣）

阳明书院，位于广西武鸣。明万历间，思恩府知府侯国治建于府治西，后兵燹塌废。思恩府城外东南两江合流处，相传为王守仁讲学地，因多榕树，故名榕树园。清道光间，知府李彦章重建阳明书院于榕树园，仍旧名，筑天一阁藏书，生徒达数百人。清咸丰间，院园俱废。清光绪间，知府黄鸿藻复设书院，刻王守仁石像供院中。清宣统二年（1910），改为小学堂。民国元年（1912），改堂为校。今址为武鸣区府城高级中学。

阳明书院日程

肄业生 _____

道光 _____ 年 _____ 月 _____ 日
早晨先温读前三日书 _____ 本。
次读本日经书 _____ 本。
（_____ 一本 _____ 起至 _____ 止）（_____ 一本 _____ 起至 _____ 止）
（_____ 一本 _____ 起至 _____ 止）（_____ 一本 _____ 起至 _____ 止）
（_____ 一本 _____ 起至 _____ 止）（_____ 一本 _____ 起至 _____ 止）

---

① 谢祖萃修，莫丙奎纂：《邕宁县志》卷二一，民国二十六年（1937）铅印本，第40页。

饭后先赴讲堂默写昨日书。

（____起至____止）（____起至____止）

（____起至____止）（____起至____止）

（____起至____止）（____起至____止）

次习字____字（临____帖）。

次仍读经书。

次搜讨印证四书典实。

次参看现读各经注疏传说。

（第____卷____起至____止）（第____卷____起至____止）

次阅记二十四史。

次摘录所阅之书随意分类节钞。

日入时先读古文____遍。

次读____赋____遍。

夜间先读时文____遍。

次读试贴诗____遍。

次阅读典章经济玩索性理语录各书____页。

（____起至____止）（____起至____止）

次阅读乐府及杂体诗。

次杂看古事典实。①

思恩府阳明书院扁联

马丕瑶

化洽南疆

文臣识兵机，理学自征实用；

圣功非禅寂，良知直接真传。②

---

① 〔清〕李彦章：《榕园文钞》卷一，收入《榕园全集》，清道光二十年（1840）刻本，第32叶。
② 〔清〕马丕瑶：《马中丞遗集·杂著》，收入《清代诗文集汇编》第718册，上海古籍出版社，2010，第816—817页。

阳明书院堂联

叶绍本

心学揭良知，忆当年息马投戈，顿化遐陬成泮璧；
教思追大雅，欣此日横经鼓箧，共歌乐职布中和。①

阳明书院扁额

通经致用（道光丁亥八月，总督两广使者李鸿宾题）

率土同风（道光丁亥孟夏，巡抚粤西使者苏成额题）

化绍真儒（思郡旧有阳明书院，岁久无可考。道光丙戌，李兰卿同年以凤阁仙洲来守是邦，下车伊始，捐资重建，备筹膏火，广设斋房，振兴文教，培养人才，允绍前徽，用志不朽。赐进士出身翰林院编修兼修国史广西督学使者年愚弟周作楫顿首拜题）

化衍姚江（道光丁亥孟夏，私淑弟子钱塘潘恭辰敬题）

教阐同文（道光丁亥孟夏，西吴叶绍本）

江山养秀（道光丁亥暮冬朔日，广西分巡右江兵备道觉罗莫尔赓阿拜题）②

西邕书院（武鸣）

西邕书院，位于广西武鸣。清道光年间，思恩府知府李彦章创建，规模恢宏，有大门、讲堂、正学堂、藏书楼、实学斋、实用斋、道古轩、通今轩、修志亭、岚猗诗屋、船斋、诗屿等建筑。民国五年（1916），改为府城乡初等小学校。

西邕书院日程

肄业童生 ＿＿＿＿＿

　　道光 ＿＿ 年 ＿＿ 月 ＿＿ 日

　　早晨先温读前三日书 ＿＿ 本。

　　次受读本日经书 ＿＿ 本。

---

① 邓洪波编著：《中国书院楹联》，湖南大学出版社，1999，第215页。
② 〔清〕李彦章：《榕园楹帖》，收入《清代诗文集汇编》第584册，上海古籍出版社，2010，第537页。

（____一本____起至____止）（____一本____起至____止）
　　（____一本____起至____止）（____一本____起至____止）
　　（____一本____起至____止）（____一本____起至____止）

饭后先赴讲堂默写昨日书。
　　（____起至____止）（____起至____止）
　　（____起至____止）（____起至____止）
　　（____起至____止）（____起至____止）

　　次听讲____书____本。____书____本。
　　次习字____字（临____帖）。
　　次仍读经书。
　　次参看经说。
　　（第____卷____起至____止）（第____卷____起至____止）
　　次摘录所阅之书随意分类节钞。

日入时先读古文____遍。
　　次读____赋____遍。

夜间先读时文____遍。
　　次读试贴诗____遍。
　　次阅看古事典实。
　　次阅读古乐府及杂体诗。
　　次阅读玩索____书____页。
　　（____起至____止）（____起至____止）①

西邕书院扁额

敬业乐群（道光丁亥仲秋，总督两广使者李鸿宾题）

边城弦诵（道光丁亥四月，巡抚粤西使者苏成额题）

辟馆培英（思郡西邕书院，旧有厅斋数间，经蒙兼附，地窄人稀。道光丙戌，同年侍读李兰卿太守莅任之初，捐买民房，添置讲堂、斋舍，数倍于前，气象堂皇，规模整肃。捐廉延师，专课应试诸生。其蒙童另设义学，殚心给筹画，夙夜不遑。余岁、科两试，院中获隽者，竟至数十人之多，士林翕然，颂李太守

---

① 〔清〕李彦章：《榕园文钞》卷一，收入《榕园全集》，清道光二十年（1840）刻本，第33叶。

之功,因书额以记其盛。赐进士出身翰林院编修兼修国史广西督学使者周作楫顿首拜题)

邕管敷文(道光七年四月,广西布政使钱塘潘恭辰题)

爱亲敬长(道光丁亥孟夏,升阳叶绍本题)

童冠齐业(道光丁亥暮冬朔日,广西分巡右江兵备道觉罗莫尔赓阿拜题)

佚名题大门

院配阳明,皆先生过化之地;
教成邹鲁,此初学入德之门。

佚名题大门

置郡古雕题,四百年风气初开,既庶正当加富教;
关心吾赤子,二千里官民同乐,此来方不负江山。

思恩西邕书院

叶绍本

贺水溯遗封,八千里远隶边庭,文轸至今通桂管;
名山留讲席,二百里久陶元化,礼堂终古衍薪传。[1]

题西邕书院诗屿

欧文忠

楼台四望烟云合;
草木一溪文字香。[2]

澄江书院(上林)

澄江书院,位于广西上林。清嘉庆九年(1804),署县杨学照率邑绅重建。清道光二十八年(1848),邑人李维埓等改建。清同治二年(1863),毁于乱。五年(1866),知县曾行恭率邑绅周世德等重建后殿。十年(1871),知县傅

---

[1] 解维汉编选:《中国牌坊书院楹联精选》,陕西人民出版社,2007,第208页。
[2] 邓洪波编著:《中国书院楹联》,湖南大学出版社,1999,第214页。

祯率绅民等续建。张鹏展曾任山长。今址为上林中学。

澄江书院

澄江书院暨文昌祠在城西南东向。嘉庆九年，署县杨学照率邑绅重建。道光二十八年，邑人李维堷等改建文昌阁三层于中座。同治二年，毁于贼。五年，知县曾行恭率邑绅周世德等重建后殿。十年，知县傅祯率绅民等续建。①

倡建文昌祠并澄江书院序（嘉庆八年）

（清上林知县）（浦江）张第（萝石）

从来文运之隆，人才之盛，皆原于振兴培植之功，抑知冥冥中实有为之主持而默祐者，是以圣天子加意作人，凡有关于文教之事，无不举行。如文昌帝君者，职掌文衡，权司禄籍，虽多士久奉为仪型，而历代未昭夫祀典，特命于京师重修庙宇，肃荐馨香，并令各州县每岁春秋虔修祀事。有祠庙者，率由旧章；无祠庙者，祭于公所。定太常之典礼，并关帝以追崇猗欤休哉！何尊之至也。查县城向未立有专祠，即欲择一洁净之地，如他处之义学书院，可以设位行礼者，亦不可得。爰与僚友绅士共襄筹度，思卜爽垲立庙以祀之。询谋佥同，共成美举。抑余自调任斯土，即与都人士商建书院，因故址无存，未得所借手。兹乘势建祠之设，拟于祠之左右立学舍数楹，以为延师教读之所，不特一举两得。将见士之朝夕肄业于其间者，对斯典型在望，共伸仰止之思，即神亦得所凭依，益昭护佑。俾上林之文风骎骎日上，以仰酬国家崇重斯文之意，其所系岂浅鲜哉！用捐清俸，以为之倡，并志数言于首，以为诸君子劝。②

汇溪书院（上林）

汇溪书院，在广西上林。清道光五年（1825），县丞陈词率士绅建。邑人张鹏展曾受聘于该院任山长，培植后学。今址为三里中学。

---

① 〔清〕徐衡绅修，〔清〕周世德纂：《上林县志》卷六，清光绪二年（1876）刻本，第18叶。
② 杨盟等修，黄诚沅纂：《上林县志》卷一四，民国二十三年（1934）铅印本，第14—15叶。

汇溪书院

在三里城内文昌阁下。道光五年,县丞陈词建。①

吉阳书院(扶绥)

吉阳书院,位于广西扶绥。清康熙五十五年(1716),知州靳治梁建于学宫之右,初为义学,置学田90余亩,久圮。清乾隆二十一年(1756),知州胡立铸添建房屋,改称吉阳书院。清嘉庆四年(1799),知州邵志望重修。清咸丰间,毁于兵燹。清光绪二十一年(1895),知州吴庆苯重建。今址为扶绥县新宁镇第一小学。

吉阳书院

在学宫右。国朝康熙五十五年知州靳治梁建。咸丰间毁于兵燹。义学田、附田九十四亩三分三厘二毫有奇,坐落那关、那婆二村,每年收租谷五十六石一斗。原系无主之产,靳治梁详入义学以资脩脯。考棚向来未设。同治十二年,知州马圻筹款,于文昌祠两序添设考棚,未几卸事。知州袁宝箓接修,工半而止。光绪四年冬,知州戴焕南捐廉筹款续修,功始告成。②

新建广西新宁州吉阳书院记

吴庆苯

国朝龙兴数百年,国有学,州有序,尊贤养士。士之瑰玮特立者,靡不争自濯磨,敬业乐群,以备疏附先后之用。此学校之设所以造士,而书院则辅学校所不及。其潜移默化之机,有莫之致而致者。新宁古荒服地,土蛮分踞,为峒为都,迄无定治。前明隆庆间改为州,设官以治。逮我圣清,德教覃敷,人文蔚起。康熙五十五年,知州事靳君治梁于学宫之右,建吉阳书院。置学田九十余亩,岁有修,课有奖,俊乂之士,接踵而兴,琢磨砥砺,相与有成,洵称善举。嗣咸同之交,毁于兵燹,士民转徙,风流歇绝者二十余年。祸乱初平,元气未复,询访旧迹,兴修匪易,权以文昌宫为肄业之所,讲舍狭隘,未便藏修。

---

① 〔清〕徐衡绅修,〔清〕周世德纂:《上林县志》卷六,清光绪二年(1876)刻本,第18叶。
② 〔清〕戴焕南修,〔清〕张桨奎纂:《新宁州志》卷三,清光绪五年(1879)刻本,第3叶。

光绪十五年己丑冬，庆苄举檄履任，采风问俗，怃焉伤之。首重养正，捐设义学，方冀次第整理，重修书院，旋调他邑，未竟所志。此多士所觖望，余心终未忘也。岁甲午仍回本任，倡捐庑俸，商诸十八团绅耆，资用喜集，基址未拓，乃于城西相度先氏埠地，并添置荒地纵横若干丈，鸠工庀材，通力合作，计头门三槛，翼以长廊，左右列坐，号各三百，中设讲堂，后营斋舍，缭以垣墙。经始于乙未仲春，落成于乙未季秋，共资六千缗有奇。地虽谋新，名则由旧。从此课士有所，校士有场，视昔日之荆榛不翦，讲义无方，气象迥不侔也。

抑余更有望者。斯邑山水秀拔，渌江环于外，镜塘横于前，枕笔峰而面独秀，左彩凤而右麒麟，形势天然，为邕南冠。钟灵毓秀，代有奇杰，昔贤固历历可稽，后进必隆隆而起。所冀生斯土、登斯堂者，躬行实践，志在圣贤。毋为时俗所蔽，毋为异端所蒙。崇正学于边陲，追流风于未艾，为邦家光，为闾里荣，固斯邑之幸，亦牧斯邑者之幸也。至若夸巨制，俊杰构，铺张粉饰，结念浮名，揆之绅民盛意，决不止此，故不揣固陋而乐为之记。自兹以往，宏规启扩而充之，地以人传，材为世出，则又昕夕祷祝而跂望之也。襄其事者集资劳力，另立贞石以垂不朽，俾后之览者有所考证焉。

诰授中宪大夫、花翎四品衔、在任补用同知直隶州、知南宁府新宁州事、卓异候升泾县吴庆苄撰。

赐进士出身、诰封中宪大夫、诰授奉政大夫、五品州衔、翰林院编修（请假在籍）临桂曹驯书。

桂林蒋存远镌。

光绪二十二年岁次丙申二月立石

（此碑今存新宁镇第一小学校园内）[①]

榜山书院（隆安）

榜山书院，位于广西隆安。初名阳明书院，后改名兴文书院，在城内西北隅，后毁，建置不明。清乾隆五十七年（1792），知县张树绩改建于县城东门外学宫右侧王文

[①] 扶绥县志编纂委员会编：《扶绥县志》，广西人民出版社，1989，第541—542页。

成公祠故址，以县城东六里有榜山，故名榜山书院。中建讲堂，后为杰阁，上祀魁星，下祀王守仁。1931年，改为隆安县立初级中学校。今址今为隆安中学。

榜山书院

旧名"兴文"，在城内西北隅。（志稿）乾隆五十七年，置知县府经历张树绩建于东门外王文成祠故址。（谢《通志》）中建讲堂，后为杰阁，上祀魁星，下奉王文成公祠神主。阁后为屋三楹以居院长，讲堂之前设门二重，左右翼以学舍三十六楹，置有膏火田二百亩，岁输粮银一十二两一钱。又宾兴田七亩，岁输粮银四钱九分。（志稿）①

新建榜山书院记（嘉庆三年）

（南宁知府）邱庭漋（顺天人）

自古无风气囿人之说，特患作人者无拂拭磨砻之道，泽躬者无藏息修游之地，则虽有英奇俊伟之姿，而观感无由，每废弃于乡野而不克自振。十室之邑，必有忠信；三人同行，必有我师。若张南轩之化成岭峤，解大绅之俗革交夷，其明征矣。

隆安隶南宁府，自明嘉靖七年新建伯王文成公请析宣化地置县，阅今三百余载，其涵圣泽而沐文教者，不为不久。虽士风儒习蒸蒸有日上之机，而迄未闻宏儒硕彦，卓然继前哲而式后贤，毋亦劝学者无其道，而进学者无其地欤？岁甲寅，滇南张君来摄斯邑，慨然以兴贤育材为己任，遂与学博李君程泌相度周原，议于城之东门外创建书院。其地左为学宫，近圣人之居，又有白鹤诸岩，清江九曲映带环绕，诚居业之胜地，而主讲之名区也。于是阖邑绅士共效捐输，庀材鸠工。中建讲堂，其后旧为文成公祠，改建杰阁，上奉魁斗之星，下奉文成神位，以时俎豆。又其后为屋三楹，以设皋比。其前为门二重，其旁为屋凡三十六间，以为生徒肄习之所，庖湢圊厕无不毕备。经始于乾隆乙卯之冬，落成于嘉庆戊午之夏，扁曰"榜山"，则以邑有榜山名得其名也。观摩有资，讲贯有地。呜呼！盛矣！

余尝思流俗之吏，往往视学校为缓图。即久于其官者，尚不免因循置之，

---

① 刘振西等纂：《隆安县志》卷四，民国二十三年（1934）铅印本，第2叶。

矧其为代庖权摄乎？而张君独于百废未举之时，首以教育人材为急务，可不谓贤欤？方今圣学昌明，无远无届。凡隶版宣，罔有内外，是奉车书。隆安为宣化分地，于郡最近，得张君诱掖而奖励之。自今以始，士之弦诵服习者宜何如？争自濯磨，以希文成之盛而为国家有用之才，无负张君殷殷乐育之意耶？余嘉张君之志而喜其克用有成也，于是乎书。

张君名树绩，昆明人，南宁府经历，今官西林县知县。其余捐输姓氏，具载碑阴。[1]

榜山书院纪碑（嘉庆十三年）

张树绩

自古兴贤育才之道，家有塾，党有庠，萃一方之英俊而朝夕讲贯于其中，俾士习文风蒸蒸蔚起。后世书院之设，亦犹家塾、党庠之遗意，其有关于文教非细故矣。

隆安为邕南属县，自新建伯于前明嘉靖七年割宣化地建有斯邑，已三百余年于兹矣。邕郡之北门内有阳明书院，为昔日讲学台基址，古迹犹存，盖岿然鲁灵光也。岂隆邑为文成新建之邑，而文教转无以为兴起之地耶？前尹朱公名文朝者，于城之西北内改埠屋三楹，为邑之书院，名曰"兴文"，因地势湫隘，日久倾圮。

绩于壬子岁来莅斯土，睹家塾、党庠之教未能兴行，窃有感焉。因与各绅士议建书院。遍度郊原，审察形局，于东门外得隙地一区，在学宫之右，即王文成公余地。三台耸峙于前，群峦拥护于后，左有白鹤诸岩，右环清江九曲，地势宽平，朝揖秀丽。聚一方景物之盛，自足以荟萃人文，作育后进。书院之设，莫善于此。因与学博李公程泌及阖邑绅士共议捐输以襄盛事。爰即庀材鸠工，期成功于不日。并即布置前后规模，仍于文成公祠地改建一阁，上奉魁星，俾助文风之盛。下奉文成公神位，春秋常奉禋祀，以报肇造斯邑之德。后建掌教书屋三间，中设讲堂一座，前列大门仪门二进，旁列两厢书舍三十六间。俾施教得所，从学有地，庶几文教日隆，士风益振，何幸如之！今书院之设即附于文成公之祠，后之学人有兴起而振作之者，其文章功业能追文成公之

---

[1] 刘振西等纂：《隆安县志》卷五，民国二十三年（1934）铅印本，第12—13叶。

盛，亦可以不愧矣。是在肄业于其中者，争自砥砺，力求企于古人，则闻风兴起皆负笈鼓箧而至，安知榜山人才不如鹅湖、鹿洞之盛也欤！①

重修榜山书院讲堂碑记（咸丰二年九月）

（知县）罗定霖（新安人）

语云："莫为之前，虽美不彰；莫为之后，虽盛弗传。"霖也不敏，窃闻斯义。

隆之有邑，创于前明。邑之有书院，则北门内之"阳明"肇其始，西门内之"兴文"为之继。迨室宇摧毁，始改建于东门外学宫之右，曰"榜山"。前之人留心学校，作养人才如是，其丞丞乎！然遇□□之堂间，犹有弦诵之音欤？犹有群聚州处，乐群敬业之徒欤？风飘雨蚀，鞠茂草于榱崩栋折之场。呜呼，谁之责也？

咸丰二年，余承乏来兹。维时萑苻为患，邑数被兵，爰集编氓为团练法，横经之子易而荷戈。年余以来，始稍安集。夫儒有以诗书为甲胄、礼义为干橹，教而即戎，学不可废也。又况孝弟忠信，尊君亲上之风，非有秀雅之士陶淑于诗书礼乐以为之型，岂可责之耕氓佣竖之子耶？彼施教之地犹有存者，及今不治，将夷为墟。吾恐自兹以往，鄙野之习深，而党庠之化渺。告朔不再，并饩羊而去之，此区区者亦将与于"阳明""兴文"之同归陈迹也，岂不惜哉！于是筹费鸠工，及秋之季，先讲堂而更新之，两庑未能更举，力未逮也。其后则学舍无恙，杰阁巍然尤可异者。考其创始为壬子之年，岁星一周，后先兴废之间若有数定存其中焉。至于美臻于美，传益以传，非余权摄敢希也，愿以俟夫君子。②

岭山书院（武鸣）

岭山书院，位于广西武鸣。清道光元年（1821），知县张显相倡建，县举人阮修诵、职员李琛园董其事。七年（1827），知县申及甫添建文昌阁，加开

---

① 刘振西等纂：《隆安县志》卷五，民国二十三年（1934）铅印本，第14叶。
② 同上书，卷五，第16叶。

小池塘，增建学舍。清咸丰间，为难民借住，后崩坏殆尽。清光绪三年（1877），知县孙德元以修学宫余资并筹捐重修。二十二年（1896），知县周颂声复修西斋1所，捐俸购置书籍，以供研读。三十三年（1907），改为县立两等小学堂。今址为武鸣中学。

岭山书院（今改为高等小学校）

在县城西北隅。道光元年，知县张显相捐廉，割买薛、黄、刘三姓地基，直十五丈，横十八丈，周围共六十六丈倡建。以邑举人阮修诵、职员李琛园董其役，知府汪云任、知县慈士衡并有记。头门、二门各三间，讲堂、后堂各三间，凉亭一座，厨房两眼，东西斋共二十七间，四围缭以垣。七年，知县申及甫于东边添建文昌阁，前开小塘，两旁及后面翼以斋房，共八眼。咸丰间为难民借寓，重以兵贼蹂躏，倾颓殆尽。光绪三年，知县孙德元以修学宫余资加筹，捐补重修，以资不给，垣墙仅弥其缺。廿二年，知县周颂声复修西斋一所，捐俸购各项书籍存院，以为士子研磨之资。（世《志》、韦《志》、草访册参增）今改为县立高等小学校。（访册）①

邑令孙德元重修书院记

文固末艺耳，而欲猎取功名于矮屋中以致富贵者，非文亦无其具。自朝廷以科目取士，而文之重于天下也久矣。虽然，文固不可不学，而要非可易言也。为忠为孝，必有真性情，乃有真学问。有真学问，乃有真文章。文品也人品寓焉。自来文士读书，十年养气，十年自命不凡，皆自待不薄。顾其所以作养而培植之者，则长官实与有责，此书院之设所不容己也。武缘为县，辟于秦，置于隋，自明以迄清，邑之士名列春秋榜者不一，而究其所以获选者，率由肄业书院中所致。树木十年，树人百年，有明效矣。

邑之旧书院曰"阳明"，地邻县署，曾改为仓。今之岭山，乃道光初张侯显相所捐廉倡建也。为楼一，为堂二，为斋二十有七，庖湢备具，外缭以垣，前为重门，规模廓如。虽不及广厦千万间，而为邑之文士谋者，则深且远矣。咸同间，逆匪如毛，书院辍讲，都人士流离转徙，学业就荒，年来获售于巍科者，遂如朝阳鸣凤焉。然而书院故宇犹有存者，且养士之业固在也，振靡扶

---

① 温德溥修，曾唯儒纂：《武鸣县志》卷四，民国四年（1915）南宁达时印务局铅印本，第59叶。

衰,非甚难事,是在官斯土者加之意耳。

岁在光绪丁丑,余宰邑之三年,既修学宫,而院长韦君丰华暨绅衿刘君丹墀、梁君廷翰、覃君席珍、黄君诚浩、邓君文邦、甘君如松、梁君秉礼等,再以修书院请。适余举行岁考,因文武诸童之乐捐者而率兴其事。费不给,助以绅衿之好义者。即以院长韦君董其役,黄、邓二君任其劳,不半载而工告成。独是书院之修为课文计、为育才计,非以其膏火之资,豢浮华而饱游惰也。昔文文山廷试对策第一,而王应麟以得人贺。盖文章本诸蕴蓄,忠臣孝子之所见端也。国家以文取士,岂第取其文乎哉?今之文士,莫不以能文自诩,然必由《大学》之教,格致诚正以自明其德。识力定焉,心术端焉,品行懿焉,而后本真性情,真学问以为真文章,不徒向庸滥时墨中摹仿剽袭,以冀幸得之功名富贵,乃可为当世有用之人,乃可不负国家造士作人至意,而允惬长官乐育培植之盛心也,文岂易言哉!余将得代以去矣,敢有言以为肄业于是院者告且勖焉。是为记。(韦《志》草)①

知县周颂声岭山书院藏书记

武邑军兴以来,士风不振者垂三十余年。乙未秋,余宰是邑,蒿目民愚,痛心国聩,益病邑人儒学之不修。邑向有岭山学舍,余筹金葺之,购藏书九十种,增廪给,聚生徒,日语以古今之宜、中外之故,唇焦舌敝,士犹瞠视而莫之大从。久之锢习渐除,稍稍知途径,然一试不获,则以为学问无益于科举,辄自钝其向学之铓,而人亦群起而讪笑之。至是而诸生犹不之信。余曰:"呜呼!科举、学问,原不分途,自细儒视之以为歧。无学则无术,无术则无才,而天下之事变,遂亟矣。"昔祖宗设科以策士,累试以文,盖窥其胸中于笔下。胸中无物,笔下焉文?自二三典试,使臣不识圣裁。谬谬然以丛碎试学者,由是趋利之徒,遂改道而敝,精于举业。余尝读班史《儒林传》,赞有云:"自武帝立五经博士,开弟子员,设科射策,劝以官禄,讫于元始,百有余年。传业者浸盛,盖利禄之路然也。"古人以利禄而兴学术,今人以利禄而废学术,岂不重可哀耶!余莅任斯邑,常悯吾民之厄于愚,而思欲以士导之

---

① 温德溥修,曾唯儒纂:《武鸣县志》卷四,民国四年(1915)南宁达时印务局铅印本,第62—64叶。

路。然则上济国艰,下扶乡困,余所望于诸生,与诸生所以日从事者,固甚远也,岂区区于一科一第而已乎?爱日以学,读书报国,诸生勉乎哉!(访册)①

岭山书院产业附

一、院门前大塘一口,承乐昌三图、二冬,户眼虞、陆、刘、甘,粮银三钱零玖厘正单。(世《志》)

一、院东廊围墙外熟田壹亩。(世《志》)

以上田塘二项之租,议定每年正月二十日、八月初三日,祭院内文昌经费。(世《志》)

一、东街城边长塘一口,承乐昌二图、一冬,户眼刘缙,粮银壹钱二分正单。(世《志》)今改为田。(访册)

一、旧游府署照墙前大鱼塘一口,左上小鱼塘一口,右上小鱼塘一口,水巷上尾鱼塘一口。(访册)

一、中学校东边大塘一口。(访册)

一、中学校后背小塘一口,今几平。(访册)

一、旧徐公祠面前铺屋二间。(访册)

一、北门街铺屋一间,东向四进,偏厦二所。(访册)

一、米花坪铺屋二座,俱东向,每座排列二间,每间二进,后俱各有偏厦、厨房、马房。(访册)

一、大西街西边第五甲铺屋,三进三间,铺后有直巷通至塘边。(世《志》)

一、大西街西边第十一甲铺屋,二进三间,铺后有小偏厦。(世《志》)

一、乐昌乡绝户田一百七十户,嘉靖三十年复乐昌三图。军民阄分一百五十一顷九十八亩四分外,尚有马亮、陆来童二户,田、地、塘共二顷零八亩五厘,坐落乐昌岜荒村,前年纳租谷八十三石二斗;陆贤盛、陆集之、杨秀峰三户,田、地、塘共三顷八十一亩,坐落乐昌墰造村前、墰索村后二处,原纳租谷一百一十石,折银一十一两,除荒外,实征成熟租银六两二钱七分。那佛田三十亩,那耿田九十六亩,那下面田三十亩,那庄田三十亩,那杨田一十亩,

---

① 温德溥修,曾唯儒纂:《武鸣县志》卷四,民国四年(1915)南宁达时印务局铅印本,第64—65叶。

那芦田二十四亩，每年纳谷一百一十石，折银一十一两。（世《志》）

一、□舻村，土名那阆、鸡头、叠笼等处，熟田一百六十七亩，系石、卢、苏、潘四姓佃耕。道光七年，申县定案给连环印册，计四姓，分二十七名佃耕，每亩租谷八斗，每斗折钱八十文，按年共纳租钱一百零六千八百八十文。道光二十年，世县主详定升科立靖安畸零户眼武四乡正单粮银七两零六分四厘，遇闰加银二钱三分七厘。（世《志》）

一、南坛后背土名□墰熟田八十，地五丘，承靖安一冬五月甲户眼黄龙选粮银三分正单。（世《志》）

一、洛水三塘路边上下熟田一十一亩九分，地大小五十二丘，大塘一口，承乐昌三图二冬户眼刘文玉粮银一两三钱八分六厘正单。（世《志》）

一、那霸村，土名龙曲、墰厄、狮子、墰彭四处，计有六十四亩九分。白地每亩地租钱一百文，按年共纳租钱六千四百九十文，系该村黄姓承佃。（世《志》）

一、伏梁、墰朔两村交界，土名长毛、大六、高岭、墰畈四处官荒白地，道光十二年经慈县主勘丈，计共一百四十七亩四分，地归入书院。伏梁梁姓领耕长毛、大六地，墰朔王姓领耕高岭、墰畈地，通结案，立石定界。每亩议租银伍分，每年该租银七两三钱七分正。两姓平分佃耕，各纳租银三两六钱八分五厘。（世《志》）（光绪丙午举办小学校，费缺，割卖大六一处）

一、黄县主提充双桥、团韦治安逆田，原数有七千六百七十三地，后经阖邑父老查点，仅见五千余地。（访册）

一、寺墟团周之柱捐归田，土名那丁二丘二分地，土名那墟一丘二分地；土名□墟、那庶三丘一亩地，土名那并二丘四分地，土名那渡一丘四分地，俱坐落寺墟陶村附近，其田多已不见，今陶宏珍耕那渡一丘四分地。（访册）

一、大榄团谢玉钊充归田二丘七十地，土名那罢。（访册）

一、大榄团曾继昭捐归田二丘一亩地，土名那六，粮银六分正，系止戈三图十冬。（访册）

一、张县主提充渌一匪产田地山场一处，坐落那宫村边，土名渌罗田，共一百零六丘，一千六百四十地。一处在渌一村边，田约一千零地。

一、双桥团杨春熙、春灿乐捐祖遗田，共五亩零五地，粮银五钱四分七厘正，坐落杨村附近。那堪苏下路一丘二十地，堪苏那咘一丘三十五地，那堪苏剃刀一丘五十地，那唔窑□大小毗连二丘八十地，那哄娄塘坭二丘六十地，那堪苏何岳一丘五十地，那堪苏沟脚一丘五十地，那唔窑□路二丘六十地，那可二丘四十地，哄娄□二丘六十地，粮银纳靖安九冬户眼王乾京粮银三钱正。同冬黄昌垓粮银一钱六分七厘正，同冬方月顶粮银八分正。（访册）

一、割买得双桥团平洪村附近田共三十二丘，合一千三百零四地。田之坐落、土名并冬粮户眼，详注存院簿册。（访册）

一、割买得城内韦普屋地一所，坐落东街县署东边，直长十六丈，横长三丈三尺。（访册）

一、割买得城内孔韦承园地一所，坐落小学堂前塘沟右。又割买得朱殿元园地一角。今两处俱辟为小学堂出入便路。（访册）

一、院西园地，上截横长一十六丈，下截横长十丈四丈（尺），东边直长九丈八尺，西边直长八丈三尺，中间直长十一丈三尺，周围共四十七丈五尺，西南角与副总府空地一舍毗连，内建瓦屋，赁居种菜，按季收租。（世《志》）

一、赵县主提归葛墟刘姓、宣化卢姓，互控山场，土名姆陇、黄伞、坡旺，纵横约有三里许，有塘一口，宽四丈五尺，长五丈。田亩九丘，坡旺北脚，外边有白地一段，长有三百一十四步，宽二百四十二步。（访册）[1]

邑增生黄彦坳颂邑侯新建岭山书院诗

辟就储材地，人欣广厦成。琴堂春日永，讲席夜风清。冠冕辉文治，弦歌化武城。由来尊道学，一邑颂神明。（世《志》）

邑举人黄君钜岭山书院诗

僻壤沾文教，堂开塞径通。池含春草绿，窗隐夜灯红。促膝堪谈月，横经觉坐风。祁祁兼济济，长育颂张公。

紫气浮奎阁，文星聚井东。嵯峨山迭翠，突兀塔摩空。童冠偕寻乐，贤仁

---

[1] 温德溥修，曾唯儒纂：《武鸣县志》卷四，民国四年（1915）南宁达时印务局铅印本，第65—70叶。

借淑躬。霓裳他日咏，笑指广寒宫。（世《志》）①

宾阳书院（宾阳）

宾阳书院，位于广西宾阳。清乾隆三十六年（1771），知州陈之鹓在学宫故址建书院。清嘉庆二十五年（1820），知州袁植修与县绅改建于城门文昌门外，知州耿省修续成之。清道光二十九年（1849），知州陶锡圭重修，并捐置田租以增书院经费。清咸丰八年（1858），毁于战火。清光绪元年（1875），知州许泽洋改建于州治东北旧学宫故址。清光绪年间，复于院之东北隅建藏书楼。巡抚马丕瑶、县人方璧光先后捐赠书籍，藏书颇丰。永淳县进士杨怀震、县举人陆生兰、吴运鹏、谢宝树、赖干臣等先后任山长，主讲书院，就学生徒甚众。三十三年（1907），在书院原址创办师范讲习所，并设两等小学堂。民国初，改为县立高等小学校。今为宾阳中学。

宾阳书院

乾隆三十六年，知州陈之鹓迁学宫于州之东北，即学宫地建。嘉庆十六年，署知州徐檠辀详请复建学宫于此。又以州治东北，学宫之左，改建书院，未讫工。二十五年，署知州袁植修与邑绅士改建于城南文昌门外，知州耿省修续成之。道光二十九年，知州陶锡圭重修，并捐置田租，以增膏火。咸丰八年，毁于贼。光绪元年，署知州许泽洋从绅士请，改建于州治东北旧学宫地，迁其地，不易其名。按规制，上中下三座，头座作抱厦，门以外两旁镶以栏干，门以内树屏门六扇，以肃观瞻。两廊缩入，砌半截花栏，上作推窗、月门辉映。中座为文昌宫，对面魁星小阁，两旁前后开窗，以为书室。后座正厅为讲堂，中起水亭，旁亦书室，左右翼以学舍。有小厅，有厨房，有役所，周围缭以墙垣。二年，署知州叶茂松议于院之巽方建一门楼，苦于支绌，与绅士筹款，将前书院旧址变卖建造。外作八字粉墙，上为朱衣神阁，并置得龚村租田三十五亩八分，石村租田九亩七分，粮收入文庙头安载议。每年租谷收为文庙、文昌及忠烈祠香灯之资，并司役者工食，余则拨归书院膏火。

---

① 温德溥修，曾唯儒纂：《武鸣县志》卷四，民国四年（1915）南宁达时印务局铅印本，第65叶。

宾阳书院碑记

邑之有书院，即古者党庠术序遗意，太学人材于是乎出，洵士林之津逮也。我朝声教暨讫，匝宇绵区，沐浴休和者垂二百载。宾阳人文蔚起，而书院仅存其名，相传在文庙东者，究无定所。自嘉庆二十三年，署州牧袁树堂择地于文昌门外，捐资百缗为之倡，并劝谕郡人士醵金鼎建，得大门、二门、讲堂各一座。闬闳甫辟，宷廇未修，旋以卸篆去，故事未竟也。二十五年秋，余膺简命来刺是州，念兴教劝学皆守土官事，有其举之不可废也，遂捐廉为重修计，延邑之廪生孔立经等襄其事。于道光二年夏诹吉兴工，已成者仍加润色焉。添旁屋于二门外以居院役，添抱厦于讲堂前以壮观瞻。其建于堂之右者，为正房二，计六间；为照厅一，计三间。又东为书室三间，号舍五间。建于堂之右者，为书室三间，号舍六间。廊庑庖湢，无不毕具。至四年春，功始竣。方事之初举也，具略闻于上。时浙闽制军赵来抚粤西，捐银二百以助经费，用置下卢村、坝头村、平塘村、山鸡村田若干亩，并旧置明镜塘、墓心塘田，岁入可得谷若干石，为肄业者膏火之资。规制既宏，士咸知奋，担簦负笈来者，无虑数十百人。爰敦请前任通政司张南崧先生主讲席，每月二课，翘列者按名给花红以示奖。余于办公之暇时，复来游其间，以立品读书为诸生童劝。举头见门外南山叠翠攒青，环如屏障，河流一带，左右潆洄。旁对来青塔，后枕文昌宫，奎壁之光，与文峰相照耀。地灵人杰，此中之连镳直上者，正未可量。尤愿诸生努力精进，争自琢磨，以毋负余之期望也。谨识年月，并刊所有规条工费于石，以告蒇事。其有未备者，更相与次第举之。是为记。知宾州事华亭耿省修撰。[1]

宾阳书院碑记

乾隆辛卯，州人士移文庙于贡院之右冈，即其旧址改设宾阳书院，为堂三楹，学宪范公题以额。后为住室，前为门，各如堂制。左右翼以学舍凡三十间。最前为大门，旁列厨房四间，周围缭以墙垣。阅四年，甲午春正月告成，延师开讲有日矣。州绅士江子象仁、吴子瓛、蒙子振德、廖子天祐等，以膏火

---

[1] 〔清〕杨椿修，〔清〕陆生兰纂：《宾州志》卷六，清光绪十二年（1886）刻本，第33—34叶。

之无所出，而捐俸之难为继也，乃备历呈明。乾隆三十二年，前牧叶议详州民吴胜杰、李凤珠等控争土名墓心等荒地一案，讯明实系无粮无照荒地，将墓心塘底并那茶南二处，共田四十九亩五分零，拨给吴胜杰佃种；墓心塘田三十八亩五分零，拨给朱永球、黄凤增佃种；停车并那茶北共田四十二亩九分零，拨给李凤珠佃种。酌定每年每亩各纳租谷三斗，每斗谷一十三斤半，共纳租谷三十九石三斗零，断归义学膏火，仍给四姓印照，永远承佃，详定在案。又查州治城东，志载明镜一塘为州属胜景，自南至北约三里许，中筑走道二条，分为上中下三段，原属阖州公地。自雍正九年州民黄廷鉴、谢元吉等私垦互控，屡经前牧详明批饬，勒石永禁，不准开垦，久在案。现今附近居民复行私垦，业已成田，理应归公。随即亲诣明镜塘查勘，计上塘垦田三十二丘，丈得税一十九亩三分零六毫；中塘垦田一百五十一丘，并小塘三口，丈得税七十四亩五分六厘二毫；下塘垦田八十五丘，并小塘一口，丈税五十亩零六厘。计共垦成田二百六十八丘，并小塘四口，共税一百四十三亩九分二厘八毫。嗣经私垦成田之大磨村民磨若怀等八十五人，各自呈首以归公。随据绅士呈保州民谢明珠、吴淑伟、张用廷、张武凝、磨赫兮等五人永佃，认定每年每田一亩缴租一石，每石谷一百三十五斤，各给永佃印照。每名缴租三十二石，共计租谷一百六十石，合前租谷一百九十九石三斗，照依时值变卖，归作书院膏火。并各绅士公举殷实绅衿四人董理其事，每年收贮变卖数目，立簿报州，其岁底支用各数，由州造册报销，免致书吏人等从中侵蚀。一并详定，俱在案，毋庸赘矣。

　　夏五，公余集诸子坐讲堂，诸子前席请予纪其事，勒石以垂久远。予顾堂额指之曰："若亦知敬业之名义乎？业者，士之事。其形，耳目口体；其性，仁义礼智；其情，喜怒哀乐；其伦，君臣、父子、兄弟、夫妇、朋友；其责，自身而家、而国、而天下；其事，格致、诚正、修齐、治平；其功，博学、审问、慎思、明辨、笃行；其文，《诗》《书》《礼》《乐》《易象》《春秋》。而四子则又六经之阶梯也。昼而讲，宵而习，藏焉，修焉，息焉，游焉，随事反之于身，而一以不苟之心应之，所谓敬也。此入德之门，学之要也。如兹以往，一洗旧习，奋然而兴，立一舜人、我人之志，从人伦日用间察识而扩充之。入孝出弟，由义居仁，体之为实心，行之为实事，发之言词为真实文章，措之政事为真实经济，然后为明体达用之实学。抑且父教其子，兄教其弟，旁推曲畅，衍此业于无穷，使我宾阳人士丕变，蔚然成邹鲁之乡，为百二河山生色，其于久远之义且何如也？"诸子唯唯而退，悉次其语记之。顾匠氏镌诸石。时乾隆三十九年夏五月朔二日也。①

书院田租

一坐落墓心、停车、那茶南北等处田一百三十亩零，共租谷三十九石三斗。

一坐落明镜塘上、中、下一百四十三亩九分二厘八毫，共租谷一百六十石。

已上旧置田二百七十四亩九分二厘八毫，共租谷一百九十九石三斗。

乾隆三十九年五月，署知州吴凤来勒碑于书院二门外左侧。

武陵下团下卢村田二十八丘，收租谷二十石，折银十两。太守坝头村田四十丘，收租谷十二石。

武下团平塘村田十五丘，收租谷八石，折钱四千。

武下团山鸡村田二十九丘，收租谷十二石，折钱六千。

已上新置田一百一十二丘，共租谷五十二石。（旧志）

渌耀村租田共一百三十九丘，税地六十五亩七分。另有塘二口，共按租九十一石七斗四升，每石租与年上下依六五成收谷（道光二十九年置，监生蒋承周捐钱二百千文）。合岭村租田三亩五分（关家送入文庙）。②

松冈书院（横州）

松冈书院，位于广西横州市。清乾隆六年（1741），南宁府同知涂振楚捐俸创建于平塘村陈埠江口处。

松冈书院

在平塘埠西南，郡司马涂公振楚于乾隆六年建，为公余训士之所。③

---

① 〔清〕杨椿修，〔清〕陆生兰纂：《宾州志》卷六，清光绪十二年（1886）刻本，第35—36叶。
② 同上书，卷六，第35—37叶。
③ 〔清〕谢钟龄修，〔清〕朱秀纂：《横州志》卷七，清光绪二十五年（1899）刻本，第24叶。

松岗书院序

梁元伸（新宁岁贡）

松岗书院，宁郡司马涂公所设也。向者松岗荒山，榛芜塞道，蔓草寒烟，数百年来未有能毅然而辟者。公于辛酉腊月莅任宁郡司马，督理盐漕行馆，住闸陈埠江口。公事之余，励精于学，诚当代之儒宗也。其志总以维持名教为己任，爰卜松岗之巅，捐俸鸠工，创立书院，进四方之绅士秀而良者数十人，日与讲学课艺于兹焉。且命予为学长，董率其业。予不揣学殖荒薄，见闻孤陋，惟朝夕鼓舞，争自濯磨，以仰体我公作人之盛心，栽培之雅化。然则公是举，匪特继先民之轨范，抑且惠后学于无穷，盛德流风，千古徽音也。予于晨夕之余，览松岗形胜，得八景，爰拟其名而形于咏，非敢自谓声歌协律，实欲使后之览古吊迹者，登岗而探其胜焉。且以见松岗书院之设，诚为开山灵生面，起百代文风，有功于名教巨矣。公之盛心雅化于是乎传，而沐公之泽者，能无思公之德于不朽哉？乾隆六年。①

上林县重修学宫碑记

上林县儒学教谕、马平叶承霖撰

国家郡县皆诏立学，非徒为士子诵习地也，所以化民成俗之源盖裕于此。昔辟雍建，而四方思服；泮宫作，而淮夷思归，效已见于前也。今试有桀傲不驯之人，遇宫墙之前，见车服礼器之设，亦未有不穆然生心，肃然起敬者。则知学校之设，其所关系非浅鲜也。林邑建学，盖亦有年，递兴递废以迄于今。今栋将折，梁将摧，墙壁将圮，门庑荡然，礼乐教化之区，几为荒榛瓦砾之场矣。幸遇邑徐侯（金溪人，名大材），以江左名士，早掇巍科，湛深经术，天子特简来粤。初莅富川，除残禁暴，境内贴然。当事以林素号岩邑，东西两抚尤为难治，特荐侯调是邑。甫下车，即擒两抚之首贼樊李王献馘。其东抚诸蛮，向常负恃险远者，悉集堂下而拱听约束。侯念此辈皆有恒性，特染于习耳，每于月日吉谒圣毕，即率人士至明伦堂宣讲圣谕，俾使佷瑶壮类，咸闻德教，革命改心。特念庙貌不修，观瞻不肃，非所彰风化而示远近也。乃首捐清俸，更劝

---

① 〔清〕谢钟龄修，〔清〕朱秀纂：《横州志》卷一二，清光绪二十五年（1899）刻本，第27—28叶。

多士襄厥事,庀工饬料,修废易朽。殿庭门庑,阶除桥泮,巍峨整齐,顿改旧观。乃未几,而霪雨水涨,墙垣复倾。方图修复,而西抚之余孽韦守举等复肆强横。侯请于当事,亲率汉土官兵千余人,自春徂秋,越七月,凡深山穷谷豺狼虎豹无不亲历,俘而献馘者数百人。两抚悉平,乃复议修筑。旧明伦堂在大成殿之后,又后为崇圣祠,殊乖体制。乃规左学之侧有义学九楹,已将就圮,乃葺而新之,以中三楹为明伦堂,而以旧堂为崇圣祠。祠前左右创三楹为义学。学宫面东,明伦堂面南。就祠视之,则两厢也。由堂视之,则明伦堂也,义学室也。昔两学皆无署,司教者常就居民舍,或寄寓西庑。侯因堂左右三楹,葺为学署,于是两斋有居,生徒有室,可以朝夕讲贯而习业矣。复念诸生膏火无资,乃将六户官田一百二十亩,岁收租一万八千斤,详请归学,以为师徒资脯。济济多士,咸诵习其中,而瑶俍之区魁首各送子弟来学。将来文风渐盛,人才奋兴,而狼心犬性之徒熏陶感染,亦非复横戈挟矢之习矣。孰谓移风易俗之效,不视其口。然吾观梵刹涂金,无裨治化;元宫砌玉,莫济民生。孰若吾儒宫墙数仞,统天下之智愚贤否,而范围于其中,无偏无党,跻于荡平熙皞之盛也哉!所以从来国家无不以兴学立教为首务,而我皇上重修阙里,揖封五代,御书匾额颁赐天下学宫,其崇儒重道之典,稽之往古,蔑以加矣,盖以治道莫要于此也。而侯重修复创之功,宁不伟欤!其诸生捐资乐助,亦有足多者,故并镌之碑阴。

时雍正十一年岁次癸丑孟冬月谷旦。①

重建魁星楼碑记（乾隆四十年）

(清南宁府教授、县人) 李有根 (西园)

魁星者,斗首四星,斟酌元气运于四时,天下学者所共仰,其即人文之星耶?自开辟以来,悬象于天,芒寒正色,似非人间屋宇所储者。然考之于古,有尧见五老传说为列星,汉刘向校书太乙燃藜之语,则可知星必有精,精则有形,形则有象。魁星之有楼也,其谓是与?我朝重熙累洽,文教覃敷,自都会郡邑以及市镇名胜之区,魁星楼所在多有。

稽吾邑志,历来未有斯楼也。乾隆癸亥年黄学傅讳超茂秉铎于斯,始率邑

---

① (民国)柳江县政府修,刘汉忠、罗方贵点校:《柳江县志》,广西人民出版社,1998,第374—375页。

士而建焉，迄今栋桡榱折，渐将倾颓矣。丙戌春，邑侯李公甫下车，即念是楼为文教所系，亟欲新之。适值县童试，谋诸广文赖年先生，令谕各童捐资，计得钱四十一千有奇。未几，李侯别署而去。临行，面嘱广文与阖邑绅士踊跃捐造，以终厥美。旋于癸巳年春，兴工两阅月，而楼已告成。乃因基址袭旧，兼之天雨淋漓，夏六月，适为大水冲塌，而前功尽废。赖年先生复捐俸为倡，多士亦同心乐助。于是仍其故址，重鼎新模。乙未孟秋吉日，亲率多士奉神像登宝座焉，蔚然伟矣，嘱余序之。

余思夫古来之建楼者，不胜屈指。彼齐云落星，井干丽谯，极高极华，而究厥储藏，已为有识者不取。至若黄鹤纪仙人之迹、岳阳壮河山之光，古今啧啧称羡，方于斯楼亦各有别。盖斯楼创于近日，古迹已茫杳无传，又且僻在山城，亦罕有迁客骚人登临览物而悲喜者。惟是邑中之父老子弟饮射读法之余、采芹释奠之暇，来兹踪步而寓目焉。斯时也，睹楼之盘踞台隍，则知进德有基，而为仁有本，务实之学如是也；登楼之重轩叠阁，则知行远自迩，登高自卑，循序之效如是也。见楼之凌霄侵汉，取以高尚志气焉；见楼之棱角峻峭，取以砥砺廉隅焉；且见楼之丹漆缤纷，辉光溢目，则当穷经博史，冀为彬雅焉。如是则能得楼之助者，即魁星之所佑也。若徒以丹碧其宫，庄严其象，是为观美之具，岂贤父母师长所以亟亟议建乎？余是以溯其创始修复之由，喜是楼为人文观感之地，更重嘉吾同学者之相与有成也。

是役也，董其事者，学中岁贡生黄溥、廪膳生谭所修、增广生周卓材。其经营总理，则广文赖年先生功尤著，是皆不可以不书。（谨案：此记窃教谕赖尔衡为赖年先生，殊不可解。岂年固其本姓而仅于交际之间始著之欤？）①

上林县创建试庐记（道光二十二年）

（清广西学政、乌程）钮福保（松泉）

驹名千里，可称逐电之能；鹏击九秋，犹借培风之力。是以量才造士，溯自初基；所宜正本清源，端其始进。年方典谒，频更小试以甄陶；学果超群，

---

① 杨盟等修，黄诚沅纂：《上林县志》卷一四，民国二十三年（1934）铅印本，第14叶。

乃得附名于黉序。然捉刀而立，每为借而蒙俱；或夹袋之中，孰是呕心长吉。此则试庐之设，当务所先；关乎弊窦之除，厥功甚巨者也。

我圣朝崇儒重士，三载宾兴，选秀升贤，四方利用。将瓮牖绳枢之士，即蛮花犵鸟之乡。凡兹济济多才，莫不蒸蒸向化。顾乃庇之万厦，抑犹闭以重扃。诚恐夤缘，苞苴是禁；尤防代倩，菅蒯相淆。故不能不广设科条，严申功令也。

予以叠膺帝简，载典乡闱。此际利病良多，向者见闻最悉。惟每叹郡县之率由不一，国家之经费有常。彼校诸童于廨舍之中，且不免夫负戴；是侪多士于胥徒之列，更何论夫怀藏？诈欺无所关防，品诣奚由简择？譬之士子，罔知教自婴孩；比及成人，能不伤夫老大耶？今之辛、壬之岁，粤岭提衡；间闻甲乙之科，澄江夺锦。按临者再，科考告竣，科会斯宇之兴役落成，因诸生以撰文为请。

询其缔构，灿若列眉；告厥经营，成于集腋。适以戒涂将发，距其治境尚遥。莫得其详，姑无具论。稽彼都之名凤化，隶昭代而见龙飞。洪洞藏书，流风未泯；姚江讲学，旧泽长存。虽惟九里三团，讵乏千灵万秀？从知士则超前轶后，待以席珍；将见文则肆外闳中，蔚为国宝。未必非积习清厘于此举，斯以有英才辈出于他年。幸勿河汉斯言，愿共渊源正学。是固予之厚望，当亦众所乐从。既得与闻，聊为之记云尔。①

秋日喜黄永宁重来留宿学署

张鸿翩

冒雨重迎长者车，欢然对面竟何如。开樽且共舒怀抱，剪烛从新问起居。三载情深千尺水，异乡心逐几行书。黄花也快逢知己，乱撒金团薄玉壶。②

重修隆安县学宫文昌祠考棚碑记（同治十一年）

（署知县）张万选（子兼，河南）

同治九年岁庚午，余奉上宪委署县篆。闻盗风颇炽，兼乐械斗，此皆由于学校久废，习俗使然。盖教化不兴，士风不振，虽日取盗贼而诛之无益也。余

---

① 杨盟等修，黄诚沅纂：《上林县志》卷一四，民国二十三年（1934）铅印本，第18叶。
② 同上书，卷一五，第20—21叶。

出省时，即购《圣谕广训》并朱子《小学》各十部，拟治隆必以教化为先。甫下车，祗谒圣庙，见夫宫墙虽具，殿庑仅存，而大成门及泮池、礼门、义路类皆倾圮。即后殿、东西庑、文昌祠、考棚、魁楼等处亦皆颓倒，触目惊心，为之慨然久之。

余以学校为起化之原，学宫不修，士风何由而振？无怪乎民鲜知礼而乐于械斗也。爰与学博及县中绅士筹商，酌定章程，宣讲圣谕，以兴教化。不忍不教而诛，冀斯民观化兴起也。甫及上旬，即有逃匪勾引外匪回窜下颜大肆劫掠。幸蒙提宪按临，督兵进剿，旬日之间，即将各处贼巢次第攻克。巨憝授首，群凶伏诛，地方赖以安靖。惟是办理善后，固宜清除余匪，尤须百废俱兴。因于城厢各图设立讲台，宣讲圣谕，以厚风俗；开考书院，以兴文教。并清查逆产充公，与诸绅酌量修理文庙、文昌祠、考棚、魁楼及北门城巩。将各逆产变卖，获钱八百千有奇。另陆元璧捐钱四百千文，劳大位捐钱一百千文，梁恒稳捐钱八十千文，雷兆涓捐钱八十千文，共捐输钱六百余千。于是鸠工庀材，择吉兴修，派优贡生陆方茂、生员黄元超等监修北门、城巩，候选教谕生员程克从督修文庙大成门、泮池、礼门、义路、后殿、东西庑及文昌祠、考棚、书院、魁楼。经始于同治十年辛未岁八月望六，迄十一年二月朔一告成。连北门、城巩共计费钱九百余串。除给生童月课奖赏外，尚余钱五百串，发交掌书院数等生轮流经管，发商生息，以为榜山书院每年延请山长束脩资本。至是而殿庑、门壁、池桥、户宇及附庙各祠，除旧增新，丽云倬汉，贤关圣域，焕然改观，庶足以习礼容而光芹藻也。继自今莘莘俎豆，济济儒生，说礼敦诗，力挽浇俗，共臻郅治。教化之兴，岂有艾耶！惟榜山书院颓崩更甚，未能修葺，为望后之君子诸绅。请余为记，爰述其略，镌之于石，以示后来。①

学署后圃偶成

滕问海

自笑迂儒老更迂，年年岁岁守枯株。庭中罗雀嗟穷宦，笔底雕虫悔壮夫。

---

① 刘振西等纂：《隆安县志》卷五，民国二十三年（1934）铅印本，第17—18叶。

密叶营巢凭巧妇，方塘茁箭喜慈姑。人生随遇皆为乐，富贵何时休妄图。①

迁江学署偶吟

滕问海

临浦周年方暖席，又来迁邑踞寒毡。百钱一日房州例，自喜儒宫似剑仙。（学租每日收钱一百）②

◇ 崇左市 ◇

南坡书院（宁明）

　　南坡书院，位于广西宁明，原名太子泉书院。明永乐年间，思明土府知府黄广成建于明江城西门外，参议解缙谪交趾，尝寓于此，与黄广成赋咏结欢。清康熙间，书院移至明江城南门外，寻废。清康熙二十九年（1690），教授高熊征改建为南坡书院。清雍正年间，宁明州知州阮维章、李瑜设义学于州城西北属，久废。清乾隆四十六年（1781），知州章锦有志兴复，未成。清嘉庆五年（1800），知州李早荣与州中文士重建，改名为"宁江书院"。壮族举人黎申产在此书院任山长二十多年。清嘉庆年间，书院移至城东门武圣街。清光绪末年废科举，改为明江高等小学堂。

宁江书院

　　在城西门内，乾隆季年，州牧李公开甫（事迹见名宦）创建，至嘉庆五年落成。李少鹤明府撰碑记（文载名宦李公条下）。又别列一碑，条载束脩膏火数目，今并录之。③

---

① 〔清〕张鹏展纂：《峤西诗钞》卷一八，清道光二年（1822）刻本，第24叶。按：滕问海为清乾隆间贡生，后为宾阳训导。
② 同上书，卷一八，第26—27叶。
③ 黎申产纂：《宁明州志》卷上，民国三年（1914）铅印本，第41叶。

宁江书院碑记

李少鹤

宁明旧为思明土州，隶思明土府，即今明江。雍正十年，废土府，设同知，属太平府。改土州为宁明州，州学仍在明江。前明明江书院在太子泉上。永乐中，解参议缙尝寓于此。国朝康熙年间，书院移在明江城南门外，后寻废。宁明州知州阮公维璋、李公瑜尝设义学于州城西北隅，皆甚荒陋，不久亦废。乾隆四十六年，知州章公锦有志兴复而未果。五十三年，李公早荣字开甫自象州调任此州，始与州中文士拟建书院。卜地于城西门内西竺庵之西，本为空地，时制军今大学士孙公士毅奉命平靖安南之役，抚军孙公永清督饷驻此，夜梦龙神，后安夷耆定。因发银三百两即其地建龙神祠。李公遂移西竺佛像于祠后，而以庵之故处立为书院，位乾向巽，南北长二十一丈，东西长六丈六尺。外为大门三间，中为讲堂三间，旁为诸生学舍，左三间，右三间。后楼一座三间，檐口一排舍，隅有厨房，墙垣四围。董其事者，宁明州学正阚公克昌、吏目叶公永靖也。

今将旧存书院租谷并新增膏火捐资姓名刊载。

派蒳村耕主面武房田二处，每年纳租谷三十三箩，每箩折钱一百二十文，共钱三千九百六十文。耕丁周恒伊、周敏昭、黎恒甚、黄英建。

关怀关二田二处，每年纳租谷三十八箩，共收折钱四千五百六十文。耕丁郑其公，左头村人；邓景瑶，棒邓村人。

峒品番仔田一分，每年纳租谷三十箩，共收折钱三千六百文。

猢獅村木匠田一分，每年纳租谷十二箩，共收折钱一千四百四十文。

扬山那淡那猛田三处，每年纳租谷二十二箩，每箩重三十五斤，实征谷七石七斗。耕丁郑德配、甘良直、唐书图、郑世盛（棒郑村人）；农诵时、农庚保、郑日群（左头村人）。

那猍村甘楞板田一处，每年纳租谷十三箩，每箩重三十五斤，实征谷四石五斗五升。耕丁黄恒谦（那猍村人）。

那猍甘那面（系土字，合"那面"作一字读）板那盎田二处，每年纳租谷七箩，每箩重三十五斤，实征谷二石四斗五升。耕丁李绍华、李绍积、李恒陀

（那猓村人）。

左头遭屯田一处，每年纳租谷十六篓，每篓重三十五斤，实征谷五石六斗。耕丁魁东碧、魁昕朗、魁雍现（那猓村人）。

岜寺村畲地一处，每年纳租钱六千文。

嘉庆二年三月十六日，阮州主拨入遭果村人黄通等共十三户，每户每年纳银三钱，共银三两九钱。春季收。

嘉庆三年九月初二日，阮州主拨入役田，土名那功兵，该谷种四篓二朴，每年收谷四（十）二篓，每篓重五十斤。耕丁李云刚，耕谷种一篓，田十片；周殿奉耕谷种一篓，田十片；黄士文耕四朴，田五片；农乐群耕四朴，田四片；农力长耕四朴，田五片；周殿名耕一篓，田十片（俱那汉人）。以上每年共收钱十九千五百六十文，银三两九钱，谷一百篓。内除谷廿篓给院役工食，余作送山长束脩。现存曾兼上捐银一百两，蒙圣全银四十两，何宣弥银十两。自嘉庆元年三月廿日生息，每逢官课按月缴息银三两，给肄业生童膏火之资。①

南坡书院记（康熙二十八年）

陆祚蕃

余按书院之设，唐人禁中以储书籍，宋人踵之为祀乡先生而施教焉，如白鹿、岳麓、嵩阳尚矣。粤处西偏，兵燹以来，人文寥落。本朝定鼎将五十年，成进士者指不多屈，岂真地足以限人哉？抑亦造就之功未至耳？

丁卯，予膺简命，衡士兹土，首严月课，刊发条教，命校官以时肄士，按季报阅，用为殿最。然士子食贫者众，既不能延师受业，又不能负笈他邦，加以居习无所，膏火乏资，苟非上之人鼓舞而作兴之，其何能克自振拔也耶？则昔人书院之建，尤不可不亟为讲求者也。迨翻阅省志，桂林有宣成书院，全州有清湘书院，其诸平、梧、浔、柳、庆、南、思、太各郡属俱有书院。而至于今不废者，省城则华掌书院，中丞郝公浴之所建立也。南宁则敷文书院，巡宪宋公翔之所增修也。至于观澜书院峙立梧江，余且得借之以较士。呜呼！书院其曷可少乎？戊辰冬岁，试再按邕州，而思明教授高子熊征竟以新创南坡书院记来请。予览□辞曰："思明土司，文教不兴，好学者少。因商于土府黄□维

---

① 黎申产纂：《宁明州志》卷上，民国三年（1914）铅印本，第41—42叶。

鼎,得南门旧公馆地一所,深十有五丈,广十有七丈,前临莲沼,环植嘉卉。创建书院,头座三间为讲堂,后座三间祀文昌像与学士解公缙神位,俱覆以瓦。两旁为书舍若干间,暂盖以茅,共费若干金。召集生童,弦诵其中,朝夕不倦。"予览毕,诧曰:"何教授寒员,乃能留心造士如此,可不谓举其职者耶?"然考其书院之所由建,则太平守黄君良骥、郡丞陈君达首俞其请,嘉与乐成。又得督工总理郑之宸实心董事,而贡衿谭馥等协力同襄,是皆宜大书特书,牵连得书者也。尔诸生肄业于斯,朝勤而夕砺,日就而月将,作忠作孝,希圣希贤,他日人才辈出,科第蝉联,当与中邦衡盛,慎无以土司自画可也。是为记。①

思齐书院(宁明)

思齐书院,位于广西宁明。清光绪十六年(1890)由当地士绅等集资创建于思乐县思州街。恰逢广西巡抚马丕瑶奉命阅兵至龙州,思州土官黄熙元派本地优贡生黄焕中、邓之瑜,廪生黄广业、张联壁等请见,言书院事,得准。当地士绅等遂集资创建书院于思乐县思州街。马丕瑶名之为"思齐书院",并撰写碑记,题写联额,赠送书籍等。清宣统元年(1909),改为静南初等小学堂。今址为思州小学。

思州思齐书院记

马丕瑶

光绪十有六年冬,余奉命阅兵,西抵龙州。土思州黄生体明等新建书院成,余名以"思齐",既题其额,又从而示之曰:"生知思齐之意乎?粤西人文,昔莫著于士威彦,以治《左氏》孝廉起家。东汉之季,督绥南七郡,四十余年不受兵。近今莫如陈文恭,在雍、乾间,历监司、督抚十数行省,学术政绩为岭表冠,没祀贤良。夫士贵自立,贤才不择地而生。士希贤,贤希圣,圣希天,上下古今之贤圣,皆同此心理也。生等勉乎哉!"桂省方刊四书五经读本,余念生等之志勤而力专也,发存书院,并记命名之由。后有以学问经济蔚

---

① 〔清〕甘汝来纂修:《太平府志》卷四〇,清雍正四年(1726)刻本,第23—24叶。

然特出者,是名为不虚也已。①

宁明思齐书院联

马丕瑶

思明本荒州,豪杰奋兴何择地;
齐鲁同文教,圣贤神化可希天。②

丽江书院(崇左)

丽江书院,位于广西崇左。清雍正二年(1724),太平府知府甘汝来于府治崇善县高公祠前创建,初为义学。九年(1731),知府屠嘉正在此基础上改建,始名为丽江书院。清乾隆二十年(1755),知府商盘重修。二十四年(1759),知府查礼迁建于崇善县城东拱辰门右,次年落成。清光绪三十三年(1907),崇善知县龚育麟以书院及查公、刘公祠建太平中学堂。今址为崇左中学。

丽江书院

清乾隆二十二年,知府查礼创建于城东。屋宇三座,前座、正座、后座。正座前面两旁有书室十四间。捐廉购置田产,收租以为延聘山长及月课奖给诸生膏之用。买到永康、白面、落黎等村田每年租钱九十六千文。上龙、土司、那套、那球、板诰等村田租钱一百二十三千文,土思州田租钱二百四十千文,太平土州村田租钱三十二千文。自科举废,学校兴,将丽江书院改造省立第六中学校,各处田祖均归该校收。③

丽江书院记

查礼

古者家有塾,党有庠,术有序,国有学。所以明经义,而一士驱也。故化

---

① 〔清〕马丕瑶:《马中丞遗集·文集》,收入《清代诗文集汇编》第718册,上海古籍出版社,2010,第734页。
② 解维汉编选:《中国牌坊书院楹联精选》,陕西人民出版社,2007,第212页。
③ 黄旭初修,吴龙辉纂:《崇善县志》,收入《中国方志丛书》第203号,成文出版社,1975,第266—267页。

民成俗，必以立教为先。唐虞三代而下，汉唐之贤君，未有不重道崇儒，昌明经学以训迪天下之士者。宋继五季干戈之后，学校未修，士病居息无所，海内儒者往往择山水名胜之区，建堂立舍为讲授之地，离经辨志，敬业乐群，率多至数百十人。守土者，或崇其屋宇，或揭之匾榜，或请赐经籍、捐助膏火，以宠绥而褒表之。若白鹿洞、岳麓、睢阳、嵩阳四书院，其最著者。是书院之设盛于宋，沿于元明，逮我朝，声教四讫，书院遂遍天下。

粤西虽瘴疠之乡，省郡州县亦多构书院，延师课士。惟太平一郡，为古骆越地，远寄边徼，向无创置。其郡志所载之"静庵书院"，实前明太守胡世宁祠，静庵其号也。又"肇化书院"，亦前明参政翁万达祠也。二祠久废，故址俱不可考。雍正二年，前守甘汝来权，以高不矜郡伯祠为士子读书处。九年，前守屠嘉正榜为"丽江书院"。然湫隘不堪栖止，肄业者不过七八人而已。

余以乾隆丙子夏六月来守是郡，目击其衰，不禁喟然兴叹。明经王模，郡之有齿德士也，前请于余曰："太平人士不被文翁之化，自辟土以来，安于荒陋而不迁，盖八百年于兹矣。所望君子莅止，勿视其颛蒙与为终古，庶几今日之粤有光于昔日之蜀使，君其有意乎？"且观郡中士子聪明朴茂，不乏其人。所谓"十室之邑，必有忠信；十步之间，必有茂草。"何地无材不教？何以成其材也？《记》曰："玉不琢，不成器；人不学，不知道。"又曰："独学而无友，则孤陋而寡闻。"是建院延师，使多士相与，逊敏修来，洵为斯郡之先务。爰捐俸以倡，继之以丞倅牧令并诸土官。而模亦率郡之绅士，踊跃输金襄厥事。于是庀材鸠工，卜地于拱辰门之右、丽江之上，面流枕郭，基垲原高。崇其视成之堂，广以问业之斋，翼以居学之舍。工既竣，购饮食坐卧之器以便之，经史子集之书以导之，将鼓箧招夫来学。居肆陶成，固不患其湫隘矣。后有隙地，多古木、修篁、蕉荔之属。外环以池，广且百余亩。晦明之际，天光云影，鱼跃鸢飞，允足悦性怡情，而浚发人之智慧者。复于杂树之间，架屋三椽，以收其胜，颜曰"静宜轩"。前有桄榔一枝，亭亭耸秀，亦郡城所希者，倚之为亭，即名"桄榔亭"。二三子攻苦之余，持一卷书，啸歌俯仰于其上，觉天机与理趣触绪纷来，其会心又宁在远耶？自今以往，诸生藏修有舍，游息有区，惟期同堂共业切劇之、砥砺之，阐发四子，贯通六经，七年可以观其小成,九年可以视其大成。将见丽水原于洙泗、瘴乡变而邹鲁矣。余实于郡之人士有厚望焉,且民风因乎士习。民风佻,则士习之不正可知。士习端,则民风未有不淳者。故起化之原,必自育材始。

是役也,费不出于田赋,工不假于里胥。经始于丁丑二月,落成于戊寅四月,计经费,统用钱二百六十七万,其院中岁籍田租为师生束脩膏火之资,详载别石。①

暨南书院(龙州)

暨南书院,位于广西龙州。清乾隆四年(1739),太平府通判杨仲兴偕士绅捐资创建。以其地在南荒,并取《禹贡》"朔南暨声教,讫于四海"之义命名。有前、中、后三座,各三间,后有楼,上祀文昌,下为院长住所。二十年(1755),通判张嘉硕扩修。二十二年(1757),太平府知府查礼及通判张春芳扩充。清同治十年(1871),太平府知府兼龙州厅同知徐延旭新建书院后座。清末改办两等小学堂。今址为新华小学。

暨南书院

清雍正五年,削下龙土巡检司秩,改土归流,是为龙州厅治之始。移太平府通判分驻,一切制度章程多仍其旧,尚无书院。至乾隆四年己未,广东杨仲兴权通判时,始与地方绅士林俊农正人及各生童等捐金建暨南书院,为士子肄业之所。院名"暨南",以其地在南荒,并取《禹贡》"朔南暨声教,讫于四海"之义。至二十年,通判张嘉硕扩其规模,崇其榱栋,而规模稍具。然尚狭隘,肄业者无所托足。二十二年,郡守查礼巡阅所属至龙州,以龙州与交趾相接壤,为太平府郡门户,慨捐俸金以为之倡,与通判张春芳谋扩充重葺构屋,并筹拨裁汰土司头食谷一百五十余石为书院经费,而规模益具。然师生膏火虽设有公项,究属不敷。迨后通判张大海、吴兰、孙照,廿九年王抚棠、吴扶曾、闻宝桂及清季升任臬司蔡廉访希邠于权厅篆时,或捐廉,或指拨公项,均以培植地方、嘉惠士林为务。故龙州虽属边徼之区,文化落后,然登乡榜者亦

---

① 〔清〕查礼:《铜鼓书堂遗稿》卷二九,清乾隆刻本,第4—6叶。

属不少。

考暨南书院旧制，延有科名、资望、学识者主院席，名曰山长以课士。每年于二月开课，十二月停课。开课后，每月以朔望日为课士之期。朔日由权厅篆之官出题，名为官课。望日由山长出题，名为师课。出题以时文及试帖或诗赋为主旨。清季废八股时文，则以经义、策论为题。题目贴在讲堂，任有籍之生童应考，限期交卷。官课由官评阅批示，定其甲乙；师课则由山长评阅批示，定其去取。分生员、童生两榜。每课无论应课之人多少，限取录十名。生员分超等、特等、次等。超等、特等为取录之卷，次等为落卷。童生分上取、中取、次取。上、中取为取录之卷，次取为落卷。其超、特等及上、中取之卷，每卷得奖赏，以制钱五百六十文为底奖，其较佳之卷置前列。官课另加奖花红，师课无加，名曰月课，又名膏火。其不甚注意于文化学风之官，只循例举行。嘉庆中，有王抚棠，浙江会稽人，权厅篆时，勤于课士。拔童生黄定宜于寒窭之家，延入县署课子，厚其脩脯，使无内顾忧。黄之得游泮宫、宴鹿鸣，为县中发科之始。及登仕版、任郡伯，均系王公所玉成。改流以来，知县事不一其人，惟如杨仲兴，广东人；张嘉硕，吴县人；张春芳，归安人；吴兰孙，吴县人；张大海，汉阳人；蔡希郐，新建人；均孜孜以诱掖后进、培植地方为务，邑人至今称之。山长脩金年二百两，另薪水制钱三十八千零五十文。院内奉祀文昌帝君，每年春秋两祭，分胙于山长及书院值理，并设宴以飨士。凡有院籍及游泮或捐纳有功名者，皆得与宴，盖所以奖进学也。迨民国，废书院，立学堂，今之县立基础中心学校，即昔之暨南书院也。①

龙州暨南书院记

查礼

余于丙子夏六月来守太平，时海内久安，边疆宁靖，守土者得以坐而理也。是岁冬仲，遵例巡阅关隘，一至龙州。龙州与交趾壤地相接，洵太平之门户，旧为土州。雍正三年，土州不职，裂其土，降为上、下二龙土巡检司。既

---

① 李文雄修，陈必明纂：《龙津县志》第九编，民国三十五年（1946）修纂，广西壮族自治区档案馆1960年铅印本，第153页。

而下龙司巡检又不职，遂削其秩，而以通判分驻其地。一切制度章程，多因其旧，历有年所。今之膺斯任者，则张君楚洲也。楚洲自桂林改龙州，未满二载。士民感其恩泽，声誉闻于远近。余甫入其境，则见樵者樵而牧者牧，游焉嬉焉，行歌相答。其蓬门荜屋中，妇事女红，纺绩之声不绝于耳。此龙州之边氓也。吾于是知楚洲之惠养斯民如此其勤且劳也。将渡，则见执长戈、负短矢，伍列而队分，火炮三发声，无后先旌旗弥亘者里许，此龙州之土兵也。吾于是知楚洲之训练武备如此其严且肃也。及渡，则见衣冠庞秀，趋跄来迎者数十辈，俯仰升降，揖让秩如，有聪明朴茂之姿，无滑稽邪僻之态，此龙州之绅士也。吾于是知楚洲之教育人材又如此其彬彬而有礼也。余心怡焉，不禁喜形于色。楚洲前进曰："斯方之士，性多愚鲁，然尚知读书，第乏良师启迪耳。龙固有书院，苦湫隘，无栖士之所，盍往观焉？"因诣其间，院屋三重，前为门，中为讲堂，后有层楼，上祀文昌之神，下为塾师偃息之处，而肄业者实无所托足。余视其两庑有隙地，左右可构屋四区，区三楹，可栖二十余人。虑无经费资，余与楚洲各捐俸为之，诸生亦愿各出金以襄厥事。于是庀材鸠工，阅五月，而书院轮焉奂焉矣。

楚洲来请记于余，余曰："未可记也。天下事不患其不举，而患其难继；不患其不成，而患其速败。今书院虽奏功，而每岁仅有三峒之浮粮，银四十金，不足为师生膏火及屋宇修葺之用。是则院方盛而即衰，旋兴而旋废，究何益于龙之士民欤？"复与楚洲熟筹之，有裁汰头目之食谷一百五十余石，爰取为书院资，以期永久议。既定，楚洲复来索记，余曰："斯可记矣。"因详叙其颠末，且述余去冬所见以征楚洲之教养，斯民无所不至也。

楚洲名春芳，浙之归安人。是院创于乾隆己未，今端州守杨君仲与权通判，时劝诸生捐金以建，继而扩其规模，崇其榱栋者，前通判张君嘉硕也。院名"暨南"，以其地在南荒，故其旧额犹存擘窠，大书者前通判许君朝也，并记之。①

---

① 〔清〕查礼：《铜鼓书堂遗稿》卷二九，清乾隆刻本，第6—7叶。

暨南书院碑记二

今天子修明儒术，广励士习，乡有学、党有庠、家有塾，盖将化民成俗，豫养其国家有用之才。凡属守土者，莫不体此意而乐育之。龙州处荒服之地，自改流之后，前任张公讳嘉硕者，集州人士农正人等倡建暨南书院。继任张公讳春芳者，踵而成之，延师课读其中。士之得所进修者，咸称赖焉。惟是师生膏火，虽设有公项，究属不敷。

兹值我吴公来莅斯土。公家学渊源，以文章饰吏治。听政之暇，即以启迪诸生为务。复捐俸二百金归入书院，佐弦诵之需。并嘱诸生等广而积之，俾垂悠久。士有贫而不能自存者，亦赖赐焉。直与前任两公同心，先后济美。其所以为民生植纲常、扶名教，关系乎天下万世之重，非习浮踵陋者之所能为也。异日誉髦斯士，虽地处边徼，深沐皇仁，贤才渐出，为邦之彦，为国之光，木本水源，其敢忘其所自哉！①

暨南书院碑记三

署广西太平府同知分驻龙州总理边务王为详准勒石事：

照得龙州地属边徼，自奉文准考以来，沐浴王化，士子粗知读书。经张前任于乾隆九年创建暨南书院，延师掌教，额设肄业生童二十名，岁给膏火银一百二十两，在额征下龙司印田租钱文项内开销。其延请院长脩脯银四十两，向由分府衙门捐送，实觉过于微薄。乾隆三十七年，前厅吴捐俸银三百两，交绅士生息。每岁息银所入，亦不能添补脩脯、膏火。

本分府莅任后，查出彬桥官地每年应收租钱三十八千零五十文，详准发给作院长薪水，并劝导各生监公同酌筹增补。旋据拔贡林俊及诸监生梁连升、邓达祖、陈勉中、李爵修、周英盛、卢上拔、黄际赓等禀请，将署前十字街之南两边圩地，拨给书院，建造铺屋收租。需工料银两，请动支吴前任生息积存本利银四百三十三两，及属内生童捐项，并预取所建铺屋租一年，得以集腋成裘，书院永远有赖等情。当经查本分府照壁之南，每逢三、六、九日为土民趁圩之地，圩地中间系直南直北甬道，其东西两边属官地，北半

---

① 李文雄修，陈必明纂：《龙津县志》第九编，民国三十五年（1946）修纂，广西壮族自治区档案馆1960年铅印本，第188—189页。

节为土民摆卖食果薪之所，南半节向系客民搭架、蓬、厂、摊卖杂货物件。朝搭暮收，原系空隙，所在建造铺屋，并无妨碍于民而多便宜于客，遂准建造。嗣据报工竣，前来查共造成瓦铺四十一间，计工料银七百一十两有奇。东十八间，西二十三间，每间宽一丈，深一丈一尺。每年每间输租银六两，应收银二百四十六两。合之向设膏火及捐送脩脯并彬桥地租，每年共收银四百四十四两零五分，足敷支用。当即通详各宪，酌定支送院长脩脯银二百两，薪水钱三十八千零五十文。额设书院肄业生童二十名，每名每月给膏火银八钱，共支银一百九十二两。尚余银十四两，留为岁修院宇之用。此项铺租，今属内绅士经管收支，毋用官为经理，以杜胥役克扣之弊。仍饬董事之人，按年将收支余存数目，列册呈缴本分府衙门查核存案。兹奉布政使司成宪批据，建铺收租，添作书院院长脩脯以及生童膏火，仍令绅士经理，以杜胥役克扣，所办极为允当。

边隅荒瘠之区，绅士皆知好义，有司措置精详，将见士习文风，骎骎日上。设使各府厅州县均能如该丞之悉教化，自必人文蔚起，何虞士习不醇耶！详准其勒石碑，以垂久远。仍候两院宪、臬司、本道、抚部院陈批：仰布政司会同按察司一体转饬立案。仍候督部堂批示。缴。奉此，合行给示勒石。为此，示仰属内绅士生童人等知悉：即便一体遵照，毋违。特示。

乾隆五十九年七月吉日合属绅士生谨遵勒石。①

暨南书院碑记四

产业租项捐俸

窃维饮和食德，当溯其所由来；善政流风，更期其所不朽。况以乐育人才之化，涵濡培厚，尤宜流示于无穷者乎！

我龙州暨南书院，始于乾隆三年，前厅主杨宪讳仲兴。至二十年，张宪讳嘉硕重茸构屋，规模益具。嗣后，吴宪兰孙捐俸以助膏火。五十九年，王宪讳抚棠详加筹画，厚其廪给，厥功伟矣。其实迹皆载在碑记。迨道光二年，吴宪

---

① 李文雄修，陈必明纂：《龙津县志》第九编，民国三十五年（1946）修纂，广西壮族自治区档案馆1960年铅印本，第189页。

扶曾、闻宪宝桂以龙去省较远，每以资斧艰难阻其志，故乡试赴科寥寥，乃捐俸生息，倡作宾兴之典，及今寒畯多嘉赖之。十年，众将院中积贮银两置铺收租，为扩充经费计。又闻、庆两宪先后断案畚地充入书院，永为香祀产业，议欲勒石未果。虽均有簿案可查，然久之而遗失，不惟无以彰前人之美，将使后之宰斯土者，又何所凭稽，以发其作人之雅意，而后先媲美耶？匪直此也。我龙州士子受培植而与观光者，不悉前宪用心如此其至，将无以益奋其争自濯磨之心，则碑之有无所关，岂细故哉？爰集同人，按其铺户基址、畚地坐落，与夫租息价值若干，一一镌石。庶后之惠嘉士林，绵绵翼翼，得与前碑相照耀不朽云。

前厅主吴宪捐银一百两，闻宪捐银一百两，交当铺生息。每逢大比之年，收息以作宾兴费。嘉庆二十四年，庆宪断案禤丁祚等买受黄德荣等畚地一所，价银二百两。又案断陈秉中买受禤丁祚等畚一所，价银一百四十两，俱坐落弄置村，充公拨入书院，每年租钱十六千文，坐落弄映，充公拨入书院，每年收租钱六千文，以作祭祀之费。道光十八年将公项积贮，买受黄庆书铺屋一间，坐落东街，价银一百九十两。每年收租作祭祀费。又买受周义源铺屋一间，坐落青龙桥，价银一百八十两，每年收租作祭祀费。

道光二十五年岁次乙巳仲春月吉日立。①

暨南书院碑记五

钦加知府衔俸满龙州军民府开缺升用府正堂蔡为勒碑示久远事：

照得宾兴、书院所以作养人才。龙州地处极边，多士彬彬儒雅。本分府在任三载，每课书院，亲加评阅，除取生童各前三名赏给花红外，并筹于每课加五名，惟久怨经费不敷。厅治向有牛圩，借资义学考费及保甲一切公用，每年计除公用，所有羡余概归书院、宾兴，而宾兴尤要。查厅治距省水路将二千里，陆路亦千数百里。士子每逢乡试，盘费维艰，往往望洋而叹。至廷试、会试赴京，盘费尤巨。今特酌定章程，并将经管善后事宜开列如左。

---

① 李文雄修，陈必明纂：《龙津县志》第九编，民国三十五年（1946）修纂，广西壮族自治区档案馆1960年铅印本，第189—190页。

计开：

凡各省百货皆有牙帖。官行酌收行用，以平交易。粤西向无牙帖，而各属牛圩、猪圩酌收圩规，即是牙行遗意。牛圩给发官票以备稽查，猪圩须发官秤以免争竞。况所收圩规悉充公用外，归暨南书院。宾兴既有利于民生，尤有裨于文教，应即永著为例，秉公经理。

一、宾兴、书院向有田租，除本分府设法筹款添置店业外，每年牛圩、猪圩计公用羡余存积若干，应会同公议，请官添置常业，以期扩充而广登进。

一、乡试人数较多，应以屡年宾兴存积若干，按人分给，拨优廷试举人。会试人数较少，每人姑先酌定五十金。如再扩充，公议增给。

一、宾兴、书院、牛圩、猪圩，应由各绅公举家道殷实并平素公正之人，禀官请令经管。所收牛圩、猪圩，按月结总，将簿呈官盖图记。官有公用，必说于绅；绅有公用，必禀于官。庶几官绅互相稽查，并于每年二月，由上年经管诸绅，将一年出入细数，列折呈官察核，榜示通衢，以为众目共观。①

《守三诗草》序

（灌阳）蒋达

达曩在桂林，所交尽鸿轩凤举之俦。安如赵君时亦肄业秀峰，同游于卓宽甫、吕月沧两夫子之门，因得订交焉。文酒之宴，几无虚日。朋友乐事，固自称盛一时。道光辛丑，达入词馆，丁当珂马，赋诗早朝。然每当退值闲暇，遥望岭西，乡心时动。念我良友，雨散星离。追思旧游，把晤何时！觉杜甫之忆太白，未足喻其情怀也。幸安如赴礼闱时，常高轩过我，西窗剪烛，夜雨谈心，落寞之况，为之稍慰。因忆九日偕君与家地山铨部诸人，遍游都门城外招提，秋光满目，缓辔联吟，各得诗数首。而君诗则满怀秋思，动念乡关，于抗志青云时，辄生恬退想。笑邯郸道上人物，未必能知此耳。既而试春官，目迷五色。遂命驾出都，以不久又分袂。嗟乎！人生之聚散亦何常哉！君生平存心忠爱，匡济自期，吟咏所及，犹时形于楮墨。而此日之诗，竟似脱然物外，有动于不自知者，亦时之未至使然。因知人世聚散之缘，亦若有数存乎其间也。

---

① 李文雄修，陈必明纂：《龙津县志》第九编，民国三十五年（1946）修纂，广西壮族自治区档案馆1960年铅印本，第190—191页。

近因司铎吾灌阳，春风化雨，遍及同人，教泽既深，雍雍然、循循然，一望而知为胡瑗弟子。今夏，书一函，诗一集，寄来北平京兆府中，知弟子欲将君诗开雕寿世。达取而遍读之，见其气体清华，庄重不佻，诗书之气，流露行间。而咏古尤为有识，字无浪下。先生才过屈、宋，信然。夫诗之佳不在多，如崔珏之咏鸳鸯，郑谷之咏鹧鸪，贾岛之"鸟宿池边树，僧敲月下门"，王湾之"海日生残夜，江村入旧年"，虽一吟一咏，至今脍炙人口，况君诗若许篇。所至如此，有不卓然可传者哉！

当世不乏大手笔，而犹索序于达。知达与君素称莫逆，必能知君之深，而非泛泛酬应可比，故不远数千里以相属，又何敢以不文辞？爰将交之久、谊之笃，而系其略于篇首。虽不能尽达诗中之妙，亦聊与君再结一重文字缘之意云尔。广文官冷，桂管吟闲，达于数千里外，遥想安如掀髯哦诗自若也，羡何如之！是为序。

《守三诗草》为赵安如先生所著，有上下二卷。先生为龙津县城人，道光甲午科登贤书，官灌阳博士。有丈夫子九人，蜚声庠序间。四君纪常拔萃，博极群书，住讲暨南书院，尤为当时所推重云。编者识。①

同风书院（龙州）

同风书院，位于广西龙州。清光绪十九年（1893）创建，次年十二月落成，由太平思顺道蔡希邠规划经营。为所属府、厅、州、县汉土各属生童肄业之所。院内前正门及讲堂、东西祠、书楼、学舍等房屋大小共68间，另有外亭3座，颇具规模。三十三年（1907），改为龙州实业学堂。

同风书院

创建于光绪十九年癸巳夏六月，落成于二十年甲午冬十二月。由太平思顺道蔡希邠提倡规划、经营建筑，以为边区一府、一厅、一州及汉土三十一属生童肄业之所。每月考课，亦如暨南书院，惟奖励较优。其建筑费及院内经

---

① 李文雄修，陈必明纂：《龙津县志》第九编，民国三十五年（1946）修纂，广西壮族自治区档案馆1960年铅印本，第181页。

费,由蔡道台及边防督办永安苏公元春各捐银一千两,合之文武官员、汉土各属集捐成之。院名"同风",盖欲"举边区汉土三十一属之风气庞杂至不同者,而一归于大同"之义。院内前正门及讲堂、东西祠、书楼、斋舍以次房屋,大小六十八间。碧瓦朱甍,排比鳞列。另有外亭三座,颇具规模。清季三十三年,改为实业学堂,嗣改为广西官立第二中等农业学校蚕业本科,未几改为镇南中学校。民国八年,改为省立第七中学校。民国二十三年,改为省立龙州初中。学校校名迭更,学科迭变,其校址即昔之同风书院也。①

创建同风书院记

(道台)蔡希邠

古者术序党庠,原以设为学校而造士也。后世因之,类皆循其名而无其实在。宋儒始葺斋舍,聚徒讲学,书院兴焉。鹿洞、鹅湖,其最著者也,嗣沿为制,补学校之所不及。我朝诞敷文教,自都城而下,曰省、曰道、曰府厅州县,莫不立有书院,以翊国家作人雅化。

粤西僻在边徼,太平、龙州又粤西之极边。然太平则有丽江书院矣,龙州则有暨南书院矣。抑何文化之所被者广耶?希邠由分守猥任兵备,深悉其地大都蛮溪瘴岭,交错越南。虽圣泽涵濡,无远弗届,究多荒陋。近更他族逼处互市通商,终恐难免彼教传染愚氓。因思遏流必清其源,黜邪必先崇正。用特捐银千两,并边防督办永安苏公亦捐银千两,合之文武僚属在营、在任者,集捐得银四千六百五十三两。遂于龙州出东城门二里许之仙岩南,相山地一段为基址,夷炊剔秽,庀材鸠工,为我一府一厅一州凡汉土三十一属生徒肄业之所。颜曰"同风书院",盖欲举汉土三十一属之风气庞杂至不同者,而一归于大同,以彰我朝一道同风之盛。即使他族闻之见之,亦将懔于天下。车同轨,书同文,行同伦,而不敢肆其诡异之心。

是役也,经始于光绪十九年癸巳夏六月,落成于光绪二十年甲午冬十二月。计前正门及讲堂、东西祠、书楼、斋舍以次房屋大小六十八间。碧瓦朱甍,排比鳞列,外亭三座。实支银共六千三百二十两有奇,其不敷仍惟希邠是

---

① 李文雄修,陈必明纂:《龙津县志》第九编,民国三十五年(1946)修纂,广西壮族自治区档案馆1960年铅印本,第153页。

筹。其各属绅民捐银解到一万六千两，概存购置产业，或暂发典生息，俾作经费。若夫善后久远之计，中有虑未周浃、谋未适当者，以俟君子变动而扩充之，斯则区区之心所深望于来者尔。①

循行龙州城垣遂入同风书院访仙岩登可思亭作
（边防督办）郑孝胥（福建人）

筑成于今二十年，我来登之秋凛然。山回溪抱藏万户，西南水声长潺湲。北郊荡荡为平原，稍广可容千骑盘。东城里许得精舍，仙岩奇巧倒如悬。摩崖题壁纪万历，新亭秀耸嵌其巅。亭名可思思底事，戎首海城留此言。依栏纵目何所见？惟有飞鸟投穷边。

喜闻黄畔溪登科
（厅主）张大海（汉阳人）

报录忽传丽水滨，满城争说援清贫。榜悬日月芳名重，笔走风云锦字新。摘杏好分三殿蕊，采花漫妒五陵春（戊午乡闱，黄生因丁艰未赴试，有"五陵共赴探花约"之句。）魏科何事旁观羡，羡破天荒出色人。②

龙州竹枝词（选一）
黄焕中

同风书院寓儒生，此日偏居大脚兵。此事异常真可笑，筎声混杂读书声。③

迁善书院（上思）

迁善书院，位于广西上思县那堪镇迁隆村（今属广西壮族自治区崇左市），又名迁峒书院。清光绪二十一年（1895），迁隆土司黄振纪创建于迁隆峒治东北街。

---

① 李文雄修，陈必明纂：《龙津县志》第九编，民国三十五年（1946）修纂，广西壮族自治区档案馆1960年铅印本，第180—181页。
② 同上书，第九编，第184—185页。
③ 丘良任等编：《中华竹枝词全编 6》，北京出版社，2007，第463页。

建有正座1间，首座1间，两旁为藏器所，中座左右为学生寝室，正座两旁为教员室及操场、厨、厕等，规模略备。三十二年（1906），书院停办，改为两等小学校。

迁善书院

建于峒治东北街，清光绪甲午夏兴工，越乙未夏竣工。现成正座一间，首座一间，两旁为教员室以翼正座，首座两旁为藏器所。中庭左右长廊，则学生寝室。长廊之左，则体操场。操场之后有厨房，规模略备。及光绪三十二年，奉文办学，乃改为两等小学校。①

鼎建迁善书院碑记

（峒廪生）李鹤年

学校之建，所以培风俗、育人材也。古者家有塾，党有庠，州有序，国有学，无地不设学，无人不向学，故其时运隆而材盛，道一而风同。世道既衰，民不兴行，于是乎机巧变诈之事，放僻邪侈之为，初则中于人心，后遂染成习俗。风俗之厚薄，人材之盛衰，关于学不学如此。

迁邑土瘠民贫，皇祐启宇之初，弗遑讲学。历元、明二代，不无向学之人，未有兴学之举。士生其间，如蒙云雾而不见青天，入蚕丛而罔知周道。至清雍正甲寅年，先哲凌灼、凌耀始入胶庠。自时厥后，聪明朴茂之资，读书有志之士，蒸蒸然日起。至方玉衡、汝衡师昆仲出，而文章德业各擅其长，虽一则屡荐不第，仅贡辟雍；一则食饩于庠，只膺一命。而好学不倦，足为后进楷模；为善与人，有以交乎众志。邑之人赖以惕然于名教纲常之重，晓然于义利善恶之分，洵可风也。且当汝衡师之官黔南时，殷殷以建立书院为嘱，益喜风俗移易，人材振起，其殆由此基之乎？不谓事未成而遽归道山，遂致胶庠之中复怀异见，乡党之上竞为浇漓。曾几何时，而顿使人有今昔之感，悲夫！然任其愈趋愈下，不早设法以挽回，将耳濡目染，习成自然，势必至风颓俗敝，人材又何自出耶？故谋于众而谓之曰："我朝寿考作人，自京师会垣以及遐陬僻壤，莫不有学。惟我迁邑，尚无不将让人独为君子乎？兼以迩来习俗而论，

---
① 黄步青纂，黄大受修：《上思县志》卷四，民国四年（1915）铅印本，第12叶。

尤不可无学。又况方师原有此志，吾侪何不继其志而勉为之，以救目前之敝，而启后日之隆欤？"众以为然。乃禀诸峒主，即发部捐，并一面庀材焉、鸠工焉。遂于甲午夏孟兴建，越明年夏竣工。且拟广筹学租，以为师生膏火膳脩之费，未卜其能如愿否也。第幸讲院既开，从此吾儒读书有善地矣。所当束躬自爱，变化气质，勉附于大雅之林。俾一邑之中有所观感，庶几人知廉耻，家敦礼让，数十年后或可以酿成善俗，蔚起英才焉。因不揣固陋而为之记。①

重修文庙记
戴梦熊

尝考图志，上思州学创于明季，古盖未之有也。先因是州土官世袭，例无学校。迨改流之后，知州罗环慨然惧人才放失，始创建学议。既而署州陈琠暨电白黎磐为之力，更三贤牧而庙成，在城东门外一里许。嘉靖十三年，知州陈世瞻迁入城内，无如干戈相寻，弗暇修葺者有年矣。

康熙癸亥，余来守兹土，晋谒文庙，仅存正殿三楹，倾圮削色，周视废址，磷磷瓦砾，鞠为茂草矣。先是滇寇蹂躏之后，以州城孤险，添兵贴防，杂处庙中，楹悬束矢，壁倚角弓。余见而愒然曰："馨香俎豆间秽亵如是，岂朝廷崇儒重道之意耶？夫为政以教化为先，学校则教化所由出，人材所由聚也，曷可任其废坠？"即具状以请自督抚以下咸是之。乃度城隅隙地，缮造营房二所，以撤是兵。回睹庙貌，卑隘颓废殆尽，不足改为。余创捐重建，计费甚巨，因鼓劝绅衿耆彦共肩其任。置籍，俾学正唐君奂绪稽其出纳无少。渗漏蠲，吉祭告，鸠工庀材，砖瓦命陶，木石命工，不役于民。绅士陈君曰俞、江君汉秋、林君中铉、周君之望、黄子永膺董其役，手指口画，毕智竭巧。正殿扩五楹，两庑倍之，戟门三楹，乡贤名宦祠翼于左右。后建明伦堂一楹，外树棂星门，楹数如之。惧木植易朽，以砖石垒成。左则启圣祠，祠东西构祭器藏书二室及斋舍庖湢，渐次而举。旧无泮池，殊悖采芹之义，乃凿池跨梁于上，厥材良，厥工力，未几而殿成，未几而门成，椽瓦重密，平地以砖，丹漆黝垩，涂塈尽致。廊庑翼翼，阶墀斩斩，周缭以垣，视其规模广袤，咸逾旧制。州之人士请

---
① 黄步青纂，黄大受修：《上思县志》卷六，民国四年（1915）铅印本，第23—25叶。

曰："州学创仅百年，迁毁者屡，数十年来，科目罕登。今日庙貌甫新，叶子开运，即荐乡副榜，岂非崇建学宫，启发文明之兆欤？愿丐一言以诏来者。"

余惟先王立学教民，以明夫君臣、父子、夫妇、朋友之伦而已，此皆人事之所当尽，亘古不易之常道也。夫秉彝之良，人所同具，苟能诚意明心以修诸身，朝于斯夕于斯，陶乎圣贤之域，由于仁义之途。居则父子有亲，长幼有序，夫妇有别，朋友有信，出则致君泽民，施于有政，胥是道也。斯为学之实功，若徒以寻章摘句，语言文字之末是竟，视诗书为猎取功名之具者，岂可同日而语哉！上思士风敦厚，文运方新，故余愿告诸贤从事于实功，上不负朝廷长养之德，远不负先师之名教，多士勉乎哉！[1]

◇ 北海市 ◇

海门书院（合浦）

海门书院，位于广西合浦。其前身是明嘉靖元年（1522）创办的"还珠书院"，后又称"海天书院"。清康熙四十五年（1706），廉州府知府施世骥建于府城外西南砥柱矶。五十九年（1720），知府徐成栋增建，置有学田。清乾隆十八年（1753），知府周硕勋改建，改名"海门书院"。此后，又先后经过清嘉庆、道光、光绪间的多次重修、改建扩建。岭南著名的学者、书画家鲍俊曾担任过海门书院山长。今址为廉州中学。

海门书院

在府城外西南隅砥柱矶，即旧还珠书院故址。清乾隆十八年，知府周硕勋建，以廉州唐、宋以前为海门镇易今名。以形家言廉郡形势下砂无收，宋建奎文阁以镇下关水口。合浦知县廖佑龄前后拨上下乡、南山等处田租作生童膏火。拨冠头岭纲地箔地租为掌教脩脯。四十年，知府康基田改建顺水南向，加漾江轩、浮碧榭二亭。五十八、九年，圮。六十年，知府杨世纶以网地所收租，复建讲堂及后座。教授钟裕以奎文阁将圮，移其砖石作两廊墙基。嘉庆元

---

[1] 黄步青纂，黄大受修：《上思县志》卷六，民国四年（1915）铅印本，第5—7叶。

年，知府张增建两廊房舍，左右各九间，头门三间。道光元年，生员王达尧、王冠文、岑冠山等复建奎文阁。三年，知府朱梓倡官绅更新，重建后座，作楼三楹，安文昌神。楼下左厨房、右小房各一。前接讲堂，堂下左右学舍各三间，建卷棚下左右学舍各三间，三间卷棚前接奎文阁，阁左右厨房各一间，阁下右学舍三间。左建凝碧轩三楹，为临眺所，下建登龙坊，外为头门三间，门外环短墙。道光八年，贡生王文等呈请增志，加田租钱谷，以资膏火。知府张育塆春酌量增加正附课额（光绪十三年，知府吴锡璋重修）。①

重修书院碑记

施世骥

国家之治，惟官得其人、民得其理而已。官得其人，则庶政修；民得其理，则顽梗化。而要其源，皆出于学。管子曰："十年之计树木，百年之计树人。"夫树人而以百年为期，则渐以观摩，需以岁月，然后人才之成就者多，非一朝一夕之故也。圣王之设学校，使有所居而安其身，有所系而悦其心，有所警勖感发而成其业。国家文教诞敷，菁莪棫朴之化，逮于要荒，凡有守土之责者，岂不以兴贤育材为首务耶？

廉州僻处边徼，久罹兵燹，诗书礼乐之风荡然矣。董公先构天南书院，为生童肄业地，逼于湫隘，弦诵无闻。余来守是邦，下车课士，见慧中而秀外者，恒不乏人。奈因循失教，振兴无人，心窃悯之。爰相城西海角亭前地势爽垲，堪立义学。乃于乙酉秋鸠工庀材，建堂室廊房，以间计者八。延师主皋比、进生徒而教之，课艺论文，交相砥砺于是。廉人粗知有学。计自乙酉至今，又历十有四年，而日就倾圮。余乃复为修葺，且扩而充之。继今以往，藏修息游有其地，庶几日涵月泳，以底于成，则今日之举不为虚设，而余言亦不为虚言也，诸生其共勖之！

合浦县教谕、南海李君锡移董是役，并请余记之。时康熙五十七年戊戌。②

---

① 廖国器等修：《合浦县志》卷一，收入《广东历代方志集成 廉州府部 六》，岭南美术出版社，2009，第121页。
② 同上书，卷六，第632页。

重修海门书院记

（知府）朱桂（榜□堂）

方今治化昌明，人才蔚起，声教之讫，遍于遐荒。其朴而愿者，本于秉彝之良，无或入于诐淫而汩其性；其秀而文者，励其生质之美，蹈德咏仁，鱼鱼雅雅以和鸣国家之盛，猗欤休哉！一道德而同风俗也。然无激劝之方，则其愤不发；无教育之渐，则其材不成。是非于作化之有原、振兴之有具哉！

今上御极之元年，余奉命擢守廉州。二年春，来莅斯邦，见夫朴茂聪颖之士，非不朝稽而夕考也。而人自为师，家自为学，即有良材之士，殊无交引砥砺之功，亦自循其弦诵焉而已。初余之牧钦州也，尝观志乘。郡城外，西南砥柱矶有海门书院，经始于乾隆癸酉周公硕勋。乾隆丙申，前河帅茂园康公治郡，甫事修葺，迄今垂五十年矣。因事来郡，闲往观之，见讲艺之堂、栖士之舍，与夫祀饮寝食之所，皆就倾欹，而其观亦不宏，即思有以葺复扩充之，因职有所司而不果，乃还治东坡书院。俾多士得以奋励，多士亦乐有趋从也。不期年而即成。今守斯土而敢缓于从事哉！爰与诸同官共襄是举，鸠工庀材亟修之。郡人王君志文、陈君蕙廷、王君达尧、钟君弼才等，相率董作，亦如钦人之乐有趋从，故材不赋而羡，工不督而勤。其成也，讲艺之堂而肃，栖士之舍赅而周。后置楼以祀文昌，前建阁以奉魁宿。门屏序位，井井然，秩秩然，其规闳括而不偏。抑何此邦之多贤也？夫廉属翼轸分野，地处极南□应离之方位。离之象曰："离，丽也。日月丽乎天，百谷草木丽乎土，重明以丽乎正，乃化成天下。"我朝垂二百年，文明之治，远迈前古。近今岭表之士，翼翼济济，以贡于王庭，岂不称蔼蔼吉士哉？矧廉处地之极南，自亦有以上应文明之象。今得止以聚之，师友以解其惑，劝惩以勉其进，则其良材之骎骎以几于成又可必者。《易》之系辞曰："有亲则可久，有功则可大。可久则贤人之德，可大则贤人之业。"吾愿励其富有之业，日新之德，以其汇征也，可不勉欤？落成，郡士来请曰："愿有记。"余喜郡之人乐于学，而知有所愤发以响应也，故记之。①

---

① 廖国器等修：《合浦县志》卷六，收入《广东历代方志集成 廉州府部 六》，岭南美术出版社，2009，第632—633页。

《啸剑山房诗钞》序

林昌彝

柔兆摄提格之岁，余掌教廉州海门书院，时昭萍文树臣观察奉檄廉州。五年渴想，相见甚欢，把臂天涯，诗筒遂启。因出其近作诗数百首，商订并属为之序。余维近代西江诗家以铅山蒋苕生、东乡吴兰雪为最。然苕生诗近苍莽，七言律少逊；兰雪诗近秀丽，五言律少逊。观察诗诸体皆工，其殆抗衡于苕生、兰雪之间乎？昔吴县袁永之与顾东桥论学古人之诗有六难：学难乎渊该、事难乎综核、辞难乎雅健、气难乎冲和、识难乎贯融、志难乎沉澹。兼是六能而假以岁月，庶矣！观察诗声既清会，辞亦藻拔，充其所诣，可以蕲至于六能之旨而不难矣！苕生、兰雪云乎哉？①

重修海角亭记

徐化民

廉有海角亭，昔传为边郡游观处。余丁未春来守兹土，或谓余言：廉地久罹兵火，百废宜兴者多，如劝垦、招徕、崇文、戢暴诸大政外，继及兹亭，亦建复之一事也。询其故，曰：府城形势迢远，结聚平原，若上洋二渡、西江一带，下关坦旷。古建亭于斯者，张郡治之峰峦，锁连珠之流峙；人文盛衰，财物丰歉咸系之，非徒以供游观，实补天地之缺陷云。余因比年诸事草昧，实未遑也。壬子，自春徂夏，如文庙，如钟鼓楼渐次告成。乃与诸同官谋所以兴复是亭者，相与捐资构工，整荒堤，恢故址，改北向而东之。更于亭中建奎星楼。庄严文座，上与瑶光玉绳胥映璀璨，外筑长桥以接周行，顿令气象聿新，居然海邦胜概矣。

是役也，举于秋初，成于冬仲。董其事者，府幕林有声也。即而观之，清泉带绕，翠岫襟迎。北绕关桥，宛如虹飞之高映；西连梵刹，无异雁阵之横空。登眺忘归，式歌且舞。然则斯亭也，岂独补天地之缺陷已哉！②

---

① 〔清〕林昌彝：《小石渠阁文集》卷二，清光绪刻本，第27叶。
② 〔清〕徐成栋纂修：《廉州府志》卷一二，清康熙六十一年（1722）刻本，续18—19叶。

题海角亭

祖泽清（辽东人，高雷廉总镇）

亭空天更远，日落树俱斜。万壑分涂出，孤城委曲遮。月明浮素练，花发映山家。咫尺桃源在，芃芃桑与麻。①

海角亭落成

徐化民

六载经营未剪莱，古规今始一登台。几湾森树村庄出，诸道喧声郡国开。临眺不禁远近客，歌吟应有百千才。更欣高阁文昌座，紫气氤氲接上台。②

重建海角亭

林有声

修堤一望彩云环，登眺居然出世间。面面雪涛连碧落，家家烟井绕城湾。文星光灿腾南国，海若波恬映远山。不是微臣偏好事，欲留古迹看珠还。

海角亭谒文昌帝君和韵

田钟雨

天际孤亭紫气环，由来奎璧耀人间。文星曲曲中流见，慈筏盈盈带水湾。四座永留溪畔月，当轩新设远来山。登临从古多陶适，独肃衣冠共往还。③

午日宴海角亭

马应秀（陕西人，廉营都司）

夏至适逢端午日，村村聊社竞龙舟。彩旗移动山光绕，画桨倾翻日影流。棨戟才临蜃气灭，笙歌迭奏锦云浮。年来海角多萧索，此会风情迥不侔。

依韵海角亭落成

刘世贵（四川人，署乾体游戎）

名迹将墟今复振，山光水色一番新。凭栏索赋还初地，载酒看花访故人。

---

① 〔清〕徐成栋纂修：《廉州府志》卷一三，清康熙六十一年（1722）刻本，第59叶。
② 同上书，卷一三，第60叶。
③ 同上书，卷一三，第60—61叶。

虚敞欲留云作伴，凌空一任客垂纶。阁中紫极祥光绕，回首兴怀君与亲。

春日海角亭纪咏
游名柱

苍烟迷树此中摇，对岸孤城瘴气骄。野寺疏钟潜梵语，浅沙流水听春潮。海天一角酬灵地，宦邸多年在隔桥。谁实重新还古迹，独尊文宿坐层宵。①

海角亭雅集
黎方潞（番禺举人，钦州学正）

高阁临浮渚，云霞在目前。山光腾客座，月色出天边。古碣余秦篆，清谈彷晋贤。百篇斗酒后，薄暮起寒烟。②

海角亭观潮
赵国斌（北直人，廉营都关）

浪拍桥疑动，潮来水顿奢。冻云孤雁度，寒月老松遮。凭槛吟新韵，衔杯吸晚霞。纳禾喧野渡，烟井万千家。③

海角亭落成
李炳（合浦庠生）

废兴自昔却如环，幸见亭成指日间。丹阁凌空横翠岛，平台曲度绕长湾。宛然天马腾珠海，从此文光映斗山。旧迹改观非异任，应知斯是孟公还。

海角亭雅集
李炳

海云浮翠渚，乐事竟无前。花种瑶阶畔，鹤闲石几边。对樽舒雅愫，作赋有名贤。自讶浑无物，疏狂落纸烟。④

---

① 〔清〕徐成栋纂修：《廉州府志》卷一三，清康熙六十一年（1722）刻本，第61—62叶。
② 同上书，卷一三，第62叶。
③ 同上书，卷一三，第64叶。
④ 同上书，卷一三，第55—66叶。

海角亭落成

李炳

角名珠海撑天表，吏有循良又鼎新。苍翠一涟凝皓月，玲珑八面宿鲛人。纵观漫拟凌云赋，适意徐收钓石纶。万折归趋已不远，会心鱼鸟亦相亲。

海角亭次韵

陈良灿（北直人，乾体游戎）

两岸沙堤全不改，一亭沙畔忽然新。谁为高阁尊文帝？我到边庭有主人。山鸟去来能解语，水光摇荡足投纶。临流莫讶清酤少，相对微醺自可亲。①

海角亭成次韵

许青（福建人，镇标参戎）

名胜犹存竹木环，明珠摇落在江间。交州此去无多路，西水频来有几湾。地近折芦堪玩俗，人疑登岸即深山。鼎新点缀风光远，载酒看花日往还。②

重修文庙记（康熙五十九年）

（国朝）徐成栋（江西籍，全州人，廉郡守）

圣人之道，如日月经天，无微不照，虽山陬海澨，愚夫愚妇，皆知有圣人，可谓亲之至矣。然惟亲之至，是以尊之至，非不欲家尸而户祝也，不敢也。崇其制于学宫，奉祀惟谨，非有位之责，而谁责哉？廉之郡学，自创建迄今，其榱桷垣墙，不能历久远而不圮坏者，时为之也。然榱桷垣墙，不能听其历久远而自圮坏者，亦时为之也。夫梵宫精舍，大雄氏之所逃禅，犹且雕墙画阁，金碧交辉，矧吾儒尊师校士、谈经谋道之所，而可任其剥落耶？纵曰圣道昌明，不因庙貌为轻重，然舍是而不尽其敬，又恶乎致其敬？甚非所以妥圣灵而崇文教也。

庚子之春，余奉命来守是邦，因与诸同事鸠工庀材，朴斫丹雘，由棂星、大成各门，以及殿庑台砌、启圣祠宇，一一而重新之。越明年仲夏而告竣，非

---

① 〔清〕徐成栋纂修：《廉州府志》卷一三，清康熙六十一年（1722）刻本，第66—67叶。
② 同上书，卷一三，第67叶。

但美观瞻也,庶几登斯堂者,穆然深思,翟然远志,有羹墙之见焉。宗庙百官之美富,江汉秋阳之明洁,其在斯乎?若夫今之视昔,犹后之视今,是不能不重有望于踵事增华者。①

重修尊经阁记

尹自选（东莞举人,府学教授）

天下群言折衷于孔子,而孔子所删述又在六经,故虞夏之文浑浑,殷周之文灏灏噩噩,经学所从来尚矣。汉世取士设有明经之科,而刘向校书天禄,亦先经传以及百家诸子,若是者何?所以明有尊也。廉府学宫尊经阁与明伦堂前后并设,盖人伦与经学原相辅而行,欲明伦不可不明经,欲明经不可不尊经也。无何而回禄为祟,一炬荡然,虽秦火不烈于此也。丙午之秋,余以任至廉,见旧址犹存,而断垣残砾,历乱纵横,不胜黍离之感矣。乃启诸前任司马陈公,有志焉而未逮也。阅丁未春,刺史徐公来守兹土,慨然以兴衰起废为心,念经学之在天下,如日月之经天,江河之行地,不可一日不明,则不可一日不尊,不尊弗信,弗信则弗明。于是谋所以新是阁者,遂诹吉经营,庀材鸠工,特喻参军林公董厥事,不再阅月而告成功,今栋宇巍峨鼎峙于伦堂之后。每公余之暇,刺史公偕司马田公亲率诸弟子员讲习其中,晰疑辨义,阐幽探微,使《三坟》《五典》《八索》《九丘》古先圣贤之蕴奥无不阐发殆尽,昭然若日月之中天,江河之宗海,而删述之功且赖以表章焉。将见经明行修之儒应运而兴,后先继起,而以经术经世务,则斯阁也,其有裨于廉之都人士岂浅鲜哉!故不可以不记。

重修文庙记

黄河源（合浦训导,开建人）

闻之国有成均、乡有胶庠,学校之设,历夏、殷、周以迄于今,莫之有易。故古之教民育士,崇德尚贤者,均取诸此。廉阳府县合为一学,其来旧矣。左大廉,右五黄,山环水秀,蔚为人文。每当大比,廉士子复然烈贤书而升司徒者,指不胜屈。自鼎革后,泮宫鞠为茂草,求其举于乡者,亦罕见焉。

---

① 〔清〕徐成栋纂修:《廉州府志》卷一二,清康熙六十一年(1722)刻本,续29—30叶。

论者谓气运使然。抑思学官士子讲学论道之所，倾圮坠地，几成榛莽，若过而不问，何以妥神灵而光庙貌乎？求其文章事业，夸耀海内，不可得也。刺史徐公以从龙之彦，奉命来守兹土。下车之日，廉人士流离琐尾，捉衿则肘见，纳履则踵决，而公殷殷然以作兴人才为念，季试月课，相继举行，虽文翁之崇奖学校，不是过也。虽然，哀鸿方集，民生未遂，修葺之举，虽有志而未逮。兹幸大有时书，伏戎渐扫，公乃慨然以兴举为己任。第衽席初安，帑无余蓄，仰给于公，又必不可得之数也。乃与司马田公共捐俸，以为重新文庙之举。其事始于壬子岁孟秋之五日，成于孟冬之望日。其间筑之登登，度之薨薨者，不役民间一夫也；丹楹刻桷，美轮美奂者，不费里甲一缗也。今而后，士子得藏修息游于其中，莫不歌云汉而颂天章者，厥功岂浅鲜哉！

是举也，主之者为三韩徐公讳化民也，佐之者为荆楚田公讳钟雨也，至若鸠工庀材，矢公矢勤，则参军姑苏林子讳有声也。庙貌既新，岁时俎豆，实为尊贤育才之借，行见列贤书而升司徒者，不得专美于前矣。请镌之石，以垂不朽。①

重修文庙记

吴充闾（合浦贡生，三水训导）

学宫之设，其来远矣。上以崇祀先圣前贤，下以兴文育才也。古圣王欲敷文教于天下，首立太学于京师，以及州郡，莫不有学。而州郡司牧之官，亦无不仰承德意，弘振流风。盖以学校实贤才所关，不徒春秋释奠，聊备观瞻已也。廉虽僻在海隅，前此人文蔚起，彬彬称盛。嗣因兵燹频仍，宫墙倾圮。顺治庚子，海北道方公讳国栋者，尝捐俸修葺，碑记可考而知。不数年，而尊经阁回禄矣。未几，而庙庑又倾颓如故矣。刺史徐公、司马田公首议修复，特与参军林公谋新之。而林公慨然以其事为己任，于是首建尊经阁，次及正殿、两庑、大成门、棂星门，并明伦堂。庀材鸠工，不数月而告成。疑若有神相之者，是庙貌一新，宫墙改色。异日人文振起，虎榜增光。廉人士端于诸公是赖矣。

---

① 〔清〕徐成栋纂修：《廉州府志》卷一二，清康熙六十一年（1722）刻本，续13—16叶。

徐公讳化民,辽东人,康熙六年任。田公讳钟雨,湖广人,康熙十年任。林公讳有声,姑苏人,康熙三年任。相与有成,故并志其后,以示不朽云。

重修道署充作文场碑记（康熙三十四年）

王郲（关中进士,广东学道）

尝读《易》至观之象曰："先王以省方,观民设教。"窃念以先王德盛化神,四方蒸蒸丕变也,而尤不惜躬跋履之劳,审风气,察人情,斟酌以施其鼓舞化导之方,其所以悯人劳苦而委曲成就之者,何其至也。后世省方之制不行,各方州镇以重臣,凡钱谷兵刑诸大政,命宪使分主之,而至学政则统之一官,岁按所部,无远近罔敢不周,非但职文章甲乙而已。盖有学校,则一方风化于是乎出;有人才,则王国桢干于是乎兴。惟代天子布号令,进其才,黜其不才,用以激劝多士而昭示编氓,庶以诗书礼义之足重,知所奋兴。呜呼,盛哉！古所称一道同风,其本诸此欤。

岁甲戌,余谬膺粤东学政之命,既以次临试诸郡,而独闻廉郡自明季来,试院废而不治,学使者罕至,其博士弟子大率调高郡试之以为常,盖疲于奔命而莫之省忧,非一日也。既余稽故籍,知廉郡僻处荒徼,世受交趾患,又山瑶海寇交煽,乱无宁时,故不得不出权宜,苟图事之易集而止。我国家太平五十年矣,时丰物和,兵革不作,民生其间,谁不乐休养、安作息？而顾独令此匡坐弦歌之彦困于行李,志气为之中衰,其童子怀才思试而裹足者,又不知凡几,则谁之咎也？余用是鳃鳃焉方谋起而振兴之,惟积习之难更是惧,而郡守董君适莅是邦,砺清操,厘风弊,浃岁而民既大顺。于是遂思以崇文重道之风,默移之以礼让雍容之俗,乃措材鸠工于分司故基得位之良,创试院焉。土木既举,不再逾月告成。为堂、为斋、为庑、为研席舍,以暨庖厕之属,无不具。余于是时往莅之,辄不胜跃然大快。于是举也,董君其知为政之本矣哉！

尝观吏治,至汉称极盛矣。然当日如赵、张、韩、盖之徒,雷厉风发,其才能岂不赫然震一时？而文翁独一旦起而乘蛮夷荒陋之蜀,倡之文学,吏民遂慕,效成风俗,盖历今千百年矣。而彼数子精敏强干之概,已荡然无复存,其流风余泽,犹使人追思而不能忘者,仅惟文翁耳。则甚矣,教化所以移风俗,而文学兴，然后教化行，风俗可得而成，文翁其明验也。然则廉之得是举于董君也，俗化其日新，而又可易量也欤！

董君讳绍业，字舜修，以瀛郡司马擢守来廉。廉，古合浦还珠地也。人称君政治类孟尝，而惜士过之，还珠必有日。予谓珠还何足系重轻，惟举数百年作人大典，还之一朝，其为邦国之光也莫大。矧珠有时不生，而天地无日不生才，第视上之长养而培植之何如耳。兹庶士方锐意作新，譬豫章之野，杞梓蔚生。惟自今大匠之有意裁成之为杞梓者，其勉自植立，毋拔本实，毋挠干理，毋徒恣轮囷，离奇而从绳，则正异日天子资其材，成明堂而任栋梁。问栽培所自始，而曰董君遗惠无疆也。则是董君伟千古矣！余亦与有荣焉，故为之记。①

重修府学记

政治之本，有大于崇文教者乎？文教之事，有重于变士习者乎？吾夫子生于鲁，鲁之南境则楚，北境则齐。当夫子时，楚竟沦于蛮夷，齐必一变而仅可至鲁，鲁必一变而后可至道。夫亲炙圣人之风，尚待于一变再变也，矧去圣人之世二千余载，距圣人之居万里而遥，能无借于善变者乎？郡邑之设学校，犹人身之有眉目也。眉目不秀则百体不灵，故庠序之教或弛，虽有仁心仁闻，亦动之无机，用之无要，为之无方已耳，其他安足道哉？廉郡学宫，向在治东，明天启间，始迁今地。嗣是屡加修葺，仅取苟完，无经久计。岁庚子，太守徐公祖奉命莅廉，甫下车，即以学校为己任。独出廉橐，首葺圣殿，次新大成、棂星等门，暨名宦、乡贤二祠，明伦堂、尊经阁，并联珠讲院，俱焕然改观。而启圣祠倾圮已甚，则庀材鸠工，以重建之。且凿深泮池，俾毓渊博之士，期望殷怀，不减菁莪棫朴。至于乐器、祭器，以及佾舞规式，廉郡荒僻，昔皆缺略。捐俸购造，考证于《阙里志》，远聘乐师教习，聿使乐备礼明。是役也，不劳民，不集众，何其动之有机也；亲临经营，周详永固，何其用之有要也；委任得其人，节省收实效，何其为之有方也。行见廉之人士变矣，家诗书而户礼乐，奋北海而捷南宫，当必有至鲁至道，媲美齐

---

① 〔清〕徐成栋纂修：《廉州府志》卷一二，清康熙六十一年（1722）刻本，续19—23叶。

鲁，而不孤公之善教者。《诗》曰："既作泮宫，淮夷攸服。"盖此心此理，尽人同然。泮宫作，而蠢然冥顽者，亦惕然感动，况我廉久沐圣朝雅化者乎！运其机，举其要，行其方，而必效者，诚莫过于徐公祖崇文教以变士习之举也。爰拜手而为之记。

公讳成栋，字翙苍，号石虹，襄平人。康熙六十年夏五谷旦，郡人冯朝绅、李廷相、曾文潮、梁钟英、王超宗等谨勒。①

《合浦县志》书院

廉湖书院。在府城东百五十里红岭、廉湖两峒间，邑人彭汉光等呈请创建。清嘉庆二十一年六月，知府何天衢详准兴工，二十三年落成。头门、讲堂各三间，房七间，学舍十二间。又拨置田亩，以给诸生膏火。其田亩租入之数，详载府学碑阴。

珠场书院。在府治东南六十里采场。清嘉庆二十二年，邑人李遇春、赖逢年等呈请创建。知府何天衢详准拨置网地田亩，以给诸生膏火。其网地田亩租入之数，详载府学碑阴。

了斋书院。在府治西宣化坊，宋陈忠肃公谪居读书之所，后人即以为了斋祠。清康熙四十二年，廉营游击李弈桂访旧基弗得。一日，于宣化坊掘得古碑，乃知为了斋故址，遂捐资建义学于此，名曰"了斋义学"。今废。

海天书院。旧在元妙观后。明嘉靖初，知府韩鸾建，延御史降官合浦簿陈逅掌教。逅为进士，讲理学，多士翕然从之，亦一时之盛。今废。

尚志书院。在府学故址。明嘉靖二十四年，知府胡鳌改建。制中为克复堂，大司成邹守益记。堂后为四勿轩，为尊经阁，为正学社。东西为号舍，为射圃亭，有"应芝梦麟"四字额。有环翠阁，阁下有潮湖，中有三坞，坞各有亭。堂前为仪门曰"崇正"。太宰湛若水记。

平湖书院。浙江《西湖艺文志》：廉州府城有西湖焉，上有平湖书院，宋寇准、苏轼、苏辙相继谪此。东坡尝有"西湖平，状元生"之语。今废。

和融书院。在永安所旧城，明知府张岳改珠池太监公馆为之。廉人久遭太监荼毒，太监撤而愁郁之气顿消，故以融和名。今废。

---
① 〔清〕徐成栋纂修：《廉州府志》卷一二，清康熙六十一年（1722）刻本，续27—29叶。

联珠书院。在县治西南。清康熙二十四年，知县杨昶建。三十九年，府训导黄夏裔假此栖止，以致颓坏。五十九年，知府徐成栋重修，详拨陈鼎户土名陈屋峒等处田亩以充诸生膏火，竖立碑记。雍正二年，陈国宾等以差轻田熟，垂涎故业，控赎。知府李元伟允其收赎，缴价银一百二十两，旋销耗，书院遂废。

还珠书院。即今海门书院址。清康熙四十五年，知府施世骥建。五十九年，知府徐成栋增建，置有学田。以后相继销耗，仅存灵山县博峨彩田，递年解学租银三十七两零。至乾隆十六年，署府篆雷州同知杨枝华以羡余充公，遗泽荡然。

天南书院。在城南。清康熙二十九年，知府董昭祚修。四十三年，郡人李廷相葺之。六十年，知府徐成栋、知县钮彩相继重修。今复圮。

龙门书院。在府城内。清道光十九年，知县山东章邱韩凤翔建，题有"登崇俊良"匾额，悬于院中。

味经书院。在东湖幽胜处。清光绪十九年七月，知府刘齐浔与邑绅李怀本倡建，经始于癸巳，越一载蒇事。深为三座，后座为山长校文游息之所，中座为藏书楼，楼下为讲堂，讲堂两旁生徒斋舍，花木充庭，曲槛长廊，排同雁翅，前座为大门，院内外境静阶闲，多士之藏修，斯称畅适。大门以外，湖水荡漾，芹藻纷披。又有扁舟亭、清乐轩、音公祠诸名胜环峙其左。以视海门、龙门二书院，宏敞稍逊，而幽雅殆过之矣。

珠瀛书院。在城内。

香坪书院。在北海。

文治书院。在公馆。

珠江书院。在南康。

福江书院。在福旺。

进诚书院。在小江。

毓秀书院。在闸口。

润珠书院。在西场。

三益书院。在石康。

龙文书院。在龙门。

文德书院。在平睦。

石岩书院。在北塞。

归德书院。在寨墟。

已上书院，科举废，俱改为学校。

右新辑。

今考《文献通考》：宋太宗时赐石鼓书院敕额，真宗时赐应天府书院、潭州岳麓书院额，此为书院所自始。又《续文献通考》：元世祖至元二十八年，令江南诸路司及各县学内设立小学，选老成之士教之，并立书院，凡师儒之命于朝廷者曰"教授"。路府上中州置之命，于礼部及行省者曰"学正""山长"，州县及书院置之，此为"山长"之称所自始。如吾邑书院，以海门、龙门、味经为最著。但海门、龙门每月初二日官课，十六日师课，只作制艺一篇、试帖一首而已。味经则以经史、性理、词章、时务命题，讲求根柢之学，储有用之才。今虽改为学校，而遗韵流风犹令承学之士谈之有余幕焉。①

又耽园遗稿

王传缃

书院之设，上而省会京畿，下而逮穷陬僻壤，以端士习，以正人心，胥于是赖。吾郡滨海而处，地荒且瘠，藏书亦不富，又鲜良师友讲贯磋磨之，甲科寥落，士或废而为巫医星相阴阳之术，视若第一业以谋生，可慨矣！甚或投笔从戎，日征逐于市井厮役椎埋之侣，侥幸万一以博取富若贵，人心尚可问乎？光绪十三年，聘侯吴太史来守是邦，恻然曰："士习不端，人心不正，守土者之责也，都人士之耻也。海门院舍圮矣，其复之。"爰与诸君子劝捐兴作。院左临江石以砥之，右沿渠砖以壁之。堂基如故，取坚实也；阁宇增华，象文明也。前展大门，后缭余地，移置字塔，改造环桥，相其意而为所适也。

兴工于光绪十三年十月，洎十四年六月告成。置经史子集若干卷，器用若干件，共费钱五十七百余千。继自今主讲得师，藏书有所，多士乐群敬业，藏

---

① 廖国器等修：《合浦县志》卷一，收入《广东历代方志集成 廉州府部 六》，岭南美术出版社，2009，第121—124页。

修息游，领粤秀之英华，重金台之声价。行见发奋以此者，既膏沃而光弈；矜式于此者，亦息竞而存真。化行俗美基此矣，科甲云乎哉！①

◈ 钦州市 ◈

东坡书院（钦州）

东坡书院，位于广西钦州。清康熙三十四年（1695），知州程鼎创建，因祀苏轼，故名"东坡书院"。清雍正元年（1723），知州董绍美重修，又将入官田租捐给书院使用。清乾隆年间，地方官员相继修葺。清嘉庆二十四年（1819），知州朱椲、学正吴光勋、训导杨士霖、吏目朱轩等同其他州绅，更新建造。清光绪十五年（1889），钦州知州李受彤将书院迁城北镇龙楼，易名"绥丰书院"。民国期间，书院改建为天涯戏院。

东坡书院

在城外上南关天涯亭后。康熙三十四年，知州程鼎建，奉祀苏长公像。雍正元年，知州董绍美重修，又将入官田租捐给书院供用（知州董绍美自为记，详艺文）。乾隆十五年，署州李璜，三十七年，摄州康基田，四十四年，知州邵应凤，五十四年，知州李戴春，五十七年，署州尧懋德，相继修葺。嘉庆二十四年，知州朱椲、学正吴光勋、训导杨士霖、吏目朱轩偕州绅以建万寿宫，余资饬州人将旧院尽行拆卸，重新建造。一连四座，每座三间，其制后为苏公祠，中为文蔚堂、为大堂，外为头门，门外重修天涯亭，易以石柱。院右造屋四间，院左买民居税地一幅，增建学舍六间，共计屋二十二间。周围以砖垣，统计地盘直一十六丈，横六丈。②

---

① 廖国器等修：《合浦县志》卷六，收入《广东历代方志集成 廉州府部 六》，岭南美术出版社，2009，第633页。
② 〔清〕朱椿年等修：《钦州志》卷四，清道光十四年（1834）刻本，第33叶。

重建东坡书院添设膏火碑记

仇鼎修（岁贡，州人）

人文之兴也，有地以宅之，有资以养之，逸其身而致其心，以成其所学，如是焉已矣。吾州东坡书院，康熙中州侯程始建之，越今百有余年，间复修葺，而皆踵事初基，旦夕告葳。雍正初年，州侯董以陈、李用户粮租入院为公用，而取数无多，不足度支也。近者州侯朱抚驭是邦，以作人为己任，慨然于院之倾且圮，与公用之希而微也。于是出俸倡捐，鸠工庀材，举旧院毁而更之，定方正位，勤垣墉，勤朴斫，阅一稔而院成。复为之置田铺，敛赁租，而院长之束脩，生童之膏火于是焉出。于戏！我州侯之莅吾州也，首崇学校，于书院落成之日，颜其堂曰"文蔚"。州人士既肄业之有所，亦供给之有资，从此争自濯磨，人文蔚起，罔俾贤大夫失所望焉。非其所志者大，斯其所成者远欤？

是役也，学博正斋吴公参议居多，西斋杨公与州尉朱公暨各执事，咸踊跃襄赞葳事。功已成，州侯复以所造堂室及田铺租入书之册，以告诸长官，而别以一册缄以印，存之各执事，令垂诸远。我州侯之加意于造士，又如此也。爰缀其事，勒诸石，竖院前一，竖忠孝祠一。俾后之览者，即以此为我州侯之甘棠云尔。①

附书院义学田

雍正元年，知州董绍美将入官田，新立乡一图，六甲陈李用户，沿海司管下钦州、洞屯、苏埠头三处税一顷零二亩八分零四毫，科官民米三石三斗零四合一勺，田租一千一百九十一斗，捐给东坡书院义学供用。（旧志）

嘉庆二十四年，知州朱桂同官绅捐建万寿宫，余资重修东坡书院外，余钱二千数百余串，置田建铺，每年收租谷以充东坡书院膏火。

一、买李春元粮田一分，在州东南十里捕属牛路村等处，共田一百五十丘，坡地七十二块（价钱八百二十千文），每年收（三十二筒斗）租谷七百斗。

一、买潘振宗粮田一分，在州治西门岭白屋等处，共田三十一丘（价钱五百四十千文），每年收（二十九筒斗）租谷四百斗。

---

① 〔清〕朱椿年等修：《钦州志》卷一二，清道光十四年（1834）刻本，第52—53叶。

一、买甘明昌粮田一分,在州西长墩司属石家村等处,共田四十七丘,另秧地三丘(价钱五百五十千文),每年收(三十二筒斗)租谷三百四十斗。

已上共收租谷一千四百四十斗。

一、书院左建小铺一间,铺后半间,每年收租钱一十四千文。

一、书院右建大铺一间,二进,每年收租钱二十六千文。

一、书院右建小铺一间,后半间每年收租钱八千文。

一、下南关街充公官地建铺六间,每间俱前后二进,每年(每间租钱一十千文)收租钱六十千文。

已上共租钱一百零八千文。

新定章程:每年掌教束修纹银一百二十两,供膳钱四十千文,两次节仪各洋银四圆。正课生员十名,每名每月膏火钱五百文。正课童生十五名,每名每月膏火钱四百文。官课奖赏生童,共钱一千四百八十文。礼房备造课卷每月纸笔钱一千文。跟班、长班二名,每年共钱一十六千文。斋夫一名,每年工食钱九千六百文。(已上新增)

学铺地,在濠坝街,各家赁地作铺,岁输地租。(旧志)

文昌阁铺地,在濠坝街。万历三十三年,学正陈俊以铺地十间与诸生办春秋祀事。天启七年,学正陈联辉详捐铺税五间,给供阁费。因兵燹铺毁,居民稀少。康熙二十三年,儒学查复六间。(俱旧志)[1]

镇龙楼联

二楼李受彤联
韩昌黎表里诗书,以文章振八代衰,斯佳作者;
范汝南后先忧乐,为秀才有天下志,愿共勖之。

三楼李受彤联
高近咫尺天,云霞五色;
每登名胜地,心迹双清。[2]

---

[1] 〔清〕朱椿年等修:《钦州志》卷四,清道光十四年(1834)刻本,第35叶。
[2] 中国人民政治协商会议广西壮族自治区钦州市委员会文史资料委员会编:《钦州文史》第6辑《钦州得名1400年纪念专辑》,1999,第116页。

大门陈怀经联

绥安弦诵盛；
丰满羽毛成。①

回澜书院（钦州）

回澜书院，位于广西钦州。因建于城东南鳌鱼洲上，故又名鳌鱼书院。明天启年间，知州李五美等于鳌鱼洲建文昌阁，后毁于寇。清乾隆十六年（1751），绅士彭天泽等重建，祀文昌神像，建讲堂三楹和两廊书院，前为魁星楼，四周围以砖。二十七年（1762），署州刘业勤重修。三十六年（1771），被大水冲毁。清嘉庆九年（1804），刑部主事冯敏昌因居乡里，偕州绅倡捐重修。后回澜书院与东坡书院合并。今址为永福小学。

鳌洲书院

在鳌鱼洲，即回澜书院。旧有文昌阁，明季毁于寇。国朝康熙五十八年，议捐丁银建复，未果。乾隆十六年，绅士彭天泽、谢恩任、冯达文、潘演淳、方定经等捐资因旧址建阁二重，高三丈余（知府周硕勋有记，详艺文）。二十七年，署州刘业勤重修。三十六年，大水冲毁。嘉庆九年，乡居刑部主事冯敏昌偕州绅邝光美、吴有邦、仇鼎修、赵元浑、潘晋熏、刘博学等倡捐重修。②

回澜书院田记（乾隆二十八年）

刘业勤（署知州）

盖闻国家以人才为重，而人才以学校为先，以故省府州县咸设书院，或动国帑，或支公费，洵盛世作人之旷典也。余署篆钦江，周两载。州有回澜书院，每年延师选士，肄业其中。其入院之资，前有陈李用户粮租一百石。惜其经费缺少，不唯师之束脩微薄，薪水无资，而生童膏火更复无所取给。余甫下车，即惕然忧之。因思钦虽僻远海疆，唐宋间姜公公辅、宁公原悌诸君子彪炳史册。有明亦科第接踵，指不胜屈。我朝深仁厚泽，培养倍至，乃百余年来，

---
① 广西钦州市钦南区政协文史资料委员会编：《钦南文史 第2辑》，1996，第208页。
② 〔清〕朱椿年等修：《钦州志》卷四，清道光十四年（1834）刻本，第33—34叶。

歌《鹿鸣》者仅见其人，其地运之有盛衰欤？抑莅兹土者之尚须振作也？余于书院，凡师之束脩年增厚之，士之膏火月加给之，会课则饮食以饫之，拔最则纸笔以劝之，是皆捐一己之俸入，以仰副圣天子兴贤造士之至意耳。兹余题授龙川，卸署在即，念书院之未有以善其后也。检查旧案，有户书陈某霸占学田，计一百四十丘，递年可收租谷三十六石。经前州案悬未结，爰与分州韩公、学师邱公商会勘丈，判归书院。仍由州批耕，递年收租送院，半为掌教薪水，半为生童膏火之需。列册三，存州署一，存学一，存书院一，新旧交收。再捐薄廉一百两，存州属发放，周年收息贰分归院，按生童名数匀给。虽未能补膏火之不敷，亦稍以效赞襄之微意。至于经画尽善，有加无已。后之君子，谅有同心。我生童其修身绩学，争自濯磨，继姜、宁诸公而起，此则余之厚望也夫。[①]

大朗书院（浦北）

大朗书院，位于广西浦北。清光绪二十五年（1899），绅士宋安甲等资创建于小江镇六新村。后书院迁建于平马村，并命名为"大朗书院"。书院具有地方客家文化的特色，一直以来都作为办学场所，为地方培养了大量人才。2009年，大朗书院被列为自治区文物保护单位。

大朗书院对联

大门联

大成声振尼山铎；

朗润文方浦水珠。

大门走廊石柱联（一）

根柢在六经，诗书易礼春秋，须撷古人之精华，莫徒分汉宋门户；

宾兴先三物，孝友睦姻任恤，但得多士为倡导，庶蔚成邹鲁乡风。

大门走廊石柱联（二）

大开珊网，宏收宝物千枝，要培成管乐奇士，与我国家出力；

---

① 〔清〕朱椿年等修：《钦州志》卷一二，清道光十四年（1834）刻本，第46—47叶。

朗膜冰壶，澂印道心一片，莫误认陆王宗旨，坠他佛老空谈。

二座屋檐石柱联（一）

大者法，小者廉，治国视诸斯，于乡可观王道；

朗如珠，润如玉，为学亦若是，何地不出人才。

二座屋檐石柱联（二）

大山乔岳，一览皆卑，海角有魁儒，讵愧追踪邹鲁；

朗月清风，何求不足，道心无滞相，好寻乐趣孔颜。

后座屋檐石柱联

大观首在诗书，精性理，擅词章，当求郑孔注笺，程朱道学；

朗诵如闻金石，媲庄骚，追史汉，要使马班伯仲，屈宋衙官。

后座木柱联（一）

大开广厦，皆先人旧德所遗，若子若孙，登此堂来莫忘高曾规矩；

朗照文星，冀后辈儒风勿替，或耕或读，知为学者便是党塾仪型。

后座木柱联（二）

大敞规模，振我家祖泽宗功，居同里，祀同堂，俎豆春秋绵奕叶；

朗悬衡鉴，蜚他日英声茂实，后立言，先立德，王侯将相兆初桄。①

重建钦州文庙碑记（依府志删改本）

（国朝）李期鼎（检讨）

至圣先师孔子之道，如日月之经天，江河之行地。故先儒曰：王祀夫子，报德报功之无尽焉。顾自文武殊途，有议设太公武庙，而以吴起诸人配。是故介胄之士，多自外于圣门，而桥门泮水之间，无复干城之选矣。若钦营游击陈公，则大有过人者。按州学昔在州署之左，得地脉之正。自宋崇宁后，迁建靡常。明世宗时，次崖林公来守是邦，始定于古之旧址，已百有余年矣。军兴以来，鞠为茂草，一椽片瓦，荡然无存。官斯土者，多因陋就简，草率行礼而已。陈公先举先贤牌位而重新之。一日，登堂环视而慨然曰："浮屠、老子之宫遍天下，而孔庙独倾圮殆尽，吾耻之。"诸生环

---

① 侯艳编著：《楹联与楹联文化》，西南交通大学出版社，2020，第179页。

听而窃笑。癸酉岁，回闽葬亲。事毕，甲戌回任。又逾年，乃谋之州大夫，谋之众绅士，独捐资陶瓦选材。先葺大成殿，次及两庑、东西戟门、棂星、名宦、乡贤各祠，咸与改观。经始于乙亥之孟夏，落成于丁丑之季冬。计费白金一千有奇，未尝纤毫有损于兵民，至于文武同僚绅士之乐助者听。工既竣，于是墙宇之峻洁，笾豆之静嘉，秩如也。向之窃笑于其旁者，咸相顾愕眙，佥曰："世间不少奇男子，岂谓武弁中无人哉？"惟陈公自视欿然，徐谓诸生曰："此先慈志。以两孙生长于钦署，学于钦庠，尝勖余曰：'尔俸禄余资，当竭蹶以成钦州文庙。'弥留之夕。独遗命谆谆及此，余凤夜未忘也，今而后可以慰吾母矣。"嗟乎！陈公之言如此，予用是而有感焉。释老之教，动以祸福蛊惑天下，而妇人之溺情施予者，虽舍身破产所弗惜。以所闻于某淑人临终诫子之言，此士君子所难能，乃益信陈公所见者远，所闻者大，而迥异流表者，其来有自。陈公讳诰，字禹夫，号三陟，福建侯官人。①

浚泮池碑记（府志删节）

吴邦瑗（贡生、州人）

钦州学宫自游击陈公重修，殿庑巍峨，门祠耸峙，因工程浩大，而庙外规模未备也。继而太守施公、都阃刘公竭力经营新明伦堂，筑宫墙，建义路、礼门。其间捐俸、捐丁、捐廪，自康熙四十七年经始，五十一年工竣。焦思苦虑，破费不计，拮据不遑，任劳任怨者，则学正胡师焉。独泮池为附近居民侵占。诸生陈于督学郑公，批：泮池关系文运，仰州清查浚复。州侯金公为清理之，而鸢旗芹藻之风，用逮边陲矣。池原址横十八丈，纵七丈，因其旧而拓之，广袤浚四十二丈，周甃以石，深二尺五寸。于是桥门之观听者，俱克还其旧。为纪其巅末，勒之石。②

重修天涯亭记（雍正元年）

（国朝）董绍美（知州）

亭曷为以天涯名？志远也。何言乎远？钦地南临大洋，西接交趾，去京师

---

① 〔清〕朱椿年等修：《钦州志》卷一二，清道光十四年（1834）刻本，第40—41叶。
② 同上书，卷一二，第41—42叶。

万里，故以天涯名，与合浦之称为海角者，一也。宋庆历中，知州陶公始建亭于城东渡头，复改建于东门月城。两事创造，孜孜于此者，岂徒旷目怡神，为一时游览计哉？盖君门万里，回首苍茫，云树千里，感心悲楚，登斯亭而不潸然泪下，动君父之思者，必非人情。

国朝顺治间，喻公来知州事，以岁久亭毁，建复原址。而守戎王公继修之后，复毁于兵。至康熙壬申岁，州守程公重建是亭，又建东坡书院于其后。自喻至程三十年间，缔造经营，相继济美，虽工费不同，时事各别，而要其旨，大约与陶公先后同揆也。

岁庚子夏，余承乏兹土，登眺时，见墙垣崩塌，亭舍倾圮，昔之翚飞鸟革者，已就剥落凋残，辄隐隐然有重葺之想。癸卯春，出薄俸之余，鸠工购材，修缺整新，书"天涯亭"颜之亭上，并整苏公书院而于左廊，立义学，延师以课生童。越夏五月告竣，复还旧观。是役也，非敢曰踵事增华，亦不失昔贤建葺之苦衷。俾后之守是土者，登斯亭，而忠孝之思不禁勃然其自动，则是亭得以不朽，而陶、喻诸公之用心，亦得以不朽矣。是为记。①

重修鳌鱼洲文昌阁记（乾隆十七年）

周硕勋（知府）

钦江经州城入海，连分二支，俱环抱一洲，东曰鸿飞，南则鳌鱼，广数顷，为州治关锁。洲上旧有文昌阁，明季兵燹后，荡然沙场矣。康熙间，屡谋修复不果。乾隆十有六年辛未，因旧址建阁二重，高三丈有奇，奉文昌像，中构讲堂五楹，两廊书屋周焉，为诸生肄业之地。前为魁星楼，缭以环垣。经始于辛未之孟冬，阅期而告竣。贡生彭天泽、谢恩任，监生潘演淳、李烟，生员谢安邦、方定经等，不远数百里绘图来郡，请余文以记。余按图壮且丽，恍若置身缥渺间，举凡岩岫岛屿，云树烟涛，历历在目，洵有以辅山川之雄秀，壮边徼之巨观。然是举也，非为登临游览之胜，而为敬业乐群之所，余用是深嘉焉。

钦属密迩交夷，俗好巫鬼，惟浮屠道士动以祸福蛊惑愚夫、愚妇，则施

---

① 〔清〕朱椿年等修：《钦州志》卷一二，清道光十四年（1834）刻本，第42—43叶。

予者众，至事关文教，虽铢两必吝。今多士踊跃捐资，陶甓选材，不惜千余缗，而屹然聿观厥成，将彬彬然集一方之俊彦，读书论道于其中。为长吏者，更能迎其气而鼓昕之。若爱邓林之木，而益培其柯叶；护元圃之珍，而多蓄其珠玑。安见天末炎荒，不与中土弦诵之邦互相辉映欤？爰进诸生而语之曰："文昌何神也？司马迁《天官书》：'斗魁戴筐六星为文昌，一曰上将，二曰次将，三曰贵相，四曰司命，五曰司中，六曰司禄。'《周礼·大宗伯》：'以槱燎祀司命、司中。'《月令》：'季冬之月，毕祀天之神祇。'郑康成谓：'司命、司中与焉。'盖文昌之祀久矣。貌而象之，号为帝君，则道家之说也。道家谓上帝命梓潼神掌文昌府事及人间禄籍，此诸生所稔知者。按：神姓张，名亚子，其先越巂人，仕晋战殁，人为立庙梓潼岭。则是文昌者，天神也；梓潼者，人鬼也。合文昌、梓潼而一之，不经甚矣。呜呼！自人心沉溺于富贵利达，而浮屠道士皆得怵以祸福，驱之使媚鬼神，乃吾儒亦阴受其笼络而不自觉，可慨也夫！董子曰：'正其谊不谋其利，明其道不计其功。'明乎文昌之所以为文昌，庶凡进于道矣。"诸生咸喜而退，以为闻所未闻，故并志之。①

重修学宫记

（国朝）秦瀛（按察使）

钦州僻在海隅，距广州且二千余里，山川奥邃，地连安南，于岭峤最为荒远。顾自汉晋以来人物，如宁纯，能以诗书教其宗人，蛮俗向化。原悌继之，策试贤良，得上第。厥后姜神翊官刺史，令行政肃。孙公辅以制策异等，历中书门下平章事，直谏有声。之数人者，皆名炳史策，亦云盛矣。

州学旧在城南门外，宋治平元年移建城东，自是迁徙靡常。今学在城内州廨之左，明嘉靖间始创。康熙三十四年，游击陈君名诰者，因其旧而加缮治焉。大成有殿，明伦有堂，崇圣有祠，两庑及名宦、乡贤亦有祠，以及戟门、棂星门、月台、泮池之属，靡不备。岁既久，复就倾圮。署州事尧君慨然曰："学校者，治之本也，其曷可缓！"乃首捐金为倡，而学正李君、训导何君共

---

① 〔清〕朱椿年等修：《钦州志》卷一二，清道光十四年（1834）刻本，第44—46叶。

襄厥役。工竣，州人刑部主事冯君敏昌丐言于余。冯君高才博学，崛起荒徼，海内士大夫无论识不识，皆知有冯君。于以知川岩灵淑，冈间逖迩，而学校为人材所从出，学兴则材盛。自兹以往，风教所蒸，郁为翘秀，彬彬乎意必有如宁氏、姜氏者接迹而起，冯君亦岂得专其美欤！昔宋淳熙中，州守相州岳霖有事州学，南轩张子记之，以为人材造就，必有化行成俗之美。今国家醲化四洽，日所出入，涵泳道德。诸君兴学之意，不异岳侯，惜无大儒若张子者为之记其事也夫！士风淳则民俗亦淳，山陬海澨，含生负气之伦，磨揉迁革，消其顽犷之习以日臻朴厚。

余方司臬粤东，与有弼教之责，而适乐观其成，应冯君之请而为之记，不亦幸欤！学以乾隆五十八年八月始工，讫以五十九年十二月，计费四千两有奇。尧君名懋德，四川峨眉人，由拔贡知是州。李君名树元，澄迈人。何君名廷瑸，徐闻人。例得并书。①

重建城东文昌阁记

（国朝）朱依敬（署知州）

余以甲子三月，奉檄署钦州事。甫下车，山寇猖乱，余简兵壮，搜巢穴，日况瘁于旌戈羽檄间，未暇与州人士修文事也。秋九月，贼平，偶因公经城东高阜，见有所谓文昌阁者，已就圮矣。余以恪共明神，兴举废坠，固守土者责，爰捐廉以倡，同僚暨州人士和之，事遂毕举焉。众请记于余，余欲以义利之辨为州人士晓也，因语之曰："夫文昌之神，何神也哉？《史记》天官书曰：'斗魁戴筐六星为文昌，其四曰司命星。'《传》：'三台一星，亦曰司命。'屈原《九歌》有祭大司命、少司命之文，说者谓少司命即三台之一，大司命即文昌之四，是吾儒文昌之祀，原古者大司命之祀也。又《周礼·大宗伯》：'以槱燎祀司命。'《书》：'禋于六宗。'《月令》：'季冬毕祀天神。'汉唐注疏，咸谓司命与焉。是虽大与少与，弗得而知，而要不外乎二宿者近是。世俗惑于道家之说，谓文昌化身一十七世，或为将相，或为仙佛，且有符箓经咒传世。于是热中富贵者流，趋之若鹜，以为奉其

---

① 〔清〕朱椿年等修：《钦州志》卷一二，清道光十四年（1834）刻本，第50—51叶。

经，增智慧，祀其像，获科名。呜呼！是利而已矣，岂义也哉！孔子曰：'寡尤寡悔，禄在其中。'孟子曰：'修其天爵，而人爵从之。'吾人读孔、孟书，讵弗知所以向往者，乃竟昭昭以干，复冥冥以索欤？州人士诚喻乎此，则兹阁之建，即作鹿洞讲学观可也。"抑闻之州耆老云："阜在龙首，是阁立，则科第以盛。"是说也，或以为卜瀍涧，相阴阳，《诗》《书》载之，兹其言殆信。或以为周、秦同都，修短异祚，殆在德不在地。州人士不乏俊杰，当必有能辨之者。①

灵山重建文庙碑记（康熙五十八年）

李培仁（灵山令，辽阳人）

古之建邑也，凡以为教养斯民也，养则谋诸野，教则谋诸学，故邑必有学，学必有庙。庙之中为先师殿，殿前为乐舞台，台之左右有两庑，前有戟门，又前有净池，又前有棂星门，后则有启圣宫，旁则有名宦、乡贤各祠，其规制然也。灵之学，自宋至明，地凡数易，迨兵燹之后，规制愈多未备。

岁丁酉，余承乏西灵，恭谒先师殿而已。若台、若庑无有也，若门、若泮池无有也，若后之启圣宫、旁之名宦、乡贤各祠更无有也。一望榛芜，四顾旷如，求短垣败壁而不可得。嗟乎！地非文囿，乌尧雉兔胡为乎来哉？余心窃怦怦动焉。时有利生讳绍忠者，岁进士也，进而请曰："向者邑侯叶公欲振而新之，捐俸四十以倡，时有未逮，金虽存而事旋寝，踵而行之可乎？"余曰："诺！子之言，余之心也。子曷任之？"生亦曰："诺！"余薄宦也，灵瘠邑也，今视事之堂犹编茅以蔽风雨，余恬然安之，而顾于此不敢不勉，凡以云教也。于是向之怦怦动者，今且欣欣喜矣。无何，利生逝，又几几欲寝。余思天下事当为者不可不为，为之不可不成。使蹶然而止，前之怦怦者何心？欣欣者又何心？遂益加勉焉。倾厥囊，选厥材，庀厥工，遴衿士之贤能者陈尔进、宁廷彬、霍廷瑜、钟宏等董厥事。不期月而若殿、若庑、若门，后则若启圣宫，旁则若名宦、乡贤各祠，规制略备。外筑以缭垣，既周且固；增以屏墙，亦焕以高。虽因也，而实创焉。然而惧其久而易颓也，查下甲乡五冬

---
① 〔清〕朱椿年等修：《钦州志》卷一二，清道光十四年（1834）刻本，第51—52叶。

有在官之田，民米一石，官米五斗九升二合，二共每年载租一千二百五十一斗七升，可为岁修之费。谨拨入学，毋致侵蚀，毋致冒破。量岁之丰歉，视工之大小，咸登诸册，俾有所稽考，则其事乃可以久。余窃有进者，夫斯道之传也，尧舜植其基，禹汤开其户，文武造其室，至仲尼而集其成。今日灵之士望夫子之门墙，升降揖让于堂庑之下，瞻其基而得其根柢焉，窥其户而得其广大焉，是即所以教之也。夫劝学修礼，崇化荐贤，以风一邑，宰之职也。余不敢旷，于是乎书。①

钦州鼎建文庙碑记（康熙三十四年）

李朝鼎（检讨，新会人）

至圣先师孔子，功高尧舜，位参天地，经文纬武，道惟一贯。然则文武百执，俱有事于庙，其义一也。顾自文武殊途，辄岐视之。或有议另设太公武庙，以吴起诸人视配哲，事虽不行，见太陋矣。是故介胄之家，多自外于圣门，而泽宫泮璧之间，欲与司于城者诹度之，修庀之，固甚难也。况以其事为己事，不分任，不旁诿，而鼎建维新乎？荣禄大夫钦营都督陈公于钦州学宫，诚近古所仅见也。按州学古在州署之左，得地脉之正，自宋崇宁后，迁建靡常。有明世宗时，林次崖先生来刺是邦，才定千古之故址，盖一百有余年矣。军兴以来，鞠为茂草，一椽片瓦，荡废无存。官斯土者，或暂葺一枝，或仅构数武，因陋就简，苟且相仍。近者高倅张公、州守程公次第经营，然犹未合规制。都督公业举各神龛牌位，重新庄严。一日军旅之余，登堂环视，为道其先太夫人之志。二兰孙生长于钦署，初学于钦庠，遗命公以圣殿式廓而增大之。公性至孝，仰承厥志，未尝少懈。值奉□旨，回闽葬亲。甲戌春还署，即择人而授事焉。犹谓学宫圣贤赫濯攸在，而多士肄游藏息之地，斯文于此觇盛衰□□尽美尽善，非可聊且粗略者。然不费□□□，不费于乡绅，不费于诸生、耆老，独捐资，独鸠工，独庀材，凡板干畚筑之宜，朝夕亲躬。自圣殿而外，见程公前建两庑，简略易圮，公概行再造，以至戟门、名宦、乡贤，无不肇造。自是巍然焕然，学宫冠诸郡矣。

经始于乙亥年之孟夏，落成于丁丑年之季冬，计一千金有奇，皆都督公清

---

① 〔清〕徐成栋纂修：《廉州府志》卷一二，清康熙六十一年（1722）刻本，续43—45叶。

俸廉橐也。间有乐捐，只各尽片诚要于公，无容佐助。予从祖宣侯掌教于兹，偕其同官陈君息亭，率诸绅士征文于予，以志不朽。予作而叹曰：是举也，先圣所鉴临，而万代所瞻仰也。今夫士人自入学受经，岂不知学宫之设，圣贤赫濯于斯，多士藏息于斯，斯文盛衰于斯乎？一旦身膺民社，簿书耳，钱谷耳，讼狱耳，公而俸薪，私而苞苴，惟奉其妻妾焉，利其子孙焉，饰其歌童舞妓焉，又或美其宫室也，侈其陂池台榭也，以至祇园精舍，道观禅林，舍身罄产，或不吝也。若夫学宫，未尝或少留意，有以颓坏来告，问之学博，问之诸弟子，即或倡为修建，不过量效锱铢，而将伯助予，因人成事焉已也，孰以为己事不分、任不旁诿者乎？夫阃帅元戎，所司者诘戎治兵，所谋者陈师鞠旅，而圣贤赫濯攸在可不知也，多士藏息之地可不知也，斯文之盛衰可不知也。今都督公独以为己事不分、任不旁诿，况其清俸几何，廉橐几何，捐千金而不靳，且以幕府之尊贵与工役胼胝而不惜，都督公诚近古所仅见矣。闻修建之时，所需木料皆干霄拂云，不啻数千年来，前此匠石求之竟不可得，一旦挺出数十株以供圣殿之用，若有天造地设以相都督公之成，谓非精诚感格不致此，而公犹谦让未遑，以为此先圣之灵也，诸君之福也，予何修敢谓格天哉？其谦德雅量又加人一等矣。抑考之史乘，钦之文物，代不乏人，唐有宁姜彪炳简册，即至明代嘉靖以前，科第蔚起，近稍衰微矣。岂学宫榛芜，文教因而不振乎？今都督公慨然义举，鼎建维新，予知圣贤之赫濯有依，多士之藏息有所，斯文自此而日盛，与前哲颉颃，岂惟都督公俎豆不祧已哉？予从祖其与荣施矣。

都督陈公讳诰，字禹夫，号三陟，福建侯官人，与次崖先生桑梓。①

---

① 〔清〕徐成栋纂修：《廉州府志》卷一二，清康熙六十一年（1722）刻本，续37—41叶。

◆◇ 桂东南 ◇◆

◇ 梧州市 ◇

藤州书院（藤县）

藤州书院，位于广西藤县。清嘉庆九年（1804），知县陈廷璠倡建于学岭。四进院落，坐西向东，前为头门，有惜字炉一座，中为讲堂，悬学使祁墳手书"问津堂"及知府王友莲手书"陶镕乂俊"匾，左有聘山长定规碑、书院户口田业碑，后为文帝殿，上有奎星阁，再后为三代祠，两边有学舍16间。凡捐银200两以上者，可列其祖先姓名于三代祠内。清光绪二十八年（1902），改为藤县中学堂。今址为藤县中学。

藤州书院

在学岭簧宫左。嘉庆乙丑年，知县陈廷璠倡建。坐西向东，前为头门，头门内左耳房一间，厨房一间，右耳房一间，厨房一间。第二座为讲堂，学使祁墳手书"问津堂"以颜之，知府王友莲手书"陶镕乂俊"匾悬于前。堂之前亭一座，堂后半座为内塾，向西左右房二间。第三座为文帝殿，殿前亭一座，与内塾相连，殿左右二房。殿上为奎星阁，阁左右亦二房。后座为三代祠，祠左右二房，厨房二间，两边学舍共一十六间，为诸生肄业之所。头门外有陈廷璠《创修藤州书院碑记》及阖邑官民捐助碑，桂花二株，惜字炉一座。头门内有嘉庆十三年平南胡朝瑺《膏火碑记》。问津堂左有聘山长定规碑、书院户口田业碑，院左傍石路直砌至龙颈。俱首事陈正矩、朱棠、王俊昌、刘杨、吴斯圻、梁起高、胡希元督理其事。书院既成，师生递年膏火无项可支，众议县中绅士捐银二百两以上者列其先人名于后殿左右二房，俾诵读于斯者知膏火所自来。膏火田亩详于后。

按：藤县向无书院，陈廷璠到任，洁己爱民，每以训俗型方为事。举约正宣讲上谕，履郊原劝课农桑，立保甲，防弭盗贼，民风丕变。然犹以未有书院为憾，召邑绅士议以创建，绅士乐其作育人才，遂率众鸠工，越数月落成，时诣讲堂与诸生辨析经义，亹亹不倦。解组后，邑人思其德，为之立长生位于书院，以志去思。①

新建藤州书院碑记

陈廷瑶

人才关乎学校，设成均以造士，立教之大端也。国朝仍汉唐之制，首善自京师始，外省会、府、州、县皆建立书院。其最著者则楚之岳麓、豫之嵩阳、江右之鹅湖、白鹿，讲贯指授，率有师承。其英才辈出，亦皆隆于前古。盖人才散处，独学无友，则孤陋寡闻，故设为讲院以整齐之。处之燕闲之地，示以逊志之方，俾知博习亲师，论学取友，相与敬业乐群，观感兴起。

我朝廷作育人才、磨砻成就之至意，至深且远也。余于嘉庆九年秋自荔浦移宰兹土，筮日谒文庙，将登讲学之堂，进诸生与之申明教学相长之道，则南城之陬败屋数椽、榛莽翳塞。询县之人士，知讲院之隳废数十年于兹矣。夫藤号名区，自进士李公尧臣、殿撰冯公京而后，英才辈出。兹虽继起有人，而讲院之设坠焉弗举，是亦政之未备也。爰告绅士捐廉俸为阖邑倡，邑绅士咸愿输助经纪其始终。乃择地于黉宫之旁，诹吉于建酉之月，工不鸠而集，材不斩而丰，并建文昌专祠于讲堂之后，以为诸生展拜之所。两廊构厢室十六楹为学舍，庖湢、井匽皆具。阅八月而工告竣，用则四千有奇，财无冒滥，工不粉饰。山回水抱，风气完厚；翚飞鸟革，檐楹森耸。轮焉奂焉，多士攸赖。此虽一邑之讲院，而经明行修，儒风振起，子衿辍咏，巾卷充衢。圣天子寿考作人，昭回云汉，鼓之以和风，化之以时雨，绍修正学，休畅皇风，昌期五百，名世间出，诚治统道统合一之会也。讲院之成，适际其候事既蒇，乡人士请志颠末，纪岁月以垂永久，乃系以辞曰：

郁此藤州，据剑水上游，襟带蒙寮，其源孔悠。适有讲塾，以襄械朴，作堂翼如，五典为勖，惟廉茂是育。或峨其冠，或褒其袪，拥经而前，育唐孕

---

① 〔清〕边其晋修，〔清〕胡毓璠等纂：《藤县志》卷八，收入《中国方志丛书》第124号，成文出版社，1968，第270—271页。

虞。历有年载,曁涂圮毁。爰谂多士,屏弃湫隘,更诸爽垲。背岭临江,惟夫子宫墙,近圣人之居,宜庐其旁。粤在旃蒙赤奋若,众志咸恪,亟建鼙鼓,是究是度。维此邦之如痿思起,祺然肆然。愿执纲纪。阅数月而塾成,兼奎阁是营,觚棱嶒嵘,浮柱连薨,以启文明。爰进诸生,偕来瞻仰,攻木叩钟,成材发响,孰非髦士而不向方?孰甘老畎亩?孰勿思观国光?斯塾既巩,熏陶涵养。弦诵移风,匪倚而讲。缝掖在斯,顾名而思,刻石纪始,视此声诗。①

重修藤县书院记

孙钦昂

古无书院之名,国学、乡学而已。今成均治璧海之旁以为讲堂、学舍,俾国子生鼓箧其中,犹存古制,不以书院名也。至郡县书院,与泮宫多不相属。其有与泮宫相属者,命名虽异乎古,其制亦于古为近。余以为制无今古,在育才之良有司而已。

藤邑书院在学岭麓,泮宫左侧。甲寅之乱,与泮宫同时被毁。弦泠诵辍,阅十年矣。乙丑之冬,乃与泮宫同时兴修,易寒暑而工竣。藤之令函藤人之词,既请余记其泮宫,并请余记其书院。余忝司文衡,每以不能振兴文教为愧,故巡试所至,进诸生谆谆劝诫,授之以小学,复授之以塾规,而惓惓之怀,殊有未已。今乃闻善若此,是亦学校振兴之机也,愿能已于言哉。

按其状,书院建于嘉庆十一年,知县事者陈廷璠实倡事。院之制,中为讲堂,轩其前,斋其旁,厨其隅,房其门,而垣以缭之。其后为文昌殿、魁星楼其上,拜亭其下,三代祠又其后也。计为屋若干楹,凡昔之火于寇者,以次鼎之,而育才之地一新。院故置田二百余亩,约税米八石有奇,每年收取租谷三万四千余斤。军兴以来,畛域漫漶,课程乾没。至是按籍而稽厘剔焉,追偿焉,凡昔之蚀于蠹者,以次复之,育才之资一如其旧。天下有迹出于因而事同于创者,此类是矣。尝考书院之名,肇自南唐。宋初,学校未立时,则有四大书院:曰鹿洞,曰嵩阳,曰岳麓,曰睢阳。而鹿洞为尤著,故吕东莱记之特详。然其意在黜王氏之新说,以表章正学。今则无新说之惑矣,所患者士子役

---

① 〔清〕边其晋修,〔清〕胡毓璠等纂:《藤县志》卷八,收入《中国方志丛书》第124号,成文出版社,1968,第275—277页。

于声利，不能敦崇实学耳。且不仅惟是，李盯江《袁州记》曰："假官借师，苟具文书，则道尼不行。"蔡士英《南康记》曰："以养士之资，果匪类之腹，亦任斯土者之过。"然则为国家爱惜人才，裕养之之具，择教之之师，俾来学者，朝斯夕斯，相观而善，穷经稽古，措诸躬行。出可为忠臣，处亦不失为孝子。蒸蒸然人文蔚起，非良有司，其谁属哉？非良有司，其谁属哉？是则余之所厚望也夫！至率作之有司暨绅董始终其事者，与泮宫同，别为书之。同治六年仲春上浣。①

藤州书院规约

夫《易》著盍簪，《书》明教胄，《礼》详鼓箧，《诗》咏求声。良以师生有教学之资，朋友获观摩之益。况以南北国所悬之声气，联而治于文章；上下庠所育之英才，合而聚之党塾。洵推挽之足乐，实切琢之宜勤。兹惟藤邑，感义故封，永平旧治。龙骧南峙，翠涌文峰；绣水东漾，碧涵灵沼。李进士首举于唐，科名渐盛；冯三元扬芬于宋，朴学堪师。由来称钟秀之奇，自此著人文之焕。久宜追踪曩哲，腾其虎气龙文；所当继武前修，储此春华秋实者也。仆学荒不殖，质窳无长。鞅掌频劳，有愧词坛于邺下；师资可就，得借讲习于河汾。如桴鼓相从，无虑挋而不应；既悬钟待发，须知叩则斯鸣。擅文囿之峦龙，愿偕才子；拾骚经之香草，尤望童蒙。用列规条，共期砥砺。

一、气质之宜变化也。夫毗阴毗阳，喜怒多失宜之候；刚克柔克，血气有受治之功。必蔼吉流辉，始得合交游之谊；况和平养福，更足消暴戾之灾。倘凌竞未捐，学校何殊于市井？或恣睢时露，衣冠即类于屠沽。积三年而去一矜，正需学力；澄千顷而不偶浊，乃见儒修。各宜虚湛其怀，慎毋嚣凌其习。

一、言动之宜谨饬也。夫出好兴戎，启口即关衅咎；临渊集木，出门尽属危途。思吉人之寡辞，守瓶宜谨；法君子之慎动，执玉宁忘。倘谑浪相高，不顾摩兜之戒；跅弛自肆，罔知灭火之修。即属败群，遑言我党。欲诡薄无讥于世，宜尤悔早寡于身。

一、诵读之宜勤奋也。闻之《易》张十翼，《书》标七观，《礼》备五

---

① 〔清〕边其晋修，〔清〕胡毓璠等纂：《藤县志》卷一九，收入《中国方志丛书》第124号，成文出版社，1968，第838—839页。

经，《诗》昭四始，"三传"列于太学，"三礼"缉有成编，是皆经国之大猷，莫非淑身之要道。分年有例，讵属难行？继晷加勤，自能详读。若夫《国策》为文章之祖，《国语》备经传之遗。旁及《庄》《骚》，下通《史》《汉》。八家之选，肇始鹿门；五子之书，会归《皇极》。并取携之至要，皆阐发之先资。化日舒长，何待三冬而始足？韶年荏苒，正宜万卷之俱开。别有山经海录，咸可撷其英华；逸乘稗编，均有资于考证。耻金根之贻诮，宜马勃之兼收。削温公之枕，时儆酣眠；引苏季之锥，频须刺血。

一、问辨之宜详察也。夫典籍有微言，非阐扬而莫析；诗书含奥旨，舍思悟而奚通？倘口诵而心勿维，讵芳腴之我饷；或貌合而神勿浃，亦糟粕之空存。故学问思辨，用力而兼；博审慎明，操修必备。折衷祈归于一致，问难不厌于多端。虽导篆新硎，有惭中綮，而临歧老马，尚或知途。各宜操几而前，勿待巡筵以儆。

一、文体之宜醇正也。原帖括之始，用以阐经；而科举之程，因之取士。发圣贤之奥蕴，择理宜纯；扬道德之光华，吐辞须雅。若使风云月露，徒夸浮靡之观；牛鬼蛇神，甘入诡奇之路。有乖正体，便属邪魔。况黼座崇文，以雅正清真久悬功令；而文衡报绩，以磨勘校对特别旌惩。是以轧苴累词，既勒红以著丑；魄骍怪语，复刊榜以明羞。良可惕也，奚容忽诸？今每月以六日为期，每课则诗文两艺。循阡数陌，勿为越畔之思；寝矩枕绳，毋败先民之检。

一、诗学之宜讲求也。原夫四始彪炳，六义环深。刘舍人《明诗》之什，能读即见渊源；严沧浪《诗话》一篇，详推亦知正变。自迂士偷安训诂，视声韵为外篇；且学究墨守儒先，等咏陶为玩物。管弦草莽，雅颂沦胥。自宸扆赓歌，艺林复古。三年乡会，例用五言；两度岁科，定为八韵。乃锁闱未闭，争辨音声；督学将临，先愁比偶。甚有黉宫凤望，乞只韵于髫年；白首耆儒，假数联于邻铺。吁可怪矣，不亦恧乎！夫八义立就，漫云脱手如丸；七步能成，须识呕心皆血。是非四声八病，研练功深；二酉五车，博综日久。鲜不含钩而莫吐，遑言游刃而无难。是故学必穷源，宜推本于元鸟云门而上；假令务先其急，姑从事于开元大历之间。庶几疏雨微云，不难压座；将见夜珠明月，便可标名。

一、书法之宜端楷也。昔钟繇议笔，画被至穿；张旭挥毫，濡头皆墨。虽韦康之戒子，楷可无传；而唐代之抡才，书还居一。若使冻蝇满楮，何以自谓经生；试看春蚓萦毫，讵不有渐学者？至如华之为叶，诞之为诳，沣沣莫辨，商商无分。虽由踵袭之舛讹，大为篇章之疵颣。芭蕉万树，应早临摹；柿叶三门，亟求体法。果尔绮鲜花散，妙格可以怡神；将见玉润珠圆，佳文因之生色。甚有关于小试，宜早正于几先。①

登藤州书院文昌楼

陈翘

巍峨深院峙高楼，此日登临豁远眸。春晓山光迎座入，雨晴云气到窗收。文风乍振怀郎简，教化重敷忆太邱。十二阑干欣徙倚，斜阳何事急西流。②

藤州书院示同学

陈钥（启亭）

理愈平中观愈奇，先民矩矱是吾师。读书须会无书处，立志终逢快志时。眼底境皆呈妙趣，口头话便可为诗。鸳鸯绣出金针在，相对忘言各自知。③

三元书院（藤县）

三元书院，位于广西藤县。原为宋翰林学士文简公冯京读书之处。明景泰元年（1450），佥事汤性方创建，以时人对冯之赞誉"三元"命名。三年（1452），知县唐礼重建，并购旁地以广之。明弘治七年（1494），知县廖佐增建楼堂以祀冯京。明万历九年（1581），令废天下书院，遂改民居。后迁建于永安门内。清乾隆五十七年（1792），阖邑绅士重修，不久又废。

三元书院

在县治西街东面，世传冯文简公故址。明景泰元年，佥事汤性方创建；三

---

① 〔清〕边其晋修，〔清〕胡毓璠等纂：《藤县志》卷八，收入《中国方志丛书》第124号，成文出版社，1968，第277—281页。
② 同上书，卷二〇，第897页。
③ 同上书，卷二〇，第900页。

年,知县唐礼重建,并购旁地以广之。宏治元年,知县廖佐复建楼堂以祀文简。万历九年,奉勘鬻为民居,别建为永安门内。国朝乾隆五十七年,阖邑绅士重修。

按:三元书院为冯当世故居,原在西城。今义学在迎恩门内,地判西南,旧郡志以义学为书院改创,误。①

重建三元书院碑记序

苏厚培

从来造物不择地而生才,英贤不诿天以自弃。吾藤自李祭酒以来,代有文人,而科名之最盛者,则莫如宋三元冯文简先生。先生以皇祐元年登第,自乡贡、礼闱、廷对皆第一,历官至枢密副使,太子少师致仕,卒,赠司徒,谥文简。南渡后,刺史李公万来知藤州,慕先生之为人,访其遗址,得断碑于草莽中而重刻之,所谓六字皆宸翰者是也。明永乐间,创造书院落成,而督学汤公适至,知其地为先生故里,遂以"三元"命名,而祀先生于其内,其文皆载诸《郡志》。夫淳祐去先生之世未远,况断碑记石刻,元则州守金公文仲跋之,明太令华亭冯公亦别有记。事历三朝,夫岂尽不足传信哉!而省志则以为宜州人,《方舆览胜》诸篇,又或谓江夏,或谓咸宁、鄂州,迄无定说。大抵闻达之英,人人欲得以为邑乘光,且先生实通籍他乡,遂致所见异词,所闻异词耳。噫!吾窃以为过焉。

昔吾家东坡《昌黎庙碑》不云乎:"公之灵如水之在地中,焉往而不在也。"然则先生之为藤人与非藤人,前记有之,固不必辨。至其科名之赫奕,学术之深醇,不避奸回,不事权贵,伟节丰功,卓卓在人耳目。闻先生之风,其亦可以兴矣。

壬子之岁,邑中诸君子以院宇湫隘,且日就倾颓,谋更新之。而余与吴君焕章等实承乏其事,三阅月而功告竣。继自今登斯堂也,景仰余风,当有瞿然起者。有志之士,毋以边陲之地自限,毋以降才之殊自诿,切磋砥砺,以上副圣天子寿考作人之意。则此举也,可以振文风、可以绵祀典,何莫非诸君子之

---

① 〔清〕边其晋修,〔清〕胡毓璠等纂:《藤县志》卷八,收入《中国方志丛书》第124号,成文出版社,1968,第269页。

力哉！是为序。①

鼓岩书院（苍梧）

鼓岩书院，位于广西苍梧。清乾隆二十五年（1760），苍梧知县郑交泰倡捐，就庆林寺旧基改建。三十四年（1769），知县牟铃修葺。清道光二十二年（1842），改建于三台山麓，更名"台山书院"。清咸丰七年（1857），毁于兵火。清同治八年（1869），迁建于凤凰台，将前进作为经古书院，取名"凤台书院"。十二年（1873），后半部分建成，设为台山义学。清光绪年间，原广州知府李璲告假回梧，为凤台书院掌教。废科举后，改为苍梧高等小学堂。

台山书院

即旧鼓岩书院改迁者。初，北门外二里许曰"石鼓岩"，界于两崖之间，前滨桂江，有寺曰"庆林"。乾隆二十五年，僧有罪，知县郑交泰杖使还俗，而请于抚军，毁其寺，移南街修明两废义学，创建书院，命名曰"鼓岩"。三十四年，知县牟铃修之。（参府志）未几复坏。至道光十八年，邑绅始议兴复，佥谓旧址夹于山间，湿气薰蒸，栋宇易朽，欲更诸爽垲。请于知县王大钧，辟三台山麓地改建。二十二年工竣，更名"台山"。咸丰七年毁于贼。同治八年，邑绅见明三府会议旧址曰"凤凰台"，实据一郡之胜，请于知县龚玉彬，将台山书院改建于此，并将前进为经古书院，取名"凤台"。十二年，后进落成，复设台山义学。（采访）凤台书院即台山义学前进，为苍梧经古书院。（续采访）②

古岩书院记

郑交泰

古者化民成俗，教学为先，民风所以淳，人才所以盛，胥视此也。三代四学之制，由来旧矣。唐、宋以后，太学而外，郡县皆立学校，复闲置书院。唐之丽正，天子所以聚文学之士也。外此而庐山之白鹿、铅山之鹅湖、湘西之岳

---

① 〔清〕边其晋修，〔清〕胡毓璠等纂：《藤县志》卷一九，收入《中国方志丛书》第124号，成文出版社，1968，第829—831页。
② 〔清〕王锟绅修，〔清〕王栋纂：《苍梧县志》卷一一，清同治十三年（1874）刻本，第14—16叶。

麓,皆郡县学校之外,所以育才造士也。苍梧附郭大邑,界两粤之冲,总三江之汇,山川秀发,代产伟人。三陈以经术传也,六士以事业显也,牟子以理学著也,丁靖公以孝行称也,吴虞部洁操履,守官箴,章章在人耳目也。扶舆钟毓者厚耶?抑学校之培植深也?

己卯冬,交泰来莅兹邑,下车伊始,以厚民风、成人才为首务。诣学校谒先师夫子,入明伦堂,进诸生宣读圣训,讲四子书。见诸殿规制未详,且颓废弗修。既入义学,复见其处湫隘嚣尘之中,讲堂太狭,廊房弗备,与廛舍无以异。思更诸爽垲,峻其庐宇,广其奥阼,显敞其闳闳,而多设以斋舍。有志焉未之逮也。适石鼓岩庆林寺僧缘事去,而寺且圮矣。详请列宪,仍其故基,扩而大之,以为书院。咸报可焉。于是捐俸倡事,择邑绅李君朝桐、陈君谏、刘君士望、罗君嘉谟、邱君斌、朱君纯经纪之。义学旧基,售金二百七十四两,阖邑沿签,得金一千两有奇。鸠工庀材,既迁佛像于准提阁,即从事于石鼓岩,以构成书院。

石鼓岩在城北二里许,背高山,面大江,意灵气实式凭之,匪直壮观而已也。经始于庚辰冬十月望后,六越月乃告厥成。讲堂三楹,后堂三楹,左右廊房十数楹,斋舍各具,颜曰"鼓岩书院",因地也。自兹以往,先生弦歌,弟子诵习,咸于斯;正业居学,藏修息游,咸于斯。视昔之义学,宜若有加焉。然则居斯所者,经术事业,理学孝行,处洁操履,出守官箴,亦宜视昔有加焉。此余所厚望,而亦存乎士之克自振拔,以仰副我皇上右文作士,乐育人才之至意也欤!爰述颠末,而勒之碑。①

题鼓岩书院

(院旧为庆林寺,乾隆二十五年苍梧县令郑协德所改)

鼓岩何峥嵘?峙此漓郁汊(漓江至苍梧入郁水)。峦嶂秀且幽,书堂构山罅。层叠出轩窗,意自石鼓借(石鼓书院在衡州)。台榭倚江喷,水光当户泻。旧为选佛场,今作邺侯架。梵语易书声,经坛变吟舍。圣朝方崇儒,异说宜锄咤。贤令莅苍梧,于此凭观化。弦诵已成风,不愧辀轩驾。我来一登眺,境味如倒蔗。

---

① 〔清〕王钖绅修,〔清〕王栋纂:《苍梧县志》卷一一,清同治十三年(1874)刻本,第14—15叶。

安得似儿时，静读消长夏。①

此作县志本为：鼓岩何峥嵘，峙此漓郁汊。峦嶂秀而幽，书堂构山罅。层叠出轩窗，不居石鼓亚。台榭倚江喷，水光当户泻。旧为选德场，今作邺侯架。梵语易书声，咿唔出精舍。圣朝方崇儒，异说宜锄咤。固知贤大令，寓意在默化。我来登眺之，俯仰任上下。临风听鸟鸣，境静清炎夏。

奉和查太守原韵

郑交泰

礧礧石鼓岩，潺潺江流汊。崔巍庆林寺，寂阒崄巇罅。尘烦沙弥去，径荒松竹亚。因地构书堂，前俯清湍泻。桂蕊溢云扉，牙签盈玉架。□□说禅那，何如立学舍。礼乐非曰能，邪淫费喷咤。黾勉□诸生，俟人助文化。何期明公游，爱士复礼下。题诗在上头，旷旷意如夏。②

回澜书院（苍梧）

回澜书院，位于广西苍梧，原名茶山书院。清康熙三十五年（1696），知县刘以贵命陆子兰收苍梧县义学改建。四十九年（1710），知府李世孝扩建，以书院距茶山远，离江水近，故取韩愈"障百川而东之，回狂澜于既倒"之意，改名"回澜"。清雍正三年（1725），知府徐嘉宾修整，请广西巡抚李绂题额，李以江南研习儒经，始于邑人陈长孙传《左氏春秋》，遂更名"传经"。十二年（1734），知府徐德秩增建学舍30余间，复名"回澜"。清乾隆三十四年（1769），知府吴九龄重建讲堂。清同治间，临桂举人陈瀛藻曾任主讲。

传经书院

旧名回澜，在东门内。因苍梧县旧义学基址，国朝康熙三十五年，知县刘以贵改建为茶山书院。四十六年，知府李亨时于内建缁林阁。四十九年，知府李世孝捐资复建文昌祠、魁星楼，讲堂、学舍，更名"回澜"，置田税米及铺地租永

---

① 〔清〕查礼：《铜鼓书堂遗稿》卷一五，清乾隆刻本，第4叶。
② 〔清〕王钫绅修，〔清〕王栋纂：《苍梧县志》卷一一，清同治十三年（1874）刻本，第15叶。

为士子费给。雍正三年,知府徐嘉宾捐俸修葺,延师讲学,巡抚李绂更题曰"传经有说",寻圮。八年,知府吴士鲲重修缁林阁。十三年,知府徐德秩于阁旁兴建学舍三十余间,重建文昌阁,仍更今名。乾隆三十年,知府吴九龄加给诸生膏火。三十四年,讲堂倾圮,吴守重建并修学舍,文昌阁、魁星楼皆葺新之。①

茶山书院记
刘以贵

茶山脉发桂林,背负城,面枕江,余以其地势亢爽,为置书院造士。夫院不在山顾反得被山名者,以其地势亢爽,犹山之余也。院有堂、有阁、有斋舍、有庖湢。既成,购书籍授诸生,因告之曰:若亦思古大儒为己之学,岂直如今所云乎?今所云学不过曰六德,吾知为知、仁、圣、义、中、和;六行,吾知为孝、友、睦、姻、任、恤;六艺,吾知为礼、乐、射、御、书、数而已矣。今所云儒不过曰记诵之儒,吾知为贾、服、马、郑;辞章之儒,吾知为韩、柳、苏、曾;儒者之儒,吾知为濂、洛、关、闽而已矣。今所云诸子百家,不过曰有屈无伸,吾知为老;有后无先,吾知为慎;有齐无畸,吾知为墨;有天无人,吾知为庄而已矣。卒之学止口耳,中鲜根柢,平居非不高谈名教,一旦临事,顿改初辙,而贪功营利、厉民病国之事,遂至公行而不可禁。无他,学非古大儒为己之学。是故听其议论,洋洋若自以为圣贤有所不能过,及徐考其所行,乃至下同硚、跖,甘以其身蒙天下之恶声,而恬不以为怪也。

然则学当何如?曰:勿学二氏之幻,幻则无君父;勿学张、苏之辨,辨则蔑仁义;勿学京、郭之鬼,鬼则入谶纬;勿学荀、杨之驳,驳则坠荆榛。必也求之四子以立其本,体之六经以明其理,参之二十一史以识天地古今治乱安危之变,帝皇王伯因革损益之故,君子小人进退消长之由,去其非,从其是,绝其似,存其真。如是焉而修身、齐家、治国、平天下之要,皆不待他求而得。何也?吾所谓古大儒为己之学,因即尧、舜、禹、汤、文、武、周公、孔子以来相传之道也。不然,不知而不学,与学之而不力,与力之而但以邀世取荣,书院虽不作可矣。

---

① 〔清〕吴九龄修,〔清〕史鸣皋等纂:《梧州府志》卷六,清同治十二年(1873)刻本,第26—27叶。

是役也，董之者陆子兰，今盖为罗粒司云。①

回澜书院记

李世孝

梧治近控三江，遥联五岭，桂水绕其前，大云峙其左，壮哉一大都会也！先是茶山之麓曾有书院，为苍梧邑令刘君以贵所创，距今十余年，荒落殆尽。予兄弟先后来守是邦，中间仅隔三载。若地方秕政坠典，除之举之，骎骎乎差有可观者。惟念粤之士气，虽视昔为奋兴，而文风卑弱，独不能颉颃齐鲁吴楚，心尝疑焉。意者讲习之不得其道，而闻见之未经荡涤乎？昔吾兄亦曾延师，资其膏火脩脯以教生俊，恒苦乏善地。吾宗合州静山继来，于书院旧址构楼其上，未卒事而去。

余偶游览其间，见夫诸江汇流，浸淫浩衍，方之学海文河，于斯为盛。又思士习之日下，不加振作如彼波靡。昌黎有云"障百川而东之，回狂澜于既倒"，讵非守土者之责与？且以书院距茶山较远，遂更其名而颜曰"回澜"。又其楼偏向东，不足以收全郡之势，复更而南之，亦得文明之象也。旧楼惟榱栋仅具，因治其瓦墁，增以窗扉，围以棂槛，以为肄业所。其规模较昔为胜，而亦便于诸生会艺之场。其前祀文昌神，示所崇也。建魁星阁于巽，《易》曰："齐乎巽"，愿诸生之齐之也。构斋舍三楹于东北隅，为讲论义理之地。东偏构屋十楹，为诸生寝息之所。非以为限，可渐次而广也。其下为庖湢，外则周以墙垣，高其闑阂。又于西南之隅另修三楹，将择黄冠谨朴者使居以司香火。经始以季春，落成于仲冬。月瓦寸材，一夫一匠，靡不捐自己资，不问于僚属，不谋于里民。奂轮粗备，位置井然。爰访明哲之儒，修其教而授来学者。

盖文章以先涤其心胸，扩其耳目，而后习染可除。太史公登龙门，探禹穴，遍历名山大川，故其为文高伟骏洁，博雅昌明。文翁之为蜀守，遣司马相如等东诣博士受业成就教吏民，故蜀学比盛于他地。古人读书学文岂苟焉而已？今夫委巷穷乡之士，识力远不逮古人者，以所处卑陋，自幼习及壮，所见所闻不过如是，何怪乎随波而靡也。斯地高明爽垲，俯视群动，振衣倚楼，悠

---
① 〔清〕王钫绅修，〔清〕王栋纂：《苍梧县志》卷一一，清同治十三年（1874）刻本，第12—13叶。

然有得于江山千里之外。于此课业论文，吟风弄月，吾知其天机活泼，会心益远矣。世传粤西山水逞奇斗怪，最为灵异，若使其寓于文章间，足推倒一世，开拓万古，有不轶吴楚，跨齐鲁而上之者哉？

人情不能自已者，与之久而相习。梧，余兄先治之，而余继来。余兄今副左江，又恒与余相会于梧，若梧之于余昆弟有甚留连而勿释者，则余今日为梧人而兴斯地，又因斯地而属望梧人，诚有亹亹者焉。若夫使师儒久其位而乐其传学者，奋其志而卒其业，成事有兴而无隳也，是所冀后之君子。①

《藤县志》学校

藤县学宫

学宫，在县南门外学岭之麓。元至顺三年，知州文魁建。文统三年，阖邑绅士建书楼三间，至正七年置祭器。明洪武七年，州同金文仲重建。正统十二年，知县冯哲修。天顺六年，谢铉重建。宏治十年，知县廖佐重修圣殿五间，东西庑十间，又重建戟门三间，左右耳房各一，棂星门三座。十七年，提督佥事姚镆委官增修大殿、堂宇、斋舍，殿之东隔路设总门，后为崇圣祠，乡贤、名宦各一室，而中隔殿之西为宰牲亭。嘉靖六年，典史孙懋重修，有记。隆庆四年，知县司鉴增祭器、书籍，著生员钟思贤、霍文谦置。万历二十八年，知县刘炅改建于旧址四五十步。四十三年，知县李廷干从诸生请，迁复旧址。崇祯三年，署县事经历叶大绅修戟门。

国朝康熙十年，知县蒲珩修复未备。二十五年，知县万愫重修。二十八年，知县王斗玑修圣殿。知县张纯将通县优免钱粮，大修文庙，改南向易基址，自殿宇、两庑以及名宦、乡贤，逐一重建。六十年，知县陈士修重修戟门、启圣祠、乡贤祠。雍正元年，知县李文炎奉文崇圣祠，追封五世王爵，添设神牌、祭器。八年，知县李郁芬修两庑。教谕吕德懋、训导梁松修棂星门、宫墙。乾隆二年，教谕贾正美修照墙。三十一年，知县布勒亨捐俸倡率绅士，仍因旧址，改复坐西朝东，建圣殿、两庑。五王殿在正殿后，其戟门外，左为名宦祠，右为乡贤祠，中为泮池。其棂星门外，左为礼门，右为义路，前为照

---

① 〔清〕王锟绅修，〔清〕王栋纂：《苍梧县志》卷一一，清同治十三年（1874）刻本，第13—14叶。

墙。俱撤新重修。①

书院

南麓书院。在县学东北隅。明嘉靖九年典史孙懋建。万历六年知县陈雅言修，末年火。崇祯九年知县梁昌重建，今圮。（郡志载洪武间金文仲建，误）

友仁书院。在三元书院右。明隆庆元年，同知摄县事何文绍建。万历九年，废为民居。

解元书院。在赤水镇仁封乡，原为三界祠旧址。明嘉靖元年提学刘节改建，今废。

凤山书院。原东岳祠，明嘉靖初改建，万历十年复为祠。②

学校膏火、田业

嘉庆十一年二月十五日，买受四十一都黄锡璘田业一庄，坐落三十九都土名案塘一张三丫，自口至表塘底田一段，下至石碛止。马鹿埇田一埇，自口至表埇口田二段，上岭嘴田一段。罗笛埇田一埇，自口至表里，至大隐塘底止。

松木塘一张二丫，右至表，左至两龟塘儿底止。松木塘平地一块，内水母塘一张，平底田儿一段，无插花。原税米四斗三升，价银三百二十两。

嘉庆十二年二月十三日，买受三十都龙蓬村曾鼎伯田业一庄，土名粘糯垌。圳藤起一埇，至表；一连小埇一丫，亦至表；锦段，无插花，以天水为界。户塘田大小三丘：邦降埇口田一丘、邦降田一连六丘、邦降隔河田三丘、婆老埇口田一丘、木山埇口田一连六丘、龟脞埇田一连十八丘、龙蓬口河边屋地一所、菜园地一所、鱼子塘一张。山场竹木手植积长，各处尽卖；土瓦砖屋一座、两廊横屋二间。掌管山场界址：自大力山脞起至木山口止，下边自邦降大化起至架涧埇屋背山一块，顶至茶根边为界，两边岭岐为界，对面木山一块，火路为界。税米一石三斗五升，包荒在内，价银七百六十四两。

嘉庆十三年四月二十三日，买受藤县十都二甲李苍卫户田业，土名新畜塘

---

① 〔清〕边其晋修，〔清〕胡毓璠等纂：《藤县志》卷七，收入《中国方志丛书》第124号，成文出版社，1968，第181—182页。

② 同上书，卷八，第270页。

田九丘。古帝塘田十丘、乌诺塘八丘、新车塘十三丘、三色塘十三丘、三色表十八丘、勒竹塘十三丘、掘埇一丘、古帝表七丘、新畜儿三丘、松木塘十四丘、河口塘七丘、霸利二十八丘、底氹三丘、罗池塘四丘、神田埇儿六丘、神田口二丘、罗池底七丘、大井边三丘、霸利塘九丘、双柱一丘、莫由塘二十四丘、霸利底三丘、坭桥十九丘、坭桥　六丘、坭桥底田三丘、扫塘底一丘、扫塘肚五丘、寺门塘底十二丘、大社垌尾六丘、大社垌九丘、大社垌头七丘、黄疆二丘、淋猛埇八丘、底淋五丘、佛子底二丘、崩塘底三丘、古旁口四丘、寺门垠二丘、乌诺塘底十七丘、寺门塘十一丘、铁炉底二丘、铁炉面一丘、土地垠五丘、桥柱五丘、鱼子塘三口。

　　已上田业坐在神田西岸地面。

　　又一契，土名东埇：山表十五丘、山表横埇二十二丘、扶炉氹四丘。牛角埇口三丘、牛角埇六丘、枫木塘九丘、黑寿塘十四丘、胡殓十九丘、孔谷底口共七丘、马塘二丘、山口四丘、埠底三丫涩田二丘、公婆口一丘、垌弗垠三丘、井田一丘、樟木垠六丘、樟木口四丘，水弗三丘、木路圳底一丘、石　八丘、雷劈二丘、大么二丘、旧屋底六丘、昙仁埇二十五丘、古城底二丘、西埇底三丘、陈婆底四丘、陈婆埇十一丘、大垠角二丘、大宕秧地三丘、大垠塘底十丘、茶山口二丘、寨脚三丘、狂埇八丘、鸡母一丘、底冻口二丘、石嘴垠一丘、垌突垠五丘、沙拥一丘、岭嘴五丘、井夏三丘、鸭脚塘面二丘、鸭脚口八丘、屋面垌八丘。楼底九丘、对头一丘、鱼子塘底六丘、木路底二丘、屋垌六丘、浸谷尬二丘、社嘴二丘、河头二丘、古类塘底角一丘。

　　已上田业坐在七都焊池地面。

　　又一契，土名上思劳塘，十一丘。思劳塘十三丘、白石垌九丘、甘埇口十三丘、甘腰八丘、甘埇表九丘、塘嶒四丘、塘嶒塘二丘、塘嶒背二丘、横垌九丘、白石岭脚十三丘。横口二垌丘并塘表共九丘，井塘底五丘。社田大田一丘、大坡九丘、石头塘表一丘、鱼马嶒一丘、黄老尾三丘、淫塘底十一丘、淫塘并大小埇共三十五丘、佛田埇九丘、上余垌三丘、高垌二十六丘。其田坐在七都南村地面。

　　又一契土名黄坭塘腰，三丘。山塘口五丘、某埇底三丘、垌埇口并圳口九丘、鱼其碑、鱼梁底共三十一丘。张其底七丘、勒塘二十八丘、东宫埇二丘、杨梅埇二丘、鱼梁三十四丘、石埇十六丘、星塘八十九丘、大青山埇四丘、神田村禾地一块,其地坐在七都南村地面。已上共田一千零七十一丘。

另鱼塘三口,原税米八石三斗三升八合七勺,共价银三千五百两正,包荒在内。

右膏火田亩,系邑内原任南宁训导邓国桢捐银三百两,举人陈璋,奉直大夫苏秉星,明经进士苏翱、朱桐,庠生朱如烋、覃嘉、苏丛俊、杨廷橿,登仕郎李佳章,太学生石持高、黎文纲、石光玫、李亘章、莫日成,处士王天长、石持振、陈炫琪、吴朝翰、石耀琠各捐银二百两,并随力资助者合共捐银四千六百有奇,公同置买。①。

藤县教职名录

教谕

韦炘,平南县举人,康熙三十八年任。

李楷,桂林举人,康熙四十三年任。

李翘林,融县副榜,康熙四十五年任。

何文昉,阳朔县拔贡,康熙五十六年任。

黄阳肇,桂林贡生,康熙六十一年任。

吕德懋,临桂县举人,雍正五年任。

贾正美,罗城县贡生,雍正十年任,详《通志》。

冯秉刚,太平举人,乾隆六年任。

严朝节,郁林州举人,乾隆十三年任。

关宏烈,太平恩贡,乾隆十九年任。

马世伟,隆安县拔贡,乾隆二十五年任。

晏永瑛,郁林州副榜,乾隆三十九年任。

李挺拔,思恩府定罗土司拔贡,乾隆四十四年任。

苏学圣,灵川县副榜,乾隆四十八年任。

覃洋,平南县举人,乾隆五十四年任。

---

① 〔清〕边其晋修,〔清〕胡毓璠等纂:《藤县志》卷八,收入《中国方志丛书》第124号,成文出版社,1968,第271—275页。

苏学圣，灵川县副榜，嘉庆元年起复回任。
杨自强，象州拔贡，嘉庆七年任。
陈允信，隆安县举人，嘉庆十年任。
李程泌，北流县拔贡，嘉庆十九年任。
训导
朱享敌，临桂县人，康熙十七年任。
黄挺，武缘县贡生，康熙二十二年任。
唐寅畏，义宁县岁贡，康熙三十年任。
罗奎宿，河池州贡生，康熙三十六年任。
黄广德，上思州贡生，康熙四十三年任。
袁昌，宜山县贡生，康熙四十九年任。
唐象兑，灌阳县贡生，康熙五十七年任。
梁松，荔浦县贡生，雍正五年任。
莫逾矩，河池州人，雍正十二年任。
林日升，东兰州人，乾隆十三年任。
莫如敏，富川县人，乾隆二十一年任。
覃思尧，象州人，乾隆二十八年任。
董懋官，马平县岁贡，乾隆三十八年任。
文炳，全州举人，乾隆四十三年任。
粟恒盈，义宁县岁贡，乾隆四十五年任。
韦绍贤，东兰州岁贡，乾隆五十九年任。
萧馨智，临桂县举人，嘉庆元年任。
唐钟元，临桂县举人，嘉庆四年任。
蒋上绂，全州举人，嘉庆七年任。[1]
教谕
于绳武，道光二年四月任，临桂举人。
王运峻，道光十四年八月任，灌阳举人。

---

[1] 〔清〕边其晋修，〔清〕胡毓璠等纂：《藤县志》卷一一，收入《中国方志丛书》第124号，成文出版社，1968，第372—375页。

朱绍裘，道光二十六年五月任，临桂举人。

罗天理，道光二十七年任，嘉庆癸酉副榜。

李洵，道光二十八年六月任，举人。

罗世贵，举人，道光二十九年任。

唐钟蒸，道光三十年八月任，拔贡，兴业人。

（实任）黄槐，咸丰六年八月二十九日任，同治四年五月二十日病故。

（兼理）李挺芳，同治四年五月二十日任，是年又五月二十八日卸事。

（兼理）李松年，同治四年又五月二十八日任，五年四月初二日卸事，附贡，兴安人。

蒙秉仁，同治五年四月初二日到任，桂平人，增生，保举。

训导

管继昌，道光三年任，阳朔岁贡。

黎旭兴，道光十年署，平南廪贡。

朱梁，道光十一年三月任，临桂举人。

梁之柏，道光二十四年任。

胡恩寿，道光二十五年二月任，平南举人。

何璲憨，道光二十六年三月任。

袭济定，道光二十九年十二月任。

（署理）银贡，咸丰十一年三月二十四日任，同治三年正月初二日卸事，临桂附贡。

（署理）黄槐，同治三年正月初二日任，是年五月二十七日卸事，拔贡，永康州人。

（署理）李挺芳，同治三年五月二十日任，五年九月初八日卸事，附贡，宾州人。

（署理）吴炳华，同治五年九月初八日任，六年七月十一日卸事，附贡，昭平人。

（兼理）蒙秉仁，同治六年七月十一日任，是年八月初二日卸事。

（署理）莫光甲，同治六年八月初二日任。

韦贞元，同治六年十二月十五日任，象州岁贡。①

东山文昌阁记
（抚州府经历）苏秉晁

自古文教昌明、英才磊落，振一代之风声，垂千秋之金鉴，虽曰天命，岂非人事哉！藤州地界边隅，粤稽志籍，由唐、宋以迄元、明，人才辈出，或以巍科显，或以经术传。其间奉祀文昌，推崇开化，代不乏人，诚以帝君乃文章宗主，桂籍权衡，佑启斯文，万世永赖者也。

我皇上右文振武，崇祀圣神，所在春秋，太牢致享，所以承天运与育人材，典至渥也。矧属后儒，可不仰体朝廷培植文教之至意也耶。藤有文阁，由来尚矣。自己亥年移徙东山，嗣后折桂蟾宫，题名雁塔，视前较盛。第风摧雨蚀，难禁瓦堕椽倾，而居士游人，未免惊心怵目。爰集城厢都里人士，设簿签题，喜人心踊跃，竭力捐输，不数旬间，已获八九百金。随庀材鸠工，择吉兴作，经始于庚午之秋，落成于辛未之春。仍其故址，改三层为五层，易旧阁为新阁，焕然矗立，气象万千。将见天笃生材，地灵人杰，后之掇巍科、传经术者，焉知不驾唐宗（宋），迈元明，仰慰宸衷于万一也耶。晁非能文，承诸公命，谨述阁之巅末，镌诸坚珉，以垂不朽云尔。②

石鼓山文昌阁记
（学使）祁埔（山西人）

甲子秋，余奉命视学粤右。越明年皋月，按试梧郡。适藤邑义昌江文昌宫落成，诸生请为文以记。其地南连岑溪，北接苍梧，上通常宁墟，下达黄华口、三眼堡，二水合流，石鼓独镇，盖山川极其灵秀。乡人士于此翕然卜吉作宫，亦振兴文教之一端也。而使者于此窃有以谂诸生焉。

考《天官书》，斗魁载匡六星曰文昌宫，司将相禄命。《周礼·大宗伯》以槱燎祀司中、司命，使民知所受有中以正其德，所禀有命以定其志。自道家谓梓潼真人掌籅文昌宫政令，十七世之事迹又详载《化书》中，迄今祠宇遍天

---

① 〔清〕边其晋修，〔清〕胡毓璠等纂：《藤县志》卷一一，收入《中国方志丛书》第124号，成文出版社，1968，第380—382页。
② 同上书，卷一九，第810—811页。

下矣。而拘儒恒以因缘果报为疑，是狃于狐鸣鱼帛之见，未识圣人神道设教之意，而善为崇奉也。夫因报之说与儒者之教虽若有异，而望人以真修实悟则无不同。帝君之垂训也，简而易明，切而易从。人果设诚致行，立身名教，虽不必沾沾持斋礼忏，神必锡之以福。其或阳奉阴违，始勤终怠，即陈俎豆，荐馨香，神其飨之乎？然则崇奉之道可知已。《书》曰："非知之艰，行之惟艰。"《传》曰："神所凭依，将在德矣。"《化书》亦曰："欲回劫运，先正人心。"诸生其提撕警觉，涤虑洗心，学必由其统，文必济于用。凡出入起居，时若帝君之临上而质旁，所谓福田利益，将有不期而自至者。毋谓庙貌奕奕，遂足以近七曲之光，布三清之化也。抑又闻之，命出于天，已定者也，而为善远恶，则福自我求，命即由我立。士为四民之首，将谋处有守，出有为，可不思所以安身立命乎？若夫申、吕由崧岳而生，傅说乘箕尾而去，至今载在史册，矧帝君之降而为人，显而为神，又何疑焉？惟存真而戒妄，积德而累功，以之绳己，因而感人，由是风俗淳美，文教聿兴，庶不失作宫之意，亦使者所厚望也。诸生其勉旃。①

宁峒文昌阁兼祀三宝记

(岁贡) 李若桂

事之有关于人心风俗者，不得以彼此之迹议之。事之即风俗以励风俗，因人心以正人心者，尤不得以彼此之见歧之。非无殊于彼此也，其意在此而不在彼也。余于宁峒文昌阁兼祀三宝，而得其说焉。

我国家崇儒重道，薄海内外，建学以育生徒，即建阁以祀文祖。诚以文昌者，风化所自起，人材所由兴。岂祀典无稽，无关民义之显晦所得而争先也。尝见羽衣缁裳之流，雄饰寺观，严设象貌，以崇奉其教，非特务为观美也，且使人知钦畏而向惧罪福焉。士人整躬善俗，夙奉斯文，讵任因陋就简，莫知所以宗主几何，不为释老羞。琼圃黎先生积善于乡，思建文阁久矣。适村有旧三宝祠，先生始则勉乡人建三宝以并文昌，继则启乡人迁三宝以合文阁，殊途同归，俾得相观而益善。既询谋佥同，且协情宜俗，遂群然择地于凤岭之冈。环

---

① 〔清〕边其晋修，〔清〕胡毓璠等纂：《藤县志》卷一九，收入《中国方志丛书》第124号，成文出版社，1968，第799—800页。

翠如簪，横流似带，有凌厉尘寰之概，得藏修息游之所。捐金募劝而心齐，庀材鸠工而力殚，不数月而杰阁巍然。上层文昌楼，中塔三宝阁。前有亭而亭设讲堂，下有门而门开夹室。翼两庑，庑列三楹；缭周垣，垣荫佳植。是岂羽衣缁裳之所为，令人知钦畏向，惧罪福己乎？盖将鼓歌弦诵于此，被三台七宿之化，沾时雨春风之泽。英才辈出，蔚为国华。掇秋香春色于金门，扬黼黻经纶于玉陛。斯时也，谓三宝慈祥，附文昌鼓舞以效灵可矣。即谓诚敬所式，凭同一正人心、励风俗焉，亦可矣。则是举也，其果崇法界之三千乎？抑表戴匡之六曜乎？后之生长于斯者，苟无负先生经营培育之意，则所谓在此不在彼者，亦正所谓挹彼注此也。是为序。①

藤县重建文庙记

（提督学院）孙钦昂（河南荥阳人）

殷人奠于两楹之间，楹故南向也。韩昌黎《处州庙碑》云："巍巍当座，以门人为配。"座亦南向也。惟藤则有异。藤邑属于梧，其山曰爻，其水曰镡，其庙祀孔子，在南门外学岭之麓，独东向。考之志，建庙于元至顺朝，至国朝康熙间改。而南向辄不利于科名，故乾隆间复易而东向，以为必如是而地乃效其灵也。形家之言，姑勿具论。

咸丰甲寅岁，兵燹频仍，宫墙灰烬，邑人伤之，思有以复之而未果。适前唐令凤翔来摄邑篆，周视庙之遗址，慨然曰："事有亟于此者哉！"乃谋诸绅耆，牒于大吏，醵金鸠工，由殿而庑、而祠、而堂、而亭、而池、而门、而垣，以次毕举，工未竣而瓜及。今边令其晋力蒇其事。庙貌奕奕，轮奂并美，舍菜上丁，以乐以舞，观礼啧啧称叹。礼成，将记诸石，而请于使者。

谨按《学记》，凡始立学者，必释奠于先圣先师。说者谓庠圣舜师稷、契，序圣禹师益、皋，校圣汤师尹、朱，胶圣文师望、散，皆祀之于学，无所谓庙也。自孔子玉振金声，举先圣先师之名而一之，唐以下乃貌之而为庙，元以下乃颜之而曰"文"，复别置所谓学舍，固已歧庙与学而二之矣。惟门曰"礼门"，路曰"义路"，与夫堂曰"明伦"，犹有立学遗意。学者顾之，得

---

① 〔清〕边其晋修，〔清〕胡毓璠等纂：《藤县志》卷一九，收入《中国方志丛书》第124号，成文出版社，1968，第813—814页。

无思乎？夫天下之数典而忘者比比矣。今藤兵革甫息，得贤侯为之倡，率咸殷然知所向往，歌"于迈"而从公，泂边庠之盛事也。果由是进而思之，则当春秋释奠，朔望宣讲之时，入礼门而即严非礼，斯真入礼门矣；由义路而时懔非义，斯真由义路矣；升讲堂而返躬自省，惟恐伦纪有亏，不堪对越乎圣贤，斯真可以升堂矣。亦安见东山泗水之风，不遇诸爻山镡水间哉？

是役也，经始于乙丑十二月，落成于丙寅十二月周期之日。唐令长沙人，边令封丘人。同治六年仲春，督学使者荥阳孙钦昂谨记。董事者别书于左。①

重修藤县文庙碑记

（梧州府知府）刘楚英（四川中江人）

朝廷崇儒重道，有加无已，所以端风化，正士习也。皇帝御极之三年，因给事中王宪成奏曲阜圣庙请饬勘修一折，通谕天下曰："山东曲阜圣庙，为先师子旧里。各省学宫，均为教育人材之地，自应随时修葺，以肃观瞻。著各该督抚通所属敬谨查勘，有无应修要工一并妥筹办理，用副朝廷崇儒重道至意。钦此。"

仰见我朝建国君民，教学为先，故直省被贼窜扰之区，一经收复，靡不通饬所属，敬谨勘估，次第兴修。诚以圣人之道，如日月经天、江河行地，不可一日间断。圣人之庙，即不可一日任其倾圮，典至巨也。粤西军兴以来，各府州县文庙学宫，半毁于贼。兵燹之余，求其岿然独存者，不可多得。即求其董事兴工，规复旧制者，亦不数数觏。

咸丰九年冬，楚英奉天子命来守梧州。彼时所属如容县、岑溪，尚为贼踞。藤虽未沦于贼，然以滨大江，故水陆受敌，民不敢居，贼亦不之踞。丰草荒榛，蔽塞街衢。即圣庙之零砖片瓦，迭经贼毁，无有存者。呼！可慨也。同治三年冬，余重守是邦。越明年乙丑，宰斯邑者为唐君凤翔。下车伊始，有事于庙，集邑中之绅耆，爰咨爰度，经之营之。甫一祀而宫墙依然崇闳，殿庑焕然金碧矣。非邑令之贤能、绅耆之乐善，乌能相与有成若是哉！于以见物之废兴有时，世之治乱有数，而官民之好义急公，人事为有权也，而藤之风化从此

---

① 〔清〕边其晋修，〔清〕胡毓璠等纂：《藤县志》卷一九，收入《中国方志丛书》第124号，成文出版社，1968，第836—837页。

端矣，而藤之士习从此正矣。将见诗书之气化夫兵戎，俎豆之馨薰为良善，后来之贤秀于曩哲，胥于是焉肇基之矣。举朝廷所属望于郡邑者，无不于是焉仰副之矣。是役也，仍其址于县南，崇其规于岭麓。经始于同治乙丑季冬，落成于丙寅季冬。倡修之令为前署藤县知县唐凤翔、现任知县边其晋。董其事者，则尽先选用知州举人胡毓璠，尽先选用知县拔贡欧华麟，选用知县前任宣化县教谕举人邓澄瀛，尽先选用知县恩贡霍康海，侯选县丞苏时习，补用守备莫本培也，例得并书而目。元之至顺三年创建，迄于本朝嘉庆二十五年重修，所有官绅姓名并列碑阴，以志不忘。同治五年岁次丙寅季冬之月辛丑朔。①

宾兴馆记

(邑举人、即选知州) 胡毓璠

古者以三物教万民而宾兴之，所以集梧冈之凤，招苹野之鹿，而储菁莪之用，备圭璋之选者，典至巨也，意至深也。降及叔季，或以资格限人，或以世胄取士，于是海上之明珠、岩穴之桢干，未能以一第为荣。宣力王家，此古人所以有版筑之难逢、毛锥之自荐，恒致叹于怀才莫展，不能投封侯之笔，破长风之浪也。

吾藤自宋朝冯三元文简公发迹以来，代有伟人。若叔侄祭酒、父子解元、兄弟联芳应运而起者，类皆羽翼盛世，冠冕人伦，以为上国光，咸赖宾兴鼓舞，足为科名之一助也。迄咸丰四年甲寅之变，士民荡析离居，无暇为文教计。自同治二年癸亥冬，经官军剿办，诸匪就抚。四年夏，署县唐公惺园，五年秋，县主边公退斋清厘善后，规模始定。所有庙宇、县署、捕署、义学、书院，均次第修复，焕然一新。所歉宾兴弗讲，育材未备。时义学左侧，有周家破坏墙屋地址，一连三进。唐县主捐置建造公寓，瓜及时，公请归作宾兴馆，而育材之地备矣。惟是经费缺如，不足以鼓励士气，良可慨也。适奉张中丞月卿札饬各府州县凡有应抄逆产，自应以公济公。因查县中三十都、十八都、四十二都等处逆产，正可禀请充入宾兴馆管业收租，永为多士岁科两考、乡会两闱试用。爰商诸局内霍君对山、欧君玉书、莫君性甫、苏君锡之等，佥曰：

---

① 〔清〕边其晋修，〔清〕胡毓璠等纂：《藤县志》卷一九，收入《中国方志丛书》第124号，成文出版社，1968，第840—842页。

"善。"即禀请边县主,县主亦喜而不寐,为之详办定案,而育材之资裕矣。

吾藤宾兴之举,实创于此。然事有创必有因,尤愿邑中乐善诸君养其根而俟其实,加其膏而希其光,使取资益宏,育材益广,是皆人得而主之,而非借神以呵护也。然而羹墙如见,梦寐可通人也,而神即寓之。以故春秋有事,又安可无尸祝者相在尔室,使之肃然起敬乎?而或曰祀文昌,或曰祀魁星,取文运昌明,与宾兴之意相为隐合。余以二神书院、义学均已并祀,敬而能远,数胡为者?时众论纷如,恰承维新厘厂委员彭君邦泰、汤君簧以创建同文阁,中祀苍圣神像之举来议,余嘉其意而和之。公同踊跃劝捐,共成美举。不必择地为良,即就宾兴馆增其垣、崇其门、轩其堂、丹其楹,轮奂备至。是年冬落成,而祀苍圣于其中,使宾兴诸友当有事时,借以顾名思义,永远敬惜字学,亦吾儒报本穷源之意。将见联步青云,对扬彤陛,实合邑两美毕具之盛事,岂仅崇四术四教之业,重六经六行之文而已哉!

余镡津下士,谫劣无文,重以县主之命、诸君之嘱,不敢以不敏辞,因述设立宾兴馆并崇奉苍圣之原委而为之记。同治六年岁次丁卯秋九月吉日。①

置科举宾兴税业序

冯秉刚

余阅《觚剩》至《食德祠》一篇而知,善念之发,引而弥长。谋于始者,贵善厥终;虑其成者,乃能普美利于无穷也。《觚剩》之言曰:粤东琼海去省城甚远,赴科者廖廖,甚或阻于中道。顺德梁廷佐司铎定安,迎养其母冯氏于署,目睹其事,因呼其子而谓之曰:"教与育皆汝事也,诸生缺资斧于赴科,予甚为汝耻之。"因出簪珥及所治之丝葛。廷佐善承亲志,前后共置田三百亩三千,计所入以为诸生赴科往返之费。后人思其泽,建冯氏祠于居丁庄之左焉。落成,设位以祭,四方来者千有余人。番禺屈翁山题其额曰"食德",良有以也。

余自丁巳会试,续榜明通,奉命教谕藤邑,盖十年于兹矣。窃谓"教官"二字,顾名思义者殊少。试问岁食朝廷之廪禄,所陶而铸者何人?所育而成者何士?抚心内问,恧然滋愧。因思藤属科名连绵接踵,甲子科发,四人同

---

① 〔清〕边其晋修,〔清〕胡毓璠等纂:《藤县志》卷一九,收入《中国方志丛书》第124号,成文出版社,1968,第852—854页。

登，但其中之磊落英才，缺资斧而裹足不前者，间有其人。冯氏一女流犹创此义举，岂昂然一丈夫而独靳此念乎！尔时适有苏子嘉文兄弟持一账来，问其价则曰百金，问其税则曰粮米二斗零，问其业之广阔则曰鱼塘二口，铺十八间，瓦屋者二，其余茅房及近城脚居住者不算。时即禀命于母，母曰："善哉此举也！尔父生前见一读书子，无不多方以玉成之。尔今此举可对先人于地下而无愧矣！"因出数年所积俸金，倾囊而买之，且与诸生定其界而计其值，谓修而筑之，扩而充之，岁可得贰十余金焉。其时邑候林公有志于昌明者，请盖印而立户焉，名其户曰"三元"，盖望诸生之元元以相接也，诸生其勉乎哉！及其锋而用之，往无不利也。慎无踌躇而志不满，为之善其刀而藏焉，斯可矣。且余前于乾隆十年内置有税米三斗余，开户于藤籍，异日解组后言旋故里，日与诸公话旧谈新，其时之抟扶摇而上者有人，连茹而汇征者有人，重为梓里增光，余亦与荣施焉。维时踵其事者则有王生瑛、陈生汝玮、胡生晋升、吴生鸿、麦生德宪、霍生士垲，因并书以志。所有善后事宜开列于左焉。①

◇ 贺州市 ◇

五源书院（富川）

五源书院，在广西富川。清道光十二年（1832），富川训导朱德鈇倡捐创建，旧址在今新华乡。捐款主要来自龙窝源、沙母源、三辇源、倒水源、平石源等五处瑶寨，平乐知府唐鉴名其为"五源书院"。十四年（1834），翰林院编修池生春拨藏书39部共822本给书院，供师生诵习。清光绪年间，书院改办学堂。

五源书院

在宋塘洞，道光十二年，本府唐鉴饬训导朱德鈇劝捐创建。

---

① 〔清〕边其晋修，〔清〕胡毓璠等纂：《藤县志》卷一九，收入《中国方志丛书》第124号，成文出版社，1968，第805—807页。

建造五源书院序

朱德銤

粤稽天一生水，地六成之，溯水之源，莫先乎此。源之为言"羼"也，水有泉源，人有本源，学有渊源，源之时义大矣哉！富川东水所居皆以源名，其在东五源：龙窝源、平石源、沙母源、三辇源、倒水源是也。只以其枕山面水，故取名乎源，或未尽乎源之义耳。余司铎是邦，闻而相忘者几年矣。壬辰春，江华赵□滋扰，粤界震惊。余捧檄委带领壮勇在沙母源之斗米冈，倒水源之下路溪防堵焉。履卡时首严捍外，实谋安内。入其乡见，熙熙闷闷，既凿井而耕田，均污樽而抔饮，相与守望堵御者数月。惟大义之共凛，知其源之不薄也，就其源而顺致之，从其源而培植之。因思学以右文也，即以化其质；学以复性也，即以明其伦。举捐设义学为若等劝，爰请序于府宪钉簿劝捐。上自龙窝以下迄倒水，相距六七十里，烟火数千家，各自乐捐，咸有一德。择于沙母源之宋塘洞建立书院两进，府宪唐定学名曰"五源书院"，宫保抚宪祁给额曰"修文阐化"，同奖借焉。捐项千余贯，除筑室工费外，余即买置学田，为师生膏火之资。夫水有源则流不竭，人有源则根弥茂，学有源则质易充。充之如何？非以诗书作之伪也，有大伦焉。山野不面君王，而国课早完，贼刑罔犯，作盛世良民，是亦君臣之义也。人生谁无毛里，而父不以后妻弃其子，子不以分爨忘其亲，生必供养，殁早营葬，是亦父子之亲也。《易》筮家人，《礼》崇内则，夫妇有别，则同姓不婚，淑女无容庙会也。凡今之人，莫如兄弟，谓手足之宜亲；他山之石，可以攻玉，谓朋友之相益。萃聚五源之人，实求五伦之要，考之于经籍，发之在文章，由是本天叙为国华，直一以贯之也。是所望于后之进修者。①

富江书院（富川）

富江书院，位于广西富川，又名富川书院。清乾隆十六年（1751），知县叶承立创办于县城东门内。清道光十三年（1833），知县吉泰重建。清咸丰五年（1855），太平军攻陷县城，县衙署被毁，书院独存，此后历任知县均借为

---

① 〔清〕柴照、刘树贤修，〔清〕顾国诰纂：《富川县志》卷六，清光绪十六年（1890）刻本，第30—31叶。

衙署。清光绪十年（1884），知县顾国诰重建衙署后，书院得以重开。

富江书院

在东门内。乾隆十六年，知县叶承立建。道光十三年，知县吉泰重建。咸丰十年，知县马联芳复建。按：咸丰五、六年迭遭兵火，县署无存，历任知县均借书院、考棚为治所。光绪十年，知县顾国诰重建衙署，复还书院，更设立膏火，以育多士。①

创立书院膏火记

顾国诰

城东南隅旧有富江书院，乾隆十六年，嘉应叶君承立创建。咸丰乙卯，发逆陷城，衙署被毁，书院独存，遂权作办公之所，并设为考棚。历任虽有修葺，第仍其名而已。癸未夏，予捧檄来宰是邦，亦借为官廨，心甚歉焉。窃思人无智愚，皆借诗书以变化气质。富邑民俗俭朴，非不可为善，而好讼好斗，竞相争胜，节义廉让之风、睦姻任恤之道，置而弗讲。予不敏，未能以经术饬吏治，然每欲转移之，非赖一二明理之士以补政教之所不及，其何以挽积习哉？故于视事之始，即捐廉课士，又于公暇集父老子弟而晓谕之。甫一年，颓风渐挽，士习亦端。惜肄业无所，不能时相砥砺以熏陶其中。甲申春，众议修城兼及衙署，约可集事。惟书院租息无几，仅足以供掌教脩脯，生童膏火尚无所出，难以鼓励人材。十年秋，粤东委员购煤为制机器用，旧厂所存将罄，有商人承批县属上宋村蒋氏大岭开办煤厂，每月缴税银二十两。时官商争办，群议纷腾。幸制军张、粤东大中丞倪饬善后局核议，仍令商办。予即将税银捐为膏火，计可分给三十名，通禀大府在案，盖至是而书院之名庶不虚设矣。事机甫就，乙酉秋初，予适奉调廉差，煤厂旋亦歇业。丙戌秋，予回任，今春商再兴办，按月纳税，而衙署适幸告成。则官有办公之所，士有肄业之区。使能争自濯磨，自励其学，将见人文蔚起，彬彬乎皆儒雅之选矣，又何患积习之难挽乎？予因厘定章程，自本年五月为始，照给膏火，爰书其缘起，勒石以垂久远焉。是为记。

光绪十有三年，岁次丁亥仲夏之月建立。

---

① 〔清〕柴照、刘树贤修，〔清〕顾国诰纂：《富川县志》卷六，清光绪十六年（1890）刻本，第28叶。

各款开列于左：

一、书院原有租息，专为延请山长脩脯之用，山长务请经学宏通生童知所讲习。

一、山长由官绅会同商定延请，不得荐送干脩。至董理首事，县试岁科考时，由众择举公正殷实者经理，不许霸管。

一、大岭煤厂开闭无常，无论何商接充，自接示谕之日起，每月均须照缴银二十两，不准短少，不许迟延，如沉至四个月不交，即将厂封禁，另招商承充。

一、前条煤厂每月缴县署税银二十两，由官按月催收，不折不扣，发交董事经管。支给生童膏火，亦无折扣。

一、每年定于二月初一日甄别扃门考试，择日开馆。每月初一为官课，生员有膏火者十六人，童生有膏火者十四人，每人给钱四百文，其取前列者，仍由官另行奖赏。十一、二十一为馆课，每课生员有膏火者十六人，童生有膏火者十四人，每名给钱三百文，其前列奖赏由书院支给。如课卷少而文未明顺者，任缺毋滥，其未经甄别者，须另行投考，录取后方准一体。

一、官课文一、诗一，中旬馆课亦然，下旬或兼律赋、七言八韵，或经、策、杂体。

一、每年尚有二月、腊月及生童考试时所余银两交董事收存，以充公用。

一、生童应课，有抄写旧文雷同者扣除，永远不准应课，大书其名于榜外以愧之。

一、锡厂时开时歇，如开办时，每月缴钱二十千文，发交书院董事，以充公用。

一、膏火现在创始经费未充，且煤锡厂开歇无定，支绌时虞，必须广为筹备。如有邑中应充之项，议由官绅拨归书院，俟经费充足后，或酌加额数，或略增膏火，后之官斯土者扩而充之。余实有后望焉。

右膏火记及各款章程，已于七月十二日录折通禀。八月十四、二十二等日，奉署平乐府赵转奉按察使司张、署布政使司周，奉护理广西巡抚部院李绂批：如禀立案。饬遵。①

---

① 〔清〕柴照、刘树贤修，〔清〕顾国诰纂：《富川县志》卷六，清光绪十六年（1890）刻本，第 28—30 叶。

富江书院旧收田租

一、矮石坝茶盆田租钱一千五百文。

一、龟石村燕儿田租钱四千文。

一、张家寨、木鬼岗、凉帽山、寿字田,共租钱七千五百文。

一、八仙冲田租钱五十千文。

一、下马岭脚田、乌石田、犁石田,共租钱六千文。

一、三坡岭田租禾四十二把,粮禾二把,粮钱二百文。

一、石坝塘过枧田大小六丘,连粮共盐称七百斤。

一、杨凤坝垒石田并称铊山田地,共租钱七十七千文。

一、杨冲鲁塘口田租禾五十把,每把十二斤。

一、华冈下尾田二处,租禾三千零五十斤。

一、本城东门内老当铺一间,每年租钱四十千文。

一、寺门口街屋两间,每年租钱千文。

今富江书院膏火收各处田租

一、大桥头、德广冲田二处,每年纳租谷五百斤。

一、大桥头、铁炉冲口田二处,每年纳租谷三百斤。

一、佛箅冲伯子面前田二处,每年纳租谷六百六十斤。

一、黄牛垒田一处,每年纳租谷三百斤。

一、曲尺冲田一洞,每年纳租谷三百斤。

一、大丈塘田一处,每年纳租谷一百六十斤。

一、黄竹冲田一处,每年纳租谷三百斤。

一、黄竹冲山每年纳租钱二千六百文。

以上系杨志通所管杨秀桢户内田租山场,因人亡户绝,杨伟文霸为己有,经县清出,将此租拨为书院膏火。其绝户每年应完编银二钱九分,折银九分五厘,本米一斗一升八合七勺,归于书院完纳。知县顾国诰于光绪十三年　月　日具详,奉府宪赵批:如详立案,饬遵。原详可查。卷附录。①

---

① 〔清〕柴照、刘树贤修,〔清〕顾国诰纂:《富川县志》卷六,清光绪十六年(1890)刻本,第31—33叶。

《富川县志》学校

至德之流，与天地无终极，而人才之出，因教育为盛衰。蕞尔富邑，同戴光天，多士奋兴，咸沾圣泽。况国家敷教有年，历代所颁训诫，煌煌大典，秩秩法守之责，盖綦重矣。整饬成宪，培育人材，是不能不有借于留心文教者。志学校。

文庙

明洪武二十九年建，在西南郊。成化四年，知县韦忠重建。宏治二年，知县刘时雍重修。（旧志）正德元年，督学姚镆徙建城内北隅，知县张冕董其事。嘉靖间，通判邓辂易棂星门以石。（省志）教谕徐一瀚鸠工凿泮池。嘉靖二十二年，知县陈东重修。万历六年，知县李元凤建尊经阁。万历九年，知县周笃棐重建。万历三十五年，知县张文耀、教谕张翊重修，并置学铺、学田。国朝顺治十四年，知县雍恭重建。康熙四年，知县张鹏翼重修。十一年，知县刘钦邻、教谕颜以庄重修。五十二年，知县梁子豹重建大成殿。五十三年，署知县王玕重建两庑。五十五年，知县王淑京重建崇圣祠、明伦堂、尊经阁、乡贤、名宦、戟门、泮池、月桥、棂星门。道光十三、四年，知县李畹，知县吉泰、何继志三任落成。①

学规

明富川县岁、科两考，各取进生员十八名，廪、增各二十名。国朝康熙二年、三年，科、岁两考，取进生员各十二名。康熙七年、八年，科、岁两考，取进生员各十二名。康熙十年、十一年，科、岁两考，取进生员各十一名。康熙四十九年、五十年，科、岁两考，取进生员各十五名。岁考取进武生十五名。文武生员拨府在外，廪、增各二十名。岁、科两考，每考荐一人为贡生。生员之就乡试者，有司于六月朔择吉开宴，鼓乐导送祖饯，各给盘费。举人牌坊银二十两，举人会试每名给长夫银十二两七钱八分六厘，岁贡牌匾花红银二两五钱，乡饮二次共银五两。道光十五年，添设新童二名。祁抚台奏疏建设义塾一款，查富川县东五源之人，捐建五源书院后，众情鼓舞，又呈垦捐建蒙泉

---

① 〔清〕柴照、刘树贤修，〔清〕顾国诰纂：《富川县志》卷六，清光绪十六年（1890）刻本，第1叶。

义学。该五源等处，旧本有文武多名应考，既入学者，现在欣欣向化。五源原有应考童生，是以伸明，俟数年后，如果读书向义，著有成效，再行酌量设立新童学额。现在该五源等既知读书向义，但查十二年瑶匪滋事时，五源人曾禀明，情愿随同官兵在各卡防守，有名册可查。是该处五源之人，实系素知礼法，就此加以鼓励，各源中亦可均知观感。合宜恳请恩施，俯准将富川县五源，即于乙未年岁考，设立学额二名，以示激劝而广教育云云。①

田租粮米

学铺五间（三间教谕童文濩建，二间教谕张翊建），外有空地一所。

江东学铺一十五间，每年共收租银九两五钱（万历三十七年，知县张文耀捐置，并学田同记，立碑明伦堂）。

八都灵亭乡大高陂等处税三十四亩。

八都灵亭乡大山坪等处税一十七亩。

学田三十三丘，土名大围源，租禾二千斤（万历三十八年知县张文耀捐置，俱在学收管，碑记存明伦堂）。

一、在凤溪二九源，陈廷凤等纳米八石二斗五升。

一、在下边江盘，刘进等纳米八石二斗五升。

一、在大围源盘，亥孙等纳米一十六石四斗（右租粮每石米纳租银三钱五分，征收县库，每年支给本学月考并支移纸札之费，年终给助贫生，仍登簿报。督学稽核）。

以上系旧志所载。

今收

一、羊坝寨，土名高岭脚，田一段，大小八丘，周围六百五十弓，租禾六百五十斤，水圳一条。

一、洲凤岭，土名红岩山，猪肚田一丘，长七十九弓，头宽五弓，中宽十七弓，尾宽十一弓。又土名猪头田，大小八丘，周围三百八十六弓。共租禾一千二百斤。

一、峡头寨，土名洪水源，洪水埇田一段，大小二十丘，周围三百七十六弓，沟水六分占一，租禾四百斤。

---

① 〔清〕柴照、刘树贤修，〔清〕顾国语纂：《富川县志》卷六，清光绪十六年（1890）刻本，第 23—24 叶。

一、古楼村，土名大源埇，田大小七十九丘，周围三百二十弓。两边山场田埇口，直至埇脑，以水为界。又土名大洞，田一丘，周围一百零五弓，共租禾一千二百斤。一土名老鹤岭，田一段，大小十一丘，周园三百五十弓，租禾三百五十斤。

一、大围源，土名锄头潞，田四丘，周围一百零六弓。又土名锄头潞基子上，田五丘，周围一百零七弓。又土名路下冈，田十丘，周围二百八十六弓。又土名香烛岭，田十四丘，周围一百七十八弓。共租二千斤（此田因洪水冲坏，至乾隆二十六年，经前任普腾招佃垦荒，每年仅纳租禾六百斤）。

一、贺公祠，土名老幼坝，田一段，大小八丘，周围三百二十九弓，租禾五十把，粮禾三把，每把十二斤。递年儒学催收，至十月朔日设祭一坛，并每年检盖修理及香烛之费，钱粮在余都完纳。

一、八都义发祥户占大山坪等处学地二十六亩，每亩纳银三分，共银七钱八分。

一、八都义朝常户占大山坪等处学地六亩五分，何桂宣内占二亩一分零，每亩纳银三分。

一、八都程文达户，占大山坪等处学地六亩五分，每亩纳银三分。

以上三项学地，俱有案在学。

一、纳新都编银五钱八分，折银一钱四分，本米一斗八升。

一、纳七都编银六钱四分，折银一钱六分，本米一斗九升。

一、钟淑灵，乾隆三十九年，捐花山田地归学，每年折租钱二千四百文，粮米八升五合。在石道童户，每年贴帮纳钱一百五十文。

一、马山塘，占方塘二口铺地东面一片，每年租钱二千七百二十文，批佃苏文华。

一、南门外葛家岭，咸丰八年，诸葛姓捐送教谕宾州张公天球之学地（有博白朱官保墓。按：官保，教谕朱公允棠子）。

一、纳一六都三甲莫贤良户，编银九分八厘，折银一分六厘，本米二升。

一、纳余都十甲贺公祠户，折色银六分七厘，耗银六厘七毫。①

---

① 〔清〕柴照、刘树贤修，〔清〕顾国语纂：《富川县志》卷六，清光绪十六年（1890）刻本，第25—28叶。

重建县学记

王淑京

古者建国君民，教学为先。学校者，王政之本，风化之原，人材所自出，不可一日废焉者也。三代盛时，其自王公国都，至于乡党州巷，莫不有学，使民从少至老，未尝去于学之中。其教之方，则有《诗》《书》《礼》《乐》《易象》《春秋》，以穷其旨趣；君臣、父子、夫妇、昆弟、朋友，以敦其伦纪。师友以解其惑，劝惩以勉其进，戒其不率，无非消融其犷悍难驯之气，而纳之于仁义中正之途。而及其学之成，则又举其贤能，升诸司马，以备公卿大夫百职事之选。呜呼，何其盛也！周衰，圣人之制作尽坏，向之所为党庠州序者，皆鞠为茂草。至汉武帝购求遗书，招贤良，兴大学，而王都始有学矣。文翁为蜀郡守，立学成都市，以化蜀人，而州郡始有学矣。自是以还，汉明帝临雍讲道，唐太宗增广生员，迨及宋明，英君谊辟，莫不以此为先务。我国家崇儒重道，声教四讫，内设国子监，外有府、州、县学，所以端政本，维化原，养育人材者，至详且备矣。广右，古百粤地，而富邑即唐之富州也。其山川险峻，其民风乔野，尚巫鬼，喜仇杀，则所以化导之者尤宜亟。县旧有学，在城外西南郭。明正德初，督学姚公镇徙建于城北。崇祯末，毁于兵火。国朝定鼎后，邑令雍公重建，而张公复修葺之。迄今四十余年，栋宇颓败，已化为禾黍荆榛、丘墟陇亩矣。康熙四十八年己丑，鳌山周公祚显令是邑，锐欲鼎新，寻以擢任谏垣不果。越四年癸巳，郡守高公茂选行部至富，顾瞻殿宇，尽然心伤，即捐资命县尹三水梁公子豹营建，而令司铎朱君若逊董其事。其年十月，大成殿告成。未几，梁公解任去，山右王公汧署县篆，复建两庑，已丕基初立矣。然草创之际，规模未备。

余恭膺简命，承乏兹土，下车之始，即祗谒文庙，周览学舍，上漏而旁穿，如古刹，如萧寺，不禁怃然太息，谓朱君曰：" 庙貌不肃，其何以妥神灵、光文治？且修废举坠，有司职也，敢不以兴作为己任？" 为之捐俸若干，鸠工庀材，相与协力经营之。邑中绅士，亦共襄乃事。不逾年，而启圣有宫，明伦有堂，尊经有阁，名宦、乡贤有祠，师生有舍，以及棂星、戟门、泮池、月桥，次第告竣。工不扰民，资不费帑，经始于癸巳冬十月，落成于丁酉秋八月。严严翼翼，鸟革翚飞，黝垩丹漆，灿焉星烂，而富川之学，遂为一郡冠。

然后帅士子释奠释菜,月吉集绅士耆老,宣圣谕,申乡约,环桥而听者几千人。呜呼,盛矣!予于是进诸生而告之曰:"尔多士亦知朝廷教学之意乎?夫学者,所以学为忠与孝也。当今庠序聿新之后,惟愿尔多士来游来歌,寝食于斯,于焉穷经,于焉修行。为臣必尽忠,为子必尽孝,将见达则致君泽民,为名公卿;穷则安贫守道,亦不失为圣人之徒。是惟朝廷教学之意,而亦余所厚望于尔多士者也,可不勖哉!"诸生唯唯而退。朱君曰:"愿有记。"余素不能文,然喜诸君之善于其职,与邑绅士之相与有成也,遂不辞而为之记。①

书籍

《圣谕广训》一本

《朋党论》一本

《名教诗词》二本

《科场条例》一本

《监临入闱事宜》一本

《钦依刊刻卧碑文》一本

《训饬士子文》一本

《平定清海文》一道

《接见仪注》一本

《上谕》二部（自雍正元年起至七年止）

《祭祀图册》一本

《日讲四书》一部

《事例学政全书》二部

《周易折衷》二部

《书经》二部

《诗经》二部

《春秋》二部

《性理》一部

《驳吕留良四书》一部

---

① 〔清〕柴照、刘树贤修,〔清〕顾国诰纂:《富川县志》卷一一,清光绪十六年（1890）刻本,第41—43叶。

《上谕》一部（自雍正八年起至十三年止）

《朱子全书》一部

《家礼纂要》一部

《康济录》一部

《近思录》一部

《明史》一部

《钦定四书》四部

《钦定全书》一部

《上谕》满汉文二本

《资治通鉴纲目》一部

《粤西易犯律解》一本

《御制平定金川告成太学碑文》一道①

重建明伦堂记

周方燧（邑令）

学校者，教化之本，人材所自出，风俗所由成也。古者造士之法，自动作威仪、名物象数，以及修齐治平之理、天地古今之大，靡所不周，而其要则在明伦。故三代盛时，士皆服习礼教，琢磨道德，教化之行，非铺张润泽者所庶几也。后世去古寝远，学者溺于所习，浮华是竞，实行鲜修，甚者自外名教，弃礼犯义而不恤。《记》曰："无本不立，无文不行。"本原之地，亦在人伦而已。粤西之富川，虽僻介边徼，然人生孩提知爱，稍长知敬，出于天性而然。其彝伦攸叙，万古为昭，则日月之丽天，悬象著明，不限于遐裔也。方今圣天子饬纪敦伦，躬兴教化，薄海内外，蒸蒸向风，虽编户穷氓，犹时有孝子顺孙、正女义士，以焜耀乡闾，光昭史册，况士之诵先王而游胶庠者哉！县故有明伦堂，在学宫之后，规模狭陋，栋宇朽坏。前令汤君奕浚谋于邑人，辟而新之，功未竟而余来代。周览学舍，思继前勋，不数月以事落职，留滞兹土，殷然于怀。今邑侯闻人君棠之至也，政修人和，百废具举，而堂适成。堂闳伟

---

① 〔清〕柴照、刘树贤修，〔清〕顾国诰纂：《富川县志》卷六，清光绪十六年（1890）刻本，第16叶。

高旷，廊庑门序，环翼森严。凡良材坚甓，工用所需，则邑人士率钱若干以奔走趋事，而司铎莫君安近、潘君马图实董其成。经始于丁卯七月，落成于辛未五月。盖盛美之事，久乃大备，而成功若斯之难也。于是士之来学者，以记请于予。予谓是举也，所以兴贤育材，端本善俗，意良厚，事良美矣。顾予犹有念者，士自束发受书于人纲人纪，既讲明而切究矣。而幸值圣朝养士百年之久，又有贤守令、贤师长倡率教诲之力，则夫砥节砺行，岂患游息之无地，磨砺之无方哉？患吾所以自待者或薄耳。使人企曾、史之行，邑鲜佻达之风，高者秉礼度义而无惭，中材亦不失为寡过，则人材奋兴，风俗盛美，斯堂之建，不徒也夫！惜予才劣行薄，将归老故丘，不得与诸君揖让于其中，奏象舞之曲，吹乡饮之笙，而犹幸及观厥成，知诸君之为此，非徒以此观美也。乐得而记其事于石，使来学者知所勉焉。①

表一 光绪《富川县志》清代教谕名录②

姓名	籍贯、出身、任职年	姓名	籍贯、出身、任职年
颜以庄	灵川举人，清康熙元年（1662）任，省志作十年	张 椿	清乾隆五年（1740）任
时 枢	灌阳举人，清康熙二十四年（1685）任	莫安近	临桂举人，清乾隆八年（1743）任
吴之统	罗城贡生，清康熙二十八年（1689）任	曹增楫	全州举人，清乾隆二十一年（1756）任
莫与京	藤县贡生，清康熙三十一年（1692）任	王裕辉	临桂举人，清乾隆二十七年（1762）任
赵居高	养利贡生，清康熙三十四年（1695）任	黄全国	南宁人，清乾隆三十七年（1772）任
璩鸿逵	宜山举人，清康熙三十六年（1697）任，有传	陈元士	桂平举人，清乾隆四十二年（1777）任
唐时雍	灌阳贡生，清康熙四十五年（1706）任	龚献谟	清乾隆四十五年（1780）任
朱若逊	临桂举人，清康熙四十七年（1708）任	秦士模	宣化人，清乾隆四十五年（1780）任
杨日盛	桂平举人，清康熙五十九年（1720）任，有传	陈其珊	灵川举人，清乾隆四十九年（1784）任
黄 炳	临桂举人，清雍正六年（1728）任	李存仁	怀集举人，清乾隆五十年（1785）任
黄正烽	临桂举人，清雍正八年（1730）任，有传	黎 晖	陆川举人，清乾隆五十九年（1794）任
王之玫	全州举人，清雍正十一年（1733）任	卿敏德	灌阳举人，清嘉庆三年（1798）任

① 〔清〕柴照、刘树贤修，〔清〕顾国诰纂：《富川县志》卷一一，清光绪十六年（1890）刻本，第45—47叶。
② 同上书，卷四，第8叶。

续表

姓名	籍贯、出身、任职年	姓名	籍贯、出身、任职年
黄秀淮	清道光年任	易肇图	不详
莫易铭	永宁优贡，清道光年署	韦运昌	平南举人
徐守民	灵川举人，清道光二十二年（1842）任	朱允棠	梧州博白人，清同治年间任
骆云衢	甲午举人	邓廷扬	贡生
蒋器成	全州举人	文万选	南宁举人，清光绪四年（1878）任
白梦蟾	宾州举人，清咸丰九年（1859）任	唐光奎	全州举人，清光绪九年（1883）任，十四年（1888）复任
张天球	思恩举人		

表二　光绪《富川县志》清代训导名录①

姓名	籍贯、出身、任职年	姓名	籍贯、出身、任职年
覃国祥	藤县贡生，清康熙四十七年（1708）任	蒋世材	灌阳贡生
莫谦吉	宜山贡生，清康熙五十四年（1715）任	时　行	全州举人
朱厚培	临桂贡生，清康熙五十八年（1719）任	蒋晨藻	临桂举人，清道光二十二年（1842）任
莫冀鄭	宣化贡生，清雍正三年（1725）任	石大纲	藤县廪贡生
高冕甫	怀集贡生，清雍正七年（1729）任	秦邵章	清咸丰六年（1856）任
关为祁	苍梧贡生，清雍正九年（1731）任	李国瑞	临桂人，清咸丰九年（1859）署
梁曲临	贵县贡生，清雍正十一年（1733）任	李兆梅	临桂举人，清同治年间任
张　椿	临桂贡生，清乾隆五年（1740）任	唐赉扬	不详
潘马图	武缘贡生，清乾隆十二年（1747）任，有传	李挺芳	宾州人，清同治八年（1869）任
区　浩	苍梧贡生，清乾隆十九年（1754）任	唐良佐	临桂举人，清同治十三年（1874）署
马调图	隆安贡生，清乾隆三十年（1765）任	牟懋熙	郁林人，清光绪元年（1875）任
卢　杜	永淳贡生，清乾隆四十六年（1781）任	季　芳	兴安人，清光绪七年（1881）署
韦日华	宜山贡生，清乾隆五十九年（1794）任	陆惠昌	桂平举人，清光绪九年（1883）任
张　治	藤县人，清嘉庆八年（1803）	吴焕章	迁江贡生，清光绪十三（年）（1887）署
韦戴易	不详	甘序芳	贵县举人，清光绪十三年（1887）任
朱德鉷	博白人	文　藩	兴安人，清光绪十四年（1888）署
白　照	临桂人，清道光十六年（1836）任	黄兆熊	临桂人，清光绪十五年（1889）任

① 〔清〕柴照、刘树贤修，〔清〕顾国诰纂：《富川县志》卷四，清光绪十六年（1890）刻本，第9叶。

临江书院（贺州）

临江书院，位于广西贺县（今属广西壮族自治区贺州市）。清雍正十三年（1735），知县马世焕创建。清乾隆二十八年（1763），知县徐大夏倡捐增修，建泉西学舍。历年均有各项租税收入作为山长束脩及生员膏火，经费较有保障。清光绪二十九年（1903），改为贺县高等小学堂。

临江书院

清代学政讲学循例而已，学官课士寂然无闻。惟书院讲学仿白鹿洞之遗意，陶育人材，实綦重焉。贺邑临江书院在北城内旧郡署地，清雍正十三年知县马世焕创建。乾隆二十八年，知县徐大夏倡捐改修，增建泉西学舍，额租收一百七十八石，山租银二十四两。院长束脩二十八两；肄业生员九名，月给谷各一石；童生九名，各给谷五斗；门役工食银六两。自咸丰兵燹以后，老成凋谢，碑碣无存，产业既无可稽，膏火遂无从出，月课一事久如告朔饩羊矣。光绪八年，知县黄玉柱由义仓抽谷项内暂提二百余金，为山长束脩、生童奖赏费，亦一时权宜之计。光绪十三年，知县李昶禀请以前任移交罚款四百零二两三钱三分拨入书院，发商生息。又裁去春秋丁祭绅士胙肉，拨银二百两归书院，不复提义仓一项。经费既裕，讲学二十余年，多士获益不少。民国以还，设立学校，废祀孔礼，胙肉裁撤，而书院亦停办矣。（旧《贺县志》）①

书院讲学及课艺

信都在未分县前，原为贺县四乡之一，所有教育事业多属贺县。临江书院在贺县城北内郡署地。雍正十三年，知县马世焕创建。乾隆二十八年，知县徐大夏倡捐改修增建泉西学舍及学门，租额收一百七十八石，租银二十四两，院长束脩二十八两，肄业生员九名，给谷各一石，童生九名，各给谷五斗，门役工食银六两。清光绪三十二年分县，至宣统二年，贺县将信都前日签捐宾兴之款，亦酌量拨归信都办学，而旧日官租学田坐落贺境，仍为贺县管有。信都领回宾兴及临江书院款项一千五百两，现存安昌、成利两押生

---

① 罗春芳修，玉昆山纂：《信都县志》卷五，民国二十五年（1936）铅印本，第39叶。

息，岁入息银分为地方教育项下开支，由教育局管理，自教育裁撤，拨由县地方金库收管。①

重修陈王祠敕书楼记

(邑人) 钟铎世

贺之有忠祐庙，犹著姓之有宗祠也。举邑之里巷士庶莫不家敬而人信之，疾厄必祷，水旱必告焉。自宋迄明，敕封者五、谕祭一。我清因之不改。稽王名氏，既无传记可征，而神威显烁、灵惠昭彰，父老子弟，流传至今，有如一日。嗟乎！存不以虚名赫人耳目，殁则以正气入人心思，大丈夫不得志于时者，固如是耶？殿后有敕书楼，所以奉藏敕书。岁久将倾，父老谋新之。鸠工于乙丑，落成于丁卯也。今阅十余年，始属余记者，人心急于未成之先，而缓于既成之后也。独是经费者，欲白其心而不散没人善，故识其大略，勒诸石以传焉。②

新建文昌阁魁星楼记

(教谕) 唐应玑

文昌、魁星，天神也。《史》云："斗魁戴匡六星曰文昌宫"，皆所以主持文教，默相人文，俾士人入于圣化之中，正谊明道，非如佛氏谈空惑人，又非道家不经之论，借鬼神以邀福也。邑有文庙，规模制度悉遵正式，巍焕可观。而文昌、魁星二阁，实为文庙障空补缺。贺尚阙如，是亦前人偶有未及，以有待于后也。乾隆己未，邑绅士议于泽宫，远近相望，左文昌，右魁星，聿建杰阁，请命于宰官诸君子，合力共成厥美。辛酉，二阁先后落成，属余记之。

余曰：盛举也，天神之所感也，亦天神之所佑也。继自今邑人士春秋瞻拜，感而兴起，争相砥砺，日新月异，行见家修廷献，为上国光，文运不方兴未艾乎？是为记。③

---

① 罗春芳修，玉昆山纂：《信都县志》卷五，民国二十五年（1936）铅印本，第40叶。
② 韦冠英修，梁培煐、龙先钰纂：《贺县志》卷六，民国二十三年（1934）铅印本，第47—48叶。
③ 同上书，卷六，第48叶。

狮山文昌阁记

(邑令) 杨凤腾

人物之兴也，则气先至，故地效其灵，人挺其杰。余承乏贺邑，值圣明人文之盛，体列宪作人之殷，虽材愧未逮，窃勉之于兴学右文，连科赋鹿鸣以去者，皆北都隽选。士林知文章定价，科名若指掌，然濯磨思奋，直若引星辰而上矣。邑之十八都鼎建文昌阁，佥称斯举也。多士有志，其大肆力于文为掇科左券，宜记之。

余曰：此谓气先至欤？考《天官书》，魁枕参首盖北斗第一星。《春秋纬》又云："瑶光第一至第四为魁。"今蕊榜奇英、凤池仙侣，率是星所主，要无不可信者。非信于垂象之天文，而信于下，惟之学力。《记》称："嗜欲将至，有开必先。天降时雨，山川出云。"以此推之，星之丽天，无所不照，人文郁积而发皇，则亦无所不应耳。他日将有学行文章卓然名世，为列星、为岳降人者，何徒稽古希荣，弋取科名而已。诸生勉乎哉！①

迁建文庙碑序

(邑人) 钟衡鉴

贺之置县，见于地志，自汉始。贺之立学，载于郡志，自宋始。其建于城东，则宋郡守邓辟为之也。其迁于城南，则明教谕李文贵上议于大府成之也。其间或增饰、或重修，计百年或数十季一兴役，则其事与时会，得而举之也。溯汉永平祀周、孔于郡县学，唐贞观令郡县专立孔子庙，后代因之。夫古之学，馘囚执讯、弦诵舞羽于其中，其风尚矣。今之庙，春秋祭奠，灌献乐舞，有其典、其礼备矣。然学与庙均祀孔子而制各不同。尝考后世，如欧阳氏修、曾氏巩、王氏安石所为直州学、宜黄县学、慈溪学诸记，则有讲艺之堂、栖士之舍、宾客之位、游息之亭，及设饮寝食之用、藏书积器之所，此学之制也。今郡县所立，中为大成殿，后为崇圣祠，旁则东西庑，外大成门、戟门、泮池、棂星门，环以宫墙，则庙之制也。贺之立庙，悉遵定制。名宦、乡贤祠则于大成门附焉。其改建也，邑人士以我国家文运昌明，讲艺执经之士遍寰宇邑，自宋以来科举代有，其以儒术称当时而传后世，林氏勋其尤著也。嘉庆而

---

① 韦冠英修，梁培煐、龙先钰纂：《贺县志》卷六，民国二十三年（1934）铅印本，第49叶。

还，稍觉不振，嗣是遂谋改建，形势宏丽既倍于昔，人文炳蔚实基于此，岂非人士奋兴之效欤！夫才生于天、实成于人，有以养之，则才见矣。仁义中和以沃其根，忠孝廉节以立其干，身心意知以核其实，诗书礼乐以发其华，此养之之具。苟得其养，则儒行修而儒术显，安见古今人不相及哉！初经始于道光辛丑，成于乙巳，计捐银万数千有奇。迄咸丰寇警，连年未遑刊石。戊午城陷，遂多倾圮，签谋葺之。共捐银若干，另立石。兴于同治乙丑，丙寅工竣。始建董事者龙克家大令、黎祖训学博、林峻高二尹、罗世位司马、罗缵烈参军、莫光甲学博、族弟明奎大令及衡鉴。其买地卜吉，（衡鉴）实主之。余同志出力者尚有其人，不备书。至重修之董其成者，龙得云学博也。是为序。钟衡鉴撰，钟光奎书。①

◈ 玉林市 ◈

紫泉书院（玉林）

紫泉书院，位于广西玉林。清乾隆十六年（1751），知州南宫秀建于明伦堂左，有头门、讲堂、会文堂、东西学舍、厨房等共21间。十八年（1753），知州段汝舟扩建学舍。清嘉庆元年（1796），知州金国宝移建于义仓旧址，有前门、讲堂、后堂、东西学舍等共29间。清道光五年（1825），知州恒梧修文鉴亭。十一年（1831），知州王彦和重修头门，增建经义、治事两厅。清光绪十六年（1890），知州杨春改文鉴亭，建藏书楼，士绅捐修大厅、后座、大门。清末，改为郁林高等小学堂。今址为古定小学。

紫泉书院

乾隆十六年，博白县护理知州南宫秀建紫泉书院。案，书院在今明伦堂前，左门三楹，西向。讲堂三楹，内会文堂三楹（檐下有知州张中煜题"郁香斋"榜），

---

① 韦冠英修，梁培煐、龙先钰纂：《贺县志》卷六，民国二十三年（1934）铅印本，第56—58叶。

并南向。东西学舍各五楹，东厨二楹。旧志载：督学使者福建官献瑶为南宫秀作《紫泉书院记》。旧志云：社学六所，分设东西二厢，东凝、抚康、贵平、富民四乡今俱废。（丘《志》）十八年，知州段汝舟捐建西学舍三楹，后改为训导署，移建于东廊侧。嘉庆元年，知州金国宝移建于今地，义仓旧址也。讲堂三楹，后堂三楹，前门三楹，背壬临丙，东西学舍十五楹。（新册）五年，知州凝图加建后进、拱篷、厢房、灶室各二、穿井一。正门外左侧贸地一幅，对作东西二门。讲堂前建重檐四注一亭，亭前浚二方池。（同上）道光五年，知州恒梧修文鉴亭。十一年，知州王彦和重修头门内两旁隙地，各建一厅两房，左名"经义"，右名"治事"。光绪十六年，知州杨椿改文鉴亭，建藏书楼，高两层，各三楹。州人士复捐修大厅，增高后座，大门封脊。（以上新册）乾隆九年，知州唐增祁给紫泉书院田。

案：旧志云，乾隆九年，欧三振争垦黄朝烈、白石甲，土名杨塘坪、鸭脚湾二处，丈溢垦米一石六斗四升七合零，积田四十三亩零。知州唐增祁批给紫泉书院，俟田熟呈报升科。今佃户递年纳谷拾石。十一年，署知州南宫秀捐置义学田。

案：旧志云，南宫知州捐买兴业屯田大小一十三丘，米六石三斗，在北流县平凌里古枪寨、红泥岭二峒。又捐买罗寒、梧堡、黄广峒田三丘，米二斗八升，以为义学膏火。米拨归紫泉书院（南一一排）。①

广建紫泉书院记（嘉庆六年）

（郡人）牟辉孔

紫泉书院向在明伦堂前左。内会文堂三楹，讲堂三楹，南向。左右学舍各五楹，门三楹，西向。东为碑亭，厨一，井一。乃前护篆太尊南宫公于乾隆十一年捐俸创建，兼置膏火田亩，并历任捐拨，载在旧碑、州志。先泽之作人，大而且远也。逮嘉庆元年二月朔，众议广建紫泉书院于今地，以宏乐育。今地者何？义仓址也。昉自乾隆二十六年，士民共捐义谷，仓以贮之。越五十二年，义长亏缺谷石，经前任太尊有公详归官管。谷附常平所遗，仓廒久

---

① 〔清〕冯德材修，〔清〕文德馨纂：《郁林州志》卷六，清光绪二十年（1894）刻本，第9—11叶。

旷，吾辈因联名四十一诣署任。太尊金公吁请进止，旋承嘉奖，遂出劝捐知单数十本，得银四百余两。三月八日，建造讲堂三楹，加以披檐，后为会文堂三楹，前为门亦三楹，背壬临丙。学舍东十楹，西五楹。比时愿作其赊，资竭中止。五年二月，州牧凝公雅意栽培，召孔掌教，选郡英俊宅其中，时为讲课三月，捐廉银一百两，亟命暂行修整，州人士且感且惭。又学宫大成殿阳瓦小灰工不固，久而渗漏。戟门脊荣断烂，名宦祠颓，礼门、义路、照墙、缭垣至后殿及各牌位俱应重葺。窃不量力，并出知单二十本，得银三百两有奇。通融盈缩，五月十五两处工程并举，殿则更瓦加灰粘盖，其余坏者复之，旧者新之，罔敢不肃，四阅月讫事。书院三进，垩墙封脊，地铺灰砂，加建学舍一十五楹，东五西十。后进拱蓬厢房，灶室二，穿井一，看馆人耳房亦二。工作正烦，十月，今州牧荣公奉文拨还义仓谷，查知原仓已成书院，改迁旧所。工费既繁，且念学人无以广居而肄业，许同事上书，请将旧日书院改作义仓，即预作仓之事。逾月既毕，只移匾额一面，碑两块，置于今所。抚而思之，数载来岿然而为二，兹也共汇而为一，由是广建之工程益不敢不勉，自腊越正。门外左侧，贸地一幅，塘一口，取路东达，对作图书翰墨。两门前后围墙三十余丈，庶几其成矣乎！二月，荣州牧复召掌教，作育弥殷。六月，捐廉银二百两，增修完美。讲堂前鼎建重檐四注一亭，亭前方池，池中有桥，离亭左右夹墙，墙上半锁窗，疏密相间。十月望日工竣。是举也，请业请益，在堂藏焉、修焉，在室若游焉、息焉。又必在亭及池，义取诸此，化洽心源，比之文翁教泽，不是过也。此而后谓之成，规模爽垲，栋宇宏深，凡讲学会文之区，未能远胜，盖推南宫公之意而扩之尔。若夫郁郁而佳气浮，林林而玉笋挺，拾青紫，探泉源，知文运之日隆必矣。众议勒石纪其岁月，学宫之役另碑。谨将今之书院始之、既之、成之，历任州牧并首事、督理、持单、捐资各衔名，原原本本，俾垂碑刻，使后之人知经画广建之难，一而再，再而三，始得有今日而兴起云。是为记。①

---

① 〔清〕冯德材修，〔清〕文德馨纂：《郁林州志》卷二〇，清光绪二十年（1894）刻本，第18—20叶。

重修紫泉书院文（道光十年）

（知州）罗尹孚

书院之设，辅学校而乐育人才，振兴文教也。汉唐以来，专借学校课士。宋建四大书院，名贤杰士辈出，于是荒陬僻邑胥仿行之。岂不以学校之内陈设俎豆，讲习礼仪，而敬业乐群，博习亲师，非藏修息游之有所，其何以经义治事之分曹互进哉？

紫泉书院，乾隆初年，南宫令秀创建于明伦堂之东，湫隘嚣尘，疑于近市。嘉庆改元，金牧（国宝）劝捐移建今地。厥后荣牧昌、凝牧（囹）咸捐资踵而大之。迄今三十余年，门楣虮食，亭椽云颓。退息居学之舍三四十间，皆瓻朽，且因陋仍简，体制未符。去年秋，不佞摄篆是邦，获见诸人士，玉举兰薰，彬彬焉，恂恂焉，克敦礼教，而于劝学兴贤之地，仍其鄙朴，心窃念之。顾时方议增置膏火田亩，未遑计及兴修。今旋自会垣，与绅耆合谋重葺，佥曰："众擎易举，是在倡率有人，不佞爱捐廉三百缗以为之导，愿诸君相与欻助而乐成之。"期于讲堂学舍，规模宏敞，阛庖湢厕，纤悉周完。俾之昕夕讲贯于其中，夫然后安其学而亲其师，乐其友而信其道也。安在白鹿鹅湖，不再振于今日哉！行见人文鹊起，科甲蝉联，理学、经济名臣历世培养，而挺然特出，将于是乎卜之也。①

示紫泉书院诸生

（督学）朱佩莲

有谁经义考班班，未见通儒治事艰。汲古正深毋短绠，窥园虽好且常关。人因坐井难观象，心若开门自见山。上达光明正大处，尊行正学路安闲。

郁林试事将竣再叠前韵言怀

（督学）朱佩莲

青衿子弟尽随班，文武须知历试艰。巨室木方求桂海，连城璧已得蓝关（昨岁试关中，颇称得士，新科殿撰王杰即十魁中人也）。怀清惟取濯缨水，望切非徒挂榜山。

---

① 〔清〕冯德材修，〔清〕文德馨纂：《郁林州志》卷二〇，清光绪二十年（1894）刻本，第31—32叶。

良牧良师资大养,莫徒风景话萧闲。①

经古书院(玉林)

经古书院,位于广西玉林。清同治七年(1868),地方官员及本地士绅捐建。

建经古书院引

(督学)孙钦昂

士非通经无以致用,即发为文章,亦属无本之谈。至诗赋虽学余绪,而抒发性灵,奏和声以鸣盛世,皆属举业要务,乌可置而勿讲哉?查粤西省垣向设经古书院,延致宿学为师,集士子讲论经义古作,以时考课而次第之,优予奖励,俾生童各有所矜式。而见闻日广,酝酿日深,以致蜚英腾茂,学业之造就非常,法至良,意至美也。本院上年举行该州岁试,即闻该绅有仿设经古书院之议,嗣后据升任王署牧禀称:因案断入公局房产一处,可立为经古书院。至书院一切经费,已属该局,绅亟为筹画等因,当即批禀嘉奖,谓不日可以观成。迨本年科试,按临询问,该牧始知此事尚茫无头绪。盖甚矣,图始之难也!兹本院倡捐银二百两正,除牌行郁林州转发该局公正绅士经理,转饬所属官绅量为捐助,并出示晓谕外,该属绅民均宜踊跃捐资,共襄盛举。俟捐有成数,即置为书院学田,以其岁之所入,充作山长修膳暨生童之膏火花红。务期妥定章程,俾行诸久远而不废。庶几治经者有获菑畬,汲古者逢源左右。从此人文蔚起,黼黻隆平,岂不懿欤!本院有厚望焉。是为引。

经古书院记(同治七年)

(郡人)牟树棠

郁林州昔建紫泉书院,亦官民捐资倡立。岁入不丰,师生膏火殊薄,遂浸以懈。州宪王晓岩达材,欲有以振之,又念学贵通经致用,俾审所当,且学校之设,从其广也,于是复有经古书院议。然事属创始,盖犹难之。督学孙师竹钦昂按试,力赞斯议,厚捐以倡。时适有南桥旧当铺欠帑镠轇,王晓岩断充为

---

① 〔清〕冯德材修,〔清〕文德馨纂:《郁林州志》卷二〇,清光绪二十年(1894)刻本,第55叶。

书院，劝众清帑项，又复助捐，议遂定，未及建也。叶春伯葆元来任，因踵成之。既捐资，续又将不法各铺户断充，计倡捐并合州所捐，得银六百二十两，钱万贯有奇。始戊辰又四月庚申建，仍旧铺增修，省功惜费，阅数月而功竣。众命棠志之。棠窃维文行胥本经古，学校关系人材，是皆然矣。而省会各处书院，或赐帑建修，或地方官拨公经理。今我州官倡捐其始，众襄其成，且不一建也。乐善者何多，不亦成材之庆欤？汉儒有言："兴太学，置明师。"伏读《会典》所载，瞻给师生膏火，每岁经费，各义学由府、州、县董理，酌给膏火。果系材堪造就者，方准留院肄业。择经明行修、足为多士模范者，以礼聘请，不得延请丁忧在籍人员。教官本有课士之责，不得兼充书院师长。道光间又有住院，其向不到馆，永禁支取干脩之谕。煌煌圣训，当共懔遵。孙师竹又言："本处有明师，不患不得益，不必作院长。"师道立则善人多，盖其慎也。今经费虽不丰，方来州宪，孰不耻独为君子乎？我州人材益盛矣。谨与众约守各条如左。而董斯役也，则钟君庆魁等不辞劳瘁，始克告成。另碑分别衔刻，应与捐助者同垂不朽云。①

铜阳书院（北流）

铜阳书院，位于广西北流。清康熙四十年（1701），知县涂遇建义学于县东一里旧县街。清雍正三年（1725），知县刘兴第以县东二里徐公祠改为义学。十二年（1734），知县谢埛迁建于旧县学宫。清咸丰七年（1857），毁于战火。清同治十三年（1874），邑人梁科选、陈宗鲁、黎学箕等以书院历年所余款项在原基重建。今址为北流市博物馆。

铜阳书院

旧名义学。康熙四十年，知县涂遇建于县东一里。四十八年，知县陈献德率岁贡曹大纶修，圮。雍正三年，知县刘兴第以县东二里徐公祠改为义学。雍正十二年，知县谢埛迁建于旧县学宫为今址（谢埛撰记见艺文）。咸丰七年，范匪

---

① 〔清〕冯德材修，〔清〕文德馨纂：《郁林州志》卷二〇，清光绪二十年（1894）刻本，第41—42叶。

陷城时焚毁。同治十三年，邑人梁科选、陈宗鲁、黎学箕等以书院历年余羡就基重建。计头门一座三间，旁舍三十一间，讲堂一座，夹室二间。堂上有藏书楼，堂前有牌楼一道，上下厨房四间，后厕二间，围墙内小园一幅。①

重修铜阳书院记

（邑人）李善章

铜阳书院之设于旧县学宫地也，由来久矣。邑前辈因时修葺，栋宇常新。自咸丰七年毁于兵燹，鞠为茂草，屡议建复而无资，不得已酌减生童膏火。陈君秉礼经理数年，积羡现银二百余两，谷二百余石，账项二百余金，总计积羡八百余金，嗣后交出宾兴馆掌理。又得邑侯余君少冰捐廉银一百大元，递年合共积金一千有奇。佥曰："可以修复矣。"于是梁君擢之等储胥估计，遂蠲吉兴工。始于同治癸酉之夏，逾年而功竣。基址仍旧而两正座，前年半用土坯，兹则半用熟砖，取其固也。左右廊敞二房以作小厅，俾诸生诵读之暇得以坐立也。其楼旁两厨移置后园左右，使各房得以通明而不蔽也。董事者亦大费经营矣，而培植人材之至意则前后如一辙尔。因撮其略而为之记。②

捐置铜阳书院田租记

（知县）陈声遹

北流之有铜阳书院，古旧县学宫地也。旧义学在县治东一二里，康熙、雍正年间，以地基濒于水，迁徙者再。乾隆十五年，知县谢君堋倡议改建今址。栋宇宏敞，水木清华，兼奥如旷如之胜，榜曰"铜阳义学"，今称书院。邑之人士，岁延其乡先生，拔子弟之秀者课之，以广学也。岁戊辰，声遹莅任兹土，其时主讲席者昭亭梁公，嗣则辅亭李公，二公皆以名进士退休林下，老成端谨，前辈风范犹存。司学中之租，钩稽出纳，则谢君兴先、彭君陿章、李君敏旸也。顾岁入无几，不能以其赢并及膏火之费。余于岁科两试，扃童子数百人校之。复于公余之暇，与书院肄业生童论文课艺，录其翘秀颖异之才，亦

---

① 〔清〕徐作梅修，〔清〕李士琨纂：《北流县志》卷九，清光绪六年（1880）刻本，第6—7叶。
② 同上书，卷二二，第35—36叶。

可不懈而及于古。夫建学立师，必先其地望，希贤怀古，宜树之风声，负笈而前，囊瑟而退，制未善也。爰捐俸添置田租若干石，少资生童膏火，俾得肆力于学，庶可不负昔贤兴教育才之意。至于广置田业，恢张学舍，从兹廓而大之，是所望于同志者。是为序。①

书院章程

书院租产，公举殷实绅士一人管理，每年延请山长掌教。每月官课一次，山长课二次。所有山长脩金、官课膏火、山长课奖赏，均由书院租产项下开支。每遇管理更替之年，经众清算交代。

书院租产

卞一里六鸡、六鹤等峒田租二十六石五斗。（雍正四年，知县刘兴第捐置。）

卞一里第九水峒田租一百石。（系邑人李文煌，原捐文昌阁田亩，乾隆四十二年知县林一鹏详准拨归义学。）

冲龙里横路山峒田租一十二石。（乾隆四十年，邑人蒙圣访呈充，经知县梁友谷详奉批准。）

卞三里大魱甲、思贺埂、黄榄埇等峒，田租三十七石一斗五升。（乾隆二十年，知县赫生额丈溢田亩，详奉拨归州县义学，与郁林州义学均分得此。）

扶来里大仓、六琴、甘村、埇表等峒，田租一百六十三石。（此系前知县颜正色捐置，广济桥旧文阁原租。嘉庆四年，知县张其禄批准，拨归义学。）

吉京里木棉坡、林陂坡等峒，田租二十石。（嘉庆十六年，知县陈声通捐置。）

吉京里、木棉坡四乃塘下，田租十二石。（嘉庆十六年知县陈声通捐置。）

平陵里、平安山、万丈坡、独田峒、独竹坡、等处共田租四十六石。（乾隆十六年，知县谢焜丈溢田亩，详奉拨归州县义学，与郁林义学均分得此。）

小一里虾塘峒，田租十九石。（邑人黎世典捐置。）

卞三里胜塘峒，田租一百石。（咸丰五年，知县萧煊谕拨。）

小一里横石峒，田租二石。

---

① 〔清〕徐作梅修，〔清〕李士琨纂：《北流县志》卷二一，清光绪六年（1880）刻本，第36—37叶。

小二里马坡、覃村等峒，田租一十五石。

石二里鸭儿田、牛屎塘等峒，田租四十五石二斗。

石围肚，田租三石五斗。

句漏岩坡，租钱七千文。

吉京里、秋鸡窝，田租钱四千文。

吉京里、秋鸡窝，田租银四钱。

新兴街闸门内西边第九间瓦铺三进，租钱二十四千文。（道光二十八年，知县曾绍理拨充。）

西门瓮城内瓦铺一间，租钱二十千文。

西门瓮城内摊位，租钱五千文。

东门口右边曲转沙街口第一间铺一进。

东门口右边曲转沙街口第三间铺一进。

（以上租产，均为书院脩金膏火奖赏之费。遇大比之年，停七、八、九月生员课。所积三个月生员膏火奖赏，合银若干拨作花红。新拔副优贡，每名支花红银四员。中文举，每名支花红银八员。余银托妥斋至京都，预作中文进士花红。榜后若无入中，准出京及留京者均分。）

吉京里、木棉坡、大窦峒，田租四十一石。（邑人黎世典捐送。）

吉京里、木棉坡、上林陂，田租六十石。（邑人麦名扬呈充。）

（以上二项，共租一百零一石。道光十七年，知县陈颖涵批准：拨五十石零五斗为文诸生乡试水脚之费，于科年托妥带省，按名均分。拨五十石零五斗为文会试公车、拔优贡、朝考及文举人宿京等费，遇会试朝考之年，备银按名均分。每正科，以三年所存谷银尽支。若间恩科，则以一年、二年所存谷银尽支。此项设在未起宾兴馆之前，故仍归书院管理收支。）

书院粮赋

本县一厢一冬，官义学户民米一石零九升九合，官米一石九斗零一合。

本县小一里九冬，书院户民米二石一斗三升。

郁林州南乡一图一排，庞马二户六箱，乡铜阳书院宾兴户民米一斗。宾兴馆在学署东。咸丰元年，邑人梁宗敏、李敏旸等率阖邑绅耆捐资创建，并置田产。七年，城陷馆毁。同治三年，邑人陈钟键、梁开堂等，以馆中所蓄产租，就基重建。计大门三间，内设屏风，左右翼室各一间，二座三间。后设屏风，左有花厅一所，右有翼室一间。上座三间，设龛奉祀。邑中捐资绅耆牌位。前有拜亭，左有穿厅一间，并房一间。右有通巷，并房一间。后楼一座，下连排五间。（左有长巷，门外有栏栅，其右有土地祠一所，馆后又购有屋基一所。）[1]

三峰书院（陆川）

三峰书院，位于广西陆川。清乾隆二十一年（1756），知县石崇先和绅民捐资创建于县南三里万丈坡，学政许道基题额且为撰记。后进为藏书阁楼3层，中祀文昌，两旁储书；中进为讲堂3间，堂下东西书舍12间；前进为门楼3间，门外围墙一道。前后置田产约330多石，以56石租谷为书院生童膳食费，其余用于乡试、会试、宾兴等开支。历年由知县择聘县中科甲学问品德兼优人士为山长。清光绪三十年（1904），改为中西学堂。

三峰书院

在县南三里万丈坡。清乾隆二十一年，知县石崇先偕绅民捐资创建，学政许道基颜额，且为撰记（见艺文）。后进为藏书阁，楼三层，中祀文昌，两旁储书。中进为讲堂三间，堂下东西书舍十二间。前进为门楼三间，门外围墙一道。前后置有田租约二百三十石。道光八年，戴维经兄弟拨入田租一百零六石。嗣经知县郭承休厘定，以五十六石为书院生童膏火费，其余乡试宾兴租三十石，会试宾兴租二十石，有记。光绪二十六年，阖邑宾兴馆将断受吕绍霖等田四契拨入租一百余石。宣统二年，西约会又拨入田租七石六斗。历年由知县择聘邑中科甲学行兼优者为山长，教训生童，每月考官课一次，堂课一次。清光绪三十年，将书院改设中西学堂，膏火租尽拨为办学经费。[2]

---

[1] 〔清〕徐作梅修，〔清〕李士琨纂：《北流县志》卷九，清光绪六年（1880）刻本，第7—10叶。
[2] 古济勋修，吕浚堃、范晋藩纂：《陆川县志》卷九，民国十三年（1924）刻本，第4叶。

新建三峰书院记（石志）

（清广西提督学政）许道基

　　书院之设，以佐学宫，肇自宋元，建置半天下，郡邑生徒萃焉。进德修业，亲师乐群，以专以积，以小成大，成育才之效，追古党庠术序遗意，则务之当先也。陆川，粤小邑，而俗称淳。士彬彬礼教，近文章，踵接举科第，渍圣化久且日上。顾未有书院。先是，邑之人士屡谋经始，以莫适为主，事不集。

　　乾隆乙亥冬，石君崇先摄邑篆。不三月，政关教养，激劝者次第举，而创立书院其一也。明年二月，余按郁林，君率其人士，以院之未有昉也，乞署名，且记所由昉。予闻而叹曰："粤士之需教也亟矣，而郡邑博士之不克遍教也审矣。"予始至斯邑，欲立塾求师，以劳来后学，交修博士之不逮，顾愿力不齐，徒抱以默默也，而君遽能之乎？又仰而思曰："《志》称三台山在邑南一里，峰列如三台，向学宫，盖人文之主山也。院近圣人居而化成，人文实学之支，盍即以三峰名之？"于是陆之士闻其祥也而喜。予进而诏之曰：尔知名三峰之意乎？元功运行，弥纶块北，若洼若突，不知而然。惟山屼岪礧砢，青碧空嵌，得天地正骨秀气。峰之于山，尤其巅者也。隐嶙下临，崚嶒上插，芒射星精，位崇五云。峰之自为名哉，骨气使然。天不能不凝，人不能不伏，因以借灵巍岑，立景颖水，吸精导脉，主我人文。岂不欲以峰之三台为贵者相乎？亦求其骨气而已矣。骨气生而有之，则正且秀，亦赅而备之。而第扶之勿倾以邪，擢之勿蒙以秽，正者峙，秀者出，标格所树，天自凝，人自伏，耸然而独贵，是亦人之三台已。人有圭爵，峨峨金紫赫煊，而时过名没，不克卓立千古，无他，骨废而气涽也。惟立德、立功、立言之不朽，比诸山峰之不骞不崩，盖积厚者峻极，有主者常贞，故曰居仁由义，大人之事备矣。士登斯堂，面斯举，顾名而思义，砥节而磨光，亭亭乎玉立之姿，高高乎不可掩抑之概，则峰之精神揽而收之方寸矣。粤山灵奇甲寰宇，大容起伏浔、郁、梧三郡，在陆则有鸣石、谢仙、文龙、凤凰、石湖、金坑诸山，他有名者尚不胜指，其清淑磅礴，皆可作三台观也。《诗》不云乎："高山仰止，志向往也。"鲁颂思乐泮水，而继之詹泰山，孔子登而以小天下。士时作三峰想，则可以小陆，而陆借以不小矣。

石君西蜀名孝廉，官秦中十年，所至拳拳育士。今之来，岂其事之迂、效之不可必，而亟亟先务者？君家徂徕先生，勇于任道，以经术教授南京，在大学弟子益众，大学之兴自此始，士以鲁之尊徂徕者尊焉。君能薪传符合，一以教大学者教陆，是未尝小陆，而陆之士可自小乎？余既署陆之名山而大期之，复告以学山之实为正骨秀气，而非徒转魁傲云外暴之是求。若夫扶正惟志，志立骨劲；擢秀惟学，学沈气华。志在希古，学在穷经，不然无从入也。多士识之而已。于是陆之士闻其所以祥也而益喜，乃文诸石，以验其效焉。①

陆川县三峰书院膏火捐资记

（清广西提督学政）钮福保（吴兴、松泉）

盖闻华膴相高，则弃千金而弗顾；樵苏后爨，则施一饭而勿忘。凡情大抵皆然。敦族且犹难得，而况以计然之术，什一持筹于孔子之徒，三千负笈者，宜若秦人视越，肥瘠无关。岂期国子升堂，膏油有赖，如捐资于陆邑之三峰书院以为师，若弟修糈之属，其人诚有足多焉。夫以谯国名门，本汉代谈经之裔；定州旁邑，居谢仙修道之乡。溯厥前人，必恭敬夫维梓；宜其多子，克负荷夫析薪。盖其父例得晋封五品国学生戴永章，创自艰难，夙列成均之隽；好为施与，卒兴富有之家。心存展彼长裘，志犹未逮；功待绍夫良冶，力或能胜。于是其子守御所千总曰维经，附贡生曰维史，詹事府主簿曰维缵，增生议叙八品职衔曰维箴，布政司理问曰维诰，布政司经历曰维典者共成先志，咸肯构而肯堂嘉惠后人，乃多材而多艺。比三荆而更倍，谊笃联床；丰九谷而恒余，资饶负郭。爰捐租百有六石，值钱二千六百缗有奇，递年滋息，永为讲院经费，甚盛举也。从此缁帷绛帐，堪供十脡之仪；黄卷青灯，足效三隅之反。固陆川而人文蔚起，方五岭而圣教覃敷。适予巡试按临，多士具词陈状，恳撰文而纪述，借永其传；缘造士而裁成，乃徇其请。然予所以属望于尔多士之肄业其中者，贵穷经以致用，各励姱修；毋党恶以为非，同除痼习。庶无辜使者师儒谆谆至意，斯可副若人父子恳恳殷怀。至其造舟以济迷津，烹茶以苏涸

---

① 古济勋修，吕浚堃、范晋藩纂：《陆川县志》卷二三，民国十三年（1924）刻本，第14—16叶。

辙，虽无裨于学校，亦足砺夫廉隅云尔。①

新建三峰书院记（石志）

（清邑令）石崇先

《记》曰：君子如欲化民成俗，其必由学乎？是以古之教，自州闾以达王国，无不立学之地；自国子至于庶民，无不与学之人；自春秋冬夏以至三年九年，无可去学之日。教士之法，伊古为昭。我国家作养人材，振兴鼓励，各省会建设书院，为多士广诵读之地，慎师儒之选而淬厉之，何莫非古者立学之遗意欤？岁在乙亥，余摄陆篆，睹其衣冠文物，彬彬然礼教邦也。其学宫、崇圣祠、明伦堂，凡有关于学校者，悉辉煌整肃，独书院缺焉。绅士等呈请于城南万丈坡创建，佥云：筹之已久，未兴举耳。余曰：此盛事，其亟图诸。爰集绅士履其地，相度基趾，建讲堂一进、藏书阁一进、门楼一进，各三间，两廊书舍各十二间，详之上宪，批允举行。适学宪按临科试，诸生禀请赐记题额，额曰："三峰书院"。《记》又取三台山对峙之祥，为多士勖。猗欤盛哉！都人士藏修游息，砥节励行，日渍夫礼乐诗书之教，以驯至于小成大成之效，蛟腾凤起，霞蔚云蒸，俾钟其祥者，无负于其祥，且不仅为陆邑之祥，而直可谓国家之祥，以仰答圣朝乐育之盛典，克副上宪期望之深心，余所厚望焉。

是举也，经始于乾隆二十一年三月，落成于十月，费银六百有奇。所有捐资姓氏，并设书院脩脯、士席、粮田，勒石以垂不朽。②

环玉书院（博白）

环玉书院，位于广西博白。清乾隆十年（1745），知县南宫秀创建。取意于《文星玉水志》"美其地，以冀钟美其人也"。南宫秀多方延聘教习来院任教，时而亲授诸生以"四书""五经"。后圮。清嘉庆八年（1803），知县颜樾率士绅移建于城北，旁建考棚，有崇文堂、讲亭、养正堂、正厅、肄业房等。历置田产生息以作经费。清光绪三十二年（1906），科举废，改为县立高等小学堂。

---

① 古济勋修，吕浚堃、范晋藩纂：《陆川县志》卷二三，民国十三年（1924）刻本，第30—32叶。
② 同上书，卷二三，第16—17叶。

今址为博白中学。

环玉书院

在东门外，乾隆十年知县南宫秀建（南宫秀《新建书院记略》：我之来白州也，天显饶君所建之养正书院废久矣，爰不惜捐资创造书堂一座，两廊轩堂五所，周围墙垣、门楼位置方若棋局。捐地者国学生朱景博也，纵一十五丈，横一十四丈，请额于大中丞，题曰"环玉书院"。盖取义于《文星玉水志》，美其地，以冀钟美其人也。时乾隆乙丑仲春兴工，至季冬而落成）。后复倾废。嘉庆八年癸亥岁，知县颜樾合众绅移建于城北二里，并旁建考棚（董其事者，举人朱宗岱，侯选训导朱宗住，贡生王蔚，廪生王锡极）。书院正座上崇文堂，次讲亭，中养正堂，下正厅门，外悬"环玉书院"匾额。上中下三座，共肄业房六间，左右厢厅六间，肄业房十二间，考棚正一所，石号左右四所，板号约可坐童生一千五百人，周围垣墙高九尺，外建照墙、东西辕门。重建书院资费是将前递年所积公资支用，创造考棚是合邑捐资支用，书院添置余地。嘉庆六年，断买庞姓地基，在书院门口左右前后，俱以竹根为界。嘉庆六年，断买刘姓书院地基，左右以竹根为界，后以官路为界，今路改。嘉庆九年，断买袁姓书院门口黄皮园上半截，东北与书院地接连，东南至田为界，西北与书院地接连，下至田边为界。嘉庆十一年，断买高姓西辕门下墙首，直下三丈五尺，横过一丈为界。[①]

环玉书院记

（知县）南宫秀

文教之兴，镕经铸史，我知之矣。忆自汉儒搜辑而经学明，紫阳纲目而史书著。凡牧民司教者舍此其何以哉！我之来白州也，取旧史而读之，见夫宴石钟山之奇胜，温泉凝雾之精忠，李开国之榜眼及第，秦容州之进士金鱼，不得谓楚末翼轸，合浦天南不能复唐宋之英也。惟教之何如耳？因是而询鹿洞、鹅湖有地乎？未也。皋比拂麈有人乎？亦未也。仅天显饶君养正一书院久，等诸《由庚》《华黍》之闻其声，夏五郭公之存其阙矣。心焉伤之。爰不惜俸薪，捐资创造三座两廊，轩堂五所。窗棂一十四眼，周围墙堵门楼位置方若棋盘。柱头斗拱，宜质宜文；种柳栽花，可经可史。捐地者谁？国学生朱景博之基业

[①] 〔清〕任士谦、杨兆晋纂修：《博白县志》卷四，清道光十二年（1832）重刻本，第37—38叶。

也。纵二十五丈,横一十四丈,举价五十金而购之。景博子殿聘孙衍儒衍德辈,佥曰:"捐助义弗受金,以此相与于玉成。"请记于大中丞,题曰"环玉书院",盖取义于《文星玉水志》,美其地,以冀美其人也。时乾隆乙丑,桃始华而兴工,梅吐玉而落成。余与广文中道方君集诸生,讲四子五经于其堂,有客曰:"创建书院经则宏矣,邑乘未修史,若之何?"余曰:"子乌知我心之苦哉,四篆策我于席暖,即董狐班马之不暇,况我绛人甲子重劳其役也耶?且固哉子之为学也,程公志我熟之久矣。其纪星土本《易象》也,其纪山川师《禹贡》也,其纪风俗咏《国风》也,其祀气候按《月令》也,其书编年法《春秋》也,书院有经而史过半矣。后之大雅君子踵事增华,征文考献会有时焉,又何虑文教之有缺而急急于今日哉?"客喜而笑,方君亦笑,同堂皆为之欢悦,遂援笔记其事于篇。时乾隆十三年戊辰五月十九日。①

重建环玉书院记（嘉庆九年）

（知县）颜樾

古之教者,国有学,遂有序,党有庠,家有塾,邑之有学尚矣。博白为郁林首县,余以壬戌冬承乏兹土,甫下车,即简查邑志,向有"养正""环玉"两书院名目。及询问基址,台倾池平,漫不可考,为之怅然者久之。嗣后举行科试,见博之应童子试者不下千人,因思地虽边徼而涵濡圣化,人材奋兴,野处而昵其秀,良可惜已。欲裁成而振兴之,莫如立学。爰进各堡绅士于庭,谋所以重建书院之事,绅士等咸欣然乐从。遂即学田内存积之资,择城东亢爽之地,诹吉辨方,鸠工庀材,为讲课之堂,为藏修之室,为游息之亭,严严翼翼,不侈而整。又于其旁添建考棚,以为岁、科两试衡校之所。踊跃争输,急公向善,可谓盛举也矣。然余窃维古者立学之义,岂惟是务记览为词章,掞藻摘华,干世取禄云尔哉?必将崇尚德义,躬行实践。其小者在视听言动、起居服食、威仪揖让之文;其大者在伦纪纲常、诚意正心、齐治均平之业。入之以渐,勉之以勤,而又矢之以不倦之力,收迟久之功。仁让兴行,风俗丕变。其士则修身立品,和顺于道德而发为文章。其俗则渐摩仁义,不惑于匪

---

① 〔清〕任士谦、杨兆晋纂修:《博白县志》卷一四,清道光十二年(1832)重刻本,第17—18叶。

僻，而化其桀骜不驯之气。比闾族党之间，无非孝友睦姻任恤之谊。士习以之而端，民风以之而懋。此则教之所以立，而学之所以成也。余今规其始而未能躬亲化导，以待其成，是固余之惓惓也夫。因记其事于石，以志属望之意云。①

移建环玉书院序（嘉庆九年）

（邑举人）朱宗岱

从古庠序学校之设，虞、夏、商、周尚已。厥后昉古法而行者，莫良如汉、宋。国学外，下逮郡邑，悉诏立学。然学仍止一郡一邑，求其可以广学，通于天下州里乡鄙，俾肄业有地，讲学有人，膏火有资，教养兼举且历久不易者，惟书院为最。博邑旧无书院，前任南宫邑侯始创建于今之文昌阁后，颜其额曰"环玉书院"，实一时之盛举也！而风雨剥蚀，鞠为茂草，匪朝伊夕矣。历任邑宰屡谋振兴之，而其事卒寝。迨我颜侯壬戌冬甫下车，得书院废坠状，慨然曰："学校倾圮，人材沦落，有司耻也！余当力兴之。"旋与邑之绅衿议，将义学所积公项千余金，鸠工庀材，度地于玉茅园内，诹吉重建书院，命岱与增贡生王蔚董其役。岱等以驽骀款段之材，惴惴然惧未由克当斯任，然义所当为，分所应为，亦不敢以驽骀段谢。工兴于癸亥冬十月，事蒇于甲子春二月。颜侯手书"环玉书院"匾于门，易其地而不更其名，殆示不忘南宫邑侯美意。维时都人士揖岱等而相与额庆曰："五十年来塌坏之事，旷举不图于今复见之，可无一言以志贤侯之明德耶！"岱曰："唯唯。"今夫饥寒而饱暖之，委塞而立达之，父兄之于子弟然也。我博之得贤侯也，我博之得贤父兄也。昔者文翁之治蜀也，以钱刀布帛遣子弟受学京师，蜀之父老至今犹追述其德化。子产相郑，舆人诵曰："我有子弟，子产教之。"遗爱见称于宣尼。我贤侯不以博之士视士，直以己之子弟视士。文翁、子产，其即今之颜侯乎？我博有志之士藏修游息于其中，每怀曾三颜四，常念禹寸陶分，行看士习士气、士节士风、道德文章、功名科第，当必有蒸蒸日上者。岱将拭目以观其盛。与合邑诸君子歌薪樲泮水之章，答我贤侯

---

① 〔清〕任士谦、杨兆晋纂修：《博白县志》卷一五，清道光十二年（1832）重刻本，第5—6叶。

明德于勿替,敢谓书院之为效不速,为功不巨?罔足追美于汉宋,几及于虞、夏、商、周之隆也哉!谨书之以为序。①

书院膏火田租记（嘉庆九年）

（举人）朱宗岱

捐田以资膏火,义举也。前任南宫邑侯,创环玉书院于今之文昌阁后,落成而苦无膏火。兴安广文孝廉李讳龙骃公,与其胞弟缅宁别驾升简州刺史讳龙驦、附贡生讳龙驯,向在县治三墐堡,土名三滩,遵例开垦,有田种三石余,租谷二十余石,暨余荒未及开者,与两弟谋,同悉输入书院为生童膏火,合邑共称为好善义举。匹夫慕义,何处不勉?厥后三江堡有田租三石正,龙潭堡有田租六石正,顿谷堡有田租一十八石正,以讼故,亦尽行捐输以为膏火。微广文为之蒿矢,胡以衷多益寡、继长增高,大有裨于书院也乎?今计顿谷、龙潭、三江田租如额,广文公所捐增至四十余石,肄业生童数十年实沾惠焉。迨书院倾圮,田米租数掌之在官,匪朝伊夕。前癸丑夏,余先严镜亭公、胞叔义方公、弟宗腾、附贡生秦讳秉忠,统同选拔王名芬、邑庠李讳承堂、增贡生王名蔚等,于前孔邑侯任内,呈请将田租复拨合邑绅衿经理,加断买三滩秦姓田种二石,租谷一十五石,连前各姓捐输膏火租拨入官,宾兴户税米六石。余承管者,附贡生刘讳坚,继以庠生秦讳用光,增贡生王名蔚。又于每年二月初三文昌诞期,经余与兄宗佳、副车王名震等清算登记,十年内子母相权,得钱一千一百千有奇。岁壬戌,颜侯甫下车,即以兴学校、育英才为急务,议将所存项鸠工庀材,度地于玉茅园内重建书院。工兴于癸亥冬十月,越甲子春而事蒇。上一进三间,次讲亭一间,次一进三间,次卷蓬三间,左右小廊各二间,次一进三间,中为大门,左右两房各十三间,共四十三间。仍以"环玉书院"颜于额,易其地而不更其名,示不忘南宫邑侯美意。是役也,颜侯命余董其事,余以捐田义举,惧其久而湮也,不可以无记。因与广文公之季嗣廪生名式邦,亲履三滩各处,将田逐亩蹉清,刻之于石,昭兹来许云。②

---

① 〔清〕任士谦、杨兆晋纂修:《博白县志》卷一五,清道光十二年(1832)重刻本,第6—8叶。
② 同上书,卷一五,第8—9叶。

拙轩课文
顾隆三

课士骚坛春书长,拙轩巧艺索柔肠。公余乐事饶风雅,多少文心分水香。①

留别环玉书院生童
(知县)欧阳驯(荷峰)

美锦漫云初学制,曾经阅历到余年。戏之方信鸡难割,奔矣奚堪马不前。长夏纳凉风满袖,宝山回棹石平船。诸神差喜安承教,得失可能尽口传。②

双桂坊
(生员)朱允偲

云汉昭回日月光,科名盛事纪皇唐。三槐古自推门第,双桂今犹著表坊。雁序高翔千仞路,蟾宫并挹一轮香。交辉花萼枝柯艳,叠报泥金姓氏扬。伯仲联班标玉笋,埙篪同调谱霓裳。城东郭外存遗迹,文运先开数□□。

文星桥
(生员)冯佩玉

星满河梁月满,文桥闲步忆前徽。凌云题罢人初过,踏雪吟成客未归。鹊影漫填圭璧艳,虹光遥射斗牛辉。赤栏斜倚横吹笛,声彻台垣入紫微。

金榜山
(生员)朱允桢

层峦耸翠影嵯峨,肇锡嘉名永不磨。地接石钟怀古乐,山传金榜兆巍科。霞飞疾把朱书写,雨洗轻将澹墨拖。排闼洞开争快睹,悬崖屏列任观摩。桂飘月窟香风远,梅报花魁喜气多。岭外五云常叆叇,峰前千佛总森罗。每当甲第频抡掇,定有神灵默护呵。指点状头鳌首冠,天公遴放出岩阿。③

---

① 〔清〕任士谦、杨兆晋纂修:《博白县志》卷一六,清道光十二年(1832)重刻本,第26叶。
② 同上书,卷一六,第33叶。
③ 同上书,卷一六,第34—35叶。

石南书院（兴业）

石南书院，在广西兴业。清乾隆四十三年（1778），知县王巡泰于文庙之东建书院，题名"石南书院"，以兴业古称石南，故名。敦请进士陈科铽主讲，拔取生童之秀异者肄业其中，刻写御制饬士子文于屏间，又书朱子白鹿洞学规于左右，为其制定学规若干条。清光绪三十三年（1907），改为县立两等小学堂。今址为兴业县第一中学。

石南书院记

（知县）王巡泰

书院之设，自唐始也。唐元宗于丽正殿置修书院，人称丽正书院，后创集贤书院者二，嗣是读书之地皆称书院。宋建四大书院，石鼓最前，次白鹿洞，次岳麓，又次应天府。先后名闻朝廷，故四书院得并称。而其条教之善，则朱子白鹿洞规为尤著，为其独得三代以来教人之法，开关启钥，由乡人而可以进于圣人之道。今国家学校遍天下，文治之隆远轶唐汉，薄海内外，咸知自奋于学，鼓歌弦诵之声相闻。而伟人秀士经明行修之彦，亦往往辈出。盖圣治昌隆，山川文物郁极而光，固有不期然而然者。

余奉命宰兴，受事之明日，谒至圣庙，集诸生讲学。郁郁彬彬，不异邹鲁文学。询知前明科第称盛，今少衰焉。丁酉入闱分校，兴邑弟子无登贤书者。余谓科第之盛衰，固不足为人才忧。而械朴风微，士气销沮。经义治事之斋阒其无人，所为长喟而心悱矣。乃与邑之贤绅士合谋，佥议得地于文庙之东，鸠工庀材，诹吉兴役。几卒岁而竣事，颜曰"石南书院"。石南，古兴业也，故名焉。讲肄有地，师生有舍，门庑庖湢悉具。又多方募力以足脩聘膏火之用，公义廉正之人稽其成数，俟有良田券置之以垂久远。今年仲春上浣之吉，敦请戊辰进士陈君科铽主讲席，拔取生童之秀肄业其中。恭缮《御制训饬士子文》勒之屏间，书朱子《白鹿洞规》于左，因为学约若干条以付其右，而谕之曰："多士勉乎哉！夫书院之设，所以为养育人材之地，而磨砻风俗之原也。鹄张必射，琴设必鼓，广已造大，存乎其人。自是而后，师儒以时董诸弟子朝夕弦诵、论文授行。而诸生亦皆争自琢磨，逊志敏心，矻矻不倦，咸以后至为羞，吾知起蓬蔂而陟青云者踵相接也。不宁惟是进而上之如东汉陆元以《左氏》专家，后汉士燮以《尚书》名世，唐之张公九龄出于曲江，姜公公辅出于日南，皆能有所表见，非苟而已者，奇才之出何间远近？安知多士不有继前贤而媲美者乎？又安知不有过之者乎？不宁惟是，多士诚能克自振拔，力追古人，后先相望，以宣圣天子文治之隆，而又各以其所闻化其乡人，自党塾而至于里闾。父与父言慈，子与子言孝，交相劝勉，涵濡渐摩，道德一而风俗同，其在是矣。即朱子《白鹿洞规》教道之善何以加兹？而七里人才又何难与石鼓、岳麓四大书院争耀千古耶？噫，有司不薄待诸生，诸生慎无薄于自待也！诸生勉乎哉！"

是役也，经始于乾隆戊戌孟春之月，落成于是年长至后三日。董其事者：武甲唐君维舟、候司训庞君惟熙也。学博潘祖训、典尉徐家敏皆与谋焉，例得并书。其诸乐输人姓氏，俱识碑阴云。①

绣江书院（容县）

绣江书院，位于广西容县。清康熙二十九年（1690），知县李瑞征重建，拨入田租，作为生员膏火及山长束脩薪水。清道光八年（1828），知县项国楠与容县士绅增建，前为头门、仪门，中为讲堂，前建二长廊为考棚，后为尊经阁，两旁为书舍。清咸丰间，考场号板毁于兵火。清同治六年（1867），重修。清光绪三十二年（1906），改为容县示范学堂。今址为容县城北门街168、170号。

绣江书院

在县治右。康熙二十九年，知县李瑞征建，并撰有记。道光八年，知县项国楠偕邑绅增建，为屋四座，内座为尊经阁，两旁为书舍，中座为讲堂，前建二长廊为试场，椅棹悉备，再前为头门、仪门。咸丰间，寇毁号板。同治六年，重加修葺。

按，城下之江实非绣江，而院以此名，未免疏于考据，拟易为"峤山书院"，庶几名实相孚云。

---

① 〔清〕苏勒通阿修，〔清〕庞锡纶、彭焜基纂：《续修兴业县志》卷九，民国抄本，第29—32叶。

按，康熙间，知县李瑞征将面里六奎村逋赋之田拨入绣江书院，每岁额租一万斤。嘉庆间，知县马鼎梅将县中公田拨充院费，每岁额租三万一千斤。此外递年添置及由学拨充，又得租二万七千二百斤，余统前后合计共额租六万八千二百斤有奇，悉归宾兴值事兼管。岁支院长束脩薪水银一百四十两，生童月课岁共奖赏银一百八十二两四钱，司事薪水谷三千斤，养正义学束脩谷三千斤，余为酒席、院丁工食以及完粮等费。

绣江书院记

(知县) 李瑞征

昔余之谒选也，得荡昌，心悸，急归鹿苑中搜拣方舆图本，窃见有勾漏书院，则又辗然喜。既履任，即访所谓勾漏也者。劫火沧桑，无复岿然灵光矣。及与士大夫接，郁郁彬彬，风姿秀善，然皆错处村落，屏迹城居。但见颓垣败瓦，草没榛荒，岂止如云居谢径云尔哉。亟思所以招来安集之，未遑也。治容且三稔，颇无薄书鞅掌之劳，而讼狱亦少衰息，爰妥集绅衿谋修废坠，启圣祠、明伦堂、文昌阁，次第举行，位置妥佑，人神允协。复于县治右鼎建书院，为士子藏修游息之地。历夏徂秋，而后落成焉。鸟革翚飞，轮然奂然。余与青青者衿讲明正学，规模先正，奚取抱朴丹砂？因去其"勾漏"之名，颜为"绣江书院"。龛王阳明、陈白沙两先生于中，亦以圣学晦冥之后，两先生实有发蒙振聩之功，一则勋铭岭表，一则德著羊城。士大夫景行有素欲其朝夕瓣香，庶有所观摩而兴起焉。无何工甫告竣，而余调补荔波之檄已至。

嗟乎！余尝受业于先师孙征君门下，往来于月窟天根，携得《理学宗传》一编，业已珍授，容人家传户诵。余乃妄觊皋比，相与质疑问难，阐明道旨，苍苍者独何靳焉。余且去矣，兵燹之后，虽多士秉礼，间有不合于绳趋矩步者。余不佞，谬以父母师帅之责自任。于是绳之使直，矩之使方，牡之牝之，骊之黄之；又如九方皋之相马，无非所以鼓舞训导而玉于成也。多士勤思此意，从兹黾勉不倦，上之破濂洛之藩篱，窥邹鲁之堂奥，次之敦修帖括，跻名鹓鹭之班，连茹汇征，余实有厚望焉。若乃咫尺堂署，不免腐滫台而由径，舍灵龟而朵颐，与阳鱎同趋而顾令贤有司车驱之也，则余之志荒矣。多士勉乎哉！余将脱屣此官，归老淇园绿竹之间。他日扶节携酒，登太行之巅，遥酹都峤山灵，见霞蔚云蒸，文明之气上触天汉，荡昌旧令喜动颜颊可知也。多士勉乎哉！

逋赋之田。余米一十七石三斗六升零，送归书院。每岁所入租谷，除办课六两零七分外，可得百余石以资诸生饔飧，兼不时补葺，庶书院不致废坠。广文先生诸绅士轮年值事不得猎入学田，亦不得渔归私囊。有违斯约，许同人鸣鼓焉。因贞诸石，后此为左券云。是为记。①

《郁林州志》学校·书院

寮阳书院

在蒲塘北寮岭之阳。同治七年，抚康乡八堡人士捐资创建，中厅三楹，后厅三楹，大门二楹，西为学舍，东为宾兴治事所。院置有田租数百石，为递年延师考课之费，有余则给文武乡会试水脚银。

平山书院

在平山圩。光绪九年，平山合堡人士捐资创建。院置有租，为延师考课费。

富文书院

在富民乡樟木圩东偏。光绪十一年，合六堡一坡人士捐资创建。置租生息，每年延师考课。

宾兴馆

在紫泉书院左。道光二十九年，合州创建。中座三楹，祀各捐资者木主。东西各一厅一房，下列仓各四楹，大门三楹，左右各一朝厅。西仓背为经古书院仓。合州中各姓捐资至一百千者，设木主于馆，春秋致祭。不及百千者，勒碑垂远。除买地建馆外，置租二千八百石。后陆续增置，约共租三千石。递年取支文武童生院试卷结，并入学束脩结费。其余则分三股，助文武乡会试盘费。乡试两股，会试一股。老宾兴原有租一百六十石，系道光九年因案断买吴景纯兄弟债欠镠辖田地田九十八丘，租一百六十石，拨入为帮助文士乡会试盘费，武士不与。后于道光二十三年，有州同职龙其材捐陈宅垌田三十七丘，计

---

① 〔清〕易绍德修，〔清〕封祝唐纂：《容县志》卷一二，清光绪二十三年（1897）刻本，第4—5叶。

租六十石,归入宾兴为永业。递年取租息,支乡会试盘费。禀经督学钮福保批准,并给其材、"谊笃培风"匾额,均有碑记。(已上新册)①

建州学宫记
(康熙七年)(梧州府知府)黄龙

案郡志:郁林州学建于宋至道二年,在州南一里。元至正二年,迁州治西。明洪武二年,州同黄斌因加修建。宏治十二年,知州李永珍重建。中为文庙,前为两庑,为戟门,为神厨,又前为棂星门。正德十一年,州人梁琏以石易之。后为明伦堂,又后为敬一亭。东西为二斋,左为启圣祠、名宦祠、乡贤祠,左为学正廨,右为训导廨,前为儒学门。嘉靖十六年,两庑倾圮,知州张诏重修。隆庆二年,州同阙继禹重修。万历十六年,知州杨于陛重修。迨国朝统一中原二十有五载,粤西最后入版图,故其受兵燹为甚久,郁林学倾荡尽,存基址。康熙二年,辽左马子有用来治州事,慨然以兴建学校为首务,然又期于率属捐俸,勿烦民力,故迁延未逮也。今年,马子升思恩府丞,具文申府,务期建学而后去。余喜而捐全俸佐之。马子率佐贰、学正唐甲率绅士又同捐俸及资,共襄厥事。又遴贡生杨之琦督视土木工匠之费。经始于五月朔一日,落成于六月二十九日。凡学宫制度,一复旧规。惟官廨诸工,尚有待于后之君子。马子以文书报余,余深嘉焉,因为序以记之。②

创建宾兴馆记
(道光三十年)(郡人)钟章元

宾兴之典,肇自成周。其在乡学,乡大夫掌之,而隶于司徒。其在国学,大乐正掌之,而隶于司马。说者谓其事出之自上,非下之人所得妄干者。呜呼!此说兴,适以阻人为善之路,而岂先王制礼本意哉?尝读《周礼·地官》之职曰:"五州为乡,使之相宾。"夫曰"使之"云者,上之人匪惟不之禁,且若束缚之,驰骤之,期于必为而后已。曰"相宾"云者,更欲下之人选为宾主,交相劝,交相勉,期相与于有成。后儒笺疏可证也。彼为异说者,固可无容置喙矣。吾郁旧设宾兴,租仅略资文士乡会试而已。文士而外,武士盖缺有

---
① [清]冯德材修,[清]文德馨纂:《郁林州志》卷六,清光绪二十年(1894)刻本,第13—14叶。
② 同上书,卷二〇,第15—16叶。

间焉。乡会试而外，岁科童试亦缺有间焉。缘旧租不充，未遑遍给故也。岁己酉，佥议广为劝捐，于紫泉书院左侧创建宾兴馆。其有捐至百贯者，均得设位于馆，春秋禋祀不忒。众皆踊跃乐输，计共捐钱五万贯有奇。除建馆需费外，共置买各村租共二千八百余石。凡自岁科童试以及乡会两试，无论文武，咸沾溉焉，洵盛事也。顾论者犹斤斤以下不专擅为疑，于是群相率上请诸顾云石牧伯，特蒙奖之以联。又胪列众拟规条，上请诸孙藁田学使，复蒙嘉许而赐之以额。彼为异说者，乃益无从置喙。馆既蒇事，爰取剧资名氏及学使批准各规，镌于丽牲之碑，且命剞劂氏寿之枣梨，俾得家执一编，庶可垂诸久远而行之无弊云。①

州学正署

康熙五十八年，学正柯国正建学正署。乾隆十二年，学正范学濂重修。学正署在州署右忠烈街学宫左。大门三楹，大堂三楹，后堂三楹，后堂左侧二楹。一为灶舍，舍前为草厕，后堂后院东二楹。乾隆五十六年，学正秦兆鲸重建大门，重修大堂。堂前建两廊各三楹，增置卷篷于堂檐下，又于堂中楣梁揭额敬书《圣祖仁皇帝训饬士文》。（旧志）

案，今学正署于正座左旁建花厅一间，耳房二间，后座背木园一所。旧书院地。

乾隆二十二年，训导杨文奇移学署于明伦堂后（前在明伦堂左，因圮改建）。四十七年，粟恒丰捐修。案，粟司训有记云：是年九月，新建瓦屋五间，后为垂檐，右为碾室、厨房、书斋，内室左为囷仓，用银七十两有奇，一月而事竣。今署正室三楹为杨君建，余并粟君改作者。（旧志）

道光二十八年，学正韦载易、训导谭敬轩重修，增建头门、仪门，明伦堂左增耳房一间。光绪十年，训导蒋炳勋重修花厅。

案，今学副署在明伦堂背，为正室三楹，前右厢房三楹，房背有木园一所，旧明伦堂地也。左为花厅三楹，厅背有木园一所，旧书院地也。

············

---

① 〔清〕冯德材修，〔清〕文德馨纂：《郁林州志》卷二〇，清光绪二十年（1894）刻本，第39—40叶。

雍正五年，三韩佟君世俊守是邦，因道署旧址，鸠工庀材，数月而成。前为东西文场，后为退食阅文之室，中为视事堂。使者岁科行部，士皆乐就，试之易矣。己酉春，嘉正自刑部郎中出为粤守，适郁林州须员奉檄署事。今年夏五月，奉命守太平，将去郁，诸生以校士馆记来请，爰为述其颠末，俾书诸石。其董建馆事者，诸生晏朝龙、苏汉疆、杨巍，均有重劳，而州与四邑绅士能捐资助成，皆足征风俗之善，因并书之。

乾隆四十六年，知州董良重修。

案，学院行署官厅内有学臣查莹记、知州董良重修碑。今学院行署在州署东常平仓前，东西辕门环以木栅，左右鼓吹亭，大门三楹，左侧官厅三楹，仪门三楹，门后一楹为点名亭，东西试场各十二楹，大堂三楹，前为卷篷，中暖阁，后为二堂，又后为三堂，左右厢各十楹，三堂前为文源亭。乾隆二十七年，学臣朱佩莲于庭右得泉三，建亭中央，左右以砖为阑护池，而名亭曰"文源"，曾有碑刻纪其事云。（旧志）①

文昌阁

在城南一里瑞龙桥侧，乾隆七年修治。（知州唐增祁《重修文昌阁记》云：考《志》，文昌宫之建，始元至顺年间，在城南玄妙观左侧。万历间，观未废而宫先圮，迁神像于南薰楼。天启初，郡人始移于城外之瑞龙桥畔，甃石成台，建阁其上。康熙十七年，遭吴逆之乱，而阁又圮，盖六十年于兹矣。乾隆四年，州绅士陈朝坦等毅然兴复，而前州牧傅銎以秩满迁去。余来兹土，捐俸以资，经始于壬戌七月，落成于癸亥十月，绅士嘱言于余，遂欣喜而为之记。）②

南宫秀

字实甫，号省斋，绛州进士。乾隆十一年，由博白县知县护州事。廉介自持，爱民礼士。年饥，多发仓谷以济，民沾实惠。振兴文教，捐俸建书院，置义学田，以资膏火（紫泉书院有碑）。论文讲艺，终日不倦，士民思之。（旧志）③

罗尹孚

字子信，安徽歙县人，进士。道光九年，由横州知州署郁林州事。留心学校，捐钱三百贯，倡士民重修书院。复将构讼不清之田归之，得租一百八十

---

① 〔清〕冯德材修，〔清〕文德馨纂：《郁林州志》卷五，清光绪二十年（1894）刻本，第11—15叶。
② 同上书，卷七，第2叶。
③ 同上书，卷一四，第15叶。

石，以惠士林。（通志辑要）①

《北流县志》学校

学宫

唐贞观三年建于登龙桥西，宋因之。建炎间兵毁。元大德二年，县尹侯仁迁宝圭驿东。至大二年，主簿吴天质重建殿庑。延祐四年，县尹罗天祐迁于驿西。至正二十六年，毁于火，迁县治西南一里。明洪武三十一年，知县陈宗文仍旧址重建。天顺四年，寇毁。成化七年，都御史韩雍改筑城池，以学基建县治而建学于县治东北隅。宏治五年，知县罗嵩迁城东一里（提学周孟中撰记，见艺文）。八年，知县曾源重修。嘉靖十三年，知县彭黼复迁城内东北。三十一年，署县事永淳县典史任惟均以其地卑隘，迁城外东北旧学址。万历十五年，知县刘中春迁城内旧址。三十一年，署县杨焕然复迁城外东北旧址。天启三年，知县卢绍祥重修。崇祯四年，知县刘修己仍迁城内旧址。

国朝康熙元年，署县安九埏迁明伦堂右，详请捐资鼎建大成殿、东西两庑及棂星门（安九埏撰记，见艺文）。五年，知县王德淑续建戟门、名宦祠（在戟门左）、乡贤祠（在戟门右）、泮池（在戟门前）、义路、礼门。二十五年，知县尚国正、训导毛三鳣、邑绅陈廷藩重建启圣祠一座三间（在大成殿东）。五十六年，知县迟之金重修正殿、两庑并戟门、名宦祠、乡贤祠、泮池、义路、礼门。五十八年，重修启圣祠（监生陈圣时，督理知县迟之金撰记，见艺文）。雍正元年，奉旨加封崇圣祠五代王号，入主致祭，祠在圣殿后。乾隆十一年冬，增修泮池阑干，筑棂星门，内外灰砂地并各甬道。嘉庆四年，署县高廷枢、张其禄，邑人李治泰、王祈三、曹国琦、李大观、陈华珍等筹捐重建（知县张其禄，邑人李治泰撰记，见艺文）。嘉庆十八年，知县王增第重修。咸丰七年，城陷，贼不敢毁。八年，复城后重修。②

试院

在县署左。道光十一年，邑人梁宗敏、李敏旸、凌椿、吴荣奎、林凤矗等筹捐创建。计照墙一道，栅门二道，头门夹屏二道，中设甬道，左右长廊共

---

① 〔清〕冯德材修，〔清〕文德馨纂：《郁林州志》卷一四，清光绪二十年（1894）刻本，第16叶。
② 〔清〕徐作梅修，〔清〕李士琨纂：《北流县志》卷九，清光绪六年（1880）刻本，第1—2叶。

二十八间，设坐号一千五百。大堂一座，夹厅二间，后建拱亭一座，官厅三间，左右耳房各一间。知县李光斗复捐银一百两于厅上建阁，设万寿牌座，为朝贺之所（邑人李敏旸撰记，见艺文）。咸丰七年，城陷全毁。同治四年，邑绅筹捐，以陈良楷督工重建，如旧制，并于官厅左右各添二间。①

养正书院

在儒学前，明同知施宗谊建。今废。

天一书院

在南门外，古文昌祠。崇正间名得月亭，为仪部杨廷抡先生读书处。康熙元年，署县安九埏建文昌阁于其地。

起潜书院

在儒学北。久废。②

宾兴馆

在学署东。咸丰元年，邑人梁宗敏、李敏旸等率阖邑绅耆捐资创建，并置田产。七年，城陷馆毁。同治三年，邑人陈钟键、梁开堂等以馆中所蓄产租就基重建，计大门三间，内设屏风，左右翼室各一间。二座三间，后设屏风，左有花厅一所，右有翼室一间。上座三间设龛，奉祀邑中捐资绅耆牌位。前有拜亭，左有穿厅一间，并房一间，右有通巷，并房一间。后楼一座，下连排五间左有长巷，门外有栏栅，其右土地祠一所。馆后又购有屋基一所。

宾兴章程

一、馆内产租，公举邑中殷实绅士三人管理收支，三年一易。于子、午、卯、酉年五月十六日祭祀时，经众清算交代。

一、岁、科、院考文、武童生卷结，出馆照支。至文、武新进生，均遵孙、张两学政批准定章，每名由馆送学师结修银一十五两。另文、武新进生每名贽仪二封，共钱四百文，小费共钱四十文。文新生结二张，共钱四百文。武新生结二张，共钱八百文，均由馆送。

一、乡试中式正榜每名均送花红银拾员，席金银二员。副榜花红银八员，

---

① 〔清〕徐作梅修，〔清〕李士琨纂：《北流县志》卷九，清光绪六年（1880）刻本，第4叶。
② 同上书，卷九，第6叶。

无席金。解元花红加倍，会试中式每名花红银二十员，会元花红银加倍，点状元花红银二百两，榜眼、探花、传胪花红银一百两，翰林院庶吉士花红银五十员，主事、中书花红银三十员。即用归班者，无文武科，一体办理。拔贡、优贡花红银五两，恩贡、岁贡补廪花红银三两，恩赐副榜花红银二员，恩赐举人花红银四员，恩赐翰林院编修、检讨衔花红银十员，恩赐国子监学正、学录衔花红银四员，拔贡朝考授小京官花红银二十员，每员均作七钱兑交。

一、乡试年份统计上届三年所得谷价，除岁科童生卷结、新进结、修各项花红及管理薪水、纳粮侍香、催租工人一切支用外，尚存若干，分作三股（乡试水脚即值二股，会试公车值一股），按人数分派。若有恩科乡、会试，俱摊作两科分派，仍示以限制。乡试每人不得过十两，会试每人不得过百两。拔贡、优贡入京与公车同，赴选入京者无。钦赐举人，公车不能与正榜同，每名议发银一十两，其银在三股之一内抽支。

批案附录：

咸丰四年，前任直隶南宫县知县梁宗敏等，呈春督学孙锵鸣批。郁林绅耆呈列宾兴规款，曾经批示饬遵在案。兹据该绅等呈，北流县属亦设立此举，足见是邦好善者多，深堪嘉尚。创设宾兴义举，于作育人材大有裨益。所议岁、科两试，文、武新生每名送学中即结银一十五两，已属酌中。其余规款俱臻妥协，准即立案，示后永远遵行。并题"兴贤育才"四字，以颜斯馆。惟愿好义者有以扩充，董事者无滋流弊，则良法美意久远长垂，本院不胜厚望之至。

咸丰十一年，前任湖南石门县知县李敏旸等复将宾兴成规开列呈奉，督学张正椿批：据呈已悉。仰候行知该州，转行该县。遵照旧章，文武新生每名由宾兴董事送学中印结银一十五两，准即立案可也。词发，仍缴。

同治七年岁试，两学自禀请加结金，奉督学杨霁批：结金细故，业经前任督学批准，文武新生每名由宾兴董事送学中即结银一十五两。该学屡经办理，自有旧章。本院视学此邦，秉公校士，严加去取，断不能以士之贫富预为该学计及。该教官官职虽微，而教士之责最重，名分最尊，自当顾名思义，以循循教士为己任，不得驰情于贽仪，为儒林所鄙薄。兹以结金细故，辄行形诸笔墨，禀请批示，殊属不合此缴。①

宾兴馆租产

一厢里、鸭埌、大旺垌，插花大小共田二十一丘，载种二石一斗九升三合，额租一十五石八斗。

郁林州莲塘甲张湾村木彊陂背垌连段大小共田一十八丘，坡六块，载种四石五斗八升，额租五十二石。

郁林州莲塘甲莲塘垌插花大小共田一十八丘，载种一石九斗七升三合，蓄水塘一口，额租二十石。

一厢里禄村垌插花大小共田二十三丘，载种一石六斗零五合，额租一十三石。

冲龙里民乐墟背、罗政、鱼子、大洗、莲塘社等垌插花大小共田七十丘，载种三石五斗三升三合，额租四十三石五斗。

冲龙里万埇垌插花大小共田三十四丘，载种一石四斗六升。屋地山场一所，额租一十九石八斗。

冲龙里民乐、中村、罗政、东园、万头、潘塘肚等垌插花大小共田一百零一丘，载种四石五斗七升一合，池塘一口，水窝一口，额租四十九石八斗。

冲龙里簸箕湾塘面东北边连段田并塘尾大小共田九十丘，载种四石七斗四升，额租一十八石。

冲龙里陡口河顶珠禄巷连段大小共田六十三丘，载种七斗五升，额租六石。

冲龙里瓦窑肚、石灰窑、石桥头、塘肚、枧底、平田肚等垌，大小共田四十一丘，载种二石九斗九升六合，额租三十四石九斗。

冲龙里柘根、山缸、瓦窑、白榄肚等垌，大小共田一百九十二丘，载种七石八斗八升六合，额租八十四石三斗。

平陵里下窖陂、案台、岭脚、白鸠江、黄晚陂、绿鸡田等垌，大小共田四十九丘，载种五石九斗六升六合，额租六十四石七斗。

石二里佛炉山、禄堆、小马等垌，大小共田二十四丘，载种二石二斗六升，额租三十一石九斗。

---

① 〔清〕徐作梅修，〔清〕李士琨纂：《北流县志》卷九，清光绪六年（1880）刻本，第10—13叶。

石一里陈村、六旺、大洋、河村等峒，大小共田二十一丘，载种二石八斗四升一合，额租三十八石。

吉京里石街、沙塘、石田、大枧、新墟、边长埌、牛栏、牛车地等峒，大小共田七十八丘，载种五石七斗二升七合，额租六十八石四斗。

吉京里埔峒良村、白花石、狗村、上沙塘、崩塘底等峒，大小共田三十六丘，载种三石二斗五升，额租四十七石二斗。

吉京里大堰塘面、良水井、鸭儿塘、秋鸡窝、木棉坡、黄英塘，尾大窦、松木塘、鸡母塘、松儿山、庞同拱、桥面埌、西瑶埌等峒，大小共田一百四十二丘。又松木塘、肚田一段，共载种一十六石四斗八升四合，额租一百四十二石一斗。

小二里石角儿、大兴、塘底、马坡、六辣、瓦井、覃村、六感、庙背、六巷、背马、场埇等峒，大小共田一百五十四丘，载种四石三斗九升四合，额租四十二石二斗。

小二里上六巷、下六巷、中心峒、白棓、塘肚、牛车峒，居杨村放牛埇口等峒，插花大小共田七十四丘，载种三石一斗八升三合，额租三十六石。

小一里六日塘、沙子塘、曾村、黄陂、塘肚、旺村等峒，大小共田七十九丘，载种二石七斗零六合，额租一十九石。

小一里虾塘、大屋山、六循、横石等峒，大小共田一百零三丘，载种三石四斗六升五合，额租四十一石。

二厢、关塘、独竹、三官口、大牛岭、长埇、义丽河等峒，大小共田一百九十一丘，载种七石零八升七合，蓄水塘三口，屋地一所，山场一所，额租六十二石二斗。

波二里水峒甲、上下峒、清塘、渡船埠、木平、罗屯、圯塘等峒，大小共坡田二百六十五丘，载种七石五斗一升，额租九十九石五斗。

波二里大村、师公等峒，大小共坡田一百丘，载种四石二斗九升二合，额租七十石。

波一里平坡甲、猪肺塘、马蹄埇、西峒、官井、西村等峒，大小共田一百一十五丘，载种六石二斗九升七合，池塘一口，屋地一所，额租九十三石。

波一里杨村、木板、塘肚等峒，大小共田一十八丘，载种九斗六升三合，额租二十二石。

扶来里沙峒甲军营峒、火烧湾、倒岭、河口、车儿峒、竹峒、大村坡、鱼子峒、六丁埇、平头陂、铁炉埇、水井埇、白坟岭脚、大虫塘、大军塘、上男等峒，大小共田五百八十五丘，载种一十一石四斗四升三合，额租一百三十五石五斗。

冲龙里风流桥大小坡田一十六丘，载种一石零，由新担塘、火梨塘、大埇塘、庙角塘水灌溉，额租九石。

容县西山峒大小共田五十二丘，载种二石二斗零，由杨梅塘、螺塘、大塘等水灌溉，额租二十四石。

冲龙里岭背峒大小田连坡共二十八丘，载种一石七斗二升零，由东笋塘、黄坭塘水灌溉，额租一十七石。

小一里寄零甲大魈坡、陶山等峒，计田连坡共九十五丘，载种四石零四升有奇。鱼塘二口，其田由新担塘、旺冲塘水灌溉，额租三十七石六斗。

吉京里红桥面峒田四丘，载种四斗零，由新塘水灌溉，额租三石六斗。

吉京里沙塘峒田二丘，载种四斗零，系长江陂水灌溉，额租七石。

吉京里凉水井红桥面圳边峒，大小共田一十三丘，载种一石三斗六升零，额租七石。

冲龙里民乐墟头河心峒，大路边大小共田六丘，载种二斗五升五合，额租一石五斗。

平陵里宋村峒，大有桥头，路边大小共田一十一丘。载种一石六斗零，额租二十五石。

平陵里上中村峒宝门桥路边，大小共田五丘，载种四斗六升零，额租九石。

卞一里平政洞、心长河，六义埇口、陂面等峒大小共田一百三十八丘，载种三石七斗三升零，额租六十七石五斗。

石一里黎坡峒、石桥头、尖嘴田一丘，载种一斗五升。又吉京里石界峒中间大头长田一丘，载种七升，共额租三石五斗。

高街，落旧贤桥街，石级头上边第二位相连坐西向东瓦铺二间，深三进，第三间门前横过一丈三尺八寸，第二间门前横过一丈三尺八寸，铺后横过二丈四尺，深六丈五尺，俱连墙皮，用水工大尺量。前以街路为界，后以城壕为界，右以黎姓屋地为界，左以旧吴宅为界，系与吕锡邦买受。第三间每年租钱二十四千文，第二间未修复，租钱亦未议定。

宾兴馆粮赋

本县一厢里二冬鸿仪堂，户民米一十一石三斗六升九合五勺，粮米四斗六升一合三勺，官米五斗零二合五勺。

郁林州凝乡二图九排李绍行户丁，北流宾兴户米一石六斗七升一合五勺。[①]

《陆川县志》学校

教师俸禄

乾隆元年谕：旧例教职两官同食一俸，未免不敷养廉，著从乾隆元年春季为始，照各官品级给与全俸，永著为例。

教谕俸银四十两。

训导俸银四十两。

廪给

廪额二十名，每名廪粮米一十二石，共米二百四十石。每石折银五钱，共银一百二十两。顺治十三年，裁二存一。康熙三年，全裁。二十二年，复三分之一。每年额支银四十两，遇闰加银三两三钱三分三厘。

岁考生员试卷，果饼行赏花红，年编银一十八两。顺治十三年半裁，十七年全裁。

季考生员，每年量计二次，合用试卷等项银七两三钱。康熙三年全裁。

童生入学，花红年编银一两。顺治十三年半裁，后全裁。

考贡路费，出贡花红旗匾、酒醴，年编银八两。二年一贡，共编银一十六两。康熙三年停止。八年设复，后又停支。

岁贡赴京路费，年编银三十两。康熙三年停止。八年设复。二十六年免。岁贡赴京复裁。

---

① 〔清〕徐作梅修，〔清〕李士琨纂：《北流县志》卷九，清光绪六年（1880）刻本，第13—18叶。

起送科举生员花红路费银三十五两七钱，三年一办每年带征银一十一两九钱。康熙十七年全裁。

新科举人旗匾花红银十四两零一厘，三年一办，每年带征银四两六钱六分七厘。康熙二十七年全裁。乾隆戊午科，每名复给旗匾银二十两，后又减半支银十两。

解司科举银三百六十两，三年一办，每年带征银一百二十两。

解司科场会试举人路费银二十四两，三年一办，每年带征银八两。康熙二十七年，奉文全裁。后复给会试举人路费银十二两七钱八分。

…………

本县新官及儒学到任祭仪门猪羊银一十九两，康熙三年全裁。①

学宫

陆川县学宫，宋淳化五年建于城东南一里。明洪武三年，县丞王麟仍旧址重建。永乐十二年，知县吴景修。天顺六年，知县李瑄迁建于南门内县治东。弘治四年，提学佥事周益中请于都御史秦纮，委官迁建于县中街西，有记。正德七年，毁于寇，知府曹琚重修。嘉靖二十二年，知县李绰迁建于县南一里。嘉靖四十年，寇毁。四十二年，知县张子翼迁建于城北，鼎新庙制，有记。万历十四年，知县林凤朝重修，明末兵毁。清顺治十六年，知县周士选重建正殿、两庑、戟门、棂星门。康熙四年，知县方鼎重建明伦堂。康熙二十四年，知县卫康穆、署知县马图文暨绅士庞颖等重修，有记。康熙四十三年，知县熊淑峒重修。雍正元年，知县苏名弼奉文改换崇圣殿，添造新牌、祭品。雍正三年，知县谢锡侯捐修正殿。乾隆五年，署知县谢王生修葺明伦堂。乾隆二十四年，知县应斯鸣新建正殿、两庑，结砌泮池、圜桥、阶墀，修葺崇圣祠、名宦乡贤祠、戟门、棂星门、礼门、义路、各墙垣，门外新立下马碑，凡瘗坛、木主、几案、匾额俱改旧更新。明伦堂亦重修二廊，有记。乾隆五十年，知县杨书最偕绅士陈学海、吕象乾、龚以刚等捐资重修，并将正殿增高二尺，有记。道光十二年，知县郭承休偕绅士捐资重建正殿，覆以重檐。前列五门、两庑及名宦、乡贤、孝子各祠，皆为鼎新，围墙亦较前推崇，宏敞壮丽，焕然大

---

① 古济勋修，吕浚堃、范晋藩纂：《陆川县志》卷八，民国十三年（1924）刻本，第11—12叶。

观，有记。规制见图绘记，俱见《艺文》。①

考棚

陆川旧无考棚，县试权在县署。清道光元年，知县彭庆昭偕绅民捐资创建。在县城西北隅关帝庙右，南向。上进三楹，中楹为听事，上有楼，祀文昌帝君。左右二楹为堂号。东西共四长廊，每廊约十间，为号百有奇，号约容十人。头门、仪门各三间。头门外有照墙，内有围墙。地基系庞敬斋、庞绍园将其先人故园让拨，不领价值，有记。厥后文风蒸蒸日上，应试童子达千七八百人，号莫能容。光绪三年，邑绅吕臣勋慨拔囊增建二廊，为栋二十二间，号九十九条，号容九人。增崇围墙六处，共费钱二千六百缗，有记。俱见《艺文》。②

宾兴

阖邑宾兴馆在县城东北隅。清咸丰十年，知县覃远琎偕绅民捐资创建。南向三进，每进三间，上进中龛。以费宗师振勋奏加陆川学额，首祀之石，邑侯崇先创建三峰书院为之，次及祀乐捐诸先生。左右龛祀建宾兴有功者，而以覃邑侯远琎为首。副屋二廊，每廊十一间，劝学所现就左廊设立。民国八年，众议移宾兴馆东偏忠义祠于旧泛署，以其地新建洋式屋二进，前进五间，后进三间，均建楼一层，并于馆后建筑花园，有亭有台有阁，屋式见图绘。当日捐资之例，每主一座，捐铜钱五十千文，进主七百有奇，捐钱三万余缗。除建宾兴馆外，历年购置田租千有余石。在籍训导庞伦义拨田租五十石，有记（见《艺文》）。吴裕湘兄弟捐拨田租五十石六斗，王文谟捐拨田租二十四石。先年经众议决，派三百石为乡试川资，二百石为会试川资，余为新生修赘、童生卷结及春秋祭祀纳粮等项费用。后又逐年增置田租三百余石。光绪二十六年，将断受吕绍霖等四契田租一百余石拨入三峰书院为膏火费。至光绪三十年，科举停罢，又拨租五百余石为办学经费。③

---

① 古济勋修，吕浚堃、范晋藩纂：《陆川县志》卷九，民国十三年（1924）刻本，第1—2叶。
② 同上书，卷九，第3叶。
③ 同上书，卷九，第8叶。

重修陆川县儒学记

(清邑令) 应斯鸣

陆川县学自前明嘉靖知县张子翼迁建城北，国朝顺治十六年知县周士选重建之，嗣后修葺者再。乾隆戊寅腊月，正殿倾圮，前令张章以丁忧离任，未及营构。己卯夏四月，斯鸣来宰斯邦，甫下车，恪恭谒庙，见正殿无存，两庑朽蠹将倾。周遭四顾，凡榱桷墙垣多损坏剥落，心甚恻然。遂与教谕罗溪、训导姚景温、典史蒋邦瑜等相商曰："兴学校、崇教化，为政者首务也。吾辈当捐廉俸以为绅士倡。"佥曰：然。越数日，阖邑绅士会聚明伦堂，踊跃捐资效力，共图创修。公举贡生陈宏绍、举人李宏墉、武举吕飚绣、贡生庞峣、监生陈名佐等经营规画，庀材鸠工，与典史蒋邦瑜董督。

是役也，和衷协办，朝夕勤劳，饔飧皆各自备，毫不支给公项。于是材用有资，督理有托，不待劝勉而事克集。诹吉于六月十八日兴工，先建正殿，培土增高，共计五楹。次建两庑，各五楹。其启圣祠、明伦堂、名宦乡贤祠及戟门、礼门、义路，凡倒塌之处，皆次第完葺。泮池圜桥浚深，新砌棂星门添高耸立，阶墀围墙修造坚密，门外鼎建下马碑，以至神龛、木主、几案、匾额，俱革旧而更新之。既而栋宇巍峨，内外巩固，黝垩丹漆，润色辉煌，视昔日规模更觉美备。乃卜仲冬之八日，率官僚绅士恭奉先圣神主升座，行释奠之仪，趋跄对越，肃然如临其上。祀典聿修，以妥以侑，庶足上副圣天子尊师重道之意，广宣械朴菁莪之化矣。今庚辰二月工竣，计费白金六百有奇，其助资姓氏另镌诸石。

予乐观厥成，爰记修创始末，额手称庆曰：学宫者，起化之基。端士习，振文风，善民俗，莫不直根乎此。陆川素号多才，科名仕迹，后先炳蔚，为郁林四属之望。继自今尚观感奋发，研究经义，勿徒记诵章句，务求躬修实践，笃五伦、敬五事、备五常，正心养性，存诚戒欺，虽圣贤堂奥，可循阶而升也。由是明体达用，乡间效其模范，民物被其恩膏，朝廷资其辅弼，立德、立言、立功皆吾儒分内事。地无论边腹也，人无论古今也，顾力行何如耳！愿与多士共勖诸。时乾隆二十五年岁次庚辰仲春。①

---

① 古济勋修，吕浚堃、范晋藩纂：《陆川县志》卷二三，民国十三年（1924）刻本，第19—21叶。

重修陆川县学宫记
（清邑令）孔广平

陆川为古绣州地，山川明秀，风气清淑。其君子温文而有礼，其小人淳庞而畏义。是虽由沐浴于圣朝，加意学校之恩者深，亦从前贤邑宰能急先务使之然也。余忝至圣裔，岁丙午来令兹邑，谒庙后，徘徊瞻顾，见夫桰桷垣墉，渐就倾圮，即慨然有重修志，未敢遽作以劳民也。乃视篆未几，旋调署兴业县事。兴之学犹陆也，爰以不得为于陆者，举而新之于兴。独愧余莅兴三载，短于教化，不能仿佛治蜀之文翁。还念陆人士气节文章，素称郁郡巨擘，又不获新其黉宇，以妥先圣而召后学，心窃憾焉。不图旋陆之日，仰瞻庙貌，已焕然俱新也。问谁实倡之，佥曰：前任汉嘉杨公，其能急先务者乎？或者谓：吾夫子宫墙，固历万世而不毁者，区区修建，亦分内事耳，何足为杨公重？抑知修宫室与修其身，事不同而术相似也。人去圣人远矣，其可造于圣域，亦恃此修焉而已。昔明道先生有言曰："治天下以正风俗、得人才为本。彼学政之不修、师道之不立、后生无可兴起，何以为成就之方？"由是思之，修者治也，治而去之之谓也。自兹以往，诚能因而山水导焉浚焉，乘而风气安焉迁焉。去其不如圣人，勉其如圣人者，将见达而兼善，世道赖以不坠，即穷而隐居，亦足以淑世而范俗。则杨公此修不重有裨乎？

是举也，经始于己酉九月，落成于庚戌六月。佥谓记宜属余。余为至圣裔，且先有志于重修也。余既乐观厥成，因推公所欲言，以应邑士君子之请。公名书最，西川巨族，以丁酉举人署陆篆，称贤邑宰。学博临桂朱君沅、藤县苏君秉晁、典史江苏吴县章君来泰，皆赞襄文教。而邑绅之董役勤敏。又以丙午科举人拣选知县陈君学海、府经历职吕君象履、武生龚君以刚为之最，俱例得并书。乾隆五十六年岁次辛亥。

陆川县学加额记
孔广平

陆为粤西小邑，故选弟子员仅八人，而文风甲于一郡。操鉴者每叹设额之隘，而无如之何。岁壬子，学使者吴江费公力请于朝，减西林、凌云学额四名，而增为十二。由是陆人士欢欣鼓舞，以为余庆。且曰："邑学之仰荷加额也,虽朝廷之盛典、学使之厚恩、令长之德化,抑亦至圣之神灵实式凭以致之也。"先时己酉,署县事汉嘉杨公重修圣庙,邑之捐资襄事者指不胜屈。今日之盛,实于此肇其基焉。盍志之以为后来劝乎?余曰:"此圣天子作养人才之至意,学使者量材裒益之深心,于邑宰何与?"虽然,盛朝渥典之颁适当文庙告成之后,其所由来,或即如云云,未可知也。

且夫天之生物,因材而笃,栽培倾覆,于天无与也。夫圣人参赞化育,过化存神,虽无一人不被其泽,而实难为自弃者,强予以所不欲,是故祸福咸自己求,成败惟人自取。今陆人士奉至圣为依归,大而纲纪伦常,小而日用饮食,惟圣教之是依。故即程以圣灵妥侑之区,栋宇或有未完,垣墉或有未饰,莫不约之椓之,轮焉奂焉,欲一听诸风雨飘摇而不得。无惑乎人文日盛,遂致渥典之加,前人之爱莫能助,今之人乃不期而自至也。然则学使者之加意于陆,因可加而加之,非必加意于陆也。圣天子之增广于陆,因可增而增之,非必增广于陆也。余无文翁治蜀之能,幸获躬逢其盛,而陆人士且谬以为令长德化之所致也,余则滋愧矣。即杨公之重新黉宇,丕振文风,亦因陆人士之蒸蒸日进,而劝之俾勿坏,以迎机而利导之,岂必独加意于陆乎哉?然盛朝渥典之颁,适当重修圣庙之后,如所云云,谁曰不宜?继自今诚能循而不倦,将见蓄道德能文章之士接踵以出,则科甲之盛,正未可量。讵学额之加而已乎?陆人士曰:然。请志之,以为未来劝。

伏波滩右新建文昌阁记

孔广平

观乎天文以察时变,观乎人文以化成天下。合天人以言文,其为文也,夫必有司之者矣。是故神道设教,圣王重焉。天垂象而传说为列星,理固有之,不容诬矣。文昌实北斗之一星,历代胪于祀典,玉衡照耀,文教用彰;贤才盛而儒学振兴,阴骘下民,惟神是赖。道家所记又言:神降生于人间则为人。《诗》称孝友燕喜,即其化身为之,士子科名实掌其籍。斯言信否未可知。然而孝弟之至,通于神明,固人也,而以神事之,畴曰:"不宜。"

陆川为粤西偏隅,其为士者能文章,砥砺廉隅;农民勤于稼穑,简其秀良,亦易与为善。县治南三峰耸峙,曰"三台山"。乾隆丙子始建书院于其阳，构高阁以祀文昌，用昌文教，而他所未之有也。伏波江发源县北分水、县东文龙诸山，合诸水以达濂江而入于海。水势湍悍清驶，至滩面墟西南有滩庙，祀伏波将军于其麓。山石根角横亘水中，水至此为石所厄，拗怒奔突，若骥骑之夺重关以出，沛然一放乃少休。两崖之间，沙平而土旷，为形家言者谓：由此而下，水且涣矣。涣者，必阴有以翕之，而后其气聚享于帝立庙，先王所以萃涣也。其地爽垲，则于建阁也宜；阁高明，则于祀文昌也宜。邑中诸君子是其言，协谋量力，庀材鸠工，经始自丙辰之秋，越明年三月而阁成。奉文昌形象于其上，春秋秩祀，俎豆用修。

余惟厌胜之说，儒者勿道，祷嗣求福，亦矫诬者之所为。斯阁之建，固将使学者仰而知禄命之攸司存乎天，反而求之知性天之垂教存乎人。敦孝弟以培其根，念典学以俟其实。天人虽殊，其理一也。知其说也，夫且合一邑之士习民风，骎骎日上，本立而道生，固不特回狂澜于既倒矣，镇压形势云乎哉！

广平宦游于此，先后历七年余，教泽不施。今嘉诸君子坊民事神，崇尚斯文之至意，而幸得瞻拜于阁下，因其以碑记为请，而书所见以遗之，俾刻诸石。嘉庆二年岁次丁巳。

重修县学宫记

（清邑令）郭承休（山西人）

陆邑，古公平地也。文庙在北门外，居墟之中。前之贤使君与乡之先生大人，恒不时修葺。然其规模创建，历年已久矣。辛卯岁，余奉檄迁江，调摄陆川篆。入其境，见夫川流溶瀺，山势厜㕒，其峭屼成形，环列县治者，清淑之气为多。所谓地灵人杰，其在斯乎？及谒孔圣庙，见其制度卑隘，栋宇蚀薄。余曰："学宫者，人文之主宰；兴废者，人事之转移也。虽山川灵秀，而此事尤为切要，诸君盍亟谋诸？"言未已，有起而言者曰："前此合邑呈请前任曾主重建，既准议，捐资庀材，诹吉于昨岁孟秋兴工矣。"余闻之曰："善哉！曾君之为政，陆人士之克自振兴也。夫化民成俗，以学道为先；而修己治人，以圣道为准。方今道学昌明，四子六经，炳如星日，学问事业，功效俱在。圣天子崇儒重道，胥天下于文治之隆，取多士于文学之路者，岂教人寻章摘句云尔哉？亦使之明体达用而已。学者诚能志圣贤之志，学圣贤之学，由是礼陶乐淑，处则立言垂训，出则行道济时，渊源深而根柢自固也。然则曾君之倡为是举，陆人之汲汲斯役者，殆有见于此欤！尚其同心踊跃，毋斁乃力。"众佥信余言之不谬也。

壬辰七月，果如期兴工。向仍古初，相阴阳也；殿取重檐，崇观瞻也；后殿如昨，循旧制也；门列维五，遵法度也。他如两庑亭堂、师生庖舍，规模备具，悉如法则。出其中以观东面榜山诸峰，虎踞龙蟠；西望凤凰、天马出没隐见；北望天柱，南望三台鼎峙，庶几吉士多而骥材迭呈乎！他日二三子弦诵于斯，收山川之雄胜，作内治之实功，砥行立名，以成国家有用之材者，不将大异畴昔也哉！

兹余将入都，恨未获坐观落成，与诸君子讲明正学，姑述数言以为庆，且为之勖。异时有言于京师曰：陆士果由是奋兴也，不独无负曾君教学至意，是亦余之大快也夫！是为记。①

庞府让地建考棚记

（清邑举人）蓝时秀（龙川）

陆阳搢绅诸家，鼎族首推庞氏。先世自有明迁于县治之街西，后复改迁于泗里，以故附郭遗地，内外西北悉属之。国朝定鼎，贤材踵出，阀阅相承，宦绩垂于鼎钟，仁义著于桑梓，若星亭、嘉鱼、石洲诸先生，其最著也。当是时，草昧初开，文教继起，凡建学设教有裨后进之事，无不与邑人谋为之，独考棚缺尔。予少读庞氏先贤传，即慕其义，恨未深知其详。

道光壬辰，有文庙之役，议求近义路地，因得与诸贤达游，细考城中古今更置遗迹，始知设官立庙地多让自庞氏，然后叹其先君子大造于陆，陆之人被泽不知者正不少也。惟时首事诸公揖予而言曰："岂惟是哉！今之试院，庞氏之故园也。"往载戊寅议建时，众方以不得地为忧，敬斋、绍图族众诸公即慨然应曰："予街西隙地，广约数亩，直长可数十丈，左界武庙，右倚城垣，后枕北门，前临学署，厥土燥刚，厥位面阳，直雄胜地也，盍建是？"众议值，辞曰："'普天之下，莫非王土'，矧贡院为文人发轫之区，国家兴贤之所，又余先人之所欲为而未竟者，岂至今顾惜此戋戋哉！"壬午落成，众奉六十金

---

① 古济勋修，吕浚堃、范晋藩纂：《陆川县志》卷二三，民国十三年（1924）刻本，第25—30叶。

往酬，卒不受。其大义炳著，真足媲美前烈，惜未勒诸贞珉，以昭来许。众曰："子盍为文记之？"予维以众人之心为一心，仁也；以一己之地为众地，义也。发扬前徽，用垂不朽，斯又后学之责也。陆阳向无试院，每校多士于治所，担凳怀铅，踯躅维艰。今合谋创建，即予以不费之地，亭堂号舍，闳闲壮观。应试诸君，科岁均安其手足，雕龙绣虎，各奏尔能；起凤腾蛟，后先辉映。未始非嘉惠后进之心，以推广前人仁义于无穷也。昔范文正公将家园让建郡学，千载称为义举。今庞氏让地以建考棚，事虽不同，其有功于文教一也。是不可以不记。

鼎建陆川县宾兴馆记

（清邑令）覃远璘（玉次，湖南）

粤西山水奇秀甲天下，泛湘流，入漓江，经千曲百折，至榕城则诸峰矗立，耸出天半。恍然曰：灵气所钟，代产伟人，宜鼎元之接踵而兴也。及捧檄宰陆川，见山环水复，仿佛似之，知必有负才积学，乘时而起者，惟造就之法，仍存乎其人耳。下车后，适值陵城之变，内防外剿，鲜半日暇，既阅七载于兹矣。虽在军旅，敢忘俎豆？每值戎马倥偬，集生童，勤考课，有进而言者曰：陆，边境也，距京师七千余里，诸生幸掇一芹，未尝不思登桂苑，瞻木天，然跋涉维艰，措资匪易，能无望洋兴叹乎！今欲合众力、襄义举，于庠序之中，寓陶成之用，将寒畯皆可奋迹，而鹰鹗荐，跻鹏抟，直指顾间耳。盖宾兴之议昉乎此。郁林五属，皆置宾兴，独陆川缺如。道光乙巳年间，宰是邑者为黔阳黄斗南观察、长白恩锡三太守先后建议，谋所以举行之，乃甫经规画，仍复扞格中止。甚矣，经始之难也！自是而后，四郊多垒，鼓箧横经之士，半多荷戈敌忾之英，"公侯干城""公侯好仇"，有古遗风焉。顾风俗之端，由于士习；士习之厚，蔚为贤才。《易》曰："利用宾于王。"《记》曰："明七教以兴民德。"《周官》曰："以乡三物教万民而宾兴之。"古先王化民成俗，其不惮作育之殷者，岂不以士为四民之首，一经培植，便成国器乎！余惧多士之困于艰窘也，爰分鹤俸，首先倡捐，诸绅相与有成，集费至三万余缗。择县城东北隅建宾兴馆，并按十八堡置买粮田，每年约收田租一千三百余石，举殷实绅士分司其事。凡乡会试水脚之需，岁科考修赆之费，皆取诸此。

是役也，经始于庚申之吉长至日，阅次年辛酉十一月即已落成。栋梁焕采，仓廪充盈，都人士欣色相告，金谓："嘉惠士林，煌煌乎巨典也。"是年两科并举，诸生联袂观光，倍于曩昔。登文武贤书者五人，历次科竟至八人之多。乙丑春闱，续报泥金，为从前仅有之事，猗欤盛哉！因思桃李之姿，经培养而益腾其茂；璠玙之质，勤拂拭而倍发其光。天下事创始较难，而收效较速，断未有为其事而无其功者，类如斯也。迩年来余氛不靖，治军未遑，司民牧者每以集团筹饷为急，故以文士而立军功者，所在多有，知励学者也。陆川地界南徼，风气素劲，诸绅锐意敦文教，谆谆以宾兴为亟，诚为知先务者矣。明时阳明先生统军征蛮，所至敬教劝学，专以诗书之气化强悍之风，至今思慕不衰，立祠祀之，颜曰："王文成公讲学处"。珊不才，不敢希踪曩哲，窃附斯义，愿陆人士遵守勿失。他日人文鹊起，甲第蝉联，处则为硕学，出则为名臣。如油太守、杨观察、黎孝子、庞嘉鱼诸乡先生，忠孝节义，得入名宦乡贤，馨香俎豆，与东山瀑布千秋长流，此则珊之所私衷祈祷也者。翘首南天，企余望之。是为记。①

庞纪修先生拨租县宾兴馆记

（清邑举人）刘珍祥（朗山）

邑附郭之西有泗里村，山水清奇，松柏挺秀，庞氏聚族其中，代以忠孝节义著。若嘉鱼醝使诸公，固已争辉史乘、嘉惠乡邦矣。纪修先生踵而起之，以名诸生迭司教铎，所至以作育人材为断断。当吾邑宾兴馆落成，先生慨然将其自置下马寨碑记石等处田租五十石，书立拨帖并契券，经众拨交司事管理，永为宾兴经费，洵盛举也。时吕子芗观察喜其义之高，率众书领帖，强以授之先生，而规模草创诸务未遑，未及记其事于石。邑人惧其久而湮没也，咸命为文以记之。

夫宾兴为作育人材之计，其事合邑之事，而非一人一家之事，故其时以族之大小按主捐资，未有推千金之产好义急公如先生者。第先生室非素封，而为是慷慨不吝，或疑为市义沽名，则又以小人之腹度君子之心矣。夫救灾赈饥，感人始捷。若宾兴之育材，其效在十年百年以后，且宾兴之成败，初不系于先

---

① 古济勋修，吕浚堃、范晋藩纂：《陆川县志》卷二三，民国十三年（1924）刻本，第31—34叶。

生之拨租与不拨租也。先生而欲市义沽名，曷不为彼而为此乎？然则先生乐于为此者，盖情殷作育，视他邑尝如吾邑，视吾邑即如其一家，原其心即天下一家之心也，推其量即中国一人之量也。抑又闻之，莫为之前，虽美勿彰；莫为之后，虽盛勿传。先生以名宦后裔，年高德邵，岿然陆邑灵光，其拨租以克襄盛典，嘉惠士林者，谓其继美前人也可，谓其市义沽名也则不可。①

增修考棚记

（清邑进士）李庆云（郁卿）

考棚之设，所以严关防，而即以庇多士，制至善也。我邑自戊寅创建以来，多历年所，士气文风，蒸蒸日上，应考者视昔加倍，人浮于号。每届试，强者争先入，占号兼旁座；弱者后至，席地露天，则自备几案，抽毫于檐牙壁角间。劳逸不均，屡以争号起衅。耆老忧之，谋所以增修之者。佥议添建两廊，于旧四廊外置号有余，自无拥挤之弊。程材庀物，非四千缗不办。或议抽捐试士，或议阖邑捐题，久而不就。余戚吕刚卿慨然曰："公建则费多，独修则用省。如以私家之工处之，一切设局、催收、采办、董理诸冗费，可概省也。目击湫隘嚣陵，而不早为之所，如士习何？增修之费若干，某当独任之。"顾考棚左右泗里庞氏旧拨地，已为居人侵占，非庞氏出而清厘之不可得。庞雄三起而应曰："吾先人拨地之雅，与刚卿独修之举，正以见人心好善，先后有同情，敢不勉继先人之志，以成刚卿之义？"遂力任清厘之责，与宾兴诸君子召棚侧居人，酌给资费，使之斫其木、徙其庐，而基趾以廊。刚卿乃就其家挈资来，鸠工庀材，亲操鼙鼓，巡斫削，阅甃甓，审栾桷，规画踌躇，若营私室者然。自丁丑至戊寅，分年递修，一律告竣。廊下号板号石，备料致工坚，通体明敞。计增修长廊二，为栋二十二间，为号九十九条，号容九人。增崇围墙六处，共费钱二千六百缗，而阖邑永受其赐。

夫刚卿邑之中户，非有猗顿鸱夷之富也，特以慨念争端，急思有以靖之，遂不惜竭蹶经营，嘉惠后起。是心也，即圣贤欲立立人、欲达达人、见善如不及之心也。呜呼！童子不争其所争而争之于号，思逞于司牧师保之旁、礼乐文章之地，进身伊始，即已习为固然。异日得志，踵而行之，其害有不可

---

① 古济勋修，吕浚堃、范晋藩纂：《陆川县志》卷二三，民国十三年（1924）刻本，第36—37叶。

胜言者。自有刚卿之增修，不戢其争，而自无所争，潜挽颓风于不觉，人知其庇多士之身者惠甚溥，而不知其庇多士之心者惠更深也。行见士之怀才就试者，礼容乐节，胪唱而升；握管衔枚，各摅素蕴。本矜平躁释之心，发而为体大思精之作。俾衡文者即其立言之粹，进觇其心术之纯，连汇取之，登进于朝，用彰圣天子械朴作人之治，是艺林之厚幸也夫！爰记增修颠末于壁，以谂后之应试者。①

鼎建大成试馆序
（清邑恩贡）陈文楷（鉴堂）

夫大成试馆何自昉乎？昔特竹林君念切先圣，情殷后学，于嘉庆二十一年春，邀同志二十六人联为文社，并由诸友捐资，递年储积生放。一为庆贺孔诞之费，一为裁成子弟之需，以及社内之成名出仕者，花红水脚有所从出，是一举而三善备焉。乃林君管理十余载，积金已三百两有奇，而厥志未成，修文已召矣。幸其哲嗣柱峰先生能承父志，经营二十余年，蓄贮愈多。除每岁庆诞考课之用，并置租五十余石。爰谋诸友曰："向在紫竹庵课艺，惟历有年，第思梵室禅房非植桂培兰之地也，天花贝叶非扬华摛藻之区也，惟是土名巡检乃古司所隶之乡。其地背阴面阳，实有向明之象，而且山环水绕，榜山拱其南，天柱镇其北，东有文龙之秀，西有泗岭之奇，洵胜境也，盍建试馆焉？"诸友曰："唯唯。"

咸丰三年岁次癸丑，爰诹吉鸠工，约费金五百有余两，数月而告竣，颜曰："大成试馆"。盖为至圣集群圣之大成而名之，亦为子弟期学业之大成而志之也。则崇祀先圣与曲成后学，基于此矣。所望有志之士，顾名思义，入其户，当知礼门义路之是由也；登其堂，必求圣域贤关之可造也。持躬者尚乎德，会友者则以文，斯亦足取益于身心矣。况又有老师宿儒，持金针而造士，桃李咸被春风；握玉尺以量材，菁莪共沾化雨。则此日之陶淑而成，正欲异时及锋而试。果其丹成九转，定知字值千金。将见修于家者献于廷，功名鹊起；著于乡者光于国，科第蝉联。由是而为国、为民、为朝廷之柱石；作忠、作

---

① 古济勋修，吕浚莹、范晋藩纂：《陆川县志》卷二三，民国十三年（1924）刻本，第38—40叶。

孝、作陆邑之伟人，庶不愧于大成之名也。是为序，爰勒名以垂久远云。①

文昌阁记

（知县）王巡泰

学者多祀文昌，亦多立文昌。会余按《天官书》，斗魁戴筐六星为文昌，一上将、二次将、三贵相、四司命、五司中、六司禄。星有六，各有攸司而统之曰："文昌盖道之显者，谓之文将相禄命，皆权于道明乎？非有道者不得与，凡世之不以道得将相禄命者，皆非文昌之所授令。"

圣天子崇师尊儒而右文事，文昌岁祀，春秋二仲，即边陬遐荒读书之士，无不敬礼文昌者。而不讯其本，不究其归，杂以道家不经之说，谓上帝命梓潼掌文昌府事及人间禄籍，元时遂加号为帝。按，梓潼神相传张姓，讳亚子，其先越巂人，因报母仇，徙居剑州之七曲山，仕晋，战没。人为立庙梓潼岭上。是则文昌者，天神也。梓潼者，人鬼也，何得合而一之？文昌不可不祀，而以梓潼为文昌，则祀梓潼非祀文昌也。梓潼不必不祀，而以祀文昌者祀梓潼，则于文昌为非其神，于梓潼为非其享也，惑亦甚矣。

兴邑文昌旧祀文昌之东，形家谓不利科名。诸绅士请余改建县墟之西，坐城隍庙故址。工未竣，而余以晋级京秩，不获率多士恭祀成礼。先期，邑之黎村绅士耆民人等相率乐输，建文昌阁于村东北隅。观成既有日矣，并议为春秋会以祀，而请余为文以久其事。余惟士果有志，人文蔚起，不必乞灵于文昌，而文昌之默佑阴相，于兹可想，多士果能惟余言是从乎？请自今日始，即以一村为一邑之倡可也。厥位孔良，厥祀孔虔，岁以二会，香火维仪，酒醴馐果，惟肃且洁，而不必备也。馂神之余，惟所有而不必侈也。坐以尊卑长幼为序也。其言惟孝悌忠信，言勿亵也，勿哗也，勿慢也，饮虽多而勿醉也。资费以秋敛，钱谷惟便，多寡惟称无相概。余以诸君子请，故深望而乐叙之有如此。且欲共明乎文昌之为文昌，与学者祀文昌之旨有攸归也。庶乎因文见道，即本此道以为文。兴邑之人文，其益彬彬乎！诸君子谅有同心也。他日县墟之文阁落成，请以此告之。②

---

① 古济勋修，吕浚堃、范晋藩纂：《陆川县志》卷二四，民国十三年（1924）刻本，第3—5叶。
② 〔清〕苏勒通阿修，〔清〕庞锡纶、彭焜基纂：《续修兴业县志》卷九，民国抄本，第32—34叶。

《博白县志》学校

自古化民成俗，学校为先，辟雍泮宫，党庠术序，历代帝王久详其制矣。而学者入学必释奠于先圣，先师孔子为斯道之宗，自昔久隆祀典。梁天监四年诏立庙于京师，唐贞观四年诏州县皆各立庙。学者称孔子庙为文庙，亦称学宫。学宫者，学校根本之地也。博邑文庙建自唐贞观五年。历宋迄明，递有修改，迁徙之迹各异，而尊敬之忱则同。迨我朝重道崇儒，礼制益备，学校之盛，薄海同风矣。兹特考博邑学宫修建始末，并稽历代典制谨详志焉。

学校

博白县学，唐贞观初建城南一里。宋开宝五年，迁城东一里。绍兴后圮。庆元戊午，知县李大章重建。元仍宋故址。明洪武三年，县丞孔时郁建。正统元年，知县李铭、县丞朱勋、主簿张本忠重建。七年，知县程节迁县治南。成化四年，寇毁，副使范镛迁平政门外。嘉靖六年，教谕柯挺之迁城东旧址。二十一年，知县缪宗道建乡贤名宦为一祠在学宫内。四十三年，藤县县丞署县事王宗予迁城内县署西，并建启圣祠、明伦堂。万历十五年，知县谢光国重修。三十七年，知县谭岳重修。四十八年，知县张茂芹摄县事，同知陈熙韶继修。国朝康熙三年，知县史缙重建圣殿两庑，分建乡贤、名宦二祠，戟门，棂星门，泮池环桥。十三年，藩逆乱后，县城失据，儒学尽圮，惟圣殿两庑岿然独存。岁月既迁，两庑亦渐颓废。三十三年，郁林州知州黄晖烈署县事，重建启圣祠。四十五年，知县赵世功修。四十六年，知县程镰重建。五十六年，知县王之麟重建，改正南向。雍正元年，知县萧烜光修。七年，知县孙嵩继修。乾隆六年，知县南宫秀率官绅士民捐资重修。嘉庆二十一年，知县吴国鸿暨绅民捐资重修正殿，重檐覆以琉璃黄瓦，崇圣祠暨两庑戟门、棂星门、泮池、墙垣一律修建，较前规模弥加宏敞壮丽。①

宾兴租附志

知县南宫秀置宾兴田租二十三石，其田在春台。

每年收租谷存至科年分给诸生乡试科费。

计开宾兴田丘。

---

① 〔清〕任士谦、杨兆晋纂修：《博白县志》卷四，清道光十二年（1832）重刻本，第1—2叶。

春台下垌托口田一丘，种四升。那末田一丘，种八升。陂边田一丘，种三升。湾弓田一丘，种二升。良山垌连塍二丘，共种一斗六升。南马田一丘，种二升。葫芦根一丘，种二升。高陂眷一丘，种三升。路底下连塍二丘，共种八升。社面前狗腿田一丘，种二升。柯岭连塍三丘，共种一斗四升。下河边连塍二丘，共种二升。吉丁坡一丘，种三升。长秆田一丘，种三升。大召田一丘，种六升。陂边田一丘，种一升。横岭湾田一丘，种一升。四方田一丘，种三升。上四方田一丘，种三升。长田一丘，种五升。木灰埔田二丘，共种一斗四升。猪母田二丘，共种一斗四升。公塘埔田一丘，种三升。仓底秧田坡二丘，共种一斗。竹根塘田一丘，种二升。上社面前田三丘，共种一斗二升。尼婆田连塍二丘共种二升，公爹田一丘，种五升。羊棚田一丘，种五升，白水塘一丘，种五升。龙胫田一丘，种二升。饭甑岭连塍二丘，共种一斗。路碑口一丘，种四升。又长田一丘，种三升。赶鸭田连塍二丘，共种六升。又隔塍田一丘，种三升。黄粟地田一丘，种三升。山垌田一丘，种三升。伯公埔连塍田四丘，共种八升。六岭口长田一丘，种五升。硕母田一丘，种一斗。三角田一丘，种五升。廖垌田一丘，种六升。屋面前田二丘，共种六升。屋地田二丘，共种一斗四升。

以上书院宾兴二款粮米，自嘉庆二十四年知县张埙春俱拨入官，益增户完纳。

社学二：一为明万历三十四年知县谭岳建，四十一年知县陈上策改建于城隍庙右；一为文星社学，在平政门文星桥侧，今废。[1]

学校条规

顺治九年题准，刊立卧碑，置于明伦堂之左，晓示生员。朝廷之立学校，选取生员，免其丁粮，厚以廪膳。设学院、学道、学官以教之，各衙门官以礼相待，全要养成贤才，以供朝廷之用，诸生皆当上报国恩，下立人品。所有教条，开列于后：

一、生员之家，父母贤智者，子当受教；父母愚鲁或有非为者，子既读书明理，当再三恳告，使父母不陷于危亡。

---

[1] 〔清〕任士谦、杨兆晋纂修：《博白县志》卷四，清道光十二年（1832）重刻本，第42—43叶。

一、生员立志，当学为忠臣清官。书史所载忠清事迹，务须互相讲究，凡利国爱民之事，更宜留心。

一、生员居心忠厚正直，读书方有实用，出仕必作良吏。若心术邪刻，读书必无成就，为官必取祸患。行害人之事者，往往自杀其身。常宜思省。

一、生员不可干求官长，交结势要，希图进身。若果心善德全，上天知之，必加以福。

一、生员当爱身忍性，凡有司官衙门，不可轻入。即有切己之事，只许家人代告，不许干与他人词讼。他人亦不许牵连生员作证。

一、学当尊敬先生。若讲说，皆须诚心听受。如有未明，从容再问，毋妄行辨难。为师亦当尽心教训，勿致怠惰。

一、军民一切利病，不许书生上书陈言。如有一言建白，以违制论，黜革治罪。

一、生员不许纠党多人。立盟结社，把持官府，武断乡曲。所作文字，不许妄行刊刻。违者。听提调官治罪。

康熙二十九年议准：直省奉有钦颁上谕十六条，每月朔、望，地方官宣读讲说，化导百姓。今士子亦应训饬。恭请御制教条，发直省学宫，每月朔、望，令儒学教官传集该学生员宣读训饬，务令遵守。如有不遵者，责令教官并地方官详革，从重治罪。①

重建博白县学记

（康熙五十年）（知县）程镰（瀛鹤）

皇帝御宇之五十年，岁在辛卯秋八月上丁日，重建博白县学成。知县程镰率官吏师生释奠于先圣先师。载拜手而献吉言曰：观夫三辰之纬纁而后知天载之邈也，观夫九州之广轮而后知坤舆之博也，观夫庙堂之礼乐而后知道德之尊也。万物负阴而抱阳，圣人参赞以维之；烝民戴高而履厚，圣人位育以奠之。圣人之德与天地同，其大圣人之祀，亦必与天地同其久。是故历代帝王尊崇享祀靡有阙遗。我朝因前代之旧，天下郡县皆建学，大成有殿、启圣有祠、明伦有堂、尊经有阁，普天率土莫不皆然。

及余奉简命宰博邑，甫下车谒文庙，仰见主座参差，堂庑倾仄，莓苔剥蚀

---

① 〔清〕任士谦、杨兆晋纂修：《博白县志》卷六，清道光十二年（1832）重刻本，第1—3叶。

于平城，日星穿漏于飞甍。数仞之墙及肩，一亩之宫容膝。顾谓蒋、唐二广文曰："振励人文，惟先圣是赖，乃陨褒若此，非所以崇圣道而广皇风也。"同辞而对曰："邑素贫，昔当兵燹，加之荐饥，农不获耕，士多未学。承平以后，蹈常袭故，兴作巨典，孰敢任之？"余曰："请自余始。"爰布几筵，盥爵而告于众曰："凡吾邑之荐绅髦士，孰非沐浴先圣诗书之泽者，讵可使人文化育之地，露处莽榛，风雨不蔽乎？"于是资出于捐，工出于募，取材于麓，伐石于山。殿堂主座尊而安，配哲两庑壮以饬，棂星、戟门陞斯翼，圜桥泮璧渊然而静深。众材咸备，百堵皆兴，美轮美奂，昔无今有。又逾年，余复按《图谱》命工人制祭器乐舞之物，登铏簠簋之居歆，尊俎豆笾之旁列；盥荐则牺象云雷致其敬，妥侑则琴瑟钟鼓达其和。东序西序，金石奏条理之始终；西阶阼阶，麾节按中和之翟籥。初献终献，登歌降歌，采芹采茆，舞勺舞象，曲阜之威仪如故，桥门之观听方新。

祀事既虔，余心始惬。此余与二广文、尉、幕参军及邑之绅士经营筹度，以至于落成，盖三年于兹矣。博邑之农昔也不耕，今也负耒；博邑之士昔也未学，今也横经。变颠踬为趋跄，化呻吟为弦诵，村墟相望，比户油然，士习不于此而益端乎？民俗亦因兹而增厚矣。闻之鲁僖修泮宫而淮南服，文翁立学校而西蜀化。古人销锋镝于俎豆，远暴慢于干羽，潜移默运，畴可端倪，非徒谓寝成。孔安器不假用，夸其美备而已。既祭之肜日，知县程镳谨书之，登于丽牲之碑。①

《兴业县志》学校

学宫

文庙亦称学宫，古者庙与学分。唐贞观时已称为学，宋仁宗时王随知通州，以州来学者，从孔子庙起学舍，州人遣子弟就学，而学附于庙。元世祖至元时，命云南诸路皆置学以祀先圣，是立庙于学之明证。宋元人每称庙学，庙学之合一，其自宋始乎。明洪武二年，诏天下府、州、县皆立学，由是人但知有儒学，无复有知唐之称孔宣父庙、文宣王庙，宋之称夫子庙者。大凡宋以前称庙，有庙者不必有学。宋以后称学，弦诵之地即俎豆之地，庙事孔子者，以

---

① 〔清〕任士谦、杨兆晋纂修：《博白县志》卷一四，清道光十二年（1832）重刻本，第3—5叶。

崇报也。学事孔子者，以立教也，以兴化也，故今犹谓庙为学宫云。①

书院

王巡泰曰"化民成俗，莫如立学"。国朝学校遍天下，盖汉唐以来所未有也。今都会大邑，有义学，有社学，又有书院。义学为贫不能学者设也，社学随里社而设，即古党庠州序之遗意，书院则独立县城以教一邑之秀者。孙太史西峰夫子《郘阳志》论曰："里各有社，社各有学。"聚童子而授以朱子小学，义学亦然。年十五拔其秀者，肄业书院，中延名师，仿朱子白鹿洞规教之，人才之兴有不日登于古乎！

濠江书院。在城东外，今废。

石南书院。见建制。②

书院改设学堂

（光绪）二十七年辛丑，恩科，废八股，改用策论，是自科始（科、岁考同）。

…………

二十九年癸卯，疫，是年系正科，用策论废八股。

三十年甲辰，大疫，是年系岁试，正月，汪学政到郁林考试，用四书五经义各一篇考生员，若童生只用四书义两篇而已。

三十一年乙巳，是年系科考考试与甲辰同。

三十二年丙午，正科停罢，岁科小试大停罢。改为学堂，各省皆然。

…………

兴邑学堂于是年四月二十四日兴工考改棚，至三十三年丁未七月，方告竣。俱系用宾兴款并酒捐、牛捐，上下星义学拨款，并旧日书院梁、庞二家束脩，并书院积款、安塘及鸭儿岭嘴充公款。③

修文庙碑记

（知县）孔广平

至圣之道，久而弥光，远而弥昌。历唐宋来，自京师至郡邑皆有庙，自天

---

① 〔清〕苏勒通阿修，〔清〕庞锡纶、彭焜基纂：《续修兴业县志》卷五，民国抄本，第1—2叶。
② 同上书，卷五，第18叶。
③ 〔清〕苏勒通阿修，〔清〕庞锡纶、彭焜基纂：《续修兴业县志》卷末，清嘉庆十六年（1811）抄本，第2—3叶。

子至庶人皆得以师事之。生民以来，诚未有如至圣者也。今天子德极九寓，学宗六纬，幅员之广，图书之盛，亦亘古所未有。郁林古荒服地，自我朝临御百数十年，郅化翔洽，文教振兴，人文蔚起，埒于中州。士多敦本务实，咸知崇至圣之道，本其躬行心得，发为文词，是以乡、会试掇科第者亦前后相望。盖至圣之效，靡远弗届也如此，乃自戊子以来试而隽者恒乏焉，讵积学者稍衰欤？抑所以崇事至圣者有未备也？

邑之圣庙，于明成化十八年自城外移建于此。官斯土者，相继增葺。前知县事王君巡泰莅政明年，修举废堕，首建书院，次城隍庙等工，而圣庙未之及。乾隆五十二年二月，余自陆川来摄县事。始至，肃谒圣庙，仰瞻俯视，环顾四周，见夫栋宇穿漏，宫墙颓圮，无知之氓或至据地筑室，心甚戚焉。而贡士莫方人适投牒，首以是请，此诚知事之轻重先后者矣。余甚韪之，亟捐俸购其屋，俾他徙。于是集材鸠工，邑之多士咸乐有是举也，相率助资恐后。有弟子员庞达经者，与莫贡士犹有同志，不辞劳勚，经营董率，于五十三年八月十五日落成。殿桷丹黄，泮池澄澈，绕垣坚完，树以桃李。虽未足以言翚飞鸟革，而规模岿然，亦足以将拜献之，诚为习礼之地矣。呜乎！今之去至圣二千有余载，邑之去京师七千有余里，乃知尊圣崇师，惟义是向，无古今遐迩之异，岂非至圣之遗教与？圣朝之酿化弥久远而光昌也耶？吾更望邑多士，执经籍，蹈仁义，心体力行，久而勿懈。虽入室升堂，跻弟子之列，非力所不足，岂特掇科第、志功名而已哉！是为之记。①

移修文庙升梁文

（邑进士）谭有德

伏以地环鸣水，遥分洙泗之渊源；邑耸松峰，近接尼山之淑气。惟兹胶序，久荐明禋；茂乃芹池，蔚焉材薮。家诗书而户礼乐，金声玉振，教沐陶镕；驰桂籍而踏杏林，宗庙百官，荣分美富。第创举多年，榱题半圮；且规模低下，形势不扬。酌以堪舆之论，略为易地之迁。爰是散谪仙之黄金，捐资乐助；因而运公输之鬼斧，鸠匠经营。宏业重开，数仞宫墙临太乙，文明再启，九天霞锦焕棂星。瑾择佳辰，高升画栋，纷披彩电，凌碧汉以横陈；摇曳风

---

① 〔清〕苏勒通阿修，〔清〕庞锡纶、彭焜基纂：《续修兴业县志》卷九，民国抄本，第34—36叶。

轮，干青霄而直上。自兹鸿模恢扩，尤当瑞兆频兴。观德桥边，挹秋阳之皎洁；遨游池畔，濯江汉之汪洋。鼓箧陈书，弦诵彻董惟孙案；拖青拾紫，馨香癸窦桂王槐。盖斯文壮俎豆之观瞻，自多士叶茅茹之征吉。鸿庥共庆，百派均承，演沥芜词，敬希照鉴。①

《容县志》学校

学宫

县学宫肇自唐贞观四年，宋绍兴后迁徙靡常，或迁于通货坊，或迁于城西。嘉熙四年，学正梁汝翼修葺。淳祐二年，摄州事邵价重修。咸淳末年，知州赵若诜复修。元至元三年，知州事刘喆复迁于骆驼桥故址。明洪武二年，州同知王清因旧址重建。正统间，训导萧成建兴贤、育才二坊。景泰五年，知县黄佐重修殿庑、戟门、厨库、泮池。成化十六年，知县林廷辉建棂星门、馔室、明伦堂及东西二斋。宏治间，知县程哲文重修。嘉靖十年，知县蔡雨改建，迁明伦堂于殿左，敬一亭居中，两庑斋厨、戟门、棂星门、泮池规制一新，自为记。二十六年，知县秦行宾、严春化相继修建启圣、名宦、乡贤各祠。万历四年，知县万一龙建坊。七年，知县伍可受重修。四十五年，知县侯应遴复修二坊，易其额曰"容山起凤，绣江腾蛟"。四十八年，知县区龙祯捐资修葺。前为泮池，次棂星门，次戟门，左为敬一，又左为明伦堂。东为进修斋，西为修业斋，惟经阁、射圃阙焉。嘉靖万历间，训导梁珮、陈心学皆增置祭器。

国朝康熙五十四年，知县苏霖泓扩修殿庑门墙、启圣、名宦、乡贤三祠及明伦堂。雍正元年，知县杨肖亿奉文改启圣祠为崇圣祠，添造木主。未几，殿祠堂庑胥毁于雹。六年，邑人苏五常、植廷纪罄文庙公租修治完好。乾隆二十二年，知县朱廷抡，二十四年，知县冯广誉，相继兴修。六十年，署知县邱巍重修。道光元年，知县会礼重修，时董其事者为邑绅黄元埙、陆孔贞、李苑芳、夏刚。咸丰间寇扰，半圮。同治初年，知县潘英章督绅缮葺。光绪十九年，知县易绍德暨邑绅等重修垣宇，增高丹臒焕采。②

---

① 〔清〕苏勒通阿修，〔清〕庞锡纶、彭焜基纂：《续修兴业县志》卷九，民国抄本，第37—38叶。
② 〔清〕易绍德修，〔清〕封祝唐纂：《容县志》卷一一，清光绪二十三年（1897）刻本，第1—3叶。

书院

书院何自昉哉？李唐之世，建丽正殿、集贤书院，庋藏书籍，为学士通籍出入之所，然犹未推行于郡邑也。宋季儒风丕振，四大书院之制，恢之弥广。由是而拥皋比、执羔雁者云合景附，踵起相仍。圣清定鼎，文治聿新。雍正十一年，特诏直省设立书院，而偏隅令，亦仰体作人雅化，皆筑讲堂，备膏火，与多士横经服古，彬彬然有邹鲁风焉。顾邵尧夫之言曰："书院之设，非为士之贫而养之也，亦非群其类使务乎文辞也。"父兄之事，贤圣之矩，道德性命之微，治乱兴衰之故，何者为法？何繇而达？诚本此意而力求之，不为其名为其实，则广同文之治，而起吾道之衰者，其在斯乎！志书院。①

峤南书院

在一面里黎村墟。光绪十九年，邑进士黄玉忠、编修骆景宙、举人黄玉年偕众绅倡建。为屋三座，每座十一间，内座祀捐租乡先生，中座为讲堂，前为大门。内座左落廒三间，为院长燕居之所；右落廒三间，为司事办公所。两廊为书舍，外廊为厨。建院公费七千缗有奇，存租八万余斤，岁支院长修脯银一百四十两，生童月课奖赏银百十两，余为递年祭祀司事薪水香烛杂支之用。

勾漏书院

在县治东，旧为州学，宋建。（续通考）绍兴间，邑人公建，以祀安抚机宜吴元美，今废。（府志）美尝忤秦桧，编管容州，士子从学甚众。曾游勾漏，著《宝圭十洞记》，未几卒。容人建书院祀之，以勾漏为名。（旧志）

南山书院

在县学左，本思贤堂旧址（思贤堂，详古迹）。明万历四十六年，知县侯应遴改建，今废。

附省城秀峰书院公田租

覃龙户田，在面里六密村，岁收租谷二万余斤。因苦于户役，送入经略台。未几，僧人不能综理，归之官，有侨客某受之。时商稀谷贱，除办课运脚外，无复有余，客遂弃产而逃。无耕之者办课责之里内，积不能堪，恳诸生某谋以为业。康熙四十一年，修经略台缺资，县令以此田原为台中公业，议变价备用，因

---

① 〔清〕易绍德修，〔清〕封祝唐纂：《容县志》卷一二，清光绪二十三年（1897）刻本，第4叶。

归之茹、李二姓。雍正八年,又值修补经略台。知县李志远以公田仍归公所,详府定价五百两,张榜募售,人莫之应也。九年春,县恐无以复府,为减价,贡生潘某以一百三十金受之。众以田不归公所,终无以绝争端。时绅士于县之文昌阁立文宴会,积有多金,因禀县给回原主银两,其田则归为魁阁祀业。十二年五月,署县事刘廷栋以魁阁祀田交易,众意不协,通详给回魁阁原价,归之省城书院。岁中变买租谷,除办课运脚,解赴藩库存贮。备录始末,用告来者。

按:六密田自归秀峰书院后,由县收租变价,每年解司银九十六两。(见《省志》)因各佃送租缴县,与书吏交易,多致留难。光绪十三年,署知县吴庆苹委绅踏看田亩,饬宾兴馆代为经收。每年早晚造①收谷后,禀请依时价发沽送县批解。倘遇丰年,所余之谷即归绣江书院膏火之费。该粮米由县清纳,外间不与闻。②

◈ 贵港市 ◈

怀城书院(贵港)

怀城书院,位于广西贵港。清乾隆二十四年(1759),知县石崇先建怀城书院于学宫旧址。四十四年(1779),知县陈霆于学宫旁改建,知县何成棱竣其工。清咸丰、同治年间毁于兵火。清光绪七年(1881),绅民林廷献、梁吉祥增拨公款添置土地。十六年(1890)改,知县孙乃诚重建。清宣统元年(1909),改为蚕业学堂。

怀城书院

旧在东门外。乾隆二十四年,知县石崇先以学宫旧址修建(按:乾隆二十一年,石崇先迁学宫于城北,二十四年,改城内义学为训导署,别建怀城书院于学宫旧址,废义学而创书院

---

① 按:原书左禾右造,据文意改。
② 〔清〕易绍德修,〔清〕封祝唐纂:《容县志》卷一二,清光绪二十三年(1897)刻本,第5—6叶。

也)。四十四年,知县陈霆改建书院于学宫旁,知县何成棱竣其工。(通志)紫泉书院在城东学宫右,旁即怀城书院旧址,经乱久圮,地基前隘后宽。光绪七年,城绅林廷献等拨公款添置,左邻雷、李二姓屋地二间。甲申年,城绅梁吉祥筹款添置,左邻李姓屋地一间,连深四进。十六年,知县孙乃诚重建后座三间,头门三间,前缭以砖垣,后缭以土垣。①

知县焦肇骏捐银碑

癸酉夏四月,儒学莫晴澜同寅自以为有守圣庙之责,而去庙却远二三里许,因与前领事圣庙之邑绅林廷宣,字赞扉者,酌派一夫守庙,而苦无资。商于骏,骏曰:"此即官分内事也。"爰捐银八十元,交两学经理,作守庙夫永远工食之费,并勒诸石,以志不朽。庶朝夕黝除门墙,春秋供奉香火,循循然无缺失虑也。是为序。②

附书院租产

城东外铁象街口马头上双铺面瓦铺一间。又西门陈姓换取寿山地,拨小铺二间,归书院管业,一在城内关帝庙前,一在木屐街城墙边。

田租:郭南里黄茅塘,租谷三千二百斤。郭北里何村,租谷三千六百二十斤。乐堂村、雷村、新祥村、东豪村、篁村,租谷共五千九百八十七斤。樟村、雷岭、棉村、扶泗村、向武村、第八村、榕木村,共租谷三千二百三十九斤半。郭西里排厚村,租谷七百斤。怀南二里棉滩村,租谷八百斤。怀东里黄村,租谷二千五百二十八斤。思笼里大仁岭,租银二两五钱。另郭北里教子岭,租谷五千零四十斤。未查清佃户,今失租。已上均据旧存印部。每年输紫泉书院户,郭南里六图色米六斗五升九合,郭北一里色米一石一斗七升二合,郭北二里色米一斗九升一合,郭西里色米三升三合,怀南二里色米七升四合,怀东里色米三斗零四合。据粮册。③

---

① 〔清〕王仁钟修,〔清〕梁吉祥纂:《贵县志》卷二,清光绪二十年(1894)刻本,第15叶。
② 同上书,卷二,第15叶。
③ 同上书,卷二,第16叶。

武城书院（平南）

武城书院，位于广西平南。清乾隆十三年（1748），知县李仲良始建于城外状元街，至十八年（1752）完工。因平南县古为武城县，故名。有头座大门，中座为讲堂，题有匾额"学海观澜"。后建有景徽楼，祀奉宋代周敦颐、程颐、程颢先贤，楼下为山长藏书校文之所。清嘉庆二十五年（1820），重修。清道光十四年（1834），入祀李仲良牌位。清咸丰元年（1851），毁于兵燹。清光绪六年（1880），修复。八年（1882），知县裘彬重捐资购置书籍以资博览。

武城书院

乾隆十三年，知县李仲良率邑绅钟灿瑶、黄日辉、杨四维、郭玘、麦润等创建于城外状元街。为屋三楹，门临大江，中为讲堂，后为景徽楼，祀周、程三夫子，各翼以精舍凡二十八楹。捐置田宅，岁收租息，延请山长开课讲学，教育人材，济济称盛。嘉庆二十五年重修，邑绅廖爌、曾应端、魏浩川董其事。道光十四年，公议以李公仲良神位配享。按：二程先生祠，旧在学宫右，改祠于此。①

武城书院记

李仲良

戊辰秋，予捧檄至平南。检阅旧《志》，知前明万历时始置乡学。康熙间，李君钟壁继建义学于明伦堂。雍正甲辰，成君宗发就关帝祠设社学，可谓牖民无已矣。然不旋踵而废。士之问业者，往往假浮屠氏之宫为居。予于乡之缙绅先生来谒，亟首询所以兴复者何如。诸君曰："士习之衰，犹病者手足痿痹，弗克自振，幸公挽狂澜焉。庶夙疾其有瘳乎？"予曰："自前朝有四大书院之号著名海内，于是闻风继起者遍天下，下至一郡一邑，各建书院，以祀先贤，群弟子循习其中，发名成业，往往有瑰奇卓荦、翘然出类之英。倘董子所谓陶冶而成之者耶？盍仿其制而兴兹役？"诸君曰："善！我侪愿效执鞭以从。"予先白其事于大府，得报可，乃偕广文董、周二君暨诸绅士，择胜地于城东厢外。其地初为宝积寺释子之所宅也。寺久圮，厥基清旷，据全邑之胜。

---

① 〔清〕张显相修，〔清〕黎士华纂：《平南县志》卷九，清道光十五年（1835）刻本，第11叶。

予首捐清俸，士子乐偾助者踵接响应。爰构材募工，命绅士分董其役。仲冬讲堂成，历癸酉腊月工竣。为屋三重，两廊翼以精舍，为楹三十有八。门棂户牖，犁然备具。前三楹为门，匾其上曰"武城书院"。邑本晋武城县地，义从其朔，亦犹袭鲁武城遗意，冀邑中人弦歌之不辍焉。中三楹为诸生讲业课艺之所，题之曰"学海观澜"，盖前襟带龚江，波洄活泼，得之心而寓之目也。后三楹为楼，颜其额曰"景徽楼"，上崇祀三夫子，盖宋二程从侍大中公于龚州，延濂溪周子讲学畅岩。合而祀之，明高山之可仰，而景行向往之不可已也。予选得邑之秀者五十余人肄业其中，遣使千里外延聘新宁玉君星烛掌其教，予每月亲从而督课焉。诸生既借秀于武城，又群育于书院，岂无瑰奇卓荦、翘然出类之英出其间，以接武前修，声施遐代也乎？诸生诚惕然而省，奋然而兴，一旦缅周、程之流风，读周、程之遗书，志其志而学其学，于以上追邹、鲁，亦非必不可几之事也。鹄张必射，琴设必鼓，广已造大，存乎其人。尔诸生勉乎哉！

武城书院崇祀三夫子记

玉星烛

平南古称龚州治。宋皇祐间，程大中公出知龚州，明道、伊川两夫子随侍。大中尝识濂溪周夫子于虔州，及官于龚，复聘以为二子师，讲业畅岩间。三夫子之聚于平南，岂非平南人士之厚幸哉！予读子周子《太极通书》有曰："诚者，圣人之本。"又曰："圣，诚而已矣。"子程子则谓："涵养须用敬，进学则在致知。"于此见圣道以存诚为归，存诚以主敬为要，而其端由致知而入。周、程之立言，其义一而已矣。昔靖江守臣张南轩先生尝就学宫明伦堂之旁立三先生祠，周子在东序，二程子在西序，绘像森严，立师道以为大夫国人式。

予前两掌秀峰书院教，欲修其废而未能也。癸酉冬，平南李使君走使聘予。明年春仲，来掌武城书院教，肄业生徒，视大衍之数且溢焉。先是，有议祀朱子者，使君曰："非其地也。"更有议祀文昌者，使君曰："非其人也。"惟三夫子畅岩讲授昌明圣教于蛮烟瘴雨之乡，自元、明以来，邦之先达类能循致知之功，以为主敬存诚之本，中材以下亦知谨身寡过。到今垂百余年，两河南北间闻风兴起，奉为俎豆不祧，则流风余泽入人之深，感人之功，实有悬畅岩之日月与龚江而并永者焉。

旧志：前明邑西文庙之右建有二程祠，康熙甲寅，寇煽而祠遂毁。今书院落成，合祀三夫子于景徽楼，非创也，亦非私也。继自今士之咏歌于斯，游息于斯，仰止景行于斯者，始以致知，明理欲之界，而主敬无怠容，存诚无二志。求之有道，进之有序，以是师三先生而渐进孔孟之门墙，亦庶几远宗近守，不致误于异端俗学之失也已。于是敬扁其龛曰"吾道其南"，明师道所由传也。平人士群推之曰：三夫子隆以师道之尊也。子周子曰：师道立则善人多，善人多则朝廷正而天下治。然则予之所期者，又岂特师其善于一乡一邑已哉！①

武城书院赋

林有席

平南，汉猛陵地，晋时置武城县，中经分隶省入，而有今名。文章科第，开于南汉梁学士嵩。至宋，周子流寓于此，州守程公珦以二子从游，州之人与闻正学之传。沿及前明，遂称粤西望邑。于今少衰焉。玉山李明府澹斋宰兹土，创立书院，崇奖邑人士，祀周、程，以示率从。林子以过客，目击盛美，作赋一篇，阐发学道之化，礼乐之遗风，而用明人"文到梁公登上第，学从程子绍前修"之句为韵。其辞曰：

仰天车之四星兮，爰垂象以成文。起张翼而迄轸兮，应粤野之攸分。十一度曰鹑尾兮，辨星土曰浔江濆。繄猛陵之旧壤兮，疆原绣错以如纹。置武城于晋代兮，羌久得于前闻。挹蛇黄之崇冈兮，盘九珠以前导。东燕石其翔风兮，北麟山其排傲。南思岩之崆峒兮，西畅岩之邃隩。展平坦于中央兮，面龚水而收行潦。遵边城之左厢兮，示周行以我好。虽近市而别一天兮，飞缁尘其不到。考废刹其何代兮，叹佞佛于萧梁。愿舍身以为利兮，恤顶踵其弗遑。果何宝之可积兮，标斯号其张皇。感垣颓而瓦断兮，睹苔绿与草芳。相厥基其轩敞兮，挺天秀而呈地祥。于是度山木于大匠兮，剪荆棘而刈蒙茸。既规矩准绳之可继兮，亦梗楠杞梓之皆充。喜胜任而愉快兮，勤朴斫而固垣墉。主讲堂而辅精舍兮，大启宇其三重。彼观者之如堵兮，无大小以从公。乃嘉名之肇锡兮，曰武城其堪仍。伏礼乐为陶淑兮，非学道其安凭。化粤乡于邹鲁兮，何彼

---

① 〔清〕魏笃修，〔清〕王俊臣纂：《浔州府志》卷二九，清同治十三年（1874）刻本，第47—50叶。

岸之莫登。溯道脉于炎宋兮，追濂洛之师承。坐春风而亲光霁兮，道可南而阶可升。奉蒸尝而景芳徽兮，登斯楼以奋兴。寻坠绪之茫茫兮，尊汝南之主鬯。接秘旨于不传兮，渺千载其直上。变无极之一图兮，洗修炼之魔障。既立说以反诸易，复著通书而义创。大伊洛之渊源兮，衍中州而波荡漾。天作合于交南兮，探畅岩之清旷。曰狂狷与中行兮，见伯仲之相望。洵大有造于此邦兮，缅流风其未替。安得茂叔之从游兮，有吾与点也之意。安得立雪于程门兮，列弟子之高第。母群物以腹众材兮，振聩聋而发蒙瞽。将私淑诸人兮，抚遗书以磨砺。分太乙之青藜兮，采南山之芳桂。兆瑞雁于鱼洲兮，鼓秋飙其展翅。抑或近取于桑梓之贤豪兮，尚友夫众中之鸶鸶。夺先声于南汉兮，惟仲邱与禺若。赋倚门兮写彼孝思，著风采兮羞兹靦。杀身兮成仁，典选兮行卓。历四部兮励清风，出百口兮全村落。苟乡党之有自好兮，得一善其足乐。试节取彼独行兮，亦焉往而非学。况友仁而必事贤兮，资利器于百工。侯下车而急先务兮，播雅化于花封。睹风裁于元礼兮，比宰室于登龙。聘名师而礼贤者兮，担簦蹑屩以来从。董之帷而马之帐兮，暮之鼓而晨之钟。时轩车其下贲兮，商厥事以从容。诸生幸有此内美兮，望先民以是程。德有邻其不孤兮，数大衍其复盈。诚一日而志乎千古之上兮，岂大道而乏三代之英。卜先后之揆一兮，征心理之合并。兹善类之崇奖兮，一一陶冶而玉以成。伊余相鸣鸟而求友声兮，入炎荒而钦彼美。飞短棹之一叶兮，曰余止夫龚水。含风鸭绿之粼粼兮，匹练澄江之弥弥。敦梓谊于先达兮，欣邂逅而御李。若空谷足音之跫然兮，赠杂佩曰余知子。酌新醪而话通宵兮，对筳月其皎皎。探儒效之非迂兮，汉经术其犹可绍。辟讲院其嵩高兮，戒游踪于清晓。揖余其若将不及兮，车指南而飞旆。插画栋于青霄兮，矗层楼于云表。径升堂而入室兮，步回栏以环绕。相与满志而踌躇兮，纵余目其瞻眺。因为之歌曰：南国兮佳山川，古武城兮浔江边。吏之循兮非佛非仙，书堂之构兮何轩轩。迩圣人之居兮桃李盈前，户之诵，家之弦。望宫墙兮美富，企圣域兮趋贤关。又从而乱之曰：令行兮风流，平之士兮宜何修。文澜兮活泼斯壮，艺圃兮芳润斯漱。守朱子之洞规兮，仿安定之齐头。景行仰止兮程与周，化我时雨兮曰惟我侯。①

书院田租

　　武城书院原买膏火田三十四亩，岁收租谷四十九石，又当田租谷一百五十四石，载在县册。道光十三年，首事黎士华等呈报书院祀田租息，备案清册。内开：

　　川一里，新塘村田地一段，额租银八十两。川一里，佃作村插花田三十二丘，额租银五十两。川一里，铜鼓洲插花田二十四丘，额租银五十两。川一里，蒙略村插花田五两三钱。共七十三丘，牛排塘旁地三分值二，共额租银二十五两。川三里，下历村田地一段，额租银五十两。厢一里，考棚后鱼塘二张，左侧园地一所，上载瓦屋、竹木、果树，共额租银十三两。又二甲街，北府庙后上边铺一间，四进，租银二十二两。又一甲街，大马头上右首铺一间，三进，租钱二十四千文。又考棚下边屋地一连，十间半，额租钱四千六百文。又罗埇桥头地一所，额租钱六千文。零三里大荣官荒岭一座，额租钱五千文。蒙化里古文村田九丘，额租钱九百文。以上田地、房产、四至、界址，详载备案清册，由各首事招佃承领。岁收额租银二百五十五两，钱四十千零五百文，按年缴纳。公举邑绅管理，三载更替。岁支院长束脩火烛银一百二十两，聘金银一两，火夫一名银二两，两学监院银各八两，管院首事银十二两，门役一名，考棚司祝一名，均按月支银八钱。余为春秋祭祀香灯纳粮及开馆筵席考课奖赏之用。其生童膏火无项可支，是所望于贤有司设法调剂，俾免匮乏，亦教育人村之一助云。②

武城书院

玉星烛

　　层层画栋碧云连，讲席新开二月天。夜半楼头人击钵，昼余堂丨雀衔鳣。波翻皓月文澜壮，墨洒晴岚玉笋联。雅化弦歌今未艾，杏林春到武城先。（是年甲戌书院成，邑人王佐登进士）③

---

① 〔清〕魏笃修，〔清〕王俊臣纂：《浔州府志》卷三八，清同治十三年（1874）刻本，第25—28叶。
② 〔清〕张显相修，〔清〕黎士华纂：《平南县志》卷一〇，清道光十五年（1835）刻本，第9—11叶。
③ 〔清〕魏笃修，〔清〕王俊臣纂：《浔州府志》卷三六，清同治十三年（1874）刻本，第15叶。

武城书院课士
李仲良

一堂讲习破离忧，尚有名山业共求。觅句漫裁云作纸，挥毫忻见月当秋。花香别院怜空寺，雁过游鱼见一洲。飞跃天机呈活泼，景徽千载倚江楼。①

畅岩怀古
黄体正

学山不至山，所患在夫画。学山而至山，山亦无定格。此山名畅岩，地气结为魄。周遭一掌平，居然此巨擘。入望何穹窿，从之途稍窄。能容踽踽步，渐见林林石。或则凹而窊，或则嵼而凸。或作曲磙盘，或作玲珑碧。或如戴方冠，或如登圆碣。钝者有如椎，锐者有如戟。四顾虽名状，两岩分阖辟。一岩东北隅，幽深少人迹。一岩西南巅，晃朗天光白。理窟本空明，前贤有遗泽。吟风弄月年，程主而周客。万象列笏看，不是虚无宅。静涵太极图，曲通吾道脉。无事穿凿劳，而以耳目革。斯人与斯山，形理俱渊赜。人去山萧然，茫茫岁八百。岂无来者游，虑有歧途惑。九仞非难登，慎毋寸心隔。②

浔阳书院（桂平）

浔阳书院，位于广西桂平。明万历元年（1573），广右参事高则益和御史巡按唐炼创建，初名"浔江书院"。十年（1582），毁废。清乾隆七年（1742），知府孙暐潭修复书院，改名为"浔阳书院"。二十七年（1762），知府陆燨增建后堂，奉祀周、程三先贤，并恢复"浔江书院"旧称。四十九年（1784），书院毁于水灾。五十一年（1786），重建。清道光三年（1823），孙世昌将书院复改为"浔阳书院"，并重书匾额。清咸丰年间，书院毁于战乱。清同治十年（1871），再次修复。清光绪十六年（1890），广西巡抚马丕瑶命知府王森建藏书楼于书院。二十八年（1902），改办师范讲习社，书院遂停办。

---

① 〔清〕张显相修，〔清〕黎士华纂：《平南县志》卷二〇，清道光十五年（1835）刻本，第10叶。
② 〔清〕魏笃修，〔清〕王俊臣纂：《浔州府志》卷三三，清同治十三年（1874）刻本，第5—6叶。

浔阳书院

在城内西门街府学宫左，旧名"浔江书院"。万历时，广右参事南昌高则益与御史巡按武陵唐炼，以分守别署改置（时高则益浔州分守），增厅事二楹，一曰"崇正"，二曰"聚义"，为讲堂傍立号房六层，约四十六舍，以居多士。（以上府志）

林有席云：相传明安福刘侍御台，以建言被谪浔，浔人士从之学。既卒，从祀于此。后书院废，旧址无考（见席作《浔阳书院祀周程三夫子对》）。按府志明言以分守署改置，何云无考？是盖有故焉。考明自嘉靖而后，天下书院始毁于御史游敬疏斥湛甘泉倡其邪学，私创书院，世宗遂令有司毁之（嘉靖十六年）。再毁于吏部尚书许赞，谓抚按司府书院，供亿科扰，亟宜查撤（嘉靖十七年）。三毁于阁臣张居正，请概行京省查革（万历十年）。四毁于阉人魏忠贤，矫旨毁天下书院，首善所建，亦被碎碑。（以上本续文献通考）

浔州虽地在偏隅，而浔江书院之立，却当朝臣嫉谤之时。高、唐两公虽威武不屈，然其后土祀刘台，又为得罪权相之人（相即张居正），益以珰祸从横，天下书院不保，浔江何能独存？院宇既废，则基址无敢过问。事后官吏隐昵，当在意中。当清中叶，君权方盛，或不忍发其覆，故以无考为辞。然府志固明言以分守别署改置矣。分守者，同知、通判皆有此称。《府志·廨署篇》云：通判署旧在府堂右，时有同知署在堂左，同知裁废，乃移通判署于其地。雍正八年，同知万选重修。据此，则府堂左右同通两署，为雍正已前旧物，与府署同沿明制，浔江书院旧址当即在其间。惟府堂右地狭，不足以容六层号房，四十六舍之多，则以在府堂右旧通判署为近是。并据父老相传，府署右荒园外铺宅（即今道前街），旧日多属官地，则通判署面积固广，自能多建房舍，疑阵即此冰解。

清之始兴，浔州有义学而无书院（康熙二十七年，武宣建义学；三十三年，桂平修义学；三十六年，贵县建义学。而书院之设，皆在乾隆后。见下）。明代珰祸怵人心目，于斯可见。而府志叙浔阳书院事云：康熙三十二年，知府阿琳捐建。五十二年，知府毛文铨置田，资诸生膏火。不知在当时皆称义学，而非书院。故黎敦位记浔阳书院田租以义学命名，文内复有皇上重道崇儒，设立义学，及毛公建义学各语。夫毛任后于阿琳二十年，所置膏火田犹称义学，则阿琳捐建必名义学无疑（康熙三十三年，阿琳兼理县事，建修桂平义学，与先一年捐建府义学事属一贯）。乾隆七年，知府孙暐潭始以义学为书院，去"浔江"旧号，取名"浔阳"（府志但云改浔阳书院，嫌未明晰）。距雍正朝命各省建立书院时，盖十有余稔，朝旨之行，屡多迟滞，旧政之习尚然也。二十七年，知府胡南藩迁八贤祠，周、程三先生祀于院内。二十七年，知府汤大宾、知县吴志绾重建。（二十七年以下，全录府志）

自康熙以来，或为义学，或名书院，基址在府学宫东隙地（见林有席《祀三夫子文》，又黎敦位《义学田记》亦言葺文庙、建义学，两文可以互参）。其迁移今地，当在是时（按：浔阳书院何时迁建今地，府志未有明文。然汤大宾未重建以前，并未闻旧院崩毁，何以不云重修而云重建，其因于迁地而有此名义无疑也。考府志云："教授署旧建学宫内，后移府前街，今仍移学宫右，同治四年建。"后进其叙训道署，则云："训道署建移，同治十二年知府魏笃出资修建。"玩"建移"二字，上下文俱有脱漏。但教授、训导两署例在一处，移则同移，复则同复。其由学宫而迁于府前街，与由府前街复还于学宫事同一律。旧日两署既同移于府前街，则乾隆以前书院之在府学东隙地者，当即为两署旧址。迨书院迁建西门街后，两署复还原处。府志"今仍移学宫右"六字，当是道光以前旧府志原文。观此，则浔阳书院始在分守署，继在府学署左右，后在西门街。了然矣。愿以质诸老成硕学者）。二十七年，知府陆爔增建后堂，以祀周、程，仍复"浔江书院"旧名。四十九年，水圮。五十一年，知府陈玉麟重修。道光三年，孙世昌仍改为"浔阳书院"，重书匾额。咸丰间，毁于兵燹，膏火租田，亦多遗失。同治三年，桂平知县徐延旭查复，有记。十年，知府固鲁铿捐建讲堂、后宅及旁庑、仪门，并派膏火田三百余金，且为之记。（以上据府志修）

光绪十六年，广西巡抚马丕瑶命知府王森在中座建楼藏书。二十八年，知府张祖祺在院开师范讲习社，撤藏书楼下左右房，通作讲堂，堂前涂盖瓦，备诸生休憩，阅书报。三十年，改为浔郡中学预备科。三十二年，借作桂平师范学堂。三十四年，借作桂平中学堂，后又借作桂平高等小学校。民国五年，桂平借开修志局。七年，局撤。八年，驻札陆军。计全院三座：东向，前座正大门，左右各有二房，如古家塾制；中座为大堂；后座旧为山长脊，属住宅，中有一厅，左右各一房，两旁长廊，各有六房，房容四人；后座背有园，杂植群卉；前座外有大院，院北为外大门，北向，左右有房，规模不小。然比之明代

在分守别署房六层三十六舍，则远逊矣。（各记俱详纪文）①

重修浔阳书院碑序

固鲁铿

昔韩公立潮州书院，此为之前者也；范文正建平江书院，此为之后者也。政事文教，相辅而行，古人岂过为汲汲哉！诚以莫为之前，虽美弗彰；莫为之后，虽盛弗传耳。又况劫火初销，文风宜振，实为司牧者之责哉！浔阳书院之设，在明万历间已开其址，至国朝乾隆间，知浔郡事刘晖始署其额曰"浔阳书院"。后之守斯郡者，改建重修，或别号"浔江"，或仍号"浔阳"，其名虽不一，而要之设学校之心，总无以异。旧祀周、程诸先儒于后院，而两庑则为诸生肄业之所，都人士相与观摩于其中，而发迹于其际者，正不知凡几。咸丰五年，发逆陷城，院之屋宇墙垣，均为茂草。复城守斯土者，方以清除伏莽为急，重建之役，各有不暇，且经费无出，以故更历数任，俱皆废莫能兴。

同治三年，予领竹符来守斯郡，六年抵任，见山川之秀，人物之盛，而知劫灰已化，文运当开，其培植士气，维持风化，首重者莫先于此。爰集郡属绅士，订劝捐之法，作重建之举。计本郡县暨平南、武宣、贵县各绅士，共捐银若干，数目列后。其不敷者，皆自捐廉以足其用。仍照旧址鸠工庀材，备费经营。以同治七年秋开工，同治十年春落成。其中堂则署讲堂，其后院则祀周、程诸先儒，其傍庑则居诸生。月有考者，课经课文；月有费者，示奖示劝。虽比古之潮州、平江两书院有所未逮，而规模则粗具焉。士之有志者，借此修业进益，诚地方之本，而亦予之望也。是为记。②

浔阳书院祀周程三先生对

林有席

浔旧有浔江书院，相传安福刘侍御台以建言谪浔，浔人士从之学。既卒，遂祀于此。后书院废，旧址无可考。国朝附建于府学东隙地，易"浔江"曰"浔阳"，独未尝议所祀。

---

① 黄占梅修，程大璋纂：《桂平县志》卷一四，民国九年（1920）铅印本，第3—6叶。
② 同上书，卷四七，第23—24叶。

乙亥冬十一月，植堂胡先生招覆四邑童子于试院，引余为助。酒间，叩余曰："自余始莅浔，检阅旧志祀典中，知郡有先贤诸祠，中间兴废分合不一。今欲为书院立祀主以式多士，宜何从？"

对曰："平南李明府以周、程祀书院，宜因之。"

先生曰："因其地之宜乎？"

对曰："然。桂平之罗丛、平南之畅岩，周、程读书之遗址存焉。浔属本过化之乡，郡城尤首善之区，树之风声，道以率由。多士念所从来，既尊且亲，登堂而深仰止，知必有蹶然起、奋然兴者。"

先生曰："王文成公往来浔、宁间，对石讲学，亦传道者也，似可附祀。"

对曰："不可。文成持节平思、田，既降苏、受，班师过浔，乘间破峡贼，盖有功德于浔者也。且其学术高，或者犹有微辞，与韩、蔡诸公合祀为宜。"

先生曰："刘公台废祀久矣，因昔之旧祀书院，可乎？"

对曰："不可。刘公之学不可知，浔人士从之，不必其果有得于道也，宜附五公祠。"

先生曰："五公之功德远矣，刘公迁谪之臣，岂其于功德之祀有当欤？"

对曰："刘公直声震天下，使其言用，功德当不可量。不用而谪于浔，浔人士乐从之，则其德之足以感人可知矣。"

先生曰："三先生既合五公为八贤祠，又分八贤，合王公为四贤、四公祠，今复重祀于书院，可乎？"

对曰："四贤、四公之分，其错出者也。八贤之合，其权宜为之者也。今当迁三先生主于书院，归王公主于四公祠，而立刘公主，并遗祀之田公、陶公主附焉，为八公祠。"

先生曰："如子之言，刘公、田公、陶公既不忽于不祀，三先生又不重于祀，韩、王诸公之祀，亦各有说以处之，是不可不断而行焉。"

席乃起而对曰："先生下采刍荛，以妥先贤之灵，可谓察迩言而用其中者矣。"

于是饮酒乐甚，极欢而罢。

按：田汝成与翁万达讨平峡贼，建善后七事，祀翁遗田，非立祠本意。又陶鲁从韩雍破峡贼事,见《藤峡始末》及《郁林人物志》中,亦宜增祀。①

桂邑书院

始在县城东,明天启四年,右参政曾守身以其遗址建桂平县学宫(县学宫始在城外官园,曾守身迁建于故书院,崇祯二年后迁官园,清迁建今地)。有记云:城东故书院址,枕黔带郁,二水汇于左,为镡江,龙山蜿蜒,萃为支垄,甚秀②。白石洞天峙其前,俨然卓笔峰也。是以妥圣灵,毓人文,其可已。据此,则旧日书院即在今城东门外南向,故曰"枕黔带郁",黔水在后,郁水在前也。更曰"白石洞天峙其前",则其为南向益确矣。何以仅存遗址,得以移建学宫于其间?盖明自万历以后,书院被权臣查革,其后复遭宦官矫旨拆毁,时浔江书院旧日已经销灭,则桂邑书院不能独存也。崇祯二年,县学复还官园,而书院未闻恢复。县署后旧有义学,而学舍褊浅,浔阳书院既兴,肄业生童咸起而归之,于是义学日渐倾颓,久而芜没(以上当是乾隆二十七年浔阳书院迁建西门后事)。

乾隆三十八年,知县卢焜于庆祝街县学左(县学宫自康熙间改建庆祝街,见旧学校)得地,前广十五丈三尺,后广九丈五尺,左长十五丈五尺,右长二十六丈五尺,遂捐廉倡建,中奉周、程三夫子,外间奇亭,两旁书舍,前育贤堂,钱塘范武题(今佚)。又前大门右旁南向,综计二十六槛。凡诸井灶,罔不具备。缭以周垣。于其西南置文阁,费千九百金,颜曰"桂邑书院"。旧以桂邑名称不雅,取名西山,改曰"思陵"(此是明朝故事),至是复从其朝。工竣捐修,聘邑举人陈良士为山长,生童膏火由绅士捐助,尚属不敷。因查得浔阳书院前府毛文铨捐置隆义户田租九千六百斤,田广土腴,可加租谷,请于府,得令传谕各佃,集询于庭,酌加租谷一万零四百斤,凑成二万斤,以一万斤拨入桂邑书院,备充膏火,归县管理。

道光二十七年,边警寝剧,学务松弛,膏火田租短缺日甚。咸丰二年城陷,书院斋舍遭毁。

同治三年,知县徐延旭查复田租。十一年,知县李世椿拨银二百元充膏火田,与浔阳书院共租得十之四(此盖统徐延旭查复田租及同治十年知府固鲁铿添购浔阳书院膏火

---

① 黄占梅修,程大璋纂:《桂平县志》卷四七,民国九年(1920)铅印本,第24—25叶。
② 原本无"秀"字,据文渊阁《四库全书》本《粤西文载》卷二八加。

田三百余金合计）。

光绪十四年知县李宗庚拨公款修复，规模仿佛昔年，而问奇亭则无矣。自浔阳书院开设师范讲习社后，桂邑书院亦改作桂平小学堂。

宣统间，改立桂平中学堂，民国改名桂平中学校。撤去前面照墙，与文昌宫通连一气，栽植林卉于其中。院北别辟操场，场边有池，游鳞可数。池边细砖成路，杨柳高垂，俱改立学堂时栽置。（据府志、旧县志并参考续文献通考，节录曾守身桂平县学记、陆燦桂邑书院记、徐延旭查复浔阳桂邑书院田租记，各记俱见纪文）

按旧志据卢令书院租谷碑节录，浔阳书院旧碑载毛文铨所置膏火田丘数外，另有二碑：一载永和里田租所供兵资、差粮、杂费、羡余谷十八石，充桂邑书院公费；一载学宫五王殿左旁围墙外地一所，旧义学地一所，俱有四至丈尺。别详纪地、食货、田赋后。今识其略于此，以便查检。①

查复浔阳桂邑两书院田租碑记

徐延旭

许鲁斋先生有言：为学者当先治生。殆亦有为而感慨道之与？况乎大劫频仍，奸邪肆出，起视吾徒，即欲安其箪瓢陋巷、桑枢蓬户之常，且不可得。又或以治生无具，遂能即俎豆化干戈，诗书靖戎马，更戛戛乎其难矣。浔郡向建浔阳、桂邑两书院，训课生童。官斯土者，暨阖郡绅士，各捐金置买田产，招佃批耕。每岁由县分夏冬两季，将谷石折价，解府支给，以为多士膏火之资。其事具载郡邑志乘，法良意美，诚盛举也。而浔阳文风，赖兹不坠。既自近岁边警浸剧，武备日张，当事者急其所急，势有不暇兼营。故道光庚戌以后，其膏火田业，日就短缺。洎乙卯之变，浔垣失陷，其田遂半为奸佃隐匿，又或居民占据，租谷因以俱乏，几于靡亡毛存。辛酉秋，天兵南下，克复浔垣。当戎马倥偬之际，前署太守覃公远琎投戈讲艺，慨然以兴复书院为己任。每月取列生童，肄业课文。然当艰难甫定，虽亦时给奖银，而膏火额数什不获五。越三年，余自容邑移权桂篆，按照前章，每月课士，计其膏火资息甚属寥寥，心实耻之。于军书旁午之暇，细询邑绅，乃知其田产谷石欺隐侵占为数甚巨。爰派真实公正绅士张世珍、蔡长年、黄炳筠等各诣社坡、水柳、蒙墟、折岭等处认

---
① 黄占梅修，程大璋纂：《桂平县志》卷一四，民国九年（1920）铅印本，第6—8叶。

真查核。余亲抵该处，集佃于庭，以理谕之，以法律随之，令各佃将田丘点清，并丈量绘图。而襄事诸绅虽经严风积雪，亦不辞瘁，而后其田之隐者显，亏者完。而四邑俊秀幸诵习之有赖，将尽解弓剑而谈诗书。庸知中陵菁莪，不借盈尺之脂膏，愈增蕃茂；满门桃李，不缘十分之润泽，倍见生成耶！然书院向有斋舍，已遭兵燹，方欲于黉宫竣事后重谋修葺，不意卸篆在迩，未克终举，是又在后之莅斯土与邑中好义者矣。兹查复田租，时际多故，恐有遗失，将述颠末而勒于石，因弁数言于左。

桂邑书院记略

（即思云书院，在县学左，乾隆三十八年建）陆燨

邑署后旧有义学，而学舍褊浅。浔阳书院兴，肄业生童咸起而归之。义学者日渐倾颓，久而芜没。卢君宰是邑，慨然有创建之志，于县学左得地，前广十五丈三尺，后广九丈五尺，左长十五丈五尺，右长二十六丈五尺。倡捐廉俸二百两，而众绅士之闻风兴起者，亦复踊跃争输无少后。癸巳春，余来守是邦，稔知其事，心窃嘉之。喜文教之日兴，而愧盛举之未能稍助一腋也，爰捐百金。是年秋八月工遂竣。落成之时，门堂寝室焕然一新。中设讲亭，傍列两廊学舍，凡诸井灶罔不具备，综计二十六楹，缭以周垣。而文阁峙其西南，奎光映带，蔚为巨观。爰卜吉崇祀周程三夫子于其寝，以为后学模楷。悬以匾额，颜之曰"桂邑书院"。盖自饬工庀材，其费计千九百金有奇矣。夫修废举坠，有司之责。卢君创是举，本不以为名，顾毅然以培养人材自任，可谓贤矣！襄其事者，前任揭阳知县刘君业勤、举人陈君良士、刘君光美、贡士刘君业仁、生员潘宗海、李奕、贡生高进、李万祥云。（旧名桂邑，以二字鄙俚故，改从山名）①

《贵县志》学校

前人记文指孔庙为学宫，后人志乘列孔庙于学校，论者以为均非其实，不知司马迁列《孔子世家》，谓睹其车服礼器，咸作高山仰止之思，正不必强为分别耳。夫学者读圣贤书，所学何事？亦学为孔子而已。抑校者，教也，

---

① 黄占梅修，程大璋纂：《桂平县志》卷四七，民国九年（1920）铅印本，第25—27叶。

孔子教垂万世，岂待专设讲堂，筑弦诵之舍，聚生徒占哔于其间，然后名为学校乎？瞻宫墙之美富，悠然兴向往之心，而书院宏作育之方，义学崇养正之道。比类而观，正使知人才所从出，风化所由成，不得不于此加之意也。（《志·学校》）

县学在东城外（今学即旧址也），宋庆历间创建。绍兴十一年，刺史赵善焕迁于城西（按：即今梓潼寺，旧志载城西一里文昌阁，即旧学宫地）。十五年，知浔州事沈云举增置馆舍。淳熙十二年，刺史林次龄（一作钦龄）修葺，给廪以膳师生。庆元、嘉定间，迁于下郭，再迁中郭。

元延祐己未，州守脱脱木儿重修。（金《通志》）

明洪武三十一年，教谕邓观善重修。成化七年，都御史朱英迁建于城内（有张灿记）。嘉靖十八年，迁归城东旧址。明末毁于兵燹。

国朝巡按御史李秀重修。（郝《通志》）康熙二十六年，知县杨燝，五十六年，知县林兆惠，捐修大成殿并东西两庑、启圣祠、棂星门、明伦堂。雍正元年，奉文改换崇圣祠额。（府旧志）雍正八年，知县孙超修。（金《通志》）乾隆二十一年，知县黄德星、石崇先迁建于城北（有陈桂洲记，今北门外有旧泮池，府旧志误载在城东）。四十五年，知县陈霆迁建于城东旧址，知县何成棱竣其工。（县册）嘉庆四年，知县林大宏修，增高正殿及两庑、大成门与之称，又为泮池、石坊（有林大宏记）。咸丰间，毁于兵燹。同治三年，大军克复县城。八年，知县黄玉柱重建（有黄玉柱记）先圣殿一座，在城东门外一里。殿前有两庑，殿后左有启圣祠、魁星楼、尊经阁，右有明伦堂，前有棂星门，左侧名宦祠，右侧乡贤祠。

教谕、训导衙舍。原居明伦堂后，只因明末变乱，被贼焚毁。自皇清定鼎，奉按院李巡历发银捐修，道、府、厅、县共助其成，渐复旧制。至康熙二十六年，奉旨重修。

按：贵学创于宋庆历，革于绍兴，再革于庆元，至明洪武三十年复兴，永乐三年告成，永不易焉。

敬一亭。在文庙后。中竖御制敬一箴及视、听、言、动四箴，并圣谕，凡七碑。

尊经阁。在文庙后，收贮历朝典籍、学规。上有魁星楼。科年士子科举祭魁，必祀于此。（旧志）

同治八年，重建文庙。中为大成殿，后为崇圣祠，上为尊经阁。殿旁为东西两庑，前为大成门。门外泮池，中棂星门，仍其旧。又左右为门二，左曰礼门，右曰义路。大成门东西为名宦、乡贤、忠孝、节烈四祠，缭以宫墙。左有紫泉书院，右有贵邑试院。

按：《通志》载，明洪武三十一年，教谕邓观善重修贵县学。证之县旧志，贵县学洪武三十年复兴，永乐三年告成，永不易焉之说，年若相符，而事实不相合。何也？成化七年，御史朱英迁学于城内，有张灿记可据。至嘉靖十八年，迁归城东旧址（见林大宏记）。李伊丽先生修志在康熙年间，殆弗深考耶？又《通志》载"洪武间，邓观善重修贵学"，而考嘉庆四年林大宏碑记则云"一迁城西，再迁下郭，三迁中郭，明永乐间始复其旧"。此公亦未深考。以邓氏重修而论，则其时学当在中郭也，故成化年《重迁县学记》有"士以出入为难，盖迁之城内"之文。以此参之，洪武末年学尚在中郭，更无疑义。①

重修学宫记

黄玉柱

风俗之盛衰，教化之得失，视乎学校之废兴。虽边徼之地，亦莫不以是为观感而兴起也。我康熙二十三年，诏修天下庙学，亲洒宸翰，颁赐御书，海内蒸蒸，罔不从义，典至巨也。

贵邑文庙，向在北郊，乾隆初改建城东，依岸临河，峰峦秀美，乡人士春秋瞻拜，有人文蔚起之思。迨咸丰甲寅，土寇倡乱，蹂躏圮毁者十有余年，函丈之地，夷为榛莽。甲子、乙丑间，克复县城，前邑宰萨君毕图始议重修。同治七年三月，玉柱代权是篆，受事方新，进诸生等而告之曰："此地名卿巨儒，代不乏人，诸生读圣贤书，其所以绍述先哲、仰答圣天子作人雅意者，果安在乎？"乃蠲俸为之倡始。一时绅民踊跃从事，饬材鸠工，殿庑门庭，悉仍旧制，而增荣饰观。后有崇圣祠、尊经阁，前列名宦、乡贤、忠孝、节烈四祠，缭以垣墉，规模宏敞，其中豆笾樽俎之器，厘然备具。登斯堂，仰瞻圣范，如逢章甫缝掖，憬然兴高山景仰之思。经始于同治己巳孟秋，至庚午初夏，凡十阅月而工竣。于是躬率僚采，行释菜礼，而春秋享祀，以妥以侑矣。

---

① 〔清〕王仁钟修，〔清〕梁吉祥纂：《贵县志》卷二，清光绪二十年（1894）刻本，第5—6叶。

呜呼！贵以蕞尔邑，界万山，滨长江，经兵燹之后，民气嚣张，而客土揉杂，尚气好斗，攘窃奸宄之徒，往往竞起。风俗之不正，教化之不行也，匪独守土者之责，抑亦乡先生之忧。兹乃向风慕义者，遍于里闾郊遂间，慨然克成斯举。盖古贤过化之泽，犹未尽泯也。由是家弦户诵，望宫墙之巍峻，益隆尊圣崇儒之道，沐圣教而变化气质，育人材以供国家之用。教化于焉广，风俗于焉美，洙泗之风，安见其不萃于斯乎？《记》云："观于乡而知王道之易易，不信然欤？"诸生请余一言而为之记。

斯役也，工费之资，用金二千七百有奇，皆合邑绅耆士庶之所捐集。而综理其事，巨细不遗者，林君廷宣、陈君瑞之力为多。司学事者，教谕莫君潜也。例得并书。[1]

迁建学宫记

陈桂洲

余读《浔志》云：贵县风土温厚，民尚朴素。士多志学，虽贫亦延师教子，以故科名独盛焉。至按巡浔郡，舟泊斯邑，见其人物彬彬，颇异他属。场中校士阅其文，较醇正可嘉，且少佻达之习。以是而知学校之所渐摩，风俗之所濡染，非一朝一夕之故也。试竣，绅士宋运新及王业大、邓履恒、刘用铨若而人具词请曰：吾邑学宫昉于宋庆历，再兴于前明永乐间。原在东郭外，顾其地滨于河，年久水啮，恒苦溃漫，非所以肃观瞻。癸酉岁，都人士佥谋捐资迁建，卜吉于城之北，爽垲宏敞，前拱南峰，后枕龙岫，而左右襟带又皆山水秀丽。县尹黄君德星申牒上官，报可。是年兴筑正殿，未观厥成。丙子，石君崇先来宰篆，乃偕两广文洎前与事及某诸人复捐助，鸠工庀材。丁丑，大成殿、崇圣殿及东西两庑渐次就绪。冬，迎先师、先贤、先儒各牌位，释菜于其庙。其戟门、泮池，缭以周垣。于今岁夏月，亦可以毕厥工。愿为文以纪之。余跃然曰：此盛举也。虽自维寡陋，顾忝学校之责，可无言以告诸生？窃以为学宫之设，所以范天下人心俗尚而趋于一者也。五方风气不齐，物土之宜，各从其偏。貉不逾汶，鸲鹆不逾洛，橘逾淮而为枳，此迁其地而弗能为良也。惟夫学之一途，则亘古及今，际天横地，而莫外孔子之教。是何也？道之大原出于

---

[1]〔清〕王仁钟修，〔清〕梁吉祥纂：《贵县志》卷二，清光绪二十年（1894）刻本，第8叶。

天，孔子之教亦因乎天而已矣。真西山有言曰："荀、杨以善恶与混为性，而不知天命之本然；老、庄以虚无为道，而不知天理之至实；佛氏以划灭彝伦为教，而不知天叙之不可易。"此所以其说虽浸淫而终不可法可传，然其知尊孔子而重建学宫，非人心俗尚有以范围而趋于一者哉！

贵县夙称岩邑，自明以来，萑苻啸掠山谷，士生其间，死亡无日，岂暇投戈讲艺。迄国朝始次第荡平，生聚教诲，百有余年于兹矣。泽以弦诵，风以邹鲁，漠然山高而水清，固宜多士率德励行而兴起于学者也。《易》曰："日进无疆。"《传》曰："美成在久。"今者营迁宫墙，睹其巍然焕然，而益景仰为殷，躬行实践，全吾仁义礼智之性，达于日用事物之间，尽夫君臣、父子、夫妇、昆弟、朋友之伦，凡所以不背乎天者，即所以师承夫孔子者也。由是而硕德为真儒，处可以训方型俗，出则有以大称国家之用，三代人材可复睹也，岂独科名之盛而已哉！抑余更有幸者，政教之盛衰，系于学校之兴废。贵隶于浔，郡伯胡公首重斯文，重修郡庠，又缮葺书院，留心学校，固已树之风声。兹邑令石君又嘉惠多士，乐相与有成，政教之行，于斯可想见矣。后之继者，其率循作育之雅意，以无遏佚前人光，是余之所重望也夫！①

改建学宫记

林大宏

古者作宫立庙，必于山川聚会之处，择其阴阳向背之宜，众志皆孚，决以卜筮，则一时之创建，可以历之千百年而不移。然地气有衰旺、人事有变更，遂有辗转迁徙，至再至三，而后终无以易乎前人之所为者，则反正之功，不且与创建者相得而益彰欤？贵邑学宫，自宋庆历间创建于城东，此旧址也。后一迁于城西，再迁于下郭，三迁于中郭。明永乐间，始复其旧。成化辛丑，巡抚朱公英以征木峒诸瑶会于此，见庙宇不饬、堂舍倾颓，又迁于城内。嘉靖十八年，又迁归旧址。我朝康熙二十一年重修，至乾隆丁丑，进士宋运新等以旧址滨于河，恒苦潢漫，又迁于北郊。己亥冬，又合议而迁复焉。统计数百年间，图新者五，复旧者三。彼都人士览其山川，相其阴阳向背，几经图度，事不惮烦，而心无不尽，当无复毫发之遗憾矣。乃主其事者，误信人言，不依旧向，

---

① 〔清〕王仁钟修，〔清〕梁吉祥纂：《贵县志》卷二，清光绪二十年（1894）刻本，第7叶。

以至水与向违，当时已不协众论，虽功成不毁，逆知神灵之不安也。自己亥迄今历二十年，因荐历大水，墙垣剥落，不免倾圮之患。

宏于乙卯来摄此地，有以改迁之说请者，急为之叩其故，以他务未遑，迁延数载。今岁仲春，乃与两学博及诸绅士召匠兴工，改复旧向。总理梁日现、黄辅清、谭应泰、林毓琪、杜殿提、连桦、林中彦、吴性灿、林之椿、杜殿授、吴为己等，皆公正而廉干者。其毯瓴桷楣，新旧参半，惟正殿增高五尺，两庑及大成门皆与之称。又其外泮池为石坊，以次毕举，崇隆在望，规模焕然一新也。上梁吉辰，邑人士置酒相庆，莫不鼓掌相快。不一月，予以期满告代，虽未得落其成，而有以断其事之必万全无憾矣。由此神灵妥而文运昌。

是役也，宏不敢自以为功，然一人倡，百人和，使数十年未竟之志，一旦举而行之，不独可以救前人之失，亦欲使后之享其成者，知今日反正之苦心，不惑于浮论，再蹈前辙，是则余与诸君子之厚望也。夫诸君子以余实首其事，不可无一言，爰为之序其颠末，虽不文，未敢以自谢也。是为记。①

附文庙租息

同治己巳年重建文庙，设司祝一人，供奉香灯。原拨书院管业，城内瓦铺一间，收租给司祝工食。此铺在东门街坐北向南，右邻张文华，左邻黄姓，另铺后右边有园地一段，包张姓屋背。又存知县焦肇骏捐廉俸银八十元，并旧存余剩白瓦银四十两。光绪戊寅年，尊经阁左边墙首被风吹倒，暂将此款借支修葺。经值事筹款填补，会众妥议，将此银出揭。每年春秋祭，轮派在学生员收息银，办理习仪事。②

开科贡院

据前代旧志，贵州解额四名。三年大比，峨冠博带应举于有司者七百人，附试于象州。历绍熙二年秋，移附于横州，从士子之请也。是岁，郡守陈公昭嗣以诗赠举人：

二十四峰称小桂，山明水秀本从来。莫言劝尔修常礼，犹胜联镳得异才。越峤喜迎千里雪，禹门专听一声雷。慈恩塔上题名处，为破天荒一快哉。

---

① 〔清〕王仁钟修，〔清〕梁吉祥纂：《贵县志》卷二，清光绪二十年（1894）刻本，第7叶。
② 同上书，卷二，第13叶。

后士子赴试不便，于开禧二年丙寅申请于漕台就本州应试。至嘉定六年癸酉科方从本州申请创立贡院，试事自此乃定。①

选举

贵邑科名，始于宋元丰、大观间，而登春榜者，至明宏治壬戌科乃得苏主政一人，元以前则寂寂无闻焉。国朝开科取士，康熙初，吾邑即有隽会试者，至今接踵者又有七人。虽所谓人物不必在此，亦可见科名之盛也。

按：古有进士科，无举人科。凡试于礼部者，必先举于其乡。故唐人应举者皆曰进士，而冠以举字。有举进士而及第者，有举进士而不第者。其第者授官，不第者回乡。次科仍由乡试觅举，以赴会试，未尝以举人为科名也。至有明一代，始别有举人科。

按：贡士之名，亦进士之目，而限以年岁，拘以额数，则自元至正十九年定制，上路总管府三年两贡，儒、吏各一人；下路总管府二年一贡，儒、吏递进。儒必通吏事，吏必知经史，储以备橡史、令史之用。其时经生、文士进者鲜矣。明永乐间，始诏府、州、县学贡生员，其后府学一年贡一人，州学三年二人，县学二年一人，著为令。嘉、隆以后，遇恩则有恩贡。崇祯以后，加恩复有拔贡。国朝雍正十一年，保送升入太学者，又有优贡（同治二年，题奏朝考录用）。遂与乡榜之副贡共为贡生焉。而误沿唐制称为明经者，则不可不辨（又《通志》载：国朝拔贡，康熙间旧例，十二年举行一次，府学二人，州、县学各一人。雍正五年，改为六年一次。乾隆七年，定为十二年一举。国朝优贡，顺治二年及康熙二十四年，议准府学起送二人，州、县学起送一人。乾隆四年，议准大省无过五、六名，中省三、四名，小省一、二名，学政三年任满，详慎举报，宁缺毋滥）。②

《平南县志》学校

平南学宫

平南学宫，在城外左厢状元街。明洪武初，知县齐逊建。殿庑、门堂、两斋、射圃、八廊。永乐间，知县汪浚塑圣贤像。正统、天顺间，知县胡济、同知李应相继修建。宏治十七年，提学佥事姚镆饬推官樊士奇、知县岳琬重建。明末毁于兵。国朝康熙初年，通判刘正倡修大成殿，知县程应辰续葺之。二十

---

① 〔清〕王仁钟修，〔清〕梁吉祥纂：《贵县志》卷二，清光绪二十年（1894）刻本，第16叶。
② 同上书，卷二，第2叶。

年,知县陈洪畴重修大成殿、崇圣祠、名宦、乡贤二祠。二十四年,知县吕廷云增建东西庑及明伦堂。四十四年,知县雷有声增建戟门、棂星门、泮池、宫墙及东西二门。四十五年,知县李钟壁重修明伦堂。五十七年,知县刘梦正重修正殿、两庑、崇圣祠、名宦乡贤祠。雍正十一年,知县王瑞、李志斌重建大成殿、崇圣祠、东西庑、戟门、棂星门、泮池、宫墙、礼门、义路、明伦堂、乡贤名宦祠。乾隆十四年,知县李仲良重修戟门。五十八年,知县孙鉴重修。道光七年,署知县朱象斑于宫墙外折民房修砌石台。道光十三年,邑绅黎士华等重砌石名宦祠,在戟门左,祀总督陈大科、陈邦瞻、马雄镇、傅宏烈,布政李涛,按察黄元骥,苍梧道张若霖、张维达,浔州府刘浩等九人。乡贤祠,在戟门右,祀梁公仲邱、张公仲湜、留公、周公、程公、徐公、黄公、谭公、龚公等九人(按:留公并无传略,亦不著名,存以备考)。忠义孝友祠,在学宫右。祀殉难知县周岱生、典史武佐鼎、忠烈覃衡、大义士张廷緰、孝友韦一奇等五人。雍正四年,知县刘永浚建节孝祠,在明伦堂左,祀韦金德妻宝氏等共二十一人。乾隆十九年,知县李仲良倡建。嘉庆二十四年,邑绅廖在云捐修。①

文武学生额

平南县,廪膳生额二十名,增额如廪,二年一贡,新进文生十二名,武生八名。②

学租

平南学田原额二十二亩二分零,除荒田十亩零,计熟田十二亩二分零,每年征租银九两四钱二分三厘,由学缴县,批解藩库。今查学田额租内开:川一里铜鼓洲学田一段,租银三十四两;又院山村学田一段,租钱六千文。惠政里官塘村学田一段,租谷四千斤。零三里石村学塘一口,租钱二千文。蒙化里小黎村学田一所,租银三十六两;又上安村学田一所,租银四两。大乌里都盆村学田一段,租银三十两;又蓝垌村学田一所,租银八两;又马王村学田一所,租银三两。以上每年共收租谷四千斤,银一百一十五两,钱八千文,由两学招佃承纳。其学租仍照原额,并不加增。③

---

① 〔清〕张显相修,〔清〕黎士华纂:《平南县志》卷九,清道光十五年(1835)刻本,第1—2叶。
② 同上书,卷九,第9叶。
③ 同上书,卷一〇,第9叶。

重修学宫碑
（学博）杨步云（宜山人）

龚之学宫，旧址也，在城东南隅。厥土突怒若堆阜，北枕蛇黄岭，冈陵环卫，龚江横其前，屋后陂池绕之。自立学以来，数建造葺治，详邑乘暨古碑记。乾隆间复修之，殿堂门庑制乃备。

癸未，予司铎是邦，庙之规制具在。岁久，渗漏椳题，朽蠹黝垩，丹漆多剥落。爰集都人士而告曰："郡邑之盛衰，视其学之兴废。崇宫焕宇，则斋庄肃穆之心生；颓垣败栋，则怠忽玩易之意起，儒风士习于是乎！在四方观礼者，卜其乡之贤否焉。岁时祀事，犹显者耳。是弗美备，非所以致崇极之意也。"既而各出资，鸠工庀材，易桷与瓦，墁治壁，乃暨乃涂，举以法。越五月，告成庙。右即余署，朝夕仰瞻，悠然起敬。左顾燕石，下临渔洲，益以大观美焉。武城人多好义，百用具修。是役也，尤关典礼，余职学官，故为文以记。时道光八年三月也。①

试院
彭昱尧

新长东偏竹，何人倚槛栽。风灯明隔院，山鸟笑重来。匝月不出户，好花何处开。为寻旧行迹，幽径没苍苔。②

鼎建桂平县儒学记
曾守身

天启癸亥、甲子年间，粤西御史台四塞贾公、玄珠王公相继广厉学宫，咸以士为重。贾侍御之言曰："本院以观风为职，非见微知著之识何容易。然而生心害事，俱自其言得之。今日士子之文，正士子之言也，奈何细视？"王侍御之言曰："国家以孔孟书课士，固欲借功名以畅道德，而士不免借孔孟以饵功名，且功名之士渐降为富贵矣。人文愈盛，世趋愈卑，夫岂高皇帝一道同风之旨乎？说者谓粤士无文，本院正喜其无文，而人心灵气塞而未通，庶几留道德之意，而功名富贵之窦或不尽开。故无文之文，观风者所欲急求焉。"二公

---

① 〔清〕张显相修，〔清〕黎士华纂：《平南县志》卷二二，清道光十五年（1835）刻本，第54叶。
② 〔清〕张凯嵩辑：《樾湖十子诗钞》，收入《广西历代文献集成》，广西师范大学出版社，2012，第416页。

所为望粤士者殷矣。及行部至浔,适不佞署浔道,首檄不佞试士,不佞因得以一再阅其文而次第之。大抵皆崇道德,重功名,绝无生心害事、浸淫富贵之习。二公心钦之,不佞亦得借追监司教化之责。

会桂平无黉宫,士附府黉。先是,洪武四年建于城南隅,成化七年毁。万历三十二年,乡士大夫龙国禄、杨大节、黎大亨等请重构,以费巨未遂。郡二守袁君温、邑令黄君梦诏翕然以建学为任,询于乡士大夫。咸曰:城东故书院址,枕黔带郁,二水汇于左为镡江,龙山蜿蜒萃为支垄甚秀,白石洞天峙其前,俨然卓笔峰也。以是妥圣灵,毓人文,其可已?乃议捐发,自制台胡公、抚台赵公、学道黄公、巡道胡公及府县官、乡士大夫,咸乐为助,贾公、王公与不佞亦稍助焉,合之得五六百金。遂创桂平学于此,凡殿庑、堂斋、门楗、坊垣、台阶具备。甲子仲春朔,迁先师神位于中,合邑之士,咸来骏奔如礼,然一伟观矣。

夫数年来,矢心力经营,所望于诸士子,无非为立德、立功、立言计。而不佞习见诸士子,亦靡不鱼鱼雅雅,朝夕弦诵,翱翔于道德之林,趋蹿于功名之囿,期不负当事者作新至意。今而后,浔其有兴乎?然吾闻浔山川奇异,凤巢龙影之胜,著在野史。罗丛畅岩,则程明道父子兄弟读书处也;柏台梧堂,则廖子晦讲书处也;白马渡,梁状元嵩发祥处也;以忠降宜、容二州贼,为殿中丞者,陈公坦然也。以孝建罔极亭,为苏子瞻所谒叩者,梁公诏也。司马岩,则尚书张公仲湜父子所栖真也。断藤峡,则韩襄毅公、王文成、翁东涯诸公所奏勋处也。高山武敏,可仰歆诸生,倘有意乎?有宋宣和间,召浔之拙翁施公才,问尔乡风物,施对曰"道德一而风俗同",甚称上意。夫诚道德一风俗同也,则先贤之所竖立,浔上官之所培养,与浔士大夫庶人之所奋励,敏效旦暮。异日者,道学修明,事功彪炳,超然于势利诐淫之外,讵曰徼灵黉序,将益为黉序增重矣。多士勉旃。①

---

① 〔清〕汪森编:《粤西文载》卷二八,文渊阁《四库全书》本,第43—46叶。

◆◇ 桂西 ◆◇

◇ 百色市 ◇

秀阳书院（德保）

秀阳书院，位于广西德保。清乾隆八年（1743），署知府陈谟购地始创。十年（1745），知府张光宗建成，为府属八邑士人肄业之所。五十九年（1794），知府汪为霖重建。清咸丰年间，毁于兵火。清光绪十四年（1888），署知府林苑生移建城内东隅。十六年（1890），署知府羊复礼改建城外试院东偏。清末，相继改为师范传习所、两等小学堂。

秀阳书院

在东关外，乾隆八年，署知府陈谟购地创兴。十年，知府张光宗建。（旧志）五十九年，知府汪为霖重建。咸丰年间，迭经兵燹毁于火。光绪十四年，署知府林苑生移建城内东隅。十六年，署知府羊复礼改建城外试院东偏。正学堂三间，实学斋五间，实用斋三间，希贤堂一间，厢房二间，柴房二间。头门、仪门、龙门、照壁，周围翼以土垣。王文成公祠在书院正学堂东偏三楹，光绪十六年署知府羊复礼建祀并袝祀。①

建秀阳书院记略

张光宗

镇安，土府也，介在极边，罔知文教。自雍正十一年，前孔守以圣裔来守是邦，始详请修建文庙，设立专官，秉铎斯土，声明文物之教。于是乎启然而规模初立，典礼未备。书院一事，未经议及者，遂阅数任。迨后陈署守谟，以郡城东有秀阳书院，旧制北向，基址湫隘，未堪扩充。适有思得其地以益宅者，以己南向地一区出而呈官兑易，而书院于是乎有其基矣。然而陈守有志未逮也。

---

① 〔清〕羊复礼修，〔清〕梁年等纂：《镇安府志》卷一五，清光绪十八年（1892）刻本，第1—4叶。

予以乾隆甲子岁十月抵镇安视事，恭谒文庙后，接见诸生于明伦堂。郁郁彬彬，亦绝无边鄙椎鲁气。可知从前官斯土者之作养，代有人也。未几翻阅旧牍，得东门外易书院基地一事，爰率属履其地而亲勘焉。其地南北深十六丈，东西阔七丈三尺，西南缺一隅，又购一民居以补其所不足。于是四隅周正、步位宽舒，可以置讲幄，建曲廊，庭除书室，咸可次第就理。予慨然曰："是可以集吾事矣！"乃捐金庀材，而各属亦乐有所输。继前守之所未逮，专命知事朱润忠监督其工。始事于乾隆乙丑之孟夏，阅丙寅仲春而工告成。

重建秀阳书院碑记

汪为霖

镇安城俯万山，周方百雉，城之中巍然卓立者，为独秀峰。其东隅旧建书院，沮洳一曲，弗称所居。爰迁筑于垂濠之介以课士，榜曰"秀阳"，盖前太守陈、张二公创也。余自辛亥岁调官兹土，目睹郡之人向慕圣贤课资典籍，及四时行部，梯山栈谷，所见耕牧之场，往往带经而锄，挂史于角，大有汉唐间人读书气象，辄欣然乐之。因思我国家承平日久，是郡之设，才六十有五年耳。雅化渐濡于土俗，由古朴而导以文明，将必有勤苦绩学，酝酿深醇，如许叔重、姜公辅者生乎其间。余忝为斯郡守，顾可鄙夷其民而弗加之意哉！

岁癸丑，朝议天保县额增弟子员四人，奉诏明年甲寅，各直省举行恩科乡试。诸士之呫哔于文者，侁侁然怀艺以待甄录。而旬课在斯，鲜可栖止。余乃撤而新之，并拓其地为讲堂三楹，广可九筵。堂之前接檐为榭，翼以两庑，祀六贤于右夹室，其左则庖也。为门三楹，建内外塾如制。为寝室三楹，周以回廊子舍。《记》所云藏修游息者，此其所也。室后隙地，植竹木以为荫，四山飞翠中，溪光泉响，鸟啼花发，俱足瀹性灵而资吟兴云。

是役也，余首捐百金，不烦民力，别驾三韩爱公景山暨所属赞成之。凡六阅月，工以告葳。后有大君子嗣而新之，鹅湖、鹿洞之良规，此其嚆矢也乎！董其事者，天保令萧濂权、归顺牧冉基安、判奉议州事刘昀、郡录事黄德荣，例得并书。

改建秀阳书院碑记

羊复礼

粤稽镇安，秦以前无可考。汉为句町国，旋为句町县，隶牂柯郡，见两汉《西南夷传》及《地理志》。蜀汉建兴三年，武侯定南中，分建宁牂柯，置兴古郡，句町隶焉。晋及五代皆属宁州。隋代沦入蛮獠，唐为西原，宋为广源。句町之名，乃不见于史志。而镇安峒之军民宣抚司，与今治之冻州，又并隶于岭南西道，为邕管羁縻州县，皆班班可考。各志谓隶交趾郡者，实不能详其源流焉。元为镇安路，隶湖广行省。明为镇安土府，隶广西布政司。国朝因之，嗣以岑氏故，绝于康熙二年改流，雍正七年升府。

孔公传堂以圣裔来守是邦，首请建学。乾隆乙丑，张公光宗始建书院于东门外。越甲寅，汪公为霖拓地重修，祀六贤于右夹室。代有作养，而文物声明之盛，遂媲隆上国。道、咸间毁于兵火。同治初元，郡人即旧址建学宫，而书院遂不复建。皇上御极之十四年，林君苑生度地于云山东麓，创文昌宫三楹，附书院于前楹，规模简陋，且不免人前神后之讥，复礼始有改建之议。嗣见试院地址闳敞，拟于东偏截三楹为讲堂，旁设斋舍十余间，庭除庖湢，粲然具列，征缮不劳，而规制加扩。询诸绅僚，佥以为可。且以明嘉靖中思、田一役，镇安目兵受害者以万计，奉议、向武同罹兵燹。王文成公奉命治之，受降者七万一千人，寇乱遂平。今田州郡治析隶奉议，是文成公之有造于镇郡者，固不啻生死而肉骨也。况当时用兵之祸，在镇郡辖境者多，其在思恩者，仅王受一攻武缘耳，则功德之在斯郡，更何如哉！至若理学、文章、经济，昭如日星，炳于金石，照耀寰宇，师表千古，固不独偏陬多士所当矜式也。李兰卿都转守思恩，重建阳明书院，镇郡以旧隶思恩，典礼未备，实为缺憾。因奉主祠于讲堂东偏，以符释菜先师之义。适安阳中丞马公奏请春秋祠祀，蒙旨俞允，并赐"教衍云岩"额于阳明书院，甚盛典也。

镇郡虽僻在边徼，亦获仰沐宸章，礼隆秩祀，俎豆莘莘，焕然大备，实文成公灵爽所式凭焉。且民俗朴陋，户鲜藏书，中丞颁经史罗列其中，以为诸生诵读之资。并徇众议，衬祀民所尸祝者。自孔公传堂以下十人，设监院以理其事，立章程二十条，俾垂久远。虽未能悉就明备，然所谓必广其地，必丰其资，必谨其法者，亦略有初基焉。诗曰："不愆不忘，率由旧章"，是亦循旧章而已，夫岂好为改作哉？昌黎称子厚不鄙夷其民，民各自矜奋。南轩谓俎豆修，则军旅之事斯循序而不忒教化行，则祸难之气坐销于冥冥之中。镇处边地，民经乱离，不能如昔之殷繁；界邻关隘，不能如昔之安堵。惟循是而束其肌骸，养其心志，教以孝悌忠信之大，喻以廉耻节义之防，俾其民尊君亲上，以固我边围。将各怀其矜奋之心，借以弭祸难之衅，或亦教民礼义之一端欤？镇之士民，若能闻风兴起，媲美前贤，上追党庠家塾之盛，以无负张、汪二公建造之初心，而日益盛美，是又复礼之所厚望焉。是为记。光绪辛卯六月。①

题秀阳书院大门

冯子材

不看破义利关，何须讲学；要认识忠孝字，才是读书。②

崇正书院（田阳）

崇正书院，位于广西田阳。清光绪十四年（1888），奉议州知州李沾春改冻暮洲玉皇阁为书院。崇正之名，名曰崇正，盖欲崇正学，息邪说。十五年（1889），署知州华世熙移建于城内州判署及行台旧址。十六年（1890），李沾春回任知州，建成正座3间、左右学舍各3间、头门、仪门及旁屋共8间。以田租、房租作为书院经费。黄天怀、杨杰、李炳杰先后任山长。废科举后，改为两等小学堂。

崇正书院

光绪十四年，知州李沾春奉文查禁斋匪，改冻暮洲玉皇阁为书院。十五年，署知州华世熙移建城内州判署及行台旧址。十六年，知州李沾春回任竣工。正座三间，后座三间，左右斋舍各三间，头门、仪门及旁屋共八间，墙垣周五十九丈六尺。

---

① 〔清〕羊复礼修，〔清〕梁年等纂：《镇安府志》卷一五，清光绪十八年（1892）刻本，第1—4叶。
② 邓洪波编著：《中国书院楹联》，湖南大学出版社，1999，第217页。

创建崇正书院碑记

李沾春

闻之孟子曰："经正则庶民兴，庶民兴斯无邪慝。"盖子舆氏承尧、舜、禹、汤、文、武、周公、孔子之绪，而以反经为正人心之本，则邪说不作而祸乱斯泯矣。奉议一边隅小州耳，唐为西原蛮，宋平侬智高，属静江军。元、明而后，屡遭兵燹，家室流离。皇上御极之元年，田州改流，割其地以益奉议，版图增廓，民乃得安居乐业，以从事于弦歌。盖自唐以来，吾民之困顿于锋镝死亡中者，何可胜数？今则金戈铁马，雾散烟销；蛮酋僮豪，划削澌灭，富完安乐。幸生无事之时，是皆朝廷德教遐敷，休养涵煦，有以致之也。

岁丙戌，沾春绾篆是区，闻州之冻暮洲玉皇阁麇聚男妇百数十人，渐染邪教，日习经咒，蹈白莲之故智，甚有女子终身斋素，誓不适人者。沾春设法禁止，毁其像，人其人。戊子，议即其地改建崇正书院，请于大府，皆报可。会己丑春，以秩满受代，代者为滇南华君世熙，用形家言，倡捐鸠工，移建于城内州判署及行台旧址。前后三楹，从绅民议，中祀文昌。夫文昌实为天神，道家以为张仲后身，或以为梓潼度世，意者其即古者祀天神而配以人鬼者欤？国家春秋秩祀，典礼攸隆，民间亦得援而祀之，固其宜也。庚寅春，沾春回莅斯土，中楹落成，遂经营增筑，缭以墙垣，饰以黝垩，斋舍庖湢，粲然具备，仍名曰"崇正"。并城乡设义学五所，皆以正名，盖欲崇正学、息邪说也。

夫君臣、父子、夫妇、兄弟、朋友，伦之正也；仁、义、礼、智，性之正也；《诗》《书》《礼》《乐》《易象》《春秋》，教之正也。人莫不有伦，莫不有性，即莫不有教。教之以正伦，教之以正性，而士民之秀良者，乃得笃其伦理之本，复其性命之原。庶几仰窥孔、孟之教，而上臻乎尧、舜、禹、汤、文、武之治，同归于正，而不即于邪乎？况今日者，异端之学支离怪诞，邪行诐辞浸淫边鄙。若不力为挽回，将世衰俗敝，人心浇漓，日陷溺狂澜，而靡所底止。俾斯民仍不得安于畎亩衣食，以同被圣人之化，亦守土者之责也。嗟夫！祸乱之起，生于人心之邪，人心正而祸乱弭，此沾春所为亟亟明正学以正人心也。夫不揣固陋，窃本斯诣，以为诸生勖，岂仅以文艺之末、科名之盛为诸生望哉？

是役也，兴建于己丑仲冬，迄工于庚寅季冬，历十有四月，糜钱三千五百余缗。庀材饬工各效其力。惜华君殁于西隆任所，未获睹斯成焉。因具论其旨意，而详其本末如此。光绪十有七年六月。①

书籍

《御纂周易折中》二十二卷，康熙五十四年奉敕撰。

《钦定书经传说汇纂》二十一卷，康熙六十年奉敕撰。

《钦定诗经传说汇纂》二十一卷，同上。

《钦定周官义疏》四十八卷，乾隆十三年奉敕撰。

《钦定仪礼义疏》四十八卷，同上。

《钦定礼记义疏》八十二卷，同上。

《钦定春秋传说汇纂》三十八卷，康熙三十八年奉敕撰。以上浙江刊本。

《周易读本》四卷，宋朱子本义。

《书经读本》六卷，宋蔡沈《集传》。

《诗经读本》二十卷，宋《朱子集传》附小序一卷。

《礼记读本》十卷，元陈澔集说。

《左传读本》三十卷，道光三年奉敕纂辑。

《四书读本》十九卷，宋朱子集注。以上江苏刊本。

《皇清经解》一千四百八十二卷，阮元编刊，广东刊本。

《左传杜解补正》三卷，《音论》一卷，《易音》三卷，《诗本音》十卷，《日知录》二卷。以上顾炎武著。

《四书释地》一卷、《释地》续一卷，又续一卷，三续一卷，《孟子生卒年月考》一卷，《潜邱札记》二卷。以上阎若璩著。

《禹贡锥指》二十一卷，胡渭著。

《学礼质疑》二卷，《学春秋随笔》十卷。以上万斯大著。

《毛诗稽古编》三十卷，陈启源著。

《仲氏易》三十卷、《春秋毛氏传》三十六卷、《春秋简书刊误》二卷、

---

① 〔清〕羊复礼修，〔清〕梁年等纂：《镇安府志》卷一五，清光绪十八年（1892）刻本，第19—20叶。

《春秋属辞比事记》四卷、《经问》十五卷、《论语稽求篇》七卷、《四书剩言》六卷,以上毛奇龄著。

《诗说》四卷,惠周惕著。

《湛园札记》一卷,姜宸英著。

《经义杂记》十卷,臧琳著。

《解春集》二卷,冯景著。

《尚书地理今释》一卷,蒋廷锡著。

《易说》六卷,《礼说》十四卷,《春秋说》十五卷。以上惠士奇著。

《白田草堂存稿》一卷,王懋竑著。

《周礼疑义举要》七卷,《深衣考证》一卷,《春秋地理考实》四卷,《群经补义》五卷,《乡党图考》十卷。以上江永著。

《仪礼章句》十七卷,吴廷华著。

《观象授时》十四卷,秦蕙田著。

《经史问答》七卷,全祖望著。

《质疑》一卷,杭世骏著。

《注疏考证》六卷,齐召南著。

《周官禄田考》三卷,《尚书小疏》一卷,《仪礼小疏》八卷,《春秋左传小疏》一卷,《果堂集》一卷。以上沈彤著。

《周易述》二十一卷,《古文尚书考》二卷,《春秋左传补注》六卷,《九经古义》十六卷。以上惠栋著。

《春秋正辞》十三卷,庄存与著。

《钟山札记》一卷,《龙城札记》一卷。以上卢文弨著。

《尚书集注音疏》十四卷,江声著。

《尚书后案》三十一卷,《周礼军赋说》四卷。以上王鸣盛著。

《十驾斋养新录》三卷,《余录》一卷,《潜研堂文集》六卷。以上钱大昕著。

《四书考异》三十六卷,翟灏著。

《尚书释天》六卷,盛百二著。

《读书脞录》二卷,《续编》二卷,孙志祖著。

《弁服释例》八卷,《释缯》一卷,以上任大椿著。

《尔雅正义》二十卷,邵晋涵著。

《宗法小记》一卷、《仪礼丧服足征记》十卷、《释宫小记》一卷、《考工创物小记》四卷、《磬折古义》一卷、《沟洫疆理小记》一卷、《禹贡三江考》三卷、《水地小记》一卷、《解字小记》一卷、《声律小记》一卷、《九谷考》四卷、《释草小记》一卷、《释虫小记》一卷,以上程瑶田著。

《礼笺》三卷,金榜著。

《毛郑诗考正》四卷,《诗经补注》二卷,《考工记图》二卷,《东原集》二卷,以上戴震著。

《古文尚书撰异》三十三卷、《毛诗故训传》三十卷、《诗经小学》四卷、《周礼汉读考》六卷、《仪礼汉读考》一卷、《说文解字注》十五卷、《六书音均表》五卷、《经韵楼集》六卷,以上段玉裁著。

《广雅疏证》十卷、《读书杂志》二卷,以上王念孙著。

《春秋公羊通义》十三卷、《礼学卮言》六卷、《大戴礼记补注》十三卷、《经学卮言》六卷,以上孔广森著。

《溉亭述古录》二卷,钱塘著。

《群经识小》八卷,李惇著。

《经读考异》八卷,武亿著。

《尚书今古文注疏》三十九卷,《问字堂集》一卷,以上孙星衍著。

《仪礼释官》九卷,胡匡衷著。

《礼经释例》十三卷,《校礼堂文集》一卷,以上凌廷堪著。

《刘氏遗书》一卷,刘台拱著。

《述学》二卷,《经义知新录》一卷,《大戴礼正误》一卷,以上汪中著。

《曾子注释》四卷、《周易校勘记》十一卷、《尚书校勘记》二十二卷、《毛诗校勘记》十卷、《周礼校勘记》十四卷、《仪礼校勘记》十八卷、《礼记校勘记》六十七卷、《春秋左氏传校勘记》四十二卷、《春秋公羊传校勘记》十二卷、《春秋穀梁传校勘记》十三卷、《论语校勘记》十一卷、《孝经校勘记》四卷、《尔雅校勘记》八卷、《孟子校勘记》十六卷、《车制图考》二卷、《积古斋钟鼎彝器款识》二卷、《畴人传》九卷、《揅经室集》七卷，以上阮元著。

《抚本礼记郑注考异》二卷，张敦仁著。

《易章句》十二卷、《易通释》二十卷、《易图略》八卷、《孟子正义》三十卷、《周易补疏》二卷、《尚书补疏》二卷、《毛诗补疏》五卷、《礼记补疏》三卷、《春秋左传补疏》五卷、《论语补疏》二卷，以上焦循著。

《周易述补》四卷，江藩著。

《拜经日记》八卷、《拜经文集》一卷，以上臧庸著。

《瞥记》一卷，梁玉绳著。

《经义述闻》二十八卷、《经传释词》十卷，以上王引之著。

《周易虞氏义》九卷、《周易虞氏消息》二卷、《虞氏易礼》二卷、《周易郑氏义》二卷、《周易荀氏九家义》一卷、《易义别录》十四卷，以上张惠言著。

《五经异义疏证》三卷、《左海经辨》二卷、《左海文集》二卷，以上陈寿祺著。

《鉴止水斋集》二卷，许宗彦著。

《尔雅义疏》二十卷，郝懿行著。

《春秋左传补注》三卷，马宗连著。

《公羊何氏释例》十卷、《公羊何氏解诂笺》一卷、《发墨守评》一卷、《穀梁废疾申何》二卷、《左氏春秋考证》二卷、《箴膏肓评》一卷、《论语述何》二卷，以上刘逢禄著。

《燕寝考》三卷、《研六室杂著》一卷，以上胡培翚著。

《春秋异文笺》十三卷、《宝甓斋札记》一卷、《宝甓斋文集》一卷，以上赵坦著。

《夏小正疏义》四卷，洪震煊著。

《秋槎杂记》一卷，刘履恂著。

《吾亦庐稿》四卷，崔应榴著。

《论语偶记》一卷，方观旭著。

《经书算学天文考》一卷，陈懋龄著。

《四书释地辨证》二卷，宋翔凤著。

《毛诗绸义》二十四卷，李黼平著。

《公羊礼说》一卷、《礼说》四卷，以上凌曙著。

《孝经义疏》一卷，阮福著。

《经传考证》八卷，朱彬著。

《甓斋遗稿》一卷，刘玉麟著。

《说纬》一卷，王崧著。

《经义丛钞》三十卷，严杰补编。

《石经考异》一卷、《汉石经考异》一卷、《魏石经考异》一卷、《唐石经考异》一卷、《蜀石经考异》一卷、《北宋石经考异》一卷、《三家诗异文疏证》二卷，以上冯登府著。

共一百八十五种。

《古经解汇函》一百二十六卷，广东刊本。

《郑氏周易注》三卷，补遗一卷，汉郑康成注，宋王应麟撰集，国朝惠栋增补。

《陆氏周易述》一卷，吴陆绩撰，明姚士磷辑，国朝孙堂增补。

《周易集解》十七卷，唐李鼎祚辑。

《周易口诀义》六卷，唐史征撰。

易纬八种：《乾坤凿度》二卷、《乾凿度》二卷、《稽览图》二卷、《辨终备》一卷、《通卦验》二卷、《乾元序制记》一卷、《是类谋》一卷、《坤灵图》一卷，苍颉修，汉郑康成注。

《尚书大传》三卷，附《序录辨伪》，汉伏胜撰，郑康成注。

《韩诗外传》十卷，附《校注拾遗》，汉韩婴注。

《毛诗草木鸟兽虫鱼疏》二卷，吴陆玑撰。

《春秋繁露》十七卷，附录旧跋，汉董仲舒撰，国朝凌曙注。

《春秋释例》十五卷，晋杜预撰。

《春秋集传纂例》十卷，《春秋微旨》三卷，《春秋集传辨疑》十卷，以上唐陆淳纂。

《论语集解义疏》十卷，魏何晏集解，梁皇侃义疏。

《论语笔解》二卷，唐韩愈、李新同注。

《郑志》三卷，附《补遗》一卷，魏邻小同撰。

共二十三种。

《小学汇函》一百二十四卷，广东刊本。

《方言注并补遗》十三卷，汉扬雄记，晋郭璞注。

《释名》八卷，汉刘熙撰。

《广雅》十卷，魏张楫撰，隋曹宪音。

《匡谬正俗》八卷，唐颜师古撰。

《急就篇》四卷，汉史游撰，唐颜师古注，宋王应麟补注，国朝孙星衍考异。

《说文解字》十五卷，汉许慎记，宋徐铉校定。

《说文系传》四十卷，校勘记三卷，宋徐锴传释，朱翱反切。

《说文篆韵谱》五卷，宋徐铉述。

《玉篇》三卷，梁顾野王撰。

《干禄字书》一卷，唐颜元孙撰。

《五经文字》三卷，唐张参撰。

《九经字样》一卷，唐唐元度撰。

《广韵》五卷，唐陆法言撰，长孙讷言笺注。

《广韵》五卷，孙愐校正。

共十四种。

《圣谕广训附律易解》一卷，国朝夏炘恭绎，浙江刊本。

《御批通鉴辑览》一百二十卷，乾隆三十三年奉敕纂，湖南刊本。

《资治通鉴》二百九十四卷，宋司马光撰，江苏刊本。

《纲鉴正史》约三十六卷，附《甲子纪元》，明顾锡畴原编，国朝陈宏谋增订，浙江刊本。

《牧令书辑要》十卷，国朝徐栋原编。

《实政录》七卷，明吕坤撰。

《筹济编》三十二卷，国朝杨景仁辑。以上江苏刊本。

《荒政辑要》九卷，国朝汪志伊纂。

《学治臆说》二卷，《学治续说》一卷，《附赘说》一卷，《佐治药言》一卷，以上国朝汪辉祖撰。

《庸吏庸言》二卷，附《庸吏余谈》一卷，《读律心得》一卷，《蜀僚问答》二卷，附《手镜》一卷，《劝牧令文》一卷，以上国朝刘衡著。

《名法指掌》四卷，国朝沈莘田辑、徐灏增订。以上湖南刊本。

《钦定四库全书简明目录》二十卷，乾隆三十九年奉旨编刊，广东刊本。

《近思录》十四卷，附《朱子世家》一卷，《校勘记》一卷，国朝江永集注，江苏刊本。

《大学衍义》四十三卷，宋真德秀撰。

《理学宗传》二十六卷，明孙奇逢辑。以上浙江刊本。

《文选》六十卷，梁昭明太子辑，唐李善注，金陵刊本。

《楚词集注》八卷，附辩证二卷。

《后语》六卷，宋朱子集注，江苏刊本。

以上各书，安阳马中丞颁发，责成教授并监院斋长经管，以备借阅，每年抖晾三次。

《二程全书》六十六卷、《遗书》二十五卷、《附录》一卷、《外书》十二卷、《文集》十二卷、附《遗文》一卷、《附录》一卷、《周易传》四卷、《经说》八卷、《粹言》二卷，宋杨时订定，张栻编次。

《朱子大全》文集一百卷，《续集》十一卷，《别集》十卷，宋朱子著，国朝六安涂氏求我斋校刊。

《小学集注》六卷，附录六卷，宋朱子撰，陈选注。

《理学宗传辨正》二十六卷，国朝刘廷诏辑。

《朱子年谱》四卷、附《年谱考异》四卷、《朱子论学切要》二卷，国朝王懋竑纂订。

《吏治四种》，湖南刊本。

《钦定训饬州县条规》一卷，田文镜著。

《司牧宝鉴》一卷，国朝李颙著。

《蚕桑辑要合编》一卷，《吏治辑要》一卷，国朝倭仁著。

《三流五军道里表》二十卷，嘉庆十四年奉敕修。

《各国条约》二册、《通商税则善后条约》十册、《吾学录》二十四卷，国朝吴荣光述。

《得一录》八卷，国朝余治辑。

以上各书，署知府羊复礼由府署藏书内移发。经管章程同上。

《十三经古注》二百八十九卷，明金蟠汇订。永怀堂合刻本。

《易经》九卷，附《周易略例》一卷，魏王弼、晋韩伯注。

《尚书》二十卷，汉孔安国注。

《诗经》二十卷，附《诗谱》一卷，周卜子夏序，汉毛公传，郑立笺。

《周礼》四十二卷，《仪礼》十七卷，《礼记》四十九卷，以上汉郑立注。

《春秋左传》三十卷，晋杜预注。

《公羊传》二十八卷，汉何休注。

《穀梁传》二十卷，晋范宁注。

《尔雅》十一卷，晋郭璞注。

《论语》二十卷，魏何晏注。

《孝经》九卷，汉郑氏注。

《孟子》四十卷，汉赵岐注。

《春秋属辞辨例编》六十卷，国朝张应昌著，江苏刊本。

《十驾斋养新录》二十卷，附《余录》三卷、《年谱》一卷，国朝钱大昕纂，浙江刊本。

《癸巳存稿》十五卷，国朝俞樾撰。

《七十二候表》一卷，国朝罗以智纂，羊氏刊本。

《史记》一百三十卷，汉司马迁撰。

《裴骃集解》，唐司马贞索隐，张守节正文。

《汉书》一百卷，汉班固撰，唐颜师古注。

《后汉书》一百卷，宋范晔撰，唐章怀太子注。

《续汉书》三十卷，晋司马彪撰，梁刘昭注。

《圣谕广训直解》一卷、《皇朝经世文编》一百二十卷，国朝贺长龄辑。

《通鉴外纪并目录》十五卷，宋刘恕编，国朝胡克家注补。

《东华续录》一百二十卷，国朝王先谦辑。

《历代沿革图》一卷，江阴六氏原辑。

《广西通志辑要》十六卷，《续刻》二卷，郁林苏宗经原辑。

《听黄鹂馆外编》一卷，国朝魏邦翰辑。

《淮南许注异同诂》四卷，国朝陶方琦纂。

《靖节先生集》十二卷，晋陶潜著，江苏刊本。

《叶水心全集》二十九卷，宋叶适著，浙江刊本。

《王阳明先生全集》二十二卷，国朝俞嶙编。

《张忠烈公遗集》一卷，明张同敞著。

《培远堂手札节要》二卷，《课士直解》七卷，以上国朝陈宏谋著。

《郑小谷先生全集》四十七卷，国朝郑献甫著。

《四书翼注论》十二卷、《愚一录》十二卷、《补学轩续刻诗集》十二卷、《补学轩文集外编》四卷、《补学轩制艺四卷附杂话》一卷、《补学轩批选时文》二卷，《龙壁山房文钞》五卷，国朝王拯著。

《文选旁证》四十六卷，国朝梁章钜纂。

《四六丛话》三十三卷，附《选诗丛话》一卷，国朝孙梅辑。

《孟庐札记》八卷，国朝沈铭彝撰。

《乾初先生集》三卷，明陈确著。

《容庵先生集》二卷，明许令瑜著。

《止溪先生集》二卷，国朝朱嘉征著。

《仲鱼先生文集》六卷，《续编》二卷，《诗》二卷，国朝陈鳣著。

《敬慎居诗钞》二卷、《赞雪山房诗附》，国朝羊咸熙、羊登莱著。以上羊氏刊本。

《守柔斋诗抄》，国朝苏廷魁著。

《寄凫词》一卷，国朝孙德祖著。

《曼志堂遗稿》，国朝曹寿铭著。

《粟香随笔》八卷，二笔八卷，国朝金武祥著。

《松筠阁贞孝题词》一卷，金武祥辑。

《粟香丛书》十六卷，江阴金氏刊。

《宜斋野乘》一卷，宋吴枋著。

《阳羡茗壶系》一卷，《洞山岕茶系》一卷，以上明周高起著。

《得月楼书目》一卷，《藏说小萃》一卷，明李如一辑。

《读书琐记》一卷，国朝应凤韶著。

《读雪山房唐诗凡例》一卷，国朝管世铭著。

《云溪乐府》二卷，国朝赵怀玉著。

《笃慎堂烬余诗稿》二卷，国朝金谔著。

《存斋古文》一卷，国朝黄怀孝著。

《传忠堂古文》一卷，国朝周星监著。

《鸥堂誊稿》一卷、《东鸥草堂词》一卷、《鸥堂日记》一卷，以上周星誉著。

《志别录》二卷、《榕湖经舍藏书目录》一卷、《广西存书目录》一卷、《童歌养正》一卷、《性理字训》一卷。以上各书署知府羊复礼捐发。《经管章程》同上。

经费

乾隆十九年，知府傅聚清出冗役田四垧，发县为岁修书院之费。（旧志）

谨案：此项田垧现未查明。

雍正十三年，知府陈舜明清出土司猪马油酒裁汰田十六垧，岁收租钱三十九千三百文。

乾隆十九年，知府傅聚清出土司马牌谷额收一百八十七石三斗，变价银七十三两二钱八厘。又土府绝户田租银九两二钱，每银一两折钱一千文，向充书院膏火，载明通志及旧志。嗣因迭经兵燹，旧章渐废。

光绪十六年，署知府羊复礼仍提前项钱文作为膏火。

又光绪十年，署知县谢焕章审明黄祥课等互控，田埠断令充公，作为书院膏火，每年得谷四十把。嗣谢君去任，前项田埠，历年被县民岑金昌隐匿耕种。

光绪十六年，署知府羊复礼、知县洪杰查出，将田追还，议定每年折收钱二千文，并追出历年租谷折收钱二十三千文。

光绪十三年，署知县苏人谷筹获钱二百三十六千文。

十六年，署知府羊复礼筹获钱七十千文，一并发商生息，每年共得息钱五十九千二百二十文。

光绪十七年，知县洪杰清出墟规一项，每年拨充膏火钱四十千文，共钱二百二十二千九百二十八文。每月朔望二课，朔课府署校阅，望课县署校阅。每年自二月起至十一月止，计二十课。每课生童膏火各十二名，给钱十千文（每课生卷超等四名，第一名给钱一千二百文，第二名给钱八百文，第三、第四各给钱六百文。特等四名，各给钱五百文。一等四名，各给钱二百文。童卷上取四名，第一名给钱八百文，第二名给钱六百文，第三、第四各给钱四百文。中取四名，各给钱三百文。次取四名，各给钱一百五十文。奖赏在外十二名，以后不给膏奖）。共钱二百千文，尚余钱二十二千九百二十八文，作为每课卷费及书院岁修之需。又设监院一员，每年给薪水钱四十八千文，遇闰加钱四千文。斋长二名，每名每年给薪水钱二十四千文，遇闰每名加钱二千文，由按年所收猪判余款项内支给。经理试院各事，并书院朔望课卷，及镇安书局晒晾书籍等事，每年会同教授造报一次。又募院丁一名，每年给工食钱十二千文，遇闰加钱一千文，除由归公苏日照逆产项下提给钱五千文外，其余钱文由簣善局息钱项下支给。至每月朔、望香烛钱四百文，每课纸张笔墨钱三百文，亦由簣善局息项开支。云麓精舍在城内云山东麓文昌宫内。光绪十六年，署知府羊复礼、知县洪杰设专课经古。光绪十七年，知县洪杰清出墟规一项，拨充云麓精舍膏火钱五十千文，禀请由府立案。经署知府羊复礼立定章程，每月二十五日府县轮课。每年自二月起至十一月止，计十课。每课膏火生卷六名，童卷四名，共钱五千文，统由县署给领（每课生卷内课三名，第一名给钱一千文，第二名给钱八百文，第三名给钱六百文，外课三名，各给钱四百文。童卷内课二名，第一名给钱六百文，第二名给钱四百文，外课二名，各给钱二百文。以后不给膏火）。

宾兴经费（附）

光绪九年十二月，巡抚倪文蔚以泗、镇两府边远之区，每届文闱乡试，各士子因路费维艰，来省应试者甚少，筹给银一千五百两，发商生息。其息银逐年缴存藩库，三年积有成数。每届文闱乡试之期，泗、镇两府属士子来省应试者，三场完毕，查明人数，将息银按名匀给津贴往回路费。

谨案：此项经费，分给泗、镇两府赴试士子，现并给归顺各属。

簧善局经费各年由绅士经管，府县察核数目，计发商生息钱四千千文，按月一分。经署知府羊复礼核定章程，自光绪十七年起，按年得息钱四百八十千文，支给各项公费，余钱作宾兴经费。又钱三百千文，按月一分五厘，每年息钱五十四千文，作宾兴经费。义学不敷经费，亦在此项内支给，均归簧善局经理。又自光绪十七年起，在猪判项下提钱二百四十六千文，作宾兴经费。每遇乡试之期，合计人数及数项息钱，并猪判项下钱文，酌量分给举人会试、拔贡朝考经费。自光绪十七年起，在猪判项内提钱九十八千四百文，存储生息，以半分为会试经费，以半分为朝考经费。①

捐建考棚完竣疏（道光二十三年）

周之琦（巡抚）

志例有限断。此奏原属通府事，不宜载入《归顺志》。但此举创议以来十余年，连年赴省呈请，各大宪及今现存所捐经费，归顺居多，故附载以诏来许，俾知其事之颠末。

奏为捐建考棚完竣恳恩分别奖励事。道光二十三年七月二十七日，据泗城府知府李闲、镇安府知府糜良泽详称：窃照粤西省外各府、州均有考棚，惟泗城、镇安二府，改流伊始，地僻人稀，每届岁试，调赴南宁，岁、科一考，已历有年。我国家承平日久，文教覃敷。兹查泗城府属文武生员共四百九十余名，童生三百六十余名；镇安府属文武生员共五百九十余名，童生一千六百余名，人文蔚起。只因赴考南宁，远或千余里，近亦八九百里，生童中力能赴试者，仅十之五。单寒之士，艰于跋涉，实阻其上进。前据镇安、泗城府属绅士

---

① 〔清〕羊复礼修，〔清〕梁年等纂：《镇安府志》卷一五，清光绪十八年（1892）刻本，第4—19叶。

黄登云、李宜祖等，于道光十九年九月内呈请在于泗、镇壤接之奉议州，合建考棚，分棚考试，经前抚臣梁章钜饬司，转饬查办。嗣据前任镇安府恒梧、前署府周三锡、署泗城府李闲节次筹议劝捐详办，接任镇安府知府糜良泽于二十年十二月到任后，会同泗城府李闲设法劝捐。

兹据泗城府属士民共捐银一千七百九十二两零，镇安府属官民共捐银一万四千五百九十两有奇，钱一万三千四百余串。内除建造考棚及明伦堂、演武所、提调、监射、办考各公所以及号舍桌凳等项，共用工料银一万二千七百一十六两零，尚余银一千七百九十二两零，制钱一万三千四百六十余串，发典生息，以为办考经费之用。委据署天保县知县袁沛霖前往奉议州新建考棚工程，逐一查勘，俱已一律完竣，合式坚固，并无草率浮冒，出具印给。并查明各官绅士民等捐银数目及年籍履历各册，由藩司邵甲名、臬司宝清议请奏明分别鼓励。前来臣查例载地方修成等项工程，绅衿士民捐银三四百两以上者，奏请给以八品顶戴。如有顶戴人员声明听部另行议叙，其议叙人员令督抚查明年貌籍贯、三代履历造册，送部填写执照发给。又道光十五年，准吏部通行士民捐银二百两以上者给予顶戴。又士民捐制钱一串以银一两计算各等语云云。至前任镇安府恒梧、署任周三锡、现任糜良泽各捐数，俱系知府大员地方应办之事，毋庸议云云。

再，泗、镇两府既建考棚分考外，士民共捐银钱各一万余。所有该府文武生童应请。自道光二十四年起，在于奉议州分棚考试，仍遵照嘉庆年间原定旧章，岁、科并考，由岁试之年举行。此项工程系官民捐办，动用银数请造册报销。除将各官民捐银数目及年貌、籍贯、三代履历清册送部核办外，所有官民捐建考棚工竣缘由，谨会同两广督臣祁恭折具奏。

文庙碑记（乾隆四年）

骆为香

古者天子令天下郡邑各建胶庠，造士道云盛矣。然遐方僻壤，风声遏绝，尚未有议及者。岂若我朝文教覃敷，无远弗届，海隅徼塞，莫不设学校，置学官，为尤臻其盛耶？归顺为百粤边陲，旧属土司，地方多故。雍正己酉爰改为流，维时仅有摄篆。辛亥始设知州、学正等官。

壬子，余奉命来牧是邦，睹风俗颓敝，人民椎鲁，恻然忧之。因思辟雍建而云汉章，泮水作而淮夷服，则胶庠之设，宁容已乎？第为政有序，务急所先，以致革陋规，均田赋，劝崇俭，示敦本，庶几遂生，而后可以复性矣。越二年，乃申于宪，请题建学。度地州治之东，鸠工庀材，涓吉营作。先崇圣祠、大成殿，次两庑、大成门，名宦、乡贤翼辅左右。又次泮池、棂星门及礼门、义路，循序并建。复于宫右构明伦堂、学署、讲斋，规模备具矣。时学博罗城、孝廉吴献德同襄厥事。既成，考制度，为俎、豆、笾、筐，一切祭器，释菜告虔焉。是岁，昉咏采芹者五人，选成均者三人。先议者谓边方子弟素未学问，须借攻错于他山，许外省人寄学十科，为土著先资。而寄学之江右王生名首拔者丙辰补行乡试，遂赋鹿鸣。圣庙之发祥，有以焕奎璧、振人文如此，可征矣。夫人材不择地而生，矧兹山水灵秀，将有瑰玮圭璋之彦挺出其间，而要在毅然自立，进修不倦，以希圣贤为极功。至若相率观摩，家弦户诵，胥归儒雅而于忠孝节义至意也。他日成人有德，小子有造，令闻令望，以羽仪王国，窃为游于学者殷殷致望焉。

是庙兴工于甲寅六月十六日，落成于乙卯三月朔三日，曩以治务纷纭，未遑纪叙。兹任满将行，为撮颠末，刻辞于石。①

《百色厅志》书院

百色初无学。光绪七年，同知陈如金承前同知杨廷玙之议，始倡捐建。在镇署东，深四十二丈一尺，广八丈一尺，缭以垣墙，大成殿居中五间，前为露台，翼以两庑，戟门三间，前凿泮池，东礼门，西义路，中立棂星门三间，殿后崇圣祠，门外名宦、乡贤祠，又明伦堂。迨八年，资集创建未竣，如金旋以报满去任。十三年，同知夏敬颐复捐廉，始竟其工。惟名宦、乡贤祠及明伦堂以资罄，今犹待建。考棚在学宫之左。光绪四年，同知杨廷玙合泗城知府陈善均劝捐集资，提款创建。深四十三丈六尺，广十丈二尺，大门三间，左右公所各三，仪门三间，东西号舍各五。大堂五间，二堂三间，两厢为室各三。书院

---

① 〔清〕何福祥纂修：《归顺直隶州志》，收入《中国方志丛书》第137号，成文出版社，1968，第93—99页。

筹建未果，同知陈如金就考棚延山长主讲，月课生童，名曰"鹅城书院"。①

鹅城书院院长束脩银二百两，生童月课，官一师三，分给花红膏火。岁需银一百四十两有奇，在征收沿河地税银一百十余两项下开支，不敷之项，官为筹补。②

经正书院。在县署西。光绪三年，署知县陈如金建。大门三间，中为甬道，两旁学舍各五，以聚生徒。讲堂三间，左延宾而右设寝，为山长起居之所，庖湢之属无不具。后有旷地，留待续增。岁科县试之年，即于书院扃试。各里义学五。光绪三年，署知县陈如金分设。上田里附城曰"居仁"，上下恩里榜墟曰"由义"，下隆里野墟曰"崇礼"，上隆里燕墟曰"澄智"，篆里姜墟曰"敦信"，各于其乡就近训迪。居仁学舍即附书院。由义学舍正屋六间，厢屋二间，余俱草创。③

恩隆经正书院院长束脩银二百两。聘金、节敬、来去盘费银各二两八钱。生童不给膏火，月课无论官师，量予奖赏，综计岁需银四百两有奇。恩隆义学馆师束脩钱六十千，六里凡五，共钱三百千。④

◇ 河池市 ◇

德胜书院（宜州）

德胜书院，位于广西宜州。清乾隆十九年（1754），知府傅鼐创建。清道光十三年（1833），知府恒梧重建，专攻府、县试。清同治十三年（1874），知府赵沃、觉罗英锐，知县何昭然、梁瑞堂，率同绅民增建，详请学院按临考试。计大堂5间，左右厢房2间，左巡捕房1间，右门房1间，二堂5间，东文场2

---

① 〔清〕陈如金修，〔清〕华本松纂：《百色厅志》卷四，清光绪十七年（1891）刻本，第5—6叶。
② 〔清〕沈秉成修，〔清〕苏宗经、羊复礼纂：《广西通志辑要》卷一六，清光绪十五年（1889）刻本，第2叶。
③ 〔清〕陈如金修，〔清〕华本松纂：《百色厅志》卷四，清光绪十七年（1891）刻本，第6叶。
④ 同上书，卷五，第31叶。

所，西文场1所，头门3间，左巡补房1间，右办差房1间，仪门3间，厨房1间。

德胜书院记

郑献甫

　　自宜州西出，山如张屏、如连伞、如走马，左右夹道，其中正平。凡行四五十里有镇曰怀远，有阛阓无城郭，民之商贾者集焉。自是又西出，山如前益奇，水所出益清，蔽亏夕阳，蔚然深秀。又行四五十里，有镇曰德胜，有城，有通守署，有市民之耕读者环焉。地在郡之偏，而士之发名成业以去者，几过郡之半。顾去学校甚远，求闲燕甚难，又土瘠而风朴，分守者多畏险，不肯至。间一至，又避嫌不专治事，因陋而就简，士虽向学，官未兴学。

　　道光二十年庚子冬，今灌阳邑侯萧柳溪先生来，权理苗分府，爱其俗之简而士之盛，按月而课，捐俸而饩，举善而教，慨然思建书院以处之。先集乡先生示其意，众曰"善"。因通牒郡太守告其事，亦曰可。上倡下应，鸠工庀材。于署之东偏，辟地为屋，架三十有二，用缗钱千七百有奇。后枕小丘，前临远峰，岑而锐上如文笔，正而屹立如屏风，横而左曳如挂榜，郁而深藏如会仙。微雨初晴，远岚乍滴，其光蓊然在门。

　　以辛丑九月始基，至壬寅十二月落成，而献甫即于其年备山主之缺。过其山川，居其庭宇，交其人士，贺兹土之有遭，幸兹事之不偶，而又叹循吏之治周详风雅，真能不鄙夷其民也。

　　越明年，献甫仍主讲，乡先生请记诸石。

　　谨按：古者乡有校，党有庠，术有序，家有塾，为之长者即为之师，无所谓别立学以教之也。自书院兴而学校旷矣，自山长设而师儒冗矣，尚论者窃无取，亦甚是也。吾谓今书院颇似古之家塾，其地不必城邑，而里巷；其长不必官司，而乡人；其士不必选举，而考课。故成教较易，而成材较多。然使无良有司主之，则虽擅山水之奇，极人文之盛，亦未有创非常而起者。吾故于潮州不羡赵德而羡韩昌黎，于平江不羡苏湖而羡范文正也。是不可不记。若此地，明时为德胜驿，今呼为德胜城。或曰：其先以兵戈定之，故名。又《志》称赵清献通判宜州，王元质亦通判宜州，不知即今分府署为治否。又其外有岘棠书院，祀屠、马两守，说者谓此院之先声也。

癸卯夏四月十有七日象州郑献甫记。①

龙溪书院（宜州）

龙溪书院，位于广西宜州。宋嘉定八年（1215），权知州事张自明在山谷祠后修建龙溪书院，与山谷祠连为一体，宋黄庭坚贬死于此，后人修建山谷祠以志纪念。明天顺六年（1462），知府周一清、姜绾先后捐资重修，不久亦废。明嘉靖二年（1523），知府王显高修葺。六年（1527），知府叶蕭在原址重修并题名"龙溪书院"。八年（1529），始建巨坊于信道，匾题"黄山谷先生祠"。明末，毁于兵火。清康熙四十八年（1709），官绅捐资在原址重建。五十七年（1718），知县吴锡爵拆毁书院。清乾隆十八年（1753），知府查礼捐资重修。此后一百多年间，书院讲堂、斋舍逐渐失修崩坏，只存山谷祠。

龙江书院（宜州）

龙江书院，位于广西宜州。清康熙五十六年（1717），知府高茂选建，前后各三楹，旁设左右翼。清雍正年间，知县张梦白改为节孝祠。清乾隆六年（1741），知府陈希芳改为义学。清道光年间，改为府学训导署。

建书院记

高茂选

今天子久道化成，文教翔洽，薄海内外，靡不蒸然丕变。庆远虽僻处边隅，山萦而水绕，地秀而脉奇。流寓则黄山谷之文章，乡达则冯始平之科第，卓卓冠今古。其他负才名掇巍科者，未易更仆数。顾比来杳不获一隽，岂地气顿异，亦多士少肆力于诵读诗书，而又无其地、无其人，以朝夕聚业而观摩之也？

余乃进诸属僚而商之，议建学于郡治之中衢，前后各三楹，旁设左右翼，鸠工庀材，率先倡捐，各各踊跃以助。既成，颜曰"龙江书院"，择庠彦之最优者宗龙陈子延司其任，复以时劝课其怠勤。自兹而后，肄业有地，讲习有

---

① 〔清〕郑献甫：《补学轩文集》卷二，清咸丰十一年（1861）刻本，第31—32叶。

人,庶俾此邦之士,群相琢磨,奋起云路,以仰副圣天子振育斯文至意。

是役也,经始于丙申夏四月,落成于丁酉春二月。而董其事者,则宜阳令吴君锡爵也。①

庆江书院(宜州)

庆江书院,位于广西宜州。原是庆远盐埠归公房屋,充作五属公馆(位于今宜山县城东门内)。清乾隆五十九年(1794),知府张曾颸、知县徐光祚用历年盐埠贮存的租息将五属公馆改为书院,名为庆江书院,地方绅士汤傅彦等又在院后增修斋舍31间。清道光四年(1824),知府莫秀捐修斋舍,并添制床榻、桌凳什物。清咸丰以后,盐商停办,书院膏火无资。清同治年间,巡按张凯松令怀远厘金局每收银百两照抽四两,发存庆远府库,顾备公用。历任知府均于此项支取书院束脩膏火费。郑献甫曾主讲于此。因战乱一度毁坏,后修复。清宣统元年(1909)改为闲存高小。

庆江书院

在城东门内,旧系庆远盐埠归公房屋,充作五属公馆。乾隆二十一年,知府李文琰捐置宜山县上里民田数处,每年租息约银六十余两,以三十两为考棚经费,余银存贮。五十五年,知府王湖以积存银买天河县古波里民田,每年租息约银三十两。五十九年,知府张曾颸、宜山县徐光祚将历年存贮田租银两修葺五属公馆为书院,易名"庆江"。绅士汤傅彦、吴中华、廖梧凤、秦珩等倡各绅士捐资,于院后增修斋舍三十一间。六十年,知县徐光祚率府属士民定议,于食盐例价之外,每斤加银一厘。计庆远埠额销盐引,岁增银一千二百两有奇,令埠商遵办,每月缴送银一百五两,岁共计银一千二百六十两。院长聘金六两,束脩一百二十两,薪水银七十二两,节仪银四十八两。每月三课,酒席银各六钱,水火夫工食银六两。额定正课生员二十名,月各膏火银一两;副课生员二十名,月各膏火银五钱;正课童生二十名,月各膏火银八钱;副课童生二十名,月各膏火银四钱。奖赏生员,一等一名银五钱,二、三名各三钱,

---

① 〔清〕英秀修,〔清〕唐仁纂:《庆远府志》卷一一,清道光九年(1829)刻本,第31—32叶。

四、五名各二钱;童生,一等一名银三钱,二、三名各二钱,四、五名各一钱。课期,每卷一本银一分。饭食十席,每一席银四钱(今每名折给银五分)。岁以三十课为率。礼书一名,工食银十二两;门役一名,工食银十二两。共支销银一千五十两。道光四年,知府英秀捐修斋舍、门扇,并添制床榻、桌凳什物。七年,院长陈启焯题诗云:"龙蹊拓宇广甄陶,深閟宫墙隔市嚣。人学冯黎昌俊彦,官称召杜礼宾僚。频年得友何欣众,千里论文不厌遥。惟祝群贤同砥砺,大罗天上姓名标。"①

丁未小除日送友莲由苏桥买棹之庆江教授任二首

况澄

寒驿赴苏桥,桥边始泛舠。居人尝腊酒,客子换征袍。江水经冬浅,山风傍晚高。关心六十里,白发板与劳。(时奉母往)

舆马贫难备,舟行逼岁除。路遥春浩荡,人去室萧疏。薄官难偿债,离情数寄书。到时逢郑谷,为问近何如(郑小谷比部主讲庆书书院)。②

环江书院(环江)

环江书院,位于广西思恩(今属广西壮族自治区河池市)。清康熙二十四年(1685),知县鲍复相筹款创建,初名为"环江义馆",后兴废无考。清咸丰年间,举人吴景苏、韦继新倡捐共建,中厅为讲堂,内3间为官厅。清光绪五年(1879),知县周材芳重建,并设宾兴局,聘贡生韦汝澄为书院山长。三十二年(1906),知县王履晨改建为思恩县两等小学堂。

环江书院

在县城北门内。清康熙二十四年,知县鲍复相筹款创建,名为"环江义馆",聘邑名士分斋讲学,实为振兴文学基础。嗣后废兴无考,因之以为"环江书院"。咸丰年间,举人吴景苏、韦继新倡首捐资共建,每逢考期,以两庑

---

① 〔清〕英秀修,〔清〕唐仁纂:《庆远府志》卷一一,清道光九年(1829)刻本,第34—35叶。
② 〔清〕况澄:《西舍诗钞》卷六,收入《清代诗文集汇编》第601册,上海古籍出版社,2010,第568页。

为东西文场，中厅为讲堂，内有三间为官厅，大门外有照壁。光绪五年，知县周材芳捐俸重建，并设宾兴局，聘贡生韦汝澄为院中山长。终周任后宾兴局款项渐少，遂废。光绪二十三年，知县王履晨因其地基改建为两等小学堂，即今县立第一小校。①

环江义馆记

<（康熙年知县）>鲍复相

从来天下之教化起自学宫，斯成于义馆。而义馆之设与学宫相表里也。倘学宫不设，则乡塾党庠之教无闻，而椎俚屠狗之习相尚，甚至同类操戈，微嫌起衅。欲教之化之亦不能及也。故曰：宜起学宫也。若义馆不立，则工帖括者，上乏诗书之考订，下无朋友之切磋；气以弱而易衰，心以弛而易放；势不见异而思迁，即为循习而阻滞也。故曰：要设义馆也。

思邑向无义馆，士子多散于乡。环山而居者，相距数十里许，人私其身，家私其学。而况半菽不饱，厨无担石，又安望其有扶衰振懦而蔚起斯文之盛者耶？余守此土，正欲取人士而弦歌之。适朝廷乐育人材，诏天下郡县皆立义学，藐兹带溪零落已久，敢不奉命惟勤？因商之学博唐子健，建数椽于城西北隅。虽茅茨土阶，未遑丹雘，而青山排闼，绿水绕溪，亦可以供笔墨之娱者也。于是延邑之明经吴三俊、廪生刘祖沛集子弟之有志者，分斋讲学，给以膏火，资以楮墨。时与唐子健亲率其间，迄今三载有余。朝星暮月，出史烹经，唔唔然书声不绝也。因颜其室曰"环江义馆"。夫环江者何？其水潆洄，其气澄澈，其势奔腾，而澎湃回环于义馆之前，如文章之渊源有自，始则澜清脉细继焉。曲折舒徐而放手不穷，一泻千里，使都人士顾名思义，触目感怀云耳。从此策励于朋友，鼓舞乎诗书，勿见异而思迁，勿循习而阻滞。庶几乡塾党庠之教盛，椎俚屠狗之习移，而登云附骥之士踵相接焉。故曰：义馆之设与学宫相表里也。若夫阔大其规模，堂皇其气象，则候后来之大雅。芟除夫扑斫，易去夫狭隘，是余所厚望者也。②

---

① 梁杓修，吴瑜等纂：《思恩县志》第三编，民国二十四年（1935）铅印本，第19叶。
② 同上书，第七编，第2叶。

《庆远府志》学校

庆阳书院

在城西南隅。乾隆二十一年,知府李文琰因李公书院旧址拓而建之。

李文琰《庆阳书院记》曰:昔昌黎在潮,文风渐盛;子厚不鄙夷柳民,教以礼让。惟为天子守土,即宜为斯土作人,何问边疆严邑耶?矧庆为古宜州,素号文物地。崛起宋明者,有冯三元、黎鼎甲、陈都宪诸公。山川未改,钟降匪遥,要在培养乐育之而已。

余拜命承乏于乾隆癸酉秋,甫下车,辄以此意为拳拳。虽鞅掌簿书,驰驱民瘼,未尝一日去诸怀。夫萃一郡之英华,而为之备馆餐,延有道以含咀之,其体势固非可湫隘率意成之者。亟与属采,借箸而筹,得旧院之废址。佥告予曰:"此前守刘公偕郡士公捐以请学使按临者,三十年来未及成功,而多士调考赴柳,彳亍难辞,噫嘻惫矣。"余曰:"其亟为之用。"就乃基,度乃势,捐俸钱而梁栋之。经始乾隆乙亥之冬,告成丙子之秋,颜其额曰"庆阳书院"。余顾而乐之,而犹虑膏火无资,难俾此基于勿替。而士民踊跃,举以众擎。爰饬宜山李令,贮库置田,永为延师养士费。越日,而绅士即以试院请。余思今日之书院,昔日之试院也。试院废而书院成,书院成而试院亦可成。余亟请于当轴,多方筹画。多士其励,乃志懋,乃修居,明体达用,出而辅世长民,将必有超前轶后之才,上应圣朝文运之昌者。余之厚期,宁有既耶。

维时共襄厥事者,宜山令李瑛、署天河令雷谈、思恩令李景贤、宜山尉彭永泰也。讲堂、学舍、膏火田数列于左,后之君子可以考焉。三十七年,改建考棚,书院遂废(详下试院)。①

屏峰书院

在德胜镇西。乾隆十年绅士公建,十三年同知马德生、巡检蒋垣增建。②

凤冈书院

在城南。乾隆四十年,署知县董秉纯建。道光二年,训导蒙永晖改修学署。

---

① 〔清〕英秀修,〔清〕唐仁纂:《庆远府志》卷一一,清道光九年(1829)刻本,第33—34叶。
② 同上书,卷一一,第35叶。

龙江书院

道光二年，署知县谭联升奉抚部院赵慎畛给银创建。①

试院

国初无考棚，岁、科两考生童均赴柳州就试，滩险途遥，难于跋涉。雍正三年，知府刘之顼允绅士呈请，详恳建立考棚，不果。乾隆二十一年，知府李文琰得城西南隅官地，建修庆阳书院。绅士廖璋、陈子智、杨友楠等呈请就书院作考棚，由府转详在案。绅士廖璋等记曰：

乾隆癸酉秋，郡侯李公由大同司马来守兹土。下车问民疾苦外，即以兴贤育材为己任。爱新理黉宫，以崇正学；纂修郡志，以征文献。岁甲戌，旧考棚火，公往观，咨嗟数四。爰鸠工庀材，捐清俸，建造书院于其地。由门而堂、而室、而廊、而斋、而厨，星列棋布，焕然大观，且豫膏火以垂永久。工讫，命之曰"庆阳书院"。都人士相聚而言曰：我等远赴柳郡考试，自雍正三年呈请学宪按临，竭蹶为此，迄今三十余年未成，而公乃创于灰烬之余，是有意恤我也。夫书院固造士之阶，以之兼作考棚，为利更普，且彼此相需而成，公之功德不永著于庆阳也乎？相与合辞呈请，公即欣然申详学宪，恳其按临。多士踊跃劝抃，既喜修游有地，尤庆按临有所。因拜手作颂，镌诸贞珉，以志不忘。有颂三百余言，勒于碑。

三十七年，各属绅士公捐银三千七百七十两有奇，钱一百一十七千七百文，改修庆阳书院为试院。除支用外，余银一千五百两存宜山县库，发各属生息，充作办考经费。计三年积息银一千八十两，岁考支用六成，科考支用四成。三十八年，知府程大治详请咨题。三十九年，奉部覆议准，庆远府照例设立考棚学院，按临供给，向系宜山县承办。道光七年，知县谢沄详请五州县轮办，由府核议详准。自六年为始，宜山县办一考；天河县、河池州同办一考；思恩县、东兰州同办一考。②

教士条规

（雍正间忻城土知县）莫振国

照得造物广大之德，生生不穷。蠢者为物，灵者为人。人而灵也，惟知礼

---

① 〔清〕英秀修，〔清〕唐仁纂：《庆远府志》卷一一，清道光九年（1829）刻本，第37叶。
② 同上书，卷一一，第39—40叶。

义、习文章，始与物异尔。本县荷蒙皇朝重恩，承袭兹土。虽僻处万山之中，而颖于大郡，声明文物亦可以耳濡而目染矣。奈此土俗久沿，击鼓招宾，唱歌跳鬼，未能尽革。岂汝土民之终于冥顽罔觉，抑亦司牧者之训导未深耶？试观滇省未开，汉唐以来，龙佑那渐出山林，徙居平地，慕中国之风也；凤伽异入朝，得乐一部以归，沿中国之乐也；异牟寻请册封，改官号，法中国之礼也；段正淳遣使求经籍，得六十九家，仰中国之文章也。孰谓诸蛮肯自外于声教哉？况今圣天子崇儒重道，偃武修文，自汉晋唐宋以来，理学名儒莫有盛于此时者也。近观阖属土民与童子试者有人，游泮水者有人，是土俗骎骎乎有向化之基矣。本县竭绵力构造书房数间，延大邦名士教正官音、讲明书义，凡属官族子弟暨各堡目民有志上进者，均许入学肄业。乃述先儒名论，作《教规》一十六则，悬于讲堂，示诸生童朝夕触目警心，庶有裨于文教之万一云。

一、崇道统。道统渊源，为纲纪万化之本。由尧、舜、汤、文以及孔子，始集群圣之大成。孟子私淑诸人，时植杨、墨榛芜，辞而辟之，廓如也。宋周、程、张、邵诸子，皆为理学正派。自杨龟山有道南之叹，三传而及朱子，为诸儒之宗。观其与诸贤议论往复，辟金溪之清虚，摈同甫之功利，其言详且慎矣。明成祖命诸儒编辑《性理大全》等书。斯道之全，于今为昭。凡读书怀古者，谁非羽翼之侣？务期寻源溯流，无使正学为异端所窃也。幸甚！

一、讲性学。《易》曰："各正性命。"《书》曰："厥有恒性。"性学之不可不讲也审矣。孔子之言"性相近"，孟轲之言"性善说"，似异而归则同。从兹体会，道由此明，学由此进。若荀、杨、陆、王诸人，纷纷各是，终归于偏。自周子太极《通书》，默契真原，复经朱、程阐扬，而性学大明。程子曰："性即理也"。朱子曰："理在气中"，因气而变。于相近性善之旨，分明解破真善，发孔、孟之覆矣。故论学莫先于谕性，论性莫若深明理气之不杂不离，须以孔、孟之书接于目者留于心。

一、博经史。凡读书稽古，要明理而达事。经专于道理，史专于时事。读经者，学问之原本可得；读史者，治乱之是非可明。若拘一隅，未能博洽。何异并窥之见而不知天地之大，守锱铢之箧而目眩帑藏之多？惟学四子五经，通以《尔雅》，其用自宏；读纲目断议，佐以"三通"，其义益确。所谓博闻强识者，其在斯乎？若叶廷珪嗜书，四十余年未尝释卷，闻人有异书，无不借读，手抄数十册，名曰海录。尚有望于汝后生小子。

一、文礼乐。礼乐之作，由性情而起，进退疾舒，动静语默，斯须不可弃。生际明备之时，念作述之意，便见习礼知敬、习乐知和；敬以致敬，和以导和。风移俗易，在旦晚间耳。汉有徐生，习其数而不知其义，君子非之。若陈祥道之《礼书》，陈旸之《乐书》，聂崇义之《三礼图》，韩邦奇之《志乐》，尚属流传，亦于礼乐有参证耳，其可束之高阁乎？

一、敦实行。人生天地间，躬行为先，圣教首严。弟子迈年，尚作抑戒。自古忠臣孝子，未有不从饬励中来。故论孝必及闵、曾，论忠必推淮、夔。若剽窃虚名，希图幸进，礼义之维，名节之闲，终于坠废。细读柳公之箴、马援之训，自有着力处。甘露瑞云，实行召致，声犹在耳。诸生其闻否？

一、谨士趋。士子闭户潜修，惟端趋向。若不矜不谨，少有梯媒，便攀援竞进；获一私窦，辄奔趋若鹜。行谊既亏，入则有玷宫墙、出则有坏乡党，奔竞之风，必由此而倡。澹台灭明，矫矫自爱，落落难合。芳声在昔，介气犹存，为士者步亦步、趋亦趋，绝迹嚚尘，不入公室。所谓彼美一方，典型尚在，不与陈长生之杜门清修同望重于乡里乎？

一、尊严师学。圣人尚不敢私心自用，况尔后生小子乎？《礼》曰："侍坐于先生，先生问焉则对，请业则起，请益则起。"又曰："从于先生，不越路而与人言。遭先生于道，趋而进，正立拱手。先生与之言则对，不与之言则趋而退。"敬师之道备矣。游定夫、杨中立见伊川，瞑目而坐，侍立不敢去。及觉，顾谓："尔辈尚在乎？今既晚，且休矣。"及出门外，雪深三尺。其严惮之意何如耶？若此从事于师，可无愧矣。

一、重益友。《易》垂"盍簪"，《诗》歌"杕杜"，切磋琢磨，惟友是辅。戴洪正每得密友一人，则书于编简，号"金兰簿"。好友其如是乎！诵读进思，尚友千载；一堂谈深，风雨晦明，心神若接。孟郊诗曰："惟当金石交，可与贤达论"，得此意也。毋逐声名，毋尚势利，毋忌艺能，乐多贤友，孔子之教深矣。若伤比匪、讥凶终，又在诸士之出门知谨。

一、会讲章。诗书奥义有可以言传者，有不可以言传者。仔细寻绎，始能得其意味、致其精微。耳目之涉猎虽多，终属无据。董仲舒，汉醇儒也，其得力处正在三年不窥园圃，潜心大业耳。诸生当稽古质疑之际，绸之绎之，穷理必探其窟，格物必究其原，遥遥千古，俨如面谈，其于学之道得矣。

一、勤著作。名山之作，大都为传人起见。经史子书，当日之焦思竭虑，何如为后学者无只字之传？虽腹有鬼簿，谁氏点出？李贺之背锦囊，白乐天之置诗筒，好厥作也。诸生有志著述，贯天人者学广川，明治忽者学贾传，理可质先哲者学昌黎之正大，论可济当时者学眉山之著明。如此发天地之苞符，阐圣贤之精蕴，真无遗憾矣。若汉儒气度，晋士风流，更有厚望焉。

一、戒怠惰。人生斯世，前责我，后待我，一息尚存，此志不容少懈懒，如何做得朽木粪墙？所以见斥。昌黎《进学解》曰："学精于勤，荒于嬉。"是深于策后生也。汉史言妇工月三十日，当四十五日以夜作之，工居其半，岂非勤之效乎？诸士责备在身，可老妪之不若耶？陶公运甓惜分阴之意，良可仿矣。

一、慎言语。太上立德，其次立言，琬琰竹册，千古辉煌。恐漫不经心，一言失出，驷马难追。古以口舌构干戈，议论结谣诼，何代篾有？金人之戒，良有以夫。三复白圭，其旨深哉！诸士读书至惟口起羞，勿轻放过，学《易》至"吉人辞寡"，多读几声，《诗》曰："出话有章，其庶几乎？谓躁谓瞽，早知免矣。若谓呐呐形状，难以对人。试观王太保不在能言之流，其人居何等耶？"

一、防静驰。学问之道无他，求其放心而已。放而不求，谓之坐驰。坐而驰焉，灵台知虑，游于无何有之乡，鸿鹄求，猿马去，纷纷旁逐，虚灵终不在舍。故静持工夫，为学者第一着紧处。周、程诸子，得力就在此时。诸士欲求治心，先求主静；欲求主静，端在主敬。戒慎不睹，恐惧不闻。庶寂然不动之时，湛若太虚，此即颜子坐忘境地。至于由静而明，虚室生白，此影又静存之后效也。

一、遏嗜念。程伯子《春日偶成》云："云淡风轻近午天，傍花随柳过前川。"此嗜念净尽景界也。凡为士者，左有礼园，右有书圃，冠山之堂也。肴三坟，核五典，适口之珍也。前羲皇，后周孔，美人之列也。网古今，罗宇宙，羽猎之奇也。何庸纷华，战我道德？彼见金不顾，坐怀不乱，澹定何如？诸士其洗心焉。

一、乐为善。东平王格言："为善最乐"。诚见纲常名教，许多快活处。

若好事不做，专于行俭、侥幸这无形陷阱。一坠落其中，狂呼疾救，悔之无及。览《阴骘图》："作事须循天理。"一言可以蔽全篇。诸士悉心讲究，衾影有知，羹墙有见，日乐此不疲，自是天地间一完人。

一、速改过。年届五十，方知四十九年之非。圣贤且不敢自谓无过。偶尔错，辄失之东隅，收之桑榆，未为晚也。人如一面镜，忽然蒙垢，快快拂去，仍复光明。倘不认错，自以为是，王安石之执拘遗议，儒流诸士梦寐自问，未敢怙终，殆勇以修风雷之益者。若日月逾迈，读书以悟之；悔吝滋多，学《易》以免之。此更上一层楼，亦在汝诸生之发愤进去。

以上十六则，余亦约略言之，未敢谓详审无遗。从此旁通，愈求纯备，俾家为弦，户为诵，父戒子，兄戒弟，人心丕变，风俗醇美，是在汝诸生童之永矢弗谖也。①

戒条

一、不守学规。诸生身列胶庠，自应恪守卧碑。钦遵圣谕例载，学臣按临于祗。谒先师之日，教官率生员诣明伦堂，恭捧宣读。生员有无故规避者，行学戒饬。内有唆讼抗粮缘事，曾经戒饬者，令其阶下跪听，以示惩戒。又载恭遇圣节、元旦、冬至、丁祭之期，令生员分班行礼。如有高卧不赴，参错骄蹇者，行学戒饬。又载月课三次不到者，严传戒饬。一年不到者，详请褫革。如有事故，预行赴学禀报等语。所以整饬而约束之者綦严。乃近日诸生视为具文，多未恪遵。在诸生只图苟且偷惰。然典制攸关，学师安能违例曲徇乎？嗣后照前开列数条，倘仍有藐玩不遵者，定行据实详究，诸生毋得自误。

一、不安本分。国家设为庠序，广置生员，原期养成其才，以收其用，非谓给予一领青衿，即可以为所欲为也。例载生员不许干与外事，一切军民利病，不许上书陈言；一切公私杂役，不得预名顶充等语。所以防闲之，即所以优重之也。乃近日诸生，不自守重，往往有全不关己之事，列名呈告，或己不应为之役，出名顶充。如冒认事主，替人作证，及充当总催、保正、约长等类，明犯国法，暗制官长，实为衣冠之玷。嗣后如有此种陋习，定当照例详请治罪。

---

① 〔清〕英秀修，〔清〕唐仁纂：《庆远府志》卷一一，清道光九年（1829）刻本，第42—48叶。

一、恃衿欺压。顺治九年，颁行钦定六谕：一曰孝顺父母，二曰恭敬长上，三曰和睦乡里，四曰教训子孙，五曰各安生理，六曰无作非为。令行履无过、德业素著之生员，每遇朔望，申明六谕，开导愚氓。诚以生员之事亲从兄、谦己接物，足为乡人之式。使之谕乡人，自群服而悦从也。乃近日文武诸生，博得一身顶带，便已目无尊长，每事凌轹乡愚，损人利己。致使乡人恶之如蛇蝎，是本身且为伤风败俗之尤，安望其化导乡人，使之型仁讲让乎？嗣后如有此等劣习，一经查实，或被告发，定即详办不恕。

一、恃衿包揽。例载生员有犯奸盗诈讹等条，照平民加等治罪等语。诚以其明知故犯，其情尤重也。况为童子时，必须出具供结，并无抗粮违碍等弊，方准应试。及至身列胶庠，自应动遵礼法，乃反恃符在身，包揽词讼，抗欠钱粮，把持官府，武断乡曲，罔上行私，无所不至。试返己自问，国家何赖有此等无行之秀才，给以顶戴荣身，使之表异凡民乎？加等治罪，实由自取。夫欲长善必先救失，欲安良必务锄奸。

以上种种恶习，诸生有则改之，无则加勉，毋谓符可庇身，卒能幸逃法网也。①

课士诗

商盘

昌黎在潮阳，子厚居柳州。各将教化著，能转文风优。熙朝振钟鼓，远不遗蛮陬。兹郡虽荒僻，黉序人才收。所学敦本原，经明先行修。怀此希世珍，伫待侧席求。大守老腐儒，耽书亲校雠。菜芭如问字，载酒元亭游。②

《经律合课选》四卷

道光三、四年，督学祝庆蕃刊发五经诗题，令诸生排日立课，解阅发还。宜山县教谕廖汝驯辑，选拔罗翚鹏、吴尚宽，廪生姚人鹤、姚人凤、姚人举、谢宪章、吴西成、杨庆云、璩宣仁、莫有基等卷，择其佳者，编为四卷。署府训导唐启传序曰：

---

① 〔清〕英秀修，〔清〕唐仁纂：《庆远府志》卷一一，清道光九年（1829）刻本，第50—52叶。
② 〔清〕商盘：《质园诗集》卷三〇，清乾隆斛雉山房刻本，第11叶。

学者穷经，将以究天人性命之理，以为明体达用之资，而非徒以供咕哔、助讴吟也。若夫试律，赋物调声，粘排对仗，能涵理趣，而不能作理语。所谓诗有别才，非关学也。是乌可通之于经哉？乃祝衡畦、文宗岁、科两试，皆刊发五经诗题，令诸生排日作课，何耶？文宗之意，殆谓边方士子经学疏浅，且于试帖尤多不工，故使之每日作诗，以讲究乎法律，以调和其音节，而题皆拈以经语。则凡作一诗，必将取是题之全文，讲贯而玩索之。如此日久，则五经遍及，理明词顺，音雅律谐，将试帖工而经书亦渐以熟，是两收其益也。其所以造育边方士子，洵法良而意美已。而传窃谓文宗之意尤有深焉者，盖学者特患不通经耳。果其手不停披、口不绝吟，俾义理融通，意思活泼，则鸢飞鱼跃之机，时流露于心目之间。而形之笔墨，自不事字句栉比，而自有依永而和声者。先儒所谓"点窜尧典舜典字，铺陈清庙明堂诗"，洵不诬也。廖丽川学博选诸生之秀者，于文宗阅定诗卷中拔其尤，编为四卷，颜曰《经律合课选》，用以示在庠诸生。诸生诚本是选以为程，日拈其题以穷究经书之指趣，日作试律以揣求声调之和谐，行见阖庠俊秀莫不经术湛深、诗律精细，以仰副夫衡畦、文宗教育之雅意，是即丽川选合课之深心也夫。①

天河学宫告成赋勖诸士

尼父门墙迥，风高百世师。坛墠从古置，俎豆到今宜。悦服倾遐迩，尊荣历盛衰。沧桑虽屡变，雨露本无私。斗邑千峰闷，边隅万事靡。荆榛空绕座，钟鼓似悬丝。城阙风人刺，弦歌雅韵遗。绾铜来绝峤，刹草拭荒碑。烟郁栖神处，低回怵虑时。编茅依峭壁，入室掩朝曦。窃慕文翁化，虚叨单父司。爱人惭吏治，造士阻心期。幸际崇儒代，欢歌在泮诗。作新光令典，由旧辟宏基。石取他山便，才遴古木奇。垣墉勤创始，榱桷俨成规。募役供趋事，捐廉倡乐施。不劳征调力，宁费积仓资。数仞经营就，千秋堂构垂。增华应有待，式廓已如斯。至教通殊俗，蛮方仰圣祠。山川开面目，牖户豁胸脾。狮岭花迎秀，龙山藻散绮。鲲鹏胥鼓翼，桃李正含滋。莫怅云程邈，须酬月且知。文章关国运，礼乐迪民彝。匪直标三物，还期振四维。共循名教乐，瞻拜肃威仪。②

---

① 〔清〕英秀修，〔清〕唐仁纂：《庆远府志》卷一八，清道光九年（1829）刻本，第16—17叶。
② 〔清〕林光棣等纂修：《天河县志》卷下，清道光六年（1826）抄本，第15叶。

康熙二十四年天河新建文庙记

(国朝)黄澐

　　《春秋》之例，常事不书。故僖公修泮宫，《鲁颂》次第其事，扬厉休美，而圣人略而不书，曰常事也。然则有事于学校而屑屑焉记之，毋乃邻于喜功好名之所为而有悖于典欤？不知已废而复修者，事之常也；昔无而今有者，非事之常也。非常事而记之，将考信于其后，非以矜能而炫美也。

　　按天河隶庆远次邑，其地僻，其江山险峻，其民与狫、猺、壮属错处。其俗椎鲁者半，犷悍者半，威不能制，恩亦不能结。兼之兵燹频仍，饥馑洊告，为长吏者，军旅钱粮，日仰屋之不给，遑问学校有无哉？

　　上二十一年秋，澐衔命牧兹土，下车奠谒，徘徊太息曰："遗黍犹歌颂棠勿剪，况先师厘降之宫萧然于棘茨尘蔓间，曷以安圣灵而宣布兴朝之德化也？"于是履阶未暖，日有枝柱于怀者。而蕞尔偏隅，工作绝迹，乃仅辑茅编竹，创建大成、启圣、明伦两庑诸所。虽足以蔽风雨，不足以耸观瞻。经久之模未备，非守土之责而谁责欤？

　　岁甲子，天子大兴文教，诏天下郡县学宫皆崇建宏丽。而遐陬僻壤从未设有学宫，檄令先建正殿三楹。澐奉承惟谨，亟谋之学博，集诸绅士，度地鸠工，计砖甓木石之需与匠役工食之费，捐俸倡率，卜吉兴事。资不费帑，役不扰民。经始于是年之八月，讫成于次年之二月。栋宇檐阿，翚飞鸟革，规制宏敞，不僭不侈，屹然大观。盖昔无而今有矣。

　　是役也，或有咻之者曰：侯之堂蔓难图矣，侯之室膝难容矣，胡独谋此不急之务？且邑之中赋子衿者不过二十人，而外籍者几半，焉用此汲汲为？余曰：否！否！人情莫不乐就其所安。吾之身安矣，而目睹学宫之委于草莽，沦于沮洳，吾之心安乎？不安乎？况夫士气之不振，由育才无其地耳。经营其地而光大之，安知寥廖于今日者，不复济济于他年也？爰进博士弟子而谕之曰：

　　尔多士亦知学何为而设耶？夫学以阐教化耳。圣人之教，不外君臣、父子、夫妇、昆弟、朋友之伦，学者明之于心，体之于身，推而措诸家国天下，其为理之所固有，而事之当然者，直不啻夏葛而冬裘，饥食而渴饮也。古昔盛时，彝纪修明，风俗醇厚，其君子登于俊造，其小人免于刑戮，由斯道也。迨至后世，视义路礼门为弋取功名之径，甚且侧足儒门，背弃师说，求利达于异教，而恬不知愧。噫！惑之甚矣。尔多士幸际文明之代，弦歌俎豆，业有定所，居息其中，奋然致力于圣贤根本之地，讲明孝弟、忠信、礼义、廉耻以善其俗，而倡化于一方，俾土蛮家壮有以潜消其顽悖而渐纳于轨物，将见卉裳椎髻之风，转而为衣裳弦诵之习。他日致君泽民，道孰逾于此哉？余故于文庙之成，而乐为之记也。

维时佥谋合志、左右赞襄者，则有司训王严；执事勤劳，程督不或者，则有属尉王锡祚。而邑诸生类皆鼓舞趋事，克臻厥成，法得并书，以范后之有事于学校者。

雍正八年重建天河县学碑记

吴正一

云汉章天，一统大车书之会；斗牛分野，百越联翼轸之辉。敷圣化以作人，端由学校；集英才而造士，特重科名。粤西天河县者，昔是偏隅，人多椎鲁；今为乐土，士尽淳良。泉名圣水之佳，山号文峰之秀。溯学宫始设，实创建于宋初；考殿宇遗基，递改迁乎明季。立于今所，既阅两朝；证以前闻，更新数次。乃地居湫隘，岁久倾颓。四壁无存，绝似颜渊陋巷；一椽若寄，几如原宪衡门。正一莅任之初，葺茅补苇，仅免风雨飘零；春祭秋尝，每愧豆笾陈设。苦点金之乏术，欲捐俸而不能。兹者上沐圣恩浩荡，领回两载之养廉；抚思胶庠荒凉，捐出一年以建学。爰规方而拓土，随鸠工而庀材。构大木于深山，五旬斯得；觅良工以力作，一岁乃成。崇尺修寻，亲为量度；木屑竹头，极费经营。属尉韩君相虞，不惜寒暑辛勤，图其轮奂；司训吴子祖宫，亦能匡襄左右，大其规模。鸟斯革而翚斯飞，大成殿易三为五，茂如松而苞如竹，崇圣祠以穆继昭。讲学圜桥，形似半规之月；擎天双柱，高俾数仞之墙。义路礼门，聿来君子；贤关圣域，定毓名儒。筑谋于己酉之三秋，落成于庚戌之八月。登堂入室，俨闻丝竹之音；纳陛升阶，欣睹藻芹之色。所望后先同志，修葺为怀。犬豕牛羊，禁其畜牧；农工商贾，示以尊崇。共为圣道之闲，莫使孔墙之倚。是为记。①

---

① 〔清〕林光棣等纂修：《天河县志》卷下，清道光六年（1826）抄本，第21—25叶。

参考文献

一、史部文献

《世祖章皇帝圣训》,文渊阁《四库全书》本。
《圣祖仁皇帝圣训》,文渊阁《四库全书》本。
《世宗宪皇帝圣训》,文渊阁《四库全书》本。
《大清历朝实录》,书同文古籍数据库。
《大清五部会典》,书同文古籍数据库。
《钦定礼部则例》,清乾隆四十九年(1784)刻本。
〔后晋〕刘昫等:《旧唐书》,中华书局,1975。
赵尔巽等:《清史稿》,中华书局,1976。
〔清〕金𫓧修:《广西通志》,清雍正刻本。
〔清〕谢启昆等纂:《广西通志》,清同治四年(1865)补刻本。
〔清〕沈秉成修,〔清〕苏宗经、羊复礼纂:《广西通志辑要》,清光绪十五年(1889)刻本。
〔清〕徐成栋纂修:《廉州府志》,清康熙六十一年(1722)刻本。
〔清〕甘汝来纂修:《太平府志》,清雍正四年(1726)刻本。
〔清〕胡醇仁修:《平乐府志》,清雍正四年(1726)刻本。
〔清〕英秀修,〔清〕唐仁纂:《庆远府志》,清道光九年(1829)刻本。
〔清〕朱椿年等修:《钦州志》,清道光十四年(1834)刻本。
〔清〕李世椿修,〔清〕郑献甫纂:《象州志》,清同治九年(1870)刻本。
〔清〕吴九龄修,〔清〕史鸣皋等纂:《梧州府志》,清同治十二年(1873)刻本。

〔清〕魏笃修，〔清〕王俊臣纂：《浔州府志》，清同治十三年（1874）刻本。

〔清〕何福祥纂修：《归顺直隶州志》，收入《中国方志丛书》第137号，成文出版社，1968。

〔清〕苏勒通阿修，〔清〕庞锡纶、彭焜基纂：《续修兴业县志》，清嘉庆十六年（1811）抄本。

〔清〕林光棣等纂修：《天河县志》，清道光六年（1826）抄本。

〔清〕任士谦、杨兆晋纂修：《博白县志》，清道光十二年（1832）重刻本。

〔清〕张显相修，〔清〕黎士华纂：《平南县志》，清道光十五年（1835）刻本。

〔清〕萧煊修，〔清〕范光祺纂：《灌阳县志》，清道光二十四年（1844）刻本。

〔清〕梁廷楠纂：《粤秀书院志》，清道光二十七年（1847）刻本。

〔清〕王钖绅修，〔清〕王栋纂：《苍梧县志》，清同治十三年（1874）刻本。

〔清〕徐衡绅修，〔清〕周世德纂：《上林县志》，清光绪二年（1876）刻本。

〔清〕戴焕南修，〔清〕张粲奎纂：《新宁州志》，清光绪五年（1879）刻本。

〔清〕徐作梅修，〔清〕李士琨纂：《北流县志》，清光绪六年（1880）刻本。

〔清〕全文炳修，〔清〕伍嘉猷纂：《平乐县志》，清光绪十年（1884）刻本。

〔清〕王先谦编：《东华录》，清光绪十年（1884）刻本。

〔清〕杨椿修，〔清〕陆生兰纂：《宾州志》，清光绪十二年（1886）刻本。

〔清〕陶墫修，〔清〕陆履中纂：《恭城县志》，清光绪十五年（1889）刻本。

〔清〕柴照、刘树贤修，〔清〕顾国诰纂：《富川县志》，清光绪十六年（1890）刻本。

〔清〕陈如金修，〔清〕华本松纂：《百色厅志》，清光绪十七年（1891）刻本。

〔清〕羊复礼修，〔清〕梁年等纂：《镇安府志》，清光绪十八年（1892）刻本。

〔清〕蔡呈韶修，〔清〕胡虔撰：《临桂县志》，清光绪十八年（1892）桂垣书局补刻本。

〔清〕冯德材修，〔清〕文德馨纂：《郁林州志》，清光绪二十年（1894）刻本。

〔清〕王仁钟修，〔清〕梁吉祥纂：《贵县志》，清光绪二十年（1894）刻本。

〔清〕舒启修，〔清〕吴光升纂：《马平县志》，清光绪二十一年（1895）重刻本。

〔清〕易绍德修，〔清〕封祝唐纂：《容县志》，清光绪二十三年（1897）刻本。

〔清〕谢钟龄修，〔清〕朱秀纂：《横州志》，清光绪二十五年（1899）刻本。

黎申产纂：《宁明州志》，民国三年（1914）铅印本。

于凤文修，蒋良术纂：《灌阳县志》，民国三年（1914）刻本。

温德溥修，曾唯儒纂：《武鸣县志》，民国四年（1915）南宁达时印务局铅印本。

黄步青纂，黄大受修：《上思县志》，民国四年（1915）铅印本。

黄占梅修，程大璋纂：《桂平县志》，民国九年（1920）铅印本。

古济勋修，吕浚堃、范晋藩纂：《陆川县志》，民国十三年（1924）刻本。

刘振西等纂：《隆安县志》，民国二十三年（1934）铅印本。

韦冠英修，梁培煐、龙先钰纂：《贺县志》，民国二十三年（1934）铅印本。

藏进巧修，唐本心纂：《雒容县志》，民国二十三年（1934）铅印本。

杨盟等修，黄诚沅纂：《上林县志》，民国二十三年（1934）铅印本。

梁朸修，吴瑜等纂：《思恩县志》，民国二十四年（1935）铅印本。

韦可德、黎祥品修，刘宗尧纂：《迁江县志》，民国二十四年（1935）铅印本。

罗春芳修，玉昆山纂：《信都县志》，民国二十五年（1936）铅印本。

谢祖萃修，莫丙奎纂：《邕宁县志》，民国二十六年（1937）铅印本。

何其英修，谢嗣农纂：《柳城县志》，民国二十九年（1940）铅印本。

李文雄修，陈必明纂：《龙津县志》，民国三十五年（1946）修纂，广西壮族自治区档案馆1960年铅印本。

〔清〕苏勒通阿修，〔清〕庞锡纶、彭焜基纂：《续修兴业县志》，民国抄本。

〔清〕吴征鳌等修：《临桂县志》，桂林市档案馆1963年石印本。

〔清〕边其晋修，〔清〕胡毓璠等纂：《藤县志》，收入《中国方志丛书》第124号，成文出版社，1968。

黄旭初修，吴龙辉纂：《崇善县志》，收入《中国方志丛书》第203号，成文出版社，1975。

张岳灵修，黎启勋纂：《阳朔县志》，收入《中国方志丛书》第204号，成文出版社，1975。

〔清〕谢沄修：《义宁县志》，收入《中国方志丛书》第205号，成文出版社，1975。

广西壮族自治区通志馆、广西壮族自治区图书馆编：《〈清实录〉广西资料辑录》，广西人民出版社，1988。

扶绥县志编纂委员会编：《扶绥县志》，广西人民出版社，1989。

黄庆勋主编，武鸣县志编纂委员会编：《武鸣县志》，广西人民出版社，1998。

（民国）柳江县政府修，刘汉忠、罗方贵点校：《柳江县志》，广西人民出版社，1998。

廖国器等修：《合浦县志》，收入《广东历代方志集成　廉州府部　六》，岭南美术出版社，2009。

二、集部文献

〔清〕贺长龄编:《皇朝经世文编》,清道光七年(1827)刻本。
〔清〕汪森编:《粤西文载》,文渊阁《四库全书》本。
〔清〕张鹏展纂:《峤西诗钞》,清道光二年(1822)刻本。
〔清〕谢元福辑:《粤西五家文钞》,清光绪二十四年(1898)刻本。
〔清〕汪森编:《粤西丛载》,民国石印本。
〔清〕张凯嵩辑:《櫹湖十子诗钞》,收入《广西历代文献集成》,广西师范大学出版社,2012。
〔清〕许道基:《粤吟》,清乾隆二十五年(1760)刻本。
〔清〕甘汝来:《甘庄恪公全集》,清乾隆五十六年(1791)刻本。
〔清〕钱载:《萚石斋文集》,清乾隆刻本。
〔清〕查礼:《铜鼓书堂遗稿》,清乾隆刻本。
〔清〕商盘:《质园诗集》,清乾隆椒雉山房刻本。
〔清〕赵翼:《瓯北集》,清嘉庆十七年(1812)刻本。
〔清〕姚鼐:《惜抱轩集》,清嘉庆刻本。
〔清〕谢启昆:《树经堂文集》,清嘉庆刻本。
〔清〕谢启昆:《树经堂诗初集》,清嘉庆刻本。
〔清〕谢启昆:《树经堂诗续集》,清嘉庆刻本。
〔清〕李绂:《穆堂初稿》,清道光十一年(1831)刻本。
〔清〕李绂:《穆堂别稿》,清道光十一年(1831)刻本。
〔清〕李彦章:《榕园全集》,清道光二十年(1840)刻本。
〔清〕梁章钜辑:《楹联丛话》,清道光二十年(1840)环碧轩刻本。
〔清〕梁章钜辑:《楹联续话》,清道光二十三年(1843)刻本。
〔清〕梁章钜:《归田琐记》,清道光二十五年(1845)刻本。
〔清〕冯敏昌:《小罗浮草堂文集》,清道光二十六年(1846)刻本。
〔清〕朱琦:《怡志堂诗初编》,清咸丰七年(1857)刻本。
〔清〕王拯:《龙壁山房诗草》,清咸丰九年(1859)刻本。
〔清〕郑献甫:《补学轩诗集》,清咸丰十一年(1861)采薇堂刻本。

〔清〕郑献甫：《补学轩文集》，清咸丰十一年（1861）刻本。

〔清〕郑献甫：《制艺杂话》，清同治十年（1871）黔南臬署刻本。

〔清〕郑献甫：《补学轩文集续刻》，清同治十一年（1872）桂林杨鸿文堂刻本。

〔清〕王拯：《龙壁山房诗草》，清同治刻本。

〔清〕唐鉴：《唐确慎公集》，清光绪元年（1875）刻本。

〔清〕龙启瑞：《浣月山房诗集》，清光绪四年（1878）龙继栋京师刻本。

〔清〕郑献甫：《补学轩诗集》，清光绪五年（1879）黔南节署刻本。

〔清〕王拯：《龙壁山房文集》，清光绪七年（1881）刻本。

〔清〕蒋琦龄：《空青水碧斋文集》，清光绪全州蒋氏刻本。

〔清〕蒋琦龄：《空青水碧斋诗集》，清光绪全州蒋氏刻本。

〔清〕金武祥：《粟香随笔》，清光绪刻本。

〔清〕林昌彝：《小石渠阁文集》，清光绪刻本。

〔清〕陆奎勋：《陆堂文集》，收入《四库全书存目丛书》集部第270册，齐鲁书社，1997。

〔清〕李文藻：《桂林集》，收入《清代诗文集汇编》第369册，上海古籍出版社，2010。

〔清〕苏宗经：《慎动斋文集》，收入《清代诗文集汇编》第582册，上海古籍出版社，2010。

〔清〕苏宗经：《酾江诗草》，收入《清代诗文集汇编》第582册，上海古籍出版社，2010。

〔清〕李彦章：《庆江楹帖附钞》，收入《清代诗文集汇编》第584册，上海古籍出版社，2010。

〔清〕李彦章：《榕园楹帖》，收入《清代诗文集汇编》第584册，上海古籍出版社，2010。

〔清〕况澄：《西舍文遗编》，收入《清代诗文集汇编》第601册，上海古籍出版社，2010。

〔清〕况澄：《西舍诗钞》，收入《清代诗文集汇编》第601册，上海古籍出版社，2010。

〔清〕马丕瑶：《马中丞遗集》，收入《清代诗文集汇编》第718册，上海古籍出版社，2010。

〔清〕蒋励宣等著，吕朝晖等点校：《六人集》，广西人民出版社，2012。

〔清〕俞廷举著，唐志敬、张汉宁、蒋钦挥点校：《一园文集》，广西人民出版社，2001。

〔清〕蒋励常著，蒋世玢等点校：《岳麓文集》，广西人民出版社，2001。

朱杰人等主编：《朱子全书》，上海古籍出版社、安徽教育出版社，2002。

〔清〕韦丰华著，丘振声、赵建莉点校：《韦丰华集》，广西民族出版社，2009。

〔清〕颜嗣徽著，谭佛佑点校：《望眉草堂诗文集》，收入《续黔南丛书》第四辑上册，贵州人民出版社，2012。

〔清〕冯敏昌著，陆善采等点校：《冯敏昌集》，广西民族出版社，2010。

〔清〕郑献甫著，顾绍柏、岑贤安点校：《郑献甫集》，广西人民出版社，2013。

王英志编纂校点：《袁枚全集新编》，浙江古籍出版社，2015。

〔清〕苏煜坡著，李寅生、周生杰校注：《萃益斋诗集校注》，上海古籍出版社，2017。

曾庆全选注：《历代壮族文人诗选》，广西人民出版社，1985。

陈谷嘉、邓洪波主编：《中国书院史资料》，浙江教育出版社，1998。

邓洪波编著：《中国书院楹联》，湖南大学出版社，1999。

邓洪波主编：《中国书院学规集成》，中西书局，2011。

丘良任等编：《中华竹枝词全编 6》，北京出版社，2007。

解维汉编选：《中国牌坊书院楹联精选》，陕西人民出版社，2007。

石天飞辑校：《瑶族石刻辑校》，民族出版社，2023。

三、当代研究成果

中国人民政治协商会议桂林市委员会文史资料研究委员会编：《桂林文史

资料》第2辑，1982。

欧阳若修等编著：《壮族文学史》，广西人民出版社，1986。

中国人民政治协商会议上林县委员会办公室编：《上林文史》第1辑，1987。

民族院校公共哲学课教材编写组编：《中国少数民族哲学和社会思想资料选编》，天津教育出版社，1988。

钱基博：《中国文学史》，中华书局，1993。

韦湘秋：《广西百代诗踪》，广西人民出版社，1995。

季啸风主编：《中国书院辞典》，浙江教育出版社，1996。

广西钦州市钦南区政协文史资料委员会编：《钦南文史 第2辑》，1996。

陈谷嘉、邓洪波主编：《中国书院制度研究》，浙江教育出版社，1997。

中国人民政治协商会议广西壮族自治区钦州市委员会文史资料委员会编：《钦州文史》第6辑《钦州得名1400年纪念专辑》，1999。

蒙荫昭、梁全进主编：《广西教育史》，广西人民出版社，1999。

商衍鎏：《清代科举考试述录及有关著作》，百花文艺出版社，2004。

周作秋等：《壮族文学发展史》，广西人民出版社，2007。

王德明：《广西古代诗词史》，广西师范大学出版社，2009。

王德明：《清代粤西文学家族研究》，广西师范大学出版社，2013。

孙先英：《广西书院文化研究》，广西师范大学出版社，2016。

中共南宁市委宣传部、南宁市文学艺术界联合会主编：《南宁历史文化精选·随笔卷》，广西人民出版社，2016。

韦玖灵：《壮族哲学思想》，知识产权出版社，2017。

胡朴安：《中国风俗》，吉林出版集团股份有限公司，2017。

何炳棣著，徐泓译注：《明清社会史论》，中华书局，2019。

胡大雷等：《桂学文献研究——桂学古籍文献100种》，漓江出版社，2020。

侯艳编著：《楹联与楹联文化》，西南交通大学出版社，2020。

蔡显良：《张敬修评传》，团结出版社，2020。

黄泽佩：《"盖世才子"刘定逌诗对选讲》，《阅读与写作》1996年第12期。

李世愉：《论清代书院与科举之关系》，《北京联合大学学报》（人文社会科学版），2011年第3期。

杨翰卿、叶堃：《刘定逌的理学思想与中国少数民族儒学》，《民族学刊》2022年第1期。

方丽萍：《文官避籍制与清代西南边省文学论纲》，载曾大兴，夏汉宁主编《文学地理学》（第12辑），中国社会科学出版社，2023。

李木会：《周必超〈分青山房诗集〉校注》，硕士学位论文，广西大学，2007。

秦婷婷：《清代壮族诗人张鹏展研究》，硕士学位论文，广西民族大学，2019。